COLLECTION

DE

DOCUMENTS INÉDITS

SUR L'HISTOIRE DE FRANCE

PUBLIÉS PAR LES SOINS

DU MINISTRE DE L'INSTRUCTION PUBLIQUE.

LE COMITÉ

DES

TRAVAUX HISTORIQUES ET SCIENTIFIQUES

(HISTOIRE ET DOCUMENTS)

PAR

XAVIER CHARMES.

TOME PREMIER.

PARIS.
IMPRIMERIE NATIONALE.

M DCCC LXXXVI.

INTRODUCTION.

Le Comité des travaux historiques et scientifiques compte aujourd'hui plus d'un demi-siècle d'existence. Créé, en 1834, par un illustre historien, M. Guizot, pour reprendre et mener à bonne fin une entreprise colossale, commencée sous l'ancien régime, mais brusquement interrompue par la Révolution : la recherche et la publication de matériaux encore inédits de l'histoire de France, il a reçu peu à peu de tels développements, que, sans changer de nature et surtout d'esprit, il est devenu le centre de presque tous les travaux scientifiques qui s'accomplissent dans notre pays en dehors de l'Institut et de l'Université. Dès son origine, on avait pu prévoir les progrès qu'il était destiné à faire, rien qu'en remplissant, dans toute son étendue, la mission qui lui était confiée. M. Guizot avait une trop haute et trop large idée de l'histoire pour enfermer l'immense travail de la collection des monuments de notre existence politique et civile dans le cadre où les érudits du siècle précédent l'avaient circonscrit. Persuadé que la vie d'un peuple n'est pas tout entière dans l'organisation et le jeu de ses institutions, de même que la vie d'un individu n'est pas tout entière dans le mécanisme de ses nerfs et de ses muscles, il avait immédiatement compris, dans le programme des recherches auxquelles il conviait ses collaborateurs, les documents relatifs à l'histoire intellectuelle et morale de notre nation, à celle des sciences, des lettres et des arts sur notre territoire. C'était abaisser d'avance toute frontière artificielle entre l'histoire et les sciences, c'était répondre à un des besoins les plus évidents et satisfaire une des conceptions les plus justes de notre époque. « Au développement des sciences positives, qui est le caractère distinctif de notre siècle, a dit avec beaucoup de raison M. Gabriel Monod, correspond, dans le domaine que nous appelons *littéraire*, le développement de l'histoire, qui a pour but de soumettre à une connaissance scientifique et même à des lois scientifiques toutes les manifestations de l'être humain. Les créations originales de l'esprit sont devenues de moins en moins nombreuses, la contemplation purement esthétique des œuvres intellectuelles a été de plus en plus négligée pour faire place à des recherches historiques. Histoire des langues, histoire des littératures, histoire des institutions, histoire des philosophies, histoire des religions, toutes les études qui ont l'homme et les phénomènes de l'esprit humain pour objet ont pris un caractère historique. Notre siècle est le siècle de l'histoire [1]. »

Ceci revient à dire que la méthode historique, qui n'est autre, en définitive, que la méthode d'observation à travers le temps, doit s'appliquer à toutes les sciences et peut leur servir de lien à toutes. Cette vérité théorique a eu dans la pratique du Comité les conséquences les plus fécondes et les plus heureuses. Pour conduire au succès l'œuvre qu'il s'était proposée, M. Guizot avait besoin d'auxiliaires, de collaborateurs. Il n'avait plus à sa disposition, comme au siècle dernier, la grande puissance des corporations savantes, des associations religieuses. Les Bénédictins avaient disparu; comment les remplacer? L'application de la centralisation administrative aux recherches historiques, facilitée par la concentration des archives et des bibliothèques que la Révolution avait opérée, ne pouvait manquer de donner d'excellents résultats; mais à une condition, c'est que le zèle individuel secondât l'action publique. Or le zèle individuel est toujours insuffisant s'il n'est pas soutenu par une forme quelconque d'association. M. Guizot fut donc très vite amené à chercher le concours qui lui était nécessaire, non seulement auprès des savants isolés qu'il avait rattachés au Ministère de l'instruction publique comme correspondants,

---

[1] *Du progrès des études historiques en France depuis le XVIe siècle*, dans la *Revue historique*, t. I, p. 26-27.

ne remontions pas au delà de 1834. Quelle que soit l'originalité de l'entreprise de M. Guizot, elle a été précédée, avant la Révolution, de tentatives de même genre qui n'ont point été sans mérite, ni sans succès. Nous n'avons pas la prétention de faire connaître chacune d'elles et d'indiquer tout ce qui a pu, depuis la Renaissance, préparer le grand réveil des études historiques dont les cinquante dernières années nous ont donné le spectacle. Ce serait vouloir assigner au Comité des origines beaucoup trop anciennes et beaucoup trop peu directes. Nous nous sommes arrêté seulement à la fin du siècle dernier, et à un mouvement de recherches qui a trop de rapports avec celui que M. Guizot devait inaugurer plus tard pour qu'on ne soit pas amené à penser qu'il en a été le prélude et comme l'introduction. On en jugera par les détails qui vont suivre.

I

Rien de plus modeste que les commencements de l'œuvre dont nous nous proposons de résumer l'histoire. Elle n'a pas débuté, comme celle de M. Guizot, par un admirable programme, assez précis pour empêcher les premiers travailleurs de s'égarer, assez vaste pour pouvoir se développer à l'infini sans changer de caractère. Elle est née sans bruit, sans éclat, au Contrôle général des finances, sous l'habile inspiration d'un homme qui jouait alors un rôle médiocre, mais qui devait grandir avec elle, au point qu'on pourrait parfois supposer qu'il la regardait comme un moyen personnel de parvenir. Ce jugement trop sévère serait d'ailleurs superficiel. L'avocat Jacob-Nicolas Moreau, auquel revient l'idée première de la création d'une bibliothèque historique, législative et administrative, avait été d'abord conseiller à la Cour des comptes, aides et finances de Provence. Jeune encore, la passion des lettres le fit renoncer à la magistrature et le décida à se rendre à Paris, où il fit imprimer, pour ses essais, une ode sur la bataille de Fontenoy. Ainsi, comme poète, il se sentit tout d'abord porté vers les louanges officielles. Il ne subissait au reste à mais encore auprès des Sociétés savantes qui étaient déjà en nombre fort appréciable et qui depuis, en se multipliant, ont couvert de plus en plus le pays. Les Sociétés savantes répondirent immédiatement à son appel; et, pour donner un but précis, un plan raisonné à leurs efforts, le Comité dut leur accorder sa direction. Dès lors, il ne fut plus uniquement le Comité des travaux historiques, il fut aussi le Comité des sociétés savantes : révolution ou plutôt évolution grosse de conséquences, car, à mesure que les Sociétés savantes ont pris de l'extension, à mesure qu'elles ont agrandi le champ de leurs études, passant de l'histoire nationale à l'histoire universelle, et bientôt, suivant la remarque de M. G. Monod, faisant tout entrer dans l'histoire ou appliquant l'histoire à tout, à mesure qu'elles se sont élevées et multipliées, le Comité a été entraîné à les suivre, à se développer lui-même en proportion de leurs développements. Il n'a fallu qu'un demi-siècle pour que cette transformation du Comité des documents inédits de l'histoire de France en Comité des travaux historiques et scientifiques s'accomplît tout entière, et pour que la pensée de M. Guizot produisît ses derniers effets.

Il nous a semblé que la meilleure manière de célébrer le cinquantenaire du Comité et d'en perpétuer le souvenir était de réunir les documents de son histoire, si courte encore et pourtant si remplie. Nous avons obéi à l'idée même qui a présidé à sa création en publiant, au lieu de cette histoire, à laquelle on ne saurait songer encore, les matériaux qui permettront de la composer un jour. Assurément ils ne sont pas tous inédits, bien qu'un très grand nombre d'entre eux paraissent au jour pour la première fois; mais nous les avons rapprochés, classés, mis en ordre, disposés de manière à ce qu'ils puissent s'éclairer les uns les autres, à ce qu'il suffise de les parcourir pour avoir tout de suite une idée exacte de ce qu'a été le Comité et de l'œuvre qu'il a accomplie. En un mot, nous avons voulu faire pour lui ce qu'il fait si bien pour la France, rassembler les titres et les monuments de son existence, qui jusque-là étaient restés épars.

Il nous a paru aussi que notre travail serait incomplet si nous aucun degré l'entraînement des idées et des passions de son siècle ; il n'en partageait pas les opinions et les ardeurs généreuses ; et, lorsqu'il eut, fort heureusement pour lui et pour nous, renoncé à la poésie afin de se consacrer à la morale, à la législation et à l'histoire, il se montra l'un des défenseurs les plus acharnés du pouvoir, l'un des adversaires les plus constants des philosophes et des économistes, qui régnaient alors presque sans partage ; il les cribla même de traits acérés, qui ne lui furent pas pardonnés par ceux qu'ils atteignaient. « C'est, écrivait de lui Laharpe dans sa correspondance, c'est un homme d'esprit, mais qui s'en est servi beaucoup plus pour sa fortune que pour sa réputation, et qui, avec quelque crédit à la Cour, n'a jamais eu de considération dans le monde et encore moins parmi les gens de lettres [1]. »

Ce jugement est de ceux que l'esprit de parti a dictés et qui méritent, par conséquent, d'être revisés. Il est vrai que Moreau a paru tenir beaucoup plus à son crédit à la Cour qu'à sa « considération » parmi les gens de lettres, dont il ne partageait ni les doctrines, ni surtout les rêves ; mais rien ne prouve qu'il n'ait point obéi en cela aux convictions les plus honorables, et nous allons voir qu'il a fait, de la faveur dont il jouissait auprès du Roi et de ses ministres, le plus utile et le plus patriotique des usages. Écrivain officiel, il a mis sa plume au service du passé dans un temps où tout ce qui avait le don d'écrire travaillait presque uniquement à préparer l'avenir. Il n'avait point le génie d'un novateur, et c'est là une incontestable infériorité. Mais nous ne le jugeons pas ici comme homme politique ; ce qui nous intéresse en lui, c'est uniquement l'organisateur d'une grande œuvre scientifique. Il faut reconnaître au surplus que, s'il a été constamment homme de Cour, il ne s'est jamais montré courtisan. Ses nombreux ouvrages, consacrés à la défense du trône et de l'autel, sont en même temps de consciencieux travaux de morale et d'histoire. Le Dauphin, père de Louis XVI, le chargea de rédiger,

---

[1] *Correspondance littéraire de Laharpe*, t. II, p. 257, 2ᵉ édition, Paris, Migneret, 1804, in-12.

pour l'instruction de ses enfants, un livre qu'il publia, en 1773, sous le titre de : *Leçons de morale, de politique et de droit public.* Ce fut encore pour Louis XVI qu'il composa ses *Devoirs d'un prince réduits à un seul principe, ou discours sur la justice.* Ses leçons ne furent point perdues, puisque Louis XVI, roi si faible et si malheureux, n'en eut pas moins les vertus que Moreau lui avait prêchées. Il eut entre autres la reconnaissance; car, dès son avènement au trône, en récompense des services qu'il avait reçus de Moreau, il rétablit en sa faveur les fonctions d'historiographe de France et les lui confia, le 21 août 1774 [1].

Avec Marie-Antoinette, à laquelle il fut attaché comme bibliothécaire, Moreau eut moins de succès. Il avait entrepris de lui tracer tout un cours d'histoire et un plan d'études dans un ouvrage imprimé à son intention. « La bibliothèque de Madame la Dauphine, dit-il au début de cet ouvrage, est devenue mon asile... Là viendra quelquefois jouir en repos de ses pensées une princesse dont l'âme est élevée, l'imagination gaie et le caractère solide [2]. » Pour la préparer à cette

[1] BREVET D'HISTORIOGRAPHE DE FRANCE POUR LE SIEUR MOREAU.

Aujourd'huy 21 août 1774, le Roy étant à Compiègne, voulant récompenser les travaux auxquels le sieur Moreau, conseiller en son parlement de Provence, s'est livré jusqu'icy pour la composition de différents ouvrages destinés à l'éducation de Sa Majesté, comme aussi l'encourager à continuer et conduire à sa perfection celui dont le prospectus, dédié à Sa Majesté, a été rédigé d'après les idées et les vûes de feu monseigneur le Dauphin son père; Sa Majesté a cru devoir donner audit sieur Moreau une marque de la protection et des bontés particulières dont elle l'honnore ; à cet effet elle a rétabli, mais pour lui seulement, le second titre d'historiographe de France créé anciennement par le feu roy Louis XIV en faveur de deux hommes de lettres qu'il destina à écrire l'histoire de son règne, pour par ledit sieur Moreau jouir dudit titre d'historiographe de France aux honneurs et autorités et prérogatives qui y appartiennent, tels qu'en ont joui ou dû jouir les pourvus de pareilles places, et sans toutesfois que, pour raison de ce titre, ledit sieur Moreau puisse prétendre à aucuns appointemens sous quelque cause et prétexte que ce puisse être ; et pour assurance de sa volonté Sa Majesté a signé de sa main et fait contresigner le présent brevet par moy conseiller secrétaire d'État et de ses commandements et finances [*]. (Archives nationales, O¹. 119, p. 110.)

[2] Passage cité par M. Gustave Desjardins dans *Le Petit Trianon; histoire et description*, p. 137.

[*] C'est le duc de La Vrillière, comte de Saint-Florentin.

jouissance, Moreau divisait son travail en trois parties : « 1° Objet moral de l'étude de l'histoire ; 2° carte générale des empires dont l'histoire offre la succession (c'est un tableau rapide des principales dominations qui se sont suivies dans l'histoire ancienne et moderne); 3° plan de lectures et suite des livres françois qui peuvent nous instruire de l'histoire; » et, pour rendre cette jouissance aussi attrayante que possible, en dépit d'une classification bien sévère, Moreau faisait précéder son travail, en manière de frontispice, d'une gravure d'Eisen, représentant la Dauphine entourée d'allégories symbolisant les sciences, les arts et les lettres, et éclairée par le génie d'Apollon. Tout cela ne prouve-t-il pas la sincérité avec laquelle Moreau prenait au sérieux son rôle de bibliothécaire de la Dauphine? Ce fut donc, il faut le croire, une surprise pour lui lorsque celle-ci lui fit notifier de remettre à un homme comprenant d'une tout autre façon l'éducation des princesses, M. Campan, les clefs de sa bibliothèque, et de laisser inachevée, après la publication d'un seul fascicule, sa *Bibliothèque de Madame la Dauphine*.

Cette petite déconvenue ne diminua point ses sentiments de fidélité envers le Roi, ni son attachement profond pour la royauté. Son dernier acte public fut une défense personnelle contre les accusations dont il était l'objet en 1790. On cherchait à faire naître des doutes sur sa probité financière ; mais ce qu'on lui reprochait surtout, c'était d'avoir soutenu et de soutenir encore les principes monarchiques alors proscrits en France. Il ne le contesta point; et, en reconnaissant qu'il n'avait pas professé les théories historiques de J.-J. Rousseau, mais celles des Bossuet, des Fénelon, des Lebret, des d'Aguesseau, il protesta qu'il ne les renierait jamais [1].

M. de Boislisle, qui a longuement parlé de Moreau dans le remarquable *Avant-propos* de sa *Correspondance des Contrôleurs généraux des finances avec les Intendants des provinces*, dit de lui : « Les Ministres de Louis XV et de Louis XVI ne manquèrent pas d'utiliser les facultés

---

[1] *Mémoire pour Moreau, historiographe de France, à l'occasion de la séance de l'Assemblée nationale du 14 août 1790*, p. 80 et passim.

spéciales de l'avocat des finances. Sans lui, il leur eût été impossible, comme à Colbert s'il n'avait eu des Baluze, des Carcavy et des Clairambault, qui s'inspiraient de son ardeur et de son esprit d'initiative, il leur eût été impossible, dis-je, d'opérer, avec une si profonde connaissance de chaque matière, des réformes et des améliorations auxquelles l'histoire veut bien rendre quelque justice. Il est peu de questions importantes pour le gouvernement dans lesquelles on ne retrouve des traces de son intervention et de son activité universelle. Après avoir fourni à Silhouette et à Bertin les éléments d'une réorganisation générale de l'administration des finances, il travailla directement pour le Roi, en publiant des *Lettres historiques sur le Comtat Venaissin* (il s'agissait alors de prononcer la saisie d'Avignon), ou en composant pour les enfants de France des *Leçons de morale, de politique et de droit public*, et les *Devoirs d'un prince réduits à un seul principe*; c'était le Dauphin, père des jeunes princes, qui avait demandé ces dernières études, bases d'une future constitution aristocratique. Dans un ordre d'idées plus purement administratif, on a attribué à Moreau la rédaction des préambules des édits Meaupou. Ses précieux manuscrits, qui nous ont été heureusement conservés, contiennent en minutes autographes les premiers projets relatifs à la création des vingtièmes et divers mémoires de la plus haute importance fournis au Contrôle général sur l'autorité du Conseil et de ses commissions, sur celle des Cours des aides ou des Chambres des comptes. Très apprécié de Necker, il prit une part active à la rédaction du *Compte rendu* de 1781, ce qui ne l'empêcha point, un peu plus tard, de faire publiquement, par sa *Lettre d'un magistrat*, une vive opposition à l'édit qui rendait des droits civils aux protestants. Son œuvre, en tête duquel j'aurais dû citer un essai de *Moniteur françois* (1760), s'accrut encore, en 1789, d'un *Exposé historique des administrations populaires aux plus anciennes époques de notre monarchie* et de deux volumes d'*Exposition et défense de la constitution de la monarchie françoise*. Mais la plus considérable de ses publications est celle qui a pour titre: *Principes de morale, de politique et de droit public;* elle comprenait déjà vingt et un volumes de discours ou dissertations oratoires sur l'histoire de France, lorsque la Révolution l'interrompit [1]. »

Ces détails sont nécessaires pour bien faire saisir l'œuvre principale de Moreau, celle qui mérite de perpétuer son nom, tandis qu'un oubli assez légitime enveloppe le plus grand nombre des volumes sortis de sa plume trop féconde. Doué d'une activité prodigieuse, d'un esprit naturellement conservateur et ami du passé, d'une culture intellectuelle presque universelle sans aucune spécialité éminente, jurisconsulte, administrateur, financier, moraliste, historien, et resté toujours poète, — car il publia, en 1781, sous le titre de *Pot pourri de Ville d'Avray,* un recueil de chansons et de poésies fugitives composé dans sa maison de campagne, — Moreau avait tout ce qu'il fallait pour mener à bien l'entreprise à laquelle il consacra d'ailleurs ses meilleures facultés. Il ne paraît pas en avoir saisi d'emblée toutes les conséquences, mais on verra par la suite qu'il tarda peu à s'en rendre compte et qu'il s'appliqua à les réaliser avec une intelligence égale à l'énergie de sa volonté.

M. de Silhouette portant au Contrôle général des finances, où il arrivait, de sérieuses intentions de réformes, se hâta de s'assurer les services de Moreau, que recommandait le maréchal de Noailles, et fit revivre à son profit l'ancien titre et les fonctions d'avocat des finances. Moreau, qui avait déjà fait des travaux officieux, qui avait rédigé, par exemple, en 1755, sur la demande du duc de Choiseul, des écrits politiques à répandre en France et à l'étranger, — *L'Observateur hollandois ou Lettres sur les affaires présentes de l'Europe,* espèce de journal dirigé contre l'Angleterre, — Moreau avait sans doute rencontré de sérieuses difficultés pour se procurer les documents dont il avait besoin. Ce souvenir récent, ou plus simplement peut-être le désir et l'ambition légitimes de se créer une situation en rapport avec ses goûts, lui suggérèrent l'idée de soumettre à M. de Silhouette le projet de la formation d'une bibliothèque où seraient centralisés les

---

[1] *Correspondance des Contrôleurs généraux des finances avec les Intendants des provinces.* Avant-propos, p. XXVI.

documents administratifs nécessaires au Contrôle général, documents qui, dispersés un peu partout, étaient souvent introuvables. D'après Moreau, cette bibliothèque devait se composer des volumes déjà parus des *Ordonnances des Rois de France*, d'une collection des édits, déclarations, arrêtés et règlements qu'on pourrait rassembler, d'une copie des registres du Parlement et des ouvrages des jurisconsultes estimés sur différentes branches de l'administration.

« S'il y a dans le Royaume, disait-il en présentant son plan au Contrôleur général des finances, un lieu où les loix doivent toujours être présentes, pour régler toutes les parties de l'administration publique, il semble que ce soit celui où elles ont été créées... Les loix se font dans le Conseil du Roy. Promulguées une fois, elles demeurent consignées dans les dépôts des Parlemens; il en reste peu de vestiges à la Cour : aux Ministres qui ont eu part à leur rédaction succèdent de nouveaux Ministres, occupez d'autres objets. Peu à peu le plan et la suite des loix s'effacent de la mémoire ; et lorsque, dans des affaires importantes, on est obligé d'en faire l'application, on est souvent embarassé pour retrouver les principes dont il faudroit partir, ou les maximes que l'on n'auroit point dû perdre de vue. D'un autre côté, les Parlemens, qui ont le dépôt des loix et qui les étudient sans cesse, cherchent quelques fois moins à y trouver les véritables règles d'une sage administration que des titres pour autoriser leurs prétentions. Dans les différentes contestations qui, depuis plusieurs années, ont importuné l'autorité du Roy et troublé la paix intérieure qu'il vouloit maintenir, on ne s'est apperçu que trop souvent de la disete où l'on étoit à la Cour et de bons receuils de loix et de gens qui prissent la peine de les feuilleter... Ajoutons à cette réflexion que, l'exercice continuel de l'autorité du Roy dans toute espèce d'administration n'étant qu'une application continuelle des règles, il n'est pas possible de travailler utilement à maintenir cette autorité sans les avoir sans cesse sous les yeux, et sans interroger à tous momens et les loix et les coutumes anciennes..... Il est nécessaire de réunir dans une espèce de dépôt, qui demeure attaché au Ministère des finances, une collection de loix à laquelle on puisse sans cesse avoir recours et qui, sur toutes les parties de l'administration, puisse donner lieu de comparer ou les anciennes règles aux abus présens, ou même les anciens abus aux réglemens qu'il sera nécessaire de publier [1]. »

On remarquera tout de suite cet esprit conservateur, dont nous avons parlé, ce souci de la tradition qui seront, on va le voir bientôt, les causes mêmes et les principes directeurs de l'œuvre de Moreau. On remarquera tout de suite aussi, si l'on veut, le souci de l'intérêt personnel; car Moreau, comme avocat des finances, devait être chargé du dépôt qu'il proposait de créer. Ce projet, exposé tout au long dans un mémoire dont nous venons de citer quelques lignes, mémoire dressé en mai 1759, fut immédiatement agréé et sanctionné par un arrêt du Conseil, en date du 31 octobre 1759. Avec l'habileté dont il devait donner tant de preuves, Moreau avait attribué l'idée première de sa bibliothèque à M. de Silhouette; et, connaissant le genre d'arguments auquel un Ministre des finances est ou doit être le plus sensible, il s'était appliqué à démontrer qu'elle coûterait très peu. M. de Silhouette convaincu s'empressa de lui en confier la direction. Un imprimeur-libraire, Prault, eut mission de réunir, dans l'espace d'un an, les collections demandées par Moreau. Un peu plus de deux ans après, le nombre des volumes fournis s'élevait à 1,334, parmi lesquels les documents manuscrits forment actuellement 140 volumes conservés au département des manuscrits de la Bibliothèque nationale sous les numéros 1282-1421 de la collection Moreau. Les desseins de Moreau semblaient modestes; sa bibliothèque ne devait lui servir qu'à rédiger des consultations de droit et des mémoires sur les diverses matières de l'administration. Toutefois, dès ses premiers pas, il était facile de voir que peu à peu il allongerait sa carrière et la ferait empiéter sur tous les terrains avoisinants. Voici, en effet, comment il expliquait bientôt son système de travail :

« Les fonctions qui m'ont été confiées en 1759 ont pour objet de faire, à la décharge des Ministres et notamment du Ministre des

---

[1] Voir plus loin, t. I, p. 3-4.

finances, toutes les recherches qui peuvent être nécessaires aux différentes parties de l'administration. . . .

« Toutes les fois que le Ministre me demande un mémoire d'éclaircissemens sur ce qui s'est pratiqué pour telle ou telle opération ou sur ce que prescrivent tels ou tels réglemens, j'ay deux choses à faire : 1° je dois lui fournir toutes les loix, réglemens ou arrêts imprimez sur la matière qu'il examine ; 2° s'il lui manque quelques éclaircissemens dépendant de quelques pièces qui n'auroient point été imprimées, je dois en faire pour lui la recherche et lui rendre compte du résultat. De là il suit que, quoique je ne sois préposé qu'à la garde d'un dépôt particulier et, qu'en cette qualité, je ne puisse jamais empiéter sur les droits des autres dépositaires, je dois cependant avoir avec ceux-cy une correspondance autorisée : car, lorsque je leur demande quelque instruction que je trouve chez eux, je suis l'homme du Ministre, et c'est lui qui m'envoye à eux [1]. »

Ainsi, comme l'a remarqué avec raison M. de Boislisle, « l'ambition de l'avocat des finances était d'étendre jusqu'à l'extérieur ses utiles attributions et de centraliser entre ses mains tous les travaux d'archives [2] ; » et c'est ce qu'il ne tarda pas beaucoup à faire.

Après avoir été établie à Versailles, la Bibliothèque des finances fut transférée au Contrôle général, à Paris, en 1760 ; un arrêt du Conseil, du 18 janvier 1764, la fixa à la Bibliothèque du Roi ; et, le 27 janvier suivant, elle fut placée sous la surveillance d'Armand-Jérôme Bignon, bibliothécaire de Sa Majesté. On donna pour raison de ce changement que l'objet du dépôt des finances, qui devenait tous les jours plus considérable, étant de fournir à tous les Ministres les renseignemens, mémoires et éclaircissemens qu'on peut tirer des lois et des coutumes, on le rendrait encore plus utile en le rapprochant des immenses collections de la Bibliothèque et en mettant Moreau à portée de se servir de tout ce qu'elles pourraient lui fournir

---

[1] T. I, p. 20-21.
[2] *Correspondance des Contrôleurs généraux des finances avec les Intendants des provinces.* Avant-propos, p. xxv.

de lumières sur le droit public. Il était, d'ailleurs, bien à sa place à la Bibliothèque, où il formait une section de jurisprudence. Moreau se fit adjoindre, comme auxiliaires, par le même arrêt ordonnant le transfert à la Bibliothèque, deux légistes, Lorry et Langlet, qui, sous le titre primitif d'avocats des finances, furent chargés « de donner leur avis sur toutes les matières de finances sur lesquelles, dit l'arrêt du Conseil, ils seront consultés par le Controlleur général des finances, relativement aux rapports qu'elles peuvent avoir avec les loix et les formes de l'ordre public[1]. »

Par malheur, le transport à la Bibliothèque du Roi ne se fit point sans produire quelque trouble dans l'économie de la collection, qui fut d'abord logée avec assez peu de soin dans un simple grenier. Ce désordre fut encore accru par les recherches que faisaient faire les Ministres. Moreau s'était résigné de bonne grâce à avoir sa collection à la Bibliothèque; il s'y était résigné d'autant mieux que, tout en étant placée sous la surveillance de Bignon, il avait été formellement précisé qu'elle resterait attachée au département du Contrôle des finances. Et lorsque plus tard il put la reprendre pour la réunir aux collections nouvelles qu'il avait fondées, il fut assurément fort heureux d'en rester le seul maître et directeur.

C'est l'histoire de ces collections nouvelles qui va nous intéresser spécialement. Enhardi par un premier succès obtenu à des conditions très satisfaisantes, puisque la Bibliothèque des finances n'avait coûté que 38,000 livres, et sachant quels secours les documents diplomatiques et les faits historiques peuvent fournir à l'étude du droit, Moreau conçut un dessein plus vaste, celui de créer un dépôt renfermant « la plus grande partie des matériaux qui doivent entrer dans un corps complet de droit public, c'est-à-dire des notices de tous les faits et de tous les monumens historiques joints à une collection de toutes les loix[2]. »

Les circonstances étaient favorables à cette grande entreprise. Après

[1] T. I, p. 19.
[2] T. I, p. 30.

un court passage au Contrôle général des finances, M. de Silhouette avait disparu, remplacé par un homme auquel rien de ce qui touchait au progrès des études et aux développements des sciences n'était étranger, ni surtout indifférent. C'est ce nouveau Contrôleur général, M. Bertin, qui avait organisé la Bibliothèque des finances, dont son prédécesseur avait eu à peine le temps d'approuver la création. Il inaugurait ainsi la longue série d'œuvres scientifiques qu'il devait accomplir avec une si féconde ardeur : fondations dans tout le royaume de sociétés d'agriculture et d'écoles vétérinaires, développement de l'industrie et des manufactures, appui accordé au jésuite Amiot dans ses travaux sur l'empire chinois, envoi de Bréquigny en Angleterre, de La Porte du Theil au Vatican, publication des œuvres du chancelier d'Aguesseau, etc. Personne certainement n'était plus capable de comprendre la pensée de Moreau, de la perfectionner même, et d'en assurer l'exécution. Sans lui, rien n'aurait pu se faire; et plus tard, quand il disparut du Ministère d'État, dont il était devenu titulaire après avoir abandonné le Contrôle des finances, l'œuvre à laquelle il avait donné l'essor courut des risques sérieux. Il serait toutefois injuste de diminuer la part de mérite qui revient à Moreau dans l'admirable mouvement historique dont Bertin favorisa si utilement la naissance et le progrès. Ce fut de Moreau que vint l'inspiration, et c'est à son inébranlable persévérance, à son dévouement passionné, à son zèle obstiné, qu'on doit en attribuer le succès. Quelque peu désemparé lors du départ de Bertin, Moreau ne tarda pourtant pas à se relever. Pendant trente années, sous tous les Ministères, il consacra sa vie au développement des études historiques, et ce n'est que justice si son nom reste indissolublement lié à l'histoire de l'érudition française au XVIIIe siècle. Il ne se borna point à tracer le programme de l'œuvre qu'il voulait créer, à en spécifier le but et le caractère, il s'y adonna lui-même tout entier, travaillant sans relâche à prescrire les recherches, à exciter les travailleurs, à rédiger des instructions ou des mémoires, à classer les documents, à en préparer la publication, et, s'il eut la bonne fortune de trouver d'abord un Ministre qui le seconda puissamment, puis de vaincre les résistances de ceux qui voulaient l'entraver, c'est qu'il sut animer tout le monde de sa flamme et faire sentir à chacun l'intérêt, la grandeur de l'entreprise à laquelle il avait voué l'activité de sa laborieuse existence.

Dans un mémoire préparé par lui en 1762, Moreau expliquait à Bertin que le dépôt qu'il voulait fonder deviendrait un centre où se réuniraient des savants comme Foncemagne, Sainte-Palaye et Bréquigny, et où, grâce aux documents recueillis par eux, s'élaboreraient, d'une part, des mémoires pour servir dans la suite à un cours complet de droit public français et à un dictionnaire de nos antiquités nationales, tandis que, d'autre part, les Ministres pourraient y trouver sans peine les renseignements utiles à l'administration. Ce mémoire et tous ceux que Moreau a écrits sur le même sujet semblent être le commentaire ou plutôt la mise en pratique de l'admirable maxime de Montesquieu : « Il faut éclairer l'histoire par les lois et les lois par l'histoire [1]. » Avocat, chargé de donner des consultations aux Ministres, Moreau, fidèle à la doctrine de l'auteur de l'*Esprit des lois,* mais se séparant en cela de presque tous ses contemporains, était persuadé que les racines du droit doivent être recherchées dans les traditions, dans les mœurs, dans les institutions du passé, et non point dans les principes d'une métaphysique politique qui, ne tenant aucun compte des conditions historiques, faisait de l'homme un être abstrait, une sorte d'entité philosophique, toujours la même sous tous les climats, chez toutes les nations et à travers tous les siècles. Son esprit conservateur, ou même, comme nous dirions aujourd'hui, réactionnaire, sa haine contre le parti philosophique, qu'il ne cessait de poursuivre de ses attaques, son attachement aux institutions que la Révolution était sur le point de balayer dans un orage qu'il croyait purement destructeur, les bornes mêmes de son esprit qui ne lui permettaient pas de prévoir ce qui devait sortir de cet orage, contribuaient à lui inspirer, pour le passé, un respect en quelque sorte religieux et à lui donner

[1] Montesquieu, *De l'esprit des lois,* l. XXXI, c. II.

du droit et de l'histoire une conception sous plusieurs rapports supérieure à celle de son temps. Faire sortir la législation de l'histoire, appuyer sur l'histoire les progrès de la législation, était une idée que le génie de Montesquieu n'avait pu imposer à un siècle où l'on prétendait tout fonder sur la raison absolue. Nous n'avons pas à rechercher ici les conséquences politiques de cette prétention. Elles ont renouvelé le monde ; mais, en revanche, ses conséquences au point de vue de l'histoire ont couvert, pendant de longues années, d'une nuit profonde notre passé national, méconnu et calomnié par l'esprit de système et l'ignorance coalisés. Augustin Thierry les a exposées et en même temps expliquées dans ses *Considérations sur l'histoire de France*. Après avoir montré que la découverte et la réunion d'un grand nombre de documents originaux, pour la première fois mis à la portée des hommes studieux, aurait dû faire naître en eux le sens historique, il indique pourquoi ce résultat ne s'est pas produit : « Le temps paraissait donc venu, dit-il, pour qu'un regard plus pénétrant fût jeté sur les origines et les révolutions de la société française, pour que nos diverses traditions, rendues précises par la science, fussent rapprochées, conciliées et fixées d'une manière invariable, dans une théorie qui serait la vérité même. Tout cela semblait infaillible, et pourtant il n'en arriva rien. Au contraire, il se fit, dans la manière d'envisager le fond et la suite de notre histoire, une déviation qui la jeta tout d'un coup en dehors de la seule route capable de conduire au vrai. Cette déviation, du reste, fut nécessaire : elle tenait à des causes supérieures au mouvement de la science elle-même, à un mouvement universel de l'opinion, qui devait agir sur tout et laisser partout son empreinte. Déjà se préparait dans les idées l'immense changement qui éclata dans les institutions en 1789. L'instinct d'une rénovation sociale, d'un avenir inconnu qui s'avançait et auquel rien, dans le passé, ne pouvait répondre, lançait fortement les esprits hors de toutes les voies historiques. On sentait d'une manière vague, mais puissante, que l'histoire du pays, celle des droits ou des privilèges des différents corps de l'État, des différentes classes de la nation, ne pouvait fournir à l'opinion que des forces isolées ou divergentes, et que pour fondre ces classes, si longtemps ennemies ou rivales, dans une société nouvelle, il fallait un tout autre élément que leurs traditions domestiques. Au delà de tout ce que nous pouvions ressaisir par la tradition, au delà du christianisme et de l'empire romain, on alla chercher dans les républiques anciennes un idéal de société, d'institutions et de vertu sociale conforme à ce que la raison et l'enthousiasme pouvaient concevoir de meilleur, de plus simple et de plus élevé. C'était la démocratie de Sparte et de Rome, abstraction faite de la noblesse et de l'esclavage qu'on laissait de côté, ne prenant du vieux monde que ce qui répondait aux passions et aux lumières du monde nouveau. En effet, l'idée du peuple, dans le sens politique de ce mot, l'idée de l'unité nationale, d'une société libre et homogène, ne pouvait être clairement conçue, frapper tous les yeux et devenir le but de tous les efforts, que par une similitude plus ou moins forcée entre les conditions de l'état social moderne et le principe des États libres de l'antiquité; l'histoire de France ne la donnait pas. Il fallait que cette histoire fût dédaignée ou faussée, pour que l'opinion publique prît son élan vers des réformes dont le but final était marqué dans les secrets de la Providence[1]. »

Quelque opinion que l'on professe sur cette nécessité politique invoquée par Augustin Thierry comme explication de l'inintelligence, de la négation ou de la falsification de notre histoire au xviiie siècle, le fait en lui-même reste incontestable; et c'est avec raison que l'illustre historien, pour prouver combien le mal était général, montre qu'il atteignait les plus savants eux-mêmes, tels que Bréquigny, La Porte du Theil, Gaillard et Dacier; leurs complaisances ou leurs hésitations en face de ce qu'il appelle « les niaiseries emphatiques des prétendus historiens philosophes » sont une preuve de la peine qu'ont les meilleurs esprits eux-mêmes à ne pas subir l'empreinte

---

[1] *Récits des temps mérovingiens précédés de considérations sur l'histoire de France*, par Augustin Thierry, chap. III, p. 64-65. Nouvelle édition, Paris, Garnier frères, in-8°.

de leur temps. Si quelque chose eût pu les en préserver, c'eût été, ce semble, l'école historique fondée par Moreau, avec leur propre concours, dans un esprit absolument opposé à celui qui dominait autour d'eux. En proposant à Bertin d'établir, à côté de la Bibliothèque des finances, un nouveau dépôt où seraient recueillis les titres et les monumens de notre histoire, Moreau faisait surtout ressortir les avantages pratiques, et, pour s'exprimer comme aujourd'hui, le côté utilitaire de cette création. Rappelant que la Bibliothèque des finances était destinée à fournir des renseignements aux Ministres, il ajoutait : « Pour perfectioner ce plan, on observera ici que le droit public de la France est fondé et sur des loix et sur des faits historiques. Les découvertes de l'historien doivent s'unir au raisonnement du jurisconsulte, et tous les deux doivent se prêter un mutuel secours. Si donc il est possible de former, sans qu'il en coûte presque rien au Roi, un dépôt qui renferme la plus grande partie des matériaux qui doivent entrer dans un corps complet de droit public, c'est-à-dire des notices de tous les faits et de tous les monumens historiques joints à une collection de toutes les loix, si l'on peut en même tems consacrer au travail qu'exigera ce dépôt un certain nombre de personnes éclairées et judicieuses, capables des recherches qu'il exige et déjà livrées à ce genre d'études, on aura completté un établissement avantageux et procuré au Gouvernement une source où il pourra puiser sans cesse les éclaircissemens les plus utiles[1]. » Il insistait sur la liaison qui devait exister entre la Bibliothèque des finances et le bureau chargé d'organiser le dépôt des chartes : « Ce bureau, disait-il, auroit un objet commun avec celui qui est confié à l'avocat des finances; ils auroient l'un avec l'autre une correspondance perpétuelle, en sorte qu'ils pourroient être regardés comme les deux parties d'un même tout, destiné à rechercher et dans l'histoire et dans les loix les principes et les maximes du droit public de la France[2]. » Plus tard, le dépôt des chartes étant fondé et possédant déjà de grandes richesses, il écrivait : « Nos collections me pro-

[1] T. I, p. 29-30.
[2] T. I, p. 31.

curent dès à présent un très grand avantage. Notre droit public avoit été, comme la phisique, livré à des sistèmes; on est revenu aux expériences, on a constaté les faits, et M. de Buffon a fait son histoire naturelle d'après les trésors ramassés dans son cabinet. J'ai osé l'imiter; j'ai entrepris, d'après les monumens de mon dépôt, l'histoire de notre constitution et de notre droit public, que j'ai déjà conduite jusqu'à l'anarchie féodale, et si, comme je le souhaite, je puis transmettre mon cabinet à mes successeurs historiographes de France, j'ose dire que ceux-cy seront en état de présenter dans tous les tems, et au Gouvernement et au public, les connoissances les plus intéressantes et les plus sûres; notre droit public, une fois basé sur des faits et sur des monumens avoués, sera plus à l'abry que jamais et des vicissitudes que produit l'arbitraire, et des altérations qu'amènent insensiblement les sistèmes des partis[1]. »

Était-il possible de mieux caractériser l'emploi de la méthode d'observation appliquée à l'histoire? Était-il possible de mieux faire ressortir l'utilité de l'histoire pour éclairer la législation et diriger la politique? Et Moreau, qui, comme les plus savants, se laissait parfois entraîner par des illusions, ou du moins par des espérances dont il ne devait pas atteindre la réalisation, croyait que son œuvre, accomplie jusqu'au bout et menée à bonne fin, pourrait mettre un terme à l'esprit de système, prélude, disait-il, de l'esprit de révolution : « Ce plan une fois exécuté, rien ne sera plus facile que l'étude de l'histoire et du droit public, car lorsque les savans auront toutes les facilités qu'ils pourront désirer pour s'instruire exactement des faits, ils ne seront plus tentés de s'égarer en composant des systèmes [2]. » Bertin, reprenant à son tour la même idée, la reproduisait ainsi : « L'histoire est une des sciences que nos Roix, depuis François Ier, ont toujours regardée comme très intéressante pour leur gouvernement, et dont ils ont cru devoir hâter les progrès. Cette science tient à celle de la législation, car elle fournit au législateur les faits qui peuvent l'instruire et les matériaux qui

---

[1] T. I, p. 159-160.
[2] T. I, p. 131.

peuvent l'aider. Le droit public d'un État n'est même autre chose que l'histoire de sa constitution combinée avec les principes du droit naturel que Dieu donna à toutes les sociétez. L'histoire et le droit public d'une nation sont appuiés sur des monumens. Il a fallu les rassembler pour connoître, et il étoit nécessaire de connoître avant que d'agir. En matière de gouvernement, la connoissance des faits étoit même d'autant plus importante que l'on a toujours vu les grandes erreurs être les avant-coureurs des grands désordres, et que ceux qui ont voulu troubler les États ont toujours commencé par tromper les peuples [1]. »

Nous avons cru devoir mettre en lumière l'idée philosophique et la pensée pratique qui ont inspiré Moreau; car, au xviiie siècle, elles sont pleines d'originalité et en parfait contraste avec le mouvement général de l'époque. Sous la plume officielle de Moreau et de Bertin, elles donnent naturellement une note conservatrice, gouvernementale, réactionnaire. Ce n'était pas à eux de dire qu'en fouillant dans les traditions du passé, on y retrouverait aussi des actes de franchise et des titres de liberté. D'autres auraient pu le faire; mais, comme l'a remarqué Augustin Thierry, ceux-ci préféraient demander de prétendues leçons à une antiquité romanesque, produit de leur seule imagination. Ce serait une question de savoir s'il fallait réellement qu'il en fût ainsi pour que la Révolution s'accomplît. La thèse d'Augustin Thierry pourrait être combattue par de solides arguments. L'histoire de notre pays, mieux étudiée aujourd'hui, nous permettrait de dire qu'il n'était pas nécessaire de méconnaître et de dénaturer la vérité pour que les réformes fussent possibles. Qui sait même si, en s'appuyant sur le passé et en devenant la conséquence de notre évolution nationale, elles n'auraient pas reposé sur une base encore plus solide? Mais ce sont là des problèmes en dehors de notre sujet. Quelque usage, d'ailleurs, que Moreau et Bertin fissent de leur méthode en politique, en histoire elle devait les conduire à la vérité.

[1] T. I, p. 145.

Nous aurions pu multiplier les citations où Moreau la développe; il y revient dans presque tous ses rapports et mémoires, avec une insistance qui prouve à quel point il en était pénétré; mais il nous suffit d'avoir indiqué quelle place elle tenait dans son esprit. L'occasion dont il se servit pour décider Bertin à entreprendre la fondation du dépôt des chartes fut la remise au Ministère des finances des nombreux matériaux relatifs au droit public et aux antiquités de la France qu'avaient rassemblés deux savants du plus haut mérite, Sainte-Palaye et Foncemagne. Aidés de Secousse, ces derniers s'étaient efforcés, dès 1746, de persuader à M. de Machaut, Contrôleur général des finances, qu'il y aurait un grand intérêt à former un catalogue chronologique des chartes ayant trait à l'histoire de France qui se trouvaient dispersées dans un grand nombre d'ouvrages. C'était, en effet, le commencement de tout travail sérieux sur les chartes. Il fallait d'abord savoir ce qui était imprimé et ce qui ne l'était point. Mais le projet de Moreau eut tout de suite une bien autre importance. Moreau proposait, en recevant à la Bibliothèque des finances les documents recueillis par Sainte-Palaye et Foncemagne, d'établir un bureau qui serait destiné, non seulement à les mettre en ordre, mais à en rechercher d'autres du même genre dans tout le pays, car, disait-il fort justement, pour ce genre de recherches, « c'est périr que d'être discontinué [1]. » De plus, ce bureau historique devait se réunir toutes les semaines au bureau des avocats des finances, « dans une conférence de travail à laquelle ceux qui en auroient la direction aggrégeroient, s'ils le jugeoient à propos, quelques gens de lettres et quelques jurisconsultes choisis, dont ils connoîtroient les lumières et la prudence. MM. de Sainte-Palais et de Foncemagne, propriétaires du dépôt dont ils offrent l'usage au Roi, seroient les premiers membres et les directeurs même de cette conférence, qui, par la suite, pourroit devenir un séminaire de bonnes études [2]. » Il ajoutait, avec beaucoup de raison, que M. de Bréquigny devait leur être adjoint; et il insistait, suivant une coutume

---

[1] T. I, p. 30.
[2] T. I, p. 31.

que nous avons déjà remarquée chez lui et que nous remarquerons bien des fois encore, sur ce qu'il était possible d'organiser presque sans frais ce qu'il appelait « un des plus beaux et des plus utiles établissemens que l'on puisse imaginer [1], » expression qui n'a rien d'exagéré, puisque cet établissement, d'où est sorti le dépôt des chartes, a été aussi sans nul doute le premier essai et comme la première épreuve du *Comité des travaux historiques*.

Bertin approuva immédiatement le projet de Moreau, et en lui donnant son assentiment, il voulut en rendre la réalisation aussi aisée et aussi rapide que possible. C'est sans nul doute l'influence qu'il devait à sa haute situation qui lui permit d'obtenir, dès les premiers temps, la collaboration des Bénédictins de la congrégation de Saint-Maur, et de grouper, autour de savants distingués, comme Sainte-Palaye, Foncemagne et Bréquigny, les derniers représentants de cette grande école, qui déclinait déjà, il est vrai, mais qui continuait cependant, non sans honneur, les traditions auxquelles l'ordre de Saint-Benoît avait dû tant d'éclat, et la France une supériorité reconnue sur tout le reste de l'Europe, au XVIIe et au commencement du XVIIIe siècle, dans les travaux d'érudition historique. « Quelque importante, a dit M. G. Monod, qu'ait été l'œuvre des Jésuites, des Oratoriens, du janséniste Tillemont et de quelques membres du clergé séculier, tels que Pierre de Marca ou Longuerue, elle pâlit à côté des travaux de l'ordre illustre dont le nom seul éveille l'idée d'une érudition inépuisable et d'infatigables labeurs. Une science de Bénédictin, un travail de Bénédictin, ces locutions sont devenues proverbiales ; et, bien qu'une partie de la gloire intellectuelle attachée à ce nom doive être reportée aux Bénédictins du moyen âge, la plus grande part en revient à la congrégation créée en 1627 sous l'invocation de Saint-Maur, et qui avait pour siège principal l'antique abbaye de Saint-Germain-des-Prés [2]. » Quoique entrée dans sa décadence, dont nous allons avoir à constater

---

[1] T. I, p. 33.
[2] *Du progrès des études historiques en France depuis le XVIe siècle*, dans la *Revue historique*, t. I, p. 20.

les nombreux symptômes, la congrégation de Saint-Maur prêta à l'œuvre de Moreau un utile concours. Elle l'aida, à la veille de la Révolution, qui allait porter un si grand trouble dans nos archives, à en recueillir d'importantes parties; et, même après sa dispersion, des membres isolés, séparés de leur ordre, ralliés aux idées nouvelles, contribuèrent à sauver ce qui nous est resté de ces précieux dépôts, que le vandalisme révolutionnaire livrait à la destruction.

Bertin s'adressa donc, au nom du Roi, aux Bénédictins, et ceux-ci lui répondirent, non sans quelque vanterie, le 27 juillet 1762, qu'ils comptaient dans la congrégation une foule de religieux habitués au déchiffrement des titres anciens, dont plusieurs étaient occupés à la composition de différentes histoires de provinces; qu'ils étaient en état de distribuer des hommes savants et laborieux de toutes les maisons de leur ordre, soit dans les villes, soit dans les grandes seigneuries et les monastères possédant des chartes; qu'ils pourraient « couvrir toute la France de travailleurs [1] »; et enfin qu'ils étaient disposés à envoyer au dépôt qui leur serait indiqué les notices des chartes qu'ils connaissaient déjà ou qu'ils découvriraient par la suite. Il n'était pas encore bien nettement question, en effet, de former un dépôt des chartes proprement dit; on se bornait à une collection de notices sur le plan du recueil chronologique des actes relatifs à la France, entrepris par Secousse, continué par Sainte-Palaye et Bréquigny.

C'est Bertin qui déclara le premier que des notices ne donneraient pas les résultats que l'on était en droit d'attendre de la nouvelle institution. Dans un mémoire d'une logique serrée, il représentait à Moreau que, si, à la rigueur, une notice pouvait suffire quand il s'agissait de documents conservés dans les dépôts d'archives de l'État, la plupart accessibles à tous, d'actes dont le contrôle était facile, il n'en était plus de même pour ceux qui restaient dans les chartriers privés; qu'une notice ne présentait aucun caractère d'authenticité; qu'indépendamment du plus ou moins de valeur qu'elle tirerait du

---

[1] T. I, p. 36.

plus ou moins de soin avec lequel elle serait faite, il fallait surtout tenir compte des opinions des rédacteurs et du point de vue où se placerait chacun d'eux. Sans vouloir précisément affirmer qu'en ce qui concernait les Bénédictins, ces notices n'offriraient pas toutes les garanties désirables, il disait : « De quelle utilité véritable pourroit être une notice faite par des religieux, dont nous connoissons tous l'application et le mérite en ces matières, et dont le grand nombre qui sera employé ne peut avoir les mêmes lumières, la même assiduité ou plus tôt la même patience [1], etc. ? » Et, plus loin, il concluait : « Ce n'est point une notice qu'il nous faut, c'est une *collection de titres* ou de *copies fidèles de ces titres et chartes,* à laquelle les sçavans puissent recourir comme aux originaux, soit en attendant qu'elles soient imprimées, soit après leur impression. Cela ne nous empêchera pas, dans notre intérieur, de faire faire par M. de Bréquigny et autres bons citoyens ou sçavans une *notice de ces chartes,* des catalogues raisonnés, etc. Mais alors ce sera avec utilité, tout le monde pouvant recourir à l'inspection des chartes mêmes ou des copies fidelles qui seront au dépôt ou qu'on fera imprimer [2]. » Insistant sur cette idée, dans une lettre aux Bénédictins, il ajoutait : « Il y a dans le Royaume deux sortes de dépôsts : les uns sont des dépôsts publics, toujours accessibles aux recherches, et dont la surveillance des officiers royaux qui sont commis à leur garde écarte tout danger et de spoliation et d'altération même ; tels sont les greffes des Parlemens, Chambres des comptes et autres Cours souveraines, ainsi que ceux des juridictions royales, bureaux des villes et autres de cette nature ; les autres sont, pour ainsi dire, des dépôsts particuliers, dont la garde n'est confiée qu'au propriétaire, et sur lesquels l'Administration, quelque attentive qu'elle soit, ne peut que difficilement porter ses regards ; tels sont les chartriers des abbayes, maisons religieuses, églises et même des grandes terres et seigneuries. Par rapport aux premiers, il doit vous suffire, dans le cours de vos recherches, de procurer à Sa Majesté

[1] T. I, p. 42.
[2] T. I, p. 43.

des notices des différentes chartes ou titres qu'ils renferment. Le Roy pourra même demander par la suite à vos religieux, et surtout à ceux que vous jugerez les plus dignes de sa confiance, des éclaircissemens sur l'état dans lequel se trouvent ces dépôts et sur les soins que peuvent exiger et leur conservation et leur perfection; mais, quant aux titres qu'ils renferment, il suffira que le Roy les connoisse et sache, par la notice que vos religieux lui en donneront, les lumières que l'on en peut tirer. Quant aux dépôts particuliers, comme le Gouvernement doit veiller pour les propriétaires eux-mêmes à la conservation des monumens qui intéressent le droit public, le Roy entend que vous tiriez des copies figurées de toutes les chartes et de tous les actes importans que vous y trouverez. Ces copies, renfermées dans un dépôt, pourront quelque jour suppléer les originaux, dans le cas où ceux-ci seroient perdus, soit par la négligence des propriétaires, soit par la mauvaise foy de ceux auxquels la garde en est confiée, et formeront une collection à la portée des sçavans qui auront besoin de consulter ces titres, qu'ils ne pourroient bien connoistre s'ils restoient dispersés dans des dépôts particuliers ou si l'on n'en avoit qu'une notice [1]. »

Sur ces observations de Bertin, qui marquaient à la fois l'importance et les limites, la valeur et les lacunes de l'œuvre qu'on entreprenait, il fut décidé que, pour les dépôts publics d'archives dont la surveillance était confiée aux officiers royaux, tels que les greffes des Parlements, des Chambres des comptes et autres Cours souveraines, ainsi que ceux des juridictions royales, bureaux des villes, etc., il suffirait de dresser des notices des chartes ou titres qu'ils renfermaient; mais que, pour les dépôts particuliers, il serait fait des copies figurées de tous les actes importants, afin qu'elles pussent, en cas de perte de ceux-ci, tenir lieu des originaux, et que les savants fussent mis en mesure de consulter sans déplacement les chartes disséminées dans les chartriers du royaume.

Le Cabinet des chartes était fondé; il restait à s'occuper du per-

[1] T. I, p. 52-53.

sonnel. Un projet d'arrêt du Conseil, qui ne paraît pas, d'ailleurs, avoir été rendu, instituait, d'après les idées de Moreau, une sorte de comité supérieur des chartes, qui se serait réuni tous les mois en conférence, à la Bibliothèque des finances, pour procéder à la revision des chartes recueillies par les Bénédictins. Ce comité était composé, ou devait être composé, de Sainte-Palaye, de Foncemagne, de Villevault, de Moreau, de Bréquigny, de Bouquet, de Coqueley de Chaussepierre, de Gibert et de Bonamy [1]. L'état des collaborateurs fournis par la congrégation de Saint-Maur fut envoyé à Moreau, le 14 décembre 1762, par le Père général des Bénédictins [2]. Moreau fut chargé de la direction administrative, Bréquigny eut à dresser le catalogue et la notice des chartes découvertes par les Bénédictins: en premier lieu figuraient toutes les chartes originales ayant quelque rapport avec l'histoire de France, ecclésiastique ou civile, générale ou particulière. Un premier modèle d'instructions fut expédié aux Bénédictins, mais il manquait de précision [3]. On ne donna à ces instructions une forme définitive que par le directoire du 14 mai 1764, document fondamental, qui mit un terme aux tâtonnements et devint le guide de toutes les personnes attachées au dépouillement des chartes.

Les fonds à consulter y étaient énumérés: c'étaient les cabinets des curieux, les archives des gentilshommes et des seigneurs, celles des États, des provinces, des sièges royaux, des Cours souveraines, des évêques, des églises, des abbayes et des communautés régulières, des villes et des commmunautés laïques. La nature des actes à recueillir dans les différents dépôts était indiquée; mais on appelait aussi l'attention, dans les archives des particuliers et dans celles des seigneuries, sur les titres généalogiques, lettres de rois ou de princes, qui pouvaient être conservées, sur les actes d'hommages, aveux, contrats de ventes, contrats d'achats et de mariages, testaments, comptes, etc.; dans les archives des États et des provinces, sur tous les

[1] T. I, p. 51.
[2] T. I, p. 54.
[3] T. I, p. 58-60.

« IX. A la fin de chaque copie on joindra, sur un papier séparé, les notes que l'on croira devoir faire : 1° sur le tittre que l'on croira convenir à la pièce, ou que l'on aura trouvé au dos d'icelle ; 2° sur les noms des lieux ou personnes ; 3° sur les caractères numériques de la date ; 4° sur les signatures, croix, etc., observant si elles ne sont pas toutes de la même main, comme cela arrive quelques fois ; 5° sur les sceaux, distinguant ceux qui sont entiers, frustes ou qui paroissent avoir été enlevés, et décrivant ceux qu'on n'a pu dessiner ; 6° sur les ratures, interlignes, endroits gratés ou altérés, etc. ; 7° enfin, sur la forme phisique de l'acte, lorsqu'elle aura quelque chose de singulier ; sur la nature du parchemin ou autre matière, quand cela sera remarquable ; sur l'encre même, la forme de certains tittres qui peuvent servir à désigner l'âge de la charte, et les autres caractères extrinsèques qui paroîtront mériter d'être marqués. Il seroit bon de puiser quelque connoissance de ces divers caractères dans le *Nouveau traité de Diplomatique*. Au reste, ces observations doivent plustôt contenir des faits que des réflexions ; elles seront courtes et seulement indicatives[1]. »

La limite extrême des documents à transcrire fut fixée à l'année 1380 ; pour les pièces d'une importance exceptionnelle, elle fut reculée jusqu'à la fin du règne de Louis XIII. Enfin il fut décidé que les copies de titres et les actes tirés des cartulaires seraient compris dans la collection, lorsque ces copies offriraient un caractère incontestable d'authenticité.

Aux termes du titre II de l'instruction sur les recherches des chartes manuscrites, la notice des pièces trouvées dans les dépôts devait être préalablement communiquée à Moreau, puis à Bréquigny, lequel vérifierait sur les tables des titres imprimés si ces pièces étaient ou non publiées. Mais cette opération, si simple qu'elle paraisse au premier abord, n'était pas sans présenter de réelles difficultés ou des garan-

[1] T. I. p. 63-66.

documents sans exception ; dans celles des Cours souveraines, sur les registres de leurs actes ; dans les Chambres des comptes, sur les comptes de finances, les rôles de montres, les rôles de réformation, les quittances, les scellés, etc. ; enfin on signalait surtout, parmi les richesses des archives ecclésiastiques, indépendamment des diplômes, chartes et actes divers que nous venons d'énoncer, les synodes et règlements ecclésiastiques, les délibérations des chapitres, les fondations de toute sorte, les élections, confirmations, bénédictions, réceptions solennelles, collations, dédicaces et confraternités d'églises. Quant à la méthode à suivre pour arriver à obtenir des copies d'une rigoureuse exactitude, elle mérite d'être rapportée en entier, tant elle est claire et sûre. Elle présente en peu de lignes un programme qui peut être proposé en exemple, même de nos jours :

« VI. On aura grand soin, dans cette transcription, d'observer l'ortographe emploiée dans l'acte, ne supléant ny les diphtongues, ni la ponctuation, et copiant même les fautes ; surtout on prendra garde d'estropier les noms de personnes ou de lieux ; et lorsque les noms de lieux seront hors d'usage ou latins, on s'informera dans le païs des noms modernes correspondans, autant qu'on pourra les découvrir, et on en fera note, ainsi qu'on le dira ci-dessous, article IX.

« VII. On dessinera, au moins d'une façon grossière, les sceaux des rois, princes, évêques, abbés, seigneurs, etc., qui sont au bas des chartes ; et, s'il y en a plusieurs sur le même acte, on les rangera dans l'ordre qu'ils y occupent, sans oublier le contre-scel.

« VIII. On emploiera, dans la date ou ailleurs, les mêmes caractères numériques emploiés dans l'acte même. On copiera aussi les monogrames et les croix, qui tiennent souvent lieu de signature, observant l'ordre dans lequel les croix sont rangées, transcrivant les noms qui les accompagnent, et rangeant aussi, selon leur ordre, les signatures mêmes, de sorte que la coppie soit, à divers égards, aussi semblable qu'il sera possible à l'original.

ties insuffisantes. Les Bénédictins l'avaient bien compris. Après avoir déclaré qu'il n'y avait rien « de mieux à faire que de suivre de point en point le mémoire instructif » de Bréquigny, ils ajoutaient : « On est persuadé que toutes ces précautions, loin d'accellérer l'exécution du projet en question, ne serviroient qu'à la reculer et à semer de nouvelles épines sur un travail où il ne s'en trouve déjà que trop. D'ailleurs tout cela iroit à ne point finir et ne remédieroit pas à grand chose. Que feroit-on dans un chartrier, en attendant le résultat de l'examen de ces Messieurs, qui alors seroient peut-être absents, comme l'est actuellement M. de Bréquigny, ou occupés d'affaires qui ne leur permettroient pas de faire sur le champ l'examen en question? Ne seroit-il pas plus simple de coppier tout de suite celles de ces chartes qui paroîtroient intéressantes, sans trop s'embarrasser si elles sont imprimées ou non? Sur un chartrier qui contiendra quatre à cinq cents chartes, il y en aura sept à huit, une douzaine peut-être, qui auront été imprimées tant bien que mal. Est-ce la peine de perdre tant de tems à s'en assurer? D'ailleurs l'inconvénient de copier des chartes déjà imprimées est-il si grand? On ne le pense pas, d'autant plus que, dans les imprimés, on n'observe pas communément la ponctuation, l'ortographe, les abbréviations et le caractère des originaux, toutes choses très utiles, et que, conformément à une sage et judicieuse critique, on a raison d'exiger aujourd'hui[1]. »

Ces objections étaient d'autant mieux fondées que la *Table chronologique des chartes et diplômes,* que Bréquigny avait été chargé de continuer, restait en préparation et n'était pas assez avancée pour que les collaborateurs du Cabinet des chartes pussent savoir, d'une façon précise, si les documents dont ils transmettaient les notices avaient été imprimés ou étaient encore inédits. En effet, le premier volume de cet important travail, sur lequel nous aurons à revenir plus loin, ne parut qu'en 1769. Néanmoins, la décision prise en ce qui concernait les notices et les copies fut maintenue. Les recherches

---

[1] T. I, p. 70.

et les travaux de transcription furent poussés avec ardeur dès 1764. Déjà même, en 1763, plusieurs Bénédictins avaient mérité d'être signalés à cause de leur zèle et d'être compris pour une gratification de 1500 livres à prélever sur la somme de 4000 livres que le Roi avait attribuée annuellement à la congrégation de Saint-Maur, en vue d'indemniser les religieux attachés aux travaux du Cabinet des chartes des frais de copies et de leurs dépenses extraordinaires. Cette allocation était indépendante de la somme de 6000 livres que le Régime de la congrégation affectait chaque année à la continuation des ouvrages d'érudition entrepris par ses soins. Le travail ainsi rétribué semblait devoir toujours marcher à souhait. Les débuts étaient pleins de promesses, ce qui s'expliquait, du reste, car les provinces dans lesquelles la congrégation de Saint-Maur avait des monastères furent naturellement le champ sur lequel les Bénédictins exercèrent d'abord leur intelligente activité, terrain bien préparé où la semence ne pouvait manquer de lever assez vite.

Mais ce travail intérieur parut bientôt insuffisant à Moreau et à Bertin. Ce n'est pas seulement chez nous que se rencontrent les documents de notre histoire. Un peuple dont la vie, depuis tant de siècles et à travers des alternatives si diverses, s'est trouvée mêlée à la vie de tous les autres peuples, a laissé partout en Europe des monuments de sa gloire et de ses malheurs, de ses succès et de ses revers, enfin des innombrables entreprises où l'a conduit sa fortune bonne ou mauvaise, dans le cours d'une longue et féconde existence. Il était donc inévitable que les recherches entreprises en France se poursuivissent aussi à l'étranger, et que des missions au dehors vinssent compléter l'œuvre qui s'accomplissait dans nos propres archives. Rome et Londres surtout offraient au Cabinet des chartes des ressources trop considérables et trop précieuses pour qu'on les négligeât. Dès 1764, des démarches furent faites par Bertin auprès du marquis d'Aubeterre, ambassadeur de France à Rome, afin de l'interroger sur la possibilité d'explorer les archives du Vatican. Pour des motifs que nous ignorons, cette première tentative n'eut pas de résultat immédiat, mais elle devait être renouvelée dix ans après avec un succès inespéré. A Londres, où, dès 1762, Durand de Distorf, garde des archives des Affaires étrangères, avait signalé la grande quantité de richesses historiques relatives à la France, que conservaient la Tour, l'Échiquier et le British Museum, — richesses dont l'existence n'était d'ailleurs pas ignorée, — nous devions être plus rapidement heureux. Durand écrivait au duc de Praslin, alors Ministre des affaires étrangères : « Monseigneur, après le succès de vos négociations et après avoir mérité, par votre manière de traiter, l'estime de Sa Majesté Britannique et de son ministère, j'entrevois des facilités dans l'exécution d'un projet que M. le duc de Nivernois a cru que je devrois mettre sous vos yeux. Il s'agiroit d'obtenir la communication d'une prodigieuse quantité de titres originaux, de perfectionner par cette connoissance l'histoire de plusieurs de nos provinces, de procurer, en suivant cette route, un nouveau jour à notre histoire générale et de jetter un nouvel éclat sur un grand nombre des principales maisons du royaume.... Il seroit fort à souhaiter qu'on pût faire un inventaire de ces titres et qu'on eût de plus la permission d'en tirer des copies authentiques. » Frappé sans doute par ces renseignements, le duc de Praslin confia à Bréquigny, vers 1764, la mission de copier, dans les différents dépôts de Londres, les pièces qui concernaient la France. Il semble que, tout d'abord, ces copies étaient destinées à enrichir les archives du Ministère des affaires étrangères. Moreau s'en émut; et, à la veille du départ de Bréquigny pour Londres, aux premiers jours de mai 1764, il réclama instamment auprès de Bertin, devenu Ministre d'État et qui avait conservé dans ses attributions le dépôt des chartes, le suppliant d'intervenir pour que ce dépôt ne fût pas frustré des documents qui pouvaient légitimement lui être attribués. Moreau obtint gain de cause. Installé à Londres, où il employait six copistes, Bréquigny commença par dépouiller, dans les greniers de l'Échiquier, des quantités énormes de parchemins considérés comme inutiles, qui y avaient été accumulés. Il y trouva, ainsi qu'aux bibliothèques Cottonienne et Harléienne et aux chartriers du British Museum, un nombre considérable de documents intéressant la France; il les fit copier ou en rédigea des notices. Il explora les dépôts des Affaires étrangères, nommés Chapter-House et Paper-Office. Toutefois c'est à la Tour, dépôt précieux entre tous pour les recherches auxquelles il se livrait, mais gardé avec un soin jaloux dont il sut heureusement triompher, que Bréquigny fit la plus importante et la plus abondante récolte. N'ayant avec lui que deux copistes, de peur d'éveiller la défiance s'il en employait davantage, et feignant de travailler pour son compte personnel, il put compulser tous les documents qui se rapportaient à nos provinces occupées autrefois par les Anglais : un grand nombre avaient été enlevés de nos chartriers lors de la conquête. Les titres relatifs aux droits du Roi et au domaine de la couronne; les lois municipales des villes de France qui avaient été soumises à la domination anglaise; les ordonnances des rois de France et d'Angleterre concernant ces villes; des lettres originales de nos rois, de nos ministres et de nos généraux; les instructions des ambassadeurs d'Angleterre en France; les dépêches, les traités et les projets de traités; les bulles relatives à la France; la collection des rôles gascons, normands et français; en un mot, tout ce qui était de nature à éclairer d'un jour nouveau la politique extérieure de la France, son administration intérieure, l'histoire civile et religieuse, celle des familles, etc., attira l'attention de Bréquigny et devint pour lui l'objet de transcriptions et d'analyses. Le résultat de ses recherches, pendant deux ans et demi qu'il passa à Londres, fut vraiment prodigieux. Il n'en rapporta pas moins de 7,000 copies de pièces, qui constituèrent le premier fonds du Cabinet des chartes et qui restent un des plus précieux trésors du département des manuscrits de la Bibliothèque nationale. Dans un mémoire sur sa mission, qu'il lut en séance publique de l'Académie des inscriptions et belles-lettres, en 1766 [1], il fit entrevoir tout l'intérêt de la collection qu'il avait formée et les dissertations qu'il publia par la suite montrent

[1] T. I, p. 199-211.

assez quel secours elle pouvait apporter à l'histoire de France. On ne saurait trop admirer non seulement le zèle, mais l'intelligence déployée par Bréquigny dans sa mission en Angleterre. Tandis qu'un trop grand nombre des collaborateurs de Moreau, en France, se bornaient à copier les chartes, Bréquigny, devançant en partie la critique contemporaine, ne laissait passer aucun papier, quel qu'il fût, sans l'avoir examiné, et retirait souvent d'un compte, d'une quittance, d'une pièce en apparence dépourvue de valeur, d'intéressantes indications historiques. Il y mettait tant de zèle qu'il passait parfois auprès de ceux qui le voyaient travailler à Londres pour un de ces maniaques dont la vie se consume en efforts aussi vains que fatigants. Voici ce qu'il racontait à ce sujet dans son mémoire à l'Académie des inscriptions et belles-lettres :

« Les pièces conservées à l'Échiquier sont divisées en deux classes. Celles qui sont d'un usage journalier, renfermées dans un grand nombre d'armoires, sont rangées dans un bel ordre, et bien connues de ceux à qui elles sont confiées. Celles que l'on regarde comme inutiles sont, les unes accumulées dans un grenier, sur environ dix toises de long et quatre pieds de haut ; les autres entassées sans ordre dans un cabinet obscur, couvertes d'un enduit épais de poussière humide et infecte : preuve du long repos dans lequel on les a laissées, et qui sembloit devoir éteindre tout désir de le troubler. Je travaillai durant trois mois dans cette espèce de chaos, que je bouleversai sans ménagement. Je n'avois point à craindre d'en augmenter le désordre. Les surveillans qu'on me donna toujours, témoins de l'opiniâtreté de ce travail pénible et dégoûtant, me plaignoient en souriant, persuadés de l'inutilité de mes recherches. En effet, dans cet amas immense de vieux parchemins, je ne trouvai d'autres pièces concernant la France que d'anciens états de la recette et de la dépense des revenus de quelques-unes de nos provinces occupées jadis par les Anglois. Cependant, comme les pièces justificatives étoient jointes à ces états, plusieurs me parurent propres à éclaircir quelques points de l'administration ancienne de ces provinces, à rappeler le souvenir de quelques usages oubliés, à jeter du jour sur les généalogies de notre noblesse, dont une partie, surtout celle de Guienne, fut longtemps au service des rois d'Angleterre. Je transcrivis un assez grand nombre de ces pièces. Je fis aussi des extraits de différens comptes des revenus de diverses parties de la France, dans le xiv° siècle : purs objets de curiosité. Par exemple, en dépouillant un gros registre des droits de la douane de Bordeaux en 1350, je vis qu'il étoit sorti de ce port, dans le cours d'un an, cent quarante-un navires chargés de treize mille quatre cents vingt-neuf tonneaux de vin, qui avoient produit de droits cinq mille cent-quatre livres seize sous, monnoie bordeloise[1]. » Est-ce là un simple détail de curiosité, comme le dit Bréquigny ? N'est-ce pas plutôt une information importante pour l'histoire du commerce ? Bréquigny était trop modeste ; mais, en élargissant l'œuvre à laquelle il prenait part, il semblait présager l'extension nouvelle qu'elle devait recevoir de nos jours.

II

Pendant que Bréquigny accomplissait à Londres sa féconde mission, Moreau s'occupait en France d'organiser d'une manière plus complète sa grande exploration des chartriers. Il s'agissait de pénétrer partout, et, par suite, d'avoir des travailleurs adaptés à chaque espèce de dépôt dans lesquels on voulait s'introduire. Certains de ces dépôts pouvaient être fermés aux Bénédictins ; il fallait que d'autres y entreprissent le travail qui leur serait interdit. Moreau divisait les chartriers en quatre classes : 1° les Chambres des comptes, les bureaux des finances et les hôtels de ville, qui appartenaient au Roi ; 2° les archives des églises et des corps ecclésiastiques, soit réguliers, soit séculiers, et celles des seigneurs particuliers ; 3° les Parlements ; 4° la Bibliothèque du Roi, le Trésor des chartes et les collections particulières. Pour la première catégorie de dépôts, Moreau n'éprouvait au-

[1] T. I, p. 200-201.

cun embarras; rien ne lui paraissait plus simple et plus économique que de s'adresser aux officiers payés par le Roi, qui en étaient chargés, et de leur demander des inventaires et des notices des titres dont ils avaient la garde; mais il ne comptait point se borner à un appel général, préférant s'adresser à quelques fonctionnaires particulièrement zélés qu'on séduirait par d'alléchantes promesses et d'habiles flatteries. Moreau était toujours d'avis qu'il était préférable de donner aux gens de belles paroles que de la monnaie sonnante. On verra qu'il en usait ainsi envers tout le monde, n'hésitant pas à prendre au piège le plus de naïfs possible, dans l'intérêt de la science, et peut-être aussi, hélas! dans son intérêt, car son traitement personnel, qu'on l'a accusé de grossir aux dépens de celui des autres, ne se composait pas uniquement de fumée louangeuse et d'encens. Il prétendait non pas gouverner, mais faire travailler les hommes par la vanité, chose néanmoins excusable, car si l'on peut dire que la fin justifie les moyens, c'est assurément en pareille matière. « Or, disait-il, 1° il n'y a aucune de ces Compagnies dans laquelle on ne puisse trouver un ou deux magistrats honêtes et laborieux qui seroient flatez d'une correspondance avec le Ministre et d'un travail qui les mettroit à portée d'être connus du Roi : avec des motifs d'honeur et de gloire, on fera tout ce que l'on voudra de la pluspart. 2° Il n'y a aucune de ces Compagnies qui n'ait dans son sein des officiers pensionez du Roy : ces pensions ont été accordées aux services et à l'ancieneté; si donc on faisoit espérer la survivance de ces pensions à celui ou à ceux que l'on chargeroit des inventaires et des notices dont il s'agit, il est certain que l'on trouveroit plusieurs officiers qui se présenteroient à l'envy pour les mériter. Il n'en coûteroit rien au Roy, puisque, lorsqu'il tiendroit sa parole, qui doit être inviolablement exécutée, il n'accorderoit qu'une pension qu'il payoit auparavant [1]. » Moreau était convaincu de l'efficacité de ce procédé. « Sur le champ, disait-il, il se présentera des travailleurs qui mettront même leurs services au ra-

---

[1] T. I, p. 77-78.

bais, tant est puissante dans les provinces l'ambition d'avoir une correspondance directe avec le Ministre et l'espérance d'obtenir quelques grâces pour soi et pour sa famille. D'après cela, le Ministre doit choisir parmy les sujets qui lui seront présentez et faire à celui qui sera choisi l'honeur de lui écrire *une lettre un peu enyvrante*. Rien n'est si facile. Il faut bien peu connoître les François pour ne pas savoir combien il est aisé de les mener; avec de belles paroles, on leur fera faire tout ce que l'on voudra. Il y a tel honète magistrat en province qui, se voyant nommé dans la gazete comme choisi pour cet ouvrage, feroit plus de cas de cet honeur que d'une véritable récompense [1]. »

Les travailleurs ainsi alléchés, ou enivrés, on les chargeait, comme nous l'avons expliqué, de simples notices et inventaires, puisque, les dépôts publics restant entre les mains de l'État, la copie des documents eux-mêmes paraissait inutile. « On peut ajouter, et on l'a desjà éprouvé, disait Moreau, que tout ce que ces inventaires coûteront au Roi se réduira aux frais du papier et au salaire des copistes. »

En ce qui concernait les archives qui n'appartenaient pas au Roi, la difficulté devenait plus grande. On ne pouvait plus se borner à des notices et des extraits de titres ; il était nécessaire d'en avoir autant que possible des copies figurées. Ces archives étaient de deux sortes, celles des églises et des corps ecclésiastiques, soit réguliers, soit séculiers, et celles des seigneurs particuliers. Pour commencer par les premières, Moreau estimait que les Bénédictins de la congrégation de Saint-Maur pouvaient mieux que personne y pénétrer ; et, dans la pensée sans doute que les hommes se ressemblent partout et que le cœur humain d'un moine n'est pas fait autrement que celui d'un magistrat, il proposait d'employer, en vue d'inciter les religieux à la besogne, les mêmes moyens qui lui avaient paru de nature à séduire les fonctionnaires. « On doit ajouter icy, disait-il, qu'ils sont presque tous extrêmement sensibles à l'honeur, à la confiance et aux

---

[1] T. I, p. 78-79.

distinctions; une lettre du Ministre qui contiendra quelqu'éloge de leur zèle fera sur plusieurs d'entre eux autant et plus d'effet qu'une récompense pécuniaire. Cette ressource est facile. Mais il semble que, pour hâter leur travail et pour lui donner la plus forte activité et les plus grandes facilitez, il y auroit un moyen qui ne coûteroit rien du tout à Sa Majesté. Ce seroit de saisir l'occasion d'accorder sur quelques-unes des abbayes de leur ordre quelques pensions à ceux de ces religieux qui auroient le plus utilement et le plus longtemps travaillé. Il pourroit se faire même que cette pension fût moins une récompense du travail qu'une ressource pour le continuer; auquel cas elle seroit donnée non à tel ou tel religieux en particulier, mais attachée à telle maison et destinée au Bénédictin qui y sera employé par ses Supérieurs aux études de l'histoire et de la diplomatique. Par exemple, M. l'évêque de Valence est abbé de Saint-Benoît-sur-Loire, et ce bénéfice est fort considérable. Qu'à la mort de M. de Valence, le Roy veuille bien charger celui qui, après lui, aura l'abbaye, de payer 1,000 livres de pension à celui des religieux de la maison qui lui sera indiqué par le Père Général comme chargé des travaux littéraires ordonnez par Sa Majesté, que cette grâce soit publiée dans les gazetes, et l'on ose avancer sans crainte qu'elle excitera la plus grande ardeur dans toute la congrégation de Saint-Maur, soit pour employer les savans qu'elle renferme, soit pour en former d'autres. Ce que l'on fera sur l'abbaye de Saint-Benoît-sur-Loire peut être répété sur d'autres abbayes du même ordre, et, outre l'émulation que le Roy aura excitée, il se sera peu-à-peu assuré les frais de ce travail, et les 4,000 livres qu'il y a destinez pourront être employez à récompenser d'autres études. On ne croit pas que les canonistes les plus sévères puissent critiquer un pareil emploi des revenus de l'Église [1]. »

Il est permis, toutefois, de se demander ce qu'auraient pensé, sinon les canonistes les plus sévères, au moins certains moralistes un peu méticuleux, de la manière dont Bertin, appliquant les idées de Mo-

---

[1] T. I, p. 80-81.

reau, écrivait à l'évêque d'Orléans, chargé de la feuille des bénéfices, pour le prier de réserver les pensions ecclésiastiques aux religieux et aux prêtres qui travailleraient à enrichir ses collections. « Vous ne pouvés me le refuser, » lui disait-il; et la raison qu'il lui donnait c'est qu'en somme il ne s'engageait à rien. « Par exemple, ajoutait-il, il y a un certain M. l'abbé Joli, chanoine de Dijon, grand diplomatique, jadis employé et longtems par feu M. le chancellier d'Aguesseau, et qui est très mal à son aise. Cet homme vient de donner au Roy quelques manuscrits anciens et précieux, et il les a donnés bien gratuitement. Ainsi vous ne m'alléguerés point la simonie; mais je voudrois, de mon côté, lui procurer, quoi? Ce n'est ny une abbaïe, ny un prieuré. Rassurés-vous, c'est une misérable pension de 600 livres sur un bénéfice. Vous ne sauriés croire combien une pareille grâce, que nous ferions sonner bien haut, attacheroit de gens aux travaux qui me sont confiez. Je vous la demande donc, et ma lettre vous servira de mémoire pour la mettre sous les yeux du Roy. Autre exemple. Dom Prosper Tassin est un vieux Bénédictin de quatre-vingts ans qui a pensé mourir il y a deux ans. Cet homme a fait un magnifique traité de diplomatique en plusieurs volumes in-4° et a travaillé toute sa vie à receuillir les monumens de notre histoire. Je lui ai fait présenter son ouvrage au Roy, mais cet honeur ne pique point l'émulation des autres, comme le feroit une petite pension de 300 ou 400 livres sur une abbaye bénédictine. Vous ne la payeriés pas un an; mais cet événement me feroit trouver dix ou douze honêtes gens qui se jetteroient dans la poussière des titres pour mon service. Voilà, Monsieur, tout ce que j'y sais, et je vous appelle avec confiance à mon aide. Il est si aisé d'encourager les hommes que, si, sur ces deux objets, vous voulés me faire une belle réponse ostensible, la copie que je leur en enverrai leur inspirera le plus grand zèle, et doublera l'ardeur dont je profite. Nous autres Ministres, quand nous n'avons point de bon argent, il faut au moins que nous donnions de belles paroles [1]. »

[1] T. I, p. 112-113.

La question du personnel tranchée par ces habiles procédés, Moreau remarquait que, si le Roi n'était pas propriétaire des archives des églises et des chapitres, il n'en avait pas moins, comme protecteur de l'Église, le droit et peut-être la charge de veiller à leur conservation. Il lui semblait donc qu'il pouvait, ou plutôt qu'il devait, faire visiter ces archives par les Intendants des provinces pour vérifier l'état dans lequel elles se trouvaient; puis ordonner aux évêques et aux chapitres de dresser des inventaires exacts de tous les titres qu'elles renfermaient, inventaires dont une copie serait envoyée gratuitement au dépôt des chartes.

De la part des Parlements, il y avait à craindre des difficultés plus sérieuses encore que du côté des églises et des chapitres; les défiances qui existaient entre la plupart de ces Compagnies et le Ministère étaient trop vives pour qu'on n'en redoutât pas les funestes effets; on devait donc attendre qu'elles fussent assoupies. Toutefois, il n'était pas impossible d'acquérir ou de faire transcrire une des nombreuses copies des registres du Parlement de Paris que conservaient les bibliothèques, et de se faire communiquer les tables et inventaires que, dans certains Parlements, plusieurs magistrats avaient dressés pour leur usage personnel. « Enfin, disait Moreau, il viendra un tems où les troubles, l'agitation et les défiances ayant cessé, il sera facile au Ministère d'agir de concert avec les premiers Présidens et les Procureurs généraux pour faire transcrire, en vertu des ordres du Roy, tout ce que les registres des Parlemens peuvent renfermer de curieux et d'important pour l'administration publique. Ce ne sera qu'alors qu'il sera possible d'avoir des mémoires impartiaux sur toutes les parties de notre droit public; car tant que les dépôts des Parlemens ne seront connus que de ceux qui y cherchent à justifier leurs opinions particulières, on ne tirera point de lumières sûres de ces immenses dépôts [1]. »

Pour le dépouillement de la Bibliothèque du Roi, qui ne contenait pas moins de 30,000 chartes non imprimées et presque entière-

---

[1] T. I, p. 83.

ment inconnues, on pouvait le confier à deux Bénédictins; et quant au Trésor des chartes, au Palais, le Procureur général serait invité à faire faire, pour le dépôt, un double de ses registres. Enfin, la plupart des collections particulières qui appartenaient à des corps spéciaux, tels que l'ordre du Saint-Esprit, la Pairie, etc., étaient en ordre et parfaitement inventoriées par des personnes intelligentes et laborieuses; il était aisé d'obtenir des copies de leurs notices et catalogues.

Restaient les chartriers des seigneurs, dont la plupart pouvaient renfermer des pièces fort intéressantes. « Leur dépouillement, disait Moreau, entre dans le plan que se proposent les Bénédictins, et ce sont eux qui peuvent le plus facilement s'en procurer l'accès, précisément parce que, n'étant que gens de lettres et ne travaillant que pour l'histoire, ils ne sont point suspects dans leurs recherches. On espère d'icy à quelque tems avoir par leur moyen un état exact et général de tous les dépôts, soit publics, soit particuliers, qui, dans toute l'étendue du Royaume, peuvent exciter la curiosité et mériter quelqu'attention. Mais on ose se flater que, lorsqu'une fois le cabinet ou dépôt formé par Sa Majesté sera connu, lorsqu'il sera bien avéré qu'il n'est destiné qu'à former une chaîne de connoissances qui puisse lier le droit public et l'histoire de toutes les provinces et conserver même aux particuliers des copies capables de suppléer les originaux, s'ils étoient jamais perdus, tout le monde s'empressera de faire connoître les monumens dont il est possesseur, et que le supplément que peuvent fournir ces dépôts particuliers sera peut-être de tous le plus facile à acquérir [1]. »

Comme on le voit, ce projet était complet : il indiquait toutes les sources où l'on devait puiser, tous les moyens à prendre pour en approcher, enfin toutes les personnes que l'on pouvait charger de ce soin. Mais, à cet égard, Moreau et Bertin n'étaient point encore satisfaits. Dans la pensée d'augmenter le plus possible le nombre des travailleurs attelés à leur œuvre, ils songèrent à s'adresser, en outre,

[1] T. I, p. 85.

à tous les érudits de province ou à tous ceux qui montreraient des dispositions à le devenir. « Il existe, écrivait Bertin aux Intendants le 25 janvier 1765, il existe dans les provinces beaucoup de gens de lettres et de savans ignorés dans la capitale : il est toujours utile de faire connoître de pareils sujets, et souvent nécessaire de les employer. Si donc vous découvrés dans votre département des gens de mérite qui, appliqués par goût aux études de l'histoire et du droit public, soient capables de recherches et ayent fait preuve de leurs talens, je vous serai bien obligé de vouloir bien m'en envoïer les noms, et d'y joindre un état de ce qu'ils ont fait, du genre particulier auquel ils sont propres et même de leurs facultés et de leur fortune. Ces catalogues de gens utiles formeront, Monsieur, une partie précieuse des connoissances que je veus acquérir et qu'il est important de donner au Roi. Si, dans l'étendue de votre département, il est possible de faire faire par vos subdélégués, du moins par ceux d'entre eux que vous jugerés plus propres à ce travail, ou par des gens de lettres de votre connoissance, des découvertes utiles, vous me fairés grand plaisir d'y faire travailler [1]. » C'était, dès ce moment, l'idée même des correspondants du Ministère de l'instruction publique, telle qu'elle a été reprise et réalisée par M. Guizot pour seconder le Comité des travaux historiques. Dans la circulaire où Bertin l'exposait, il demandait aussi que les Intendants, leurs subdélégués, les Bénédictins, leurs collaborateurs, fussent invités à dresser, chacun dans sa région, un état des chartriers existants, à en faire connaître l'ancienneté, l'importance et l'utilité, à indiquer s'ils avaient déjà été visités ou non, si l'on pouvait facilement y pénétrer, etc. Il priait les Intendants d'user de toute leur influence auprès des chapitres, dont les archives étaient pour la plupart mal en ordre, mais qui manifestaient une grande méfiance lorsque les agents du Roi voulaient y pénétrer, pour qu'ils consentissent à les classer eux-mêmes, à en dresser l'inventaire et à en fournir la copie. Enfin il les priait d'user

---

[1] T. I, p. 92.

également de toute leur influence afin de faire ouvrir aux travailleurs les dépôts d'archives. En même temps, Moreau poursuivait son projet de création d'une société littéraire, qui devait donner un centre à toute l'entreprise, projet conçu, comme nous l'avons vu, en 1762, mais qui, sans doute, n'avait point reçu d'exécution. Cette société, dans laquelle se trouve en germe l'organisation de notre Comité des travaux historiques, et dont il demandait à être le secrétaire perpétuel, aurait été composée de douze membres, nommés ou agréés par le Ministre, et ayant fait leur principale étude de la diplomatique, du droit public et de l'histoire : elle se serait assemblée, tous les quinze jours, chez le Ministre, pour examiner, entre autres choses, les listes de documents envoyées par les Bénédictins ou par d'autres savants; pour indiquer les titres dont il y avait lieu de demander des copies figurées, ou seulement des notices; enfin pour assigner à chaque charte et le degré d'autorité qu'elle méritait, et la place qu'elle devait occuper dans le dépôt. Outre les membres que nous pourrions appeler résidants, la société eût choisi dans les provinces des correspondants chargés de les aider de leurs travaux. Une liste, jointe au mémoire préparé par Moreau pour cet objet, contient les noms de Sainte-Palaye, Foncemagne, Bréquigny, Dalbert, Moreau, Capperonnier, l'abbé Boudot, Chérin, Boucher d'Argis, Villaret et Mézagues. Le plan de Moreau est si bien conçu, si simple et si complet, qu'en le lisant, on se croirait, il faut le répéter, en présence de celui du Comité des travaux historiques, tel que M. Guizot devait le tracer si longtemps plus tard. Néanmoins ce second comité semble, comme celui que Moreau avait déjà proposé en 1762, n'avoir jamais fonctionné; et nous croyons que le premier qui ait été réellement et officiellement constitué, sans que nous puissions préciser la date de son organisation postérieure à 1768, est celui qui comprenait Foncemagne, Sainte-Palaye, Moreau, Bréquigny, Béjot, Gibert, Chevalier, Boucher d'Argis, Bouquet et Chérin, et qui, sous le nom de *Bureau littéraire*, devait se réunir, tous les quinze jours, au dépôt des chartes, pour « en examiner les progrès, pour juger du mérite des pièces qui y seront envoiées, et pour suggérer au Ministre de Sa Majesté les différentes vues qui peuvent, ou assurer la conservation des monumens, ou en rendre la recherche plus facile et plus avantageuse [1]. »

C'est sans doute le projet de Moreau qui inspira au conseil de la congrégation de Saint-Maur la pensée d'une institution du même genre. Le désordre s'était introduit dans les chartriers de plusieurs monastères bénédictins, ce qui rendait les recherches difficiles pour les travailleurs et entravait probablement les progrès du Cabinet des chartes. En vue de remédier à cet état de choses, Bertin, par une lettre du 14 septembre 1766, demandait au Supérieur général d'établir, dans chaque monastère, un archiviste chargé de la garde et de la mise en ordre des titres, de la confection des inventaires et de la communication aux savants. D'autre part, le nombre des religieux qui avaient le goût des études diplomatiques et historiques diminuait à tel point que Moreau n'en trouvait plus que douze sur lesquels il pût compter. Bertin ne voyait de remède à cette déplorable décadence d'un ordre jadis si renommé pour son amour de la science, que dans la création d'archivistes et dans l'organisation d'un *Bureau de littérature*, qui serait chargé à la fois de stimuler le zèle des Bénédictins et de les maintenir dans la discipline. « Ne craignez pas, écrivait-il plus tard au Supérieur de la congrégation de Saint-Maur, ne craignez pas qu'en cherchant à réveiller dans votre Congrégation cet esprit des bonnes études, on y affoiblisse jamais l'esprit religieux et la discipline intérieure dont le maintien vous est confié. Jamais il n'y a eu parmy ses membres plus de bons religieux que lorsqu'ils étoient presque tous savans, et ils n'ont jamais été plus soumis à leurs Supérieurs que lorsqu'ils ont été tous occupez. C'est avec vous, mon Révérend Père, que je confereray sur les moyens de concilier et le travail et la subordination. Vous jugerez vous-même de nos plans et vous disposerez des ouvriers que vous nous présenterez [2]. » Les religieux de la congrégation de Saint-Maur devenaient, en effet, singulièrement turbulents. En 1765, vingt-huit

---

[1] T. I, p. 98.
[2] T. I, p. 147.

Bénédictins de l'abbaye de Saint-Germain-des-Prés avaient demandé à être dispensés de la règle; et, loin de s'être assoupi, l'esprit de révolte avait bientôt gagné plusieurs monastères. Parfois, d'ailleurs, il se déguisait sous l'apparence de l'amour de la science. Bertin et Moreau avaient fait appel à la vanité des Bénédictins, ils les avaient flattés de l'idée d'une correspondance directe avec le Ministre et de la faveur particulière du Roi. Quelques-uns avaient jugé l'occasion favorable pour s'émanciper de plus en plus. « Il faut convenir, écrivait Moreau, que leur zèle tend un peu à se rendre indépendans de leurs Supérieurs, et se sent un peu de l'ardeur et des inquiétudes qui agitent aujourd'hui la Congrégation. On cherchera à profiter de leurs travaux, en les ramenant tout doucement à la règle [1]. »

Pour éviter tout désordre, Bertin prenait soin de ne donner aucune instruction à un religieux sans passer par l'intermédiaire de son supérieur. « On a cru devoir tenir cette conduite réservée, disait-il, parce que l'on s'est apperçu qu'un grand nombre de religieux ne demandoient pas mieux que de lier avec le Ministre un commerce direct et indépendant de leurs Supérieurs, vis-à-vis desquels ils emploioient ensuite le nom du Ministre pour se soustraire à quelques-uns des devoirs de l'obéissance [2]. »

Évidemment le seul remède à cette insubordination était le travail. Autant dans l'intérêt de l'Ordre que dans celui de son entreprise, Bertin insistait donc auprès du Supérieur général pour que ses propositions fussent acceptées. Il eut, en effet, la satisfaction de voir instituer, presque aussitôt après, un corps d'archivistes dont les attributions étaient définies par le plan d'études de 1766 [3], et un *Bureau de littérature,* ayant pour objet de relever le niveau des études diplomatiques et historiques. Composé de quatre religieux, nommés par les Dignitaires et résidant à Saint-Germain-des-Prés, ce bureau possédait un droit d'inspection sur tout ce qui avait rapport aux travaux soit des

---

[1] T. I, p. 124.
[2] T. I, p. 126.
[3] T. I, p. 100 à 103.

« littérateurs de Paris », au nombre de douze, soit des « correspondants de littérature », choisis parmi les Bénédictins des monastères de province. Il commença à fonctionner dès le 16 décembre 1766.

Le 18, le Supérieur général écrivait à Bertin : « Le bureau de littérature a commencé avant-hyer ses séances; j'y ai présidé, et j'ai eu la satisfaction de voir ceux qui le composent répondre à mes vues, ainsi qu'à tout ce qui peut faire aller de pair la régularité des mœurs avec les études. Ces deux objets, Monseigneur, ne seront point séparez. Le bureau de littérature ne s'occupera pas seulement des moyens de faire fleurir les études; les principes sur lesquels le plan est établi concourent également à faire des Bénédictins de Saint-Maur des religieux estimables par la sagesse, par la simplicité des mœurs et par les travaux littéraires [1]. »

Tous ces efforts, poursuivis avec une persévérance et une habileté vraiment admirables, ne pouvaient manquer de développer sans cesse le dépôt des chartes. En août 1769, des ordres furent envoyés aux Procureurs généraux des Chambres des comptes pour leur demander des renseignements sur l'état de leurs archives; à la même époque, les Intendants furent de nouveau priés de dresser la nomenclature des chartriers de leurs généralités respectives, opération prescrite, on l'a vu, en 1765; enfin l'Intendant de Metz fut consulté sur la question de savoir quelles richesses les Bénédictins de Saint-Arnould avaient recueillies dans les archives du pays Messin, et si elles étaient de nature à enrichir le dépôt des chartes.

Ce dernier avait pris une telle importance qu'il fallut songer à lui donner un logement définitif. On sait que la Bibliothèque des finances, à côté de laquelle il s'était fondé, avait été transportée à la Bibliothèque du Roi, où on l'avait déposée dans les combles, en attendant de pouvoir lui assigner un local plus convenable. Le dépôt des chartes n'avait pas d'abord suivi la Bibliothèque des finances; « faute d'une place et par œconomie », Moreau l'avait gardé dans son cabinet et sous

---

[1] T. I, p. 104.

ses yeux. Mais, comme il grossissait toujours, on avait fait divers projets d'installation particulière, tous repoussés comme trop dispendieux. Finalement, il avait fallu se résigner à le transporter à la Bibliothèque du Roi, Moreau ayant changé d'appartement, et, comme il nous l'apprend, celui qu'il venait de louer s'étant trouvé trop petit pour contenir la collection. La consolation de Moreau était de voir réunies les deux œuvres qu'il avait toujours espéré rapprocher. Toutefois il ne lui plaisait guère de rester à la Bibliothèque, où il ne se sentait pas chez lui; aussi s'empressa-t-il de profiter de la première occasion pour reconquérir son indépendance. En 1764, Bertin, qui n'était plus Contrôleur général, mais Ministre d'État avec certaines attributions empruntées soit aux finances, soit à la maison du Roi, et qui était, semble-t-il, chef du Secrétariat du Roi, se vit dans la nécessité de loger quelque part les titres et les papiers de la principauté de Dombes, restés jusque-là à l'hôtel du Maine. Il fut convenu qu'on louerait à cet effet l'hôtel du fermier général Richard, à l'angle de la place Vendôme et de la rue des Capucines, et qu'on y transférerait le dépôt des chartes avec les papiers de la principauté de Dombes et du Secrétariat d'État. Le bail devait être fait au nom de Moreau, qui allait enfin se trouver tout à fait maître de ses collections. A la vérité, la Bibliothèque des finances restait encore à la Bibliothèque du Roi, mais ce ne fut pas pour longtemps. Non content d'avoir échappé à la surveillance de Bignon, Moreau songeait, nous l'avons déjà vu, à exploiter la Bibliothèque du Roi au profit de son dépôt, à la traiter comme les archives provinciales. Dès 1764, il avait rattaché à son service la direction des missions à l'étranger. Il formait peu à peu ce qu'il devait appeler plus tard une sorte de « département » comprenant les travaux et les missions scientifiques.

Malgré les tâtonnements inévitables de la première heure, cette première période de l'œuvre de Moreau, que l'on pourrait appeler la période préparatoire du Comité des chartes, avait été relativement féconde en résultats. La mission de Bréquigny à Londres avait eu un succès aussi complet que rapide. Il faut l'attribuer sans nul doute à l'intelligente et habile direction de Bréquigny lui-même ; mais la libéralité de l'Administration, qui ne lui marchandait pas les fonds nécessaires à son entreprise, y contribua puissamment. Pour n'avoir pas compris qu'il fallait agir de même avec les Bénédictins, pour avoir trop compté sur leur désintéressement, et peut-être sur la participation de la Congrégation aux dépenses qu'entraîneraient leurs travaux, les créateurs du Cabinet des chartes firent fausse route. Reconnaissant bientôt le vide des promesses du Ministère, le découragement n'avait pas tardé à s'emparer de ceux-mêmes qui avaient montré le plus d'ardeur au début. Les sommes qui leur étaient dues ne leur étaient versées qu'après des retards considérables, lorsqu'ils avaient nourri et payé d'avance leurs copistes, et souvent lorsqu'ils avaient été obligés, dans les dépôts particuliers, de payer, en outre, les journées de leurs surveillants, ainsi que dom Villevieille, par exemple, fut forcé de le faire à plusieurs reprises.

Les lettres des Bénédictins à Moreau et même à Bertin contiennent à ce sujet de nombreuses doléances, par malheur trop fondées. C'est sans doute le motif qui inspira à Moreau l'idée de demander qu'une subvention de 6,000 livres, accordée à l'abbé de Foy pour le travail sur la notice des chartes imprimées, fût consacrée à augmenter les fonds destinés à la collection des chartes. Cette augmentation fut accordée par le Roi, le 21 août 1765. Mais ce n'était là qu'une ressource insuffisante ; et Moreau persistait dans les idées d'économie quand même et d'emploi de flatteries, à la place de ressources pécuniaires, que nous avons exposées plus haut, sans s'apercevoir qu'à la longue les hommes les plus vaniteux ont besoin de biens plus tangibles que des lettres ministérielles, des articles dans les gazettes, des promesses de pensions ou autres bénéfices ne se réalisant que tout juste à la veille de leur mort.

De dix-huit Bénédictins que comprenait la liste envoyée en 1762 par le Supérieur général, et de ceux qui, comme dom Villevieille, avaient fourni, dès la première heure jusqu'à celle des désillusions, un concours intelligent et dévoué, il n'y en avait, au moment même où Bertin écrivait à l'évêque d'Orléans, chargé de la feuille des bénéfices, la lettre dont nous avons cité un si curieux et si piquant passage, il n'y en avait, disons-nous, que sept ou huit, « bons travailleurs, habiles déchiffreurs et infatigables dans leurs recherches », parmi lesquels figuraient en première ligne dom Grenier, dom Fonteneau, dom Col et dom Le Noir. Encore ce dernier avait-il déclaré naguère à Moreau qu'il cessait sa collaboration au dépôt des chartes pour s'occuper uniquement de l'histoire de la Normandie. Cependant Moreau se déclarait satisfait du résultat. Dans un état des travaux, daté de 1768, il constate qu'il était entré au dépôt 4,032 copies de chartes, plusieurs copies de cartulaires très anciens, des inventaires de titres de plusieurs abbayes, qui ne désignaient pas seulement les titres, mais les décrivaient et en contenaient des notices assez complètes pour qu'on pût juger de leur valeur et faire copier celles qui avaient de l'importance. Le dépouillement d'un certain nombre de documents provenant de la Chambre des comptes de Paris, et déposés à Saint-Martin-des-Champs, était entrepris par dom Chamoux, bibliothécaire du prieuré. Les inventaires ou répertoires contenant un état ou des notices de tous les titres renfermés dans les archives des Chambres des comptes de Franche-Comté, de Bourgogne, de Provence et de Blois, avaient été envoyés au dépôt par les soins des Procureurs généraux.

Bréquigny, qui rédigeait des inventaires et des notices des copies de documents qu'il avait rapportés d'Angleterre, avait en outre continué, amélioré et préparé l'impression de la *Table chronologique des chartes et diplômes,* dont le premier volume parut en 1769. Ce travail aurait rendu les plus grands services aux collaborateurs du dépôt des chartes s'il avait été publié avec moins de lenteur; il leur eût épargné les pertes de temps considérables qui résultaient de la copie de pièces déjà imprimées; mais ce dernier inconvénient dut, dans maintes circonstances, être largement compensé par l'avantage que procura, pour le *Rymer français,* comme l'appelaient ses auteurs, l'envoi de copies de chartes plus fidèles que celles qui avaient déjà fait l'objet de publications.

Pendant que les recherches de chartes manuscrites se poursuivaient plus ou moins activement dans les provinces, Bertin se préoccupait des moyens soit de faire dresser un inventaire ou des notices des anciennes chartes originales, soit de faire copier des pièces contenues dans les cartulaires de la Bibliothèque du Roi. Dom Turpin et dom Hermant furent, dès 1771, chargés spécialement de ce soin. Des instructions analogues à celles qui leur avaient été données durent être renouvelées en 1780. D'autres collections, dont les richesses auraient largement contribué à l'accroissement du dépôt des chartes, étaient aussi l'objet de la sollicitude de Bertin et de Moreau. Tels étaient le Trésor des chartes et les registres du Parlement. Le premier fonds avait depuis longtemps déjà été exploré. Sans parler des inventaires qu'en avaient dressés les Dupuy et les Godefroy, un dépouillement avait été commencé en 1703, en vue de la confection de tables analytiques; plusieurs commissaires, parmi lesquels Villevault et Bonamy, y étaient attachés à l'époque dont nous nous occupons; et, dans le dessein de relier ces travaux au bureau de Moreau, Bertin avait entamé, dès l'année 1762, des négociations avec le procureur général Joly de Fleury. Ces négociations restèrent sans résultat; mais elles furent reprises au mois d'avril 1770. Bertin demandait la permission de faire copier des notes déjà achevées sur 134 volumes des registres du Trésor des chartes. Par malheur, la défiance ou le mauvais vouloir étaient si puissants que l'influence du Ministre lui-même n'en put triompher. Un instant on espéra réussir. En 1778, Christophe de Beaumont, archevêque de Paris, avait proposé de subvenir aux dépenses des frais de copies de ces notices; il offrait d'y consacrer, chaque année, 50,000 livres. Jean-François Joly de Fleury, conseiller d'État, y consentit d'abord; mais, devenu Contrôleur général des finances, il changea d'avis, parce que Christophe de Beaumont demandait, en retour de sa générosité, l'autorisation de prendre copie des actes qui concernaient son Église. Le projet de Bertin et de Moreau n'eut donc pas de suite : Bertin avait seulement obtenu pour lui une copie très complète des registres de Philippe-Auguste.

Les efforts tentés pour se procurer des copies des registres du Parlement furent plus heureux. Dès 1770, on conçut le projet de les faire transcrire; l'exécution de ce travail fut confiée à Chevreuil en 1771. Il commença par le premier volume des *Olim;* cette copie, faite en double exemplaire, traîna sans doute en longueur, ou bien le travail subit une interruption, car elle n'était point achevée au mois d'avril 1777, et la suite en fut alors reprise. Aux termes du traité passé entre Moreau et Chevreuil, la transcription des trois volumes restants des *Olim* devait être exécutée au prix de 4,450 livres et terminée le 15 avril 1779. Sans attendre qu'elle fût complète, Chevreuil entreprenait la copie des *Judicata,* jusques et y compris l'année 1361. En même temps, on copiait un recueil de testaments enregistrés au Parlement de Paris sous le règne de Charles VI, puis on reprenait la suite d'un travail commencé autrefois sur les rouleaux du Parlement par l'avocat Meslé. Cette opération, qui consistait à classer les extraits de rouleaux déjà faits par Meslé, et à prendre des extraits des rouleaux qui n'avaient pas encore été dépouillés, fut confiée à Pitorre. Elle fournit l'analyse d'environ 14,000 rouleaux, depuis 1274 jusqu'en 1575. De toutes les entreprises du Cabinet des chartes, il en est peu qui furent conduites plus activement que la copie des registres du Parlement et le dépouillement des rouleaux. En 1789, cette copie formait 43 volumes.

Dans un rapport du mois de mars 1774[1], Moreau constate un ralentissement presque général des Bénédictins de la congrégation de Saint-Maur. Il ne signale guère que de zèle de dom Grenier, qui ne diminuait point, et celui de dom Queinsert, qui était beaucoup plus ardent qu'éclairé. Le Général promettait de réveiller l'émulation de ses religieux et de concourir pour la plus grande part aux dépenses qu'entraîneraient les recherches. Ailleurs, il est vrai, Moreau rendait hommage aux services rendus à son dépôt par Houard, à Dieppe; par Droz, à Besançon; par Mutte, doyen du chapitre, à Cambrai; par Lam-

---

[1] T. I, p. 136.

bert de Barive, à Cluny; par Grosley et par dom Mareschal, à Troyes. Le nombre des chartes copiées jusqu'alors, indépendamment des cartulaires et des inventaires, s'élevait à 8 ou 9,000. Lambert de Barive est un des érudits qui apportèrent au dépôt des chartes le contingent le plus considérable et le plus important; grâce à lui, nous avons aujourd'hui une quantité d'actes de premier ordre, copiés dans les archives de Cluny et dont la plupart des originaux sont perdus. Droz avait déjà fourni au dépôt un certain nombre de volumes de documents relatifs à la Franche-Comté; sa collaboration ne se ralentit jamais, et elle eut pour résultat, en dépit des incorrections qui déparent bien des copies, de doter, pour une de nos anciennes provinces, le Cabinet des chartes d'une des collections les plus riches que nous possédions. Droz eut, en outre, le mérite d'appeler l'attention de Moreau sur le concours que lui avaient prêté les Bénédictins franc-comtois de la congrégation de Saint-Vanne, et de faire entrevoir ainsi les services que pourraient rendre au dépôt des chartes, tant en Lorraine qu'en Champagne, les religieux de la même congrégation.

Parmi les principaux collaborateurs, nous trouvons, en effet, un religieux de la congrégation de Saint-Vanne, dom Berthod, qui fut chargé, en 1774, d'aller compléter, dans les Pays-Bas, diverses recherches qu'il avait été amené à y faire en étudiant de très près l'importante collection des papiers du cardinal de Granvelle. Sur sa demande, Bertin aurait voulu, l'année suivante, lui confier une nouvelle mission, afin de lui permettre d'explorer les dépôts d'archives au profit du Cabinet des chartes; ce projet fut abandonné. Entre temps, dom Berthod avait insisté auprès de Bertin, comme Droz auprès de Moreau, sur l'idée de faire appel à la congrégation de Saint-Vanne, où les bonnes études étaient en vigueur, dont les jeunes religieux étaient instruits, et qui comptait beaucoup de membres capables de devenir, après quelques mois de préparation, d'excellents auxiliaires pour le dépôt des chartes. Cette proposition lui ayant plu, Bertin avait invité dom Berthod à former, dans un monastère de la Congrégation, de jeunes religieux à la diplomatique et à l'histoire. Le Supérieur général, dom Brihy, pressenti par Bertin sur ses dispositions à cet égard, montra peu d'empressement à favoriser le projet du Ministre; il en donnait pour raison que la plupart de ses religieux étaient voués à l'enseignement, occupation qui les absorbait et ne leur laissait pas le loisir de s'adonner à des études désintéressées. Ce ne fut guère que dix ans après, en 1784, que la congrégation de Saint-Vanne se mit résolument à l'œuvre. Elle fournit quelques collaborateurs actifs, mais les résultats de leurs recherches, tout appréciables qu'ils sont, furent loin de répondre, soit au nombre des travailleurs employés, soit à l'importance des dépôts qu'ils devaient explorer. Il ne faut point oublier, à la vérité, qu'on était presqu'à la veille de la Révolution et que l'heure n'était guère favorable aux entreprises purement scientifiques. Quant à dom Berthod, il fut désigné par l'empereur Joseph II pour succéder à Ignace Hubens, l'un des hagiographes chargés de la continuation des *Acta Sanctorum*. Soupçonné de jansénisme, il ne réussit pas dans cette mission, à laquelle il semblait pourtant si propre. Si nous signalons cette particularité, c'est qu'il peut être intéressant d'apprendre que la continuation des *Acta Sanctorum* préoccupa quelque temps le Comité des chartes, qui toucha ainsi à toutes les grandes œuvres historiques du siècle. Des négociations furent entamées par la France pour obtenir, après la suppression des Jésuites, la cession des matériaux de cette importante collection; elles restèrent malheureusement infructueuses. Les tentatives suggérées par dom Berthod et faites auprès du chapitre d'Aix-la-Chapelle, en vue d'obtenir des copies figurées des chartes originales de Charlemagne et de ses successeurs conservées dans les archives de ce chapitre, échouèrent également. On doit déplorer aussi la renonciation à une entreprise qui n'aurait pas eu moins d'importance, tant pour le nombre que pour la qualité des pièces qu'elle aurait mises en lumière, à savoir l'édition projetée par l'abbé de Saint-Bertin des copies figurées de tous les actes intéressants contenus dans les archives de son abbaye. Cette édition, qui devrait former au moins huit volumes in-folio, ne reçut même pas un commencement d'exécution; mais de nombreuses copies furent envoyées au dépôt. Un arrêt du Conseil, du 26 mai 1775, déterminait le mode d'exécution de ces copies : c'était l'œuvre de l'archiviste du monastère, dom de Witte, qui, depuis 1765, s'en était occupé avec une véritable passion.

Le projet d'explorer les archives et les bibliothèques de Rome n'avait jamais été abandonné; il fut repris en 1773. Bréquigny avait rédigé sur la question un mémoire que Bertin envoya au cardinal de Bernis, alors ambassadeur près le Vatican. Dans le principe, il ne s'agissait que de copier les lettres des Papes relatives à l'histoire de France et de collationner celles qui avaient déjà été publiées. De la correspondance échangée entre Bertin et le cardinal de Bernis, il résulte que le travail devait d'abord être confié à un érudit habitant Rome, qui, de peur d'éveiller les soupçons du gouvernement pontifical, aurait annoncé ses recherches comme étant de pure curiosité, et faites pour un particulier, sans aucunes vues politiques. Le cardinal de Bernis signalait au Ministre l'abbé de Lestache, fils du directeur de Saint-Louis des Français, comme très capable de se charger de cette opération; elle fut confiée à La Porte du Theil, lequel avait offert ses services à Bertin, en 1776, avant de partir pour un voyage en Italie. La Porte du Theil arriva à Rome le 20 octobre. Pour se diriger dans ses recherches, il commença par faire le dépouillement des catalogues manuscrits des différents fonds de la bibliothèque du Vatican; il procéda de même pour les bibliothèques des Pères de l'Oratoire Saint-Philippe de Néri, dit *della Chieza nuova,* et des princes Corsini et Chigi. Ce dépouillement, qui donna un relevé de près de 20,000 articles, permettait à La Porte du Theil d'assurer qu'il n'y avait aucun document concernant la France dont il n'eût eu connaissance et dont il n'eût donné une notice exacte. Mais les dépôts sur lesquels se fixa surtout son attention furent les archives de Saint-Pierre et du château Saint-Ange. Grâce à la recommandation du cardinal de Bernis et à la bienveillance du cardinal Palavicini, secrétaire d'État, il put y pénétrer, compulser les richesses qu'elles contenaient, et en extraire l'important recueil des lettres des Papes relatives à la France, qui vont du pontificat d'Innocent III jusqu'à celui de Boniface VIII. Les six premiers pontificats du XIIIe siècle ne lui avaient pas fourni moins de 5,000 lettres concernant la France, indépendamment d'une grande quantité d'autres lettres intéressantes surtout pour l'histoire générale. Le nombre des notices de lettres non transcrites s'élevait au même chiffre de 5,000.

La Porte du Theil ne s'en tint pas seulement aux lettres des Papes. Il serait trop long d'indiquer, même sommairement, les résultats auxquels il sut arriver avec des ressources bien restreintes, pendant un séjour de dix ans à Rome. La lecture du mémoire sur sa mission, que nous publions[1] et qui est aussi curieux par la sincérité de la forme que par l'intérêt du fond, en donnera une juste idée; elle montrera l'étendue du service que La Porte du Theil rendit à la France et à l'érudition, en mettant à la portée de tous des trésors qui avaient été avant lui et qui devaient rester longtemps après lui soustraits aux recherches des savants. La Porte du Theil était si heureux de son succès qu'il a rendu hommage dans les termes les plus élevés, empreints de la plus vive reconnaissance, à la bienveillance que lui avaient témoignée les cardinaux, ainsi qu'à l'accueil empressé dont il avait été l'objet de la part des bibliothécaires et des archivistes; et il faut reconnaître que les expressions qu'il emploie pour cela, si chaleureuses qu'elles puissent être, sont absolument justifiées.

En dépit des lenteurs, des tâtonnements et des mécomptes, la collection des chartes commençait à s'accroître avec une rapidité telle que, en 1780, Moreau constatait au dépôt l'existence de 25,000 pièces copiées, sans compter plus de 5,000 pièces envoyées de Rome, et un certain nombre d'importants manuscrits. On rédigea une table permettant de se rendre un compte exact des richesses déjà acquises. Elles provenaient de vingt-neuf dépôts seulement. Moreau espérait qu'un renouvellement d'ardeur chez les Bénédictins lui fournirait les

---

[1] T. I, p. 358-378.

moyens de généraliser les recherches dans tout le royaume; mais il voulut dès lors réaliser un projet, qui était en grande partie la conséquence naturelle de l'institution du dépôt des chartes, et qui avait été depuis longtemps conçu dans son esprit, celui de la publication d'un recueil chronologique des actes relatifs à l'histoire et au droit public de la France.

L'idée avait été empruntée au *Rymer* anglais; seulement le plan des *Fœdera*, qui ne commencent qu'au XIIe siècle et ne contiennent aucun acte privé, avait paru incomplet et défectueux. Il fut résolu que le *Rymer* français comprendrait les documents qui, depuis l'origine de la monarchie, présenteraient de l'intérêt au point de vue de l'histoire et du droit public. Bréquigny fut chargé de préparer la composition du recueil et d'en diriger l'exécution. Il était surtout secondé dans cette œuvre si délicate par des Bénédictins, qui formaient, avec quelques autres savants, la Conférence ou le Comité des chartes.

Voici quelle fut d'abord la composition de ce Comité, dont les réunions avaient lieu sous la présidence du Garde des sceaux : Bertin, le marquis de Paulmy, Moreau, Bréquigny, dom Clément, dom Grenier, dom Labat, dom Lièble, dom Poirier et dom Turpin. Dans chaque séance, Bréquigny et les Bénédictins faisaient un rapport sur les actes qu'ils avaient été chargés d'examiner, en discutaient l'authenticité, et décidaient quels étaient ceux qu'il convenait de publier *in extenso*, ou ceux dont il suffisait de donner des extraits. Les questions intéressant les relations avec les correspondants et divers savants, ou celles qui avaient rapport aux travaux du dépôt des chartes, y étaient débattues. Nous publions à titre de spécimen des extraits des procès-verbaux des séances [1]. On y verra comment fonctionnait le Comité.

Avec l'année 1781, le dépôt des chartes entre dans une nouvelle période. Par un arrêt en date du 3 mars, la collection première fondée par Moreau, en 1759, au Contrôle des finances, c'est-à-dire la Bibliothèque des finances, transférée, on se le rappelle, en 1764, à la

---

[1] T. I, p. 170-176.

Bibliothèque du Roi, fut réunie au dépôt des chartes pour former avec lui, sous le nom de *Bibliothèque et dépôt de législation, histoire et droit public,* une seule institution. Ces deux établissements, qui se complétaient l'un par l'autre, passaient tous les deux dans le département du Garde des sceaux. C'était la réalisation complète du plan de Moreau, le triomphe de sa doctrine sur la nécessité de faire sortir le droit de l'histoire et de ne point séparer l'histoire du droit. Dès le début, on s'en souvient, il avait soutenu que son entreprise ne pouvait être enfermée dans les limites étroites des finances, attendu qu'elle touchait à toutes les parties de l'administration et de la législation. Mais les principes qu'il n'énonçait alors qu'avec timidité, qu'il n'osait proclamer hautement, qu'il se bornait à insinuer dans d'habiles rapports, il n'hésitait plus, en 1781, après de longues années de travaux heureux et de succès ininterrompus, à les mettre en relief et à les opposer à tous ceux qui tentaient de briser l'unité de son œuvre. « Sa Majesté a reconnu, disaient les considérants de l'arrêt du 3 mars 1781, que ces deux établissemens, nés, pour ainsi dire, l'un de l'autre, et confiés, dans leur origine, à la direction du même Ministre, ne doivent être regardés que comme deux parties correspondantes d'un même projet, aussi honorable qu'utile au Gouvernement, pour qui rien n'est plus à désirer qu'un moyen sûr et facile de rappeller sans cesse à la législation actuelle et l'ancienne tradition des loix qu'elle doit consulter, et la chaîne continuelle des faits qui peuvent la guider : ces motifs ont déterminé Sa Majesté à réunir ces deux dépôts, comme devant sans cesse se prêter un secours mutuel; et elle a jugé qu'ils ne pouvoient être plus convenablement placés que sous la surveillance de celui qui, par sa place, est principalement chargé du soin de la législation et préposé à toutes les recherches qui peuvent l'éclairer : en effet, en rassemblant tous les matériaux de la législation, de l'histoire et du droit public, qui ont ensemble des raports essentiels et nécessaires, et en confiant l'emploi de ces matériaux, sous la direction de M. le Chancelier ou Garde des sceaux de France, à un homme déjà obligé par état de se livrer entièrement à ce genre d'études, la sagesse de Sa Majesté pourra de jour en jour se flater de réduire à des principes immuables et à des faits avoués toutes les vérités dont la conservation est importante à son administration [1]. »

En conséquence de ce principe, la Bibliothèque des finances, bien qu'au moment où Moreau écrivait les lignes précédentes, elle restât encore à la Bibliothèque du Roi, devint partie intégrante de cette grande Bibliothèque de législation, d'histoire et de droit public, dont Moreau avait longtemps rêvé et semblait enfin sur le point de réaliser l'organisation définitive. Quant au dépôt des chartes, qui était toujours le centre des études diplomatiques et érudites, il prenait en même temps un caractère d'utilité publique, puisqu'on le considérait comme la mine où l'on puiserait désormais les matériaux nécessaires à la construction de l'édifice des lois. Pour bien marquer ce nouveau caractère, les Bénédictins et les autres savants attachés aux travaux des chartes devaient se réunir chez le Chancelier et recevoir de lui leurs missions. Le Contrôle général des finances était dépossédé d'une œuvre fondée par lui, mais qui ne pouvait manquer de lui échapper en grandissant. Il ne s'en laissa pourtant pas dépouiller sans protestations. Le Contrôleur général, Joly de Fleury, n'accepta que difficilement une mesure qui lui enlevait le dépôt de droit public et qu'il regardait comme une spoliation accomplie contre lui. Il en revendiqua à plusieurs reprises la restitution; mais Moreau résista avec la plus grande énergie. En 1786, Moreau eut à lutter contre un homme bien autrement dangereux que Joly de Fleury, contre Calonne, qui, pour rentrer en possession de ce qu'il regardait, lui aussi, comme son bien, fit signer par le Roi et contresigner par le Garde des sceaux, Miromesnil, un arrêt replaçant la Bibliothèque des finances dans ses attributions. Cette tentative échoua cependant, comme les précédentes : la Bibliothèque des finances fut même réunie matériellement au dépôt des chartes, car elle fut tirée des combles de la Bibliothèque du Roi, où

[1] T. I, p. 392.

elle gisait depuis 1764, pour être transférée à l'hôtel de la place Vendôme. Dans un mémoire en date de 1788, Moreau revenait sur l'idée qui l'avait toujours dirigé. Après avoir expliqué qu'il serait désormais facile de connaître les lois et les coutumes en vigueur, il disait : « Pour ce qui remonte encore à une plus haute antiquité, nos ressources sont dans le dépôt destiné à la collection des monumens de notre droit public, que Monseigneur a uni à celui de législation, pour leur utilité réciproque, et qu'on ne sauroit en séparer aujourd'hui sans inconvénient pour tous les deux, puisque l'objet de leurs recherches est presque le même et parce qu'on chercheroit en vain les anciens monumens de notre législation ailleurs que dans les diplômes et préceptes de nos anciens Roix[1]. » Le 27 septembre 1788, un état de ce qu'il appelait alors son « département » portait comme premier article : « La recherche de toutes les loix et de tous les points d'histoire dont la législation et l'administration peuvent avoir besoin; la garde, la conservation, les accroissemens de la Bibliothèque de législation, histoire et droit public, commencée en 1759 et attachée, par arrêt du Conseil du 3 mars 1781, à la Chancellerie de France[2]. » Enfin un nouvel arrêt du 10 octobre 1788, qui rattachait irrévocablement à la Chancellerie la Bibliothèque de législation, histoire et droit public, portait : « Si la diversité des travaux qu'exigeoient ces deux dépôts les ont tenus quelque temps séparés, si différentes circonstances en ont changé le local, et ont varié les soins qui ont pu être donnés à l'un et à l'autre, il n'en étoit pas moins conforme au vœu de leur auguste fondateur qu'ils vinssent enfin se réunir sous la garde du Chef de la justice, obligé par son titre et ses fonctions d'appeler sans cesse au secours du Gouvernement et l'autorité des loix et le flambeau de l'histoire [3]. »

En provoquant la réunion des deux dépôts, Moreau obéissait sans doute à des vues personnelles, ou du moins à ce désir de se créer

[1] T. I, p. 428.
[2] T. I, p. 429.
[3] T. I, p. 431.

des domaines aussi vastes et en même temps aussi fermés que possible, qu'on a souvent reproché, non sans quelque justesse, aux administrateurs. Divers mémoires de lui, que nous n'avons pas jugé à propos de publier, prouvent qu'il cherchait à obtenir une situation considérable, à constituer, comme l'indiquent suffisamment déjà d'autres documents que nous avons cités, un véritable « département » à la fois administratif et littéraire : administratif par les ressources que les dépôts pouvaient fournir aux Ministres, et littéraire par les publications et les travaux projetés, entrepris ou continués. Mais, quels qu'aient été ses mobiles, nous ne saurions trop répéter, pour l'honneur d'un homme qui a été le premier auteur du Comité des travaux historiques, que ses actes ont toujours rendu aux études historiques d'inappréciables services. De 1759 à 1788, l'œuvre de Moreau a grandi, fructifié; elle n'a point changé. Il en a lui-même exposé maintes fois l'idée générale avec une netteté et une largeur de vues réellement remarquables : « La collection des chartes non imprimées que l'on rassemble au dépôt, écrivait-il en 1768, doit servir de complément au catalogue des chartes imprimées, dont le premier volume est sur le point de paroître. Ce qui en est desjà imprimé nous conduit presque jusqu'au XIe siècle, et nous met en état : 1° de distinguer dans les chartes qui nous sont envoiées celles qui ont desjà été connues d'avec celles qui étoient ignorées jusqu'icy ; 2° de suppléer ce qui manque à celles qui n'ont été imprimées que par extrait ; 3° de confronter avec ces nouvelles coppies les chartes qui ont été imprimées en entier. Par là, on découvre quelques fois des erreurs importantes dans les transcriptions [1]. » Il disait encore la même année : « Le Roi ayant résolu de réunir dans un dépôt général toutes les richesses diplomatiques qui peuvent servir de preuves à notre histoire et perfectionner notre droit public, j'ai cru que ce dépôt devoit contenir deux choses : 1° des inventaires et des notices exactes de toutes les chartes renfermées dans les différentes archives dont le Roi est pro-

---

[1] T. I, p. 130.

H.

priétaire, et qui sont confiées à la garde de ses officiers ou d'officiers publics, tels que ceux des hôtels-de-ville; 2° des copies figurées de tous les titres antérieurs au quinzième siècle qui se trouvent dans les chartriers des églises, des monastères, des seigneurs; en un mot dans les chartriers ou archives dont le Roi ne dispose point. Par là, d'un côté, on sera en état de former une table générale et raisonnée de tous les monumens qui intéressent la France et qui existent dans les archives qui sont sous la main du Roi; d'un autre côté, on conservera des doubles de ceux des autres dépôts qui seront, non-seulement utiles aux savans, mais souvent précieux pour les particuliers, dans le cas où les originaux se perdroient [1]. » L'intérêt scientifique et pratique d'une pareille entreprise était admirablement défini par Moreau, lorsqu'il écrivait, en 1774 : « L'objet que le Ministre s'est proposé a été d'ouvrir un chemin facile à tous ceux qui doresnavant voudroient étudier l'histoire et le droit public de la France. Ce qui rend ce travail difficile est principalement la recherche des monumens. 1° Il faudroit d'abord savoir où ils sont, et on ne le sait pas. 2° Quand on le sauroit à-peu-près, ils sont si dispersez, si éloignez les uns des autres, que c'est l'ouvrage de la vie que de se les procurer tous. Ainsi la vie se passe à faire des recherches; l'auteur meurt à la peine; son successeur ne connoît pas son plan; l'ouvrage avorte. S'il pouvoit y avoir un magasin commun et à portée des savans, qui réunît ou la multitude innombrable des monumens qu'il faut consulter, ou du moins un état, un catalogue, une nomenclature qui les indiquât tous par ordre, il resteroit sans doute la peine du travail, mais on n'auroit plus l'embaras de la recherche et l'incertitude du succès; on sauroit du moins où porter ses pas. Réunir dans un même dépôt tous les monumens historiques de la France est une chose impossible; mais le Ministre a voulu essayer s'il le seroit également de rassembler une espèce de carte générale de ces monumens, quelque chose qui les représentât, en un mot, un état général d'après lequel les savans pussent connoître leur

[1] T. I, p. 113.

route et n'avoir plus qu'à vérifier l'exactitude des recherches que l'on auroit commencé à faire pour eux. C'est cette idée qui a donné lieu à l'établissement d'un dépôt général des chartes..... Le dépôt général des chartes doit être une espèce de représentation de tous les dépôts du Royaume. On doit y trouver le nom et la nomenclature de toutes les archives, des renseignemens sur leur état actuel et sur le progrès des recherches qu'on y aura desjà faites, des copies des pièces les plus intéressantes qu'elles renferment, et des états ou inventaires de toutes celles que l'on n'aura pas copiées..... Si ce dépôt général existoit tel que je l'ay conçu, j'ose dire que l'étude de l'histoire ne coûteroit presque plus rien, et que nous aurions commencé par en arracher toutes les épines [1]. » Ainsi l'intérêt de la science et celui de l'administration vont toujours ensemble pour Moreau. « Le service que le dépôt rendra aux savans, disait-il en 1788, sera de leur présenter, rangés dans un bel ordre et avec des tables de toute espèce, des copies exactes de toutes les chartes dont les originaux, renfermés dans les dépôts particuliers soit des églises, soit des grandes terres, peuvent plus facilement être ou négligés ou dispersés, ou même détruits. Si une pareille collection devenoit un jour à-peu-près complette, on ose dire qu'il n'y auroit presque point de province dont on ne pût baser le droit public et les usages sur des faits constans, et point de faits importans dont le Ministère et les savans ne puissent se procurer la preuve [2]. »

Tout cela était, ce semble, d'une justesse parfaite et d'une utilité indéniable. Ce projet de « magasin » commun des monuments de notre histoire, ou du moins de « carte générale » de ces monuments, ne pouvait manquer, en effet, de présenter les avantages que Moreau signalait sans cesse avec l'insistance non seulement d'un auteur célébrant son œuvre, mais d'un véritable homme de science comprenant les conditions et les nécessités des études d'érudition. Nous sommes d'avis aujourd'hui que nos archivistes doivent se borner à dresser l'in-

[1] T. I, p. 136-137.
[2] T. I, p. 159.

ventaire des documents placés dans les dépôts qui leur sont confiés. Mais pourquoi? C'est que ces dépôts appartiennent à l'État, c'est que nous en sommes les maîtres, c'est qu'ils sont, ou que nous les croyons à l'abri de tout danger de dispersion. Il n'en était pas de même au siècle dernier, alors que les trésors des archives, répandus un peu partout, appartenant aux corps les plus divers et souvent à de simples particuliers, étaient à la merci de tant d'accidents ou de caprices. Ne pouvant s'en emparer, pour les centraliser dans la main de l'État, comme le fit plus tard la Révolution, Moreau voulait du moins les rendre accessibles aux savants, en indiquant à ces derniers où ils pourraient les trouver et en mettant même sous leurs yeux les copies du plus grand nombre possible d'entre eux. La table des chartes inédites devait compléter la table des chartes publiées, la première à laquelle on eut songé, la première à laquelle on devait songer; puis était venue la copie des chartes qui risquaient le plus d'échapper à l'avide curiosité de la science. L'ensemble de ces travaux donnait aux études historiques un fondement qu'elles n'avaient pas eu jusque-là. Moreau ajoutait qu'il donnait aussi un fondement au droit public; car, à ses yeux, nous l'avons dit, la législation n'était pas un produit de la raison pure, mais la résultante des mœurs, des traditions et des lois du passé. On a vu qu'il ne se bornait pas à rechercher les mœurs, les traditions et les lois générales de la nation, et qu'il voulait connaître aussi celles de chaque province, comme s'il eût prévu le nivellement que la Révolution était sur le point d'opérer sur toute la France, et s'il eût voulu y soustraire au moins le souvenir de nos vieilles institutions.

Moreau ne songeait qu'aux moyens de développer encore son œuvre, au moment même où la Révolution allait brusquement l'interrompre. S'il s'était fait une sorte de département, auquel il rattachait tous les grands travaux d'érudition de l'époque : le *Journal des savants*, le *Recueil des ordonnances des rois de France*, la *Nouvelle collection des conciles*, le *Rymer français*, le *Catalogue des chartes imprimées*, les *Lettres d'Innocent III*, etc., etc; s'il prétendait être chargé à la fois des recherches dans les archives, des publications savantes, des missions scientifiques; s'il embrassait dans son activité dévorante, absorbante et parfois encombrante, la science et l'administration, il tenait à ce que la Société littéraire, à ce que le Comité des chartes, que, sous tant de noms et de formes diverses, il s'était toujours efforcé d'établir et de faire fonctionner, eût sa part de toutes ses conquêtes. Il trouvait que ce n'était point assez de confier à ce Comité le soin des chartes; il voulait en faire le conseil d'une entreprise dont il attendait des résultats de plus en plus considérables : « Jusqu'à présent, écrivait-il en avril 1776, notre comité ne s'est occupé que du rapport des chartes, sur lequel on ne s'est proposé que d'en fixer la date ou l'authenticité, pour juger si elles devoient être insérées dans la collection générale dont on projette l'impression; de là, la monotonie ennuyeuse de nos conférences. Je propose donc que, sans abandonner ce travail, qui n'exige que les notes des Bénédictins auxquels les chartes sont confiées, notes qui peuvent être remises à M. de Bréquigny, chargé de l'arrangement de la collection, on occupe un peu nos séances des questions de fait qui peuvent s'élever. Je suis en état de leur en fournir plusieurs qui, débatues contradictoirement, donneront à nos assemblées du mouvement, de l'intérêt, le plaisir de discuter, et quelquefois celui même de disputer. Notre comité n'a pas été seulement établi pour préparer l'édition d'un ouvrage, qui, quelqu'important qu'il soit, n'eût exigé ni la multitude des livres que l'on a acquis, ni la multiplicité des travailleurs que l'on a mis en activité pour enrichir notre cabinet en livres, en manuscrits, en monumens et en titres jusqu'ici inconnus. C'est réellement le cabinet d'un historiographe de France que l'on a voulu former. Il est, il sera quelque jour à l'histoire de la monarchie, inséparable de celle de la législation et de l'administration du Roi, ce qu'est le cabinet du Jardin du Roi à l'histoire naturelle et à toutes les parties de la phisique. Cet établissement utile est tout formé, le fonds en est fait; ce que nous demandons n'est plus dépense, il ne consiste qu'en honneur, et indique le seul moyen que l'avare de Molière propose à son intendant, celui de faire d'excellentes choses sans argent. Gloire, émulation, encouragemens, considération, voilà notre monnoie à nous autres gens de lettres. Ce sera toujours la faute du Gouvernement, s'il ne saisit pas les moyens de multiplier ses valeurs, et s'il n'a pas l'art de les employer [1]. »

Nous avons déjà fait, nous aurons encore à faire tout à l'heure des réserves sur les économies de Moreau; mais s'il ressemblait à l'avare de Molière, ses projets n'en étaient pas moins pleins de grandeur et d'utilité. Réservant au Comité des chartes un rôle qui se développait avec sa propre situation, il ne négligeait rien pour en recruter le personnel aussi bien que possible. En 1782, ce Comité était composé: du Garde des sceaux, de Bertin, de Moreau, de dom Clément, de dom Labat, de dom Merle, de dom Turpin, du marquis de Paulmy, de Bréquigny, de l'abbé Lecoigneux, de Saint-Genis, de dom Grenier, de dom Poirier, de dom Lièble, auxquels furent adjoints bientôt après le marquis de Pastoret, La Porte du Theil et dom Brial [2]. Au mois d'avril 1786, Moreau en poursuivait une organisation plus complète et définitive; une liste qu'il proposait le 13 mars 1787 comprenait les noms des savants que nous venons de citer; à la suite figuraient des correspondants étrangers et regnicoles qui collaboraient au dépôt des chartes, ou sur le concours desquels on croyait pouvoir compter. Par les services que la plupart de ces derniers ont rendus et que les autres avaient commencé à rendre et auraient à coup sûr rendus, si l'heure de la Révolution n'eût pas été aussi proche, ils sont peut-être dignes tous, à divers degrés, d'être signalés à la reconnaissance publique dans l'introduction d'un ouvrage destiné à rappeler leurs travaux. Droz et Lambert de Barive, dont nous avons déjà parlé, occupent parmi ces savants une place importante; après eux, viennent Godefroy, garde des archives de l'ancienne Chambre des comptes de Lille; dom de Witte, archiviste de Saint-Bertin; Fossa, professeur de droit, et l'abbé Balanda, bibliothécaire de l'université de Perpignan;

---

[1] T. I, p. 407-408.
[2] *Le Cabinet des manuscrits*, t. I, p. 513.

Chiniac, lieutenant général de la sénéchaussée d'Uzerches, et Vacher de Bourg-l'Ange, avocat à Aurillac. Quant à Corneille-François de Nélis, évêque d'Angers; Laloy, avocat à Chaumont-en-Bassigny; le P. Caresmar, prémontré à Barcelone, et l'abbé Grandidier, à Strasbourg, — celui-ci enlevé par la mort à la fleur de l'âge et au début d'une carrière scientifique qui promettait d'être des plus brillantes, — ils n'eurent point le temps de répondre d'une manière complète à l'attente de Moreau. Les Bénédictins de la congrégation de Saint-Maur compris au nombre des correspondants étaient : pour la Normandie et le pays chartrain, dom Le Noir, historiographe de Normandie; pour le Limousin, dom Deschamps et dom Col; pour la Guyenne, l'historiographe de la province, dom Carrière; pour la Bourgogne et la Bresse, dom Villevieille; pour le Soissonnais, dom Mulley; pour la Champagne, dom Fournier, et pour l'Auvergne, dom Verdier de la Tour. Dom de Vaines, l'auteur du *Dictionnaire raisonné de diplomatique*, en faisait également partie. La congrégation de Saint-Vanne était représentée par dom Berthod, alors dans les Pays-Bas, occupé à la continuation des *Acta Sanctorum*; par dom Jeannin, pour la Thiérache; par dom Pierre, dom Brincourt, dom Dumay et dom Dumay neveu, dom Bourgeois et dom Barthélemy, pour la Champagne; dom Arnould, dom Lemaire et dom Lefebvre étaient aussi désignés pour les travaux relatifs à cette province, mais ils ne paraissent pas s'en être occupés. Les correspondants du Comité pour les Trois-Évêchés étaient dom Colloz et dom Tabouillot; pour la Lorraine, dom Bonnaire, dom Julien, dom Solvert, dom Gerrin, dom Estienne et dom de Puibusque; pour la Franche-Comté, dom Grappin, dom Charles, dom Mouton et dom Roux, tous religieux de la congrégation de Saint-Vanne. Par un pieux sentiment de reconnaissance, on avait ajouté à cette liste les noms des collaborateurs qui étaient morts à cette époque : dom Fonteneau, historiographe du Poitou; dom Gérou, qui avait exploré les archives de l'Orléanais et de la Touraine; dom Brillet, celles de la Champagne; dom Queinsert, celles de la Flandre, de l'Artois, du Cambrésis et du Vermandois; dom Caffiaux, historiographe de la Picardie; dom Housseau, historiographe de l'Anjou, de la Touraine et du Maine; dom Bugniâtre, historiographe du Laonnois; et le chanoine Afforty, qui avait communiqué le résultat de ses dépouillements des archives de la ville et du diocèse de Senlis. Cette nomenclature des correspondants de Moreau et du Comité sera à peu près complète, quand nous aurons ajouté les noms déjà cités de Houard, à Dieppe, et du chanoine Mutte, à Cambrai; ceux de dom Siegnitz, de dom Probst, Bénédictins de la congrégation de Saint-Vanne, et du chanoine Derosne, qui explorèrent les archives lorraines; de dom Eyme, qui envoya des copies des chartes de Marmoutier; du chanoine Leydet, qui explora les dépôts du Périgord; du procureur général Rangeard de la Boissière, qui fournit la copie de l'inventaire de la Chambre des comptes de Blois, et de Fescheux, qui avait dressé l'inventaire des chartes de Pau.

La part prise par chacun de ces correspondants au développement du dépôt des chartes a été mise en lumière et déterminée avec une remarquable précision par M. Léopold Delisle, dans son *Cabinet des manuscrits de la Bibliothèque nationale* [1], dont l'histoire du dépôt des chartes forme un des plus intéressants chapitres. Nous saisissons avec empressement l'occasion de reconnaître les secours que nous a fournis cet ouvrage, véritable modèle du genre. Nous nous en sommes constamment inspiré, heureux de nous appuyer sur un pareil guide. Nous avons ajouté des détails nouveaux à ceux qu'avait donnés M. L. Delisle, mais il nous avait tracé la voie de main de maître, et nous n'avons eu qu'à l'y suivre.

Il n'est pas sans intérêt d'examiner de quelles ressources Moreau a disposé pour son entreprise. C'est là, s'il faut l'avouer, son point faible. Nous avons vu avec quelle naïveté il proclamait son intention de payer surtout ses collaborateurs en flatteries et en belles promesses. Bien que ses ressources fussent médiocres, elles auraient suffi pour rétribuer d'une manière plus substantielle tous ceux qui travaillaient sous ses ordres; mais nous avons constaté qu'il se comparait lui-même à l'avare de Molière, et peut-être n'avait-il pas tout à fait tort. On l'a

[1] T. I, p. 559 et suiv.

accusé d'avoir songé d'abord à ses propres intérêts, ainsi qu'à ceux de son neveu Moreau-Dufourneau, auquel il tenta, mais en vain, de passer la succession de son œuvre, bientôt confisquée d'ailleurs par la Révolution. Cette économie malencontreuse et ce népotisme regrettable ralentirent le zèle des Bénédictins. Quelle que soit l'importance des travaux que Moreau sut accomplir avec les modestes sommes dont il disposait, on ne peut mettre en doute qu'il aurait fait mieux encore s'il avait apporté quelque générosité dans l'emploi de ses ressources. Après avoir souri de sa parcimonie, il faut bien en constater les mauvais effets. De 1759 à 1763, une somme de 50,000 livres avait été consacrée à la formation du dépôt de législation. Dès le 1er janvier 1763, un fonds annuel de 4,000 livres était destiné aux recherches du dépôt des chartes; mais ce fonds fut bientôt augmenté de 12,000 livres, 6,000 livres en 1764 et 6,000 en 1769; enfin une somme de 12,000 livres, qui avait été autrefois affectée au *Recueil des historiens de France,* fut attribuée, en 1783, au dépôt des chartes, la congrégation de Saint-Maur ayant décidé de supporter les frais de cette publication. L'assemblée générale du Clergé de France avait de plus voté, dans sa séance du 9 septembre 1786, sur les instances de Miromesnil, un secours, extraordinaire il est vrai, de 10,000 livres, en vue de hâter les progrès des recherches historiques dans les provinces. Le budget s'était vite accru; en 1789, il comprenait la somme annuelle de 17,200 livres que nous venons d'indiquer, plus le revenu d'économies accumulées, formant un capital de 25,000 livres et dont les intérêts annuels étaient de 2,687 livres 10 sous; en tout, 19,887 livres 10 sous. Mais un grand nombre de frais accessoires, payés par le Trésor royal, venaient s'ajouter à ce budget ordinaire; Moreau recevait un traitement annuel de 17,000 livres et une gratification de 4,000, à la charge par lui de payer 2,000 livres à Valcourt, occupé de la correspondance et des soins administratifs, et 2,000 à Moreau-Dufourneau, attaché à la recherche de toutes les matières de législation et de jurisprudence et à la confection des tables générales. 17,400 livres étaient accordées à Bréquigny pour les divers travaux auxquels il était employé; 1,500 à La Porte du Theil pour sa collaboration à l'édition de la collection générale des chartes; 2,000 à Mouchet pour le Glossaire français; 3,000 à Godefroy, garde des archives de l'ancienne Chambre des comptes de Lille. Godefroy recevait en outre de l'administration des domaines 2,000 livres pour la rédaction de l'inventaire général des chartes des anciens comtes de Flandre. Toutes ces sommes réunies forment, on le voit, l'important budget annuel de 66,787 livres 10 sous, auquel venaient parfois s'ajouter des ressources extraordinaires, telles que le secours de 10,000 livres, voté en 1786 par l'assemblée générale du Clergé. Tous ces chiffres sont extraits des renseignements fournis par Moreau, à propos d'un questionnaire que M. Le Brun, député à l'Assemblée nationale, à la fin de novembre 1789, avait remis au Garde des sceaux.

Les réponses à ce questionnaire nous permettent de nous rendre compte de l'état des dépôts au moment de la Révolution. Le dépôt des chartes se composait de 400 cartons et d'environ 50,000 chartes puisées dans 350 fonds, plus de 221 chartes originales provenant des archives des Pays-Bas et transmises par le Ministère des Affaires étrangères. Il comprenait en outre 799 titres, tant en parchemin qu'en papier, soit originaux, soit copies, achetés à Blondeau de Charnage. En 1772, on y avait joint : 1° 49 volumes relatifs à l'histoire de la Franche-Comté; 2° 18 volumes d'ordonnances anciennes du Parlement de Besançon; 3° 44 volumes de copies de pièces concernant l'histoire des Pays-Bas. — Ces trois collections avaient été rassemblées par François Courchetet d'Esnans : les deux premières venaient de la mission qui lui avait été confiée, en 1732, de dépouiller et de mettre en ordre les archives du Parlement de Besançon; la troisième était le résultat des recherches qu'il avait faites dans les archives des Pays-Bas, après la conquête du maréchal de Saxe, pour y recueillir et transcrire les pièces intéressant l'histoire ou les droits du Roi[1]. — 41,000 de ces diverses pièces avaient été inventoriées.

Le dépôt de législation, qui renfermait une collection considérable

[1] T. I, p. 440, et L. Delisle, *Le Cabinet des manuscrits*, p. 569-570.

d'ordonnances, déclarations, édits, lettres patentes, etc., provenant du fonds acquis du libraire Prault, et accru depuis par l'envoi gratuit des pièces du même genre imprimées à l'Imprimerie royale ou aux frais des Cours souveraines. Il comprenait encore : 1° une collection de registres de finances, en 38 volumes et 9 cartons, contenant des papiers précieux, tels que des lettres de la main de Louis XIV à Colbert, collection acquise, en 1783, de Genée de Brochot, procureur général des requêtes de l'hôtel, moyennant une pension viagère de 6,000 livres, et déposée à la bibliothèque de la Chancellerie, le 7 avril 1789; 2° une collection relative à l'administration des finances, qui était à coup sûr considérable, puisque, d'après les renseignements que nous fournit Moreau, elle renfermait, en dehors de 127 volumes et d'une foule de pièces de correspondances de différents ministres, des registres, liasses ou cartons en assez grand nombre pour remplir au moins quatre chambres. — Commencée par Desmarets, Contrôleur général des finances depuis 1708 jusqu'en 1715, cette collection appartenait au Contrôle, et avait été confiée à Mesnard de Conichard jusqu'au moment où elle entra, pendant l'été de 1789, à la Chancellerie; — 3° la bibliothèque de Sainte-Palaye, acquise en 1765 et réunie au Cabinet des chartes en 1781 : elle était composée de 3,162 volumes imprimés et de 126 volumes manuscrits, comprenant les recherches de ce savant sur les antiquités françaises, la géographie, le glossaire français et provençal, les extraits de troubadours, etc.; 4° la bibliothèque de Moreau, riche en ouvrages sur l'histoire et le droit public, au nombre de 1,200 ou 1,500 volumes; 5° 89 portefeuilles et 41 registres provenant d'un échange fait, en 1780, avec le marquis de Paulmy, qui avait demandé la collection des poètes et fabliaux de Sainte-Palaye en retour de portefeuilles et registres venant de Fevret de Fontette et concernant l'histoire de la Bourgogne; 6° une collection de 222 registres du Parlement, acquise des maîtres des requêtes, et qui venait s'ajouter à 28 volumes, qui en étaient la suite, mais qui appartenaient déjà à la Chancellerie; 7° enfin 43 volumes de copie des *Olim* et des *Judicata*. L'ensemble des édits, ordonnances, arrêts et règlements qui composaient la Bibliothèque de législation était énorme; il était évalué à environ 300,000 pièces, tant imprimées que manuscrites. Une table générale en a été dressée par Moreau-Dufourneau; elle ne forme pas moins de 36 volumes [1].

Tel était l'état de la Bibliothèque de législation, histoire et droit public, lorsqu'un décret du 14 août 1790 en ordonna la réunion à la Bibliothèque du Roi. Ce décret, sanctionné le 1er décembre par Louis XVI, fut aussitôt mis à exécution, et les richesses historiques et diplomatiques recueillies par les soins de Moreau devinrent l'une des précieuses collections du département des manuscrits, où, par un légitime hommage rendu à la mémoire de celui qui avait tant contribué à les rassembler, elles ont servi à constituer le fonds qui porte son nom. Ce fut le Comité des finances de l'Assemblée constituante qui décida la dislocation de l'œuvre que Moreau avait mis trente années à élever avec une énergie, une patience, une ténacité, un dévouement qu'on ne saurait trop admirer. Toutefois l'Assemblée n'avait pas prononcé du premier coup sur le sort de l'institution elle-même, et les collaborateurs de la Chancellerie restaient provisoirement dans les conditions fixées en 1788. Moreau, qui avait triomphé de tant de résistances ministérielles et qui ne pouvait se douter de la force irrésistible des Assemblées, essaya une dernière lutte. Il protesta contre le décret de translation à la Bibliothèque, adjurant les membres du Comité des finances de faire revenir toutes les collections à la Chancellerie, pour que le Garde des sceaux continuât à diriger les publications législatives. On ne l'écouta pas. La suppression des ordres religieux, en dispersant les Bénédictins, porta le dernier coup à l'entreprise. Il lui survécut une quinzaine d'années, car il ne mourut, presque nonagénaire, que le 29 juin 1804. Mais, si l'établissement qu'il avait fondé a péri au début de la tourmente révolutionnaire, ce n'a pas été sans nous avoir laissé ses richesses. Par une sorte de hasard presque providentiel, c'est bien peu avant une époque de troubles, où tant de précieux documents d'archives devaient dispa-

---

[1] Nos 1386-1426 de la collection Moreau, à la Bibliothèque nationale. T. I, p. 443-444, et L. Delisle, *Le Cabinet des manuscrits*, p. 571-574.

raître, que Moreau a pris soin de nous en conserver un si grand nombre. Il a mérité ainsi une reconnaissance que ne lui ont marchandée aucun de ceux qui, de nos jours, se sont occupés d'études érudites. Quant à nous, en insistant si longuement sur la mission qu'il a remplie, nous avons voulu surtout lui assurer le titre qu'il mérite, non seulement de fondateur du dépôt des chartes, mais de précurseur du Comité des travaux historiques.

III

Nous avons dit que le « département » de Moreau comprenait presque tous les grands travaux d'érudition de l'époque. Sous le prétexte ou par la raison que l'histoire touche à tout, l'habile historiographe de France était arrivé à placer dans ses attributions, bien que quelques-unes y eussent été d'abord étrangères, les principales publications savantes. L'énumération qu'il en donne, dans l'état du 29 septembre 1788, que nous avons déjà cité, comprend : le *Journal des savants*, le recueil des *Ordonnances*, le *Recueil des historiens de France*, la *Collection des conciles* de dom Labbat, le *Rymer français*, le *Catalogue des chartes imprimées*, les *Lettres d'Innocent III*, le *Glossaire de l'ancienne langue françoise*, commencé par Sainte-Palaye et continué par Mouchet, les *Histoires des provinces*, dont étaient chargés les Bénédictins des congrégations de Saint-Maur et de Saint-Vanne. Il eût pu y ajouter la *Notice des Gaules* de dom Lièble, qui rentrait dans son programme, mais qui ne devait pas voir le jour, le manuscrit de cet intéressant ouvrage ayant été détruit par l'incendie où fut consumée une partie de la bibliothèque de Saint-Germain-des-Prés, le 21 août 1794.

Nous croyons utile d'indiquer, en suivant l'ordre chronologique, quels progrès ont faits, depuis la fondation du Cabinet des chartes jusqu'à la Révolution, celles de ces publications que les collaborateurs de Moreau ont continuées ou entreprises.

Le recueil des *Ordonnances* avait pour objet de remplacer les collections antérieures, qui, malgré les services qu'elles rendaient aux historiens et aux jurisconsultes, étaient notoirement incomplètes ou mal ordonnées. La plus ancienne est le *Stylus curiæ Parlamenti,* de Guillaume du Breuil, publié, revu et corrigé, en 1549, par Charles Du Molin. Antoine Fontanon, et avec lui Pierre Pithou, Bergeron et d'autres jurisconsultes, publièrent, en 1580, en 2 volumes (4 tomes in-folio), les *Édits et Ordonnances des rois de France,* recueil plus complet, moins fautif et qui ne comprenait pas uniquement des ordonnances. En 1611, Gabriel de La Rochemaillet en donna une nouvelle édition, en 3 volumes in-folio. Les *Basiliques* et le *Code Henry,* du président Brisson, publiés en 1587, sont un abrégé du recueil de Fontanon, qui va jusqu'au règne de Henri III inclusivement. Pierre Néron, avocat au Parlement de Paris, publia ensuite le *Recueil des Édits et Ordonnances de François Ier à Louis XIV,* 1647 et 1656, in-4° et in-folio, réimprimé, en 1720, en 2 volumes in-folio. Louis XIV crut nécessaire de faire entreprendre une nouvelle collection des ordonnances, depuis le règne de Hugues Capet, à l'exclusion de celles des rois des deux premières races, qui étaient ou devaient être comprises dans les capitulaires des rois de France. Louis Phelypeaux, comte de Pontchartrain, fut chargé d'assurer l'exécution du travail. Les recherches qu'il fit faire dans les dépôts d'archives donnèrent d'excellents résultats. Une table chronologique des ordonnances ainsi découvertes et de celles qui avaient été imprimées jusqu'à l'année 1400, fut publiée en 1706 par Laurière, Berroyer et Lager. En 1715, Laurière reçut la mission de former et de publier la collection projetée. Le premier volume parut en 1723; lorsque Laurière mourut, le 9 janvier 1728, le second volume n'était pas encore imprimé entièrement. Il parut en 1729, avec l'éloge de l'auteur, deux suppléments et des tables, œuvre de Secousse, qui avait été désigné par le chancelier d'Aguesseau pour remplacer Laurière. Les volumes suivants, jusqu'au neuvième, sont de Secousse; ils parurent de 1732 à 1755. Secousse étant mort en 1754, avant que le dernier volume qu'il avait préparé eût pu paraître, le chancelier de Lamoignon lui donna pour successeur Louis-Guillaume de

Villevault, conseiller à la Cour des aides, et jusque-là occupé à la continuation de l'inventaire des registres du Trésor des chartes. Comme il nous l'apprend dans la préface du tome IX, p. 3, il avait été obligé, pour son instruction particulière, de consulter journellement l'ouvrage de Laurière et de Secousse. En 1757, il publia une table générale et chronologique des neuf premiers volumes du recueil et fit précéder cette table d'un *Avertissement,* où il priait les savants de lui communiquer ou de lui indiquer les ordonnances dont ils constateraient l'omission. En acceptant la succession de Secousse, Villevault s'adjoignit comme auxiliaire Bréquigny, son ami d'enfance, qui collabora avec lui à la préface du neuvième volume, préface faite d'après le plan suivi jusqu'alors. Peu d'années après, en 1759, Villevault fut nommé maître des requêtes et commissaire du Roi pour l'administration de la Compagnie des Indes, puis intendant du commerce extérieur et maritime. Employé en même temps dans plusieurs affaires par les Ministres, qui connaissaient son talent et ses lumières, il fut amené à laisser d'abord une grande part de travail à Bréquigny, et, plus tard, à lui abandonner en fait l'œuvre tout entière. Le dixième volume fut publié en 1763; les onzième, douzième et treizième en 1769, 1777 et 1782. Villevault mourut le 15 mai 1786. Bréquigny, resté seul chargé de la continuation du recueil, fit paraître le quatorzième volume en 1790. On peut reprocher aux savants éditeurs du recueil des *Ordonnances* de l'avoir mis au jour avant de s'être procuré, autant qu'il était possible de le faire, les documents nécessaires à un aussi important travail. Aussi, dès le onzième volume, commence une série de suppléments qui en rendent l'usage très incommode [1].

Le *Recueil des historiens de France* était, comme la collection des *Ordonnances,* destiné à remplacer un ouvrage de même nature, qui depuis longtemps avait reçu un commencement d'exécution. André Du Chesne avait entrepris, sous le titre de : *Historiæ Francorum scriptores,* une édition des œuvres des principaux historiens; elle devait

[1] T. I, p. 289-291, et préfaces des divers volumes du recueil des *Ordonnances.*

comprendre vingt-quatre volumes in-folio; cinq seulement parurent (1636-1649), dont trois furent publiés par les soins de François Du Chesne, fils d'André Du Chesne. Cet important projet, repris en 1676 par Colbert, fut abandonné à sa mort, puis repris de nouveau par Le Tellier, archevêque de Reims et bibliothécaire du Roi, qui voulait en charger Mabillon. Mais l'illustre Bénédictin déclina la proposition, la trouvant au-dessus de ses forces. En 1717, dom Maur Audren suggéra au chancelier d'Aguesseau le dessein d'une édition nouvelle des Historiens de France de Du Chesne. Dom Martène dressa un plan de l'ouvrage qui fut agréé; mais des changements ministériels en empêchèrent l'exécution. Le Père Lelong, de l'Oratoire, en fut alors chargé; il mourut en 1721, après avoir recueilli pour son œuvre d'importants matériaux. Cette même année, le Ministère rendit à la congrégation de Saint-Maur la mission de publier l'édition qui jouait ainsi de malheur, et, en 1723, dom Martin Bouquet commença à la préparer. Six années lui avaient suffi pour achever les deux premiers volumes; mais la fatalité qui pesait sur l'entreprise n'était pas épuisée. Dom Bouquet ayant été relégué dans l'abbaye Saint-Jean de Laon, ces deux volumes restèrent longtemps encore manuscrits. Rappelé à Argenteuil en 1735, puis aux Blancs-Manteaux, dom Bouquet mit enfin au jour, en 1738, le commencement de ce grand ouvrage, sous le titre latin de *Rerum gallicarum et francicarum scriptores*, et le titre français de *Recueil des historiens des Gaules et de la France*. Il en publia huit volumes jusqu'en 1752; l'impression du neuvième était bien avancée, le 6 avril 1754, lorsqu'il mourut aux Blancs-Manteaux. Ses continuateurs, dom Jean-Baptiste et dom Charles Haudiquier, firent paraître le tome IX en 1757, et le suivant en 1760. Ils avaient préparé et déjà fait imprimer une partie du onzième volume, publié en 1767, lorsque, en 1762, dom Poirier et dom Précieux furent chargés de continuer l'œuvre. Dom Housseau les seconda quelque temps dans leur entreprise; mais il mourut le 5 octobre 1763. Nous publions[1] un intéressant procès-verbal des

---

[1] T. I, p. 293-297.

conférences dans lesquelles se traitaient les questions relatives à la préparation des volumes. Ces conférences, présidées par le Garde des sceaux, comme devaient l'être plus tard celles du Comité des chartes, étaient composées de membres de l'Académie des inscriptions, de Foncemagne, de Bréquigny, de Guignes et de Gibert; des auteurs du *Recueil,* dom Poirier et dom Précieux; de dom Berthereau, qui préparait le *Recueil des historiens des croisades;* de dom Henry, l'un des auteurs du *Gallia christiana;* de dom Patert, bibliothécaire de Saint-Germain-des-Prés, et de dom Tassin. Nous y voyons aussi figurer Sartines, lieutenant général de police, qui présidait en l'absence du Garde des sceaux. Des conférences de ce genre étaient tenues chez les chanceliers d'Aguesseau et Lamoignon. Entre le 12 juin 1769, date du procès-verbal que nous venons de mentionner, et le 5 août suivant, dom Poirier et dom Précieux avaient quitté, au moins pour un temps, la congrégation de Saint-Maur. Ils auraient désiré continuer la collection des historiens de France[1]; mais, en offrant leurs services au Garde des sceaux, ils témoignaient le désir de posséder les matériaux qui se rapportaient à la partie de l'ouvrage préparée par eux. Le Supérieur général, dom Boudier, ne voulait point les leur remettre; il n'entendait pas aliéner à leur profit des matériaux recueillis à grands frais et dont beaucoup étaient le résultat de recherches dues à d'autres religieux. Le 14 décembre 1769, il écrivait au Garde des sceaux pour lui proposer dom Clément et dom Monniotte, en remplacement de dom Précieux et de dom Poirier. Dom Monniotte resta complètement étranger au travail; c'est dom Brial qui fut adjoint, dès 1771, à dom Clément. Ils publièrent le douzième et le treizième volume, qui parurent en 1781 et en 1786; les matériaux du quatorzième étaient prêts au moment de la Révolution: dom Poirier avait fini par s'en occuper seul. Une somme annuelle de 1,200 livres avait été d'abord affectée par le Gouvernement aux frais de recherches et d'impression du *Recueil des historiens de France;* nous avons déjà dit

---

[1] T. I, p. 298-302.

qu'elle fut attribuée au dépôt des chartes, lorsque la Congrégation se chargea de toutes les dépenses du *Recueil.*

Au *Recueil des historiens* Moreau rattachait l'*Art de vérifier les dates,* important ouvrage qui avait été conçu et commencé par dom Maur Dantine, refait par dom Charles Clémencet, et publié en 1750 : il formait un volume in-4°. Malgré les immenses recherches contenues dans ce livre, malgré les services qu'il pouvait rendre aux études historiques, sa valeur était un peu diminuée par beaucoup d'erreurs ou d'omissions, qui ne disparurent pas entièrement dans l'édition de 1770; de là vint la pensée qu'eut dom Clément d'en faire une revision complète et d'en donner une édition nouvelle. Après treize ans d'un travail assidu, il publia, en 1783, le premier volume de cette édition; le second parut en 1784, et le troisième en 1787; les tables furent ajoutées en 1792. C'est peut-être au mérite de ce beau monument d'érudition, plus encore qu'à sa collaboration à l'*Histoire littéraire de la France* et au *Recueil des historiens,* qu'il dut d'être admis, en 1785, au nombre des associés de l'Académie des inscriptions. Lorsqu'il mourut, au mois de mars 1793, à l'âge de 79 ans, il s'occupait d'un complément à l'*Art de vérifier les dates,* pour les temps antérieurs à l'ère chrétienne.

Si une *Table chronologique des chartes et diplômes imprimés* relatifs à l'histoire de France n'avait pas, au point de vue historique, toute l'importance des recueils des *Ordonnances* et des *Historiens,* ou de l'*Art de vérifier les dates,* elle répondait plus directement aux besoins des savants occupés à la recherche des chartes. Même avant la formation du dépôt, on avait compris combien il était utile de savoir si un document avait été publié ou ne l'avait point encore été. En effet, dès 1746, Foncemagne, Sainte-Palaye et Secousse avaient proposé, on s'en souvient, au Contrôleur général Machaut, de faire dresser un catalogue de toutes les chartes imprimées relatives à l'histoire de France qui se trouvaient éparses dans un nombre considérable de volumes. Leur projet ayant été accueilli, Secousse avait reçu la mission de l'exécuter. Déjà chargé de continuer le recueil des *Ordonnances,* il dut s'adjoindre plusieurs auxiliaires, qui s'occupèrent du dépouillement des ouvrages qui contenaient des chartes et principalement de ceux de ces ouvrages que renfermait sa riche bibliothèque. L'état de la vue de Secousse ne lui permettait pas de suivre et de surveiller le travail de ses collaborateurs. Aussi bon nombre des extraits étaient défectueux, les dates imparfaitement déterminées, les notices mal rédigées et certaines pièces faisaient double emploi. Composé presque uniquement d'après des ouvrages publiés en France, ce catalogue présentait de notables lacunes en ce qui concernait les documents contenus dans les ouvrages étrangers. A la mort de Secousse, Sainte-Palaye continua le travail jusqu'en 1760, époque où son âge avancé le détermina à l'abandonner [1]. Bréquigny le remplaça; il s'occupa d'abord de compléter les notices dues à ses devanciers, en y ajoutant celles qu'il put recueillir, pendant sa mission à Londres, dans les travaux des historiens anglais; mais comme sa mission et la continuation du recueil des *Ordonnances* absorbaient la plus grande partie de son temps, il se fit seconder très activement, pendant cette première période, par Mouchet. A la fin de 1764, la table chronologique formait vingt-trois volumes manuscrits in-folio [2]. Louis-Étienne de Foy, abbé de Saint-Martin de Séez, poursuivait en même temps une entreprise à peu près semblable, qui devait se terminer par la publication, en 1765, d'un premier volume intitulé : *Notice des diplômes, des chartes et des actes relatifs à l'histoire de France*. L'auteur de ce médiocre ouvrage recevait, pour le préparer, une somme annuelle de 2,000 livres, qu'il changea, en 1763, contre un bénéfice. L'impression de la *Table chronologique des chartes et diplômes*, décidée en 1764, longtemps retardée par la nécessité d'une vérification rigoureuse et d'un remaniement des notices qu'il fallait transcrire de nouveau, enfin par l'addition des pièces publiées dans des ouvrages postérieurs, fut commencée, en 1766, à l'Imprimerie royale. Le premier volume va jusqu'en 1031; il parut enfin en 1769; le second va jusqu'en 1136

---

[1] T. I, p. 188-189, 306-321, et L. Delisle, *Le Cabinet des manuscrits*, t. I, p. 558.
[2] T. I. p. 120.

et parut en 1775. Le 27 avril 1779, Mouchet, sur la demande de Bréquigny, fut officiellement adjoint à ce dernier, avec promesse de survivance. Leurs noms se trouvent rapprochés en tête du troisième volume, publié en 1783, qui comprend les notices des chartes antérieures à 1179. En 1789, le quatrième volume était à peu près complètement imprimé[1]. Il n'est pas douteux, comme nous l'avons dit plus haut, que la *Table chronologique* parut trop tardivement, à des intervalles trop éloignés, et ne fut pas poussée assez avant pour rendre aux collaborateurs du dépôt des chartes les services qu'on était en droit d'en attendre. Les matériaux en furent plus utiles à ceux qui étaient chargés de la direction et de l'organisation du dépôt lui-même. Toutefois ce sont surtout les savants de ce siècle qui ont recueilli les fruits de cet important travail, dont la continuation est due à l'Académie des inscriptions.

Autant il eût été désirable que la publication de la *Table chronologique* fût conduite rapidement, autant il était sage de ne procéder qu'avec lenteur à la préparation et à la publication du *Rymer français*, des *Diplomata, chartæ,* comme ce recueil devait être définitivement appelé. Les recherches dans les dépôts d'archives étaient loin d'avoir été épuisées; beaucoup de fonds n'avaient pas été explorés; tous les documents de la Bibliothèque du Roi n'avaient même pas été recueillis. C'est ce que Moreau avait bien compris, et ce qu'il expliquait dans un de ses rapports sur l'état des travaux littéraires[2]. Mais comme le *Rymer français* était le principal objet en vue duquel les savants qui avaient répondu à l'appel de Moreau et de Bertin avaient dépensé tant d'efforts, et comme on voulait « que le public ne pût douter de la réalité de cette immense entreprise, » il avait été résolu « qu'il falloit commencer par donner un volume tel quel. » Dès la fin de 1780, les membres du Comité des chartes faisaient connaître, dans des conférences tenues chez le Garde des sceaux, les observations que l'examen

---

[1] T. I, p. 320-321, et L. Delisle, *Le Cabinet des manuscrits,* p. 558; préface du tome I et du tome IV de la *Table.*

[2] T. I, p. 340-341.

des pièces confiées à chacun d'eux leur avait suggérées. Ces conférences semblent avoir été interrompues en 1785; mais elles avaient eu pour résultat de provoquer des discussions qui étaient une garantie de l'intérêt et de l'authenticité des documents. Les extraits des procès-verbaux que nous publions prouvent que l'attention la plus scrupuleuse était apportée à la préparation des *Diplomata*. On décida que les textes seraient accompagnés de sceaux, dont Desmarest, président de l'élection de Senlis, avait dessiné les types avec beaucoup de soin. Le plan de l'ouvrage fut arrêté à la fin de 1781, et son exécution confiée à Bréquigny. Bien que, sur la demande de celui-ci, le Garde des sceaux, Miromesnil, lui eût, dès 1782, adjoint La Porte du Theil comme auxiliaire, la publication des *Diplomata* subit de grandes lenteurs. On se l'explique sans peine, quand on songe à la quantité de travaux considérables que Bréquigny devait conduire à la fois. Des remarques médiocrement obligeantes, consignées dans un rapport de Moreau sur l'état des travaux littéraires, montrent, d'ailleurs, par quels tiraillements Bréquigny fut entravé. Les observations des Bénédictins en fournissent aussi la preuve. Désireux sans doute d'obtenir pour eux-mêmes la publication des *Diplomata*, ceux-ci faisaient sans cesse ressortir, non sans raison, il est vrai, que la rédaction des *Ordonnances* et la direction du *Glossaire de l'ancienne langue françoise* et de la *Table chronologique des chartes et diplômes*, que la collaboration au *Journal des savants*[1], les travaux de l'Académie française et de l'Académie des inscriptions, les recherches sur la Chine et les Chinois, etc., étaient un fardeau trop lourd, même pour un homme de la valeur de Bréquigny. On ne peut donc s'étonner qu'entravé par tant d'inévitables tiraillements, ayant à se défendre contre tant d'attaques, absorbé par de si nombreuses occupations, Bréquigny n'ait achevé le premier volume des *Diplomata* qu'en 1788; encore la préface, véritable chef-d'œuvre de critique, n'en fut-elle terminée qu'assez longtemps après. Le volume parut enfin en 1791, sous le titre de *Diplomata, chartæ,*

---

[1] T. I, p. 331.

epistolæ et alia documenta ad res francicas spectantia [1]. Il comprenait les chartes et diplômes de l'époque mérovingienne.

Sous le même titre, mais avec un sous-titre spécial, parut en même temps un recueil en deux volumes, sans introduction et sans tables, qui devait faire partie de la grande collection de documents diplomatiques que la Révolution venait interrompre : nous voulons parler de l'édition des *Lettres d'Innocent III*, donnée par La Porte du Theil. Destinée sans doute à être la première série d'une suite des lettres des Papes, que ce savant avait recueillies à Rome avec le zèle et le succès que l'on sait, elle devait heureusement combler une lacune considérable, qui jusqu'alors avait semblé rendre impossible une édition complète des lettres d'Innocent III. En effet, Guillaume Sirlet n'avait pu en publier que les deux premiers livres, qui parurent à Rome, en 1543, en un volume in-folio. Du May, conseiller au Parlement de Dijon, fit imprimer à Paris, en 1625, d'après un manuscrit du collège de Foix, cinquante-trois lettres tirées des livres XIII-XVI. En 1635, les membres de ce collège donnèrent une édition de ces quatre livres, avec un commentaire de François Bosquet, jurisconsulte de Narbonne (Toulouse, in-folio). Baluze utilisa les travaux de ses devanciers et ceux de quelques savants. Un avocat de Dijon lui fournit notamment le texte d'une partie du livre V; François Bosquet lui livra une copie des livres X-XII, et Ferdinand de Fürstemberg, évêque de Paderborn, lui envoya le *Registrum super negotio imperii Romani*. Ces travaux antérieurs, ces communications, et ses recherches personnelles lui permirent de donner, en 1682, une édition en un volume in-folio des *Gesta Innocentii papæ III*, livres I, II, X, XVI, et une partie du livre V, le *Registrum super negotio imperii Romani*, la *Prima collectio decretalium Innocentii III*, tirée d'un manuscrit de Saint-Thierry de Reims, et destinée à remplacer le livre III. Chaque livre était suivi de quelques actes, au nombre d'environ soixante, qu'il avait trouvés de divers côtés.

---

[1] T. I, p. 341-345.

Quant aux six livres de lettres inédites, Baluze avait fait à plusieurs reprises de vains efforts afin d'en obtenir la communication. La Porte du Theil en trouva la preuve à Rome. Plus heureux que Baluze, ce dernier put prendre, aux Archives pontificales, la copie, non de la totalité des lettres inédites d'Innocent III, — les gardiens du dépôt s'étant montrés plus rigoureux pour ce pontificat que pour tout autre, — mais de toutes celles qui se rapportaient à l'histoire ecclésiastique de la France. Elles étaient déjà en nombre considérable. La Porte du Theil trouva ailleurs des documents qui lui permirent de compléter ce qui lui manquait : une copie des livres III, V, IX, que le Pape avait laissé faire pour la famille Conti, les lui fournit. Ses recherches terminées, La Porte du Theil était en état d'assurer que, sur plus de mille lettres d'Innocent III encore inédites qui pouvaient exister, il n'y en avait probablement pas cent dont il ne fût parvenu à se procurer une copie exacte; encore pour plus de cinquante d'entre ces cent avait-il des copies qui équivalaient aux lettres elles-mêmes [1]. La copie des *Gesta* qu'il avait rapportée de Rome, et qui figure en tête de son édition des lettres, était de beaucoup plus correcte et plus complète que le texte publié par Baluze. Cette édition comprend le livre III, le livre V, dont Baluze n'avait publié qu'une partie, et les livres VI-IX. La Porte du Theil y ajouta quatre-vingt-cinq pièces tirées de différents dépôts d'archives. Malgré tout le soin qu'il mit à ce recueil, il ne put empêcher quelques omissions, résultat d'un accident. Au moment de la mise sous presse, la copie de trente pièces ne put être retrouvée. M. Delisle en a donné l'indication dans son remarquable *Mémoire sur les Actes d'Innocent III,* auquel nous avons emprunté la plupart des renseignements qui précèdent [2]. L'édition des lettres d'Innocent III par La Porte du Theil est d'autant plus précieuse que presque tous les exemplaires en furent détruits avant d'être livrés au public.

La *Collection des conciles* des Gaules faisait partie du programme

---

[1] T. I, p. 361-365.

[2] *Bibliothèque de l'École des chartes,* 4ᵉ série, t. IV, 1858, p. 9.

des grands travaux d'érudition entrepris par les Bénédictins de la congrégation de Saint-Maur. Elle était trop intimement liée à notre histoire nationale pour que Moreau ne cherchât pas à la rattacher, d'une manière plus ou moins immédiate, à l'ensemble des publications dirigées ou encouragées par le Gouvernement, et dont le Cabinet des chartes tendait à devenir le centre. Il y réussit. Commencée d'abord par l'abbé de Targny, cette collection devait former une édition des conciles des Gaules et de la France, depuis le second siècle de l'Église jusqu'au concile de Trente, plus ample et plus correcte que l'édition de 1629, publiée par le P. Sirmond, en trois volumes in-folio, sous le titre de *Concilia antiqua Galliæ*, etc., et qui, en 1666, avait été suivie d'un supplément de Lalande, en un volume in-folio, plus complète aussi, du moins pour ce qui avait trait à l'Église gallicane, que l'immense recueil du P. Labbe. Après la mort de l'abbé de Targny, en 1737, dom Hervin et dom Duval, religieux de Saint-Germain-des-Prés, furent désignés pour continuer la collection. Dom Duval mourut le 23 avril 1742; dom Bourotte devint alors le collaborateur de dom Hervin, qui, à son tour, abandonna le travail à deux Bénédictins des Blancs-Manteaux, dom de Coniac et dom Deforis. Mais ce fut dom Pierre-Daniel Labbat, que dom de Coniac avait appelé à son aide, qui eut enfin, d'abord avec celui-ci et plus tard avec dom Brial pour auxiliaire, la direction de la collection. Elle devait, d'après les prévisions des Bénédictins, comprendre sept ou huit volumes. Le travail des nouveaux éditeurs consistait à recueillir des actes inédits, à collationner les textes sur les meilleurs manuscrits connus, à en relever les variantes, à les éclaircir par des observations historiques, et, par l'explication des endroits obscurs, à rétablir la chronologie lorsqu'elle était défectueuse. Les manuscrits de la Bibliothèque du Roi, ceux du collège de Clermont, qui avaient été envoyés à Saint-Germain-des-Prés pour être examinés avant d'être mis en vente, un ancien manuscrit de la bibliothèque Cottonienne, sur lequel Bréquigny avait collationné, pour dom Hervin, l'imprimé du P. Sirmond, leur furent du plus grand secours. L'importance et l'intérêt de cette collection étaient tellement évidents que le Roi souscrivit à cinquante exemplaires, l'assemblée du Clergé à deux cent cinquante, et la congrégation de Saint-Maur à cent. L'impression en fut commencée en 1787; le premier volume, qui comprend les conciles antérieurs à l'année 592, parut au commencement de l'année 1789; la moitié du suivant était imprimée ou en épreuves quand les événements de la Révolution vinrent interrompre le travail.

Les mêmes circonstances mirent également fin à la publication du *Glossaire de l'ancienne langue françoise,* dont les éléments, tirés de nos anciens auteurs, avaient été recueillis pendant un grand nombre d'années par Sainte-Palaye. Prêt à être livré à l'impression en 1762, ce *Glossaire* dut subir, par suite de l'imperfection du plan de Sainte-Palaye, des modifications essentielles, dont Bréquigny et d'autres savants avaient signalé à l'auteur la nécessité. Sainte-Palaye était trop âgé pour entreprendre lui-même ces modifications; et, comme son collaborateur ordinaire, l'abbé Guiroy, était incapable de le faire, Bréquigny lui fit donner Mouchet pour auxiliaire. Mais, soit que la refonte du *Glossaire* ait exigé un temps considérable, soit que Mouchet ait été trop absorbé par sa collaboration à la *Table chronologique des chartes et diplômes,* la préparation de l'ouvrage fut extrêmement lente. Un seul volume fut publié; presque tous les exemplaires en ont été détruits.

La Révolution, qui avait mis fin au Cabinet des chartes en tant qu'établissement de recherches scientifiques, ne fit qu'interrompre la publication de la plupart des ouvrages qui en dépendaient, ou qui étaient censés s'y rattacher. L'Institut l'a reprise, en grande partie du moins. L'Académie des inscriptions et belles-lettres continue le *Recueil des historiens,* la *Table chronologique des chartes et diplômes,* les *Diplomata, chartæ.* Elle a commencé et conduit activement le *Recueil des historiens des croisades,* dont les Bénédictins avaient conçu l'idée et pour lequel ils avaient réuni un grand nombre de matériaux. L'Académie des sciences morales et politiques, — à laquelle ce soin revenait de droit, s'il est vrai, comme le pensait Moreau et comme l'avait prouvé Montesquieu, que la législation doit avoir l'histoire pour fondement, — a entrepris la continuation du recueil des *Ordonnances,* conduit déjà jusqu'en 1514 par l'Académie des inscriptions et belles-lettres. Les rédacteurs du *Journal des savants* sont fournis par les cinq Académies. L'édition des registres d'Innocent IV, de Benoît XI, de Boniface VIII, de Nicolas IV, d'Honorius IV et de Grégoire IX, dont s'occupe l'École française de Rome, est destinée à faire suite aux lettres d'Innocent III. Plusieurs publications des Archives nationales peuvent être considérées comme rentrant dans le programme des travaux que les fondateurs du Comité des chartes s'étaient tracé; tels sont surtout les *Layettes du Trésor des chartes,* les *Actes du Parlement de Paris* et les *Monuments historiques.* L'impression du *Glossaire* de Sainte-Palaye, due à l'initiative privée, vient d'être terminée. Enfin, comme nous allons le voir, le Comité des travaux historiques de M. Guizot a repris, mais en les perfectionnant, les traditions du Comité des chartes. Le lien un peu fragile qui réunissait à la *Bibliothèque de législation, histoire et droit public* tant d'œuvres d'une importance capitale s'est brisé, et la succession de Moreau a pu, tout en se divisant entre plusieurs héritiers, enrichir chacun d'eux. Raison de plus, à ce qu'il nous a semblé, pour exposer l'origine, les développements et le fonctionnement d'une institution un instant prédominante, et qui a exercé une si féconde influence sur les études historiques au XVIIIe et au XIXe siècle. On y trouve le point de départ de trop d'entreprises encore en exécution; on y voit naître trop d'idées encore en vigueur; on y assiste à trop de débuts qui se poursuivent sous nos yeux, pour qu'on ne nous pardonne pas de n'avoir reculé devant aucun détail, même devant les plus arides, afin de la mieux faire connaître. Nous serions heureux, fût-ce au prix de quelques fatigues imposées aux lecteurs, si nous avions réussi à mettre en évidence une des pages importantes de l'histoire de l'érudition française.

IV

Nous venons de voir l'œuvre de Moreau brusquement interrompue par la Révolution. Lorsque l'édifice monarchique s'écroula, les archives de l'ancienne France traversèrent une crise de destruction et de pillage, dont elles devaient sortir mutilées, mais aussi transformées. Elles subirent le sort commun. Comme toutes les institutions du passé, elles furent secouées violemment par l'orage qui dispersa bien loin leurs débris; et ces débris étaient de leur nature si fragiles que beaucoup périrent, déchirés par le vent qui les emportait. Mais quand la tourmente se dissipa, quand l'œuvre de ruine fut achevée, l'organisation nouvelle que reçurent les archives les rendit plus disponibles, plus accessibles aux recherches, plus propres à devenir un admirable instrument d'érudition historique. On n'a pas discuté avec moins de passion sur les papiers qu'a brûlés la Révolution que sur les vies humaines qu'elle a broyées. Des polémiques savantes, mais acerbes, violentes, bien souvent dépourvues d'impartialité, se sont élevées à ce sujet. Le grand problème toujours irrésolu, ou du moins toujours posé, du jugement à porter sur l'œuvre révolutionnaire, a pris cette forme, comme il en a pris et comme il en prendra encore tant d'autres. Suivant l'opinion des polémistes, la Révolution a été l'objet d'attaques sans réserves ou de justifications sans sagesse. Dieu nous garde de vouloir entrer dans un débat qui ne saurait avoir d'issue! En résumant aussi vite que possible, non les péripéties, mais les causes et les conséquences des mesures que la Révolution a prises envers les archives, notre seul dessein est de montrer ce que les études d'histoire ont eu à y perdre et à y gagner. Il n'est pas douteux que le trésor scientifique de la France ait été diminué; il n'est pas douteux non plus qu'il ait été, en revanche, arraché à quelques privilégiés pour être mis dans la circulation générale et devenir le patrimoine de tous. Tout compte fait, il n'y a donc ni à condamner, ni à glorifier absolument la Révolution, mais à constater les avantages de son œuvre sans en dissimuler les inconvénients.

C'est à la Révolution que nous devons un service général des archives qui s'étend au pays tout entier. Notre situation, à cet égard, est presque unique en Europe ; aucune autre nation ne possède une organisation aussi complète que la nôtre. La Belgique et l'Italie peuvent seules rivaliser avec nous, mais non d'une manière absolue [1]. C'est que, chez aucune autre nation, il n'y a eu, comme en France, une suppression brusque des institutions anciennes, une rupture totale avec le passé. Avant la Révolution, nous ressemblions à tout le monde ; nous n'avions pas à proprement parler d'archives nationales. Il y avait les archives de la Couronne, le Trésor des chartes, les archives des administrations diverses, des institutions de tous les ordres : judiciaire, ecclésiastique, seigneurial, etc. Il y avait les archives des communautés religieuses et laïques, des municipalités, des paroisses et des hôpitaux, etc., etc. ; en un mot une multiplicité infinie de dépôts appartenant à des propriétaires également multiples et n'ayant aucun lien entre eux. L'idée même des papiers d'État était si confuse et si peu précise, que la plupart des hommes publics, ministres, ambassadeurs, etc., considéraient les dossiers des grandes affaires qu'ils avaient à traiter comme leur propriété privée. En tombant du pouvoir, ils n'hésitaient pas à les emporter ; ils les transmettaient par héritage à leurs enfants, avec leurs meubles et immeubles. La démarcation entre le bien public et le bien particulier de ceux qui touchaient à la politique n'était pour

---

[1] La Belgique et l'Italie ont, en effet, un service centralisé et plus hiérarchique que le nôtre. La Belgique nous a précédés dans la publication des inventaires royaux et municipaux. En Italie, les archives royales sont réparties entre plusieurs villes. Il y a, en outre, des dépôts locaux administratifs, judiciaires, financiers. Les archives notariales y sont conservées et les notaires y font des versements périodiques.

Il est certain que la domination française, au commencement de ce siècle, n'est point étrangère à cet état de choses ; mais d'ailleurs, dans aucun de ces deux pays, l'État n'a, comme chez nous, entre les mains la totalité des archives ecclésiastiques et une partie des archives nobiliaires.

ainsi dire pas fixée. Si l'on en rencontre la notion, c'est sous une forme très altérée, même chez les plus grands, même chez ceux qui ont eu l'idée la plus nette de l'État et qui ont le plus contribué à la répandre autour d'eux et après eux, chez Colbert par exemple. Nous n'avons pas besoin d'insister sur les inconvénients et de faire ressortir les dangers de cette extrême subdivision de nos archives avant 1789, et de cette difficulté où l'on était alors de les placer sous l'autorité supérieure du Gouvernement; ils éclatent à chaque ligne des documents que nous avons réunis au sujet de l'entreprise de Moreau. Dès l'abord, cette entreprise se heurte à un obstacle presque insurmontable: le nombre des dépôts, l'indépendance et le mauvais vouloir de leurs propriétaires, l'impossibilité de contraindre ces derniers à les tenir en ordre, à en dresser le catalogue et l'inventaire, enfin à les ouvrir à la curiosité des savants et à les soumettre au contrôle des représentants de l'État. Malgré l'énergie de ses prétentions, Moreau devait s'arrêter sans cesse, non seulement devant les archives privées, dont on refusait l'accès à ses collaborateurs, mais devant les archives des Parlements et du Clergé, où il ne lui était pas plus facile de pénétrer. C'est même pour tourner les barrières qui s'élevaient devant toutes les archives, à part celles qui appartenaient directement à l'État, que Moreau résolut de chercher à prendre copie des documents historiques qu'elles contenaient et à former ainsi une collection qui du moins ne serait jamais interdite aux travailleurs. Son premier projet, on s'en souvient, avait été de se borner à dresser l'inventaire de tous les dépôts, avec des notices sur les chartes qu'ils contenaient. Mais Bertin lui fit remarquer que ces chartes, peut-être imparfaitement signalées et décrites, risqueraient de disparaître ou d'être soustraites au public savant. De là l'idée de les copier, idée d'une exécution presque irréalisable, étant donné le personnel insuffisant dont on disposait. La correspondance de Moreau avec les intendants, les procureurs généraux, les évêques, etc., prouve d'ailleurs que, même si le personnel n'avait point fait défaut, il aurait été impossible de mener à terme une entreprise qui rencontrait tant de résistances. L'œuvre du dépôt des chartes ne réussit, en somme, que dans le champ où pouvaient opérer les congrégations des Bénédictins de Saint-Maur et de Saint-Vanne, et une grande partie des archives françaises échappa à Moreau, tout appuyé qu'il était par les Ministres, secondé par beaucoup d'évêques, soutenu par la Cour, aidé enfin dans sa tâche laborieuse par de remarquables, sinon de nombreux collaborateurs.

Il faut donc reconnaître hautement le service que nous a rendu la Révolution, en centralisant toutes les archives et en abattant toutes les barrières qui n'en permettaient que si difficilement et si incomplètement l'accès. Il est considérable! Mais, pour être tout à fait juste, nous sommes obligé d'avouer que la Révolution ne nous l'a pas rendu en parfaite connaissance de cause, ni avec la conscience entière de ce qu'elle faisait. Nous avons vu qu'une idée dont l'originalité, pour l'époque, ne nous a pas moins frappé que la justesse, idée qui doit toujours et partout inspirer la formation d'archives, avait présidé à l'œuvre de Moreau : nous voulons parler du principe de l'union de l'histoire et du droit, du principe que les lois ne sont pas le produit de règles absolues, de doctrines abstraites, mais qu'elles sortent des mœurs, des souvenirs, des traditions du peuple auquel il s'agit de les appliquer. Le XVIIIe siècle, au contraire, ne voyait dans la plupart des documents du passé qu'un mélange incohérent de pièces sans valeur, parmi lesquelles quelques-unes seulement méritaient d'être conservées comme contenant de précieuses leçons d'histoire. Pour le plus grand nombre des contemporains de Moreau, et même pour un certain nombre de ses collaborateurs, les chartes surtout présentaient ce dernier caractère. Dans la plupart des inventaires rédigés à cette époque et que possèdent aujourd'hui nos archives, les documents sont divisés en trois parts : les chartes, qui sont décrites, analysées, commentées une à une; les liasses, qu'on indique en gros, en tirant d'elles seulement ce qui peut avoir une utilité pratique; les registres, qui sont mentionnés en deux ou trois lignes, quelque anciens et importants qu'ils soient, quand ils ne sont pas totalement passés sous silence. Le mérite de Moreau et de quelques-uns de ses collaborateurs est de s'être mis souvent au-dessus de l'erreur commune. A mesure qu'ils avançaient dans leur œuvre, ils s'apercevaient de plus en plus que l'histoire ne se fait pas seulement avec les chartes, mais qu'elle se forme de tous les éléments qui ont composé la vie d'une nation à un moment déterminé. Leur vue prenait plus de largeur et d'étendue. Ce qui les dominait, d'ailleurs, ou du moins ce qui dominait Moreau, c'était son idée première, l'idée originelle, l'idée fondamentale d'où son entreprise était née et où il la ramenait sans cesse avec l'obstination d'une invincible conviction, à savoir que l'histoire était le fondement du droit.

Pour un homme aussi convaincu, réunir un dépôt d'archives était faire œuvre pratique et politique, fournir au législateur et à l'administrateur des instruments sans lesquels ils ne sauraient remplir leur mission; mais, en même temps, c'était faire œuvre érudite et scientifique, puisqu'on mettait à la disposition des historiens les monuments sans lesquels ils ne sauraient, eux non plus, remplir leur mission particulière et raviver le passé évanoui. On a beaucoup loué Moreau d'avoir proclamé l'intérêt qu'offrent les archives, non seulement comme dépôts de matériaux à l'usage des administrateurs, mais comme source d'investigations à l'usage de la science. Il aurait dû l'être bien plus, à notre avis, pour avoir reconnu que les deux intérêts se confondent, et avoir déterminé par là le caractère des archives. Tandis que les bibliothèques sont plutôt des établissements d'étude, où l'on va chercher uniquement des moyens d'instruction, dans les archives, établissements d'un autre genre, ayant un objet différent, ou du moins très distinct, l'homme d'action se rencontre à côté du savant. Les pièces qu'elles renferment ne sont pas de simples documents pour l'histoire, ce sont des titres qui constatent des droits, des actes ayant ou ayant eu des effets légaux, des dossiers d'affaires toujours utiles à consulter. C'est ce que comprenait admirablement Moreau, lorsque, au terme de son entreprise, réunissant son dépôt des chartes à sa Bibliothèque de législation, il appelait le tout : *Bibliothèque de législation, d'histoire et de droit public.* Comme il n'avait point d'originaux, mais de simples copies et des inventaires, il sentait bien qu'il ne pouvait se flatter de posséder de vraies archives. Néanmoins, son désir constant d'arracher ses collections à la Bibliothèque du Roi et sa perpétuelle application à saisir toutes les occasions de leur donner une vie indépendante, bien qu'inspirés en partie sans doute par l'intérêt personnel, provenaient aussi de la conviction que ces collections tenaient principalement de la nature des archives. S'il n'y avait vu que des instruments de recherches historiques, que les « éléments d'un cabinet d'historiographe de France », ainsi qu'il le disait un jour, elles auraient été bien placées à la Bibliothèque du Roi ; il n'aurait pas eu de bonnes raisons pour les en retirer. Mais c'était à ses yeux un puissant et indispensable auxiliaire de la législation et de l'administration ; et il voulait qu'on leur assignât un local à part, pour les distinguer des livres et des manuscrits ordinaires de la Bibliothèque.

Ce que la Révolution pouvait le moins comprendre, et surtout respecter, c'était cette pensée de Moreau. Au moment où elle prétendait rompre violemment avec le passé, qui lui apparaissait comme un tissu d'erreurs et de crimes, il ne lui était pas seulement difficile, il lui était parfaitement impossible d'avoir pour les documents de notre histoire, pour les titres d'où étaient sorties nos institutions, le moindre sentiment de respect. Son culte allait être celui de la raison, non celui des traditions et des souvenirs. C'est au droit absolu, non aux conquêtes historiques qu'elle allait demander l'émancipation des Français, bien plus ! de la race humaine tout entière. Nous avons déjà dit comment elle traita la création de Moreau. Elle n'y vit qu'une bibliothèque d'histoire, et elle l'envoya rejoindre à la Bibliothèque du Roi toutes les collections scientifiques. Mais le pays était couvert, s'il faut en croire un état général dressé en 1782, de douze cent vingt-cinq dépôts d'archives, répandus sur toute sa surface. Paris seul en comptait quatre cent cinq. Aucun d'ailleurs ne possédait le caractère d'établissement central, toutes les tentatives d'organisation qu'on avait faites pour leur donner quelque unité n'ayant eu d'autre résultat que de fractionner à l'infini le Trésor des chartes lui-même. Que pouvait, que devait être la conduite de la Révolution envers ces dépôts? Elle était fatalement tracée par les idées dominantes. En faisant table rase des institutions de l'ancienne France, en enlevant à l'Église et aux Parlements toute autonomie, en détruisant la noblesse, en s'appropriant les biens du clergé et des émigrés, la Révolution supprimait les divers propriétaires d'archives, et l'État devenait du coup l'héritier d'une immense masse de papiers; il réunissait en ses mains une multitude de dépôts, formés de pièces dont quelques-unes avaient évidemment une utilité pratique, mais dont les autres, en plus grand nombre, ne lui semblaient avoir qu'un intérêt scientifique. Il était naturel, nous dirons presque inévitable, qu'il les divisât en deux parties, qu'il mît d'un côté, comme titres de propriétés et documents d'affaires, tout ce qui en aurait manifestement le caractère; et qu'il traitât le reste de la même façon que la collection de Moreau, à savoir comme de simples matériaux d'histoire à envoyer à la Bibliothèque. Telle a été, en effet, sa manière d'agir, dont il faut bien comprendre le principe, pour éviter de tomber dans les exagérations contradictoires des détracteurs violents ou des panégyristes aveugles de la Révolution.

La Convention nationale eut d'abord l'intention de lier le sort des papiers à celui des biens, et la loi du 12 juillet 1793 décida que les titres des propriétés seraient remis aux adjudicataires. Si cette règle avait été suivie, la plus grande partie des archives ecclésiastiques, seigneuriales, etc., et des documents des communautés laïques auraient disparu. Heureusement, on se contenta presque toujours de livrer les derniers baux, et les acquéreurs n'en réclamèrent pas davantage. Il y eut toutefois quelques exemples de livraison de titres plus importants. Nous en citerons un assez curieux. Dans l'Oise, un agriculteur acheta l'abbaye de Marcheroux (commune de Beaumont-les-Nonnains, canton d'Auneuil), bâtiments et biens compris. Il réclama les titres : on lui donna toutes les archives de l'établissement, qui remontaient au XIIe siècle. Mais les faits de ce genre furent exceptionnels. La grande masse des papiers resta à l'État. Elle était si colossale qu'on ne savait comment la débrouiller. Outre les titres justificatifs des domaines nationaux (archives des ecclésiastiques, des communautés, des émigrés), on était envahi par les documents provenant des administrations. Personne ne croyait que tout y pût être bon à conserver. La Convention fit donc élaborer par une commission un projet qu'elle transforma en une loi, — loi du 7 messidor an II, — qui comprit l'ensemble des dépôts dans une organisation systématique, et les mit sous la dépendance de l'archiviste de l'Assemblée, lequel semblait désigné pour ce rôle, puisque l'Assemblée était alors le seul pouvoir, ou plutôt les confondait tous dans ses mains. D'un bout de la France à l'autre, les archives devaient être traitées d'après la même méthode. On faisait quatre parts des documents : les titres historiques; les pièces ayant une utilité pour les domaines nationaux ou l'administration, — ces deux catégories à conserver; — puis les papiers inutiles; enfin les titres rappelant la tyrannie et la superstition. — Ces derniers étaient destinés à être brûlés solennellement, les autres à être vendus ou envoyés aux arsenaux. Les titres dits historiques devaient être réunis à la Bibliothèque nationale.

Cette loi du 7 messidor an II, il ne faut pas craindre de le dire, ou plutôt de le redire après tant d'autres, a fait à nos archives un mal considérable. Le principe du triage, sur lequel elle reposait, de la distinction à établir entre les titres historiques et les titres administratifs, était la négation même de l'idée fondamentale des archives. « Dans les papiers d'archives, » a dit avec autant de raison que de chaleur éloquente M. le marquis de Laborde, « qu'est-ce qui est historique, et surtout qu'est-ce qui ne l'est pas ? Où peut-on placer la limite ? Cette limite elle-même, acceptée aujourd'hui, ne sera-t-elle pas reculée demain ? Est-ce l'ancienneté de la pièce, sa nature, son caractère, qui la rend historique ? Un billet galant de Frédégonde ne serait-il pas historique, un registre des cuisines royales de Charlemagne ne nous en apprendrait-il pas plus sur les mœurs et les habitudes du temps que les chroniques les plus réputées? Retrancherons-nous à cette section historique si élastique les 55,000 ordonnances du Roi, les 10,500 registres et les 30,000 liasses du Parlement de Paris, les 20,000 arrêtés des comités révolutionnaires et les 50,000 du Directoire, les 150,000 décrets de Napoléon Ier et ses 50,000 minutes de lettres? Je m'arrête pour ne pas faire l'énumération des archives; car je suis certain de tout nommer sans rencontrer la fallacieuse limite qui me criera : Halte! ici cesse l'historique, ici commence le domanial, le judiciaire ou l'inutile [1]. » C'est le langage de la vérité et du bon sens. Mais, pour être juste envers la Révolution, il convient d'ajouter, — et M. de Laborde le fait tout de suite, bien qu'il ne s'en souvienne plus dans le reste de son livre, — il convient d'ajouter que ce n'est pas la Révolution qui a la première imginé cette distinction entre les archives historiques et les archives non historiques. Nous avons vu qu'avant Moreau et qu'autour de Moreau on la faisait sans cesse, bien que celui-ci, pour son compte, en ait entrevu la fausseté. Il est impossible de ne pas se demander ce qui serait arrivé si, du temps de Moreau, on avait été libre de disposer des archives du Royaume. Au lieu de copier les titres historiques, n'aurait-on pas eu la malencontreuse pensée de les enlever des dépôts où ils se trouvaient pour les transférer à la Bibliothèque du Roi? N'aurait-on pas voulu faire un dépôt central des titres, comme on faisait un dépôt central des copies? N'aurait-on pas ensuite condamné en bloc tout le reste? Moreau, peut-être, aurait essayé de résister à cette tendance, car il avait compris le double caractère des archives, mais l'esprit du siècle aurait sans doute été le plus fort, et la facilité de l'exécution l'aurait emporté sur les résistances les plus judicieuses. « Si la formation d'une section historique était une mesure étrange, dit M. le marquis de Laborde, combien plus condamnable fut la décision qui ordonnait de transporter cette section, en province, dans la bibliothèque du chef-lieu; à Paris, dans la Bibliothèque nationale. Mais cette fausse idée est plus

---

[1] *Les Archives de la France*, par le marquis de Laborde, p. 94.

ancienne que la Révolution, et elle était tellement entrée, par une longue pratique, dans les habitudes des Parisiens, qui, depuis deux siècles, voyaient affluer des pièces d'archives isolées et des archives entières dans la Bibliothèque du Roi, que les membres des assemblées trouvèrent cette routine excellente et très bonne à suivre. Examinons comment on procédait depuis près de deux cents ans. Après avoir été à l'usage particulier de nos souverains, la Bibliothèque du Roi, nomade parce qu'elle était portative, devint une collection si vaste qu'elle déborda de la maison de la rue Vivienne, où Colbert l'avait établie pour sa plus grande commodité, dans l'hôtel de Nevers de la rue de Richelieu, ancien palais Mazarin. Son caractère fut dès lors l'universalité; on en fit le dépôt banal de toutes choses. Il ne faut pas oublier que le Trésor des chartes, véritables archives de l'État, était depuis la fin du XVIe siècle comme sous les scellés, que toutes les administrations se formaient des archives spéciales, que Paris n'avait pas un seul musée public, pas une seule collection ouverte à la curiosité des habitants, et qu'ainsi, toutes les fois que le Roi, par héritage ou par acquisition, devenait possesseur d'objets précieux qui ne pouvaient pas servir à la décoration de ses résidences, il n'avait qu'un lieu pour les déposer, qu'un établissement pour les faire garder avec soin et les communiquer au public : ce lieu était la Bibliothèque du Roi, plus riche en livres que toutes les bibliothèques connues, et qui devint en même temps un cabinet de médailles, un musée de statues, une collection immense de dessins et d'estampes, une chalcographie royale, une collection géographique à laquelle on rattacha les globes de Coronelli, d'une si colossale inutilité; enfin, et ce qui était plus extraordinaire, des archives où l'on déposa successivement les collections des titres et des généalogies formées par les juges d'armes, les chartes et diplômes provenant des provinces conquises, tous les parchemins précieux, que les Ministres collectionneurs et les riches amateurs avaient achetés, plus souvent soustraits aux établissements publics et monastiques, et qui successivement, après leur mort, avaient été légués au Roi ou acquis par lui. Cette lente et continuelle accumulation a versé ainsi dans la Bibliothèque du Roi une vaste collection de chartes, qui porte le nom d'archives et que Daunou considérait comme telles. Nous en avons appris le chiffre par l'administration elle-même. Elles se composent de huit cents cartons et de trente et un mille volumes contenant environ dix millions de pièces d'archives, les unes couchées mollement dans les cartons et comme il convient à ces précieux papiers, les autres transformées en livres sous la presse du relieur, qui impose aux parchemins de nouveaux plis, fait sauter l'écriture et met en poussière les sceaux. Quoi de plus naturel, en 1794, à une époque où la distinction entre *archives* et *bibliothèques* n'était pas entrée dans les esprits, que nos législateurs improvisés suivissent des habitudes séculaires [1] ! ».

Rien de plus naturel, en effet, mais alors est-il bien juste de leur reprocher aussi ardemment que le fait M. le marquis de Laborde la conduite qu'ils ont suivie? N'avoir pas su distinguer les archives des bibliothèques et avoir cru devoir trier, dans l'océan d'archives qui les débordait de toutes parts, quelques épaves historiques à déposer à la Bibliothèque du Roi, devenue Bibliothèque nationale, a été leur plus grande erreur. Toutes les autres en ont découlé; mais cette erreur n'est pas sans excuse, puisqu'elle avait deux siècles de date. Où commence la faute réellement imputable à la Révolution, c'est dans la distinction, celle-là sans précédents, qu'elle établit entre les documents historiques eux-mêmes divisés arbitrairement en deux classes : ceux qui rappelaient les crimes de la tyrannie et qui devaient être traités comme les tyrans eux-mêmes, et ceux que leur caractère d'innocence civique préservait de la destruction. La haine de l'ancien régime entraînait, dans les consciences ardentes et troublées de l'époque, la haine des titres qui, de près ou de loin, évoquaient les souvenirs de la féodalité. « Les parchemins, a dit Michelet, eurent aussi leur tribunal révolutionnaire sous la dénomination de bureau du triage des titres, tribunal expéditif, terrible dans ses jugements. Une

---

[1] De Laborde, *Les Archives de la France*, p. 95-98.

infinité de documents furent frappés d'une qualification meurtrière : titre féodal; cela dit, c'en était fait. » Pour bien comprendre le sentiment qui poussait à les détruire, le désir qu'on éprouvait d'en effacer jusqu'aux derniers débris, il faut se reporter aux révolutions religieuses, dans lesquelles périssent, sous la main de révoltés dont la colère ne va pas sans un mélange de crainte, les images des dieux tombés. Ce n'est pas seulement parce qu'on n'y croit plus, parce qu'on va même jusqu'à les mépriser qu'on les brise ; c'est parce qu'au fond de l'âme on les redoute encore, parce que quelque chose subsiste des terreurs superstitieuses d'autrefois, parce qu'on ne se sentira réellement persuadé de ne plus les voir renaître que lorsque tout ce qui pourrait réveiller leur mémoire aura disparu. Les hommes de la Révolution éprouvaient à l'égard de l'ancien régime cette haine épouvantée. Pour être bien certains de l'avoir à tout jamais détruit, ils auraient désiré pouvoir en tuer le souvenir. Nous leur reprochons d'avoir brûlé trop de papiers d'archives, ils tremblaient de n'en avoir pas brûlé assez. Ils se demandaient si, de ceux qu'ils conservaient par complaisance pour la science ou par intérêt, les privilèges abolis ne risquaient pas de surgir de nouveau. Pour se rassurer eux-mêmes, bien plus que pour terrifier les autres, ils déclaraient qu'en cas de danger, une seconde suffirait à l'achèvement de l'œuvre d'extermination. Dans le projet de la Convention, après avoir été suffisamment épurées, toutes les archives de province devaient être centralisées à Paris, afin d'être, en cas de besoin, plus aisément pulvérisées. « Les difficultés et les dépenses de cette réunion, disait le rapporteur de la Commission de la loi du 7 messidor an II, sans nous y faire renoncer pour toujours, nous ont engagés à nous borner, quant à présent, à mettre en quelque sorte ces titres en réquisition. » Mais cela suffisait, à l'en croire, pour qu'ils fussent à la merci d'une justice expéditive. « S'il était encore des hommes capables de nourrir des espérances aussi folles que criminelles en faveur des ci-devant possesseurs, qu'ils sachent qu'au premier signal tout est disposé pour rassembler leurs titres dans un centre unique où ils peuvent disparaître avec la rapidité de l'éclair. »

A cette horreur instinctive des titres, les hommes de la Révolution joignaient une grande indifférence pour toutes les leçons du passé. Convaincus qu'ils avaient retrouvé les droits de l'homme et du citoyen, tels que les a dictés la nature, il leur importait assez peu d'étudier laborieusement ce qu'en avait fait l'histoire. Un archiviste ayant cherché à persuader à Garat qu'il pouvait y avoir des chartes précieuses à conserver dans les archives de Lille, celui-ci lui répondit : « Je ne vois, dans les papiers de l'ancienne Chambre des comptes à Lille, rien à conserver que ce qui peut établir les créances de la Nation envers les comptables, et cette vérification ne me paraît pas exiger des recherches ni longues, ni pénibles. Tous les papiers anciens et d'écriture gothique ne doivent là, comme ailleurs, être que des titres de féodalité, d'assujettissement du faible au fort, et des règlements politiques heurtant presque toujours la raison, l'humanité et la justice. Je pense qu'il vaut mieux substituer à ces ridicules paperasseries la déclaration des droits de l'homme; c'est le meilleur titre que l'on puisse avoir. Je vous engage donc à vous conformer à ces observations ; agir dans d'autres principes ne serait pas de votre part se montrer digne de la confiance qui a déterminé le choix que l'Administration a fait de vous. — Paris, 27 février 1793. » Et Garat n'était pas seul à penser ainsi. Le rapport fait à la Convention sur la loi du 7 messidor an II s'exprimait de la manière suivante : « Lorsque les statues des tyrans ont été précipitées, lorsque la lime et le ciseau n'épargnent aucuns des emblèmes de la monarchie et de la féodalité, des républicains ne peuvent voir qu'avec indignation, dans des collections de manuscrits, les traces de tant d'outrages faits à la dignité de l'homme ; le premier mouvement dont on se sent animé est de livrer tous ces titres aux flammes et de faire disparaître jusqu'au moindre vestige d'un régime abhorré. L'intérêt public peut et doit mettre des bornes à ce zèle estimable que votre Commission partage. Loin de songer à le refroidir, c'est pour mieux proscrire ce qui nous est justement odieux que nous provoquons un examen sévère, et nous ne nous tenons en garde que contre une précipitation inconsidérée, qui pourrait blesser la justice, porter atteinte à la fortune publique et nous exposer à des regrets. La voix publique nous crie que rien ne doit subsister de ce qui portait l'empreinte honteuse de la servitude, et le respect pour la propriété publique ou particulière nous impose le devoir d'examiner soigneusement tout ce qui sert à constater l'une ou l'autre; enfin ce qui peut servir à *l'instruction* mérite particulièrement les égards, puisque vous avez déclaré qu'elle est le *besoin de tous*. De là naît la division générale des titres, chartes et pièces manuscrites, en trois classes : la première comprend ce qui concerne le domaine national ; la seconde, l'ordre judiciaire, c'est-à-dire les jugements des tribunaux; la troisième, ce qui concerne l'histoire, les sciences et les arts. Cette dernière classe appartient de droit aux bibliothèques que vous avez instituées dans chaque district et dont la France vous sera redevable comme d'un de vos plus grands bienfaits envers elle. Le renvoi qui sera fait aux bibliothèques des pièces qui y doivent être déposées est une suite naturelle de ce que vous avez déjà décrété sur les rapports que vous a faits votre Comité d'instruction publique. Le triage général offre l'occasion d'y pourvoir d'une manière qui réduira la dépense en même temps qu'elle accélérera l'opération, et les collections de titres, chartes et manuscrits, ainsi dégagées de tout ce qui est du ressort de l'érudition littéraire, se réduiront à deux sections, l'une domaniale, l'autre judiciaire. »

C'est en exécution de ces principes, en vertu de ces préjugés que la Commission de triage fut instituée et coopéra, tout en s'efforçant bien des fois de la tempérer, à l'œuvre de vandalisme dont on a retracé si souvent et si éloquemment le tableau. Mais, quelque déplorables qu'aient été les destructions violentes accomplies sous le régime de la Terreur, et qui s'étendaient aux archives comme aux hommes, peut-être faut-il regretter davantage encore la méthode de classement adoptée à cette époque, car elle a survécu à la Révolution et elle a longtemps contribué à la désorganisation de nos archives. Il est impossible de ne pas voir dans l'idée du triage le point de départ, la véritable origine des séries de *monuments historiques* formées aux

Archives nationales par la dislocation des divers fonds; du moment qu'on s'occupait avant tout du sujet et non de la provenance des documents, il est bien clair qu'on devait être amené à morceler les fonds, pour en répartir le contenu suivant des catégories plus ou moins artificielles. Lorsque le comité du dépôt des chartes établissait ses projets, il avait en vue la formation d'un dépôt de copies. Les originaux ne lui appartenaient pas; ils restaient disséminés entre les mains de possesseurs très divers. Tous ces dépôts particuliers ne pouvaient être déplacés. On se bornait donc à dresser l'inventaire de chacun d'eux, afin d'y faire un choix de pièces à copier. Et quand on avait ces copies, on les classait d'après un plan chronologique ou méthodique, tandis que les originaux demeuraient à leur place dans les fonds. Mais, sous la Révolution, il n'en est plus ainsi : toutes les archives indépendantes les unes des autres tombent entre les mains de l'État. Il aurait fallu, en les réunissant dans un même dépôt, leur conserver cependant l'arrangement que la nature leur avait donné, laisser à chaque fonds son individualité, son intégrité, sa vie propre. Les pièces d'archives ne sont point, en effet, des produits de l'imagination ou de l'intelligence, des œuvres de l'esprit ayant une valeur indépendante du milieu dans lequel elles ont pris naissance. Ce sont, comme on dit avec une grande propriété d'expression, des *actes,* qui ont un rapport intime avec celui qui en est l'auteur ou l'objet. Or ce dernier est une institution, une famille, un individu qui a laissé dans ces actes une trace, une manifestation de sa personnalité, de son existence, de ses faits et gestes. Les mutiler, c'est le mutiler lui-même; c'est séparer les membres du corps auquel ils appartiennent; c'est mettre en morceaux un être vivant, sous prétexte que tous les éléments qui le constituent ne sont pas nécessaires à sa vie. Considérées ainsi, les archives deviennent une sorte de personne morale, d'organisme complet que l'on ne saurait diviser sans préjudice. Si un accident les disperse, l'histoire de l'institution, de la famille, de l'individu auxquels elles appartiennent devient impossible. Il y a plus, les pièces perdent une partie de leur valeur, beaucoup même n'ont plus de signification. Elles étaient éclairées par le voisinage d'autres documents, elles tiraient leur importance de ce qu'on les trouvait parmi les papiers de tel personnage ou de telle société. En dehors de ces circonstances, leur intérêt disparaît. Une lettre, un compte, une simple note, prennent du lieu où ils se trouvent une autorité singulière ; on y peut puiser les renseignements les plus précieux. Déplacez-les ; ils ne sont plus qu'un lambeau de papier sans portée. Le prétendu triage a mis en morceaux un édifice, a détruit un corps, et l'on n'a plus devant soi que des matériaux sans lien entre eux, que des décombres ou des débris dont il est souvent impossible de se servir. Et le classement de l'intérieur des fonds n'est pas lui-même plus arbitraire que l'organisation générale des archives. C'est le même principe qui doit y présider. Les actes concernent des affaires, chaque affaire a son dossier ; c'est donc l'intégrité du dossier qui doit être le point de départ de l'arrangement d'un fonds, comme l'intégrité du fonds doit être celui de l'arrangement des archives. Ces règles paraissent aujourd'hui évidentes. Elles sont pourtant en contradiction éclatante avec le principe du triage, proclamé par la Révolution et maintenu, après elle, par les premiers organisateurs des Archives nationales.

Quand la tourmente révolutionnaire fut apaisée, Camus d'abord, puis Daunou, n'en restèrent pas moins fidèles à l'idée fausse de soumettre toutes les archives à un triage général et de ranger les résultats de cette opération dans des séries arbitraires, sans tenir compte de la provenance des pièces. C'est ainsi que fut opéré le classement fantaisiste qui a porté un si grand désordre dans nos Archives nationales. La comptabilité et les titres de fondations de rentes de tous les établissements religieux supprimés furent placés dans la série H ; tous les titres jugés historiques des mêmes établissements furent rangés dans les séries L et M ; les titres domaniaux passèrent dans la série S. Pour se rendre compte des effets d'un pareil système, il suffit de citer un exemple. Nous l'empruntons au livre de M. Bordier : « Le fonds de Saint-Denys a été placé en gros dans la section historique, série des établissements religieux (lettre L) ; mais on en a mis à part (lettre K) les titres les plus précieux, ceux qui étaient émanés des rois de France; puis, on a retiré des dossiers toutes les pièces qui paraissaient, à première vue, se rapporter à des propriétés territoriales de l'abbaye, et, comme documents concernant la domanialité, on les a placées dans la partie domaniale (lettre S)[1]. » Nous ajouterons qu'on a mis les plans de cette même abbaye dans la série N, où devait figurer tout ce qui était plan. L'abbaye de Saint-Denys, qui vivait ou se survivait dans ses archives, a été complètement détruite dès lors, détruite par dispersion. Comment l'érudit, comment l'historien, qui veulent se rendre compte de l'existence antérieure de l'abbaye et qui auraient trouvé tous les souvenirs du passé réunis et vivants dans des archives intactes, pourraient-ils la reconstituer en fouillant aujourd'hui d'une série à l'autre, pour n'y rencontrer que des documents isolés, décolorés, inertes, qu'ils ne sauraient rassembler et ranimer sans un prodigieux effort? Toutes les bulles éparses dans les milliers de dossiers provenant des évêchés, chapitres, abbayes, ont servi à former un bullaire par ordre chronologique. On a traité de même les actes émanant des rois de France; on en a composé les cartons des rois (série K), et on a groupé de tous les points de l'horizon, sous des titres méthodiques et suivant leur sujet, les documents ayant rapport aux lois, aux coutumes, aux finances, au commerce, à l'agriculture, au cérémonial, etc. On ne s'est arrêté que devant l'immensité de la besogne; et, s'il reste aux Archives nationales d'assez nombreux débris de fonds encore intacts, c'est que le bureau de triage d'abord, puis les premiers archivistes n'ont pas suffi à la tâche colossale qu'ils avaient entreprise.

Nous insistons sur cette dislocation des fonds et sur ce classement artificiel des archives, parce qu'il nous semble qu'on ne les a pas mis en lumière autant que la destruction révolutionnaire des documents. En ce qui touche ce dernier point, tout a été dit, voire même exagéré, et il serait superflu de recommencer la longue et cruelle

---

[1] H. Bordier, *Les Archives de la France*, p. 50.

énumération de nos pertes. L'usage qui a été fait de ce qui nous reste de richesses est bien plus intéressant à étudier. L'immense triage ordonné par la Convention eut lieu à Paris avec difficulté; en province, il fut presque partout impraticable, faute de personnel pour l'exécuter. Nous avons dit que les documents devaient être divisés en quatre catégories. Pour la première catégorie, celle des titres historiques, on donna dans les départements un semblant de satisfaction aux injonctions officielles en prélevant au hasard quelques pièces curieuses, — des cartulaires surtout, — qui furent envoyées à la Bibliothèque nationale, où elles sont encore. Nous disons : au hasard, car il est arrivé souvent qu'on laissait dans les départements des tomes dépareillés de ces manuscrits. Les premiers Ministres de l'intérieur, notamment François de Neuchâteau [1], ont rédigé des circulaires pour recommander la centralisation des cartulaires des archives départementales à la Bibliothèque, mais ces circulaires n'ont été exécutées qu'en partie. A Paris, les archivistes ne purent jamais se décider à se séparer de leurs titres, et ils les gardèrent.

Les pièces ayant une utilité pour les domaines nationaux et pour l'administration furent, à Paris, extraites des liasses et rangées dans une section domaniale. En province, faute de personnel sans doute, on laissa les liasses comme on les avait trouvées. Il en est résulté que les documents du même genre reçurent, à Paris et dans les départements, des traitements fort différents. En province, les archives étant demeurées intactes, les fonds subsistèrent dans leur intégrité, c'est-à-dire que, pour chaque institution, les titres continuèrent à former un ensemble, où rien n'était changé lorsque, en 1841, on commença à s'occuper de leur classement. A Paris, il n'en fut point ainsi. L'opération du triage, qui avait fait prélever d'abord des titres historiques, puis des titres utiles, amena le mélange des fonds dans la partie qu'on conservait et fit rejeter tout le reste comme papiers inutiles. C'est par là que l'idée du triage n'a pas été

---

[1] 21 brumaire an VII.

étrangère aux destructions révolutionnaires. Tout document qui avait été jugé sans valeur historique ou sans utilité pratique tombait naturellement dans l'une des deux catégories des papiers inutiles ou des papiers rappelant la tyrannie et la superstition, et devait, par suite, être anéanti. On jeta au rebut, par exemple, presque toutes les archives de la maison du Roi, qui contenaient d'inappréciables renseignements sur les arts, sur le théâtre, etc., etc. On peut se faire une idée de l'importance de cette perte par ce qui nous reste du règne de Louis XVI, pièces heureusement conservées pour la liquidation des dettes de la liste civile. En province, le triage n'ayant pas été fait, il n'y eut pas de ces hécatombes de papiers soi-disant inutiles. En revanche, de nombreux parchemins furent donnés aux arsenaux; ils avaient été prélevés un peu au hasard parmi les pièces de certaines dimensions. Il y a une vingtaine d'années, on en a recueilli des débris considérables, qui n'avaient point été employés et qui ont été rendus aux archives. Ils provenaient presque tous de grosses notariées sur rouleaux de parchemins du XVe et du XVIe siècle. Ce ne sont pas des titres de première valeur. A Paris, le prélèvement pour les arsenaux a également eu lieu, mais il a été fait avec soin et intelligence. Restent les brûlements de titres féodaux dans les cérémonies d'apparat. A Paris, on a choisi avec discernement les pièces destinées à cet usage, et les pertes n'ont porté que sur des documents d'une utilité très secondaire. Ce qu'on a sacrifié à la haine de la tyrannie et de la superstition est peu de chose, comparé à la masse de papiers abandonnés comme inutiles. En province, on a procédé en grande partie sans méthode et sur l'intitulé sommaire des fonds. Exemple : à Beauvais, dans le fonds du chapitre, on a brûlé tous les titres généraux parce qu'ils étaient intitulés : *spirituel;* à Senlis, au contraire, on a conservé le spirituel, parce qu'il avait pour intitulé : *titres généraux.* Les destructions ont varié suivant les pays. Presque nulles dans certaines contrées, elles ont été radicales en d'autres. L'incurie d'ailleurs n'y a pas eu moins de part que l'esprit révolutionnaire. Il y a tel département, — nous citerons l'Aveyron, — qui possède au complet tous les titres trouvés dans la ville chef-lieu, et qui n'a que quelques débris du reste. Les pièces paraissent avoir péri dans le voyage des localités aux districts et des districts au chef-lieu. De là vient la difficulté de porter un jugement général sur ce qui s'est fait pendant la Révolution. Mille causes diverses se sont jointes à l'esprit révolutionnaire pour amener des hécatombes d'archives ; et, comme les unes ont agi d'un côté, les autres de l'autre, il est plus aisé de constater le mal que d'en déterminer les motifs. Il ne faudrait pas croire, en tous cas, que, la Révolution terminée, les pertes des documents aient cessé. Nous venons de dire que les archives départementales avaient été laissées dans l'état où on les avait prises, c'est-à-dire par fonds. Elles ont dormi ainsi pendant le premier Empire et la Restauration, mais non sans subir de nouvelles atteintes, soit par incurie, soit par restitutions de certains fonds ou de certaines parties de fonds à d'anciens émigrés, à des évêchés, à des chapitres. Ces restitutions, qui nous ont privés de pièces précieuses, étaient parfaitement illégales, puisque aucune loi ne les avait autorisées ; toutefois elles peuvent historiquement s'expliquer ; mais il y a eu en outre des faits d'incroyable dilapidation. Sous la Restauration, par exemple, un préfet a vendu les archives anciennes de la préfecture tout entière pour s'en débarrasser. Sous le second Empire, un président de tribunal a également vendu les archives du bailliage, parce qu'elles encombraient le greffe. On ne citerait pas d'actes semblables durant toute la Révolution.

Quoi qu'il en soit, à travers les fautes et les malheurs que nous venons d'énumérer, une œuvre capitale avait été accomplie : la concentration des titres dispersés pendant l'ancien régime sur tous les points du pays. Les historiens n'allaient plus être, comme au temps de Moreau, en présence d'une myriade de petits dépôts placés entre les mains d'une multitude de possesseurs. Toutes les archives éparses à Paris avant la Révolution étaient groupées aux Archives nationales ; toutes celles qui avaient été disséminées dans les provinces étaient réunies aux chefs-lieux des départements. Les Archives nationales, bouleversées sous prétexte de triage et de classement, offraient le spectacle d'un regrettable désordre; les archives départementales restées intactes se prêtaient mieux à une organisation savante et méthodique. Mais il s'en fallut de beaucoup qu'on sût profiter tout de suite de cette situation. Le service des archives avait été placé au Ministère de l'intérieur, qui n'avait guère de compétence pour s'acquitter d'une mission aussi peu en rapport avec ses autres attributions. Il laissa donc les Archives nationales indépendantes; et les divers gardes généraux purent les disposer à leur gré, suivant leurs fantaisies individuelles ou suivant les principes scientifiques qu'ils avaient adoptés, et qui étaient souvent fort contestables. Quant aux archives départementales, personne n'y songeait. Jusqu'en 1841, le Ministère de l'intérieur ne s'en occupa jamais sérieusement. C'est à peine si l'on trouve, avant cette date, en dehors de quelques enquêtes sur leur situation, deux actes de l'administration centrale témoignant de quelque intérêt pour les collections départementales : une circulaire de 1817 (18 avril), par laquelle le Ministre demande aux préfets de payer sur les fonds d'abonnement un employé spécialement chargé de la garde des archives, et une circulaire du 8 août 1839, expliquant la loi du 10 mai 1838, qui mettait les mêmes archives à la charge des Conseils généraux.

Cette seconde circulaire avait pour objet de resserrer les liens existant entre le service des archives et le Ministère; elle était indispensable si l'on ne voulait pas que la loi du 10 mai 1838 fût considérée comme un abandon plein et entier des archives aux départements.

Pendant que le Ministère de l'intérieur demeurait dans l'inertie, le Ministère de l'instruction publique avait agi à sa place, non par une inspiration spontanée, mais sur l'initiative du Comité des travaux historiques, que M. Guizot, revenant à la pensée de Moreau, venait de fonder et qui avait donné d'emblée une impulsion immense aux études d'érudition dans notre pays. C'est à coup sûr, à l'action de ce Comité, action partout sensible à cette époque, qu'a été due la restauration des archives. En se proposant de recueillir et de publier les documents de notre histoire, le Comité devait être immédiatement conduit, comme l'avait été Moreau, à rechercher ces documents dans les dépôts multiples où ils étaient ensevelis. Mais s'il ne se trouvait plus, comme Moreau, en présence d'archives fermées et souvent inaccessibles, les dépôts publics étaient, en revanche, tellement bouleversés, tellement en désordre, qu'il était presque impossible de s'y reconnaître et de s'y diriger. Tous les papiers entassés par la Révolution dans les chefs-lieux de nos départements gisaient là pêle-mêle, sans que personne se fût encore avisé de les classer et de les inventorier. On ne savait même pas quel était leur nombre et quelle pouvait être leur importance. Le préjugé général, une sorte de légende universellement admise, voulait qu'il ne restât rien ou presque rien des archives de l'ancienne France, saccagées, disait-on, par le « vandalisme révolutionnaire ». Aussi les premiers efforts de M. Guizot et des savants qui composaient le Comité des travaux historiques portèrent-ils surtout sur les bibliothèques, les archives étant supposées détruites. Mais on ne pouvait s'arrêter longtemps à une idée aussi manifestement erronée. Dès le début du Comité, M. Guizot se préoccupa de l'état réel des archives départementales, des moyens de s'en rendre compte et de l'améliorer. Le 22 novembre 1833, il adressait une circulaire aux préfets pour leur demander à ce sujet des renseignements précis et détaillés. Il signalait l'absence d'inventaires et de catalogues comme une des causes qui rendaient les recherches à la fois plus nécessaires et plus difficiles. Dans un rapport adressé au Roi, le 27 novembre 1834, il disait : « A l'époque des troubles révolutionnaires, une foule de documents, jusque-là conservés dans les anciens monastères, dans les châteaux ou dans les archives des communes, ont été livrés tout à coup au pillage et à la dévastation. Des amas de papiers et de parchemins, transportés dans les municipalités voisines, ont été jetés pêle-mêle dans des greniers ou dans des salles abandonnées; le souvenir même s'est effacé, dans plusieurs endroits, de ces translations opérées négligemment et sans formalités. De là l'opinion généralement établie et devenue, pour ainsi dire, de tradition dans un certain nombre de départements, que tout a péri dans ces temps d'agitation. Il est certain néanmoins qu'on peut retrouver encore une partie considérable des anciennes archives, notamment dans les villes d'évêché et de parlement, et qu'une foule de pièces importantes ont été sauvées et rendues aux villes, lorsque, plus tard, une autorité conservatrice fit déposer, dans les chefs-lieux des districts, les débris des anciennes abbayes, confondus avec les chartes et autres monuments authentiques. Plusieurs pièces aussi furent gardées alors comme titres de propriété ou de droits utiles des biens qui avaient été vendus par l'autorité publique. Je ne saurais former le dessein de procéder actuellement et directement à un classement général et méthodique de toutes les archives locales, soit des départements, soit des communes : le temps et les ressources manqueraient pour un si immense travail. La Bibliothèque du Roi possède, d'ailleurs, un inventaire général de toutes les archives qui existaient en France avant la Révolution, inventaire dressé, vers 1784, sous le ministère de M. Bertin, et auquel sont joints un grand nombre de cartulaires ou répertoires des principales pièces que ces archives locales renfermaient. Ces renseignements suffiront aux premières recherches; à mesure que l'on pénétrera dans les dépôts publics pour en explorer les richesses, on éprouvera le besoin de les mettre en ordre; de premières améliorations susciteront le zèle qui aspire à des améliorations nouvelles, et le zèle créera des ressources. Les autorités locales, les conseils généraux et municipaux seront naturellement provoqués et conduits, on peut l'espérer, à réintégrer leurs archives dans des lieux convenables et à faire dresser le catalogue des pièces qu'on y conserve. Il convient donc de se mettre dès à présent à l'œuvre, sans prétendre commencer méthodiquement par un travail de classement général, qui offrirait, dans l'état actuel des choses, plus d'embarras que d'avantages, et que nos recherches amèneront d'ailleurs presque nécessairement [1]. »

M. Guizot avait raison : du moment que, par la création du Co-

---

[1] T. II, p. 14 et 15.

mité des travaux historiques, l'attention se portait de nouveau sur les documents de notre histoire; du moment que tous les monuments du passé, méconnus par la Révolution, allaient reprendre dans la science la place qui leur appartenait, il était clair que le désordre des archives ne pouvait subsister longtemps. L'immense mouvement d'études et de recherches dont le Comité était l'instigateur et le centre devait rapidement les atteindre. Et parmi tous les services que le Comité a rendus, celui-là n'est pas le moins précieux. Avoir achevé et en même temps redressé l'œuvre de la Révolution en provoquant la réorganisation des archives, en tirant de leur centralisation les conséquences fécondes qu'elle pouvait avoir, est pour le Comité un titre d'honneur qu'on ne saurait trop mettre en lumière. Toutefois, il faut le féliciter d'avoir pris l'initiative de l'entreprise sans prétendre l'exécuter lui-même. Il eut le bon esprit de laisser ce soin à des gens du métier, à des archivistes, au lieu de le revendiquer pour les savants du Comité, qui auraient risqué, — les paroles de M. Guizot l'indiquent, — de se livrer à des classements plus ou moins arbitraires. Si des historiens de profession avaient eu à organiser les archives, ils se seraient défendus avec peine des idées qui avaient cours et de la préoccupation de leurs travaux personnels. Il leur aurait été difficile de ne pas inviter les archivistes à rechercher des documents tantôt sur une question, tantôt sur une autre, et de ne pas les transformer en instruments pour leurs études particulières. La conséquence de ces dérangements perpétuels aurait été l'abandon des classements réguliers et du travail d'inventaire. Nous ne voulons point dire à coup sûr que les archivistes ne puissent et ne doivent prêter jamais leur concours aux publications savantes; il est de leur devoir et de leur intérêt de le faire; mais, comme ce n'est point là leur œuvre principale, il y aurait un véritable danger à les presser de s'y engager d'une manière trop active. Malgré l'ardeur qui l'animait alors et qui produisait de si admirables fruits, le Comité des travaux historiques ne commit pas cette faute. Il n'absorba pas les archives: il se borna, pour ainsi dire, à les mettre en mouvement. Sous son impulsion, le Ministre de l'instruction publique envoya un de ses sous-chefs de bureau en mission, pour s'enquérir de l'état des archives; et les résultats de cette enquête, communiqués au Ministère de l'intérieur, décidèrent ce dernier à inaugurer un régime nouveau. Depuis la loi du 5 brumaire an v, qui ordonnait le transfert de toutes les archives anciennes et modernes au chef-lieu du département, nous avons vu qu'on les avait abandonnées à elles-mêmes. C'est ce que M. Duchatel constatait dans un rapport au Roi, en date du 8 mai 1841, rapport où il exposait, avec une grande exactitude et une grande franchise, l'historique des archives départementales. Il avouait l'incompétence de son Ministère, dont les seuls actes, jusqu'en 1835, avaient consisté en demandes de renseignements sur l'état des collections et en recommandations vagues relatives à leur conservation. Aussi, lorsque ce Ministère se décidait enfin à s'en occuper, il ne trouvait rien de mieux que de remettre pleins pouvoirs d'organisation, de direction, d'administration, à une Commission des archives, nommée le 6 mai 1841.

Quand on examine la composition de cette Commission, formée d'un pair de France, de cinq députés, de trois membres de l'Institut, on voit, à côté de ces personnages importants, deux hommes d'un rang plus modeste, qui n'en ont pas moins été les chevilles ouvrières de la réunion : M. Natalis de Wailly, alors chef de section aux Archives nationales, et M. Gadebled, chef de bureau de l'administration générale au Ministère de l'intérieur. C'est à leur collaboration que sont dues toutes les instructions fondamentales du service. M. de Wailly s'est chargé des archives anciennes, M. Gadebled de la partie administrative. Chacun d'eux avait dans son domaine une grande compétence, et l'on peut dire que ce qu'ils ont produit ensemble est et demeure excellent. Instruit par l'expérience acquise au détriment des Archives nationales, M. de Wailly traça immédiatement, de la main la plus sûre, le programme du classement et de l'inventaire des archives départementales. Le hasard et l'incurie les avaient préservées; quand on revint à elles, l'éducation était faite.

M. de Wailly inscrivit, en tête de la grande circulaire du 24 avril 1841, le principe suivant : « Rassembler les divers documents par fonds, c'est-à-dire former collection de tous les titres qui proviennent d'un corps, d'un établissement, d'une famille, d'un individu. A l'égard des fonds, il importe de bien comprendre que ce mode de classement consiste à réunir tous les titres qui étaient la propriété d'un même établissement, d'un même corps ou d'une même famille, et que les actes qui y ont seulement rapport ne doivent pas être confondus avec le fonds de cet établissement, de ce corps, de cette famille. » Il était impossible de mieux établir que les archives doivent être classées en dehors de toute préoccupation des points de vue très divers que l'on peut avoir lorsqu'on y fait des recherches. La variété et le nombre de ces points de vue sont d'ailleurs tellement infinis qu'on serait sûr, en adoptant l'un, de nuire aux autres. Rien de plus artificiel que les catégories de Camus et de Daunou; cent divisions différentes auraient pu être choisies avec autant de raison. Il ne faut classer les archives qu'en vertu de considérations tirées de leur nature intrinsèque; il ne faut les inventorier que d'après la même méthode. Des tables alphabétiques bien rédigées suffisent à donner à tous les chercheurs les moyens de trouver les matières, personnes ou lieux, qui font l'objet de leurs travaux. Ces principes, proclamés par M. de Wailly, ont eu quelque peine à passer dans la pratique. En ce qui concerne d'abord les Archives nationales, comment restaurer les anciens fonds, si complètement disloqués? Pour y arriver, on serait obligé de passer par une période de transition et de confusion qui durerait peut-être un demi-siècle; le triage a d'ailleurs été fait si vite, dans le principe, que la trace de la provenance est perdue pour une quantité innombrable de titres. Tout ce qu'on peut tenter, c'est de rétablir à peu près, sur le papier, les fonds détruits. On a publié ainsi, en 1871, un inventaire sommaire par fonds, qui est le seul guide avec lequel on puisse se diriger aux Archives nationales. C'est d'ailleurs plutôt un tableau qu'un inventaire. Un autre inventaire, préparé dans les dernières années de l'Empire (1867), et fait uniquement pour le service intérieur, présente l'état des séries telles qu'elles existent : c'est également un tableau sommaire; il n'est pas dans le commerce. Rétablir les fonds autrement qu'en théorie est donc impraticable, le remaniement des titres eux-mêmes étant une entreprise à laquelle on ne doit pas songer. Mais il est du moins essentiel de faire exécuter les inventaires aux Archives nationales d'après les vrais principes de classement.

En province, il a parfois été difficile d'habituer les archivistes aux bonnes méthodes. Les premiers travaux d'inventaires rédigés dans les archives départementales, même après la circulaire de 1841 et jusqu'à celle du 20 janvier 1854, sont faits suivant l'esprit qui dominait au xviiie siècle, c'est-à-dire que les chartes y sont décrites, analysées, commentées une à une, tandis que les collections de liasses et de registres, quelles que soient leur ancienneté et leur importance, n'y obtiennent qu'une courte mention, si elles n'y sont point totalement oubliées.

C'est l'instruction du 20 janvier 1854 qui a fait entrer enfin les archives dans une voie nouvelle, en ordonnant d'appliquer l'analyse à tous les titres sans exception, en obligeant les archivistes à fournir quelques lignes de description pour chaque article, et en leur interdisant de grouper, afin de les inventorier en bloc, les collections de liasses et de registres. On est arrivé ainsi à obtenir la mise en lumière d'innombrables matériaux sur le xvie, le xviie et le xviiie siècle, que jusque-là on avait complètement dédaignés.

Le régime administratif des archives a toujours été assez mal défini. Les services des Archives nationales et des archives départementales se sont trouvés plus de cinquante ans côte à côte au Ministère de l'intérieur sans avoir jamais eu de point de contact. Ils appartenaient nominalement au même bureau (1er bureau de la division d'administration générale et départementale); mais ils étaient rapprochés sans être unis. Malgré leurs ressemblances, ils n'avaient pas fusionné. Aucun froissement, il est vrai, n'éclatait entre eux; mais ils n'exerçaient pas, non plus, l'un sur l'autre d'action utile.

La nomination de la commission de 1841 aurait pu établir ces relations si désirables. A cette époque, les archives nationales étaient venues, par l'entremise de M. de Wailly, réglementer les archives départementales. Elles leur avaient apporté le tribut de leur expérience; elles leur avaient appris à se méfier de la dislocation des fonds et du chaos qui en résulte infailliblement; mais cette œuvre avait été celle d'un de leurs chefs de section, plutôt que la leur propre. Peut-être auraient-elles rêvé davantage. L'article 3 de la loi du 7 messidor an II leur avait ouvert les plus larges horizons. « Tous dépôts publics de titres, dit cet article, ressortissent aux Archives nationales comme à leur centre commun, et sont mis sous la surveillance du Corps législatif et sous l'inspection du Comité des archives (comité pris dans l'assemblée). » Il y avait là un trait d'union; mais on voit quelle en était la nature. A côté de la centralisation existait une sorte de contrôle. Ce contrôle disparut avec les assemblées; et, sous l'Empire et depuis l'Empire, le garde général des Archives nationales devint omnipotent. Il ne réclama naturellement la restauration ni de la surveillance ni de l'inspection tombées en désuétude; mais il essaya à deux reprises, en 1812 et en 1819, d'établir une *section départementale,* qui, malgré la volonté du Ministre de l'intérieur, ne vécut que sur le papier. La force des choses l'emporta sur une idée fausse qui rappelait, non sans les dénaturer, les prétentions de Moreau. Celui-ci voulait, on s'en souvient, être à la tête d'un véritable « département » des archives; mais il faisait entrer dans ce département, devenu un Ministère des travaux historiques, toutes les publications érudites de son époque. C'était une sorte de direction générale de la science historique, ce qui se comprend beaucoup mieux qu'une direction générale des archives. Comment veut-on, en effet, qu'un garde général, isolé dans son dépôt, ait l'autorité nécessaire pour gérer une partie de l'administration des départements, des préfectures et des hospices? Il faudrait, pour cela, changer complètement son caractère, en faire, non plus le conservateur d'un dépôt, mais un administrateur, et transporter le siège de son administration sous l'œil du Ministre, au chef-lieu du Ministère. Alors il n'y aurait plus la matière d'une direction administrative, mais seulement celle d'un bureau, qui existe et qui suffit. Quoi qu'il en soit, si les Archives nationales ne créèrent pas chez elles une direction départementale, en 1841, elles eurent, grâce au rôle joué par M. de Wailly dans la Commission, une part indirecte au gouvernement des archives départementales, dont il fut décidé que les travaux seraient, après approbation, déposés au palais Soubise. En 1853, la séparation entre les deux services s'accentua par le transfert des Archives nationales au Ministère d'État. On établit un bureau spécial pour les archives départementales, communales et hospitalières, et on créa une inspection générale de ce service. Cette double mesure devait avoir les plus heureuses conséquences. Dès 1842, le Ministre de l'intérieur avait réclamé, pour suppléer à l'insuffisance de la correspondance administrative, l'institution d'une inspection générale, seul moyen d'arriver à connaître l'état des dépôts. Sous l'impression encore vive de la mission temporaire dont avait été chargé, en 1839, un sous-chef de bureau de l'Instruction publique, il pensait avec raison qu'il fallait entrer complètement dans une voie où l'on était sûr de remporter les meilleurs succès. Malheureusement la Chambre refusa de voter les subsides demandés par le Gouvernement. Mais l'idée était restée; et l'inspection générale des archives départementales, communales et hospitalières fut fondée par le décret du 21 février 1853, portant organisation des services administratifs du Ministère de l'intérieur. Les inspecteurs prirent vite l'habitude de se réunir en Comité, et exercèrent ainsi une influence bien justifiée. Ce sont eux qui ont maintenu le service et qui l'ont peu à peu développé. Leur action se fit immédiatement et partout sentir. Trois des plus importantes instructions qu'ait préparées la Commission des archives, circulaires relatives aux archives départementales, communales et hospitalières et qui sont encore en vigueur aujourd'hui, étaient rédigées sous leur inspiration; elles concernaient : 1° le classement et l'inventaire sommaire des archives départementales antérieures à 1789 (1854); 2° l classement des archives hospitalières antérieures à 1789 (1854); 3° le classement des archives communales antérieures à 1789 (1857).

Après avoir aidé à la confection des principales circulaires, la Commission supérieure des archives ne fut malheureusement plus aussi souvent consultée. On lança sans son concours, en 1861, l'impression de l'inventaire sommaire, et cette publication si importante, qui devait être si féconde, ne fut pas entourée dès le principe de toutes les garanties que le contrôle de la Commission lui aurait assurées; elle mérita quelques critiques du monde savant. Le service des archives périclita, et l'on sentit le besoin de le renforcer au point de vue technique : les inspecteurs généraux ne cessaient de réclamer des réformes, avec l'autorité particulière qui leur appartenait et qui n'appartenait qu'à eux, au Ministère de l'intérieur. Ils finirent par obtenir qu'un archiviste fût chargé de la direction du bureau, et que la Commission recouvrât toute son importance. On la reconstitua en 1874; et, si on ne la mêla point à l'Administration et aux questions de personnes, qui ne sauraient être de son ressort, aucune mesure importante relative au classement et à l'inventaire ne fut prise sans lui être soumise et sans être longuement discutée avec elle. C'est ainsi qu'ont été faites la circulaire sur le classement des papiers de la Révolution (1874) et celle qui concerne les archives communales modernes (1879). La Commission a été également appelée à prêter son concours à l'Administration pour l'application du traité de Francfort, en ce qui concernait les archives. A côté d'elle, le Comité des inspecteurs, sans être admis non plus à administrer, a été régulièrement consulté sur la suite à donner aux rapports des préfets et des archivistes et sur toutes les questions du service. Son expérience des personnes, des dépôts et des localités, est d'une incontestable utilité. Aucun de ces rouages n'est superflu, car la direction des archives soulève les problèmes scientifiques et administratifs les plus délicats, pour la solution desquels on ne saurait s'entourer de trop de lumières et de garanties. Enfin l'organisation générale a été complétée par le transfert au Ministère de l'instruction publique du service des archives départementales. De cette manière, des rapports nouveaux ont été créés entre elles et les Archives nationales, qui avaient été confiées à l'Instruction publique, après la chute de l'Empire, en 1871, et l'unité du service a été enfin fondée.

Ce qui importe pour que le Ministère de l'instruction publique accomplisse avec fruit son œuvre, c'est qu'on ne se méprenne plus désormais, comme on l'a fait si souvent dans le passé, sur la nature des archives. Lorsque Moreau fit confondre et confier aux mêmes mains la création d'un dépôt des chartes et la publication de documents historiques, il ne se trompait pas, puisque son dépôt ne pouvait être un véritable dépôt d'archives. Toutefois les principes de son temps, sinon les siens propres et ceux de quelques-uns de ses savants collaborateurs, ont donné naissance à l'idée du triage, d'où sont sorties la destruction des pièces et, ce qui n'est pas moins grave, la dislocation des fonds. On est lentement et péniblement revenu de ces fatales erreurs. Il est reconnu aujourd'hui que tout document, moderne aussi bien qu'ancien, peut avoir un caractère historique, fût-il financier, commercial, judiciaire, domanial, etc. Il est reconnu que souvent même un chiffon de papier, inutile en apparence, un simple compte, un simple état de maison, en dit plus sur une époque, la fait plus réellement revivre sous nos yeux, en révèle mieux le vrai caractère, que les chartes et les pièces officielles. De là le changement qui s'est produit dans la manière d'envisager les archives. Elles sont la matière sur laquelle s'exerce l'historien, l'instrument à l'aide duquel il travaille. Mais il n'est pas leur maître; avant tout il doit les respecter et en laisser le dépôt intact, comme il l'a trouvé. Il a, lui, une vue particulière de l'histoire qu'il raconte, et, par une tendance instinctive, il y subordonne tout, risquant de supprimer ou de mettre dans l'ombre ce qui sera de première importance pour un autre historien dont les vues différeront des siennes. L'organisation des archives appartient donc aux archivistes, pour lesquels toutes les pièces ont une valeur égale, en tant que pièces, et méritent, par conséquent, d'être conservées à leur place. Le principe du classement est, nous le répétons, de respecter ce qu'a fait la vie, de maintenir les fonds et les dossiers intacts, de ne pas toucher à ces images du passé, qui s'effacent dès qu'on prétend en modifier le dessin. Le principe de l'inventaire est de tout enregistrer et de tout décrire aussi exactement que possible. Malgré leurs imperfections, nos inventaires des archives de province répondent, à cet égard, aux besoins de la science. Ils comptent à l'heure actuelle 197 volumes, véritables trésors de renseignements et d'indications pour le chercheur. Des inventaires, où les fonds seront, autant qu'il se pourra, rétablis sur le papier, présenteront, dans une mesure suffisante, les mêmes avantages pour les Archives nationales. Tous ces progrès ont été accomplis ou s'accomplissent à l'aide des excellents archivistes que fournit l'École des chartes. C'est parmi eux que les départements choisissent les gardiens de leurs archives. Peut-être conviendrait-il de les rattacher plus intimement à l'État. Quoi qu'il en soit, ils assureront de plus en plus l'unité du service, car ils sont réellement à la hauteur de leur tâche; et cette armée de travailleurs, répandue sur toute la surface du pays, présente une organisation d'ensemble qui n'avait jamais eu sa pareille. A bien des égards, ce personnel est très supérieur à celui dont disposait Moreau, si l'on en excepte les Bénédictins, qui seuls n'ont point été surpassés et ne peuvent pas l'être, attendu qu'ils avaient presque atteint la perfection. Quant aux ressources matérielles affectées aux archives, elles ne sont point à comparer avec les faibles moyens pécuniaires dont disposait Moreau. L'Administration obtient des départements l'installation nécessaire et un budget pour les archives; ce budget s'élevait à 614,847 francs en 1885. La même année le budget attribué par l'État aux Archives nationales était de 200,000 francs. On voit par là ce que fait la France nouvelle en vue de perpétuer le souvenir de l'ancienne, et ce qu'en somme les archives ont gagné à la Révolution. Ce grand service va se perfectionnant sans cesse dans sa féconde indépendance. Mais, si son organisation ne doit pas être faite par l'historien, elle est faite à son usage, elle est faite pour lui: on doit rapprocher le plus possible les archives de l'historien, car elles contiennent les principaux matériaux sur lesquels s'exerce son activité. Lorsque, sous la pression du Comité des travaux historiques, le Ministre de l'instruction publique prenait jadis l'initiative de leur restauration, il ne sortait pas du rôle qui lui appartenait et qu'on a fini par lui reconnaître. Les savants du Comité ne pouvaient venir à bout de l'œuvre qu'ils avaient entreprise qu'à la condition d'avoir à leur disposition des archives ouvertes et parfaitement classées. La Révolution les leur avait ouvertes ; mais on les avait laissées dans le chaos. Il a fallu y mettre de l'ordre. C'est cette tâche qui a été accomplie avec peine, mais qui, à l'heure actuelle, est en pleine voie de succès.

V

Nous avons tenu à exposer sans interruption les vicissitudes subies par nos archives, leur demi-destruction et leur concentration à l'époque révolutionnaire, leur réorganisation lente, mais de plus en plus parfaite, durant les années qui l'ont suivie. Il nous semblait qu'il y aurait quelque inconvénient à suspendre le récit d'une œuvre qui est bien réellement la continuation naturelle de celle de Moreau. Celui-ci ayant entrepris le premier de créer un service d'archives, service à la fois administratif et historique, pratique et théorique, il était bon de montrer avec quelle largeur nouvelle son idée avait été reprise et mise à exécution de nos jours. Mais nous avons dit, et l'on a vu que cette grande tâche, si heureusement accomplie, avait été provoquée par le Comité des recherches et publications de documents inédits, fondé par M. Guizot en 1834, et devenu depuis, à la suite de nombreux développements, que nous retracerons plus loin, le Comité des travaux historiques et scientifiques.

Dès la première circulaire consacrée à cette institution, l'une des plus fécondes auxquelles son nom restera attaché, M. Guizot déclarait qu'une de ses principales préoccupations, en créant le Comité, était de mettre de l'ordre dans les archives que la Révolution nous avait laissées dans un état de chaos véritable et d'en tirer, pour les livrer au jour, les inépuisables richesses scientifiques qu'elles contenaient. Après avoir exposé que les bibliothèques publiques fourniraient de nombreux matériaux aux publications historiques, dont il prenait l'initiative, il ajoutait : « Mais, sous ce rapport, on trouverait plus de richesses encore dans les archives que dans les bibliothèques. Malgré les ravages qui, depuis quarante ans, ont produit dans la plupart de ces dépôts d'irréparables lacunes, on peut encore y faire une abondante moisson. Il en est même qui, par un heureux hasard, ont été préservés du pillage ; et, quand le sort a voulu que ce fût dans une de ces villes anciennes capitales d'importantes provinces, telles que Dijon ou Lille par exemple, on sent combien de faits précieux doivent y rester enfouis. Il est telle de ces villes qui peut nous offrir une correspondance non interrompue avec tous nos souverains pendant cinq ou six siècles, telle autre qui possède plus de deux ou trois mille chartes, plus de dix mille pièces de tout genre, non seulement inédites, mais inconnues des paléographes, et dont aucune analyse, aucun catalogue n'a encore révélé l'importance[1]. » Revenant plus loin sur ce sujet, en des termes que nous avons cités[2], il exprimait l'espoir que l'influence du Comité, les recherches incessantes qu'il serait amené à réclamer, forceraient les autorités départementales et municipales à se préoccuper de leurs archives, la plupart si riches, mais demeurées en un état si confus. Il lui semblait inévitable qu'un classement général, sinon un classement méthodique, qu'on ne pouvait songer à entreprendre au milieu du désordre universel des dépôts provinciaux, fût opéré peu à peu dans ces dépôts et en entraînât enfin l'organisation.

Cette prévision devait se réaliser, comme le constatait, un an plus tard, M. Guizot, dans un rapport où, résumant l'état des travaux relatifs à la recherche et à la publication des documents sur l'histoire de France, il disait : « Un zèle, sinon aussi fructueux, du moins aussi actif, a été déployé dans les départements, et déjà la plupart des biblio-

---

[1] T. II, p. 5.
[2] Voir plus haut, p. CVII.

thèques ou collections d'archives ont été l'objet de soigneuses explorations. Les correspondants de mon Ministère ont été aidés dans leurs recherches par les personnes que j'ai envoyées en divers lieux, et par un grand nombre d'hommes instruits qui se sont offerts d'euxmêmes à l'Administration. Plusieurs conseils généraux et municipaux ont voté des fonds extraordinaires pour l'inventaire et le classement de leurs archives. Je me contenterai d'indiquer à Votre Majesté les plus importants de ces travaux[1]. » Et il signalait les travaux des correspondants de province et des savants de Paris qu'il avait envoyés, bien que le service des archives appartînt alors au Ministère de l'intérieur, inspecter les archives des principales villes de province, ou préparer leur classement et commencer leur inventaire.

Faut-il cependant considérer le Comité fondé, en 1834, par M. Guizot, comme le simple continuateur du Comité de Moreau? Ne faut-il y voir que la suite du *Bureau littéraire* et du *Cabinet des chartes*, interrompue sous la Révolution, mais reprise sans changement sous la monarchie de Juillet? Ce serait méconnaître et la supériorité éclatante de M. Guizot sur Moreau, et l'idée très différente qu'on se faisait de l'histoire à la fin du siècle dernier et au commencement de celui-ci. Il y aurait, d'ailleurs, quelque exagération à prétendre que la Révolution a été une époque absolument stérile pour les études historiques, qu'elle a creusé un abîme entre les années qui l'avaient précédée et celles qui l'ont suivie. Sans doute elle supprima le Cabinet des chartes, institution d'ancien régime, qui avait pour elle le tort grave d'appartenir à un passé détesté; mais lorsque l'Institut fut réorganisé, plusieurs de ceux qui avaient fait partie, soit du Bureau littéraire, soit du Cabinet des chartes, y furent appelés et purent y continuer, dans des conditions nouvelles, leurs savants travaux. Les membres de l'ancien Comité qui entrèrent à l'Institut furent, dans la première organisation, MM. de Pastoret (2e classe, section des sciences sociales et législatives), La Porte du Theil (3e classe, section des langues anciennes), et dom Poirier (2e classe, section

[1] T. II, p. 44.

d'histoire); en outre, lors de la seconde réorganisation, dom Brial fut nommé dans la 3ᵉ classe (histoire et littératures anciennes.) Ce fut donc surtout à l'Institut que se conserva la tradition des études érudites. Jusqu'en 1834, le Gouvernement ne fit aucun effort sérieux pour reprendre l'exploration et pour assurer la conservation de nos richesses historiques et archéologiques. Toutefois deux tentatives curieuses dans le sens d'un retour vers ce genre d'études méritent d'être signalées, parce qu'elles indiquent sur quel objet se porta d'abord l'attention, lorsque, après les grandes secousses révolutionnaires, l'esprit de conservation se réveilla dans notre pays. Ce ne sont pas les monuments d'archives qui attirèrent d'abord la sollicitude administrative : on les croyait à peu près totalement détruits, et, d'ailleurs, les débris qui en restaient étaient dans un tel état de désordre qu'on avait quelque peine à en apprécier la valeur. Il aurait fallu pénétrer dans les dépôts, où ils étaient entassés pêle-mêle, pour constater leur importance aussi bien que leur délabrement. Le jour n'y entrait guère et bien peu de personnes encore songeaient à en dissiper l'obscurité. Mais il suffisait de parcourir nos provinces pour remarquer partout d'autres monuments, ceux-là exposés à la grande lumière, visibles à fleur de sol et sur lesquels la dévastation avait aussi passé. Nos vieux châteaux, nos palais princiers ou municipaux, nos églises, nos édifices féodaux, avaient attiré, comme les papiers d'archives et plus qu'eux peut-être, la colère de la Révolution. De nombreuses ruines s'étaient accumulées sur notre territoire. Jadis la France avait été, de tous les pays d'Europe, sans en excepter même l'Italie, celui qui possédait le plus d'œuvres d'architecture remarquables, sinon par leur perfection absolue, au moins par leur variété et par leur suite, comprenant toutes les époques et offrant le tableau chronologique le plus complet du progrès des arts en Europe. Que conservait-elle, après la période de vandalisme qu'elle venait de traverser, de tant de produits si divers, si brillants, parfois admirables, parfois plus ordinaires, mais toujours ingénieux et distingués, du génie de ses habitants?

Dès le mois de mai 1810, le Ministre de l'intérieur, comte de Montalivet, posait cette question aux préfets, dans une circulaire que nous croyons devoir reproduire.

ANCIENS MONUMENS.

Paris, 10 mai 1810.

Le Ministre de l'intérieur (comte de Montalivet) aux Préfets.

J'ai besoin de renseignemens exacts sur les monumens français et principalement sur les anciens châteaux qui ont existé et qui existent encore dans votre département : ces renseignemens seront déposés au bureau de la statistique, où ils pourront être consultés, au besoin.

Je vous invite donc à vouloir bien m'adresser tous ceux qu'il vous sera possible de rassembler. Les questions suivantes vous feront connoître les objets sur lesquels vos recherches doivent porter plus particulièrement :

Quels sont les châteaux intéressans, soit par des faits historiques ou des traditions populaires, soit par la forme de leur architecture? en quel état se trouvent-ils? dans quelles communes sont-ils situés?

Quelles sont les anciennes abbayes qui existent encore dans le département? où sont-elles situées? dans quel état sont-elles? à quoi servent-elles maintenant?

Que sont devenus, où ont été transportés les différens tombeaux, ornemens ou débris curieux qui existoient, au moment de la Révolution, dans chacun des châteaux ou abbayes?

Est-il quelque personne dans le département avec laquelle on puisse correspondre sur ces différens objets?

Il faudroit que les réponses à chacune de ces questions fussent assez détaillées pour qu'on eût une idée de l'intérêt que chacun des lieux peut présenter par son origine, par son importance dans l'histoire, ou par l'époque de l'art qu'il retrace[1].

Cette circulaire présente d'autant plus d'intérêt qu'on y voit déjà se dessiner le cadre d'une organisation de recherches scientifiques semblable à celle que Moreau avait conçue et que M. Guizot devait créer plus tard. Il s'agissait de rechercher en province des corres-

---

[1] *Circulaires, instructions et autres actes émanés du Ministère de l'intérieur*, 2ᵉ édit., t. II, p. 186.

pondants, répandus sur tous les points du pays, qui pussent collaborer à une œuvre commune centralisée à Paris. On ne peut s'étonner que l'initiative d'une telle entreprise partît du Ministère de l'intérieur, puisque le Ministère de l'instruction publique n'était pas encore constitué; mais elle était due en réalité au comte de Laborde. Ainsi que nous l'apprend le procès-verbal de la séance du 20 novembre 1818 de l'Académie des inscriptions et belles-lettres, les préfets, à cette date, avaient répondu à l'appel du Ministre : il existait au Ministère de l'intérieur une collection de mémoires concernant les anciens édifices et les antiquités de la France, que le Gouvernement proposait de déposer à la bibliothèque de l'Institut. L'Académie, consultée, profita de la circonstance pour exposer, dans un long et remarquable rapport, préparé par une sous-commission composée de MM. Valckenaer, Petit-Radel et de Laborde et rédigé par ce dernier, les origines de cette collection et le plan d'explorations nouvelles qui permettraient de la compléter et d'en tirer tout le parti désirable. Le rapport signalait d'abord les richesses monumentales de notre pays, puis il continuait : « Mais ce qui a toujours manqué à la France, c'est d'attacher à cette sorte de richesses l'importance qu'elle mérite, de veiller à sa conservation, et de chercher, sous le rapport de l'instruction et de l'histoire nationale, à en tirer parti. Il n'a jamais existé d'ouvrage méthodique qui présentât la nomenclature des monumens de tous les temps; à plus forte raison d'ouvrage destiné à en offrir la représentation. » Et cette lacune était d'autant plus déplorable qu'elle avait peut-être contribué aux désastres subis par nos monuments durant l'époque révolutionnaire. « Pendant qu'on perdoit ainsi un temps précieux pour constater les travaux des siècles, disait le rapport, les siècles détruisoient les travaux; et la Révolution, plus habile encore que le temps, leur portoit un coup mortel. On estime que la moitié au moins des constructions monumentales relatives aux événemens de notre histoire a été détruite pendant ce court espace de temps, sans qu'il en reste, du moins pour la plupart, aucun dessin, aucun plan qui indique leur forme; sans qu'on ait même conservé, dans aucun Ministère, des notions de ce qui s'est passé à cet égard. Une des causes qui ont contribué, sans doute, à la destruction rapide de ces édifices, a été le peu d'intérêt qu'on étoit habitué à leur accorder. C'est dans cet état de choses qu'un de nos confrères [1] entreprit, en 1810, de réunir, dans un grand ouvrage et par ordre chronologique, la description et les dessins de tout ce qui nous reste encore de précieux dans ce genre d'édifices et d'y joindre les renseignemens qu'il pourroit se procurer sur ceux qui avoient été détruits. Il pensa que le meilleur moyen pour parvenir à ce but étoit d'y faire coopérer les administrations locales, qui auroient, sans doute, connoissance de ce qui s'étoit passé et pourroient suppléer, par la tradition, au défaut de documens positifs. En conséquence, il pria le Ministre de l'intérieur de vouloir bien proposer aux différens préfets des départemens le questions suivantes. » Le rapport reproduisait ici la circulaire de M. de Montalivet, et il continuait : « On voit que les trois premières questions avoient pour but de former un fonds d'archives nationales; et la quatrième, d'établir un moyen de correspondance pour compléter, à mesure, cette collection. Il ne fut pas question, dans ces demandes, de monumens grecs et romains, parce que l'auteur de la circulaire craignit de trop exiger de l'Administration pour son intérêt particulier: il pensa d'ailleurs que ces monumens devoient avoir peu souffert dans la Révolution; qu'ils sont, en général, plus connus et qu'ils appartiennent à un genre d'étude qui n'est pas aussi répandu dans les provinces, ni aussi familier aux personnes uniquement occupées d'administration. Plusieurs préfets s'empressèrent de répondre aux différentes questions, et envoyèrent des mémoires; d'autres, après s'être fait longtemps presser, firent parvenir des renseignemens incomplets; d'autres, enfin, ne répondirent point du tout. Au bout d'un an, on cessa toute correspondance sur cet objet, et l'on parut ne s'en plus occuper. Enfin, après six ans de silence absolu, le Ministre de l'intérieur, vers le milieu de l'année dernière,

---

[1] M. le comte de Laborde.

P.

rappela aux préfets la circulaire de l'année 1810 et les engagea à y faire droit; mais la plus grande partie resta encore en retard. »

Le rapport de M. de Laborde exposait ensuite, avec la plus grande perspicacité, les causes de ce demi-insuccès, ou si l'on veut de ce demi-succès de la tentative dont il avait été l'inspirateur. Elle avait souffert du mal dont l'entreprise de Moreau avait eu également si souvent à se plaindre, nous voulons parler du manque de ressources matérielles. L'appel adressé au zèle désintéressé des préfets et des savants de province n'avait pas été partout entendu. Des fonctionnaires qui ne possédaient aucun fonds pour l'exécution de l'œuvre qu'on leur confiait ne pouvaient s'en acquitter avec beaucoup de dévouement; et quant aux savants de province, ils ne se sentaient pas assez soutenus, assez liés à l'Administration, assez encouragés par elle pour consacrer de grands efforts à des travaux dont ils ne voyaient bien ni le but, ni les résultats définitifs. A la vérité, M. de Laborde espérait, comme Moreau, arriver par les moyens de sentiment à se procurer des collaborateurs. Il parlait de « mettre en action l'émulation », d'intéresser « les principaux habitans à l'illustration du sol qui les avait vus naître; » il citait l'exemple de conseils généraux, qui, mus par des considérations de générosité patriotique, avaient voté des fonds pour l'impression d'ouvrages archéologiques et pour seconder l'enquête sur les antiquités de leur département. Mais il constatait que ces libéralités n'étaient que des exceptions et qu'il faudrait, pour les généraliser, une intervention plus directe du Gouvernement. Quoi qu'il en fût, la totalité des mémoires envoyés par le Ministre de l'intérieur à l'Académie remplissait deux cartons : sur quatre-vingt-six départements, quarante et un avaient fourni des renseignements complets, six n'avaient répondu que sommairement, et trente-neuf n'avaient absolument rien envoyé. D'ailleurs, la qualité des envois n'était pas toujours en raison directe de la quantité. « Tous ces mémoires ne sont pas également intéressans, disait le rapport; on voit même que la plupart sont des compilations dont les auteurs ont seulement évité d'indiquer les sources. Il seroit convenable, si ce travail devoit se continuer, d'inviter les personnes qui s'en occuperont à s'attacher surtout à donner des détails matériels sur les édifices, à recueillir toutes les notions locales et, en quelque sorte, populaires, qui auroient rapport à leur état et aux changemens qu'ils ont éprouvés; et, lorsqu'elles voudront y joindre des recherches plus étendues, à choisir les notices inédites, les chartes manuscrites, de préférence aux ouvrages déjà imprimés sur les provinces. »

L'Académie fut d'avis, en effet, que le travail devait être continué; mais elle pensa en même temps qu'il fallait en élargir le cadre, lui donner une extension toute nouvelle, organiser une enquête complète sur nos monuments nationaux. Voici en quels termes sa commission lui proposait l'extension de l'idée première : « L'Académie a vu, par les détails qui viennent de lui être soumis, qu'une partie des mémoires envoyés par le Ministre contient des renseignemens intéressans, qu'une autre partie est attendue; que si la collection étoit complète, elle formeroit un dépôt précieux d'archives nationales et scientifiques, et qu'enfin il est à désirer que le travail se continue. La commission pense que, pour atteindre ce but, il faudroit désigner un emplacement où l'on mettroit, dans des cartons étiquetés, ces matériaux, à mesure qu'ils arriveroient; qu'il seroit utile de les classer et d'en établir le sommaire, et de faire à l'Académie un rapport annuel sur leur accroissement. L'Académie continueroit à se servir des moyens de correspondance du Ministre, ainsi que Son Excellence le lui propose dans sa lettre, pour recueillir les documens qui n'auroient point été envoyés. Seulement elle agrandiroit le cercle de ses recherches à cet égard, et ne les borneroit plus aux renseignemens relatifs aux travaux d'un simple particulier et pour un seul ouvrage, ainsi que la chose a eu lieu d'abord. Elle rédigeroit une nouvelle série de questions plus générales, plus étendues, qu'elle prieroit le Ministre de faire imprimer et d'envoyer aux différens préfets. Ces questions comprendroient ce qui a rapport aux antiquités gauloises, grecques et romaines, les vestiges des voies antiques, les bornes milliaires, et la liste sommaire des chartes, titres ou autres instrumens diplomatiques qui peuvent exister dans les départemens. Il est facile de remarquer que la brièveté des questions insérées dans la première circulaire, et le défaut d'explications sur la nature de ces questions, sont, en partie, cause que plusieurs des mémoires envoyés n'ont pas répondu au but qu'on s'étoit proposé..... Il n'y a aucun doute que le recueil des mémoires archéologiques, aujourd'hui assez imparfait, s'enrichît bientôt de matériaux précieux qui seroient envoyés de tous côtés, surtout si le Ministre, ainsi qu'on doit l'espérer, partageoit, à cet égard, le vœu que l'Académie pourroit lui manifester; s'il voyoit, comme elle, l'importance de cette concentration de travaux, de cette fondation utile et peu dispendieuse, il pourroit alors autoriser, ainsi que nous l'avons indiqué plus haut, les conseils généraux de département à voter quelques fonds pour accélérer les recherches utiles. Il pourroit également réunir à cette collection les matériaux épars qui s'y rattachent, tels que plusieurs très beaux plans et coupes des églises d'Amiens, de Corbie et de Gisors, qui sont au dépôt des bâtimens civils; tels que les bas-reliefs et notices de la bibliothèque Mazarine, et d'une partie des églises de Paris qui existent à la préfecture de la Seine et dont on pourroit demander les calques, s'il n'étoit pas possible d'avoir les originaux. M. le Secrétaire perpétuel de l'Académie s'empressera, sans doute, de rendre compte, dans les Mémoires de la Classe, de l'état progressif de ce recueil, et ce seroit un moyen de donner aux personnes qui auront contribué à l'enrichir, un témoignage flatteur de satisfaction, auquel elles seront sensibles et qui les encouragera dans leurs travaux. » Et le rapport se terminait par les conclusions que voici : « La commission a l'honneur, en conséquence, de proposer à l'Académie les conclusions suivantes : 1° de continuer de renvoyer tous les écrits, plans ou mémoires relatifs aux monumens de la France, à mesure qu'ils pourront lui arriver, à la commission qu'elle a précédemment nommée, qui auroit soin de les classer et de les déposer au secrétariat, dans des cartons particuliers; 2° d'adresser au Ministre copie ou extrait de ce rapport, avec invitation de vouloir bien donner suite aux excellentes intentions qu'il a manifestées par la remise des premiers mémoires, et de permettre que l'Académie, par son entremise, donne une nouvelle extension à ce travail, afin d'en former un dépôt de renseignemens utiles et intéressans pour l'histoire et les monumens de la France [1]. »

L'Académie approuva et adopta ces conclusions. On voit que l'entreprise dont elle votait l'exécution n'était, dans son genre, ni moins vaste, ni moins importante que celle de Moreau au siècle précédent. La conception nouvelle de l'histoire qu'on avait à cette époque, conception que nous essaierons de définir tout à l'heure, ne permettait plus de laisser en dehors des études érudites toute une série de monuments sur lesquels s'était portée fort peu jusque-là l'attention de l'historien. Faire parler les pierres, comme on avait fait parler les chartes, retrouver la trace du passé, non seulement dans les œuvres écrites, mais dans les diverses manifestations de l'art, y découvrir non seulement des modèles de goût, mais des documents historiques, appliquer le mot d'archives, comme le faisait sans cesse le rapport de M. de Laborde, aussi bien aux descriptions, aux plans, aux catalogues d'édifices qu'aux recueils d'actes publics ou privés, confondre tous les titres d'un peuple, quelle qu'en fût la nature, dans le même sentiment de respect et de curiosité, telle était l'idée qui s'emparait des esprits, et qui se manifestait nettement dans le projet préparé par l'Académie des inscriptions et belles-lettres. L'héritage de Moreau s'augmentait d'un autre héritage, qui le grossissait singulièrement. Il était clair que, lorsqu'un homme tel que M. Guizot les recueillerait l'un et l'autre, il saurait les unir désormais d'une manière indissoluble. Mais, si Moreau lui a laissé de grands travaux accomplis, il n'en a pas été de même de l'Académie des inscriptions et belles-lettres, qui n'a pu lui léguer qu'un programme, n'ayant point eu les moyens nécessaires pour conduire et mener à bonne fin l'œuvre dont elle avait pris l'initiative. Ce n'est pas qu'elle n'eût sérieusement essayé de le faire. Nous croyons devoir citer *in extenso* le questionnaire qu'elle rédigea pour être envoyé aux préfets et aux savants de

---

[1] *Histoire et Mémoires de l'Académie des inscriptions et belles-lettres*, t. VII, p. 7-17.

province, parce qu'il sera très intéressant de le comparer au questionnaire archéologique du Comité de M. Guizot, que nous publions dans ce recueil [1]. Il suffira de les mettre l'un à côté de l'autre pour reconnaître que, si le premier avait obtenu des réponses suffisantes, M. Guizot n'aurait pas eu à reprendre presque complètement l'enquête sur l'état de nos richesses archéologiques.

INSTRUCTION JOINTE AU RAPPORT
DE LA COMMISSION DES MÉMOIRES ET DES ANTIQUITÉS DE LA FRANCE [2].

Rechercher et décrire, dans chaque département :

1° Tous les monumens en pierres simplement posées ou superposées, connus du vulgaire, dans divers endroits, sous les noms de *pierres aux fées*, de *pierres levées*, etc., et auxquels on a attribué la dénomination de *monumens celtiques*;

2° Toutes les éminences ou terres rapportées, connues sous le nom de *tumuli*; indiquer ceux qui n'ont pas été fouillés, et les objets qu'on a trouvés dans les fouilles;

3° Les vestiges de toutes les routes anciennes ou du moyen âge, soit même des routes moins anciennes, qui auroient été abandonnées depuis longtemps. Citer les lieux par où elles passent, et dresser une carte de ces routes. Indiquer exactement les villages, ou même les édifices, ponts ou autres constructions qui se trouvoient sur ces routes et qui n'existent plus; donner les détails les plus circonstanciés sur ces lieux ou ces édifices, lorsqu'ils n'auront pas été décrits dans quelque ouvrage imprimé; s'ils ont été décrits, donner le titre de ces ouvrages, et indiquer les pages où se trouve la description : *se contenter* ensuite de décrire leur état actuel, et s'ils appartiennent à des particuliers, faire connoître le nom des propriétaires;

4° Toutes les bornes milliaires antiques qui existent encore, ou qui ont été trouvées autrefois. Faire connoître, par des cartes dressées *ad hoc,* ou par une distance donnée à un lieu marqué sur les cartes gravées, l'emplacement précis où elles ont été trouvées, et indiquer ce que sont devenues celles qui ont été déplacées; donner les titres des ouvrages où elles ont été décrites, et indiquer les pages où se trouvent ces descriptions;

5° Tous les monumens, édifices, colonnes, fondations, murs de villes : il

---

[1] T. II, p. 81.
[2] *Histoire et Mémoires de l'Académie des inscriptions et belles-lettres*, t. VII, p. 17-19.

faut surtout remarquer, dans ces murs de villes, ceux qui attestent diverses époques par des constructions différentes, savoir : avec ou sans ciment, en pierres grandes ou petites, carrées, parallélogrammes, ou en losange, décrire les tours rondes ou carrées et les portes.

Dans les murs qui passent pour être de construction romaine, examiner attentivement s'ils ne sont pas fondés sur des *substructions* plus anciennes, gauloises peut-être, ou grecques dans les villes du Midi.

Remarquer encore s'il n'existe pas de monumens de leurs agrandissemens successifs; remarquer toutes les constructions antiques ou du moyen âge, toutes celles qu'on croit antérieures au xe siècle; indiquer bien exactement leur emplacement, et faire connoître la configuration du terrain qui les environne; donner des dessins et des descriptions détaillées de celles qui seroient inconnues; et pour celles qui auroient déjà été décrites, indiquer le titre des ouvrages qui en font mention, et citer les pages qui contiennent tout ce qui leur est relatif.

6° Indiquer exactement tous les emplacemens où l'on a trouvé, à différentes époques, des antiquités quelconques, et la nature de ces antiquités; faire connoître les traditions relatives à ces lieux, et les ouvrages qui en ont parlé.

7° Rechercher et décrire toutes les inscriptions ou fragmens d'inscriptions, soit grecques, soit latines, soit du moyen âge, qu'on croit antérieures au xe siècle, et qui se trouveroient dans le département.

[Donner des *fac simile*, d'après les procédés suivans :

Pour obtenir ce qu'on appelle un *fac simile*, il faut se munir d'une boîte d'encre d'imprimerie et d'une feuille de papier peu collé et flexible. Au moyen d'un tampon ou balle d'imprimeur, on tamponne le marbre ou la pierre de l'inscription et l'on applique la feuille de papier, ou successivement plusieurs feuilles, sur la pierre, en appuyant avec la main. Il résulte de cette opération faite avec soin, que les lettres se marquent en blanc sur la feuille noircie. Ce moyen est plus sûr que de copier.

Une autre méthode, qui s'applique aussi aux sculpteurs, consiste à fixer sur le modèle un papier très fin et très compact à la fois; on a un large tampon en peau retournée, et rembourré, qu'on charge de bonne mine de plomb, mise en poudre impalpable. Il suffit de passer avec légèreté le tampon sur le papier, et une seule fois, en appuyant cependant d'une manière convenable. L'empreinte est marquée nettement par-dessus, et du premier coup. Si les figurines sont sculptées en creux, elles se dessinent en blanc sur un fond noir; si elles sont en relief, elles se dessinent en noir sur un fond blanc. Le tampon, en passant sur les parties pleines et trouvant de la résistance, laisse nécessairement le noir, et quand il vient à rencontrer un creux, il ne marque plus, faute de point d'appui. A la vérité, il faut que le papier ait, en même temps, assez de finesse, de ténacité, même de souplesse, pour se prêter à toutes les formes et résister à la pression; autrement, on ne réussiroit pas, ou très imparfaitement, et on n'obtiendroit pas des contours très arrêtés. Mais, en opérant avec soin, on a, par ce moyen, et en quelques minutes, l'empreinte d'une surface de 3 à 4 mètres carrés, quelque chargée qu'elle soit de caractères ou de figures [1].]

Indiquer tous les ouvrages où les inscriptions seroient déjà rapportées, et les pages de ces ouvrages où elles se trouvent relatées.

8° Rechercher et décrire toutes les anciennes abbayes, tous les anciens châteaux, et toutes les constructions faites depuis le commencement du Xe siècle jusqu'à la fin du XIVe; donner des dessins de celles qui sont suffisamment conservées; faire connoître les ouvrages où elles sont décrites, et citer les pages où se trouvent ces descriptions;

9° Les châteaux, abbayes ou autres constructions, depuis la fin du XIVe siècle jusqu'à nos jours, qui se font remarquer, soit par les formes de leur architecture, soit par des traditions populaires. Faire connoître celles qui ont été détruites, la destination actuelle de celles qui existent; dire ce que sont devenus et où ont été transportés les tombeaux, ornemens ou débris curieux qui y existoient; donner les titres des ouvrages qui en auroient parlé.

10° Rechercher les épitaphes ou inscriptions les plus remarquables qui pourroient être utiles pour l'histoire, et qui se trouvent sur tous les monumens modernes.

11° Rechercher particulièrement, parmi les titres, les noms que les différens lieux ont portés, soit en latin, soit en français ancien ou en dialecte vulgaire, et étendre ces recherches jusqu'aux petits lieux ou hameaux qui pourroient dépendre d'une commune.

12° Donner la liste des anciennes chartes, des anciens titres, des anciennes chroniques, des mémoires, des vies de personnages célèbres, et enfin de tous les documens manuscrits utiles pour l'histoire, qui existent dans le département, soit dans des bibliothèques ou dépôts publics, soit entre les mains des particuliers; et, lorsqu'il sera possible, faire dresser, des plus intéressans, des notices plus ou moins étendues.

Certifié conforme :
Le Secrétaire perpétuel,
DACIER.

Ce questionnaire fut envoyé aux préfets, avec le rapport de l'Acadé-

---

[1] Extrait du *Bulletin de la Société d'encouragement,* année 1816.

mie, par le comte Decazes, Ministre de l'intérieur. Dans une circulaire, en date du 8 avril 1819, il leur recommandait de s'en inspirer et de le prendre comme guide pour les recherches à faire, dans les lieux où l'on n'avait point répondu à la circulaire de 1810, et pour la nouvelle direction à donner aux investigations, dans les villes qui avaient satisfait la première demande. Il les engageait, en outre, à choisir, dans chaque département, une personne habile et zélée, qui pût se charger de cet ouvrage. « L'objet est important, disait-il, et ne doit plus être abandonné. Les mémoires et matériaux que vous me communiquerez ne resteront point ensevelis dans des dépôts ignorés; ils seront, au contraire, aussitôt après leur arrivée, transmis à l'Académie, et de suite livrés à l'examen de la commission formée dans son sein pour le dépouillement et le classement des notices et documens. Cette commission se mettra en relation avec les auteurs des mémoires, et chacun jouira de la part de gloire et de reconnoissance due à sa coopération. On formera, par ce moyen, des archives précieuses de nos antiquités nationales; et, plus riche en ce genre que l'Espagne et l'Angleterre, la France ne demeurera pas en arrière pour la connoissance et la description de ses monumens. Il y aura quelques frais à faire pour les déplacemens, les copies, les plans à dessiner : ces dépenses seront aisément prélevées sur les fonds ordinaires de votre budget. Ces paiemens se diviseront sur plusieurs exercices et ne demanderont jamais que de modiques sommes chaque année. Dans un assez grand nombre de départemens, les conseils généraux, allant au-devant des demandes de l'Administration, ont voté, l'an dernier, des crédits pour des objets de cette nature. Je ne doute pas que vous ne les trouviez disposés à vous procurer les ressources dont vous aurez besoin pour l'accomplissement du projet que je viens de développer, conformément aux vues de l'Académie. Je vous recommande cette affaire, et je vous prie de me tenir informé du résultat des mesures que vous aurez prises pour exécuter les dispositions que je vous ai indiquées[1]. »

[1] *Circulaires, instructions et autres actes émanés du Ministère de l'intérieur*, t. III, p. 408-410.

En dépit de cette sollicitude du Ministre de l'intérieur, l'œuvre ne réussit pas. Il était d'abord bien difficile qu'elle fût utilement dirigée faute d'un Ministère ayant une compétence scientifique suffisante, et puis les ressources à l'aide desquelles on l'entreprenait étaient si précaires, si insuffisantes que le résultat ne pouvait pas être important. L'action du Ministre était trop impuissante, celle de l'Académie trop indirecte. On ne devait pas tarder à s'apercevoir que, pour ces grandes entreprises s'étendant à tout le pays et exigeant d'innombrables auxiliaires, il fallait un budget spécial, une organisation régulière et l'intervention constante de l'Administration. C'est ce que Moreau n'avait cessé de dire au XVIIIe siècle; c'est ce que M. Guizot répétait, en 1833, lorsqu'il préparait la création de ses comités : « Au Gouvernement seul il appartient, écrivait-il, de pouvoir accomplir le grand travail d'une publication générale de tous les matériaux importants et encore inédits sur l'histoire de notre patrie. Le Gouvernement seul possède les ressources de tout genre qu'exige cette vaste entreprise [1]. » Encore faut-il que le Gouvernement soit organisé pour faire usage de ces ressources. Il ne l'était pas en 1819. Aussi le Ministère de l'intérieur ne tarda-t-il pas à répudier la mission qu'il avait assumée sans en mesurer les difficultés. Le 3 avril 1824 la circulaire suivante fut adressée aux préfets.

Monsieur le Préfet,

Par suite des dispositions de la circulaire du 8 avril 1819, de nombreux mémoires sur les antiquités de la France ont été adressés au Ministère et communiqués à l'Académie royale des inscriptions et belles-lettres.

L'envoi de ces mémoires avait pour but la publication d'un recueil destiné à faire connaître les richesses archéologiques de la France. Les matériaux réunis jusqu'ici par l'Académie paraissant devoir être plus que suffisans pour la rédaction de cet ouvrage, je vous invite à faire, jusqu'à nouvel ordre, cesser toute correspondance relative à la recherche des antiquités [2].

....

Recevez, etc.,

Le Ministre, Secrétaire d'État au département de l'intérieur,
CORBIÈRE.

[1] T. II, p. 4.
[2] *Archives nationales*, F[1a] 36.

En réalité l'œuvre était abandonnée, et nos monuments, comme nos archives, restèrent jusqu'en 1833 dans l'état où la Révolution les avait laissés.

VI

Mais en 1833 furent jetées les bases d'une entreprise qui, selon la prévision de son promoteur, M. Guizot, ne devait pas être, comme celles qui l'avaient précédée, « un effort accidentel et passager, mais un *long hommage et, pour ainsi dire, une institution durable en l'honneur des origines, des souvenirs et de la gloire de la France.* » Pour se rendre compte du caractère de cette entreprise, des idées qui ont présidé à ses origines et d'où sont sortis ses développements successifs, il faut se reporter par la pensée aux années fécondes de la première moitié du siècle, alors que notre pays, rassasié de gloire militaire, fatigué par ses victoires et par ses désastres, vaincu sans jamais avoir été humilié, reportait toute son activité vers la vie civile, cherchant à la fois dans la liberté, dans les arts, dans les lettres et dans les sciences, la consolation ou la revanche de ses malheurs. Un immense mouvement politique et intellectuel succédait au mouvement belliqueux qui avait ébranlé l'Europe jusque dans ses fondements et changé parfois la face du monde. Même après la chute retentissante de l'empire et la restauration de la monarchie, les principes de la Révolution avaient triomphé; ils étaient devenus la base inébranlable de nos institutions, dont la forme n'était monarchique qu'à la condition d'être également libérale et parlementaire. Pour avoir essayé de revenir vers le passé, la branche aînée des Bourbons avait été emportée par une courte insurrection, et une branche nouvelle l'avait remplacée. Toutefois, l'amour des libertés modernes ne se traduisait plus, comme sous la Convention nationale, par une haine aveugle de la vieille France. La chaîne des traditions, brusquement interrompue, avait été renouée. De toutes parts les liens qui unissent les générations présentes aux générations disparues étaient rétablis. Personne ne songeait plus à élever des constitutions en l'air, sans autre aide que la raison pure, ni à remplacer toutes les lois anciennes par la déclaration des droits de l'homme et du citoyen. On cherchait, au contraire, dans l'ordre politique, à rattacher les réformes déjà réalisées, et celles pour lesquelles on luttait encore, aux doctrines et aux coutumes d'autrefois; on s'enfonçait aussi loin que possible dans les obscurités de nos origines pour y retrouver les titres, quelque peu effacés, sur lesquels on s'efforçait d'appuyer les revendications contemporaines. C'est au nom de la vieille liberté, plus ou moins authentique, de nos pères qu'on réclamait une liberté nouvelle. De même, dans l'ordre administratif, on revenait aux théories de Moreau et à la maxime de Montesquieu : « Il faut éclairer l'histoire par les lois, et les lois par l'histoire. » On pensait que l'économie politique, administrative et financière, n'est pas seulement une science de principes et de dissertations, mais aussi, mais surtout une science d'application, de pratique, de conduite, qui ne peut reposer que sur l'histoire des faits économiques et de leurs rapports avec les événements ou avec les personnes. « Regardons autour de nous et comparons, disait en substance, dans la préface de son ouvrage, l'éditeur du *Recueil des anciennes lois françaises*. Les domaines, les eaux et forêts, les douanes, la police rurale, la voirie, les dessèchements, les mines, la marine, les colonies, la guerre, la comptabilité générale et municipale, etc., presque toujours, presque partout, se régissent par des ordonnances antérieures à 1789; et cependant vous prétendez rompre avec le passé, tout au contraire de ces parlementaires étrangers qui n'oseraient traiter une question sans en avoir approfondi l'historique jusque dans les siècles les plus reculés !... Le mérite d'un législateur consiste moins à créer qu'à profiter de ce qui est pour asseoir un édifice solide et durable... Si le Gouvernement médite un projet de loi ou un règlement, les conseillers d'État, chargés de la rédaction et de la première discussion, ne peuvent mieux éclairer la religion du monarque qu'en recherchant tout ce que la monarchie a laissé de monumens sur la matière, et en les combinant avec notre état politique. »

Ainsi s'exprimait l'auteur de ce *Recueil des anciennes lois françaises*, le seul que nous possédions encore aujourd'hui. L'utilité ne saurait en être trop reconnue. Mais ce langage ne ressemble-t-il pas, à s'y méprendre, au langage de Moreau? Ne nous fait-il pas rentrer dans la tradition du dépôt des chartes? Ne nous prépare-t-il pas à la voir renaître? Jetons d'ailleurs un coup d'œil, non seulement sur la politique et l'administration pendant la Restauration et les premières années du Gouvernement de Juillet, mais encore sur les arts et sur les lettres : nous remarquerons qu'ils s'inspirent également de l'histoire, qu'ils ont également la prétention de demander des leçons au passé, de le faire revivre et de le « combiner » avec le présent pour produire des œuvres nouvelles, vraiment nationales, animées d'un souffle original et puissant. C'est le moment où le romantisme éclate de toutes parts, remet le moyen âge à la mode, découvre la beauté de nos vieilles cathédrales et de nos vieux édifices, si mal jugés par les artistes des XVIIe et XVIIIe siècles, rajeunit nos vieilles chansons de gestes, nos vieux drames, nos vieux romans, et retrempe la poésie moderne en la conduisant à l'école des maîtres d'autrefois. L'histoire est donc partout, comme la grande inspiratrice vers laquelle se portent à l'envi hommes politiques, administrateurs, artistes, écrivains. Mais c'est dans l'enseignement public qu'elle apparaît surtout avec une autorité imposante et une élévation qu'on n'avait point encore connue. Après les grandes secousses de la Révolution, où la civilisation même avait semblé parfois courir les risques les plus graves, après les guerres prodigieuses de l'Empire, d'où un ordre de choses imprévu avait failli surgir, une sorte d'incertitude pesait sur les consciences, et les lois qui président au progrès, au développement normal, à la marche régulière des nations, dénaturées par des événements si extraordinaires, n'apparaissaient plus qu'incertaines et troublées aux regards les plus clairvoyants. C'est pour les dégager des obscurités contemporaines que l'histoire devint l'objet d'une laborieuse investigation. Les faits ramassés péniblement aux siècles précédents par les Bénédictins, les Jésuites et les Oratoriens, par les Ducange, les Baluze, les Duchesne et par les collaborateurs de Moreau, en un mot par ces admirables écoles d'érudition et par ces érudits incomparables qui sont la gloire des études savantes dans notre pays, furent repris, réunis et vulgarisés. De nombreuses publications les répandirent sur tous les points de la France, tandis qu'à Paris la parole périodique et puissante qui partait de la Sorbonne et du Collège de France les commentait, les interprétait, les expliquait, en tirait de vastes généralisations, où les événements venaient se grouper en de larges classifications unies les unes aux autres par des principes supérieurs, dominant l'histoire entière et la transformant en une philosophie humaine d'une hardiesse et d'une nouveauté dont tout le monde était ébloui. Sans doute, il y avait bien des points faibles, bien des lacunes, bien des vues hasardées dans cette œuvre un peu hâtive. L'érudition méticuleuse de nos jours recule devant les conceptions d'ensemble où l'on se complaisait durant la première moitié du siècle. Elle les trouve trop étendues pour être partout parfaitement justes; elle signale leurs imperfections; elle découvre des séries de faits qui échappent aux explications sommaires qu'on a voulu leur donner; elle montre que la philosophie de l'histoire est beaucoup moins solide qu'on ne l'a cru, que ses lois sont bien loin d'être indiscutables et que, dans la vie des peuples comme dans celle des individus, les causes fortuites, secondaires, contingentes détruisent bien souvent le jeu des causes premières auxquelles on prétend rattacher tous les événements. « Il y a bien plus de choses dans le monde, dit à son interlocuteur un personnage de Shakespeare, que n'en contient ta philosophie. » Mot profond, qui pourra toujours, hélas! s'appliquer à toute philosophie. Il n'en est pas moins vrai que les généralisations historiques ont, à leur heure, leur utilité et leur fécondité. Il en est d'elles comme des hypothèses dans les sciences physiques et naturelles. Il suffit qu'une hypothèse rende compte, à un moment de l'existence de ces sciences, de tous les phénomènes connus, et surtout qu'elle ouvre un vaste champ d'expériences, en vue de la recherche de phénomènes nouveaux, pour qu'elle soit admise et reconnue vraie. Elle est vraie de toute la vérité des découvertes faites et de celles qu'elle fait faire. Peu importe, d'ailleurs, que les découvertes ultérieures la détruisent et donnent lieu à d'autres hypothèses, qui produisent des effets semblables et qui auront le même sort! Ce sont les formules ou, si l'on veut, les étapes du progrès, formules passagères, étapes destinées à être franchies. De même en histoire, les théories générales, qui résument tous les travaux accomplis et qui préparent encore d'innombrables travaux, fussent-elles plus tard reconnues imparfaites, n'en ont pas moins une valeur scientifique et les caractères de ce qu'on est provisoirement convenu d'appeler la vérité.

Or les théories qui dominaient, dans la première moitié du siècle, sur la philosophie de l'histoire, sur la marche régulière et les développements successifs de la civilisation, à travers le chaos parfois inextricable des événements, ont eu, sans nul doute, pour effet d'élargir l'horizon de l'histoire et d'enrichir les connaissances historiques d'une foule de notions qu'on avait jusque-là dédaignées. Pour interpréter les faits, il fallait les connaître, et l'on s'aperçut promptement que les *Acta* des Bénédictins et des Bollandistes, que les *Miscellanea*, les *Analecta*, les *Anecdota*, le *Gallia christiana*, l'*Histoire littéraire*, le *Recueil des historiens* et toutes les collections, même les plus belles, étaient inachevés et insuffisants. Si l'on voulait les compléter, on devait songer à reprendre l'œuvre interrompue par la chute de l'ancien régime, par l'abolition ou la dispersion des ordres religieux et des établissements littéraires, et créer à la science moderne des organes capables de remplacer ceux qu'elle avait ainsi perdus. Il était urgent de recueillir tout ce que les érudits du xviie et du xviiie siècle n'avaient pas eu le temps ou la volonté de colliger. Mais on ne pouvait pas s'en tenir là. Désormais l'histoire n'étant plus uniquement le récit des événements politiques, la description des institutions publiques, militaires et administratives, mais l'exposé de la marche et des développements de la civilisation, — c'est-à-dire des progrès successifs ou simultanés de toutes les branches de l'activité humaine à chaque époque de son évolution, — il n'était plus possible de se borner, comme on ne l'avait que trop fait autrefois, à la recherche des faits matériels. Les faits moraux prenaient une importance capitale. Ils méritaient d'être l'objet d'observations non moins minutieuses et non moins complètes que celles qui avaient porté sur les premiers. Dès l'ouverture de son cours d'histoire moderne, M. Guizot avait partagé les faits en deux catégories : 1° les faits matériels et visibles, tels que les négociations, les actes officiels des gouvernements, les expéditions militaires, les batailles, les victoires; 2° les faits moraux et cachés, mais qui n'en sont pas moins des faits réels, appartenant, comme les autres, au domaine de l'histoire. Dans cette seconde classe rentrait tout ce qui regarde les mœurs, les arts, les sciences. M. Guizot constatait que des premiers faits nous ne savions pas tout, et que des seconds nous ne savions presque rien. Il en concluait que nous avions à entreprendre sur le passé une immense enquête qui compléterait et qui élargirait en même temps l'œuvre des érudits des deux derniers siècles.

Telle est la pensée qui a donné lieu à la création du Comité chargé de la direction et de la surveillance des recherches et des publications de documents inédits. Est-il besoin de faire remarquer et par quels liens elle se rattache à celle qui avait inspiré l'entreprise de Moreau et par quels points elle en diffère? Le principe est le même : il s'agit encore de recueillir et de mettre au jour les documents de notre histoire; mais ces documents deviennent aussi variés, aussi complexes que cette histoire elle-même. Ils embrassent toutes les manifestations de notre génie national; ils n'ont d'autres limites que celles de la « civilisation », mot élastique autant que significatif, formule générale où tous les éléments de la vie morale et politique des peuples sont compris. Désormais donc, on ne s'en tiendra point aux chartes, on ne s'en tiendra même point aux monuments écrits; les monuments d'art, les poésies et les légendes populaires, les découvertes de la science, prendront leur place dans les investigations dont le passé va être l'objet. Dès l'origine, M. Guizot abaisse toutes les barrières qu'on pourrait vouloir opposer à son œuvre pour la restreindre ou pour la comprimer. La carrière qu'il ouvre est sans bornes, et il est facile de prévoir que son Comité grandira par l'adjonction de

Comités nouveaux, de manière à devenir ce qu'il est aujourd'hui, un Comité universel des sciences et des lettres, étudiées avec la méthode historique, c'est-à-dire, en somme, avec la méthode d'observation. Il suffit, pour s'en rendre compte, de lire avec soin les premières circulaires et les premiers arrêtés que nous avons réunis dans ce recueil. Au mois de novembre 1833, M. Guizot s'adresse aux préfets pour leur demander des renseignements précis et détaillés sur la situation des bibliothèques et des archives des départements qu'ils administrent, ainsi que sur les divers ouvrages manuscrits qui peuvent être contenus dans ces dépôts [1]. Le 31 décembre de la même année, il expose la nécessité de donner à ces recherches plus d'unité, plus de suite, plus de concentration. Rappelant qu'on vient de s'apercevoir à quel point la province renfermait de trésors historiques inexplorés : « Depuis que ce fait est constaté, dit-il, il ne se passe pas un jour sans que les hommes jaloux des progrès de la science et de la gloire littéraire de la France n'expriment le regret de voir l'exploitation d'une mine si riche abandonnée à des individus isolés, dont les plus grands efforts ne peuvent produire que des résultats partiels et bornés. A la vérité, parmi ces explorateurs volontaires, il faut distinguer l'Académie des inscriptions, qui travaille à recueillir diverses séries de monuments relatifs à notre histoire nationale. Mais Votre Majesté a pu se convaincre, il y a quelques instants, de l'extrême exiguïté des ressources dont l'Académie dispose pour la publication de ces recueils, et de la lenteur qui en résulte inévitablement. Aussi, quelle que soit l'excellence de ses travaux, ils sont insuffisants pour calmer les regrets et satisfaire les désirs de ceux qui voudraient entrer en possession de tant de trésors, encore inutiles ou ignorés [2]. » Les grandes collections de Paris, la Bibliothèque nationale, les Archives, ne sont pas moins riches que les dépôts de province. Chaque Ministère possède des documents précieux qui peuvent sans incon-

---

[1] *Rapports au Roi et pièces*, p. 45.
[2] T. II, p. 3-4.

vénient être livrés à la publicité. « Les archives spéciales des différents Ministères nous promettent encore, continue M. Guizot, de plus importantes richesses ; ces matériaux doivent être exploités avec prudence et discernement : aussi nos recherches s'adresseront-elles exclusivement aux époques qui peuvent être considérées comme tombées dans le domaine de l'histoire. Mais nous trouverons dans ces limites de quoi exciter et satisfaire la plus avide curiosité des savants et du public. MM. les directeurs de ces précieux dépôts ont bien voulu me promettre leur concours le plus empressé. Les archives du Ministère des affaires étrangères, classées avec un ordre parfait, forment le dépôt historique le plus considérable par l'abondance et la valeur de ses documents. Les publications que je me propose d'y puiser s'exécuteront par les soins du directeur, M. Mignet, qui a déjà préparé un recueil important et étendu destiné à en commencer la série. Les longues et curieuses négociations relatives à la succession d'Espagne, ouverte par la mort de Charles II, seront l'objet de ce recueil. Entamées immédiatement après le traité des Pyrénées en 1659, elles n'ont été terminées qu'en 1713, à l'époque où la paix d'Utrecht vint fixer enfin le droit public de l'Europe et sa distribution territoriale sur de nouvelles bases. Cette publication fera connaître la marche progressive des grands événements qui en sont l'objet, et mettra pour la première fois au jour, dans toute sa réalité et toute son étendue, la politique de Louis XIV. Les archives du dépôt de la Guerre seront consultées en même temps que celles des Affaires étrangères, et les renseignements empruntés à ces deux sources différentes seront rapprochés entre eux et comparés les uns avec les autres. Ainsi, tandis que l'on recherchera, dans les archives de notre diplomatie, tout ce qui se rapporte aux négociations qu'entraîna l'affaire de la succession d'Espagne, le dépôt de la Guerre mettra à notre disposition l'histoire des campagnes qui suivirent et secondèrent ces négociations, accompagnée de la correspondance de Louis XIV, de Philippe V, du duc d'Orléans, du maréchal de Berwick et du duc de Vendôme. A ces dernières publications seront joints les cartes et plans nécessaires pour l'intelligence des opérations militaires; M. le directeur du dépôt actuel de la Guerre a bien voulu m'offrir les riches matériaux de ce genre qu'il a recueillis lui-même. Ils seront mis au jour par ses soins personnels et sous sa surveillance. Des travaux analogues seront exécutés aussi dans les archives du Ministère de la marine : l'état de notre marine, l'histoire de nos campagnes maritimes ou des grandes batailles navales, celle de nos colonies depuis plus de cent cinquante ans, y sont conservés dans des collections authentiques, dont le choix sera fait par des hommes versés dans cette étude toute spéciale [1]. » Mais toutes ces richesses ne sont pas les seules qu'il faille livrer à la curiosité érudite. « Après l'histoire politique, l'histoire intellectuelle et morale du pays a droit également à notre attention; c'est aussi une grande et belle partie des destinées d'un peuple que la série de ses efforts et de ses progrès dans la philosophie, les sciences et les lettres. Sans doute l'abondance et le caractère spécial des monuments de ce genre doivent nous prescrire à cet égard quelque réserve; ils ne sauraient être accueillis facilement ni en très grand nombre dans une collection dont l'histoire proprement dite est l'objet dominant. Mais les ouvrages qui, à certaines époques, ont fortement agité les esprits et exercé une action puissante sur le développement intellectuel des générations contemporaines, ceux qui ont ouvert, dans le mouvement des idées, une ère nouvelle, ceux enfin qui, sous une forme purement littéraire, nous révèlent des mœurs oubliées, des usages ou des faits sociaux dont on avait perdu la trace, de tels ouvrages se rattachent de bien près à l'histoire; et si nous découvrions quelques monuments de ce genre, nous croirions devoir nous empresser de les publier, en en formant dans la collection générale une série particulière. Je puis déjà, Sire, signaler en ce genre à Votre Majesté une découverte récente et d'un haut intérêt pour les personnes qui se vouent à l'étude de la philosophie et de son histoire parmi nous. Le manuscrit du fameux ouvrage d'Abailard intitulé le *Oui et Non*

---

[1] T. II, p. 20-21.

(*Sic et Non*) vient d'être retrouvé dans la bibliothèque d'Avranches. Ce livre, qu'on croyait irréparablement perdu, est celui qui donna lieu à la condamnation d'Abailard, au concile de Sens, en 1140. M. Cousin en surveillera la publication. Enfin, Sire, l'histoire des arts doit occuper une place dans ce vaste ensemble de recherches, qui embrasse toutes les parties de l'existence et des destinées nationales. Aucune étude peut-être ne nous révèle plus vivement l'état social et le véritable esprit des générations passées que celle de leurs monuments religieux, civils, publics, domestiques, des idées et des règles diverses qui ont présidé à leur construction, l'étude, en un mot, de toutes les œuvres et de toutes les variations de l'architecture, qui est à la fois le commencement et le résumé de tous les arts. Je me propose, Sire, de faire incessamment commencer un travail considérable sur cette matière : je m'appliquerai à faire dresser un inventaire complet, un catalogue descriptif et raisonné des monuments de tous les genres et de toutes les époques qui ont existé ou existent encore sur le sol de la France [1]. »

On voit quel vaste ensemble de travaux M. Guizot prétendait comprendre dans cette exploration des documents inconnus de notre histoire, dont il prenait l'initiative. Il s'agissait bien réellement d'appliquer l'idée qui avait fait le fond de son enseignement et de ses ouvrages, d'organiser un immense système d'investigations sur l'histoire intellectuelle et morale, aussi bien que sur l'histoire matérielle de notre pays, sur la série des efforts et les progrès de la France dans la philosophie, les sciences, les lettres, les arts, aussi bien que dans la politique. Cette intention fut clairement indiquée dès la création, le 18 juillet 1834, du premier Comité, qui contenait, à côté d'historiens comme M. Mignet, d'érudits comme MM. Guérard et Fauriel, l'inspecteur général des monuments historiques, M. Vitet, qui s'occupait avec une préférence marquée de l'histoire des beaux-arts. Mais M. Guizot ne tarda pas à s'apercevoir que l'œuvre était

[1] T. II, p. 21-22. N'est-ce pas la reprise du projet de M. le comte de Laborde et de l'Académie des inscriptions et belles-lettres en 1810 et en 1818 ?

trop considérable pour un seul Comité, et, le 10 janvier 1835, il compléta sa pensée en nommant un second Comité, chargé de concourir, sous la présidence du Ministre, à la publication des monuments inédits des sciences et des arts considérés dans leurs rapports avec l'histoire générale de la France. Ce Comité lui-même se divisa en deux sections, l'une s'occupant de la littérature, de la philosophie et des sciences, l'autre des arts. Dans une longue circulaire, en date du 15 mai 1835, M. Guizot traçait le plan de ses travaux, qui devaient s'étendre à toutes les manifestations de l'activité scientifique de l'ancienne France. Il rappelait d'abord que, dans l'ordre des sciences exactes et naturelles, notre pays était d'une déplorable stérilité au moyen âge jusqu'au XIe siècle. Toutefois on retrouverait peut-être, dans les œuvres inédites de Bède, d'Alcuin, d'Abbon, abbé de Fleury, de Gerbert, quelques vestiges des connaissances mathématiques de cette première période. Sous l'influence des Arabes, la science s'introduit parmi nous et se propage dans l'Occident. Ses débuts, toujours obscurs, peuvent donner lieu à d'utiles travaux. Au XIIIe siècle, ou siècle d'Albert le Grand, arrivent les vastes encyclopédies, où s'amassent et se développent toutes les sciences d'alors. M. Guizot appelait l'attention sur les textes de nature à éclairer l'origine de certaines inventions ou la date de certaines connaissances, telles que les verres à lunette, la poudre à canon, le feu grégeois. La date et l'origine de l'astrologie et de la magie, l'introduction et les progrès en France de l'alchimie et des sciences occultes, qui se développèrent principalement au XIVe siècle, ne lui paraissaient pas moins intéressants à déterminer. Mais ce qui importait plus encore, à ses yeux, c'était l'histoire de la médecine et de la chirurgie, en ces siècles qui ne connaissaient encore ni l'anatomie, ni la physiologie, ni les saines méthodes d'observation dans les sciences naturelles. En avançant vers le XVIe siècle, on sent les approches d'une époque vraiment savante. La révélation de l'antiquité donne un essor nouveau au génie moderne. Des inventions mémorables en astronomie, en agriculture, en art militaire, changent la face de la science et de la société. Les voyages se multiplient; le monde s'ouvre de toutes parts aux explorations. Au xviie siècle, la science est créée, elle a trouvé sa voie, elle est en possession de ses méthodes. Il reste seulement à savoir si nous connaissons tout ce qu'elle a produit entre les mains d'hommes tels que Descartes, Pascal, Fermat, Roberval, Stevin, etc.; et, dans tous les cas, si l'on ne découvre d'eux aucune œuvre inédite, il faut remettre en lumière, par des publications nouvelles et complètes de leurs œuvres connues, ces savants qui sont la parure et la gloire de notre pays. Passant à la philosophie, M. Guizot expliquait tout ce qui restait encore à glaner dans le champ de la scolastique, longtemps dédaignée et cependant si curieuse au point de vue de l'histoire de l'esprit humain. Pour la littérature, que de découvertes à faire parmi ces chansons de gestes, ces romans en vers et en prose, ces chroniques, ces miracles, ces mystères, ces moralités, farces, soties, dialogues et débats, etc., ces écrits satiriques et jusqu'à ces chansons, noëls, rondes et proverbes, où l'âme populaire se réfléchit avec une transparence telle que nulle part il n'est plus aisé de la saisir! Mais il insistait davantage encore sur les grammaires et traités ayant trait à la langue, qui pouvaient être si utiles au progrès de nos connaissances philologiques. Dans le même ordre d'idées, il invitait Sainte-Beuve à rédiger un rapport au sujet des travaux relatifs à la littérature du moyen âge pendant les trois derniers siècles. « Je désire, lui écrivait-il, que vous puissiez tracer un exposé historique des recherches entreprises jusqu'ici sur notre vieille littérature, et qu'il résulte de votre travail un tableau exact des développements successifs et de l'état actuel de cette intéressante étude. Ce serait là une utile et belle introduction à la publication de ceux de nos monuments littéraires qui sont encore inédits, et dont la recherche se poursuit avec tant d'ardeur [1]. »

Nous avons analysé cette circulaire, parce qu'elle montre bien le caractère encyclopédique de l'œuvre de M. Guizot. Il s'agit, il est vrai,

---

[1] T. II, p. 38-39.

d'une encyclopédie historique; les recherches entreprises par les deux Comités ne portent que sur le passé; mais nous indiquerons plus loin comment du passé on en est arrivé au présent, et comment la recherche scientifique pure et simple est venue s'ajouter à la recherche historique et la compléter. On s'explique immédiatement, d'ailleurs, que le cadre des deux Comités fût trop étroit pour tous les travaux qu'on se proposait d'y faire entrer. Les études sur les arts et les monuments historiques, en particulier, demandaient une trop grande application pour être dirigées par le Comité qui s'occupait aussi de la littérature, de la philosophie et des sciences. Il s'était formé, dans le sein de ce Comité, un sous-comité des arts; mais, pour explorer les œuvres anciennes de l'architecture, de la sculpture, de la peinture et même de la musique en France, il fallait un Comité spécial se livrant uniquement à cette mission. D'autre part, la philosophie, les lettres et les sciences offraient également un domaine trop vaste pour qu'on pût le laisser subsister longtemps sans divisions. C'est pourquoi, dès le 18 décembre 1837, M. de Salvandy, alors Ministre de l'instruction publique, prit un arrêté organisant, à la place des deux Comités existants, cinq Comités nouveaux:

1° De la langue et de la littérature françaises;

2° De l'histoire positive ou des chroniques, chartes et inscriptions;

3° Des sciences;

4° Des arts et des monuments;

5° Des sciences morales et politiques.

Chacun de ces Comités était rattaché à la classe correspondante de l'Institut : le premier à l'Académie française; le second à l'Académie des inscriptions et belles-lettres; le troisième à l'Académie des sciences; le quatrième à l'Académie des beaux-arts, et le cinquième à l'Académie des sciences morales et politiques. Toutefois, il dépendait des Académies de prendre ou de ne pas prendre sous leur direction le Comité, dont il pouvait leur convenir de ne vouloir pas être responsables. Et le fait est que jamais l'Institut n'a manifesté le désir de se servir des Comités, dont on avait eu la préoccupation un peu puérile de calquer l'organisation sur la sienne, en vue d'exercer une action sur les Sociétés savantes de province et sur les études provinciales. Un pareil soin l'absorberait trop, outre qu'il ne pourrait s'en acquitter qu'à l'aide d'un effort administratif pour lequel il n'est pas outillé. La tentative de M. de Salvandy est donc restée stérile à cet égard, et n'a pas été renouvelée.

En revanche, l'extension du Comité, le principe de son organisation multiple et universelle, ont résisté à toutes les épreuves. Il y avait là, en effet, une nécessité évidente, un besoin dont l'importance ne pouvait que croître, à mesure que les études savantes se développeraient dans notre pays. L'impulsion que leur avait donnée M. Guizot, en organisant un vaste plan d'investigations et de recherches historiques, qui devait s'étendre à toute la province, être appliqué partout où se trouveraient une bibliothèque, des archives, un dépôt quelconque de documents écrits, des édifices antiques ou du moyen âge, des monuments d'art ou d'archéologie, avait provoqué, jusque dans les points les plus reculés du territoire, la plus féconde émulation. Il était clair qu'un homme ou quelques hommes ne pourraient suffire à l'immense travail de compulser toutes les bibliothèques, de fouiller tous les dépôts de livres et d'archives, de décrire tous les monuments, de compléter les anciennes collections, d'entreprendre des collections nouvelles. Il fallait tout voir ou revoir. Une pareille entreprise exigeait un nombreux personnel. Comme Moreau, bien plus que Moreau, puisque son plan était cent fois plus vaste, M. Guizot ne pouvait se passer de collaborateurs; il lui en fallait une véritable armée, répandue dans tout le pays. Les corporations savantes avaient disparu; il n'y avait plus de Bénédictins prêts à continuer les traditions de leurs prédécesseurs. Comment les remplacer par une association nouvelle, capable de rendre les services qu'ils avaient autrefois rendus? La première pensée de M. Guizot fut de créer pour cela, dans chaque département, des correspondants volontaires du Ministère de l'instruction publique, qui, mis en relations avec les Comités, pussent recevoir et exécuter leurs instructions et les seconder, chacun pour leur région, dans l'accomplissement de la tâche qui leur était confiée. L'idée était juste ; Moreau l'avait eue également au xviiie siècle, et si les auxiliaires qu'il avait réunis, on se rappelle par quels moyens, n'avaient pas rendu les mêmes services que les Bénédictins de Saint-Maur et de Saint-Vanne, leur concours avait toutefois été précieux. Dans notre société moderne, déjà profondément laïcisée, il était naturel d'espérer que des savants laïques seraient d'une utilité plus grande encore, si on donnait une direction et un centre à leur activité, si on leur montrait un but élevé à atteindre, et si on mettait entre leurs mains les moyens d'en approcher. C'est à quoi M. Guizot s'est appliqué ; et, si la conception première était juste, l'exécution le fut aussi. L'institution des correspondants du Ministère de l'instruction publique réussit pleinement ; les Comités, secondés partout par des travailleurs aussi intelligents que dévoués, formèrent une sorte de vaste corporation savante, dont les ramifications pénétraient jusque dans les points les plus éloignés de la province. Toutefois l'esprit d'association est une si grande force, l'action des hommes formés en sociétés est tellement supérieure à l'action d'individus isolés, quel que soit leur mérite, que M. Guizot fut vite amené à se demander s'il ne trouverait pas, à la place des congrégations religieuses disparues, des groupes laïques propres à la recherche et à la publication des documents de notre histoire. Dès le 23 juillet 1834, il se posait cette question dans une circulaire remarquable, où se trouve le germe des développements successifs et nécessaires que l'organisation du Comité a subis depuis. N'existait-il pas dans les départements des sociétés savantes, instruments tout préparés pour la mise en pratique des grands projets qu'on nourrissait ? Ne suffirait-il pas de leur adresser un appel pour les décider à donner, à offrir même leur collaboration ? « Il est un genre particulier de travaux exécutés à Paris, écrivait M. Guizot aux membres des Sociétés savantes, et pour lesquels une correspondance assidue entre le Gouvernement et les Sociétés savantes départementales serait de la plus haute importance : je veux parler des recherches qui seront incessamment entreprises sur tous les points du royaume, pour mettre en lumière les monuments inédits relatifs à l'histoire de France. Tant de richesses enfouies dans les départements ne peuvent être recueillies que sur les lieux et par les soins des hommes qui sont restés, en quelque façon, les seuls dépositaires des anciennes traditions locales. C'est principalement dans cette circonstance que la coopération active des Sociétés savantes et de leurs nombreux correspondants pourra fournir beaucoup de lumières, épargner beaucoup de missions spéciales, de temps, de dépenses, et concourir puissamment à l'illustration de notre histoire nationale [1]. »

Naturellement M. Guizot ne pouvait pas songer à se servir des Sociétés savantes départementales sans penser aussi à les servir. Pour savoir jusqu'à quel point on pouvait compter sur elles, il fallait les connaître, pénétrer en quelque sorte dans leur intimité, apprécier par une observation directe et constante la valeur de leurs efforts; et, afin que ces efforts ne fussent pas bien souvent inutiles ou médiocres, il fallait les encourager, les soutenir, les diriger, les centraliser enfin et les faire connaître. M. Guizot reconnaissait d'emblée la nécessité d'entrer en relations avec les Sociétés savantes, pour leur profit personnel autant que pour le parti qu'on pourrait tirer d'elles. Dans la même circulaire, où il demandait à leurs membres de collaborer à l'œuvre des documents inédits, il leur disait: « Messieurs, je vois, par les renseignements que j'ai recueillis sur les diverses Sociétés savantes établies dans les départements, que leur situation ne répond pas toujours au but de leur institution, ni aux désirs de leurs honorables membres, et qu'elles ne possèdent pas tous les moyens d'action dont elles ont besoin, ni toute l'influence qu'elles pourraient exercer. Deux conditions de succès me paraissent manquer surtout aux Sociétés savantes : l'encouragement et la publicité. De là, l'inertie des Sociétés elles-mêmes, qui, se sentant, en quelque sorte, abandonnées, n'apportent pas toujours dans leurs travaux l'activité et l'esprit de suite sans lesquels on n'obtient que des résultats très

---

[1] T. II, p. 10.

bornés et fugitifs. De là, aussi, l'indifférence du public, qui, n'étant point tenu au courant des efforts des hommes éclairés dont se composent les Sociétés savantes, ne les seconde pas de son influence, et laisse périr trop souvent des germes heureux qui méritaient qu'on prît soin de leur développement. Combien de nobles espérances, combien d'utiles tentatives sont ainsi demeurées infructueuses! Les esprits les plus actifs se refroidissent, la tristesse et le découragement s'emparent des âmes, lorsque le zèle n'est pas soutenu, jusqu'à un certain point, par la sympathie et le succès. Pour mettre un terme à ce fâcheux état de choses, il faut, d'une part, que les Sociétés savantes reçoivent du Gouvernement, protecteur naturel de l'activité intellectuelle aussi bien que de l'activité matérielle du pays, un encouragement soutenu ; de l'autre, que leurs travaux soient effectivement portés à la connaissance du public. Le plus sûr moyen, je pense, d'arriver à ce double résultat, c'est d'instituer, entre ces Sociétés et le Ministère de l'instruction publique, des relations fréquentes et régulières. Il ne s'agit, Messieurs, d'aucune centralisation d'affaires et de pouvoir. Je n'ai nul dessein de porter atteinte à la liberté, à l'individualité des Sociétés savantes, ni de leur imposer quelque organisation générale ou quelque idée dominante. Il s'agit uniquement de leur transmettre, d'un centre commun, les moyens de travail et de succès qui ne sauraient leur venir d'ailleurs, et de recueillir, à ce même centre, les fruits de leur activité, pour les répandre dans une sphère étendue. Loin qu'une telle mesure puisse rien faire perdre aux Sociétés savantes de leur indépendance ou de leur importance locale, elle doit, au contraire, l'assurer et l'accroître, en donnant plus d'efficacité et de portée à leurs efforts. A l'aide de ces communications habituelles et réciproques, les matériaux et les résultats des travaux intellectuels ne seront plus exclusivement accumulés dans un dépôt unique ; ils pénétreront partout: les hommes instruits échapperont ainsi aux inconvénients de l'isolement, et pourront, sans se déplacer, se livrer avec confiance à des études devenues et plus faciles et plus profitables [1]. »

[1] T. II, p. 8-9.

Comme conclusion à ces sages réflexions, comme justification de ces promesses, M. Guizot annonçait qu'il se proposait : « 1° d'établir, entre le Ministère de l'instruction publique et les diverses Sociétés savantes des départements, une correspondance régulière. Les Sociétés me feront connaître les travaux dont elles s'occupent ou voudraient s'occuper, ce qui leur manque en ressources de tout genre, livres, instruments de travail, renseignements scientifiques, etc. Je m'appliquerai, de mon côté, à leur procurer ce qui pourrait leur être nécessaire et à les seconder autant qu'il sera en mon pouvoir; 2° de faire publier, chaque année, sous les auspices du Gouvernement, un recueil contenant quelques-uns des mémoires les plus importants présentés aux principales Sociétés savantes du royaume, et, en outre, un compte rendu sommaire des travaux de toutes les Sociétés, rédigé, soit d'après leurs propres comptes rendus, soit d'après les relations qu'elles m'auront adressées et les indications qu'elles m'auront fournies..... Ce recueil, ajoutait M. Guizot, serait un véritable monument de l'activité intellectuelle du pays, en tant du moins qu'elle s'exerce et se manifeste par la voie des Sociétés savantes [1]. »

A partir de ce moment, des relations régulières, suivies, constantes s'établissent entre le Ministère de l'instruction publique et les Sociétés savantes des départements. De nombreuses circulaires, adressées à diverses reprises par le Ministre aux préfets, demandent à ceux-ci des renseignements sur les Sociétés qui existent dans chaque département, sur leurs statuts, sur les recueils qu'elles publient, sur les ressources dont elles disposent, sur les établissements utiles, tels que bibliothèques, musées, cabinets d'histoire naturelle, cours publics, qu'elles ont fondés [2]. On voit qu'il ne s'agit pas uniquement de réclamer leur collaboration pour l'œuvre historique des Comités, mais encore de savoir en quoi et dans quelle mesure les Comités peuvent les seconder elles-mêmes dans leurs travaux particuliers. Par la force

[1] T. II, p. 10.
[2] Voir en particulier, t. II, p. 69, une circulaire de ce genre, en date du 24 avril 1838.

des choses, les Comités étaient devenus les agents supérieurs, les tuteurs naturels des Sociétés savantes. Il avait suffi de faire appel au concours de celles-ci pour les voir se multiplier, prendre une importance nouvelle, augmenter à la fois en nombre et en valeur. C'est ce que constatait M. Guizot, dans le rapport au roi sur le budget de l'instruction publique, pour l'exercice 1838. « Par suite de la circulaire que j'ai adressée aux préfets le 30 juillet 1834, disait-il, je me suis assuré qu'il existe dans les départements un grand nombre de Sociétés savantes qui, encouragées avec discernement par l'administration supérieure, peuvent rendre de nombreux services aux sciences en excitant le zèle de ceux qui s'en occupent : ces Sociétés, pour la plupart, ne se contentent pas d'entreprendre et de publier d'importants travaux; presque toutes cherchent à former, dans le local qu'elles occupent, des collections d'objets d'archéologie ou d'histoire naturelle; plusieurs ont trouvé moyen d'ouvrir des cours confiés à ceux de leurs membres qu'elles en ont jugés dignes. Il est important de venir à leur secours, de les aider dans la voie nouvelle où elles sont entrées, et j'ai l'intention d'appliquer à cet objet une partie des fonds d'encouragement. »

L'année suivante, le rapport sur l'exercice 1839, œuvre de M. de Salvandy, disait : « Nulle institution, Sire, n'a mieux marqué le caractère vraiment libéral de votre Gouvernement que la création des Comités destinés à mettre en lumière et à conserver tous les monuments enfouis de l'histoire nationale. Cette histoire n'est pas seulement celle des faits publics, déjà enregistrés par les historiens; c'est surtout celle des diverses classes de la société, telle que le vaste travail confié à M. Aug. Thierry sur le Tiers État, celle des institutions, des coutumes, des lois, de toute cette partie oubliée de la vie des nations, que la France a intérêt à rechercher pour elle-même et pour les autres peuples, puisque là sont les origines de cet esprit libre et fécond qui, par la Révolution française, a changé l'aspect du monde. Une nouvelle division des Comités existants a eu pour but de donner aux travaux une plus vive impulsion, et d'y rattacher la foule croissante des Sociétés savantes du royaume, qui sont animées d'un amour vrai de l'étude et qui n'ont besoin que d'être dirigées pour donner les plus utiles résultats. Il faut que leurs travaux puissent être encouragés; la plus sûre récompense est la publication de tous les matériaux et de tous les documents qui seront dus à leur zèle, et qui auront mérité d'être mis sous les yeux de Votre Majesté, des Chambres, de l'Institut, aux termes des arrêtés. C'est dans ce but qu'un accroissement de dotation est demandé. La situation des départements, sous le rapport de l'instruction, des études, de la science, occupe constamment ma pensée. Le Ministre de l'instruction publique compte parmi ses devoirs celui de faire refluer du centre aux extrémités les lumières qui sont la vie morale des peuples. »

Le rapport du même Ministre, M. de Salvandy, sur l'exercice de 1840, était plus explicite encore : « Je demande une somme de 10,000 francs pour subvention aux Sociétés savantes. Mon administration s'est appliquée à donner à ces Sociétés, souvent recommandables par leurs lumières, plus d'action, plus d'ensemble et plus d'autorité. Il a été dressé, ce que le Ministère ne possédait pas, une statistique complète de ces Sociétés, comprenant leurs statuts, leurs travaux, leurs recueils, leur direction et leur but. Elles ont été mises en rapport avec les Comités historiques établis près de mon département, et le seront avec l'Institut. Elles ont été invitées à concourir aux travaux de recherches sur l'histoire de France, que dirigent les Comités. Promesse leur a été faite de demander aux Chambres les moyens, soit de les récompenser de ce concours, en les aidant pour leurs publications particulières, soit de les indemniser de ce qu'aurait pu leur coûter la préparation de matériaux dont les Comités compétents auraient reconnu l'utilité. C'est dans la même pensée qu'elles sont autorisées à s'adresser réciproquement, par l'intermédiaire de mon Ministère et sous mon couvert, leurs publications périodiques. Cet échange se fait sans frais. Il en résultera, non seulement une émulation utile entre toutes ces Sociétés, mais encore, une communauté de direction, qui naîtra d'elle-même de la comparaison entre toutes les publications, et qui y introduira l'unité sans laquelle les travaux isolés sont stériles. Cette mesure a produit deux bons effets : elle a répandu et propagé d'excellents travaux, qui étaient, jusque-là, renfermés dans les localités; et elle a été pour les Sociétés une faveur appréciée, qu'elles reconnaîtront par leurs efforts. Par degrés s'établira, à l'aide de ces communications réciproques qui remontent jusques à l'Institut, l'empire désirable de ce grand corps sur tous les travaux de l'intelligence et sur toutes les institutions locales qui se vouent à remplir et honorer les loisirs de la vie de province par la culture et le progrès des connaissances humaines. »

Enfin, dans le budget de 1847, un chapitre spécial fut créé pour les Sociétés savantes. « On l'a dit, en 1838, observait le rapport, le Ministère de l'instruction publique doit décentraliser en fait de lumières, il doit vouloir que les départements participent à ce grand mouvement des esprits qui caractérise si heureusement notre époque de paix et d'études. Les Sociétés savantes, fortement secondées dans l'essor qu'elles essaient d'imprimer autour d'elles, sont les instruments naturels de cette pensée. Votre Majesté a daigné approuver les efforts de mon administration dans ce but; le concours des Chambres n'y manquera pas. » En effet, les Chambres portaient à 50,000 francs le crédit primitivement fixé à 10,000 francs. C'était un grand pas!

Ces citations nous ont semblé curieuses, parce qu'elles montrent bien les progrès successifs de l'idée qu'on se faisait à cette époque des Sociétés savantes et de leur rôle. A l'appel du Comité, elles avaient répondu de toutes parts avec un admirable entrain. Sous son impulsion, elles s'étaient multipliées et s'étaient mises vaillamment à l'œuvre. La province semblait se ranimer; quelque chose de l'ardeur intellectuelle qu'on y remarquait au XVIIe et au XVIIIe siècle y reparaissait; et, comme les Facultés étaient alors de médiocres centres de vie scientifique, comme rien n'y ressemblait aux universités allemandes ou aux universités que, depuis quinze ans, on travaille à fonder chez nous, c'est dans les Sociétés savantes, devenues de véritables foyers de solide érudition, que, suivant le mot de M. Guizot, l'activité intellectuelle du pays se déployait. Mais cette activité ne pouvait pas toujours se borner aux études purement historiques. De l'histoire des arts elle devait s'étendre aux arts, de l'histoire des sciences aux sciences mêmes et à leurs progrès. La transition était naturelle. Il suffisait donc que le Comité exerçât en fait une sorte de direction sur les Sociétés savantes, pour que, fatalement, son propre programme et son organisation s'en ressentissent; la manière nouvelle d'envisager l'histoire comme le résumé de toutes les manifestations de la civilisation devait produire en lui une transformation inévitable. Sans manquer à l'idée première qui avait présidé à sa formation, le Comité d'histoire proprement dite de M. Guizot avait pu se doubler presque immédiatement d'un Comité de littérature, de sciences et d'art. Mais ce n'était là qu'un début; et, quand les Sociétés savantes apportèrent de toutes parts leurs tributs aux deux Comités, comme des fleuves de plus en plus nombreux coulant tous vers la même mer, celle-ci vit ses rives s'élargir toutes seules, par l'effort incessant des flots qui les pressaient. De là vint la réforme de M. de Salvandy, qui remplaça ces deux Comités par un Comité unique divisé en autant de sections que l'Institut a de classes, comprenant dans le cercle de ses études l'ensemble des sciences, offrant aux savants de province, dans quelque champ que s'exerçât leur intelligence, un secours et un appui. On peut dire qu'à partir de la réorganisation du Comité par M. de Salvandy, son rôle principal, qui n'excluait, d'ailleurs, en rien celui pour lequel il avait été inauguré, fut la direction des Sociétés savantes des départements. Désormais, presque toutes les circulaires, presque toutes les instructions émanées du Ministère de l'instruction publique, sous l'inspiration du Comité, ont pour objet le service de ces Sociétés. Il ne suffisait pas de les rattacher toutes à un centre commun pour donner à leur activité un essor complet; il fallait encore les unir les unes aux autres, leur permettre d'établir entre elles une correspondance régulière, des relations suivies. C'est ce dont on s'occupa sans retard, comme on a pu le voir dans les rapports sur les différents budgets que nous venons de citer. Une circulaire de M. de Salvandy, en date du 5 juillet 1838, disait aux préfets : « Monsieur le préfet, je suis informé que plusieurs Compagnies savantes des départements désireraient établir entre elles l'échange des recueils qu'elles publient, et qu'elles n'en sont empêchées que par l'insuffisance de leurs ressources, qui ne leur permet pas de faire les frais des transports. Comme je suis convaincu que ces communications des Sociétés entre elles serviraient puissamment les progrès des sciences et des lettres, j'ai cru qu'il était du devoir de l'Administration de présider à cet échange intellectuel, et d'assurer la promptitude et la régularité des envois que les Compagnies savantes se feraient réciproquement. J'ai donc décidé que les présidents ou secrétaires perpétuels de ces corps savants seraient autorisés à m'adresser toutes leurs publications, et que des mesures seraient prises pour que tous les documents qu'ils auraient à distribuer parvinssent exactement à leur destination [1]. »

Le Ministère de l'instruction publique devenait donc le centre commun et le lien de la correspondance des diverses Sociétés établies dans les départements. La franchise postale leur était accordée pour leurs communications avec le Ministère, en sorte qu'elles pouvaient échanger par son entremise toutes leurs publications sans qu'aucune difficulté matérielle les arrêtât. Mais ce n'était pas tout, et, pour que l'action réciproque du Comité sur les Sociétés et des Sociétés sur le Comité eût toute sa fécondité, il était nécessaire que ce dernier s'initiât directement aux travaux des Sociétés, qu'il en fît des comptes rendus réguliers, et qu'il les eût toujours à sa disposition. M. Guizot, nous l'avons vu, était pénétré de cette nécessité ; il s'était proposé de former un recueil qui fût « un véritable monument de l'activité intellectuelle du pays, en tant qu'elle s'exerce et se manifeste par la voie des Sociétés savantes ; » son projet fut repris et mis à exécution en 1851. Une circulaire de M. de Parieu, adressée aux présidents des Sociétés savantes, en date du 5 janvier de cette année, dit : « Il existe, entre le Comité des arts et monuments institué près le Département de l'instruction publique et les Sociétés savantes qui s'occupent d'archéo-

[1] T. II, p. 70.

logie, une similitude d'études qui peut rendre très profitable, à l'un comme aux autres, la connaissance des travaux entrepris dans un but commun. A l'occasion d'une communication qui lui a été faite à l'une de ses dernières séances, le Comité a été frappé de cette corrélation, et il a exprimé le désir que les compagnies qui se livrent aux recherches archéologiques et historiques fussent invitées à se mettre en rapport avec lui par la communication des procès-verbaux de leurs séances et l'envoi régulier de leurs publications imprimées. Le Comité examinerait ces documents, renverrait les uns à la commission formée dans son sein pour la publication du *Bulletin,* et il déposerait les autres dans ses archives et sa bibliothèque [1]. »

Le *Bulletin* dont parle le Ministre n'était pas nouveau, mais M. de Parieu en modifiait le caractère. D'abord Bulletin purement archéologique, M. de Falloux l'avait étendu aux diverses sections du Comité. M. de Parieu allait plus loin : il en faisait à la fois l'organe des Sociétés savantes et celui du Comité. Dès lors, celui-ci aurait pu recevoir le nom que lui donna plus tard M. Rouland de *Comité des travaux historiques et des Sociétés savantes.* Avant d'en arriver là, le Comité devait toutefois subir une épreuve qui aurait pu dénaturer sa mission en l'enfermant encore dans des bornes trop étroites. M. Cousin l'avait déjà mutilé en 1840, dans le dessein de le concentrer. En vue de donner plus d'activité et plus d'unité à leurs travaux, il avait réuni en un Comité unique les quatre premiers Comités de M. de Salvandy : les Comités historiques de la langue et de la littérature françaises, — des chroniques, des chartes et inscriptions, — des sciences, — des sciences morales et politiques; le Comité prenait le nom de *Comité pour la publication des documents écrits de l'histoire de France.* Le Comité des arts et des monuments subsistait à côté de lui. C'était, en réalité, revenir en arrière, supprimer les sciences et ne laisser plus que l'histoire et l'archéologie. Plus tard MM. Villemain, de Vaulabelle et de Falloux apportèrent quelques changements à cette organisation,

[1] T. II, p. 147.

mais sans en modifier les lignes principales. En 1852, M. Fortoul le soumit, au contraire, à une transformation radicale. Soit que les études historiques eussent changé leurs méthodes et que la linguistique y eût pris la place prépondérante, soit plutôt que, pour des raisons politiques, l'histoire proprement dite eût cessé d'attirer les faveurs ministérielles, soit tout simplement peut-être par l'effet d'une idée fausse, la philologie prit le pas sur tout le reste, et le Comité fut nommé : *Comité de la langue, de l'histoire et des arts de la France.* On le chargea surtout de recueillir les poésies et les chants populaires de notre pays, sous le prétexte, d'ailleurs justifié, que rien ne réflétait mieux toutes les époques de notre civilisation et toutes les variétés de ses manifestations dans nos diverses provinces que les inspirations naïves et spontanées de la muse populaire. De remarquables instructions, rédigées avec un goût parfait par J.-J. Ampère, furent envoyées à cet effet aux correspondants du Ministère, aux Sociétés savantes et aux instituteurs. De toutes parts affluèrent les poésies et les chansons, mais le Comité ne les fit point connaître. Elles sont déposées à la Bibliothèque nationale ; et, des nombreux documents produits par cette grande enquête, pour laquelle on avait cru devoir modifier l'organisation et le titre du Comité, les instructions de J.J. Ampère ont seules été publiées. En présence de cet échec, il est piquant de voir, dans un rapport adressé, le 13 septembre 1852, au Prince Président, quelles espérances animaient M. Fortoul lorsqu'il proposait de tourner presque exclusivement l'activité intellectuelle de la province vers la recherche des manifestations du génie populaire : « Fondateur d'un gouvernement qui aime à s'appuyer sur la fidélité des souvenirs poétiques du peuple, vous avez voulu, Monseigneur, conserver avec respect les chants qui rappellent les luttes héroïques de nos pères et les joies paisibles de leurs foyers domestiques. Cette pensée que l'Empereur avait conçue, vous m'avez ordonné de la réaliser. J'ai l'honneur, en conséquence, de vous proposer de faire publier, sous la direction de mon Ministère, le *Recueil des poésies populaires de la France.* Dans ces chants, qui offrent non seulement la trace des évènements de l'histoire nationale, mais encore les modèles de beautés trop longtemps méconnues, nous aimerons à retrouver une fraîcheur de génie qui n'appartient qu'à quelques époques heureuses. Au contact de l'expression naïve du vieil esprit français, notre littérature se surprendra peut-être à rougir des fausses délicatesses où s'égare parfois sa subtilité [1]. »

Si les promesses moralisatrices de M. Fortoul ont été réalisées par l'Empire, si ce régime nous a ramenés aux luttes héroïques de nos pères et aux joies paisibles de leurs foyers domestiques, il ne serait pas convenable de le rechercher ici ; mais, quant à ses promesses littéraires, il est assurément permis de dire qu'elles n'ont point été remplies. C'est sous l'Empire que s'est arrêté le grand mouvement lyrique et romantique, qui avait entraîné la France durant les belles années de la Restauration et du Gouvernement de Juillet, mouvement désordonné sans doute, auquel on reproche justement bien des exagérations, bien des emportements, bien des violences, mais qui ne péchait pas du moins par les fausses délicatesses ni par l'extrême subtilité. La littérature documentaire et descriptive, qui lui a succédé et dont nous voyons aujourd'hui le complet épanouissement, a des qualités de vérité, d'ingéniosité et de puissance qu'on ne saurait méconnaître; mais ce qui lui manque le plus, n'est-ce pas la naïveté et la simplicité que rêvait pour elle M. Fortoul? Elle ne s'est pas mise à l'école de nos vieux chanteurs; elle ne s'est pas égarée dans les campagnes pour y rechercher une « fraîcheur de génie qui n'appartient qu'aux époques heureuses ; » elle s'est adaptée, au contraire, aux conditions des époques tourmentées, compliquées et pessimistes, où l'âme humaine, loin de se livrer à des sentiments paisibles, ordinaires, et en quelque sorte extérieurs, se replie sur elle-même pour rechercher jusqu'en ses profondeurs les plus obscures des impressions et des émotions qui n'aient point encore été ressenties.

L'idée de subordonner l'histoire à la philologie populaire était donc dépourvue de justesse et, dans tous les cas, elle a manqué de succès.

---

[1] T. II, p. 153.

M. Fortoul ne fut pas mieux inspiré en touchant au *Bulletin*. Le 16 mars 1854, il écrivait aux présidents des Sociétés savantes : « Monsieur le président, les mesures déjà prises par mon Département dans l'intérêt des Sociétés savantes, et en particulier l'organisation du service d'échange de leurs publications, ont eu pour effet de favoriser leur développement en établissant entre elles des relations plus suivies. Pour resserrer encore le lien qui les unit et mettre en lumière des travaux trop peu connus, j'ai décidé qu'il serait publié un *Bulletin des Sociétés savantes*. A côté des faits intéressants que peuvent offrir les missions scientifiques et littéraires, les séances du Comité de la langue, de l'histoire et des arts de la France, auquel se rattachent si naturellement les Compagnies savantes, le *Bulletin* présentera le compte rendu aussi complet que possible des mémoires publiés par ces Sociétés. Leurs travaux recevront une publicité plus étendue et seront immédiatement signalés à l'attention du monde savant. Ce *Bulletin* sera le centre où viendront aboutir les résultats divers de leurs recherches, qui, ainsi réunies, s'éclaireront et se compléteront les unes par les autres. Pour que ce but soit atteint, il est nécessaire que les Sociétés savantes entretiennent avec mon Département des communications régulières et fréquentes. Je vous engage donc, Monsieur le président, à m'adresser à l'avenir, le plus exactement possible, deux exemplaires des bulletins, mémoires, comptes rendus et autres publications de votre compagnie, conformément à l'article 2 de l'ordonnance du 27 juillet 1845. Vous voudrez bien y joindre les programmes des prix qui auront été proposés. Ces documents, après avoir été analysés dans le *Bulletin*, seront classés dans la bibliothèque des Sociétés savantes, qui vient d'être réorganisée par mes ordres et placée sous la direction de M. Vincent, membre de l'Institut. Ils formeront ainsi une collection précieuse, que les Sociétés elles-mêmes pourront utilement consulter [1]. »

Vouloir enfermer dans un même recueil le compte rendu des faits intéressants que pouvaient offrir les missions scientifiques, en même

---

[1] T. II, p. 164-165.

temps que celui de tous les travaux des Sociétés savantes, des correspondants du Ministère et du Comité lui-même, était le moyen d'amener une inévitable confusion. Or, en 1854, le *Bulletin* n'était pas divisé, comme il l'a été quelques années après, en fascicules distincts, correspondants aux diverses branches d'études dont s'occupait le Comité, et une idée qui aurait pu amener plus tard une réforme sage et profitable se trouvait alors hâtive et mal conçue. Mais l'inspiration vraiment malencontreuse de M. Fortoul, inspiration qu'on n'abandonna jamais complètement sous l'Empire, fut de soumettre en quelque sorte les Sociétés savantes à l'autorité universitaire, de les placer sous la dépendance des recteurs, d'en faire des appendices et des accessoires des Facultés. C'était méconnaître entièrement la nature de ces Sociétés. Elles n'ont rien d'universitaire; leur indépendance et leur autonomie doivent être absolues; si elles sont liées au Ministère de l'instruction publique, c'est par un échange de services, non par une sujétion quelconque. Aussi correspondent-elles directement avec lui : elles n'ont pas besoin de l'entremise des recteurs; la compétence de ceux-ci ne saurait s'étendre jusqu'à elles sans leur faire craindre des empiétements sur leur liberté, dont elles sont à bon droit très jalouses. Le Comité lui-même n'a aucune juridiction sur elles : il leur sert de conseil, pas d'autre chose. Il les dirige par des avis et des instructions, dont elles tiennent compte à leur gré. C'est une tutelle toute d'insinuations et de bonne grâce, qui n'a rien d'imposé et, pour ainsi dire, rien d'officiel. Dès lors, n'était-il pas très imprudent de placer, entre le Comité et les Sociétés, le personnel des Rectorats et des Facultés? C'est pourtant ce que M. Fortoul essaya de faire. Le 10 janvier 1856, il écrivait aux recteurs : « Monsieur le recteur, par les dispositions de la loi du 14 juin 1854 [1], par les décrets et actes officiels qui en ont réglé l'exécution, vous avez vu que le Gouvernement, en constituant les nouvelles académies, a voulu créer de grands centres d'activité intellectuelle, d'où puisse s'étendre sur

---

[1] Cette loi est relative à l'administration générale de l'instruction publique.

la France entière l'impulsion qu'il entend donner aux études de tout ordre. Depuis lors, des instructions spéciales vous ont montré l'esprit de la loi, en ce qui touche son application aux divers degrés de l'enseignement public. Sans aucun doute, la première, la plus essentielle de vos attributions consiste à diriger et à surveiller les écoles de l'État et à présider à l'instruction classique proprement dite. Mais là ne s'arrête pas votre mission : au Ministère de l'instruction publique se rattachent d'autres institutions, qui, sans participer d'une manière immédiate à la distribution de l'enseignement et sans ressortir directement à votre autorité, ne doivent pas cependant demeurer en dehors de votre action, car elles contribuent à la diffusion générale des connaissances littéraires et scientifiques. Je veux parler des Sociétés savantes et des correspondants de mon Ministère pour les travaux historiques... Votre position élevée vous permettra, je l'espère, d'exercer l'influence la plus salutaire sur les Sociétés qui sont comprises dans la circonscription de votre ressort. Au moment où la nouvelle organisation des académies, en s'inspirant des anciennes traditions de la France, rassemble, sous une même direction rectorale, des départements unis par la communauté de leurs souvenirs, de leurs mœurs et de leurs intérêts, vous trouverez, dans les Sociétés savantes spécialement vouées à l'étude de la science locale, des centres où se conserve, avec le culte intelligent des traditions particulières de la province, l'amour sincère du pays. De semblables associations méritent tous vos encouragements. Je vous invite à vous mettre en rapport avec MM. les présidents des Sociétés savantes, à leur assurer le concours de vos lumières et de votre autorité. Je verrais avec plaisir qu'il vous fût possible d'assister aux séances publiques de ces compagnies. Vous témoigneriez ainsi de la sollicitude du Gouvernement pour des associations qui entretiennent et propagent en France le goût des lettres et de la science. Ne craignez pas d'engager les membres du corps enseignant à prendre leur part de ces travaux, qui leur feront étudier et aimer le pays qu'ils habitent et auquel ils s'attacheront d'autant plus qu'ils le connaîtront mieux. Ils doivent tenir à honneur d'être admis dans ces doctes compagnies, qui ne seront peut-être pas insensibles à des mérites solides et vraiment classiques. Quand vous verrez des efforts se produire pour réorganiser des Sociétés malheureusement dispersées, quand une compagnie nouvelle cherchera à se former et n'attendra plus pour se constituer que l'approbation du Gouvernement, vous me signalerez ses tendances, son but, les revenus dont elle dispose. J'examinerai avec beaucoup d'intérêt les rapports que vous m'adresserez à ce sujet, et j'aurai soin de les consulter lorsqu'il s'agira de répartir des encouragements entre les Sociétés et d'assurer mon concours tantôt à leurs publications, tantôt à des recherches importantes et à des fouilles qui nous rendent les monuments et les précieux débris du passé [1]. »

Ces belles espérances ne se réalisèrent pas; elles reposaient sur une conception fausse : les réformes de M. Fortoul n'étaient pas heureuses. Sous son administration, le Comité traversa une véritable période de stérilité. Il se releva avec M. Rouland. Ce dernier comprit que, pour lui rendre la vie intense dont il avait joui sous M. Guizot et sous M. de Salvandy, il fallait le ramener à l'histoire, tout en restituant aux sciences la place qui leur avait été enlevée depuis M. Cousin. Il comprit également que, dans le même intérêt, il fallait le rattacher de plus en plus aux Sociétés savantes, en faire leur organe principal et central. A cet effet, il le divisa, par un arrêté en date du 22 février 1858, en trois sections distinctes : 1° section d'histoire et de philologie; 2° section d'archéologie; 3° section des sciences; et, pour marquer à la fois son unité et sa mission, les trois sections réunies formèrent le *Comité des travaux historiques et des Sociétés savantes*.

« Il a semblé convenable, écrivait-il le 29 mars 1858 aux présidents des Sociétés savantes, de rendre au Comité le titre consacré par l'usage; mais j'ai désiré que cette dénomination rappelât, en outre, les liens étroits qui devront rattacher le Comité aux Sociétés savantes. Les associations que l'on désigne d'ordinaire par ce titre générique ne s'occupent pas exclusivement d'histoire, de philologie et d'archéo-

[1] T. II, p. 165-167.

logie ; elles cultivent avec non moins de succès les sciences morales et économiques, les sciences physiques et mathématiques, les sciences naturelles, agricoles et industrielles. Le nouveau *Comité des travaux historiques et des Sociétés savantes* n'aurait pas justifié son titre ni répondu à ma pensée, s'il avait dû négliger, comme par le passé, cette branche importante des études poursuivies en province. En y ajoutant une section des sciences, je l'ai mis en mesure de suivre désormais tous ces travaux, et de me présenter chaque mois un compte rendu des mémoires parvenus au Ministère dans le mois précédent. Ce compte rendu sera publié dans la *Revue* dont je vais avoir bientôt l'honneur de vous entretenir [1]. »

Cette *Revue*, dont allait parler M. Rouland, la *Revue des Sociétés savantes*, avait remplacé le *Bulletin*. Elle était appelée à rendre les mêmes services, mais d'une manière plus suivie, plus régulière et plus complète. M. Rouland avait été frappé, à ce qu'il disait non sans quelque exagération, de voir que les efforts faits par ses prédécesseurs pour mettre en lumière les travaux et les recherches des Sociétés savantes ne produisaient pas tous les effets qu'on en avait attendus. L'échange de leurs publications, sous le couvert du Ministère de l'instruction publique, la création du *Comité des travaux historiques* et celle du *Bulletin*, qui avait eu pour objet de leur donner un centre commun, où leurs travaux pussent aboutir, et de leur offrir la publicité qui leur manquait, n'y étaient pas toujours parvenus. Les Sociétés ne se connaissaient pas beaucoup mieux que par le passé ; souvent les mémoires restaient ignorés en dehors de la province où ils paraissaient, et la critique leur accordait à peine un regard distrait. M. Rouland espérait arriver à de meilleurs résultats, soit en rendant plus intimes les rapports du Comité et des Sociétés, soit en faisant de la *Revue des Sociétés savantes* un organe perfectionné de ces dernières.

« Les sections du Comité pourront, disait-il, rédiger des instructions spéciales pour les Sociétés savantes qui lui en feront la demande ; ces compagnies pourront être invitées à se faire représenter par un

[1]. T. II, p. 192.

délégué au sein du Comité; MM. les présidents ou vice-présidents et secrétaires perpétuels qui se trouveront momentanément à Paris, ainsi que MM. les correspondants du Ministère, auront le droit d'assister à toutes les séances des sections [1]. » Mesures libérales et sages, qui mériteraient peut-être d'être reprises. Dans une circulaire aux correspondants M. Rouland disait encore, le 26 août 1858 : « L'importance croissante des travaux historiques ou scientifiques entrepris en province et les heureux résultats des recherches opérées par les Sociétés savantes m'ont engagé à donner au Comité institué près de mon Ministère une organisation nouvelle, qui lui permette d'embrasser l'ensemble de ce mouvement intellectuel, de constater les faits nouveaux acquis à la science, de leur offrir la publicité qui leur manque, de diriger et d'encourager les efforts isolés et les publications collectives. Tel a été le but de l'arrêté du 22 février dernier, dont j'ai l'honneur de vous adresser un exemplaire. J'ai cru devoir rendre officiellement au Comité le nom qu'il porta jadis et que l'usage lui a conservé; mais j'ai voulu, en même temps, que cette dénomination rappelât les attributions nouvelles qui lui sont confiées. Par le fait même de sa constitution, le Comité se voyait contraint de négliger les publications scientifiques : en créant une section des sciences, je l'ai mis en mesure d'embrasser toutes les études poursuivies avec succès en province. J'ai pu, dès lors, étendre sa sphère d'action, et, tout en lui conservant les attributions qui lui ont appartenu jusqu'à ce jour, le charger de me présenter un compte rendu mensuel de toutes les publications des Sociétés savantes; de me donner son avis sur les encouragements qui pourront être accordés à ces associations, et sur les demandes en reconnaissance légale qu'elles formeront; de proposer des questions à ces Sociétés, sous mon approbation, et de me présenter la liste des mémoires qui lui paraîtront mériter des prix [2]. »

Et pour bien préciser que les travaux du Comité ne devaient pas se borner à la publication des documents inédits, qu'ils devaient être

[1] T. II, p. 193.
[2] T. II, p. 197.

aussi variés et aussi vastes que la science elle-même, M. Rouland ajoutait : « Dans ces dernières années, MM. les correspondants ont été invités à se borner à envoyer des documents inédits. Il y aurait un grave inconvénient, à mon avis, à maintenir ces rectrictions: le Comité forme, en quelque sorte, avec les correspondants, une vaste Société savante qui embrasse toute la France et doit résumer les travaux des associations locales; il recevra donc avec reconnaissance les communications qu'on voudra bien lui adresser dans ce but; il accueillera avec intérêt des notices sur des points d'histoire, de philologie ou d'archéologie *locale,* sur les découvertes qui pourront avoir lieu et les faits curieux qui viendront à se produire. Les sections du Comité pourront être chargées, à l'avenir, de publier des travaux historiques ou scientifiques : telles seraient, par exemple, des études générales sur la géographie historique de la France, sur les anciennes institutions des provinces, leur bibliographie, leurs dialectes, leurs monuments, leur faune et leur flore [1]. »

La réorganisation et l'extension de la *Revue des Sociétés savantes,* dont on voulait faire le lien des nombreuses Sociétés répandues dans les divers départements, était la suite naturelle des modifications apportées au Comité. Cette *Revue* devait ouvrir une tribune aux érudits de province, leur fournir un public, leur permettre de faire profiter la France entière de leurs savantes recherches. Une analyse bienveillante et sérieuse devait y résumer tous les travaux des Sociétés, et signaler les ouvrages ou mémoires importants publiés sur tous les points du pays. « Ce sera, disait M. Rouland, une statistique intellectuelle des départements, rédigée chaque mois sous les auspices du Ministère de l'instruction publique [2]. » Mais la *Revue* devait perdre à cette transformation un des avantages essentiels de l'ancien *Bulletin,* que la réforme opérée dans ce Bulletin par M. Fortoul, et dont nous avons parlé plus haut, lui avait d'ailleurs en partie enlevé. Le *Bulletin* n'était pas précisément à son origine un journal des Sociétés savantes,

---

[1] T. II, p. 198.
[2] T. II, p. 198.

il était le complément naturel des documents inédits publiés par le Comité. Chaque fois qu'un correspondant du Ministère ou qu'une Société savante découvrait une pièce quelconque d'un véritable intérêt, mais de trop peu d'étendue pour faire l'objet d'une publication spéciale, il l'envoyait au Comité, et ce dernier, s'il l'en jugeait digne, lui donnait asile dans le *Bulletin,* où elle paraissait accompagnée du rapport d'un des membres du Comité et avec la discussion qu'elle avait provoquée. Le *Bulletin* formait ainsi une collection de travaux historiques et archéologiques, qui tenaient leur place dans la Collection des documents inédits. La *Revue* de M. Rouland oublia de plus en plus cet intérêt, pour se consacrer d'une manière presque unique au soin de mettre en lumière les études particulières des Sociétés savantes; elle leur servit d'organe, ce qui était à coup sûr dans son rôle, mais n'était point tout son rôle, et elle ne s'occupa pas assez des communications faites au Comité. De plus, M. Rouland était imbu sur certains points des mêmes idées que M. Fortoul, et c'est aux professeurs de Facultés, devenus ainsi les juges et quelque peu les pédagogues des Sociétés savantes, qu'il confiait le soin de dresser ce qu'il appelait la statistique intellectuelle des départements. On voulait avant tout, à cette époque, s'emparer des esprits, les diriger, les contenir, les maîtriser. Toutes les manifestations de l'activité morale de la nation devaient entrer dans les cadres réglementaires : « Je désirerais vivement, écrivait M. Rouland aux recteurs, que MM. les professeurs de Facultés ne restassent point étrangers à la rédaction de cette *Revue*. Il appartient à leur savoir et à leur expérience de provoquer et de stimuler l'activité intellectuelle dans nos départements; il leur appartient également d'en constater les résultats. Il importe donc, M. le recteur, que vous désigniez chaque année, dans l'ordre des lettres et dans l'ordre des sciences, un professeur qui sera chargé de recueillir tous les faits relatifs à l'objet spécial de ses études qui se produiront dans le ressort académique dont l'administration vous est confiée, et de suivre attentivement les publications faites, soit collectivement dans des mémoires, par les membres des Sociétés savantes, soit individuellement, dans des livres, par les membres de ces mêmes Sociétés. Le professeur à qui sera confiée cette intéressante mission consignera dans un rapport le résultat de ses recherches et de ses observations. Ce rapport, sévèrement divisé par ordre de matières, devra comprendre, pour chaque groupe de livres ou de mémoires, une analyse dans laquelle seront exposés les sujets traités par les auteurs, leurs conclusions critiques et les faits nouveaux que les diverses publications pourront mettre en lumière. A la suite de ce premier travail, purement analytique, l'auteur du rapport rédigera un résumé dans lequel il exposera quelle est, dans le ressort académique, la tendance générale des esprits, quelles études occupent de préférence les Sociétés savantes, et les éléments nouveaux que ces Sociétés ont apportés à l'ensemble des connaissances humaines [1]. »

Ainsi c'étaient les Facultés, dont la vie scientifique était pourtant alors si peu développée, qu'on chargeait de *provoquer* et de *stimuler* l'activité intellectuelle des Sociétés savantes. Un professeur, désigné par le recteur, devenait le guide et le censeur officiel de ces dernières. Ajoutons, d'ailleurs, qu'on lui recommandait la plus grande bienveillance et les ménagements les plus délicats. Mais la mission qu'on lui confiait n'appartenait-elle pas au Comité et pouvait-elle appartenir à un autre qu'à lui? Puisque celui-ci recevait toutes les publications des Sociétés, il était évidemment mieux placé que les professeurs des Facultés pour les apprécier et pour mettre en lumière celles qui en étaient dignes. Lui enlever ce soin, c'était le priver d'une partie particulièrement importante de son rôle, au moment où on l'appelait *Comité des Sociétés savantes*. Toutefois M. Rouland insistait beaucoup sur cette action des professeurs, dont il attendait les meilleurs effets.

« Recueillis par des hommes aussi éclairés, aussi dévoués aux intérêts des lettres et des sciences que MM. les professeurs des Facultés, les renseignements que je leur demande aujourd'hui, disait-il, ont à

---

[1] T. II, p. 181-182.

mes yeux une grande importance. La presse quotidienne ou périodique n'a jamais donné jusqu'ici aux ouvrages publiés dans nos départements l'attention qu'un grand nombre d'entre eux méritent. Elle a, pour ainsi dire, laissé dans l'ombre des hommes que leur modestie et leur désintéressement auraient dû recommander de préférence à son attention; c'était plus que de l'oubli; c'était de l'ingratitude, et c'est pour réparer cette ingratitude que je fais appel aux membres du corps enseignant. Leurs rapports me permettront, par l'insertion dans la *Revue des Sociétés savantes,* de montrer que les travaux de ces sociétés ne restent point étrangers à la sollicitude du Gouvernement, et qu'il entre dans les vues de mon Administration de signaler, dans un organe de publicité toujours impartial, toutes les manifestations de l'esprit français, quels que soient les points du territoire sur lesquels elles se produisent. L'Empereur Napoléon Ier a demandé à l'Institut le résumé décennal du progrès des sciences et des lettres dans notre glorieuse patrie. Je demande aujourd'hui un résumé du même genre à l'Université pour chacune de nos grandes circonscriptions académiques; et, grâce aux renseignements qui seront recueillis sous votre haute direction, je pourrai chaque année présenter au pays, qui ne peut manquer de l'accueillir avec une légitime satisfaction, le tableau général du mouvement intellectuel accompli dans l'empire français[1]. »

Pour qu'il n'y eût pas de doute sur le but poursuivi dans cette surveillance des Sociétés savantes par les Facultés, M. Rouland disait encore : « Je verrai avec satisfaction MM. les membres du corps enseignant devenir membres actifs de ces associations, et, par leur exemple, imprimer aux recherches de leurs confrères la direction la plus conforme aux véritables intérêts de la science. Pour acquérir l'influence désirable, ils devront renoncer aux théories générales et aux vues d'ensemble qui peuvent trouver place dans leur enseignement; ils aborderont, au contraire, dans leurs mémoires ces questions qui ne sauraient être résolues que sur les lieux mêmes, et,

[1] T. II, p. 183-184.

pour les traiter, ils n'hésiteront pas à se pénétrer de l'esprit de la province qu'ils étudient. Ils n'oublieront pas, du reste, les obligations spéciales que leur impose à cet égard leur titre de fonctionnaires, et ils se garderont avec soin de s'associer à certains projets qui ont pour but d'enlever à l'État toute influence sur les Sociétés savantes. Le Gouvernement ne peut rester étranger à ce mouvement littéraire, qu'il lui appartient d'encourager et de diriger; il doit compter, pour l'accomplissement de cette tâche, sur le concours intelligent de MM. les membres de l'Université[1]. »

Tout ce projet de M. Rouland, si bien conçu qu'il fût en apparence, n'en était pas moins trop contraire aux désirs légitimes et aux besoins d'indépendance des Sociétés savantes pour avoir quelque chance de réussir. Comme nous l'avons d'ailleurs remarqué, un professeur jugeant sur place, avec les vues particulières du milieu dans lequel il se trouvait, les œuvres des savants de province, était bien moins en mesure de les apprécier justement que les membres du Comité siégeant à Paris, au centre même où convergent toutes les études. M. Rouland fut mieux inspiré en créant le congrès annuel des Sociétés savantes à la Sorbonne, qui permet aux savants venus de tous les points de la France de se rencontrer, de discuter ensemble leurs travaux et leurs intérêts, de se mettre en relation avec les maîtres de la science, de trouver enfin, auprès de leurs collègues et de leurs égaux, la plus vaste et la meilleure des publicités. Mais, là aussi, une idée malencontreuse se mêla à une réforme féconde. Pour mieux encourager les travailleurs de province et appeler les investigations sur certains points qui lui paraissaient avoir été négligés, ou qui réclamaient le concours d'un grand nombre d'érudits, répartis dans tous les départements, M. Rouland décida que trois prix annuels de 1500 francs seraient décernés à celles des Sociétés savantes qui présenteraient les meilleurs mémoires imprimés ou manuscrits sur des questions proposées par le Comité avec l'approbation du Ministre. Chacun des prix donnait droit à deux

---

[1] T. II, p. 189.

médailles : l'une, de 300 francs, était décernée à la Société qui avait présenté le mémoire couronné, et l'autre, de 1200 francs, était donnée à l'auteur ou aux auteurs de ce mémoire. La « distribution solennelle [1] » des prix de ces sortes de grands concours avait lieu à la Sorbonne, à l'issue du congrès des Sociétés savantes. Ce congrès lui-même se composait de « séances solennelles »[2]. Tout cela ne rappelait-il pas beaucoup trop les cérémonies dans lesquelles sont couronnés les collégiens? Et l'on ne s'arrêta pas dans cette voie fâcheuse. On créa plus tard des prix de 1000 francs, à décerner dans chaque académie au mémoire ou à l'ouvrage jugé le meilleur sur quelque point d'archéologie, d'histoire politique et littéraire ou de science intéressant les provinces comprises dans le ressort académique. Les commissions qui décernaient ces prix devaient être formées en majorité par les présidents ou les membres des Sociétés savantes de l'académie. Leur proclamation, également « solennelle », devait avoir lieu dans la séance de rentrée des Facultés. C'était encore un moyen de rattacher les Sociétés aux établissements universitaires. Mais comment ne comprenait-on pas que, si les savants de la province ne devaient pas être humiliés ou même s'ils pouvaient être flattés d'être récompensés à Paris par le Comité, il leur était impossible de se laisser juger chez eux par leurs égaux, ou plutôt par leurs rivaux? Tout ce système de prix était donc regrettable. Quant à la subordination des Sociétés aux Facultés, elle ne pouvait qu'amener, et elle n'a amené en effet, qu'un grand refroidissement dans les rapports des Sociétés avec le Ministère de l'instruction publique. Pour échapper au joug pédagogique auquel on voulait les soumettre, les Sociétés préféraient renoncer à la direction morale et à l'appui du Comité. C'est en vain qu'on leur promettait de respecter leur indépendance et leur initiative; c'est en vain qu'on leur affirmait n'avoir d'autre dessein que de leur être utile; elles ne se laissaient pas plus prendre à ces bonnes paroles qu'aux prix et aux médailles qu'on leur tendait d'une main si ma-

---

[1] T. II, p. 212.
[2] T. II, p. 212.

jestueuse. Elles voulaient avoir avec les Facultés des relations scientifiques, mais sans se soumettre à leur juridiction; elles voulaient correspondre avec le Ministère de l'instruction publique, mais sans entrer dans le cadre universitaire, trop étroit et trop rigide pour elles.

Tous les efforts tentés sous l'Empire pour rendre les Sociétés savantes en quelque sorte vassales des Facultés, pour les faire diriger et contrôler par leurs professeurs, sous l'autorité supérieure des recteurs, ne réussirent donc qu'à ralentir le mouvement d'activité intellectuelle dont elles avaient été quelque temps, en province, les principaux foyers. Mais, à partir de 1871, un esprit nouveau anima le Ministère de l'instruction publique, qui, revenant aux traditions de M. Guizot et de M. de Salvandy, ne prétendit plus à autre chose qu'à seconder les Sociétés savantes dans leurs travaux, sans leur faire payer ce concours par la moindre atteinte portée à leur indépendance, par la plus légère diminution de leur liberté. Dès le mois de décembre 1871, M. Jules Simon adressait une circulaire aux recteurs, afin de les inviter à presser sur tous les points du territoire la reprise des travaux littéraires et scientifiques interrompus par les catastrophes qui venaient de s'accumuler sur la France. Si l'on voulait relever le pays, le régénérer, il était urgent de ranimer partout ce zèle pour les études, cet amour des découvertes, ce culte des recherches désintéressées, qui sont un des éléments essentiels de la dignité, de la force morale et même de la puissance matérielle des nations. Mais M. Jules Simon recommandait aux recteurs de s'acquitter de leur tâche avec toute la prudence qui convient aux représentants du Gouvernement dans leurs rapports avec des associations autonomes et avec des savants indépendants. « L'intervention de l'État, disait-il, dans les travaux de l'intelligence est délicate; elle ne peut être fructueuse qu'à la condition de ne pas entraver la liberté des hommes de science et de ne pas éteindre ou gêner en eux l'esprit d'initiative [1]. » En conséquence, sur l'avis du Comité, il posait les deux principes suivants :

---

[1] T. II, p. 246.

« 1° Que les fonds dont l'Administration pourra disposer pour l'encouragement des sciences soient attribués à des travaux de recherches et à la publication des résultats acquis;

« 2° Que l'Administration s'abstienne d'une intervention directe dans les travaux scientifiques, et qu'elle en laisse le soin au zèle éclairé des savants et des Sociétés. »

Et, développant ces principes, il ajoutait :

« Il se peut que des savants insuffisamment aidés jusqu'ici dans leurs études se soient laissés parfois aller à l'inaction. Il vous sera facile de relever leur courage, de les engager à reprendre leurs travaux interrompus et à s'adresser à vous avec confiance pour les moyens d'exécution. La mission que je vous confie, M. le recteur, ne peut réussir qu'à la condition de n'avoir rien d'officiel; sinon, nous manquerions aux principes que nous avons posés. Mais, vous connaissez vos collaborateurs; vous savez quels sont ceux qu'animent un zèle et une ardeur véritables, et qu'on peut solliciter, sans crainte de faire naître des prétentions que le talent ne justifierait pas [1]. »

Il suffit de comparer cette circulaire à celles que nous avons citées précédemment pour voir quel changement s'était produit au Ministère de l'instruction publique. De cette manière nouvelle d'envisager le rôle du Comité et des Sociétés date, pour l'un et pour les autres, une ère de renaissance et de régénération. M. Jules Simon n'eut malheureusement pas le temps d'accomplir les réformes qui devaient leur rendre la prospérité d'autrefois; mais, du premier coup, il en avait tracé les règles et préparé l'exécution. Un décret, en date du 21 décembre 1872, supprima les concours provinciaux entre Sociétés savantes. Les prix distribués à la Sorbonne ne tardèrent pas non plus à être abrogés. On renonça à traiter les Sociétés comme les lycées et les collèges, en leur distribuant des couronnes. On préféra leur venir en aide, leur donner des secours et des encouragements, sans prétendre

---

[1] T. II, p. 247.

intervenir dans leurs travaux, les laisser libres, tout en leur offrant un appui. Mais il était naturel qu'échappant à la surveillance des Facultés et des recteurs, elles revinssent se placer d'elles-mêmes sous la direction du Comité, le seul guide, non seulement qu'elles pussent accepter, mais qu'elles eussent intérêt à solliciter. De celui-ci elles n'avaient à craindre aucune intrusion fâcheuse, aucun empiétement, aucun procédé dictatorial. Sa tutelle leur avait toujours servi et ne les avait jamais asservies.

A partir de 1871, le Comité reprit donc toute son importance comme organe central des Sociétés savantes; seulement son organisation ne répondait plus tout à fait aux nécessités de la science. A mesure que les Sociétés savantes s'étaient développées, elles avaient de plus en plus élargi le cercle de leurs études : histoire nationale, histoire universelle, archéologie, philologie, arts, sciences chimiques, physiques et naturelles, droit, économie, géographie, etc., rien parmi les manifestations multiples du travail scientifique de notre époque ne leur était resté étranger. En reprenant plus directement en main la tutelle de ces Sociétés, le Comité se voyait forcé de les suivre sur toutes les routes du progrès où elles s'étaient engagées. Tout préjugé de coterie, toute exclusion d'écoles, tout retour inopportun vers le passé, devaient disparaître pour ne laisser place qu'à une intelligence vraie des conditions multiples du mouvement scientifique contemporain. Pour bien marquer le nouvel esprit avec lequel son rôle était désormais compris, on changea d'abord le nom du Comité. De *Comité des travaux historiques et des Sociétés savantes*, il devint *Comité des travaux historiques et scientifiques,* dénomination très large, qui avait le double mérite de rappeler son origine purement historique et de n'opposer aucune limite à ses développements futurs. Mais cette modification d'étiquette n'était que le prélude d'une modification bien plus importante dans l'organisation même du Comité. En présidant, le 15 avril 1882, la réunion générale des délégués des Sociétés savantes à la Sorbonne, le Ministre de l'instruction publique, M. Jules Ferry, disait : « Il n'y a pas assez de sections au Comité des travaux historiques et scientifiques; il en faut une de plus, j'en conviens, et je réalise un de mes vœux secrets les plus chers en établissant dès à présent, pour le prochain congrès, une section des sciences morales et politiques. Il serait vraiment surprenant et peu respectueux pour la science, que les sciences sociales, qui s'incorporent de plus en plus les méthodes exactes et expérimentales des autres sciences, fussent seules tenues à l'écart de ce congrès scientifique. Il ne le faut plus; elles auront une section, elles poseront des questions et délibéreront sur le même pied que toutes les autres[1]. » Ainsi, de même que M. Rouland avait créé la section des sciences, M. Jules Ferry créait la section des sciences économiques et sociales. Une troisième section venait donc s'ajouter aux deux qui existaient déjà. De plus, à côté du Comité, siégeait une commission particulière, la *Commission de géographie historique de l'ancienne France*, nommée précédemment *Commission de la carte des Gaules*, qui publiait des cartes et des dictionnaires archéologiques d'une importance capitale, mais qui, par leur nature même, auraient dû rentrer dans le cadre des attributions du Comité. Pour fondre cette commission dans le Comité, aussi bien que pour adjoindre à celui-ci une section des sciences économiques et sociales, il fallait toucher à sa constitution intime. On s'appliqua à le transformer d'après des règles plus simples et d'une telle élasticité qu'elles pussent se prêter à la fois aux nécessités du présent et à celles de l'avenir. Un arrêté, en date du 12 mars 1883, conserva au Comité son nom de *Comité des travaux historiques et scientifiques*, et le divisa en cinq sections : 1° une section d'histoire et de philologie; 2° une d'archéologie; 3° une des sciences économiques et sociales; 4° une des sciences mathématiques, physiques, chimiques et météorologiques; 5° une des sciences naturelles et géographiques. Plus tard, un arrêté complémentaire, en date du 3 novembre 1885, réunit les sciences naturelles, sous le titre de *Section des sciences*, aux sciences mathématiques, chimiques et météo

---

[1] *Bulletin du Comité des travaux historiques et scientifiques*, année 1882, p. 175.

rologiques, afin de donner plus d'unité à la cinquième section, devenue section de *géographie historique et descriptive*.

Cette division du Comité en sections n'est d'ailleurs qu'un cadre général, laissant à chacune de celles-ci l'entière liberté de ses mouvements. Si bien délimité qu'il soit, le champ de leurs études particulières est tellement vaste qu'il peut y avoir parfois intérêt à créer des commissions tant permanentes que provisoires, soit pour surveiller certaines publications, soit pour diriger certaines entreprises scientifiques. C'est ainsi qu'une commission est chargée en ce moment de recueillir et de publier, sous l'autorité générale du Comité, les renseignements et documents archéologiques qui nous arrivent de Tunisie. Du reste, les frontières des sections ne sont pas plus infranchissables que celles des sciences elles-mêmes. Entre l'histoire et l'archéologie, par exemple, que de rapports, que de services réciproques et pour ainsi dire quelle pénétration mutuelle! Des membres du Comité peuvent donc appartenir à plusieurs sections à la fois, et chacune d'elles est libre d'appeler dans ses commissions les membres des sections voisines dont le concours lui paraît utile à l'exécution d'une œuvre quelconque. Une commission historique ne saurait manquer de faire appel à des archéologues, de même qu'une commission d'archéologie ne se passera jamais complètement d'historiens. Mais, grâce à l'organisation multiple et pourtant concentrée du Comité, tous ces emprunts, toutes ces communications, tous ces échanges de services se font naturellement de section à section, sans aucune révolution intérieure. C'est la réalisation de ce que les théologiens de l'Église gallicane appelaient la diversité dans l'unité. « Mais on pourrait craindre », disions-nous nous-même, dans un rapport au Ministre de l'instruction publique, en date du 5 mars 1883, « que cette division en sections et en commissions, qui rendra le travail plus actif et plus facile, n'eût l'inconvénient de perpétuer, d'une manière chronique, la mobilité du Comité et les variations dont j'ai rapidement esquissé l'histoire. Il est bien clair, en effet, que les cinq sections dont je demande la formation tendront encore à se fractionner. Le nouveau cadre du Comité risquerait donc, comme l'ancien, d'être modifié sans cesse, peut-être, en fin de compte, d'être totalement brisé. C'est pour prévenir ce danger, c'est pour fonder quelque chose d'un peu stable dans le flux et le reflux perpétuel des sections, pour maintenir l'accord entre ces sections parfois un peu arbitraires, que je propose de leur donner, dans le Comité même, une représentation permanente, au moyen d'une commission administrative composée des présidents de chacune d'entre elles, ainsi que de quelques-uns de ses membres choisis par le Ministre de l'instruction publique, si celui-ci le juge à propos. Émanée directement des sections, dont elle sera l'image fidèle, cette commission formera l'élément durable du Comité. Chaque fois qu'une section sera créée, la commission, sans changer de mandat, sans modifier sérieusement sa composition, comptera seulement un membre ou deux de plus. En revanche, si une section venait à disparaître, sa représentation dans la commission disparaîtrait également. Ce procédé fort simple, en permettant de ne toucher qu'avec délicatesse à son organisme essentiel, maintiendra dans le Comité l'unité d'esprit et de direction. Sans être absolument immuable, le Comité n'aura plus à redouter ces révolutions profondes, ces transformations radicales auxquelles il a été trop exposé. Il formera une sorte de faisceau qu'on augmentera ou qu'on diminuera à volonté, en resserrant ou en élargissant le lien chargé de le contenir. La création d'une commission administrative aura des avantages théoriques et pratiques incontestables. Si différentes qu'elles soient, les sciences ont entre elles de nombreux rapports. Il est donc nécessaire qu'au-dessus des méthodes particulières à chacune d'elles une méthode générale, une sorte d'esprit commun les anime. C'est pour cela que le Comité doit rester un, malgré la multiplicité des sections. Mais ces sections ne seront pas seulement réunies par leur intérêt scientifique, elles le seront aussi par leurs intérêts matériels. Pour cela encore, il faudra entre elles toutes une sorte de trait d'union, et elles le trouveront dans la commission centrale. Sans doute l'Administration aurait pu en jouer le rôle, mais l'autorité d'une commission formée de tous les présidents des sections sera bien supérieure à la sienne lorsqu'il s'agira de traiter des questions délicates : en pareille matière, l'action administrative doit être aussi peu apparente et même aussi peu agissante que possible. L'unité d'action du Comité ainsi assurée, il n'y aura plus aucun inconvénient à laisser se produire les divisions de spécialités, sans lesquelles il ne saurait y avoir ni vie ni progrès. Il n'y aura plus également aucun inconvénient à étendre le cercle des travaux du Comité, à mesure que celui de la science s'étendra, car, si ses rayons s'allongent, son centre sera fixe. Il restera seulement à mettre ses publications en rapport avec les perfectionnements qu'il aura reçus [1]. »

Pour bien faire comprendre comment on a atteint ce dernier résultat, il est bon de rappeler que les publications du Comité ont pris un double caractère. Fondé en vue de mettre au jour les documents inédits de notre histoire, il s'est acquitté de cette mission en faisant paraître la grande collection qui a obtenu dans le monde savant un si grand et si légitime succès. Mais il ne s'en est pas tenu là. Peu à peu il s'est vu amené à publier un recueil périodique, contenant le compte rendu de ses propres travaux et celui des travaux des Sociétés savantes, ainsi que les pièces, documents, renseignements intéressants qu'il recevait de ces dernières ou de ses correspondants particuliers. Ce recueil n'obtint pas d'emblée tout le succès dont il aurait été digne, soit peut-être, à l'origine, parce qu'il paraissait à des intervalles trop éloignés, soit parce que, plus tard, il était un peu massif et manquait d'ordre et de clarté. Nous avons remarqué d'ailleurs qu'en se transformant peu à peu, comme il devait naturellement le faire, en *Journal des Sociétés savantes*, il avait trop laissé de côté la publication des pièces diverses qui auraient servi de complément aux documents inédits. Le *Bulletin* originaire, qui avait formé cette sorte de complément, n'était consacré qu'à l'histoire et à l'archéologie ; la *Revue*, qui se préoccupait surtout des Sociétés savantes, s'appliqua également aux sciences : elle fut divisée en deux parties, l'une historique, philologique et archéologique, l'autre scientifique. Cette divi-

[1] T. II, p. 311-313.

sion, qui pouvait sembler naturelle à quelques époques de la vie du Comité, où celui-ci ne comprenait que deux sections, devait forcément être modifiée depuis les dernières transformations de 1883. Il a paru bon de revenir au *Bulletin* et d'y publier, à côté de l'analyse des travaux des Sociétés savantes, qui doit toujours en être une partie essentielle, les documents recueillis par les correspondants du Ministère ou les Sociétés savantes, les rapports faits sur ces documents et le compte rendu des discussions auxquels ils ont donné lieu dans le sein du Comité. Ce Bulletin est devenu l'organe commun de toutes les sections. On a pris soin seulement d'y établir des divisions très nettes, de manière à réaliser là aussi et à mettre en pratique le principe de la diversité dans l'unité. Le *Bulletin du Comité* compte donc autant de parties que le Comité compte de sections. Chacune de ces dernières rédige la partie qui la regarde, et la commission administrative veille à la centralisation de l'ensemble en s'efforçant de mettre dans le tout quelque unité. « Cette unité du *Bulletin*, disions-nous en annonçant sa nouvelle organisation, correspondra à l'unité même du Comité, représentée par la commission centrale ou administrative. De même qu'autour de celle-ci les sections pourront se multiplier autant que les manifestations de la science, de même, autour du *Bulletin*, les Sociétés pourront se développer constamment sans lui imposer d'autre changement que l'augmentation du nombre de ses feuilles. Il rendra compte de tous leurs travaux, il les analysera et les appréciera. Grâce à la régularité de sa publication, les savants de province seront tenus rapidement au courant des décisions du Comité et de l'accueil fait à leurs envois. Leurs communications, qui, lors de la *Revue des Sociétés savantes*, attendaient parfois de longs mois avant d'être livrées au public, seront mises sans retard à sa portée. Cependant la publication trimestrielle du *Bulletin* actuel est encore bien insuffisante; il faut espérer qu'il arrivera à paraître tous les mois, comme paraît la *Revue des travaux scientifiques* [1]. »

[1] T. II, p. 316.

Ainsi, le Bulletin du Comité se compose, comme le Comité lui-même, de cinq sections. Il y a : 1° le *Bulletin d'histoire et de philologie;* 2° le *Bulletin d'archéologie;* 3° le *Bulletin des sciences économiques et sociales;* 4° la *Revue des travaux scientifiques;* 5° le *Bulletin de géographie historique et descriptive.* La section des sciences a voulu conserver à son Bulletin, — où sont signalés tous les travaux scientifiques publiés en France ou faits à l'étranger par des Français et tous les travaux de laboratoire qui lui sont connus, — le nom de *Revue,* pour en mieux marquer le caractère un peu distinct de celui du Bulletin des autres sections. Au reste, ces dernières continuent à apprécier, suivant le désir de M. Rouland, les travaux des Sociétés savantes et à jouer auprès d'elles le rôle d'organe destiné à diriger et à mettre en lumière leurs efforts. De cette manière les Sociétés savantes ont leur journal, et le Comité publie des sortes de mélanges périodiques. A côté du Bulletin, les sections d'histoire et d'archéologie font paraître un *Répertoire des travaux historiques* qui contient l'analyse de tout ce qui se publie, tant chez nous qu'à l'étranger, sur l'histoire et l'archéologie de la France. Ce *Répertoire* fournit aux savants de la province un instrument qui leur permet de dresser, au cours de leurs recherches, la bibliographie du sujet choisi pour leurs études et qui les met au courant de tout ce qui a été écrit à ce sujet. Uniquement consacré à notre pays, il est destiné aussi à maintenir dans le Comité la pensée primitive de M. Guizot et à appeler sans cesse sur la recherche de nos origines les efforts des érudits de la province. Quoique fondé d'hier, il est donc l'expression vivante de la tradition la plus ancienne du Comité, d'une tradition qu'il faut conserver à tout prix, à mesure qu'on se plie davantage au progrès et qu'on se porte de plus en plus en avant. Notre histoire offre encore tant de lacunes, tant de déserts s'étendent entre les champs cultivés du passé, des périodes entières y restent si mal connues, qu'on ne saurait trop répéter les exhortations de Moreau et de M. Guizot aux savants de bonne volonté, pour préparer les découvertes qui répandront enfin la lumière sur tous les points obscurs de notre existence nationale.

w.

Toutefois, ces exhortations ne doivent pas prendre dans le *Répertoire* la forme d'articles de critique sur les œuvres qu'il signale. Ce recueil ne doit pas être une revue, comme le *Bulletin,* mais un simple répertoire bibliographique. On lui a justement reproché de vouloir être autre chose. Véritable instrument de travail, véritable outil entre les mains des savants de la province, il faut qu'il se borne à leur indiquer tout ce qui se publie sur notre histoire nationale, à leur signaler tout ce qu'ils ont intérêt à connaître pour travailler avec efficacité, et sans faire double emploi, à la résurrection totale du passé.

Afin de compléter cet ensemble de réformes destiné à imprimer une vie nouvelle, soit au Comité, soit aux Sociétés savantes, il fallait donner de plus en plus aux réunions annuelles de la Sorbonne le caractère d'un congrès scientifique dans toute la vérité du mot. Pour cela, deux choses étaient nécessaires : amener les Sociétés savantes de Paris à y prendre part, et tracer des programmes de travaux qui ne permissent pas aux discussions de s'égarer, mais qui les retinssent sur des objets précis, sérieux et utiles à tous. Le 28 mars 1881, M. Jules Ferry écrivait aux présidents des Sociétés savantes de Paris : « Les Sociétés savantes des départements assistaient seules, par le passé, aux réunions annuelles de la Sorbonne. L'absence très regrettable de celles de Paris ne pouvait que nuire à l'intérêt, à l'éclat et à l'ensemble de ces manifestations scientifiques. Il était difficile aux savants de la province, rassemblés sans leurs collègues si distingués de Paris, de trouver dans ces rendez-vous confraternels tout le profit qu'ils étaient en droit d'en attendre. Aussi ai-je pensé qu'un appel aux Sociétés savantes de Paris serait entendu et qu'elles s'empresseraient de se joindre aux Sociétés des départements, pour apporter aux réunions de la Sorbonne le concours de leurs lumières, et pour donner un témoignage de leur sympathie à des hommes qui, sur les points les plus reculés de la France, savent se consacrer à l'étude[1]. » Quelques mois plus tard, le 18 juillet 1881, le Ministre de l'instruction publique

---

[1] T. II, p. 291.

constatait l'heureux résultat produit par cette fusion des savants de Paris et des savants de la province. Il est certain que le plus grand encouragement que ces derniers puissent recevoir est de se voir appuyés, soutenus, fraternellement aidés par des hommes dont beaucoup sont leurs maîtres en même temps que leurs collègues. Aucune récompense ne vaut à leurs yeux celle-là. Sentir qu'ils forment avec les savants de Paris une sorte d'association dont ceux-ci sont la tête, mais dont ils sont les membres puissants, est ce qui développe le plus en eux le noble orgueil du travail. Mais, pour que cette impression soit plus vive et surtout pour qu'elle réponde à la réalité, les réunions de la Sorbonne doivent correspondre à un but déterminé et présenter un intérêt précis. C'est donc à dessein qu'un programme de délibérations est tracé pour chacune d'elles. On s'adresse d'abord aux Sociétés savantes; on leur demande de faire connaître les points sur lesquels devraient porter les discussions, puis le Comité arrête, d'après leur avis, les sujets qui paraissent de nature à être traités dans les séances et à donner lieu à de fructueux débats. Ainsi conçues, les réunions de la Sorbonne sont, suivant le mot de M. Jules Ferry, auquel revient l'honneur de toutes ces fécondes réformes, « un véritable congrès des savants de France ». Il importe de le leur assurer de plus en plus. Quelques esprits sceptiques ou pessimistes ont beau railler les travaux qui s'accomplissent en province et les savants qui s'y adonnent, il est nécessaire de maintenir partout dans le pays une atmosphère intellectuelle et morale où se conserve l'honneur des études, où peuvent naître les vocations, où se préparent les éléments avec lesquels se font les grandes découvertes. Il doit en être dans les sciences comme dans ces familles pauvres où, suivant le mot d'un charmant écrivain, les aînés prennent sur leurs épaules les enfants plus jeunes afin de leur faire traverser les obstacles difficiles. Le dédain pour les efforts qui se font dans les départements vers un développement plus complet des intelligences serait, de la part des savants de Paris, un signe médiocre de supériorité : que d'hommes remarquablement doués renferment nos Sociétés départementales, auxquels il n'a manqué, pour « remplir tout leur mérite », ainsi qu'on disait au xviie siècle, que d'avoir à leur disposition de meilleurs instruments et de recevoir une direction éclairée! Une nation n'est jamais si riche qu'elle puisse mépriser ou négliger une source quelconque de sa richesse; et, de même que son trésor financier se compose non seulement des gros impôts payés par quelques puissants capitalistes, mais des millions de cotisations moins importantes prélevées sur tous les contribuables, de même son trésor scientifique doit se former, à côté des œuvres de ses grands hommes, des innombrables recherches faites par les milliers de travailleurs qui s'efforcent d'augmenter son patrimoine intellectuel et de le rendre non moins vaste et non moins solide qu'éclatant.

VI

Nous avons décrit les progrès et le développement du Comité, suivant en quelque sorte la marche des Sociétés savantes et grandissant avec elles. Si nous avions le dessein d'écrire son histoire complète, ou plutôt l'histoire de ses travaux, nous devrions maintenant revenir en arrière pour exposer l'œuvre personnelle qu'il a accomplie, non plus seulement comme tuteur des Sociétés savantes, mais encore comme continuateur du Cabinet des chartes et du Bureau littéraire de Moreau, en publiant les documents inédits de notre histoire. Mais tel n'est pas le projet que nous avons conçu. A notre avis, l'heure n'est pas encore venue, après un demi-siècle d'existence, d'écrire l'histoire du Comité et d'apprécier ce qu'il a produit. En réunissant dans ce recueil les matériaux qui pourront aider à le faire un jour, nous ne songeons pas à empiéter sur la tâche des historiens futurs, mais uniquement à la rendre plus facile. Il leur suffira de consulter ces trois volumes pour connaître à fond les origines du Comité et de la grande collection dont il dirige la publication. Ils trouveront des détails complets sur cette dernière, d'abord dans différents rapports adressés au roi par M. Guizot et par M. de Salvandy, que nous avons pris soin de reproduire à leur date et qui sont, en quelque sorte, les bulletins de victoire des années héroïques du Comité, et secondement, dans les notices faites par divers membres du Comité sur les travaux des sections d'histoire, d'archéologie et des sciences, que nous reproduisons également. Nous n'aurions rien à ajouter à ces notices, et il n'y aurait aucun intérêt à les résumer. Nous nous sommes borné à prier leurs savants auteurs de les compléter et de les mettre au courant de tout ce qui a été publié depuis 1874, époque où elles ont paru pour la première fois, accompagnées de rapports adressés à M. de Cumont, Ministre de l'instruction publique. Celles de M. Léopold Delisle sur les travaux et sur les publications de la section d'histoire contiennent une analyse, faite de main de maître, de tous les ouvrages historiques de la collection des documents inédits. Celles qui concernent la section d'archéologie sont l'œuvre de M. Léon Renier, dont la perte récente a laissé dans la science un si grand vide; elles ont été complétées, avec une compétence qu'il serait certainement superflu de signaler, par M. Robert de Lasteyrie. Enfin celles qui résument les publications de la section des sciences et des œuvres des savants français dont le Comité a entrepris de donner une édition nouvelle et définitive sont dues à MM. Blanchard, Dumas, Lissajous, Milne Edwards et Serret. M. Darboux a bien voulu se charger de les conduire jusqu'à ces derniers temps, et son nom seul est aussi une garantie de la manière dont l'œuvre a été accomplie.

Dieu nous garde donc d'avoir la prétention de refaire ce qui a été si bien fait! Pour toute cette partie de l'œuvre du Comité, — et c'est la partie la plus essentielle, celle en vue de laquelle il a été créé, — notre rôle doit se borner à signaler à l'attention du public érudit et à l'engager à relire, dans leurs développements nouveaux, les courtes mais substantielles notices dont nous venons de parler. Chaque volume de la grande collection des documents inédits y est décrit avec une brièveté et une sûreté admirables. On mesure, en les parcourant, toute la mission du Comité. « Fouiller les dépôts publics ou particuliers de la France et de l'étranger, disait M. Léopold Delisle dans son rapport à M. de Cumont, recueillir, examiner et publier tous les documents inédits qui offrent un caractère historique, tels que chartes, diplômes, chroniques, mémoires, correspondances, œuvres même de philosophie, de littérature ou d'art, pourvu qu'elles révèlent quelque face ignorée des mœurs et de l'état social d'une époque de notre histoire : tel était le programme tracé par M. Guizot. Le Comité ne s'en est jamais écarté, comme l'atteste l'ensemble de ses travaux.... Aucune époque de nos annales n'a été négligée, et sans que les cadres généraux aient pu être arrêtés d'avance, les efforts du Comité et de ses collaborateurs ont déjà donné à la France une collection volumineuse, dans laquelle chaque époque est représentée [1]. » Mais, comme nous l'avons fait observer, le programme de M. Guizot ne se bornait pas à la recherche des documents écrits de notre histoire, les documents archéologiques n'y tenaient pas une moindre place. De là vient qu'à côté de ces remarquables collections de cartulaires, de ces chroniques, de ces mémoires, de ces correspondances, etc., qu'analyse M. Léopold Delisle, ont trouvé place les belles statistiques monumentales, les répertoires archéologiques, les monographies, etc., que décrivent MM. Léon Renier et Robert de Lasteyrie. Enfin la science a son histoire, comme la politique, les lettres et les arts, ou plutôt elle fait partie de l'histoire générale, et le rôle qu'elle y joue, à partir de la Renaissance, n'est certainement pas le moindre. La France a eu sa part, part singulièrement glorieuse et féconde, dans les progrès scientifiques des derniers siècles. « Sur l'avis du Comité des travaux historiques et des sociétés savantes, la publication des œuvres des plus illustres savants français », disait, à son tour, M. Blanchard, dans son rapport sur les publications de la section de sciences, « fut décidée au commencement de l'année 1861. Il était devenu impossible de se procurer les principaux ouvrages des créateurs de la science moderne, et de ces maîtres beaucoup de mémoires, de notices, de

---

[1] *Rapports au Ministre sur la collection des documents inédits*, p. 83-84. Paris, 1874.

rapports, de correspondances, n'avaient reçu qu'une publicité restreinte; plusieurs étaient demeurés inédits. Afin de permettre à chacun de remonter aisément aux véritables sources de la science, de si précieux documents devaient être réunis; il importait qu'on vît dans leur ensemble, et ainsi dans tout leur éclat, les monuments qui font la gloire scientifique de la France [1]. » C'est cette pensée qui a inspiré la publication des œuvres de Lavoisier, de Lagrange, de Fresnel, etc., qui sont pour la section des sciences ce que les documents inédits sont pour la section d'histoire, et les monuments pour la section d'archéologie. L'ensemble de ces trois collections, en y comprenant les bulletins et les revues, qui les complètent, forme aujourd'hui un nombre considérable de volumes. La quantité ne manque pas plus que la qualité, et l'œuvre du Comité ne vaut pas moins comme masse de matériaux recueillis et mis au jour que par l'importance de presque tous ceux qui la composent, pour l'éclaircissement et la connaissance du passé.

Mais, encore une fois, nous n'avons pas à insister sur ce point qui est évident et incontesté. Ce que nous nous sommes proposé surtout d'étudier dans cette introduction, c'est l'action du Comité sur le mouvement scientifique de notre époque, non pas l'action directe résultant de ses publications, mais l'action indirecte que ses exemples, ses leçons, ses conseils, ont exercée sur les corps savants répandus dans tout le pays. Nous avons surabondamment prouvé qu'on lui devait, ainsi que M. Guizot l'avait prévu, la réorganisation ou plutôt l'organisation de nos archives et de nos bibliothèques, laissées par la Révolution dans un état d'utile concentration, mais aussi dans un état de désordre, dans un chaos indescriptible. C'est grâce à lui, c'est grâce à ses efforts, que le Ministère de l'instruction publique a réclamé et amené le classement des archives et la rédaction de leur inventaire. Presque à chaque ligne des instructions de M. Guizot, il est question de la réforme si importante des archives. Bien que ces établisse-

---

[1] *Rapports au Ministre sur la collection des documents inédits*, p. 169. Paris, 1874.

ments fussent placés sous la direction du Ministère de l'intérieur, M. Guizot envoie sans cesse en province des missionnaires, des archivistes[1], des élèves de l'École des chartes; il se fait rendre compte de la situation des archives, il indique aux préfets les moyens d'y remédier, il objurgue ses correspondants de s'en occuper. Enfin, en 1839, on le sait, le Ministre de l'instruction publique fait inspecter les archives par un sous-chef de son administration; puis il presse son collègue de l'Intérieur d'entreprendre leur réorganisation; les premiers règlements sont rédigés, la Commission supérieure est instituée, le service constitué; on commence les inventaires, et l'œuvre de restauration se poursuit sans interruption, sinon sans quelque faiblesse, jusqu'au jour où elle reçoit une impulsion nouvelle par le rattachement des archives au Ministère de l'instruction publique. Sur les bibliothèques, l'influence du Comité se fait aussi sentir très heureusement, bien qu'elle ait eu des conséquences moins rapides et moins complètes. M. Guizot demande sans cesse le classement des manuscrits et l'établissement de catalogues. Mais on se heurte aux résistances locales, et l'œuvre de la réorganisation est loin d'être aussi avancée dans les bibliothèques que dans les archives. Le personnel des bibliothécaires, nommé par les municipalités, est souvent médiocre et sans compétence, tandis que presque tous les archivistes, choisis, pour la plupart, parmi les élèves de l'École des chartes, sont excellents. L'inventaire qu'ils dressent est fait d'après les meilleures méthodes scientifiques. Il n'en est que rarement ainsi du catalogue des bibliothèques, et dans un grand nombre de ces établissements il n'y a même pas de catalogue du tout. Des livres d'une grande valeur, des manuscrits de première importance, peuvent exister ou disparaître sans qu'on s'en doute. Toutefois, si

[1] Il paraît même parfois les nommer officiellement archivistes : « A Poitiers », dit-il dans un rapport au Roi en date du 27 novembre 1834, « à Poitiers, où sont déposées les archives de l'ancienne province d'Aquitaine, j'ai envoyé, avec le titre d'archiviste de la ville, un des élèves les plus distingués de l'École des chartes, M. Redet. M. Chelles, élève de la même École, a été également envoyé à Lyon, avec le même titre. » (T. II, p. 17.)

grave que soit encore ce mal, combien n'est-il pas atténué depuis la création du Comité! En ordonnant dans toutes les provinces de vastes enquêtes à la recherche des documents inédits de notre histoire, M. Guizot a fait comprendre à tout le monde le prix des bibliothèques, qui sont les mines d'où les enquêteurs parviennent à extraire de véritables trésors. Des inspections régulières des bibliothèques ont été organisées par le Ministère de l'instruction publique. Si désarmé qu'il ait paru, et quoique son action sur les bibliothécaires ne se soit trop souvent exercée que d'une manière indirecte, par une sorte d'abandon volontaire de ses droits et par un excès de concessions qu'il n'aurait pas dû faire, ce Ministère n'en a pas moins, sur les bibliothèques, une action qui deviendra de plus en plus féconde. L'inspection, mieux constituée que par le passé, gagnera chaque jour en autorité. On peut donc espérer qu'un jour viendra où tous les catalogues des bibliothèques, comme tous les inventaires des archives, seront achevés conformément aux règles de la science moderne. Ce jour-là, connaissant toutes nos richesses, nous pourrons à la fois les défendre et en tirer parti. L'œuvre du Comité se poursuivra alors à coup sûr; les ateliers de travail seront connus et organisés; il ne s'agira plus que de s'en servir avec intelligence et dévouement.

Mais il est d'autres dépôts que nos bibliothèques, nos archives de province et les Archives nationales où l'érudition historique peut faire de fécondes découvertes. On a vu que M. Guizot signalait, dès 1834, les archives de nos différents Ministères comme des collections précieuses entre toutes, qu'il désirait voir ouvrir au monde savant. On a vu aussi qu'un des membres les plus éminents du Comité, M. Mignet, placé à la tête des archives du Ministère des affaires étrangères, s'était occupé immédiatement d'y rechercher des documents qui devaient, entre ses mains, acquérir une immense valeur. Depuis lors, les archives du Ministère des affaires étrangères ont cessé d'être fermées, et de nombreux travailleurs y puisent les matériaux de publications du plus grand intérêt. Peut-être faut-il regretter que ces publications, du moins lorsqu'elles portent unique-

x.

ment sur des documents, ne se fassent point sous les auspices du Comité et ne viennent pas enrichir sa grande collection, qui en recevrait un nouvel éclat. On blâme souvent chez nous l'excès de centralisation. L'excès de décentralisation n'est pas aussi sans désavantage, car une série d'efforts isolés, parfois contradictoires, ne produisent jamais des résultats aussi parfaits que des efforts unis sous une haute et libérale direction. Les archives du Ministère de la guerre et du Ministère des finances ont également donné lieu à des publications capitales. Est-il besoin de rappeler celles où M. Pierre Clément et M. de Boislisle ont déployé l'érudition si sûre et si profonde qui leur a valu l'estime du monde savant? En revanche, le Ministère de la marine n'a presque pas été exploité jusqu'ici, et l'on sait à quelles attaques ardentes, mais malheureusement en grande partie justifiées, a donné lieu la manière dont ses archives ont été dilapidées. On a fait de sérieux efforts pour arrêter le mal, on y est parvenu; mais ne faudrait-il pas maintenant entreprendre dans les archives de la Marine des enquêtes semblables à celles dont presque tous les autres Ministères ont été l'objet? Que de renseignements ne pourrait-on pas y trouver au sujet de ces voyages d'autrefois, que le Comité s'était proposé de faire connaître, car ils intéressent au plus haut degré l'histoire, sur la marche de laquelle ils ont exercé une décisive influence [1]? Aujourd'hui que le Comité élargi compte une section de géographie et que l'activité intellectuelle de notre pays se porte ardemment du côté de la connaissance du globe, qu'on lui reprochait naguère de dédaigner, n'y aurait-il pas un intérêt capital à remonter jusqu'aux traces de nos premiers navigateurs, de nos premiers aventuriers? Et en redescendant ensuite jusqu'au siècle dernier, jusqu'au plein épanouissement de la marine à voiles, que d'informations encore précieuses, que de détails curieux ne pourrions-nous pas recueillir sur les explorations de ces hardis marins qui, avec les moyens les plus insuffisants, ont parcouru et observé des contrées désertées et oubliées

---

[1] « Y a-t-il d'anciens voyages inédits appartenant au XVI° siècle et surtout aux siècles précédents? » (Circulaire du 15 mai 1835, t. II, p. 31.)

par la marine à vapeur, depuis qu'elles ne sont plus les grandes routes du monde? Qui sait si ces contrées ne reprendront pas ou plutôt ne prendront pas à l'avenir une importance considérable? A force de chercher partout des débouchés, les grandes nations contemporaines seront fatalement rejetées sur les points momentanément abandonnés, parce que d'autres, d'un abord plus facile et d'une richesse plus immédiate, ont attiré les premiers l'attention. Ne venons-nous pas de voir les Carolines, dédaignées depuis le xvie siècle par l'Espagne, exciter les convoitises de la nation actuellement la plus envahissante de l'Europe? Nous voudrions, par conséquent, que la nouvelle section de géographie, se rappelant que le Comité a eu une origine historique, ne se bornât point à s'occuper des découvertes présentes, mais recherchât et remît en lumière les découvertes passées, qui sont aussi une part de notre gloire et de notre patrimoine national.

Mais les archives de toutes sortes et les bibliothèques ne sont point, à beaucoup près, les seuls instruments de découvertes scientifiques sur lesquels, et à l'aide desquels, se soit exercée l'activité du Comité. Nous avons raconté les efforts aussi stériles qu'intelligents de l'Académie des inscriptions et belles-lettres pour assurer la conservation et l'inventaire de nos monuments d'architecture. Jusqu'à la création du Comité, toutes les tentatives faites dans ce sens avaient été vaines, de même qu'avaient échoué toutes celles qui se rapportaient à l'organisation des archives et des bibliothèques. Des œuvres aussi compliquées, aussi difficiles, ne pouvaient être menées à bonne fin qu'avec de grandes ressources et grâce à une direction que rien ne supplée. Les monuments archéologiques dont notre pays est si riche avaient donc le même sort que nos chartes et nos manuscrits : ravagés par la Révolution, ils continuaient à subir tous les outrages de l'ignorance ou de la cupidité. Quelle perte pour l'art et pour l'histoire! « Depuis les Gaulois jusqu'à nos jours, écrivait M. de Salvandy, des monuments de toute espèce ont couvert le sol de la France. Quelques-uns ont complètement disparu, d'autres, encore en grand nombre, restent debout ou nous sont signalés par leurs ruines. Ces monuments, qui révèlent à l'artiste les variations successives de l'art et du goût, peuvent aussi fournir à l'historien d'utiles indications sur l'état politique, intellectuel, moral et industriel de chaque siècle. Tantôt c'est une inscription qui se déroule sur le bois, sur la pierre, sur le verre ou sur le métal : le monument alors fait l'office d'un manuscrit ; tantôt c'est la grandeur des constructions, le caractère du travail, la nature et le choix des emblèmes qui deviennent autant de révélations pour l'historien, et qui mettent en relief des faits que la lettre morte des documents écrits ne pourrait pas même laisser apercevoir. Il n'y a pas encore longtemps qu'on a reconnu combien les études historiques doivent emprunter de secours à l'étude des monuments. Les hommes laborieux des deux derniers siècles, qui ont sauvé d'une destruction inévitable un si grand nombre de chartes et de pièces manuscrites en les faisant revivre par leurs patientes transcriptions, ont laissé se dégrader et s'écrouler sous leurs yeux cette innombrable variété de monuments que les siècles passés avaient entassés sur tous les points du royaume. Si des dessins et des descriptions fidèles nous en avaient reproduit les formes et les dimensions, si seulement un relevé exact nous en donnait le dénombrement, que de problèmes pourraient être résolus ! Que de lumière sur des questions à jamais douteuses ! Il est trop tard pour réparer ce déplorable oubli ; mais plus nos regrets sont vifs, plus rigoureux est le devoir de ne pas mériter à notre tour les reproches des siècles à venir. Nos richesses monumentales, quoique décimées depuis cinquante ans, égalent encore en beauté et surpassent en variété celles de tous les autres pays de l'Europe. Notre premier soin, assurément, doit être de travailler à leur conservation, de les entourer de respect et de prolonger leur durée. Mais, quoi que nous fassions, ces pierres sont périssables, et le jour viendra où la postérité en cherchera vainement la poussière. Qu'il en reste au moins une image, un souvenir. Que partout où un monument existe aujourd'hui on sache à jamais qu'il a existé ; que ses proportions, sa figure, son importance, sa destination soient religieusement conservées, et que les historiens futurs puissent en retrouver dans tous les temps une trace impérissable [1]. »

Les souhaits de M. de Salvandy étaient la reproduction presque textuelle de ceux que l'Académie des inscriptions et belles-lettres avait émis en 1818, et qui avaient été consignés dans le rapport analysé plus haut de M. de Laborde. Après l'échec inévitable que ces derniers avaient subi, on avait plusieurs fois essayé de les reprendre et de leur donner quelque suite. Dès 1831, il existait au Ministère du commerce et des travaux publics un inspecteur des monuments historiques et des antiquités nationales, et cet inspecteur était M. Vitet. C'est dire que tout ce qu'un homme seul pouvait faire avait été fait. Mais c'était malheureusement peu de chose. Nous avons trouvé quelques documents qui portent la trace des démarches tentées par M. Vitet, en vue d'arrêter la destruction des monuments historiques en province. Nous citerons, en particulier, une circulaire adressée, le 16 novembre 1832, aux préfets par le Ministre du commerce et des travaux publics. Elle est remplie de bonnes intentions : « A différentes époques, les ministres du culte ont fait faire des réparations et des changements dans les églises et autres édifices consacrés, sans prendre l'avis des autorités chargées de veiller à la conservation des monuments historiques. Des églises ont été grattées; de vieilles peintures badigeonnées, des objets d'un curieux travail pour la ciselure ou la serrurerie ont été enlevés et remplacés par d'autres d'un travail moderne et en désaccord avec le style général du monument où ils sont employés. Si un semblable abus était continué, la conservation des plus importants de nos monuments historiques serait gravement compromise, et serait subordonnée ou aux besoins ou aux fantaisies des ministres du culte. Je vous invite, en conséquence, à refuser votre autorisation à tous les changements et à toutes les opérations importantes qui seraient demandées par les curés, pour des édifices consacrés au culte, appartenant à votre département, si ces demandes ne

---

[1] T. II, p. 94-95.

sont pas approuvées par l'inspecteur général des monuments historiques, ou, à son défaut, par une commission composée d'architectes et d'artistes ou d'antiquaires, dont vous feriez choix. Je vous invite également à me faire connaître la situation des principales églises de votre département sous le rapport de l'art. Je désirerais, par exemple, savoir si elles possèdent des tableaux ou statues, anciens ou modernes, des vitraux, des vases antiques, des tombeaux[1], » etc.

Une pareille surveillance et de pareilles enquêtes ne pouvaient être l'œuvre d'un seul inspecteur général des monuments historiques, assisté par des préfets incompétents, assistés eux-mêmes par des commissions provisoires, d'une compétence discutable. Il fallait, pour qu'elle réussît, l'impulsion d'un comité central à Paris, ayant des ressources administratives suffisantes et rayonnant dans toute la province à l'aide de nombreux correspondants et de nombreuses Sociétés savantes, qu'il animerait de sa vie et remplirait de son ardeur. Or, nous avons déjà dit, et nous aurons l'occasion de montrer que la création du Comité par M. Guizot, avec la tutelle des Sociétés savantes qu'on lui avait immédiatement accordée, avait eu pour résultat de faire pulluler ces dernières dans les départements, de leur donner un essor que jamais elles n'avaient eu. Mais c'est surtout le Comité des arts et des monuments qui avait vu son action s'étendre et acquérir une extraordinaire fécondité. De toutes parts, les correspondants lui étaient venus et les Sociétés savantes s'étaient fondées, pour répondre à son appel. Des commissions archéologiques s'établirent d'emblée à Vesoul, à Bordeaux, à Lille, au Mans, à Carcassonne, à Saint-Omer, à Clermont en Auvergne, à Bourges, à Dijon, à Montauban, au Puy, etc. Ces commissions, constituées à l'exemple du Comité de Paris, se donnèrent pour mission, avec l'approbation des préfets et sous la surveillance du Ministère de l'instruction publique, d'assurer la conservation des monuments historiques et d'en surveiller la restauration, de procéder à leur recherche et à leur étude, de dresser enfin la statistique

---

[1] *Recueil des circulaires et instructions émanées du Ministère de l'intérieur*, t. I, p. 389-390.

monumentale du pays. L'entraînement était si général qu'il gagna le clergé, comme les savants laïques. Les séminaires de Beauvais, de Tours, du Mans, de Bourges, de Troyes, d'Auch, d'Amiens, etc., fondèrent des cours d'archéologie. Quelques évêques, tels que ceux de Nevers, du Puy, de Lyon, ajoutèrent à ces cours des musées et des commissions archéologiques, et adressèrent à tous les curés de pressantes circulaires pour leur renouveler, avec plus d'efficacité encore, les recommandations de M. Vitet. Cette fois, un mouvement d'opinion était créé, et nos monuments, enfin protégés, allaient partout attirer la sollicitude et éveiller le zèle, qui, jusque-là, ne s'étaient portés sur eux que d'une manière intermittente et inefficace.

C'est donc bien au Comité de M. Guizot qu'est due l'inspiration de cette conservation toujours utile, et de cette restauration plus ou moins heureuse de nos monuments historiques, qui, depuis trente ans, ne se sont point ralenties un seul jour. Il n'est même pas téméraire d'affirmer que, parmi les commissions et Sociétés savantes auxquelles il a donné la vie, on doit compter en première ligne la commission des monuments historiques au Ministère de l'intérieur, puis au Ministère des beaux-arts, qui a paru si souvent lui faire concurrence, et dont l'action a été, en tout cas, constamment parallèle à la sienne. Le Comité du Ministère de l'instruction publique, ne voulant pas sortir de ses attributions, ni contrarier jamais les autorités compétentes, ne s'emparait pas des monuments appartenant à d'autres Ministères; il se bornait, quand ces monuments menaçaient ruine, à signaler aux Ministres qui en avaient la charge, tantôt au Ministre de l'intérieur, tantôt au Ministre de la guerre, tantôt au Ministre des cultes, les dangers auxquels ils étaient exposés et les moyens à prendre, à son avis, pour les prévenir. Mais peu à peu le Ministère de l'intérieur, succédant pour cette œuvre au Ministère du commerce et des travaux publics, étendit sa juridiction sur tous les monuments historiques. En 1834, M. Prosper Mérimée avait été attaché à ce Ministère, pour occuper les fonctions, occupées avant lui par M. Vitet, d'inspecteur général de ces monuments. M. Prosper Mérimée faisait d'ailleurs partie du Comité.

Il semble donc que rien n'eût été plus simple que de continuer à y centraliser tous les renseignements archéologiques, en laissant à l'inspecteur général, qui en était membre, l'exécution des mesures de conservation et de réparation décidées par lui. Néanmoins l'ardeur était telle à cette époque et la fécondité des créations si exubérante que le Ministère de l'intérieur voulut avoir sa commission particulière des monuments historiques. Elle devait lui servir à recueillir les documents qui se rattachent à ces monuments, à lui donner des avis sur toutes les affaires qui concernaient leur entretien et leur conservation, et à lui désigner, parmi les nombreuses demandes de secours qui lui étaient adressées tous les ans, celles qui offraient le plus d'intérêt, l'insuffisance des crédits obligeant à faire un choix restreint parmi ces réclamations. Pour faciliter la tâche de cette nouvelle commission, instituée par un arrêté du 29 septembre 1837, le Ministre de l'intérieur adressait aux préfets, le 10 août de la même année, une circulaire qui s'inspirait des mêmes principes, exprimait les mêmes idées et se servait presque des mêmes termes que celles de M. Guizot et de M. de Salvandy. En voici le texte :

Monsieur le préfet, le culte des souvenirs qui se rattachent à l'histoire des arts ou aux annales du pays est malheureusement trop négligé dans les départemens; on laisse en oubli des monumens précieux; on passe avec indifférence devant des vestiges qui attestent la grandeur des peuples de l'antiquité; on cherche en vain les murs qui ont vu naître les grands hommes dont s'honore la patrie ou les tombes qui ont recueilli leurs restes; et cependant tous ces souvenirs, tous ces débris vivans des tems qui ne sont plus, font partie du patrimoine national et du trésor intellectuel de la France. Il importe de mettre un terme à cette insouciance. Le Gouvernement et les Chambres viennent de donner, à cet égard, une nouvelle preuve de leur sollicitude : le fonds destiné aux monumens historiques a été augmenté; mais ce fonds ne peut être considéré que comme un encouragement au zèle des départemens : ils doivent comprendre que la conservation des anciens monumens les intéresse autant qu'elle les honore, en offrant un attrait de plus aux méditations de l'historien ou à la curiosité du voyageur.

Je vous invite donc, Monsieur le préfet, à recueillir tous les renseignemens propres à me faire connaître tous les anciens monumens qui existent dans votre département, l'époque de leur fondation, le caractère de leur architecture et les souvenirs historiques qui s'y rapportent. Vous les classerez dans leur ordre d'importance, et vous indiquerez les sommes qui seraient nécessaires pour les conserver et remettre en bon état, sans oublier que les secours que je puis donner ne sont qu'une prime au généreux empressement du conseil général et des conseils municipaux.

Le fruit de vos recherches sera soumis à une commission que je viens d'instituer, et je me ferai un plaisir de diriger les fonds dont je puis disposer vers les départemens qui auront le mieux apprécié l'importance de ce travail. J'espère que votre réponse pourra me parvenir dans l'espace d'un mois, à dater de la réception de ma lettre.

Agréez, etc.

Le Pair de France, Ministre secrétaire d'État de l'intérieur,
MONTALIVET [1].

On voit cependant, lorsqu'on lit cette circulaire avec attention, que le Ministère de l'intérieur poursuivait surtout un but pratique et non, comme le Comité, un but scientifique. Le *Moniteur universel*, qui la contenait, ajoutait : « Grâce au zèle des correspondans du Ministère et des nombreuses sociétés savantes qui, depuis peu d'années, se sont multipliées dans nos provinces, il est peu de départemens sur lesquels l'Administration n'ait reçu des rapports détaillés et souvent remarquables par la critique éclairée qui a présidé à leur rédaction. » Or d'où venait cette multiplication des Sociétés savantes, d'où venait aussi l'intelligence de leur « critique », sinon du Comité, qui les avait animées de son esprit, inspirées de ses méthodes? Son organisation avait été si parfaite, elle avait produit de si heureux résultats, que la Commission des monuments historiques ne put que l'imiter, ou plutôt la calquer. Comme le Comité, elle voulut avoir en province des correspondants qui formassent avec elle une sorte de vaste association répandue sur toute la surface du pays. C'est pourquoi la *Direction des bâtiments et monuments publics, bureau de l'exécution des travaux*, adressait aux préfets la circulaire suivante :

[1]. *Le Moniteur universel*, 1838, p. 1459.

MONUMENS HISTORIQUES.

Paris, le 11 mai 1839.

Monsieur le préfet, voulant compléter et régulariser l'organisation des correspondans de mon Ministère pour la conservation de nos antiquités nationales, je vous prie de me désigner les personnes, résidant dans votre département, qui désireraient obtenir ce titre et qui pourraient en remplir utilement les fonctions. Elles consistent surtout à surveiller les travaux de restauration des édifices antiques et du moyen âge, à signaler les découvertes qui intéressent l'archéologie, à prévenir les actes de vandalisme qui compromettraient l'existence de nos monumens. Dans ce but, les correspondans seraient invités à transmettre leurs communications, sous mon couvert, à l'inspecteur général, secrétaire de la Commission des monumens historiques. Je n'ai pas besoin de vous faire remarquer, Monsieur le préfet, que leurs fonctions se distinguent suffisamment de celles des correspondans nommés par le Ministre de l'instruction publique : ceux-ci sont plus particulièrement chargés de recherches historiques et descriptives, tandis que la conservation de nos édifices remarquables doit être le but spécial des correspondans du Ministre de l'intérieur.

Outre du zèle et de l'instruction, il est fort à désirer que les personnes que vous me désignerez aient quelque habitude du dessin, toute description écrite, quelque minutieuse qu'elle soit, ne pouvant jamais faire bien connaître un monument si elle n'est complétée par des plans, ou du moins des croquis exécutés avec intelligence.

Sous ce rapport, les architectes paraissent devoir être les plus utiles. Je crois cependant que les études d'un grand nombre d'entre eux ne les rendent pas toujours les juges les plus sûrs dans l'appréciation des monumens du moyen âge : intéressés d'ailleurs dans les réparations qu'ils exécutent à ces monumens, il est bon que leurs travaux soient contrôlés. Autant que possible, je désire donc que vous me désigniez non seulement les plus instruits de ces artistes, mais encore un antiquaire dont les lumières m'éclaireraient au besoin sous le point de vue de la science archéologique.

Il est inutile de vous rappeler, Monsieur le préfet, que les fonctions des correspondans sont gratuites : toutefois, si, comme j'ai lieu de l'espérer, l'état des fonds attribués aux monumens historiques me le permet, j'accorderai quelquefois des indemnités aux correspondans qui auraient entrepris des excursions spéciales par mes ordres. Dans quelques mois, je pourrai encore reconnaître, d'une autre manière, le zèle de ces agens. Une médaille, que grave en ce moment un de nos plus habiles artistes, sera décernée aux personnes qui se seront fait remarquer par leur zèle à conserver nos monumens nationaux.

Je vous invite encore, Monsieur le préfet, à me signaler les sociétés savantes de votre département qui s'occupent d'archéologie, et à me faire connaître le nom des membres qui les composent, ainsi que les ressources que l'Administration peut trouver auprès d'elles lorsqu'il s'agira de décider des questions d'art, telles qu'il s'en présente dans des travaux de restauration.

Lorsque j'aurai reçu les renseignemens que j'attends de vous, je m'empresserai de vous informer des choix que j'aurai faits, et de vous autoriser à fixer la position des correspondans de mon Ministère dans votre département.

Agréez, etc.

Le Pair de France, Ministre de l'intérieur,

GASPARIN [1].

On remarquera une préoccupation très juste que contient cette circulaire, au sujet du rôle que les architectes pouvaient être entraînés à jouer comme correspondants de la Commission des monuments historiques. Peut-être aurait-on dû l'éprouver aussi à l'égard des tendances qu'ils devaient fatalement introduire dans la Commission elle-même, dont, par la force des choses, ils sont devenus graduellement les maîtres presque absolus. Le Comité avait posé, dès le début de ses travaux, dans un rapport remarquable adressé à M. de Salvandy, Ministre de l'instruction publique, le véritable principe qui doit, ou du moins qui devrait présider à la conservation de nos monuments historiques : « En fait de monuments délabrés, disait-il, il vaut mieux consolider que réparer, mieux réparer que restaurer, mieux restaurer qu'embellir [2]. » Peut-être aurait-il dû aller plus loin encore et déclarer hautement, fermement, absolument, qu'en fait de monuments délabrés il ne faut que consolider. Toute réparation est

---

[1] *Bulletin officiel du Ministère de l'intérieur*, 1839, p. 120.
[2] *Bulletin archéologique*, publié par le Comité historique des arts et des monuments, 1er vol., p. 47.

fatalement, en effet, une restauration, et toute restauration est non moins fatalement ce qu'on appelle un embellissement, c'est-à-dire une trahison. Que dirait-on s'il se formait aujourd'hui en Grèce une Commission des monuments historiques qui émît la prétention de restaurer le Parthénon, de relever le temple d'Olympie, non seulement de retrouver la pensée des architectes antiques, mais de la reproduire en rétablissant leur œuvre à l'aide de nouveaux matériaux! C'est pourtant une prétention de ce genre qui a triomphé en France depuis cinquante ans. Nos monuments historiques ont été sauvés de la ruine; ont-ils toujours été sauvés d'un danger non moins grave, celui d'être défigurés? Des architectes du plus grand mérite, dont quelques-uns ont eu presque du génie, se sont donné pour tâche de remettre à neuf les œuvres que le temps avait consacrées en les dévastant. Ne nous ont-ils pas bien souvent laissé leurs propres inventions à la place de celles des maîtres d'autrefois? Ou, s'ils nous ont réellement restitué ces dernières, quel dommage néanmoins que, les ayant formulées d'une manière définitive, ils aient enlevé à ceux qui viennent après eux la noble et féconde jouissance de les rechercher à leur tour et de déchiffrer sur des monuments mutilés des inspirations effacées! Il serait d'ailleurs, hâtons-nous de le dire, fort injuste d'attribuer à la Commission des monuments historiques toute la responsabilité de cette manière de comprendre l'œuvre de conservation des monuments délabrés. Peut-être le Comité n'aurait-il pas défendu bien énergiquement lui-même l'excellent principe qu'il avait posé. L'habitude des généralisations, qui était à la mode à l'époque de sa formation, avait sans doute pour conséquence, en archéologie, la pratique des restaurations d'édifices détruits. On ressuscitait hardiment une époque, à l'aide de quelques chartes, dans les livres d'histoire, de littérature ou d'art, et jusque dans les drames et dans les romans. Quelques documents suffisaient pour reconstruire toute une période du passé, et l'on se croyait sûr de l'exactitude du résultat. De même, avec quelques pierres, on n'hésitait pas à refaire un monument. De là sont sorties de fort belles œuvres, qui excitent à la fois notre admiration et nos regrets. Toutefois, il est permis de croire que le Comité n'eût pas poussé aussi loin que la Commission des monuments historiques le zèle des restaurations. Les archéologues aiment autant les ruines que les architectes les apprécient peu. Les uns y voient le sujet d'incessantes études, les autres n'y voient qu'une construction à rebâtir. Ce sont deux instincts contradictoires, dont les effets sont nécessairement opposés.

Quoi qu'il en soit, pendant de longues années, le Comité et la Commission ont fonctionné côte à côte sans heurts et sans froissements. Nous n'avons trouvé qu'une seule circulaire indiquant que les savants de la province avaient parfois quelque peine à savoir à laquelle des deux institutions ils devaient se rattacher. Pour dissiper leurs doutes, l'administrateur des monuments publics et historiques, M. Vatout, adressa aux préfets la circulaire suivante, qui prouve bien que le rôle de la Commission était, à l'origine surtout, un rôle d'exécution, sans caractère scientifique déterminé, mais qui marque aussi à quel point il pouvait être difficile de s'en rendre compte :

MONUMENS HISTORIQUES.

Paris, le 29 décembre 1838.

M. le préfet, les demandes que j'ai adressées à MM. les préfets sur l'état actuel des monumens remarquables par leur architecture ou par les souvenirs qui s'y rattachent, et l'intérêt qu'inspirent généralement les questions d'archéologie ont produit une louable émulation dans les départemens; de nombreux mémoires me sont envoyés tous les jours.

Mais, M. le Ministre de l'instruction publique ayant réclamé de son côté des renseignemens sur nos anciens monumens, il est résulté de ce concours une certaine incertitude sur la nature des communications demandées par chaque Ministère.

Pour faire cesser cette incertitude, je crois devoir vous rappeler, M. le préfet, que tout ce qui touche à la réparation et à la conservation des anciens édifices, tout ce qui concerne les fouilles et les découvertes de monumens antiques et du moyen âge, doit m'être communiqué directement, afin que je puisse, s'il y a lieu, accorder des subventions sur le fonds annuel mis à ma disposition par le budget pour les dépenses relatives à la conservation des anciens monumens.

Recevez, etc.

Pour le Pair de France, Ministre de l'intérieur, et par autorisation :
Le Conseiller d'État,
Administrateur des monumens publics et historiques,
VATOUT [1].

Le Comité ne se refusait pas, d'ailleurs, à communiquer au Ministère de l'intérieur, et par suite à la Commission des monuments historiques, tous les renseignements qu'il continuait à recevoir. Il s'appliquait, au contraire, à lui signaler, comme il le faisait pour chaque Ministère, les observations de ses correspondants qui pouvaient l'intéresser. Il agissait de la même manière avec le Ministère de l'intérieur, qui avait une commission, qu'avec les Ministères des cultes, des travaux publics et de la guerre, qui n'en avaient point. C'est toujours à lui que s'adressaient de préférence les commissions archéologiques des départements, et il transmettait ensuite à chaque Ministère les communications qui le concernaient. Ces Ministères, à leur tour, s'empressaient de lui faire connaître l'usage qu'ils en faisaient. Nous avons relevé, un peu au hasard, dans le *Bulletin archéologique du Comité historique des arts et des monuments*, un certain nombre de faits qui ne laissent aucun doute sur le rôle joué par le Comité vis-à-vis de tous les Ministères, y compris celui de l'intérieur. Dans la séance du 29 janvier 1842, on rend compte de l'organisation de la Commission archéologique du département de la Marne : elle fonctionne sous la présidence du préfet; à cette commission se rattachent des sous-commissions d'arrondissement présidées par les sous-préfets. La Gironde, la Côte-d'Or, le Nord et l'Aisne présentent une organisation semblable, et le Comité s'applaudit de ces résultats, tout en regrettant que les autres départements n'imitent pas cet exemple. Il prie le Ministre de l'instruction publique d'écrire à son collègue de l'intérieur pour lui re-

---

[1] *Bulletin officiel du Ministère de l'intérieur*, 1838, p. 335.

commander la conservation d'une maison de Soissons, indiquée par M. de Montalembert. Dans la séance du 13 février de la même année, le Comité prie le Ministre de communiquer à l'Intérieur des renseignements sur la démolition de l'église de Bagnères-de-Luchon et du cloître de Saint-Gaudens, ainsi que sur la dégradation du cloître de Saint-Bertrand-de-Comminges. Dans la séance du 11 mai, il est rendu compte des travaux des commissions archéologiques ecclésiastiques créées dans les diocèses de Beauvais, de Lyon, du Mans, de Clermont-Ferrand, de Meaux, de Nevers, de Saint-Flour. On lit une lettre du Ministre de l'intérieur annonçant qu'il a donné des ordres pour faire réformer l'alignement qui menace la maison de la rue du Tambour, à Reims. Le Comité vote le renvoi au Ministère de la guerre d'informations sur les fortifications de Carcassonne, en appelant son attention sur l'intérêt que présente un pareil monument d'archéologie militaire. Il envoie au Ministre de l'intérieur et au Ministre de la justice et des cultes des détails sur la cathédrale de Strasbourg et sur le reliquaire de Mons. Dans la séance du 1er juin, le Ministre de l'intérieur écrit qu'il va prescrire les démarches nécessaires pour qu'un bas-relief provenant du tombeau d'un fils de saint Louis puisse être placé à Saint-Denis. Le Ministre des travaux publics, auquel ont été transmis des renseignements sur le retable de l'ancien autel de la Sainte-Chapelle de Paris, écrit qu'il a invité l'architecte, directeur des travaux de restauration, à s'assurer de l'existence de ce retable et à prendre les moyens de rentrer en sa possession. Dans la séance du 11 janvier 1843, le Ministre de la guerre fait savoir qu'il a saisi le directeur des fortifications de Perpignan de la question des dégradations de la citadelle de Carcassonne. Dans la séance du 25 juin 1845, le renvoi au Ministère de l'intérieur de renseignements sur la conservation des restes du château de Château-Thierry, sur la réparation de l'église de Melun et sur la conservation de l'église d'Esquermes est voté. Nous pourrions multiplier ces exemples, s'ils ne suffisaient pas abondamment à prouver que le Comité, resté le centre de tout ce qui concernait les monuments historiques, a été véritablement l'instigateur de leur conservation, comme il a été l'instigateur de l'organisation des archives. En ce qui concernait ces dernières, c'est le Ministre de l'intérieur qui, jusqu'à ces derniers temps, a été chargé de l'exécution des mesures inspirées par le Comité. L'honneur d'en avoir pris l'initiative n'en appartient pas moins à ce dernier. Pour les archives et pour les monuments, c'est de lui qu'est venu le salut.

C'est également lui qui a rendu possible la nomenclature et l'inventaire des monuments comme celle des archives. « Je me propose, avait dit M. Guizot dans un rapport au Roi, de faire incessamment commencer un travail considérable sur cette matière; je m'appliquerai à faire dresser un inventaire complet, un catalogue descriptif et raisonné des monuments de tous les genres et de toutes les époques qui ont existé ou qui existent encore sur le sol de la France. Un tel travail, en raison de sa nature spéciale, de son importance et de sa nouveauté, doit demeurer distinct des autres travaux historiques dont je viens d'entretenir Votre Majesté; aussi mon intention est-elle d'en confier la direction à un Comité spécial, et d'en faire l'objet de mesures particulières [1]. » C'est M. de Salvandy, on l'a vu, qui a définitivement constitué ce comité spécial et qui a tracé le programme des mesures particulières qu'il devait prendre. Il lui donna pour tâche de publier tous les monuments inédits relatifs à l'histoire des arts chez les Français; de faire connaître tous les monuments d'art en France, dans tous les genres : monuments religieux, militaires et civils; de faire dessiner et graver, pour les conserver à l'avenir, les œuvres remarquables d'architecture, de peinture, de sculpture en pierre, en marbre et en bois; de donner des instructions sur la conservation matérielle des ruines, statues, tours, chapelles, cathédrales, qui intéressent la religion, l'art ou l'histoire; de faire des recherches sur l'histoire de la musique à toutes les époques du moyen âge; enfin de préparer les matériaux pour une histoire complète de l'art en France [2]. Ce vaste programme équivalait à la reprise totale, voire même à l'agran-

[1] T. II, p. 22.
[2] Arrêté d'organisation, art. 4 (t. II, p. 62).

dissement de l'idée conçue par l'Académie des inscriptions et belles-lettres en 1818. Mais le Comité, avec son immense outillage et ses auxiliaires de toutes sortes, était en mesure de la réaliser. Il suffit de lire le questionnaire archéologique qu'il adressa à ses correspondants [1], pour voir avec quelle largeur d'esprit il s'efforça de le faire. Plus tard, il fut résolu que le catalogue descriptif et raisonné des monuments, réclamé par M. Guizot, prendrait la forme de répertoires archéologiques spécialement composés pour chaque département. « Dresser le catalogue aussi complet et aussi exact que possible, a dit M. Léon Renier, des monuments de tout genre et de tout âge, disséminés sur la surface de la France, dans les plus humbles hameaux comme dans les plus grandes villes; donner de ces monuments une indication sommaire, mais précise et proportionnée à leur importance, en ayant soin de mentionner leur âge, certain ou seulement présumé, et les principaux caractères de leur architecture; en un mot composer, sous forme de dictionnaires faciles à consulter, des guides archéologiques qui fassent connaître l'existence des monuments de chaque localité, en renvoyant aux ouvrages spéciaux où ces documents sont décrits plus amplement, tel est l'important objet qu'ont eu en vue le Ministre de l'instruction publique et, sur son invitation, la section d'archéologie du Comité des travaux historiques, lorsque fut décidée, en 1858, la publication des répertoires archéologiques des départements, compléments naturels des dictionnaires topographiques entrepris par les membres de la section d'histoire et de philologie. Le cadre et les éléments de ce grand travail, tels qu'ils ont été exposés dans les instructions adressées aux correspondants du Ministère peuvent se résumer ainsi qu'il suit : chaque répertoire de département formera un volume à part. Il sera rédigé comme un dictionnaire et divisé en sections, suivant l'ordre administratif, c'est-à-dire par arrondissements, cantons et communes. Pour chaque article (c'est-à-dire pour chaque commune), l'auteur mentionnera d'abord les formes diverses, anciennes et modernes, latines et françaises,

[1] T. II, p. 81 et suiv.

du nom de la localité. Il énumérera ensuite les monuments élevés sur son territoire, en en donnant une description rapide et très condensée dans la forme, et en suivant l'ordre chronologique : époque celtique, époque romaine, moyen âge, renaissance, temps modernes. Les inscriptions, les objets d'art et de mobilier ayant une valeur historique ne devront point être omis. Les manuscrits disparus, mais dont le souvenir s'est conservé dans le pays, seront également mentionnés. Pour les églises et chapelles, on aura soin d'indiquer les vocables. Enfin, chaque article sera terminé, lorsqu'il y aura lieu, par un renvoi aux ouvrages imprimés ou manuscrits dans lesquels il a été traité des monuments dont il s'agit avec plus de détails et d'une manière plus approfondie [1]. »

Le Comité des arts et monuments n'a donc rien laissé de côté, ni la conservation des monuments délabrés, ni la publication des monuments d'une véritable importance historique ou artistique, ni l'inventaire et le catalogue de nos richesses monumentales. Son influence s'est étendue à tout. Mais ce que nous tenons particulièrement à constater, c'est l'action qu'il a exercée en province en y développant le goût des études archéologiques, qui jusque-là ne s'y était manifesté que bien faiblement et d'une manière fort intermittente. Grâce à lui, la Commission des monuments historiques du Ministère de l'intérieur a pu d'emblée trouver partout des correspondants et des sociétés savantes capables de la seconder dans l'œuvre de la classification, de la conservation et la restauration de ces monuments. Le Comité avait tout fait pour lui préparer ces outils, ces indispensables collaborateurs. Il ne s'était pas borné à envoyer dans les départements des circulaires et des questionnaires. Il ne s'était même pas borné à y répandre des modèles de statistiques et de monographies. Comprenant qu'il ne pouvait lui suffire d'obtenir le concours des personnes trop peu nombreuses qui étaient déjà versées dans l'archéologie, il s'était appliqué à faire naître les vocations et à

---

[1] *Rapports au Ministre sur la collection des documents inédits*, p. 153-154. Paris, 1874.

les diriger. Afin de mettre la science à la portée de tous et de recueillir partout des travailleurs, il avait fait rédiger des instructions spéciales, détaillées et précises, qui, distribuées à profusion dans les provinces, devaient y servir de manuel préparatoire pour les études, et éveiller chez les plus ignorants le désir de s'instruire. Que ces instructions soient dépassées aujourd'hui, que sur bien des points elles ne soient plus à la hauteur du progrès, qui songerait à le nier? Que la littérature archéologique ait fait d'immenses progrès, que de toutes parts pullulent maintenant les livres élémentaires, qui n'en serait frappé? Mais à l'époque où les instructions du Comité ont paru, il n'y avait rien, ou presque rien. Aussi ont-elles donné aux esprits la plus juste et la plus féconde impulsion. OEuvres de propagande, elles avaient pour but et elles ont eu pour effet de vulgariser les résultats acquis de la science et de provoquer la découverte de nouveaux résultats. Elles ont été lues partout; sur tous les points du territoire, elles ont secoué la torpeur provinciale, donné un objet aux études, guidé, soutenu, encouragé les premiers efforts des personnes de bonne volonté qui s'essayaient à l'érudition. Nous savons bien qu'elles ont eu le défaut dont on se méfie le plus en ce moment : celui des généralisations trop promptes et des principes trop rapidement établis. Nous traversons, comme nous l'avons exposé, une période de critique; la science des détails a remplacé la science des ensembles, si fort en vogue il y a quarante ans; on ne fait plus de synthèses; on ne croit qu'aux analyses; on ramasse des faits, on les classe, on les décrit, et on laisse à l'avenir le soin d'en tirer des lois. C'est certainement la vraie méthode scientifique, la méthode d'observation et d'expérimentation qui seule peut conduire, par une marche lente, mais sûre, à la vérité. Toutefois, cette méthode ne convient pas aux débuts de la science. L'esprit humain a besoin de commencer par des vues générales, par des hypothèses, par des lois qu'il croit absolues. Sans cet échafaudage, fragile sans doute, mais nécessaire, il ne construirait pas. Il n'élève que grâce à lui les gros murs de l'édifice de la science; et ce n'est que lorsque ces murs se dressent à une hauteur suffisante qu'il peut se passer de l'échafaudage primitif et qu'il le renverse afin de mieux continuer sa construction.

Nous avons reproduit dans ce recueil un certain nombre d'instructions adressées non seulement par le Comité des arts et des monuments, mais par les diverses sections du Comité historique, à leurs correspondants de la province. A défaut d'autre intérêt, elles auraient encore celui de nous faire connaître l'état de la science au moment où le Comité a commencé ses travaux, et elles aussi seraient, à ce titre, un document historique digne d'être conservé dans notre grande collection. Mais elles sont bien autre chose encore. Elles ont gardé une valeur scientifique incontestable; sur plusieurs points elles n'ont pas été dépassées, et elles peuvent être considérées comme des modèles d'exposition simple, claire, méthodique, qu'aujourd'hui encore on ne saurait mieux faire que d'imiter. Naturellement nous avons choisi, parmi ces instructions, celles dont les exemplaires étaient épuisés, celles qui, par leur brièveté et par leur modeste format, avaient pu se répandre avec tant de profusion qu'il n'en restait plus, ou presque plus, à la disposition des érudits ou des curieux. Il va sans dire que nous n'avons pas publié de nouveau, par exemple, le *Traité complet de l'architecture monastique*, non seulement en France, mais dans le monde chrétien tout entier, en deux volumes in-4°, l'un de 400, l'autre de 562 pages, dans lequel M. Albert Lenoir a refondu et si remarquablement développé une partie de ses premières instructions sur les arts. Il va sans dire aussi que nous n'avons pas fait paraître une seconde édition des *Éléments de paléographie*, de M. Natalis de Wailly, en deux volumes, dans lesquels sont résumés et complétés avec une grande sûreté de science, à l'usage des correspondants du Ministère, le *De re diplomatica* de Mabillon et le *Nouveau traité de diplomatique*. Bien que ces grands ouvrages soient de véritables instructions, ils nous ont paru donner une idée moins exacte de l'œuvre de propagande entreprise par le Comité que les travaux de plus courte haleine que nous réunissons dans notre troisième volume, et dans lesquels on trouvera une sorte de tableau de l'activité du Comité. Ces derniers justifient amplement ce que M. Léopold Delisle, sous l'autorité duquel nous sommes toujours si heureux de nous placer, disait, dans son rapport au Ministre, sur la collection des documents inédits : « Ce n'est pas seulement d'après le nombre des volumes de la Collection des documents inédits qu'il faudrait apprécier les services du Comité. Par les exemples, les conseils et les instructions qu'il a donnés, par les encouragements qu'il a été chargé de distribuer, il a développé le goût des recherches et propagé l'emploi des bonnes méthodes. Aussi voyons-nous de tous côtés les départements, les communes, les Sociétés savantes et les simples particuliers rivaliser de zèle pour mettre en lumière les chartes, les comptes, les registres de tout genre, les correspondances, les chroniques et les mémoires que renferment encore en si grande abondance nos archives et nos bibliothèques. C'est aussi du Comité qu'est venue l'impulsion donnée aux travaux sur les anciens dialectes et sur les patois. C'est lui qui a fait entrer dans une voie nouvelle l'étude critique et comparative des chants populaires, et s'il ne lui a pas encore été donné de mettre au jour le recueil général prescrit par un décret du 13 septembre 1852, il a, du moins, pu constater l'heureuse influence des instructions que M. Ampère rédigea en son nom, et que plusieurs savants ont prises pour guide dans la recherche et l'édition des chants populaires de certaines provinces. Il faut s'applaudir de tels résultats, mais sans oublier que la tâche est loin d'être accomplie. Le champ que nous avons à parcourir est immense, et chaque jour les limites paraissent s'en élargir. Heureusement les ouvriers ne font pas défaut, et dans ces dernières années le Comité a examiné et approuvé un si grand nombre de projets que d'ici longtemps tous ne pourront pas être mis sous presse [1]. » Nous sommes assuré que ce jugement de M. Léopold Delisle paraîtra parfaitement justifié à ceux qui liront les instructions du Comité que nous avons réunies. Ils y verront aussi, nous n'en sommes pas moins sûr, que le même esprit n'a cessé de

---

[1] *Rapports au Ministre sur la collection des documents inédits*, p. 141. Paris, 1874.

l'animer, et ils retrouveront dans les instructions sur les sciences économiques et sociales et sur la Tunisie, les dernières qu'il ait fait paraître, la même clarté et la même initiative scientifique que dans les premières.

Les instructions archéologiques sont celles qui tiennent le plus de place dans notre recueil, car l'archéologie a été, à l'origine du Comité, le champ le plus fécond peut-être de son activité. Rédigées surtout par MM. Lenoir et Mérimée, elles offrent un résumé un peu succinct, mais généralement fort exact, de ce que l'on savait, il y a trente ans, au sujet de l'archéologie du moyen âge. Sur bien des points elles n'ont pas vieilli, et l'on peut encore les considérer comme un des guides les plus lucides et les plus fidèles à mettre entre les mains des personnes qui commencent l'étude de nos monuments. A cet égard d'ailleurs, il y a lieu de distinguer entre les diverses parties de ces instructions. Ainsi tout le premier chapitre est aujourd'hui fort en arrière de l'état de la science. Les monuments dits gaulois, celtiques ou préhistoriques ont suscité, depuis trente ans, d'innombrables études, et, malgré toutes les obscurités qui restent à dissiper, malgré l'incertitude où l'on est et où l'on sera longtemps sans doute sur plus d'une question, on ne peut méconnaître que bien des données ont été acquises à la science, données que ne soupçonnaient pas, que ne pouvaient pas soupçonner les auteurs des instructions, et qui sont même quelquefois la négation des théories généralement admises à l'époque où ils écrivaient. Ainsi on a reconnu aujourd'hui que les dolmens n'étaient point des autels, mais des sépultures. Les instructions serviront donc ici principalement à mesurer les progrès des découvertes. Sur le second chapitre, qui concerne les monuments romains, il y a peu à dire. Succinct et précis, ce chapitre n'aurait guère besoin de retouches pour être au courant de la science actuelle. Tout au plus faudrait-il revoir l'article *basilique*, ainsi que le paragraphe relatif à la numismatique antique, où l'on devrait mentionner quelques-uns des ouvrages capitaux publiés depuis 1855, comme l'*Histoire de la monnaie dans l'antiquité* de François Lenormant, l'*Histoire de la monnaie romaine* de Mommsen, les ouvrages de Cohen, etc. Mais c'est surtout en vue de nos monuments chrétiens que les instructions ont été rédigées, et toute cette partie du travail, due à M. Lenoir, reste à peu près intacte. A peine sur quelques points de détail des travaux ultérieurs sont-ils venus modifier les assertions qu'elle contient. Ainsi M. Jules Quicherat a démontré que M. Lenoir s'était trompé dans la restitution de l'église de Saint-Martin de Tours. Mais les erreurs de ce genre sont fort peu nombreuses; et, si l'on pense que ces instructions ont été écrites de 1839 à 1843, on est étonné d'y trouver si peu à reprendre. On remarquera, d'ailleurs, qu'elles ont exercé une véritable influence sur la terminologie archéologique. Tout le monde admet aujourd'hui la division en périodes latine, romane et gothique de notre art du moyen âge, et ces termes ont remplacé les divisions en style mérovingien, carlovingien, romano-byzantin, byzantin, et style de transition, préconisées jusque-là par divers auteurs. Les instructions sur l'archéologie militaire, œuvre de Mérimée, sont aussi remarquables que les précédentes. Sauf quelques points de détail, comme le plan du Louvre, dont les fouilles faites en 1868 ont montré le peu d'exactitude, tout y est encore très bon, et ces pages sont à lire par les débutants, même après les importants articles que M. Viollet-le-Duc a consacrés dans son *Dictionnaire* à l'architecture militaire. Les instructions sur les monuments de l'Orient sont certainement celles qui réclameraient le plus de modifications, non pas qu'elles aient moins de valeur au point de vue de l'effort d'intelligence qu'elles révèlent, mais parce qu'au moment où elles ont été préparées on ne connaissait pour ainsi dire pas ces monuments. Beaucoup d'édifices mentionnés par M. Lenoir n'avaient pas encore été décrits. Depuis lors, d'importants ouvrages, tels que l'*Architecture byzantine* de Texier, les *Monuments de la Syrie centrale et de la Terre Sainte* de M. de Vogüé, nous ont fourni de nombreux détails et des renseignements de première main, sur un sujet pour lequel M. Lenoir adressait alors un appel aux chercheurs. Ainsi Texier a fait connaître les églises d'Eski-Djouma, de Saint-Demetrius, de Sainte-Sophie, de

Saint-Georges de Thessalonique, signalées, dans les instructions, comme non décrites. Les instructions mentionnent encore comme intéressantes et peu connues les fortifications élevées en Orient par les Croisés. Or le Comité a publié depuis un important volume in-4°, avec 65 planches et 65 gravures sur bois intercalées dans le texte, de M. Guillaume Rey, sur les *Monuments de l'architecture militaire des Croisés en Syrie et dans l'île de Chypre*. Malgré ces diverses publications et malgré le grand ouvrage sur l'*Architecture monastique*, dans le premier volume duquel il les a reprises et développées, ces instructions de M. Lenoir sur les monuments de l'Orient sont encore excellentes à consulter. Elles marquent d'ailleurs une date. C'est en 1856, au moment où le traité de Paris ouvrait l'Orient aux explorateurs qu'elles ont été écrites. On voit par là que l'initiative du Comité était toujours en éveil, et qu'elle ne s'enfermait pas dans nos frontières. Les instructions de M. Lenoir sont adressées aux voyageurs, le Comité étant prêt à seconder tous les libres travailleurs, quelle que fût la voie nouvelle où les circonstances leur permettaient de s'engager.

Pour montrer combien le zèle du Comité était à la fois étendu et précis, et que rien, dans le domaine de la science ne lui échappait; pour montrer aussi avec quelle ardeur il embrassait tous les sujets, nous prendrons un exemple frappant, et nous résumerons ce qu'il a fait pour l'histoire de la musique. On aurait pu croire qu'il y resterait assez indifférent; mais, s'attachant à préserver et à restaurer les cathédrales, il lui sembla qu'il ne devait pas oublier un art qui a réellement pris naissance sous leurs voûtes profondes; et, en même temps qu'il cherchait à connaître leur architecture, il voulut retrouver les chants liturgiques, qui sont l'âme de ces vieux temples, et ressusciter les orgues, qui en sont la voix. Aussi, en 1837, un arrêté du 10 avril, pris sur la proposition du Comité, chargeait M. d'Ortigue de réunir les matériaux concernant l'état de la musique au moyen âge. Il devait compulser, dans les dépôts publics, les manuscrits et les documents propres à en déterminer l'origine et les développements, et indiquer, dans un rapport spécial et détaillé, ceux de ces manuscrits dont la publication pourrait être ultérieurement autorisée. M. d'Ortigue paraît n'avoir jamais terminé, pour le Comité, cette importante compilation, mais ses recherches ont servi de noyau à l'un de ses plus importants ouvrages personnels. Toutefois, la musique était entrée si bien dans les préoccupations du Comité qu'un rapport de M. de Gasparin, rédigé en 1840, sur les travaux de la session de 1839, contient un intéressant passage au sujet de la restauration des orgues et de leur emploi dans les cérémonies du culte. M. de Gasparin y déclare aussi avoir formé une commission spéciale de musique, chargée de donner les avis nécessaires pour la restauration des orgues en général, et d'éclairer le Ministre des cultes sur les demandes qui lui seraient adressées au sujet de celles des cathédrales en particulier. Au cours de cette même année (1839), parurent les instructions sur la musique ancienne, rédigées par M. Bottée de Toulmon. Elles appelaient l'attention des correspondants vers ce genre d'études. Ces instructions, fort courtes et même assez incomplètes, ne contenaient que des notions très abrégées sur deux traités de musique des VIe et IXe siècles; sur la notation ancienne (lettres, neumes, lignes colorées); sur Guido d'Arezzo et ses ouvrages (XIe siècle); sur le plain-chant, le déchant et le contrepoint, tels qu'on les pratiquait du XIIe au XVIe siècle. La recommandation qu'elles adressaient aux correspondants de rechercher tous les documents, manuscrits ou autres, pouvant fournir sur ces divers sujets des indications nouvelles, fut néanmoins écoutée, et de nombreuses communications prouvèrent au Comité qu'il n'avait pas fait appel en vain à la bonne volonté de ses collaborateurs des départements. En 1841, un projet de réforme musicale des chœurs de Notre-Dame, où l'on voulait ramener l'austère et religieuse simplicité du plain-chant romain, attira l'intérêt du Comité. M. Bottée de Toulmon fit, à ce propos, un mémoire qui fut imprimé dans le Bulletin et qui renferme d'excellentes remarques. En 1843, le Comité reçut de M. Jouannet, de Bordeaux, membre non résidant, une communication relative à des chants d'Église du Xe siècle. Elle parut curieuse, et le Comité engagea les correspondants à continuer leurs investigations, en se préoccupant du plain-chant, l'une des formes particulières, l'une des fractions de l'art universel qui régnait au moyen âge. A la même époque, dom Guéranger préparait un recueil de six cents pièces de plain-chant, prises dans toutes les époques, depuis la plus ancienne jusqu'au XVIe siècle, et le Comité applaudissait à ses efforts. Le Comité proposait enfin la publication, par M. Bottée de Toulmon, de trois messes choisies parmi les plus remarquables des XIVe, XVe et XVIe siècles. Le rapport lu sur ce sujet par M. Bottée de Toulmon est plein d'intérêt. L'année suivante, en 1844, M. de Coussemaker, correspondant, proposa la publication du *Speculum musicæ* [1] et du traité *De discantu*, de Jean de Muris. A ce moment, le Comité semble élargir le cercle de ses travaux sur la musique. Il se préoccupe des chansons populaires, des cris des marchands ambulants; il prescrit aux correspondants de recueillir, non seulement des chants de toute nature, mais encore tous les renseignements possibles sur les anciens instruments de musique et même sur les cloches et les anciennes sonneries. Un mois plus tard, M. de Coussemaker, rappelant d'excellentes observations présentées, en 1841 [2], par M. Bottée de Toulmon, condamnait les altérations que le goût inintelligent du siècle faisait subir aux chants liturgiques, si sublimes dans leur simplicité native. Il exprimait cette opinion que tout le mal venait d'une ignorance absolue de l'archéologie musicale, et il appelait de nouveau l'attention du Comité sur les ouvrages de Jean de Muris, dont l'impression pourrait, disait-il, être précédée d'une étude sur la marche et les progrès de la musique harmonique et mesurée jusqu'à lui. Il citait encore les écrits de Philippe de Vitry, de Jérôme de Moravie, de Jean le Chartreux. Il est fâcheux, en effet, qu'aucune de ces publications n'ait été faite alors. Le dominicain Jérôme de Moravie est l'auteur d'un important traité sur la fonte des cloches (XIIIe siècle) et d'une excellente encyclopédie musicale [3].

[1] Manuscrit de la Bibliothèque nationale, fonds latin, n° 7207.
[2] Séance du 14 avril.
[3] Bibliothèque nationale, fonds latin, n° 16663.

Quant à Jean de Muris, docteur en Sorbonne du XIVe siècle [1], et à Philippe de Vitry, surnommé *la perle* et *la fleur* des chantres, ils ont été les premiers théoriciens, les créateurs de la musique au moyen âge, et leurs œuvres auraient présenté, à coup sûr, pour les artistes et les savants, un intérêt de premier ordre.

Les années 1845 et 1846 ne furent pas moins fécondes en recherches et en découvertes. Dans la séance du 15 juin 1845, on décida l'impression au Bulletin d'un travail de M. de Lafage sur un mode de notation en usage en Allemagne au XVIe siècle, comportant des portées de huit lignes pour l'écriture des dessus et des lettres superposées pour les parties exécutées par la main gauche. En 1846, M. de Courcelles fut invité à préparer un catalogue général de tous les ouvrages relatifs à la musique [2], et M. Bottée de Toulmon proposa encore de publier la musique de plusieurs messes anciennes. Il faut citer aussi de très curieux documents communiqués, en 1847, par M. de Coussemaker. Ce sont les devis des orgues de Bourges (1663) et deux conventions, l'une de 1448, l'autre de 1474, pour la réparation et l'entretien des orgues de Notre-Dame de Termonde. Il est bon de rapprocher cette communication de celle que fit M. Redet, en 1844, au sujet de quatre pièces relatives aux grandes et petites orgues de Saint-Hilaire et de la cathédrale de Poitiers. La lecture de ces divers documents donne les indications les plus exactes sur la fabrication des grandes orgues au XVe et au XVIIe siècle. On y voit la nomenclature bizarre de ces jeux de mutation, que la facture d'orgues moderne a utilisés en les transformant, et qui s'appelaient : Quintadine, Nazard, Nazard double, Cymbales, Tierce, Quinte, Sex, Cornet-à-bouquin, Cornet en écot (sic), Larigot. En 1848, M. Schneegans envoie une notice sur un chant protestant du temps de la Réformation, avec des détails biographiques intéressants sur son auteur, Henri Vogtherr, né à Wimpfen, bourgeois de Strasbourg en 1526.

[1] Il écrivait de 1325 à 1345.
[2] Le rapport adressé au Ministre par M. de Courcelles au sujet de ce catalogue est publié dans l'Appendice du tome III, p. 591.

Nous passons, bien entendu, sous silence beaucoup d'autres communications non moins attachantes, mais dont l'analyse prolongerait sans utilité ces observations. En 1849, le mouvement en faveur de l'archéologie musicale avait pris un tel développement qu'à la séance du 21 décembre M. de Laborde exprima le désir de voir adjoindre au Comité des arts et monuments un archéologue spécialement expert dans la musique ancienne. Ce désir ne paraît pas avoir été jamais réalisé, ce qui est regrettable. En 1850, le Comité décida que le Ministre serait prié de donner à M. F. Clément une mission à l'effet de faire des recherches sur la musique ancienne dans les bibliothèques et les archives de la France. Ce fut là une erreur, car M. F. Clément n'était point apte à remplir une mission de ce genre. Le choix qu'on fit de lui s'explique d'autant moins qu'il venait de publier [1] ses *Chants de la Sainte-Chapelle*, tirés des manuscrits du XIIIe siècle et mis en parties avec accompagnement d'orgues, ouvrage qui révélait chez son auteur une connaissance insuffisante des tonalités grégoriennes. Un article du *Correspondant* [2], signé T. Nisard, fait des *Chants de la Sainte-Chapelle* une très sévère, mais très judicieuse critique. M. Nisard renvoie très spirituellement M. Clément à saint Grégoire, à Guy d'Arezzo, à Jérôme de Moravie, à Engelbert, qu'il lui semble avoir trop oubliés. La même année, M. de Coussemaker proposa la publication de documents manuscrits inédits relatifs à la musique du moyen âge, du IXe siècle au XVe siècle. La pénurie des crédits empêcha seule la réalisation de ce projet. De 1850 à 1856, on peut relever dans les procès-verbaux des séances de fréquentes communications relatives à la musique, de nombreux envois de pièces. Enfin le Comité, devenu *Comité de la langue, de l'histoire et des arts de la France*, adopta, dans la séance du 5 mai 1856, un plan d'instructions sur la musique préparé par M. de Coussemaker [3]. C'est en comparant ces instructions à celles de M. Bottée

---

[1] En 1849.
[2] N° du 25 août 1850.
[3] Publié dans l'Appendice du tome III, p. 613. — Nous avons publié dans cet appendice tous les documents de cette nature qui nous ont paru avoir quelque intérêt.

de Toulmon que l'on voit le chemin parcouru de 1839 à 1856. Il est juste de dire que les concerts historiques du prince de la Moskowa et de Niedermeyer, ainsi que la publication faite, en vue de ces concerts, des plus beaux spécimens de la musique ancienne, avaient largement contribué au mouvement musical de cette époque. Quoi qu'il en soit, la voie est alors ouverte; il ne reste plus qu'à poser les jalons indicateurs, et c'est ce qu'a essayé de faire M. de Coussemaker. Son cadre est celui d'une monographie très étendue de la musique. Rien n'y est oublié. Il comprend : la mélodie, l'harmonie, la notation, les instruments de musique, plus une partie bibliographique et biographique, où figurent même les facteurs d'instruments. On se rendra compte de la précision du travail de M. de Coussemaker en parcourant ses titres de chapitres et leurs divisions. Les chants ambrosiens, créés au IVe siècle sur des mélodies grecques par saint Ambroise, archevêque de Milan; les chants grégoriens, qui les ont remplacés aux VIe et VIIe siècles; les chants gallicans, qui, malgré la réforme grégorienne, persistèrent dans les Gaules jusqu'au règne de Charlemagne (VIIIe-IXe siècles); les chants mozarabes [1], établis pour les chrétiens d'Espagne par saint Léandre, archevêque de Séville, et par saint Isidore, son frère et son successeur; les chants religieux non liturgiques, ceux de l'Église réformée, les chants profanes, les divers systèmes de notation, tout est énuméré, tout a sa place nettement déterminée. On doit donc regretter que des données si claires n'aient, depuis lors, tenté personne, et qu'un travail si consciencieusement préparé n'ait jamais été poursuivi. A partir de 1856, les communications relatives à la musique cessent brusquement; les correspondants et les Sociétés savantes semblent avoir com-

---

[1] Les Mozarabes étaient les chrétiens d'Espagne qui, après la conquête du royaume par les Arabes, avaient conservé, moyennant un sacrifice d'argent, l'exercice de leur religion (VIIIe siècle). Le rite mozarabique persista jusqu'au XIIe siècle. Le cardinal Ximénès le rétablit au XVIe siècle, mais pour peu de temps. Cependant, en 1845, dans une chapelle de la cathédrale de Tolède, on disait encore la messe conformément au rite mozarabique. M. Bottée de Toulmon pense, et il a sans doute raison, que les chants mozarabiques ont retenu la tradition du chant ambrosien.

plètement abandonné cette direction. Il ne serait peut-être pas impossible de les y ramener, en leur tenant le même langage que leur tenait le Comité en 1839, en 1843 et en 1844. Les raisons qu'on invoquait alors en faveur de ces études n'ont pas perdu leur valeur, et les récentes transformations du Comité l'ont préparé lui-même à élargir de plus en plus le cadre de ses travaux, et l'ont certainement rendu capable de faire aujourd'hui ce qu'il faisait, ou du moins ce qu'il entreprenait autrefois.

On nous pardonnera d'avoir parlé avec quelque détail des études. sur la musique; nous avons voulu par là faire ressortir la diversité des objets sur lesquels se sont portées l'initiative et l'activité du Comité. Nous devrions montrer maintenant quels étaient les procédés qu'il employait pour attirer l'attention de ses correspondants sur chacun de ces objets, et comment il arrivait à créer, dans un sens déterminé, un courant de recherches qui parcourait toute la province. Mais cela nous conduirait trop loin. Nous nous bornerons à signaler, parmi ces procédés, celui qui nous paraît avoir eu le plus d'efficacité, et que, par suite, nous désirerions voir employer et développer de plus en plus : nous voulons parler des enquêtes. Dès le début du Comité, c'est en ordonnant une enquête générale, à laquelle on conviait toutes les Sociétés savantes et tous les correspondants à prendre part, que fut entreprise cette *Histoire du Tiers État,* que la mort d'Augustin Thierry a laissée inachevée, mais qui, telle qu'elle demeure, n'en est pas moins un monument admirable de patriotisme et d'érudition. On lira, dans les rapports de M. Guizot et d'Augustin Thierry, le résumé des efforts individuels qui ont collaboré à l'édification de cette œuvre. Mais, outre les matériaux qui ont été utilisés, la Bibliothèque nationale possède une masse de matériaux précieux dont il n'a pas été jusqu'ici possible de faire usage. Les documents expédiés de province, et que le Ministère de l'instruction publique a déposés à la Bibliothèque, se composent de 54 volumes de copies; ils forment actuellement les registres cotés 3375-3429 du fonds des nouvelles acquisitions françaises, auxquels il faut joindre un répertoire alphabétique sur fiches, renfermé dans 46 boîtes cotées 3432-3477 du même fonds. C'est aussi la Bibliothèque nationale qui possède les trésors de poésies populaires, résultats de l'enquête de M. Fortoul. Faire travailler tous les savants de la province à un grand monument élevé à Paris, recevoir de chacun d'eux une pierre pour l'édifice, n'est-ce pas leur donner la meilleure et la plus utile direction? Souvent le travailleur isolé s'endort faute de trouver un but précis à son activité, souvent il s'égare faute de savoir comment il peut servir, avec le plus de succès, les intérêts de la science qu'il aime. L'inviter à collaborer à une enquête dont les résultats réunis et publiés doivent former un vaste ensemble historique ou scientifique, n'est-ce pas mettre un terme à ses hésitations ou à ses erreurs? N'est-ce pas aussi reprendre, en ce qu'elle a de pratique, l'idée de Moreau, et composer des collections d'un prix inestimable qui seront une mine toujours ouverte aux érudits? Les enquêtes du Comité ont été très variées et constamment fructueuses. A côté de celles qui ont servi à l'*Histoire du Tiers État* et au recueil projeté des chants populaires, nous citerons encore celle qu'ordonna M. Fortoul, en 1856, pour préparer le recueil des inscriptions de la Gaule et de la France. L'usage des enquêtes n'a pas cessé, bien qu'on puisse, ce nous semble, généraliser plus qu'on ne le fait une méthode de travail aussi féconde : la nouvelle section des sciences économiques et sociales en a prescrit plusieurs, pour son compte, qui ne sauraient manquer de produire d'heureux effets; mais ne pourrait-on pas considérer aussi comme une sorte d'enquête l'appel adressé aux voyageurs et aux officiers qui découvriront des inscriptions en Tunisie, inscriptions qu'une commission spéciale, rattachée au Comité, examinera et se chargera de publier? Ce qui est plus évidemment, ou plutôt ce qui est incontestablement une enquête, c'est l'exécution du programme de recherches adressé par le Comité à ses correspondants et aux conservateurs des bibliothèques pour la publication des documents inédits relatifs aux États généraux. Cette publication, qui sera l'une des plus importantes de la Collection des documents inédits, et qui y prendra place au même rang que l'histoire du Tiers État, est confiée à l'homme qui pouvait assurément le mieux en prendre soin. Sous la main de M. Georges Picot, n'avons-nous pas le droit de compter que cette œuvre capitale sera exécutée comme il convient, et mettra en lumière les origines de la liberté et de la vie parlementaire dans notre pays? Le rapport que M. Georges Picot a adressé à ce sujet au Comité nous permet plus que de concevoir des espérances. Le savant historien des *États généraux* est au niveau de la tâche dont il a si bien tracé le plan et qui jusqu'ici avait été entreprise, sans pouvoir jamais être poursuivie.

Plus le système des enquêtes se généralisera et plus deviendront solides les liens qui unissent le Comité aux Sociétés savantes. On a prétendu quelquefois que ces liens étaient bien factices; que le Comité n'avait jamais été réellement utile aux Sociétés; que, sous sa direction, elles n'avaient point acquis le mouvement et la vie qu'une direction différente leur aurait donnés. Pour répondre à ces allégations sans preuves, il suffirait de noter dans la *Bibliographie des sociétés savantes de la France,* dressée, en 1878, par M. Ulysse Robert, complétée et mise au courant par M. Eugène Lefèvre-Pontalis et que nous publions plus loin, toutes les Sociétés qui sont nées en quelque sorte sous l'influence du Comité. Les trois quarts de celles qui existent dans les départements ont vu le jour depuis 1834, et il n'y a point de témérité à affirmer que c'est le grand courant d'études et de recherches créé par le Comité qui leur a donné naissance. Quant à ce qu'elles ont fait sous l'influence du Comité, nous n'entreprendrons pas de le dire; il nous faudrait de longues pages pour exposer en détail la part qu'elles ont prise aux travaux généraux de ce dernier.

Leurs travaux personnels et particuliers nous entraîneraient plus loin encore. On se rappelle combien M. Guizot tenait à les mettre en lumière. Plus tard, on songea à créer, pour atteindre ce même but, un Annuaire des Sociétés savantes. L'entreprise était trop délicate; elle ne réussit pas longtemps. Mais, si nous ne publions plus d'Annuaire des Sociétés savantes, en revanche nous faisons la bibliographie de leurs travaux. On jugeait encore la chose impossible en 1877. Une circulaire ministérielle constatait que des projets relatifs à cette entreprise avaient été plusieurs fois soumis au Comité, mais qu'aucun plan n'avait été adopté, et que les difficultés étaient telles qu'on ne saurait, sans délibération approfondie, ni arrêter un plan de travail, ni se prononcer sur la question des voies et moyens de réalisation [1]. Cependant, cette bibliographie a été entreprise et menée à bonne fin depuis lors, au moins pour la partie historique et archéologique; il est vrai que c'est M. Robert de Lasteyrie qui s'en est chargé, et qu'aucune entreprise érudite n'est au-dessus de ses forces. Le premier fascicule de son travail a paru en 1885; le reste est sous presse. La bibliographie scientifique va être commencée à son tour. On voit donc que le Comité ne cesse pas de s'occuper des Sociétés et de mettre leurs travaux en relief. Nous ne voulons pourtant point dire qu'il ne puisse pas faire pour elles davantage encore, sinon matériellement, au moins moralement. Il pourrait, sans tomber dans l'erreur qui avait produit sous l'Empire de si fâcheux résultats, sans tenter une sorte de mainmise sur les Sociétés, leur donner plus de conseils, plus d'instructions pour leurs travaux, exercer sur ceux-ci une action plus constante et plus constamment sympathique. Il faut reconnaître que les relations si intimes qui existaient du temps de M. Guizot entre le Ministère et les Sociétés sont devenues moins étroites, moins fréquentes, presque insuffisantes. Puisqu'elles ont eu autrefois un autre caractère, pourquoi ne le reprendraient-elles pas à l'avenir? Peut-être pourrait-on agir sur les Sociétés non seulement par une tutelle bienveillante, mais aussi par des égards qui auraient en eux-mêmes quelque utilité. En 1865, M. Duruy, faisant preuve en cela, comme en tant d'autres choses, d'un admirable esprit libéral, n'hésita pas à leur demander de s'associer à son œuvre de la création d'un enseignement secon-

---

[1] T. II, p. 265.

AB.

daire spécial, œuvre utile entre toutes, qui a été méconnue à ses débuts, mais qui triomphe maintenant sous nos yeux, parce qu'elle est la conséquence forcée des nécessités d'existence de notre société démocratique. En 1864, il les avait consultées sur le choix des livres destinés aux bibliothèques des écoles primaires. Le 1ᵉʳ décembre, il écrivait aux présidents des Sociétés : « Monsieur le président, chaque année mon Département achète un certain nombre de livres pour être distribués aux bibliothèques des écoles primaires. Ce sont, en général, des ouvrages d'histoire ou de géographie, de littérature ou de morale, des manuels d'agriculture, ou des traités élémentaires de science appliquée, destinés aux élèves les plus avancés de ces écoles ou à leurs parents, pour les lectures d'hiver. Il m'a paru qu'il serait très désirable de pouvoir mettre entre les mains de cette classe de lecteurs, indépendamment de ces ouvrages d'une utilité générale, des livres présentant un caractère d'intérêt particulier pour les populations de telle ou telle localité et spécialement appropriés à leurs besoins. Les membres de la Société que vous présidez seraient mieux que personne en mesure de m'éclairer sur ce point. Je vous serai donc très obligé de vouloir bien, après vous être concerté avec eux, m'indiquer quels sont, au point de vue de la littérature, de l'histoire, des sciences, de l'hygiène, de l'agriculture, de l'industrie, etc., les ouvrages qui pourraient être le plus utilement répandus dans votre département [1]. » Ces exemples seraient bons à suivre, et sur ce point encore, M. Duruy est, avec M. Guizot, l'instigateur de presque toutes les réformes qui ont été accomplies ou qui devraient être accomplies au Ministère de l'instruction publique.

Mais le meilleur ou plutôt l'unique moyen de laisser au Comité la direction des Sociétés savantes est de l'élargir lui-même, à mesure que ces Sociétés se développent et étendent le champ, de plus en plus vaste, de leurs travaux. Nous croyons avoir montré, dans les pages qui précèdent, que si le Comité a si souvent changé de titre et d'organi-

---

[1] T. II, p. 221-222.

sation, que si de simple il est devenu multiple dans ses parties, c'est qu'il a dû grandir avec les Sociétés savantes et s'appliquer à toutes les sciences vers lesquelles elles étaient graduellement attirées. Au début, nous l'avons montré, l'histoire seule semblait être de leur domaine ; l'archéologie l'a suivie presque immédiatement, puis les lettres, puis les sciences mathématiques et naturelles, puis enfin toutes les sciences. Pour comprendre la portée de ces accroissements successifs dans le programme des Sociétés savantes, il suffit de se reporter à celui qu'un philosophe célèbre, Jouffroy, traçait, en 1836, à l'académie de Besançon [1], avec un art si persuasif et d'une main qui paraît si sûre, si maîtresse de l'avenir. « Ce sont, disait Jouffroy, les principes indigènes qu'il appartient à une académie de province de saisir, de développer et de féconder. Elle peut en cela ce que nulle autre ne peut. La fibre provinciale est sous sa main, c'est à elle de la faire vibrer ; là est la partie originale de sa mission, et c'est en la remplissant qu'elle peut rencontrer la gloire, qui ne s'attache qu'à l'originalité. L'art des académies de province est de dégager, dans la recherche générale de la vérité, les recherches particulières qui touchent spécialement la province, ou dont la province seule possède les éléments, et, se résignant à n'être sur le reste qu'un intermédiaire utile, de se consacrer exclusivement à ces recherches, d'en organiser le plan, d'en trouver la méthode, de les exciter par tous les moyens en son pouvoir, et de réunir en elles tous les rayons qui peuvent les éclairer. Toute académie locale qui saura se faire ainsi sa part, la gardera. On ne demandera pas à quoi elle est bonne, on le saura. La province, interrogée sur sa littérature, sur son histoire, sur sa géographie, sur sa statistique, sur ses souvenirs et ses espérances, sur sa gloire et ses infortunes, sur tout ce qui la touche, sur tout ce qu'elle sait, et qu'elle seule peut savoir, répondra juste, et le corps de ses réponses deviendra pour la société qui les a formulées

---

[1] *Proposition adressée à l'Académie de Besançon par M. Jouffroy, député du Doubs*, Paris, le 15 novembre 1836. Le but de cette proposition est la publication par l'Académie des documents inédits de l'histoire de la province. — Voyez *Mémoires de l'Académie de Besançon*, année 1837.

un monument glorieux pour les sciences, un document original; pour la province, une source abondante de poésie, de patriotisme, de lumière et de vie. Cherchez ce qu'ont produit, depuis qu'elles existent, les différentes académies de province, vous verrez qu'elles n'ont moissonné que dans ce cercle, et que tout ce qu'elles ont semé au delà n'a pas levé. En quoi sont précieuses les archives de certaines académies et qu'y va-t-on chercher? Sont-ce les mémoires sur les questions générales que l'habitant de Calcutta est tout aussi apte à résoudre que celui de Besançon ou de Marseille? Ces mémoires sont oubliés, nul ne s'en soucie. Ce qu'on y va chercher, ce sont des études sur la province, que l'on ne trouve que là. Ces études, quiconque s'occupe de la France, ou même de l'Europe, sous une face quelconque, en a besoin : c'est une pierre de l'édifice qu'il essaie d'élever, et si elle lui manquait, son œuvre serait moins parfaite. Il vient la chercher où elle doit être et, quand il la trouve, il rend hommage à l'académie locale qui a eu le bon sens de comprendre que sa mission était de la lui préparer. » Ces vues étaient-elles complètement justes en 1836? C'est douteux. En tous cas, elles le sont beaucoup moins aujourd'hui, et peut-être ne le seront-elles plus demain. D'abord, il est impossible de bien faire des recherches dans les limites étroites d'une province sans connaître l'ensemble de la science, et, par suite, sans essayer quelquefois de résoudre les questions générales que se pose l'habitant de Calcutta, aussi bien que celui de Marseille et de Besançon. Et pourquoi ne serait-il pas permis de l'essayer? Parce qu'on vit en province? Mais, si la province avait en 1836 des horizons étroits, si on y était renfermé parce qu'il était trop long d'en sortir, en est-il de même aujourd'hui que, grâce au progrès des moyens de communications, il n'y a réellement plus de distances? Il n'y en a pas plus pour la pensée que pour le corps. La science est devenue universelle; en quelques heures, en quelques jours tout au plus, une découverte faite sur un point quelconque du globe est connue dans le globe entier. Besançon n'est plus si éloigné de Calcutta, et pourquoi relever dans les esprits les barrières qui n'existent plus dans les choses?

Ferons-nous également ressortir combien la science a marché depuis 1836? Pour ne parler que de l'histoire et de l'archéologie, est-ce que la découverte de l'Orient, est-ce que la lumière nouvelle projetée par les recherches modernes sur la Grèce et sur Rome, est-ce que la grande et profonde exploration qui a remonté jusqu'à nos origines préhistoriques, n'ont pas ouvert aux travailleurs une carrière immense, qu'on pouvait à peine soupçonner il y a trente ans? Et pourquoi en interdirait-on l'accès aux savants de la province? Pourquoi les jugerait-on incapables d'y marcher? On leur fournit tous les moyens de travail; on met partout à côté d'eux des laboratoires et des universités; chaque année on les réunit en congrès à Paris, afin d'y traiter avec les hommes les plus compétents, avec les maîtres de la science, tous les problèmes qu'ils ont agités durant de longs mois, dans leur vie tranquille et laborieuse; et l'on voudrait ensuite borner absolument leur ambition à fouiller le sol de leur propre province, à rechercher ses souvenirs, à recueillir pieusement ses espérances! Dieu nous garde de les détourner de cette dernière mission, pour laquelle, Jouffroy a raison de le dire, eux seuls sont préparés. Mais ils s'en acquitteront d'autant mieux qu'ils n'y seront pas toujours cantonnés, et après avoir parcouru le cercle de la science, ils n'en défricheront que mieux le champ particulier qui est placé le plus près d'eux. L'idée que se faisait Jouffroy, et que se faisaient tous ses contemporains, des académies et des sociétés de province, tenait à la situation que l'organisation universitaire et l'excessive centralisation de leur époque avaient faite alors aux départements. Tandis qu'en Allemagne, la science était partout cultivée, tandis que de très-petites villes devenaient de merveilleux foyers de découvertes, chez nous rien ne se produisait en dehors de Paris. Il n'en est déjà plus tout à fait ainsi, et il faut espérer qu'il en sera de moins en moins ainsi à l'avenir. Les grandes universités qu'on s'efforce depuis dix ans de fonder en province y ramèneront sans doute l'élan scientifique qui y régnait au XVIIe et au XVIIIe siècle. Paris n'y perdra rien, et la France y gagnera. Mais, pour atteindre ce résultat, il faut qu'il existe, à côté des écoles, et parallèlement à elles, des réunions, des cercles, des sociétés où les hommes sortis de leur sein puissent continuer à travailler et s'essayer à produire. C'est une des conditions du réveil scientifique de notre pays.

Pour répondre à toutes les nécessités de sa tâche, le Ministère de l'instruction publique doit évidemment, à côté du corps qui enseigne et qui fait la science en enseignant, satisfaire aux exigences de certains corps qui n'enseignent pas et qui, néanmoins, contribuent aussi à faire la science. Toutes les découvertes de nos jours ne sont point l'œuvre de professeurs. Pour ne parler encore que de l'archéologie et de la philologie, et pour donner des exemples frappants, Champollion, qui a déchiffré les hiéroglyphes, M. de Rougé, qui a continué son œuvre et jeté les bases de l'histoire égyptienne, n'étaient point des professeurs. M. de Rougé était un officier de cavalerie. En Angleterre, Georges Smith, qui le premier a déchiffré le cypriote, était un horloger, et ne savait pas le grec. Il faut donc que la science qu'on peut appeler laïque, que la science, non pas seulement des amateurs, mais des travailleurs non universitaires, trouve au Ministère de l'instruction publique conseil et appui. Une grande part des découvertes actuelles est due à des missions qui n'ont rien d'universitaire : missions archéologiques, missions scientifiques, missions géographiques, faites souvent par des officiers comme MM. Aymonier et de Brazza, par des hommes du monde comme M. Charnay et tant d'autres.

Leur importance deviendra de plus en plus considérable, à mesure que se développera le grand mouvement de curiosité et aussi de conquêtes qui jette les savants et les armées modernes sur tous les points du globe où n'a point encore triomphé l'action européenne. La France, pour son compte, a toujours voulu que ses soldats fussent accompagnés ou immédiatement suivis par des missionnaires scientifiques. Cette tradition, inaugurée en Égypte, on sait avec quel éclat, s'est perpétuée en Morée, et nous venons de la voir reprise en Tunisie et au Cambodge : le Tonquin en profitera bientôt. Les missions scientifiques ne sont-elles pas des sortes d'enquêtes, qui se font, non plus dans nos bibliothèques et dans nos archives, non plus même sur notre territoire, mais partout où il y a un problème à résoudre ou une observation à recueillir? On pourrait donc à bien des égards les rattacher, elles aussi, à l'œuvre des Sociétés savantes, et considérer le Comité comme une sorte de conseil pour tout ce qui, dans l'Université, ne fait pas partie de l'enseignement proprement dit. Que ce fût dépasser de beaucoup la pensée première de M. Guizot, on ne saurait le nier; mais ce ne serait assurément pas la trahir. Le Comité a été fondé pour donner un centre et une direction à tous les travaux qui s'accomplissaient en dehors des écoles. Comme ces travaux, en 1834, ne sortaient pas du cercle de l'histoire et de l'archéologie nationale, et comme d'ailleurs il y avait un intérêt capital à parcourir d'abord ce cercle entier, M. Guizot s'y est très judicieusement maintenu. Toutefois nous avons montré que le germe déposé par lui dans une terre singulièrement riche avait pris des développements qui avaient fini par tout envahir. Moreau ne songeait qu'aux chartes, et tout au plus aux rapports de l'histoire et de l'administration. M. Guizot a embrassé dans son programme toutes les branches de l'histoire. Ses successeurs ont étendu le leur à la science entière, mais il n'y a là que le produit d'une évolution régulière, d'un progrès nécessaire et fécond, qui se poursuivra dans l'avenir comme il s'est poursuivi dans le passé. C'est à le démontrer que nous nous sommes appliqué dans cette introduction, et si nous y avions réussi, nous aurions fait ce que nous avons voulu faire.

DOCUMENTS.

PREMIÈRE PÉRIODE.

DOCUMENTS RELATIFS À LA BIBLIOTHÈQUE DES FINANCES,
AU DÉPÔT DES CHARTES ET À LA BIBLIOTHÈQUE DE LÉGISLATION,
HISTOIRE ET DROIT PUBLIC.

1759-1791.

PREMIÈRE PARTIE.

BIBLIOTHÈQUE DES FINANCES.

1759.

1

MÉMOIRE DE MOREAU SUR LA FORMATION D'UN CABINET DE LÉGISLATION AU CONTRÔLE GÉNÉRAL DES FINANCES.

Mai 1759.

S'il y a dans le Royaume un lieu où les loix doivent toujours être présentes, pour régler toutes les parties de l'administration publique, il semble que ce soit celui où elles ont été créées. La même autorité qui leur a donné l'être doit sans cesse veiller à leur exécution.

Les loix se font dans le Conseil du Roy. Promulguées une fois, elles demeurent consignées dans les dépôts des Parlemens; il en reste peu de vestiges à la Cour : aux Ministres qui ont eu part à leur rédaction succèdent de nouveaux Ministres, occupez d'autres objets. Peu à peu le plan et la suite des loix s'effacent de la mémoire; et lorsque, dans des affaires importantes, on est obligé d'en faire l'application, on est souvent embarassé pour retrouver les principes dont il faudroit partir, ou les maximes que l'on n'auroit point dû perdre de vue.

D'un autre côté, les Parlemens, qui ont le dépôt des loix et qui les étudient sans cesse, cherchent quelques fois moins à y trouver les véritables règles d'une sage administration que des titres pour autoriser leurs prétentions.

Dans les différentes contestations qui, depuis plusieurs années, ont importuné l'autorité du Roy et troublé la paix intérieure qu'il vouloit maintenir, on ne s'est apperçu que trop souvent de la disete où l'on étoit à la Cour et de bons receuils de loix et de gens qui prissent la peine de les feuilleter.

Les Compagnies se fondoient toujours sur celles qui paroissoient appuyer leurs prétentions, et, faute de connoître aussi bien qu'elles les sources où elles puisoient, on restoit souvent embarassé de la réponse, et l'on n'appercevoit pas celles que les monumens de notre législation auroient pu fournir au Ministère.

Cet avantage que les Compagnies se sont procuré par de profondes études, dont elles ont abusé quelquefois, les a enhardies. Leurs prétentions ou n'auroient point éclaté, ou se seroient renfermées dans de justes bornes, si ces corps eussent senti que la Cour avoit autant de connoissances qu'eux et, de plus qu'eux, l'impartialité et le pouvoir.

Ajoutons à cette réflexion que, l'exercice continuel de l'autorité du Roy dans toute espèce d'administration n'étant qu'une application continuelle des règles, il n'est pas possible de travailler utilement à maintenir cette autorité sans les avoir sans cesse sous les yeux, et sans interroger à tous momens et les loix et les coutumes anciennes.

Monsieur le Controlleur général, dont les fonctions embrassent, sous un raport qui leur est propre, toutes les parties de l'administration, a connu cette vérité ; persuadé que rien n'est plus important pour le service de Sa Majesté que de remettre en vigueur les bonnes loix dont plusieurs sont oubliées, il s'est fait un plan de les connoître toutes et de ranger dans un ordre méthodique celles surtout qui peuvent guider son administration.

Mais ses occupations ne lui permettant pas de se livrer tout entier à ce travail, il a proposé à Sa Majesté d'attacher à son Ministère un avocat qui, sous le titre d'avocat des finances, pût faire pour lui toutes recherches qu'il lui prescriroit.

Pour rendre cette place aussi utile qu'elle peut l'être, il est nécessaire de réunir dans une espèce de dépôt, qui demeure attaché au Ministère des finances, une collection de loix à laquelle on puisse sans cesse avoir recours et qui, sur toutes les parties de l'administration, puisse donner lieu de comparer ou les anciennes règles aux abus présens, ou même les anciens abus aux règlemens qu'il sera nécessaire de publier.

Cette collection formera le cabinet du Ministre des finances et sera confiée à la direction de l'avocat qu'il a choisi, et que le Roy a bien voulu agréer. Cet avocat pourra, s'il est nécessaire, prendre sous lui quelques personnes, soit pour faire des extraits, soit pour l'aider à composer des tables, soit pour coppier d'anciens règlemens dont les éditions ont été épuisées, ou qui peuvent n'avoir jamais été imprimés.

Cette collection ne coûtera pas des sommes fort considérables, eu égard à son utilité, et par la suite ne coûtera rien à entretenir.

1° Le Roy fait garder dans le magasin de l'imprimerie du Louvre plusieurs exemplaires de receuils d'ordonnances imprimées par son ordre et destinées aux présens que Sa Majesté veut bien en faire. Il est facile de donner ordre au directeur de cette imprimerie de remettre au cabinet du Ministère des finances un exemplaire de ces ordonnances, ainsi que de tous les ouvrages qui sortent de l'Imprimerie royale.

2° On peut composer une collection générale de tous les édits, déclarations, arrêts et règlemens que l'on connoît; cette collection, faite par ordre de matières, sera extrêmement interressante, et pourra donner lieu à d'excélens travaux.

3° Il seroit extrêmement utile d'y joindre une coppie des registres du Parlement, avec les tables : ce receuil se trouve dans plusieurs bibliothèques, et on le fera coppier.

4° On joindra à cela quelques ouvrages de jurisconsultes estimez sur les différentes parties de l'administration. Tel sera le fonds de ce cabinet, et il suffira, parce que l'avocat des finances a desjà sa propre bibliothèque.

Pour l'entretien de celle qu'il s'agit de former, il suffira de mettre le cabinet du Ministère des finances sur la liste de ceux à qui le Roy a la bonté de faire présent des livres qui s'impriment au Louvre.

Ce cabinet une fois formé et mis en ordre, l'avocat des finances se propose de composer sur chaque matière des traitez ou mémoires qui mettront quiconque le remplacera un jour en état de connoître facilement toutes les matières contenues dans le dépôt dont il aura la direction.

Ces mémoires contiendront :

1° L'historique de chaque partie de l'administration, et cet historique mettra à portée de discerner les loix utiles et nécessaires de ces règlemens passagers qui n'ont eu pour cause que les circonstances des tems ou la nécessité des affaires ;

2° Les principes moraux et politiques de chaque matière, qu'il s'appliquera par conséquent à considérer dans le rapport qu'elle peut avoir soit avec les règles de conduite du citoyen, soit avec les règles du gouvernement politique ;

3° Le dernier état de la matière, c'est-à-dire la règle actuelle que l'on doit suivre, avec les raisons et les motifs de cette règle ;

4° Un état et une suite des meilleures loix sur cette matière, avec un indice des meilleurs auteurs qui l'ont traitée, et des extraits même de leurs ouvrages.

Tel est le plan que l'avocat des finances doit aux idées que Monsieur le Controlleur général lui a suggérées, et qu'il le prie de vouloir bien faire agréer à Sa Majesté.

(*Le Roy, après avoir lu ce mémoire d'un bout à l'autre, au mois de may 1759, a eu la bonté d'y mettre un bon de sa main. L'original sur lequel est le bon de Sa Majesté est entre les mains de Monsieur le Controlleur général.*)

(Collection Moreau, n° 285, fol. 192.)

2
ARRÊT DU CONSEIL PORTANT RÉTABLISSEMENT DE LA PLACE ET DES FONCTIONS D'AVOCAT DES FINANCES.
31 octobre 1759.

Sur ce qui a été représenté au Roi étant en son Conseil que, l'administration œconomique confiée au Controlleur général de ses finances étant fondée sur un grand nombre de loix qui en règlent les opérations, le feu Roi, de glorieuse mémoire, auroit jugé à propos d'attacher au Ministère de ses finances un avocat destiné à se consacrer à l'étude desdittes loix et à rechercher, à la décharge du Ministre, celles dont la connoissance pouvoit être nécessaire; qu'un établissement si sage auroit dans la suite été réduit à un titre sans fonctions, mais que S. M., ayant senti la nécessité de remettre ce titre en honneur, auroit voulu y attacher de nouveau les fonctions pour lesquelles il a été créé; que, dans ce dessein, il auroit été formé par son ordre et sous les yeux du Ministre de ses finances une bibliothèque composée de toutes les loix dont l'étude et la connoissance pouvoit être nécessaire à l'administration publique, de laquelle bibliothèque il convenoit d'assurer la destination et rendre l'usage aussi utile qu'il peut l'être. A quoi voulant pourvoir, ouï le raport du sieur de Silhouette [1], conseiller ordinaire au

---

[1] Étienne de Silhouette, contrôleur général du 4 mars au 21 novembre 1759.

Conseil royal, Controlleur général des finances, le Roi étant en son Conseil a ordonné et ordonne que ladite bibliothèque, dont le fonds appartient à S. M., sera et demeurera attachée au Controlle général de ses finances. Veut et entend Sa Majesté que la direction de laditte bibliothèque soit confiée à un avocat auquel S. M. accorde le titre d'avocat de ses finances. Et sur le bon et louable raport qui luy a été fait des talens, mœurs et capacités du sieur Jacob-Nicolas Moreau, avocat en sa cour de Parlement de Paris, S. M. l'a nommé et nomme à laditte place d'avocat de ses finances, aux fonctions qui lui seront prescrites et aux honnoraires qui lui seront attribués par S. M. Fait au Conseil d'État du Roi, Sa Majesté y étant, tenu à Versailles le 31ᵉ jour d'octobre 1759.

PHELYPEAUX.

(Collection Moreau, n° 286, fol. 140.)

3

MÉMOIRE DE MOREAU SUR LA BIBLIOTHÈQUE DES FINANCES.

1761.

Cette bibliothèque a été établie en exécution d'un ordre du Roi donné au mois de mai 1759.

Le plan sur lequel on a dû la former et l'usage auquel elle est destinée sont exposés dans un mémoire qui sera joint à celui-cy, et au bas duquel le Roi mit un bon de sa main, après l'avoir lu d'un bout à l'autre.

En conséquence, M. de Silhouette, alors Controlleur général, fit et signa, le 22 may 1759, un pouvoir[1] par lequel il chargea le sʳ Prault, libraire, de fournir à la bibliothèque des finances une collection entière et universelle d'édits, déclarations, règlemens, arrêts, tant du Conseil que du Parlement, sur toutes les parties de l'administration et en suivant l'ordre des matières qui lui seroit indiqué par l'avocat des finances.

Il est porté par ce pouvoir que toutes les pièces que le sʳ Prault fourniroit lui seroient paiées à raison de 18ᵗᵗ par volume de 600 pages, ce qui est environ deux sols et demi la feuille.

[1] Le texte de ce pouvoir est dans la Collection Moreau, n° 1,097, f. 1.

Le même écrit porte que les pièces manuscrites, ainsi que les pièces uniques, seront copiées aux dépens du Roi, et rendues ensuite au s^r Prault.

Il est dit de plus que cette fourniture se fera dans l'espace d'un an, que la moitié des volumes déjà fournis sera paiée au s^r Prault lorsqu'il aura fourni 1,000 volumes, que la seconde moitié de ces 1,000 volumes, ainsi que le surplus de la livraison totale, ne sera paiée qu'après que le recueil sera complet, et cela en trois paiements égaux, dont un immédiatement après la fourniture, et les deux autres de trois mois en trois mois.

Ce marché s'est exécuté. Le s^r Prault avoit déjà livré environ 800 volumes lorsque, par arrêt du Conseil du 31 octobre 1759, le Roy jugea à propos d'attacher irrévocablement cette bibliothèque au Ministère de ses finances.

Au mois de décembre 1759, Monseigneur le Controlleur général aiant jugé à propos de retrancher 6,000^{tt} qui étoient destinées, par an, à paier huit copistes, et les quatre autres qui restèrent pouvant à peine suffire pour faire les tables, le s^r Prault continua de livrer, et consentit de donner au Roi toutes les pièces uniques qui étoient dans son magasin.

Indépendamment de ces pièces, il a également fourni un très-grand nombre de livres sur l'administration des finances. Cette fourniture n'a été finie qu'au mois de juillet dernier.

Dans le mois de mars précédent, Monseigneur le Controlleur général avoit fait paier au s^r Prault un acompte de 1,500^{tt}.

C'est dans cet état que celui-cy vient de fournir son mémoire général ; il demande simplement qu'il soit arrêté, et il espère, de plus, que Monseigneur le Controlleur général voudra bien lui faire payer quelque acompte.

J'ai examiné ce mémoire ; en voici le résultat :

1° Le s^r Prault y porte le nombre des feuilles fournies à 304,073 ; ce qui, à raison de 2^s 6^d la feuille, forme une somme de 38,009^{tt}.

Cecy est sujet à une vériffication qui souffrira quelque réduction, vu que, dans ce mémoire, M. Prault comprend quelques manuscrits de peu de valeur, et que l'on pourra lui rendre, s'il ne consent pas de s'en défaire à meilleur marché.

2° Il observe que, les pièces uniques étant restées dans le dépôt, il croit ne pouvoir les vendre qu'à raison de cinq sous la feuille, et comme il estime cette fourniture de pièces uniques au quart du total, il porte l'excédent qu'il demande pour cette livraison à 9,502^{tt} 5^s 7^d.

A cet égard, il faut vériffier si ces pièces uniques forment le quart de la fourniture : il semble que c'est beaucoup trop cher que de les paier cinq sous la feuille. On pourroit, après en avoir fait le calcul, ne les compter que sur le pied des autres et donner de plus, pour cette livraison, une gratiffication qui n'ira pas, à beaucoup près, à ce que demande le libraire.

3° Les livres fournis sont estimés à 3,264 ₶. Je les trouve portés à un prix trop haut, et d'ailleurs il y en a plusieurs qui sont de vieux receuils assez inutiles et que je pourrai fort bien ne pas prendre, à moins qu'il ne les donne à très-bas prix.

4° M. Prault ajoute à ce mémoire un état particulier de différentes fournitures faites, par ordre de Monseigneur le Controlleur général, à M. Cromot et à M. Brunet, avocat au Conseil, montant à 471 ₶ 15ˢ. Cecy est encore à vériffier.

J'estime donc, sauf les ordres de Monseigneur le Controlleur général, qu'il est nécessaire de faire sur l'état général que je joins ici, pour qu'il puisse le parcourir, une vériffication et un compte de toutes les fournitures.

La collection me paroît très-belle et très-complette, quant aux édits, déclarations et réglemens.

A l'égard des livres, il y a un véritable triage à faire, après lequel nous présenterons à Monseigneur le Controlleur général le mémoire général qu'il sera juste d'arrêter.

Mais, en même tems que l'on fera cette vériffication, il sera nécessaire de placer tous ces receuils en ordre. Il y en a environ la moitié dans des cartons avec des livres, et rangés dans les tablettes qui étoient déjà dans la bibliothèque.

. . . .

Il paroît juste d'obtenir de M. le comte de Saint-Florentin[1], conformément au bon du Roi, un exemplaire des Ordonnances du Louvre. M. de Silhouette écrivit pour cela à ce Ministre. Celui-cy me promit alors que l'on enverroit à la bibliothèque des finances les sept ou huit derniers volumes, parce qu'il n'en existe plus des premiers. Il faut toujours avoir ceux-là, sauf dans la suite à acheter les autres, mais, par la même occasion, il me semble que l'on peut également demander et le Receuil des arts et métiers[2], et le Cata-

---

[1] Louis Phélypeaux, comte de Saint-Florentin, ministre d'État, chargé du département de Paris, etc.

[2] Probablement le recueil intitulé *Description des arts et métiers*, dont la publication venait d'être commencée, avec le concours de quelques membres de l'Académie des sciences.

logue de la Bibliothèque du Roi[1], et le Joinville[2]. Nous avons titre pour obtenir ces livres pour notre bibliothèque, puisque nous avons le bon du Roi. Je demande donc que Monseigneur me permette de lui faire signer une lettre pour M. de Saint-Florentin et m'autorise à la lui remettre.

Pour travailler avec plus de succès à remplir le plan exposé dans le mémoire que le Roi a lu, j'ai profité de la retraite d'un de mes commis pour mettre à sa place un jeune homme qui, depuis vingt ans, travaille chés Prault, et qui a composé chés lui notre immense Receuil. Il en connoît exactement toutes les pièces, et m'est extrêmement utile pour la recherche[3].

C'est celui que je chargeai, il y a quelques mois, d'aller à Versailles acheter pour Monseigneur le Controlleur général les registres du Parlement, de l'abbé de Saint-Cyr[4].

....

Sur cet exposé, je supplie Monseigneur le Controlleur général de mettre ses apostilles, ne voulant rien faire que par son ordre.

(Collection Moreau, n° 285, fol. 36.)

[1] Sans doute les six volumes du catalogue des livres imprimés, publiés de 1739 à 1753, et les quatre volumes du catalogue des manuscrits, publiés de 1739 à 1744.

[2] L'*Histoire de saint Louis*, commencée par Melot, continuée par l'abbé Sallier, terminée par Jean Capperonnier, premier garde des manuscrits de la Bibliothèque royale, et publiée en 1761.

[3] Son nom était Vallat de la Chapelle, comme on peut le voir par un mémoire de Prault sur la collection de règlements formée pour la bibliothèque des finances, du mois de février 1762, qui est dans la Collection Moreau, n° 285, fol. 2.

[4] L'abbé Claude-Odet Giry de Saint-Cyr, précepteur du Dauphin, conseiller d'État, membre de l'Académie française.

4

ÉTAT SOMMAIRE DE LA BIBLIOTHÈQUE DES FINANCES [1].
Février 1762.

	MATIÈRES.	NOMBRE de VOLUMES.	PREMIÈRE DATE.	DERNIÈRE DATE.
	PREMIER CABINET.			
1ᵉʳ RAYON	Actes de notoriété..........	1	4 octobre 1669.	16 décembre 1730.
	Actions des fermes.........	1	16 septembre 1718.	25 avril 1759.
	Administration de la justice..	30	1145.	6 mai 1760.
	Affaires des princes.........	2	22 janvier 1562.	20 août 1733.
	Amendes................	5	Octobre 1552.	31 mars 1759.
	Amortissemens............	12	1ᵉʳ mai 1209.	19 août 1760.
	Apanages................	4	23 avril 1343.	18 mars 1760.
	Apoticaires..............	2	Janvier 1312.	20 juillet 1753.
	Archives................	1	Février 1704.	13 janvier 1728.
	Armoiries...............	1	25 octobre 1612.	2 décembre 1718.
	Arpenteurs...............	1	1296.	Août 1758.
	Artillerie................	5	10 février 1536.	27 février 1760.
	Arts et métiers...........	23	1258.	28 juillet 1760.
2ᵉ RAYON	Augmentations de gages.....	8	7 février 1322.	Septembre 1760.
	Avocats et procureurs.......	9	22 octobre 1274.	21 août 1759.
	Aides...................	88	1057.	2 octobre 1759.
3ᵉ RAYON	Baillifs d'épée............	1	1256.	17 février 1760.
	Ban et arrière-ban.........	1	1201.	Juillet 1705.
	Banque.................	3	2 mai 1716.	12 mars 1735.
	Banquiers en cour de Rome..	2	Juin 1550.	Août 1758.
	Barbiers perruquiers........	1	Mai 1575.	Mai 1760.
	Bas au métier............	2	19 juillet 1631.	9 février 1758.
	Baux des fermes...........	10	24 avril 1557.	16 septembre 1738.
	Bestiaux................	2	19 août 1335.	16 décembre 1759.
4ᵉ RAYON	Billets d'État et de monnoie..	2	29 décembre 1661.	31 août 1738.
	Bleds...................	7	1258.	16 septembre 1758.
	Bois à brûler.............	5	1299.	2 octobre 1760.
	Bois à bâtir..............	1	22 mai 1539.	26 septembre 1758.
	Boues et lanternes.........	1	22 novembre 1563.	15 août 1760.

[1] La partie manuscrite de ce recueil forme les nᵒˢ 1386-1421 de la Collection Moreau.

	MATIÈRES.	NOMBRE de VOLUMES.	PREMIÈRE DATE.	DERNIÈRE DATE.
4° RAYON (suite)	Caffé	1	Janvier 1692.	20 juillet 1753.
	Caisse des emprunts	1	31 août 1680.	20 décembre 1735.
	Capitation	3	18 janvier 1695.	17 juillet 1759.
	Cartes et cuivre	1	22 mai 1583.	26 septembre 1759.
	Chambre de justice	5	27 septembre 1566.	1er octobre 1737.
	Chambre de Nantes	1	3 octobre 1719.	11 mai 1723.
	Chancelleries	22	12 janvier 1317.	Décembre 1759.
	Chapeaux	1	12 janvier 1631.	12 février 1760.
	Chapitres	12	1113.	Octobre 1758.
	Charbon	2	1299.	8 mars 1760.
	Chasses	3	1291.	11 janvier 1759.
	Châtelet	3	12 juin 1309.	21 août 1759.
	Chaux, plâtre, ardoise	1	24 mars 1603.	10 janvier 1759.
5° RAYON	Cinquantième	1	5 juin 1725.	30 septembre 1731.
	Clergé	28	1128.	25 juin 1760.
	Commensaux	9	Février 1318.	18 septembre 1760.
	Commissaires enquêteurs	3	18 décembre 1311.	30 décembre 1749.
	Commissionnaires facteurs	1	Avril 1641.	23 août 1743.
	Commissaires des guerres	4	1355.	30 juin 1749.
	Commissaires aux inventaires	3	Février 1556.	31 mai 1757.
	Communautés, octrois	14	Juillet 1231.	3 décembre 1758.
6° RAYON	Compagnie des Indes	13	1er avril 1622.	15 octobre 1759.
	Comptables	27	1310.	17 avril 1759.
	Conservateurs des hypothèques	1	Mars 1655.	Juillet 1734.
	Consignations	3	10 mars 1563.	29 avril 1749.
	Constitutions	40	Mars 1268.	23 février 1760.
	Consuls	7	1134.	6 mars 1760.
	Contrôle des actes	17	Mai 1553.	22 mai 1759.
7° RAYON	Contrôle des actes : décisions	6	1718.	1748.
	Contrôle des exploits	6	16 janvier 1638.	15 novembre 1757.
	Criées	1	3 septembre 1561.	Août 1735.
	Cuirs	4	15 juillet 1345.	1er février 1761.
	Curés	21	975.	28 décembre 1759.
	Décimes	3	3 août 1315.	23 août 1742.
	Décrets volontaires	1	3 septembre 1551.	16 janvier 1736.
	Dentelles	1	3 avril 1636.	27 août 1737.
	Dixième	3	14 octobre 1710.	23 janvier 1761.
	Domaines	51	1205.	24 janvier 1760.

	MATIÈRES.	NOMBRE de VOLUMES.	PREMIÈRE DATE.	DERNIÈRE DATE.
8ᵉ RAYON	Domaines et barrage........	2	Avril 1540.	21 septembre 1755.
	Droit annuel.............	13	27 janvier 1359.	18 février 1761.
	Droits réservés...........	3	6 mars 1708.	31 mars 1759.
	Ducs et pairs.............	3	Mars 1316.	Avril 1749.
	Duels...................	1	8 février 420.	17 décembre 1730.
	Eaux et forêts............	16	1280.	16 juillet 1759.
	Élections................	14	25 février 1318.	10 janvier 1761.
	Étain...................	1	9 février 1674.	27 octobre 1745.
	Études de droit. Universités..	9	1200.	10 août 1756.
			1268.	11 juin 1759.
	Foin....................	3		
	Foires et marchés..........	2	3 janvier 1318.	6 avril 1756.
	Formules................	5	20 août 1581.	Septembre 1759.
	Forts et emballeurs........	1	11 janvier 1642.	13 août 1758.
	Fret....................	1	8 février 1567.	20 décembre 1758.
	Fruit....................	1	18 avril 1488.	10 septembre 1726.

DEUXIÈME CABINET.

	MATIÈRES.	NOMBRE de VOLUMES.	PREMIÈRE DATE.	DERNIÈRE DATE.
1ᵉʳ RAYON	Gabelles................	38	25 septembre 1315.	14 janvier 1761.
	Gardes nuit..............	1	11 janvier 1642.	20 décembre 1757.
	Glaces, verre à vitre........	1	Mai 1612.	30 octobre 1759.
	Gravoitiers...............	1	3 février 1727.	27 mars 1759.
	Greffes..................	33	10 novembre 1322.	6 avril 1756.
	Guerre..................	38	1224.	24 mai 1760.
2ᵉ RAYON	Hôpitaux................	10	Mars 1208.	4 mars 1760.
	Huiles et savons...........	1	Novembre 1464.	14 novembre 1757.
	Huissiers................	10	1254.	12 mars 1759.
	Huitième denier...........	4	15 avril 1518.	24 juillet 1735.
	Jeux de hasard............	1	1254.	6 mai 1760.
	Impôts et billets...........	1	13 août 1592.	30 décembre 1754.
	Incendies................	1	8 mars 1618.	10 juin 1748.
	Indult...................	1	1ᵉʳ novembre 1576.	17 août 1736.
	Inspecteurs des porcs.......	2	19 juillet 1349.	26 août 1758.
	Invalides................	1	20 octobre 1568.	10 janvier 1760.

	MATIÈRES.	NOMBRE de VOLUMES.	PREMIÈRE DATE.	DERNIÈRE DATE.
2ᵉ RAYON (suite)	Joyeux avénement..........	1	8 avril 1596.	12 octobre 1739.
	Juges des traites...........	1	4 septembre 1357.	Août 1758.
	Jurés crieurs	1	1268.	Août 1758.
	Juridiction ecclésiastique....	7	15 juin 1304.	18 mars 1758.
	Lettres de Te Deum........	2	10 août 1640.	22 avril 1759.
	Lieutenans du Roi.........	1	17 décembre 1362.	13 mai 1744.
	Librairie.................	8	6 décembre 1275.	10 mars 1760.
	Loteries.................	9	24 février 1541.	18 mai 1760.
	Luxe	1	17 décembre 1485.	6 février 1753.
	Maires...................	6	1256.	17 février 1760.
	Maîtres des ponts..........	1	Novembre 1572.	
	Mandians vagabons	1	1350.	20 octobre 1750.
3ᵉ RAYON	Manufactures..............	10	Avril 1333.	Mars 1760.
	Mariages	5	1219.	12 décembre 1759.
	Marine...................	31	1266.	3 janvier 1760.
	Maréchaussées............	9	Janvier 1355.	19 avril 1760.
	Marque des fers	3	Février 1483.	24 avril 1758.
	Marque d'or et d'argent.....	15	1308.	31 décembre 1759.
	Marque du papier..........	2	31 décembre 1472.	Septembre 1759.
	Matières criminelles........	19	1254.	4 août 1759.
	Médecins-chirurgiens	8	Août 1301.	23 janvier 1760.
	Messageries	10	1361.	27 février 1760.
	Milice....................	2	31 août 1645.	1ᵉʳ septembre 1759.
	Monnoies.................	16	1262.	22 décembre 1759.
4ᵉ RAYON	Noblesse.................	6	Mai 1315.	Novembre 1757.
	Notaires.................	6	1301.	29 octobre 1758.
	Octrois des hôpitaux. V. Maires.			
	Offices de Flandre.........	3	11 mars 1328.	20 décembre 1758.
	Officiers des monnoies......	7	6 décembre 1211.	16 août 1759.
	Officiers des seigneurs......	1	24 février 1537.	26 janvier 1759.
	Officiers sur les bateaux.....	4	17 décembre 1625.	21 avril 1757.
	Officiers sur les ports.......	8	31 janvier 1392.	Février 1760.
	Ordres de chevaleries.......	7	Août 1304.	10 mars 1759.
	Ordre du Saint-Esprit......	3	Octobre 1578.	23 décembre 1758.

	MATIÈRES.	NOMBRE de VOLUMES.	PREMIÈRE DATE.	DERNIÈRE DATE.
4ᵉ RAYON (suite)	Papier terrier............	1	29 juillet 1627.	26 juin 1745.
	Paraphe des registres.......	1	1673.	17 août 1737.
	Parlemens..............	28	1254..	3 octobre 1759.
	Péages................	17	7 août 1315.	30 mars 1760.
5ᵉ RAYON	Peste.................	1	13 septembre 1533.	28 janvier 1748.
	Poisson de mer...........	6	1258.	9 février 1759.
	Police................	20	1263.	21 mai 1760.
	Prévôt des marchands......	17	1220.	7 août 1760.
	Prévôté de l'hôtel..........	3	1ᵉʳ août 1434.	30 mars 1752.
	Privilèges de Versailles......	1	24 novembre 1672.	Mars 1755.
	Procession de Sainte-Geneviève.	1	4 juillet 1587.	15 janvier 1732.
	Quatre offices...........	3	1105.	26 septembre 1759.
	Receveurs des fermes.......	4	19 avril 1532.	30 avril 1758.
	Régale................	5	1158.	28 décembre 1749.
6ᵉ RAYON	Regrats...............	1	Novembre 1576.	2 juillet 1746.
	Religieux..............	25	650.	2 septembre 1760.
	Religion P. R............	15	18 octobre 1302.	8 avril 1760.
	Rentes................	21	28 février 1308.	Septembre 1760.
	Saisies mobiliaires.........	1	Septembre 1674.	24 février 1714.
	Saisies réelles............	3	3 septembre 1551.	4 août 1758.
	Soies.................	2	18 juillet 1540.	21 janvier 1759.
	Statuts des arts et métiers....	13	A. B.	S. V.
	Subdélégués des intendans...	1	15 septembre 1661.	10 juin 1749.
	Substituts adjoints.........	3	17 février 1424.	Juillet 1758.
7ᵉ RAYON	Suif..................	1	20 septembre 1357.	18 décembre 1759.
	Sucre.................	1	22 mars 1640.	25 août 1759.
	Suisses et Genevois........	2	Février 1218.	23 mai 1758.
	Surséances de dettes........	5	17 novembre 1629.	18 mars 1758.
	Tabac.................	5	17 novembre 1629.	13 février 1759.
	Tailles................	25	27 mai 1320.	17 juillet 1759.
	Tarifs des fermes..........	3	3 décembre 1512.	3 juillet 1725.
	Testamens..............	20	1190.	30 mars 1759.
	Toiles.................	5	Janvier 1350.	20 octobre 1759.
	Traites................	29	1295.	11 novembre 1759.

	MATIÈRES.	NOMBRE de VOLUMES.	PREMIÈRE DATE.	DERNIÈRE DATE.
8ᵉ RAYON	Traités de paix............	13	10 janvier 1356.	24 août 1760.
	Transport d'or et d'argent....	1	1303.	7 octobre 1755.
	Transport des grains	2	3 août 1303.	17 septembre 1754.
	Transit.................	1	Septembre 1664.	26 mars 1749.
	Trésoriers des fabriques.....	2	1ᵉʳ mars 1609.	13 décembre 1752.
	Trésoriers de France........	12	Juin 1298.	5 septembre 1760.
	Vérificateurs des défauts.....	1	Décembre 1635.	7 septembre 1735.
	Vérificateurs des lettres de voiture...............	1	Mai 1709.	4 juillet 1742.
	Visa...................	1	26 janvier 1721.	4 août 1731.
	Vivres et fourages..........	4	20 juin 1553.	Juin 1760.
	Volaille	8	1133.	2 septembre 1760.
	Voyerie	11	12 janvier 1426.	7 mars 1760.

Le total se monte à 1334 volumes.

(Collection Moreau, n° 285, fol. 8.)

5

ARRÊT DU CONSEIL QUI CONFÈRE À MOREAU LE TITRE DE GARDE DES ARCHIVES ET BIBLIOTHÈQUE DES FINANCES.

8 décembre 1763.

Veu par le Roi étant en son Conseil l'arrêt rendu en icelui le trente-un octobre mil sept cent cinquante neuf, par lequel Sa Majesté, en attachant irrévocablement au Controlle général de ses finances une bibliothèque composée de toutes les loix et réglemens qui peuvent intéresser l'administration publique, auroit en même tems ordonné que ladite bibliothèque seroit confiée à un avocat qui porteroit le nom d'avocat de ses finances, et auroit nommé à cette place le sʳ Jacob-Nicolas Moreau, avocat au Parlement, Sa Majesté, à qui il a été exposé que ledit sʳ Moreau auroit été récemment pourveu par elle d'un office de son conseiller en sa Cour des comptes, aides et finances de Provence, n'a pas voulu que le titre dudit office puisse être un obstacle aux fonctions qu'elle lui a prescrittes en le commettant à la garde de ladite bibliothèque et aux études et recherches qui sont attachées à laditte place. A quoi voulant pourvoir, ouï le raport du sʳ Bertin, conseiller ordinaire au Conseil royal, Contrôleur général des finances, le Roy étant en son Conseil a ordonné et ordonne que la garde de laditte bibliothèque et les travaux qui y sont attachés pourront indifféremment dans tous les tems être confiés à un conseiller de ses Cours supérieures et à un avocat dans lesdittes Cours. Veut Sa Majesté que ledit sʳ Moreau, son conseiller en sa Cour des comptes, aydes et finances de Provence, puisse avec ledit titre prendre celui de garde des archives et bibliothèque des finances de Sa Majesté, et en laditte qualité continue les travaux et les fonctions qui lui ont été prescrittes par ledit arrêt du trente-un octobre mil sept cent cinquante neuf. Fait au Conseil d'État du Roi, Sa Majesté y étant, tenu à Versailles le huitième jour de décembre mil sept cent soixante trois.

PHELYPEAUX.

(Collection Moreau, n° 286, fol. 142.)

6

ARRÊT DU CONSEIL QUI PRESCRIT LE TRANSFERT
DE LA BIBLIOTHÈQUE DES FINANCES À LA BIBLIOTHÈQUE DU ROI
ET NOMME DEUX AVOCATS DES FINANCES.

18 janvier 1764.

Le Roy s'étant fait représenter dans son Conseil l'arrêt rendu en icelui le trente-un octobre 1759, par lequel Sa Majesté auroit attaché au Contrôle général de ses finances une bibliothèque composée de toutes les loix et réglemens qui peuvent être utiles à l'administration publique, et ordonné que la garde de laditte bibliothèque et les travaux qu'elle exige seroient confiés à un avocat, auquel elle auroit donné le titre d'avocat de ses finances, Sa Majesté a reconnu que, le motif de cet établissement aïant été de fournir à tous les Ministres de Sa Majesté, dans les départemens qui leur sont confiés, les mémoires, renseignemens et éclaircissemens qui peuvent leur être nécessaires pour les différens objets de leur administration, ces recherches doivent naturellement absorber le tems de celui qui est préposé à la garde dudit dépôt et aux travaux qui ont été le premier but de son institution, que d'ailleurs le sʳ Moreau, préposé à la garde de laditte bibliothèque par ledit arrêt du Conseil du trente-un octobre 1759, se trouvant aujourd'hui pourvu par Sa Majesté d'un office de conseiller en sa Cour des comptes, aides et finances de Provence, Sa Majesté auroit elle-même, en décidant, par un arrêt de son Conseil du huit décembre dernier, que la garde de laditte bibliothèque et les travaux qui y sont attachés pourroient être indifféremment confiés à un officier de ses Cours supérieures, ou à un avocat dans lesdittes Cours, ordonné que ledit s^r Moreau auroit doresnavant le titre de son conseiller garde des archives et bibliothèque de ses finances, et que, par là, le titre d'avocat des finances se trouvant vaccant, il convenoit d'y pourvoir et d'en confier les fonctions à deux personnes, afin qu'il y ait toujours auprès du Controlleur général des finances des jurisconsultes qui pussent se livrer aux examens et aux travaux de leur ministère dans le rapport que les finances de Sa Majesté peuvent avoir avec les loix et les formes de l'ordre public. Sa Majesté a reconnu en même tems que, pour étendre les avantages qu'elle s'est proposés dans l'établissement de laditte bibliothèque des finances, il seroit utile, sans rien déranger à la manière dont il a été jusqu'à présent pourvu à laditte place, de transporter un dépôt aussi essentiel dans sa Bibliothèque royale, qui, renfermant des collections immenses de pièces et de monumens relatifs aux loix et au droit public, doit fournir dans tous les tems à ceux qui seront préposés à la garde de laditte bibliothèque et desdittes archives des finances les ressources les plus abondantes pour compléter et perfectionner une entreprise aussi utile à l'administration, et les mettre en état de remplir à l'égard des différens Ministres de Sa Majesté, et notament du Contrôleur général de ses finances, toutes les fonctions relatives aux recherches et renseignemens qu'ils pourront leur demander. A quoi voulant pourvoir, vu les arrêts rendus au Conseil du Roi, Sa Majesté y étant, les trente-un octobre 1759 et huit décembre 1763, ouy le raport du s^r de l'Averdy, conseiller ordinaire au Conseil royal, Contrôleur général des finances [1], le Roy, étant en son Conseil, a ordonné et ordonne ce qui suit :

ARTICLE PREMIER. La bibliothèque des finances, établie par ledit arrêt du trente-un octobre mil sept cent cinquante neuf, sera incessamment transportée et placée dans un dépôt particulier qui lui sera assigné à la Bibliothèque

[1] Clément-Charles-François de l'Averdy, contrôleur général des finances en 1763, ministre d'État en 1765, membre honoraire de l'Académie des inscriptions, etc., mort sur l'échafaud le 24 novembre 1793.

royale de Sa Majesté, pour y être les travaux attachés audit établissement continués en la manière par les mêmes personnes et aux mêmes conditions portées esdits arrêts du Conseil des trente-un octobre 1759 et huit décembre mil sept cent soixante trois et aux traitemens portés jusqu'à présent sur les états de Sa Majesté.

Art. 2. Indépendament dudit garde des archives et bibliothèque des finances, il y aura à l'avenir deux avocats ou officiers de judicature qui, sous le titre d'avocats des finances, seront chargés de donner leur avis sur toutes les matières de finances sur lesquelles ils seront consultés par le Controlleur général des finances, relativement aux rapports qu'elles peuvent avoir avec les loix et les formes de l'ordre public.

Art. 3. Et sur le bon et louable rapport qui a été fait à Sa Majesté de la suffisance, capacité, mœurs et talens tant du sr François Lorry[1], qui s'est déjà distingué depuis plusieurs années dans les fonctions de son avocat en sa Chambre du domaine, que du sr Antoine Langlet[2], aussi avocat au Parlement, Sa Majesté a nommé et nomme ledit sr de Lorry à la place de premier avocat des finances et le sr Langlet à celle de second avocat des finances aux fonctions cy-dessus énoncées et aux honoraires qui leur seront attribués. Fait au Conseil d'État du Roi, Sa Majesté y étant, tenu à Versailles le dix-huitième jour de janvier mil sept cent soixante-quatre.

PHELYPEAUX.

(Collection Moreau, n° 286, fol. 144.)

7

ARRÊT DU CONSEIL QUI PLACE LA BIBLIOTHÈQUE DES FINANCES SOUS L'INSPECTION ET LA SURVEILLANCE DE BIGNON[3], BIBLIOTHÉCAIRE DU ROI.

27 janvier 1764.

Vu par le Roi étant en son Conseil l'arrêt rendu en icelui le 18 du pré-

---

[1] Professeur de droit, auteur de plusieurs ouvrages juridiques.
[2] Antoine Langlet, l'éditeur des œuvres de Charles Coffin, recteur de l'Université.
[3] Armand-Jérôme Bignon, maître des requêtes, bibliothécaire du Roi, de 1743 à 1772, membre de l'Académie des inscriptions, etc., né le 27 octobre 1711, mort à Paris le 8 mars 1772.

sent mois, par lequel Sa Majesté auroit ordonné que la bibliothèque des finances seroit incessamment transportée et placée dans un dépôt qui lui seroit assigné à la Bibliothèque royale, pour y être les travaux attachés audit établissement continués, ainsi qu'il est porté par l'arrêt du 31 octobre 1759, Sa Majesté n'a pas voulu qu'un dépôt par elle ordonné pour rendre plus utiles les travaux, études et recherches dont se trouve chargé le garde de ladite bibliothèque des finances, pût dans aucun cas nuire au droit de police, d'inspection et de surveillance qui appartient à son bibliothécaire sur tous les dépôts particuliers qui se trouvent compris dans ladite Bibliothèque royale, et elle a jugé que ledit dépôt des finances, quoiqu'attaché au département du s^r Contrôleur général des finances, faisant néanmoins désormais partie de l'universalité des collections sur lesquelles ledit s^r bibliothécaire de Sa Majesté est tenu de veiller, doit être assujetti à toutes les règles qu'il est chargé de faire observer dans toute l'étendue de l'hôtel de ladite Bibliothèque, et soumis, ainsi que ceux qui y sont ou seront préposés, à la surintendance qui lui appartient par son titre; sur quoi Sa Majesté voulant expliquer ses intentions, ouï le rapport, le Roi étant en son Conseil, sans déroger aux dispositions des précédens arrêts du Conseil relatives à la destination de ladite bibliothèque des finances et aux fonctions et nominations des gardes qui pourroient y être préposés à l'avenir, a ordonné et ordonne que ladite bibliothèque des finances, ensemble toutes les personnes qui seront employées à sa garde et aux travaux qu'elle exige, seront et demeureront soumis à l'inspection et surveillance du s^r Bignon, bibliothécaire de Sa Majesté, ou à ses successeurs, et seront assujettis à tous les réglemens qu'il est en droit de donner à tous ceux qui, sous ses ordres, sont chargés de la garde des différens dépôts qui composent l'universalité de ladite Bibliothèque royale. Fait au Conseil d'État du Roi, Sa Majesté y étant, tenu à Versailles le 27 janvier 1764.

(Collection Moreau, n° 286, fol. 157.)

8

MÉMOIRE DE MOREAU SUR LES FONCTIONS D'AVOCAT DES FINANCES.

Les fonctions qui m'ont été confiées en 1759 ont pour objet de faire, à la décharge des Ministres et notamment du Ministre des finances, toutes les recherches qui peuvent être nécessaires aux différentes parties de l'administration.

Pour remplir cet objet, on m'a préposé à la garde d'un dépôt qui renferme tous les édits, déclarations, lettres patentes et arrêts du Conseil qui ont été imprimez; on y a joint beaucoup de livres sur le droit public, et les différens arrêts du Conseil qui ont fixé mon état ont également indiqué mes devoirs.

Ainsi toutes les fois que le Ministre me demande un mémoire d'éclaircissemens sur ce qui s'est pratiqué pour telle ou telle opération ou sur ce que prescrivent tels ou tels réglemens, j'ay deux choses à faire : 1° je dois lui fournir toutes les loix, réglemens ou arrêts imprimez sur la matière qu'il examine; 2° s'il lui manque quelques éclaircissemens dépendant de quelques pièces qui n'auroient point été imprimées, je dois en faire pour lui la recherche et lui rendre compte du résultat.

De là il suit que, quoique je ne sois préposé qu'à la garde d'un dépôt particulier et, qu'en cette qualité, je ne puisse jamais empiéter sur les droits des autres dépositaires, je dois cependant avoir avec ceux-cy une correspondance autorisée : car, lorsque je leur demande quelque instruction que je trouve chez eux, je suis l'homme du Ministre, et c'est lui qui m'envoye à eux.

Or les dépôts qui intéressent le Ministre des finances sont : 1° les dépôts de loix et de justice, dans lesquels on trouve les édits, déclarations et lettres patentes enregitrées; pour ceux-là, on n'a presque jamais occasion d'y avoir recours, d'un côté, parce que la pluspart des loix qui y sont consignées sont imprimées, d'un autre côté, parce que les minutes de ces loix doivent rester dans les dépôts même du Ministère dans lesquels on peut les retrouver; 2° les dépôts de MM. les Secrétaires d'État, dans lesquels on doit trouver, outre les édits, déclarations et lettres patentes, tous les arrêts en commandement rendus par le Roy; 3° le dépôt des minutes du Conseil royal qui est au Louvre, et dans lequel on ne trouve que les arrêts rendus sur requêtes et instructions des parties ou privées ou publiques; 4° les dépôts des bureaux du Controlle général et ceux de M^{rs} les Intendans des finances, dans lesquels se font un très-grand nombre d'arrêts.

Réunir des copies de tout cela, chose impossible et trop dispendieuse, mais avoir une table générale, rangée par matières et dans laquelle on trouvât à coup sûr la date de la pièce que l'on cherche, et l'indication du lieu où elle se trouve, voilà ce que je me proposerois; et si je parvenois à former cette table, je croi que les recherches ordonnées par le Ministre deviendroient de la plus grande facilité.

Ce travail pour le passé exigera du tems, mais si j'y suis autorisé, j'en viendray à bout, et je ne demande pour cela aucune dépense.

Mais pour l'avenir, il me semble que rien n'est plus aisé, et voicy quel seroit mon plan.

1° Je compte qu'il sera facile de faire donner ordre par MM. les premiers Présidens et par MM. les Procureurs généraux des Compagnies aux imprimeurs qui travaillent pour eux, d'envoyer à mon dépôt un exemplaire de tous les édits, déclarations, lettres patentes, arrêts de réglement et, en général, de tout ce qui s'imprime par ordre des Compagnies. On peut demander cela aux chefs de Compagnies et saisir pour cela l'occasion de l'envoy que M. le Controlleur général leur fera vraisemblablement bientôt du 4° volume des œuvres de M. d'Aguesseau [1].

Par là, M. le Controlleur général aura sous la main dans tous les tems les enregitremens des Compagnies et une foule d'arrêts qu'il est presque toujours très-difficile de rassembler.

2° On pourroit engager MM. les Intendans des finances à prescrire dans leurs bureaux qu'à mesure que l'on y fait signer des arrêts au Ministre, on eût soin de faire sur un quart de papier une note ou notice de chacun, contenant sa date et un mot de son objet et de sa disposition. Cette opération est d'autant plus facile qu'elle ne consiste qu'à faire sur un papier séparé le double de la note qui doit se trouver sur le regitre où s'inscrivent tous ces arrêts : ces notices me seroient chaque mois envoyées; je les rangerois dans des cartons dans mon dépôt, et j'en ferois, à mesure qu'ils arriveroient, des tables par matières. Cela me donneroit des indices de tous les arrêts dont les minutes sont ensuite portées au Louvre.

3° Le même ordre pourroit être observé dans les bureaux de M. le Controlleur général, et comme toutes les lettres patentes, édits, déclarations et arrêts se mettent en parchemin et s'expédient chez M° Barbey, il seroit très-facile qu'à mesure que tout cela passe, on fît également dans son bureau une notice en trois lignes et dans la même forme de tout ce qui est signé par le Secrétaire d'État, et que, tous les 15 jours, on m'adressât ces notes. Cela me

---

[1] Les œuvres du célèbre chancelier, 13 volumes in-4°, étaient alors en cours de publication (1759 1769).

donneroit des indices de tous les arrêts en commandement dont les minutes restent chez les Secrétaires d'État.

Ces deux derniers arrangemens me mettroient en état de faire à l'avenir une table générale de tous les arrêts et réglemens qui intéresseroient l'administration : cette table contiendroit la date de la pièce, un mot de son objet et le lieu du dépôt où on pourroit dans tous les tems en retrouver la minute; tout cela seroit rangé par ordre de matières et de dates : et, au moindre signal, M. le Controlleur général pourroit trouver tous les renseignemens qu'il peut exiger, et que l'on est obligé aujourd'hui de chercher à tâtons dans différens dépôts.

A l'égard du passé, je ne seray point embarassé, avec le tems, de faire ma table, en me fixant même à une époque assez reculée. Il ne s'agira pour cela que de faire sur le dépôt de M. Barbey des notes de toutes les pièces qu'il renferme, et je suis persuadé qu'il voudra bien s'y prêter, vu qu'il n'en reste pas moins dépositaire, et que ma table ne rendra son dépôt que plus utile.

On peut faire agréer le même travail à MM. les dépositaires des archives du Louvre.

Je répète qu'il n'en coûtera rien au Roy et que je ne demande que l'honeur et la peine de ce travail. Si le Ministre agrée mon projet et veut bien mettre son bon sur ce mémoire, je concerteray ensuite les moyens de l'exécuter et j'auray l'honeur de lui en rendre compte.

(Collection Moreau, n° 288, fol. 61.)

9

MÉMOIRE DU CONTRÔLEUR GÉNÉRAL
SUR L'ENVOI DES IMPRIMÉS DES COURS SOUVERAINES
AU DÉPÔT DES FINANCES ET À LA BIBLIOTHÈQUE DU ROI.

1764.

Le cabinet formé en 1759 sous le nom de bibliothèque et archives des finances, et dont plusieurs arrêts du Conseil ont réglé la destination, renferme, sur tous les objets qui intéressent la législation et l'administration, toutes les ordonnances, édits, réglemens et arrêts, et en général tous les matériaux auxquels les Ministres sont souvent obligés d'avoir recours pour guider leurs opérations. Ce cabinet fut d'abord placé à Versailles, ensuite transporté à Paris au Controlle général, où il a resté près de quatre ans. Aujourd'hui, il remplit plusieurs pièces à la Bibliothèque du Roy et occupe plusieurs commis pour les différens travaux qui s'y font, car, depuis son institution, il n'y a point eu d'année dans laquelle il n'ait été utile à l'administration par plusieurs mémoires qui en sont sortis et qui ont été demandés par les Ministres sur plusieurs affaires importantes.

En effet, au moien de la place qu'il occupe, ceux auxquels il est confié sont à portée de consulter sans cesse le dépôt immense de la Bibliothèque du Roy, dont les richesses ne peuvent trop être consultées par tous ceux qui sont employés à l'administration.

Mais il manque jusqu'icy à cette collection immense une contribution dont il paroît que l'intention du Roi avoit été de l'enrichir : il seroit intéressant et très-utile de lui procurer tous les arrêts d'enregistrement ou de réglement et en général toutes les pièces qui s'impriment journellement en province par les ordres des Compagnies supérieures. Les Ministres, et en particulier M. le Controlleur général, ont tous les jours besoin et d'examiner ces pièces et de les comparer les unes aux autres; il seroit donc très-à-propos de les réunir toutes dans un dépôt où l'on pût les trouver sur-le-champ, dès qu'elles deviennent nécessaires au travail.

M. le Controlleur général a donc l'honeur de demander à Mgr le Chancellier une grâce pour son dépôt général, et la voicy :

Ce seroit de vouloir bien inviter, par une lettre, les Procureurs généraux de toutes les Compagnies d'avoir l'attention, lorsque l'on imprime sous leurs yeux quelque déclaration, quelque réglement, ou même quelqu'arrêt que ce soit, d'en addresser deux exemplaires à la Bibliothèque du Roi, l'un à M. Bignon, conseiller d'État et bibliothécaire de S. M., et l'autre à M. Moreau, garde particulier du dépôt et des archives des finances. C'est le seul moien de rassembler pour le besoin une foule de réglemens, qui peuvent devenir nécessaires d'un moment à l'autre, et pour lesquels on étoit jusqu'icy obligé d'écrire en province. Cette espèce de tribut si léger est d'ailleurs un hommage qu'en bonne règle tous les imprimeurs devroient rendre à la Bibliothèque du Roy, et dont ne se sont pas acquittés jusqu'icy les imprimeurs des Compagnies.

(Collection Moreau, n° 285, fol. 42.)

10

ÉTAT DE LA BIBLIOTHÈQUE DES FINANCES DEPUIS SON TRANSFERT À LA BIBLIOTHÈQUE DU ROI.

Ce dépôt, établi par ordre et sous les yeux du Ministre, renferme une collection, aussi complette qu'il a été possible de la former, de toutes les loix, arrêts et réglemens qui constituent le Gouvernement françois, et en règlent l'administration depuis les tems les plus reculés jusqu'à nos jours.

Cette collection, composée de plus de 1,500 volumes ou cartons, est divisée en 155 parties ou matières, rangées sur des tablettes par ordre alphabétique, et les pièces dont ces matières sont composées sont placées dans chaque carton par ordre chronologique, de manière qu'il suffit, pour se procurer la pièce dont on a besoin, d'avoir sa datte et un mot de son objet, et on trouve la pièce demandée avec d'autant plus de facilité que, non-seulement le nom de chaque matière est écrit sur une étiquette collée au dos de chaque carton, mais encore que sur cette même étiquette est également marqué l'espace de tems qu'occupent les pièces renfermées dans chacun de ces cartons.

Outre cet ordre, qui, comme on vient de le voir, met en état de se procurer avec autant d'aisance que de célérité les pièces dont on peut avoir besoin, on a fait une table ou inventaire de toutes les pièces dont chaque matière est composée, et par le moien desquelles on peut, d'un coup d'œil, s'assurer si le dépôt renferme la pièce dont on a besoin, ou du moins quelques autres qui puissent donner des lumières sur la matière que l'on se propose de traiter.

Tel étoit l'état du dépôt (sinon que toutes les tables n'étoient pas encore finies), lorsque, vers la fin de 1763, on fit transférer la collection qu'il renfermoit à la Bibliothèque du Roy.

On conçoit bien que le transport de cette collection a dû nécessairement en déranger l'ordre, même en prenant toutes les précautions possibles pour le conserver; mais le peu de tems que l'on a eu pour faire ce transport, n'ayant permis d'en prendre aucunes, la confusion a donc dû être d'autant plus grande, et ce qui l'a mise au comble, c'est qu'à la Bibliothèque du Roy, le lieu destiné à recevoir cette collection n'étant pas encore praticable, on s'est trouvé dans la nécessité de la déposer sans ordre dans un grenier, où elle est restée pendant plus de 18 mois.

Si ce que l'on vient d'exposer a dû causer un désordre considérable dans cette collection, les différentes opérations dont le Ministère s'est occupé, pendant le *tems* qu'elle étoit déposée dans ce grenier, et qui ont donné lieu à la demande d'un très-grand nombre de pièces, sur différentes matières, ont donc dû augmenter encore le désordre, parce que, pour se procurer les pièces demandées, il a fallu tout remuer, sans qu'il fût possible de rien rétablir. Aussy, lorsqu'enfin on a placé cette collection dans le lieu qui lui étoit destiné, s'est-il trouvé hors des cartons, éparses çà et là, plus de 10,000 pièces, qu'il a fallu placer au lieu qu'elles devoient occuper.

C'est dans cet état qu'étoit cette collection, lorsque, placée dans le lieu où elle est aujourd'huy déposée, on a commencé le travail pour y rétablir l'ordre.

Pour y parvenir, on a d'abord procédé à la vériffication des pièces qui se trouvoient encore renfermées dans les cartons, sur les tables qui en avoient été faites; par ce moyen, on s'est assuré du nombre de pièces qui en avoient été tirées, desquelles on a fait note sur un cayer séparé.

Cette vériffication finie, on s'est occupé d'abord à diviser par matières toutes les pièces détachées dont on a parlé plus haut, sur chacune desquelles on a écrit le nom de la matière dont elle devoit faire partie, et on les a ensuite rangées par ordre chronologique.

Ces pièces ainsi mises en ordre, on en a tiré toutes celles qui se sont trouvées être du nombre des pièces manquantes, et ensuite remises dans les cartons au lieu qu'elles devoient occuper.

On pensera sans doute que cette dernière opération auroit dû suffire pour rétablir l'ordre; mais comme il restoit encore un très-grand nombre de pièces dont la majeure partie étoient notées doubles, et d'ailleurs très-importantes, on a cru devoir s'assurer, par une seconde vérification de tous les cartons, si ces pièces indiquées comme doubles l'étoient effectivement.

Le grand nombre de ces pièces que l'on a été obligé de remettre dans la première partie a d'autant plus fait connoître la nécessité de faire une pareille vérification de toutes les autres parties, jusqu'à (*sic*) et dans lesquelles on a remis toutes les pièces qui, quoique non enregistrées sur les tables, ont paru devoir y être placées. On a inscrit ces dernières sur un cayer séparé et dont le relevé sera joint aux tables et y servira d'addition.

Tel est le travail auquel on a été obligé de se livrer, pour rétablir dans cette immense collection l'ordre qui y avoit régné d'abord. Mais pour perfectioner cet ordre et le maintenir dans la suite, il paroît qu'il seroit nécessaire :

1° Que l'on écrivît sur toutes les pièces qui la composent le nom de la matière dont elles font partie; on éviteroit par ce moien l'erreur dans laquelle on peut tomber de remettre dans une partie des pièces qui auroient été tirées d'une autre qui y est à peu près semblable, ou qui y a des rapports tels que dans l'une et l'autre se trouvent les même pièces;

2° Que les étiquettes qui sont actuellement sur les cartons en fussent ôtées, pour y en substituer d'autres, et plus exactes et plus uniformes;

3° Qu'il y eût un registre uniquement destiné à inscrire toutes les pièces qui sortiront du dépôt.

Mais si ces précautions sont nécessaires pour conserver l'ordre dans la collection dont il s'agit, on croit aussi devoir observer qu'il est essentiel d'en prendre pour que cette collection puisse se completter dans la suite des tems. Depuis que M. Prault s'est regardé comme quitte du marché qu'il avoit fait avec le Ministre, et qu'il a en conséquence cessé de fournir à compter de cette époque, toutes les parties ou matières qui forment la collection des archives des finances sont imparfaites. On y trouve, à la vérité, depuis ce tems, tous les édits, déclarations et arrêts qui expliquent ou interprètent ces premiers, mais on n'y trouve aucuns des jugemens et arrêts rendus par les différens tribunaux du Royaume, qui seuls peuvent établir la jurisprudence fondée sur ces loix et instruire de la manière dont elles ont été reçues, exécutées ou interprétées par chacun d'eux. Ce sont donc ces décisions particulières de chaque tribunal souverain au moins qu'il seroit important de se procurer, afin que cette collection fût aussi complette qu'utile.

(Collection Moreau, n° 285, fol. 44.)

DEUXIÈME PARTIE.

CABINET DES CHARTES.

1762.

I

DOCUMENTS GÉNÉRAUX RELATIFS AU CABINET DES CHARTES.

1

MÉMOIRE DE MOREAU SUR LA FORMATION D'UN DÉPÔT DE DROIT PUBLIC ET D'HISTOIRE.

1762.

Le Roi a, par arrêt de son Conseil du mois d'octobre 1759, attaché au Ministère de ses finances une bibliothèque composée de toutes les loix et réglemens connus qui peuvent intéresser la législation, la jurisdiction et l'administration. Ces monumens de législation, soit manuscrits, soit imprimés, sont rangés dans plus de 1,500 cartons, et suivant l'ordre des matières et suivant les dates de chaque loi.

Le but de cet établissement, annoncé dans un mémoire que Sa Majesté lut tout entier au mois de mai 1759, et au bas duquel elle mit un bon de sa main, a été de mettre les Ministres à portée de consulter en toute occasion les loix qui peuvent guider leurs opérations et de réveiller sous leurs yeux l'étude de notre droit public, ou négligé totalement, ou livré aux seules recherches de l'esprit de parti.

Pour perfectioner ce plan, on observera ici que le droit public de la France est fondé et sur des loix et sur des faits historiques. Les découvertes de l'historien doivent s'unir au raisonnement du jurisconsulte, et tous les deux doivent se prêter un mutuel secours. Si donc il est possible de former, sans qu'il en coûte presque rien au Roi, un dépôt qui renferme la plus grande partie des matériaux qui doivent entrer dans un corps complet de droit public, c'est-à-dire des notices de tous les faits et de tous les monumens historiques joints à une collection de toutes les loix, si l'on peut en même tems consacrer au travail qu'exigera ce dépôt un certain nombre de persones éclairées et judicieuses, capables des recherches qu'il exige et déjà livrées à ce genre d'études, on aura completté un établissement avantageux et procuré au Gouvernement une source où il pourra puiser sans cesse les éclaircissemens les plus utiles.

M. de Sainte-Palais[1] et M. de Foncemagne[2], qui, depuis 40 ans, s'occupent de l'histoire de France, ont rassemblé une très-grande quantité de matériaux relatifs au droit public et aux antiquités de la nation. Leurs collections en ce genre surpassent de beaucoup toutes celles qui ont été faites jusqu'ici; outre les extraits des livres imprimés, elles renferment les notices de plus de 4,000 manuscrits.

Ils se sont principalement attachés à recueillir ce qui regarde la personne des Roix, considérés soit dans l'exercice public des fonctions roiales, soit dans l'intérieur de leur palais; les accroissemens successifs du Roiaume, ceux du domaine des souverains, les prérogatives des premières dignités de l'État; la noblesse et ses anciens avantages, l'établissement des fiefs, l'institution des communes, l'origine des coutumes locales, l'affranchissement des serfs, l'administration de la justice, les usages de la guerre, ceux de la société, le cérémonial, etc.

Il seroit triste que le fruit de tant de recherches pérît, et, en ce genre, c'est périr que d'être discontinué. On propose donc de déposer ces matériaux

---

[1] Jean-Baptiste de la Curne de Sainte-Palaye, né le 6 juin 1697 à Auxerre, mort le 1ᵉʳ mars 1781 à Paris, membre de l'Académie des inscriptions en 1724, et de l'Académie française en 1758. Il a été un des collaborateurs les plus actifs de Moreau. Dès 1740, il s'était occupé de nos origines nationales. Avec Secousse et Foncemagne, il s'efforça, en 1746, de persuader à M. de Machault, contrôleur général des finances, qu'il y aurait un grand intérêt à former un catalogue des chartes partout éparses ayant quelque trait à l'histoire de France. M. Delisle a raconté dans le *Cabinet des manuscrits* (t. I, p. 571-572) comment les dépouillements de Sainte-Palaye, entrepris en vue d'un glossaire français et d'un dictionnaire de nos antiquités, ont été dispersés à la Bibliothèque nationale et à celle de l'Arsenal. — Voir aussi plus bas, p. 154-156.

[2] Étienne Lauréault de Foncemagne, né le 8 mai 1694 à Orléans, mort le 26 septembre 1779 à Paris, membre de l'Académie des inscriptions et de l'Académie française, seconda Moreau beaucoup moins activement que Sainte-Palaye.

dans un bureau qui seroit établi pour les mettre en ordre et achever de rassembler ceux qui peuvent manquer encore.

Ce bureau auroit un objet commun avec celui qui est confié à l'avocat des finances; ils auroient l'un avec l'autre une correspondance perpétuelle, en sorte qu'ils pourroient être regardés comme les deux parties d'un même tout, destiné à rechercher et dans l'histoire et dans les loix les principes et les maximes du droit public de la France.

L'un et l'autre se concertant ensemble, et se fixant successivement sur toutes les parties du droit public, se trouveroient en état d'envisager chaque matière, sous tous les rapports qu'elle peut avoir avec l'administration publique.

Leurs travaux auroient un double objet :

1° Un objet général, savoir de rédiger des mémoires pour servir par la suite à un corps complet de droit public françois et à un dictionnaire de nos antiquités, deux ouvrages également importans;

2° Un objet particulier, savoir de fournir au Ministère les éclaircissemens journaliers, dont il pourroit avoir besoin, sur le droit public de la France, sur les droits du Roi et de l'État, sur les anciennes maximes du gouvernement, sur les choses pratiquées dans les diverses circonstances de l'administration.

Les deux bureaux se réuniroient toutes les semaines, dans une conférence de travail, à laquelle ceux qui en auroient la direction aggrégeroient, s'ils le jugeoient à propos, quelques gens de lettres et quelques jurisconsultes choisis dont ils connoîtroient les lumières et la prudence.

MM. de Sainte-Palais et de Foncemagne, propriétaires du dépôt dont ils offrent l'usage au Roi, seroient les premiers membres et les directeurs même de cette conférence, qui, par la suite, pourroit devenir un séminaire de bonnes études. Si ces travaux sont honorés de l'attention du Roi et de ses Ministres, d'ici à quelque tems ce sera une grâce et un objet d'émulation que d'y être admis.

M. de Bréquigny, de l'Académie des inscriptions, homme de condition de Touraine [1], consacré depuis sa jeunesse aux mêmes travaux que MM. de

---

[1] Moreau a commis ici une légère erreur. Bréquigny (Louis-Georges Oudard-Feudrix de) est né à Granville en 1716, mort à Paris le 3 juillet 1795. En 1754, il fut chargé de continuer, avec Villevault, le recueil des *Ordonnances des rois de France de la troisième race*. Il en publia cinq volumes (les t. X-XIV), qu'il accompagna de préfaces. On trouve, dans ces préfaces, une his-

Sainte-Palais et de Foncemagne, déjà adjoint à M. de Villevaux[1] pour le recueil des Ordonnances, et chargé par le Ministère de continuer la table chronologique des titres imprimés, paroît être l'homme le plus capable d'être mis à la tête du bureau dont on propose l'établissement.

MM. de Sainte-Palais et de Foncemagne le présentent au Ministère comme possédant à fonds les matières sur lesquelles ils ont l'un et l'autre travaillé toute leur vie; ils lui livreront avec joie des richesses dont il est accoutumé de faire usage.

Comme il a déjà 3,000^{tt} du Roi pour la continuation de la table chronologique des titres, il ne s'agit, pour le mettre en état de se livrer uniquement au nouveau travail proposé, que d'y joindre 5,000^{tt} et de lui faire un appointement annuel de 8,000^{tt}. Cette somme est modique, si l'on fait attention aux frais qu'exigent les recherches qu'il faudra faire et les copistes qu'il faudra employer. L'avocat des finances est déjà payé par le Roi; il ne lui faut donc rien.

MM. de Sainte-Palais et de Foncemagne, se bornant à l'honeur d'être utiles, s'estimeront trop heureux d'avoir pu contribuer à une pareille institution.

Ainsi, avec 5,000^{tt} d'augmentation de dépense pour le Roi, le Minis-

---

toire exacte de la législation française. Pour la table chronologique des titres imprimés dont parle Moreau, il refondit le plan et corrigea les éléments préparés par Foncemagne, Secousse et Sainte-Palaye. Bréquigny fut chargé d'y mettre la dernière main en 1763. Avec l'aide de Mouchet, il publia, de 1769 à 1783, les trois premiers volumes de la *Table chronologique des chartes et diplômes*, qui devaient rendre les plus grands services aux savants occupés à former le Cabinet des chartes, et qui, encore aujourd'hui, sont consultés avec le plus grand fruit. Ce ne sont pas, on le verra plus loin, les seuls services rendus par Bréquigny à l'érudition. Comme Sainte-Palaye et Foncemagne, il fut membre de l'Académie française.

[1] Louis-Guillaume de Villevault, né au mois de février 1716, mort le 15 mai 1786, était fils de Louis de Villevault, substitut général au Parlement de Paris, conseiller à la Cour des aides, et de Marie-Louise Godet : celle-ci était fille de François Godet, sieur de Soudé, maître des comptes à Paris, et d'Anne Joly de Fleury. Devenu, en 1741, conseiller à la Cour des aides, Villevault fut nommé, sous les ordres de Joly de Fleury, procureur général et son parent, commissaire pour la rédaction des notices et des tables de tous les registres du Trésor des chartes. A la mort de Secousse, en 1754, Lamoignon le choisit pour continuer le recueil des *Ordonnances*. Le tome IX des *Ordonnances*, qui porte son nom, parut en 1755. Avec Bréquigny, il en publia les tomes X-XIII; mais ses fonctions de maître des requêtes, d'intendant du commerce extérieur et maritime, etc., l'obligèrent à se décharger sur son collaborateur de la plus grande partie du travail. Villevault était un homme aussi savant que modeste, dont le nom mérite d'être tiré de l'oubli. (*Cabinet des titres*, pièces originales, dossier VILLEVAULT, et Préface du tome XIV des *Ordonnances*, p. XXXIII-XXXIV.)

tère aura formé et perfectionné un des plus beaux et des plus utiles établissemens que l'on puisse imaginer, non-seulement pour réveiller le goût, mais pour régler la marche des bonnes études.

Si le Ministre veut bien faire agréer ce plan au Roi, il ne sera uniquement besoin que d'un arrêt du Conseil, par lequel on donneroit à M. de Bréquigny et à l'avocat des finances, son collègue, le titre de commissaires du Roi aux recherches concernant le droit public et les antiquités de France. Le préambule de l'arrêt annonceroit et justifieroit l'objet de leurs travaux.

(Collection Moreau, n° 285, fol. 55.)

2

APPEL ADRESSÉ AUX BÉNÉDICTINS DE LA CONGRÉGATION DE SAINT-MAUR.

Le Roy, convaincu des avantages considérables qu'apporteroit aux lettres, à l'histoire et au droit public de son Royaume une notice exacte de tous les titres, chartes et monumens qui se trouvent dans plusieurs bibliothèques, dépôts publics et ailleurs, a chargé successivement du soin de la former le feu sieur Secousse[1], le sieur La Curne de Sainte-Palaye et le sieur de Bréquigny, tous de l'Académie des inscriptions et belles-lettres.

Jusqu'ici on n'a pu rassembler que les indications des chartes imprimées, dispersées dans différens ouvrages; mais, quelque nombreuses qu'elles soient déjà, elles n'embrassent qu'une très-petite portion du plan général qu'on doit se proposer, qui consiste à acquérir une connoissance de tous les monumens et titres manuscrits, dont la plupart n'ont pas encore été dépouillés.

L'énormité des dépenses qu'exigeroit un examen général des différens dépôts de ces titres, s'il étoit fait par des gens préposés à cet effet et payés pour y travailler, exposeroit un projet si utile, tant de fois conçu et tant de fois abandonné, à l'être encore, à moins qu'une société littéraire ne veuille bien y consacrer une partie de ses travaux et de ses veilles.

La seule qui soit en état de s'en bien acquitter, c'est la congrégation de

---

[1] Denis-François Secousse, né le 8 janvier 1691 à Paris, mort dans cette ville le 15 mars 1754, membre de l'Académie des inscriptions. Il commença le recueil chronologique des actes relatifs à la France. Les tomes II-IX du recueil des *Ordonnances des rois de France* parus de 1729 à 1755, furent publiés ou préparés par lui.

Saint-Maur [1]; elle a dans son sein une foule de religieux savans et appliqués, familiarisés avec les titres anciens, dont la plûpart ont déjà passé par les mains de ceux d'entre eux qui sont occupés de la composition des histoires des provinces.

Les sieurs de Sainte-Palaye et de Bréquigny, autorisés par le Gouvernement à faire connoître aux Révérends Pères Général et religieux bénédictins de la congrégation de Saint-Maur les intentions de Sa Majesté, leur exposent que le Roy désireroit qu'ils chargeassent des religieux savans et capables de chercher dans toutes les maisons de leur ordre, dans les villes qui sont à portée des grandes seigneuries, et dans les monastères où se trouvent des dépôts, les chartes et monumens dont ils pourront prendre connoissance, d'en dresser des notices exactes, qu'ils enverroient au Révérend Père Général, qui les adresseroit ensuite au sieur Moreau, avocat au Parlement et des finances, et au sieur de Bréquigny, de l'Académie des inscriptions.

(Collection Moreau, n° 285, fol. 166.)

3

LETTRE DES RELIGIEUX DE LA CONGRÉGATION DE SAINT-MAUR
À BERTIN [2].

27 juillet 1762.

Monseigneur, les travaux auxquels se sont livrés les religieux bénédic-

[1] Suivant l'expression du savant Administrateur de la Bibliothèque nationale, l'heureuse influence des Bénédictins de la congrégation de Saint-Maur sur les études historiques et littéraires a produit « dans le domaine de l'érudition des résultats qui commanderont toujours une respectueuse admiration. » M. Delisle a signalé, analysé et apprécié leurs travaux dans plusieurs de ses publications, notamment dans l'introduction de son *Catalogue des actes de Philippe-Auguste* (p. XXXVI-XLIII); dans son *Cabinet des manuscrits* (t. I, p. 559-565; t. II, p. 59-74); dans sa *Notice sur des collections manuscrites de la Bibliothèque nationale,* publiée dans la *Bibliothèque de l'École des chartes* (t. XXXII, p. 237-290), et dans la préface du *Monasticon gallicanum,* parue en 1877. Des notices biographiques ont été consacrées aux écrivains de la congrégation de Saint-Maur par dom Pez, dom Bouillart, dom Le Cerf, dom Ziegelbauer, dom Tassin, dom François, et, plus récemment, par M. Ulysse Robert, qui a publié un *Supplément à l'Histoire littéraire de la congrégation de Saint-Maur* (Paris, Picard, 1881, in-4°). M. Ulysse Robert y fait figurer les Bénédictins omis par ses devanciers.

[2] Cette lettre a été imprimée à la suite du mémoire de Moreau intitulé : *Plan des travaux littéraires ordonnés par Sa Majesté pour la recherche, la collection et l'emploi des monumens de l'histoire et du droit public de la monarchie françoise,* p. I-VI.

tins de la congrégation de Saint-Maur leur ont acquis des richesses littéraires dont, comme citoyens, ils sont comptables au Roy. Cette dette, Monseigneur, nous a inspiré un projet dont l'exécution, simple et facile, peut procurer et des secours importans au Ministère qui vous est confié, et des lumières sûres au droit public du Royaume.

Il est certain, Monseigneur, que, le droit public n'étant appuyé que sur des faits anciens, tout ce qui peut conduire à le connoître avec plus d'exactitude doit être prétieux au Gouvernement. De là le projet conçu tant de fois, et dont l'exécution a été commencée par tant de Ministres, de former une notice fidèle et générale de toutes les chartes qui sont dispersées dans les déposts publics, dont la pluspart, loin d'avoir été dépouillés, n'ont pas même encore été abordés par la curiosité.

Deux obstacles ont jusqu'icy retardé une collection aussi nécessaire : 1° d'un côté, le peu d'accord et de correspondance qu'il y a eû entre les personnes qui ont été chargées par différens Ministres d'une partie de ce travail ; 2° l'énormité des dépenses qu'exigeroit un dépouillement général de tous les déposts, s'il étoit fait par des gens envoyés exprès et payés pour cet ouvrage.

Feu M. Secousse avoit ébauché la notice des chartes imprimées, et quelques sçavans ont travaillé après lui. On a également commencé le dépouillement des pièces qui sont dans le Trésor des chartes au Palais [1]. Mais quand il seroit possible de conduire promptement ce travail à sa fin, il n'embrasseroit qu'une très-petite partie du plan général que l'on peut se proposer. 1° Les chartes imprimées ne sont peut-être pas le quart de toutes celles qui sont ensevelies dans la poussière des déposts. 2° Le Trésor des chartes du Palais n'est pas le seul qu'il soit nécessaire de dépouiller ; chaque province a les siens, et plusieurs grandes terres ou abbayes ont encore des chartriers qui renferment les titres les plus importants.

Il est donc certain, Monseigneur, que, pour suppléer les secours qui manquent aux sçavans qui peuvent s'occuper de cet objet, il paroîtroit nécessaire d'avoir recours à une société littéraire répandue par tout le Royaume, et qui ne demandât point d'autre prix de ses travaux que l'honneur de les entreprendre et l'avantage de les conduire à leur perfection.

Nous nous flattons que la congrégation de Saint-Maur peut être cette

---

[1] Ce dépouillement avait été commencé en 1703.

société. Elle a dans son sein une foule de religieux accoutumés à débrouiller le cahos des titres; plusieurs, actuellement occupés à la composition de différentes histoires de provinces, ont déjà dépouillé un grand nombre de déposts publics et y ont puisé les lumières nécessaires à leur travail. Ils ont entre les mains et les matériaux de tous les ouvrages qu'ils ont déjà donnés au public et sur l'histoire et sur la diplomatique, et tous ceux qui leur sont nécessaires pour leurs études actuelles.

Indépendamment de ce premier avantage, Monseigneur, nous sommes en état de distribuer des religieux sçavans et laborieux dans toutes les maisons de notre ordre, soit dans les villes, soit à portée des grandes seigneuries et des monastères où se trouvent des déposts de chartes et de monumens, et par là nous pouvons couvrir toute la France de travailleurs qui ne coûteront au Roy que quelques frais de voyages et de copistes, et qui auront presque sous la main toutes les richesses dont il est important pour Sa Majesté d'acquérir une connoissance exacte.

Il ne s'agit donc, Monseigneur, que de faire agréer au Roy l'offre que nous lui faisons avec joye d'envoyer, dans un dépost que vous voudrez bien nous indiquer, des notices exactes de toutes les chartes que nous connoissons déjà et que nous découvrirons par la suite.

Par là, Monseigneur, la notice générale que vos prédécesseurs ont souvent projettée, acquérera dans peu d'années toute la perfection dont elle est susceptible, et le Gouvernement aura toujours sous la main, et dans l'ordre qu'il voudra luy donner lui-même, une table universelle de tous les titres et de tous les monumens, avec l'extrait de ce qu'ils contiennent et l'indication du dépost qui les renferme.

C'est ainsi, Monseigneur, que la congrégation de Saint-Maur payera à Sa Majesté le tribut de ses travaux et luy prouvera autant qu'il est en elle son attachement pour sa personne sacrée et son zèle pour la gloire de son règne.

Nous sommes, etc.

Le Général et les Assistans de la congrégation de Saint-Maur,

Fr. Joseph Delrue, Général.

Fr. Jean Le Febvre, assistant.   Fr. J. N. Chrestien, assistant.

(Collection Moreau, n° 285, fol. 105.)

4

MÉMOIRE DE MOREAU
SUR LA FORMATION D'UN DÉPÔT GÉNÉRAL DES CHARTES [1].

12 août 1762.

Rien n'est plus important pour les progrès du droit public de la France qu'une connoissance exacte de toutes les chartes du Royaume imprimées et non imprimées.

Bien des Ministres ont projetté d'en former une notice complette; aucun n'a pu avancer ce travail.

Deux obstacles s'y sont opposés :

1° Le peu d'accord et de correspondance entre les différentes personnes qui en ont été chargées ;

2° L'immensité du travail, la multitude des dépôts qu'il faut dépouiller pour se procurer les matériaux de ce travail, l'énormité des frais qu'il y faudroit employer.

Les Bénédictins de la congrégation de Saint-Maur, par la lettre qu'ils ont écrite à M. le Controlleur général et qu'ils le supplient de mettre sous les yeux du Roi, se proposent de faire cesser ces deux obstacles.

Il est inutile de répéter ici les offres qu'elle renferme et le plan que ces religieux proposent; on joindra à ce mémoire une copie de cette lettre.

Si Sa Majesté juge à propos d'ordonner à M. le Controlleur général d'accepter ces offres, il est certain que d'ici à quelques années les Ministres auront sous la main et dans un très-bel ordre, non-seulement des copies d'une très-grande multitude de chartes anciennes et dispersées dans des dépôts particuliers, mais une table exacte et même une notice de toutes celles qui, renfermées dans des dépôts publics et royaux, demeurent inconnues à ceux qui pourroient en faire l'usage le plus utile et le plus raisonable.

Il ne s'agit donc que de mettre sous les yeux de Sa Majesté le plan que l'on se propose de suivre d'après les offres des Bénédictins.

La congrégation de Saint-Maur est en partie composée de sçavans livrés à l'étude de l'histoire ou de la diplomatique. Ces sçavans, dont les noms seront envoyés à M. le Controlleur général, seront dispersés dans les provinces et

---

[1] «Copie du mémoire au bas duquel est le *Bon* du Roi et qui a été envoyé par Berlin, controlleur général, à M. de Boulogne, le 2 septembre 1762.» (Note de Moreau.)

dans des maisons de leur ordre à portée des dépôts publics, tels que Chambres des comptes, chartriers de grandes abbayes.

Plusieurs d'entre eux ont déjà composé des histoires de province et presque tous ont sur le métier des ouvrages du même genre; les matériaux qu'ils ont amassés pour cela sont entre leurs mains; ils ne demandent pas mieux que de les donner au Roi. Un seul d'entre eux, nommé dom Housseau[1], dès que Sa Majesté aura agréé cet établissement, lui donnera 4,200 copies de titres, que l'on remettra au dépôt, ou dont on triera ceux qui peuvent être utiles au droit public.

Ces religieux voyagent et sont entretenus aux frais de la Congrégation; elle a de plus assigné sur ses propres fonds 6,000 ₶ par an pour les dépenses que ces études occasionnent; en faisant leur propre ouvrage, ils feront celui du Gouvernement, et voici à peu près quel sera l'objet de leurs recherches.

Il y a dans le Royaume deux sortes de dépôts : les uns sont publics, toujours accessibles aux recherches et dont la surveillance des officiers royaux qui y sont préposés assure la conservation : tels sont les greffes des Parlemens, Chambres des comptes et autres cours supérieures, ainsi que des sénéchaussées, présidiaux et autres juridictions royales.

Les autres sont pour ainsi dire des dépôts particuliers, dont la garde n'est confiée qu'au propriétaire ou à ceux qu'il commet, et sur lesquels l'Administration, quelqu'attentive qu'elle soit, ne peut que difficilement porter ses regards : tels sont les chartriers des églises, abbayes, maisons religieuses et même des grandes terres et seigneuries.

Les dépôts publics et royaux n'ont besoin que d'être connus et d'être mis en ordre : ainsi les Bénédictins travailleurs, qui les consulteront pour leurs ouvrages, n'auront autre chose à faire que d'y prendre des notices de toutes les chartes et autres monumens importans qu'ils peuvent découvrir.

---

[1] Dom Étienne Housseau, né au Mans au commencement du XVIII° siècle, mort le 5 octobre 1763, recueillit sur la Touraine, le Maine et l'Anjou une précieuse collection de pièces, cédée, en 1811, par dom Villevieille à la Bibliothèque nationale. Elle y forme une collection spéciale en 30 volumes. Sous ce titre : *Catalogue analytique des diplômes, chartes et actes relatifs à la Touraine contenus dans la collection de dom Housseau*, Tours, 1863, in-8°, M. Mabille en a publié, pour la partie qui se rapporte à la Touraine, un catalogue détaillé. Cette collection n'est pas toute entière de dom Housseau; dom Léger des Champs, dom Pierre-Vincent Jarneau, dom Augustin Cassard et dom Maurice Poncet y ont collaboré. Voyez *Notice sur des collections manuscrites de la Bibliothèque nationale*, par M. Delisle, p. 50-52.

Le Roi peut même, par la suite, tirer de leurs observations beaucoup de lumières sur l'état de ces dépôts, sur l'ordre que l'on y peut établir et sur les soins qu'on doit se donner, soit pour les conserver, soit pour les perfectionner.

A l'égard des dépôts particuliers, comme rien ne rassure le Gouvernement contre le danger de la spoliation ou de l'altération, il doit veiller pour les propriétaires eux même à la conservation des titres qui peuvent intéresser le droit public. Pour y parvenir, il sera important que les Bénédictins fassent eux même des copies exactes et même figurées de toutes les chartes qu'ils y trouveront, lorsqu'elles seront jugées propres à donner quelques connoissances utiles à l'administration : il y en a un autre motif important et qui doit faire l'objet principal de cet établissement, c'est que les savans auront sous leurs mains à Paris une collection de pièces qu'ils ne pourroient consulter si elles restoient dispersées dans des chartriers ou archives des particuliers ; et quant à celles des dépôts publics, au moyen de la notice qui sera dressée, il sera facile de s'en procurer des coppies ; enfin, si l'on veut jamais composer une collection pour la France telle que Rymer, l'ouvrage se trouvera en quelque sorte tout fait, ce qui ne pourroit s'exécuter aussi promptement, si on ne recueilloit une bonne fois les titres des dépôts particuliers. Ces coppies, conservées dans un dépôt, pourront dans la suite suppléer les originaux même, si la négligence venoit à les perdre ou la mauvaise foy à les supprimer.

Par ce moyen, et en établissant un dépôt qui servira de centre à tous ces travailleurs, on viendra à bout de former : 1° une collection des chartes qui se trouvent dispersées dans les dépôts qu'il n'est pas toujours possible de consulter ; 2° un indice général de toutes les autres chartes et monumens qui sont cachés et inconnus dans tous les dépôts publics.

Il est inutile de faire observer ici combien cette table sera utile au Gouvernement, et tout l'avantage qu'il pourra tirer de cette correspondance dans les occasions où il est obligé d'éclairer par la connoissance des monumens la route que doit tenir l'autorité.

Il ne s'agit donc, pour former un établissement aussi utile, que d'indiquer un dépôt et de lier une correspondance.

Le premier est tout prêt ; on a formé, par ordre de S. M., dans l'hôtel de M. le Contrôleur général, un dépôt qui, sous le nom de bibliothèque des finances, renferme toutes les loix écrites sur toutes les parties de l'administration. Il ne s'agit donc que d'y placer avec ordre soit les copies des chartes que l'on recevra des Bénédictins, soit les notices qu'ils enverront.

L'avocat qui est préposé à la garde de ce dépôt et qui, sous le titre d'avocat des finances, est particulièrement consacré aux études du droit public que l'administration exige, sera en même tems le correspondant de tous les Bénédictins. Il leur accusera réception des pièces qui lui seront adressées, il veillera à la distribution que l'on en doit faire, et à l'ordre dans lequel on doit les placer, et travaillera à la notice et au catalogue.

Comme ce travail ne laisse pas que d'être vaste, on propose de lui donner pour adjoint et pour coopérateur dans cette partie le s^r de Bréquigny, de l'Académie des inscriptions et belles-lettres, déjà chargé de travailler au catalogue des chartes imprimées. Ce travail, commencé autrefois par le sieur Secousse, est déjà fort avancé, et demeurera également déposé dans la bibliothèque des finances.

Les frais de cet établissement seront très-peu de chose, et tel est l'avantage que l'on peut tirer des sociétés déjà subsistantes, et qu'il ne s'agit que d'encourager. On doit aux travaux des religieux qui, avant l'invention de l'imprimerie, n'étoient occupés qu'à transcrire les livres, la conservation de tout ce qu'il y a de plus précieux dans les lettres sacrées et profanes; c'est leur rendre leurs anciennes fonctions que de les destiner à l'exécution du projet dont il s'agit. Ils s'y livreront avec joie, et le Père Général n'a apprétié qu'à 4,000 ͤ par an les frais extraordinaires dans lesquels le Roi sera obligé d'entrer soit pour les voyages, soit pour les déboursés, cy...... 4,000 ͤ

L'avocat des finances, déjà payé par le Roi pour le travail de sa place, ne demande aucune augmentation. Il suplie S. M. de vouloir bien le regarder comme payé par les 3,000 ͤ de gratification annuelle qu'elle daigna lui assurer en 1759 sur le fonds des affaires étrangères, pour différens écrits politiques auxquels il avoit été employé pendant plusieurs années : cette gratification faisant partie du traitement qu'elle lui accorda en l'attachant au Ministère de ses finances, il se fera un devoir de continuer à la mériter.

Le sieur de Bréquigny, qui a déjà 3,000 ͤ pour composer le catalogue des chartes imprimées, suplie S. M. de lui accorder une augmentation de 2,400 ͤ par an, cy.................... 2,400 ͤ

TOTAL...... 6,400 ͤ

Il sera nécessaire d'ajouter à cette dépense celle de quelques frais de bureaux et des appointemens de quelques commis destinés à faire les copies et des catalogues, et à aider les dépositaires dans l'arrangement de toutes les chartes. La somme qu'il en coûtera pour cela pourra varier suivant le plus ou le moins d'abondance de matières; ainsi on ne peut l'apprécier ici. Mais elle n'ira pas à 3,000 ₶ par an. Ainsi, pour procurer au Gouvernement un secours si utile et pour perfectioner dans l'espace de quelques années un ouvrage dont, depuis longtems, on sent l'utilité, sans pouvoir se flater de le conduire à sa fin, il n'en coûtera au Roi qu'une dépense annuele qui n'ira jamais à dix mille livres.

Au reste, M. le Contrôleur général, sous les yeux duquel sera ce dépôt, en surveillera toutes les opérations, et aura l'honneur d'en rendre compte à Sa Majesté, qui, par les plans de travail qu'elle daignera elle même examiner, sentira de jour en jour les avantages que l'on peut tirer de cet établissement. Le revenu qu'elle voudra bien y destiner ne commencera à courir qu'au 1ᵉʳ janvier 1763.

(Collection Moreau, n° 288, fol. 55.)

5

OBSERVATIONS DE BERTIN SUR LE MÉMOIRE DE MOREAU.

13 août 1762.

J'ay lu. Tout me paroît à merveille, à l'exception du *principe* dont nous partons et de la *base* ou *fondement* que nous établissons en conséquence. Une *notice* me répugne horriblement, et c'est au point que je croirois faire un mal au lieu d'un bien, en faisant travailler à *une notice* des chartes *non imprimées*, ou plustôt en ne faisant travailler *qu'à une notice*.

On a travaillé, non sans raison, et avec une utilité évidente, à des notices des chartes *imprimées* et *rendues publiques;* on peut même le faire avec le même fruit pour les chartes du Thrésor, qui est un dépôt sûr, permanent, et dans lequel chacun peut avoir recours pour lire, examiner, *étudier* le titre dont la notice est donnée au public. Mais une notice de toutes les chartes *non imprimées,* dont la pluspart des dépôts ne sont ni sûrs, ni permanents, sont éloignés des sçavants et de la capitale, en désordre aujourd'huy ou le seront demain, sujets à l'altération, aux caprices, à la négligence, et souvent aux vues d'intérêt des propriétaires ou des dépositaires, j'avoue que je craindrois de faire un ouvrage *inutile* et *dangereux* : inutile, en ce qu'il ne peut jamais avoir aucune authenticité; on ne peut pas même compter du tout sur sa fidélité. Un sçavant, à la lecture, même réfléchie, d'un acte ancien, ne sçauroit en rendre toute la *forme*, tout le *contenu*, toutes les *qualités* des parties souvent intéressantes, les *termes* ou expressions qui le sont encore plus, les *monnogrames*, l'espèce du *parchemin*, etc., tout est intéressant; il ne le rendra pas dans une notice, quelque *scrupuleux et sçavant* qu'il soit; il y a mieux : s'il le rend (il a une opinion particulière dans l'esprit sur le siècle, les mœurs, les termes dérivés des anciennes langues, etc., à laquelle tout rime chez luy), son extrait s'en ressentira; en un mot, qu'on donne un même titre un peu étendu et intéressant à MM. de Bréquigny, de Foncemagne et de Sainte-Palaye (je ne puis pas les mieux choisir et d'une école moins opposée), qu'on le leur donne, dis-je, à extraire et pour en faire la notice à *l'insçu les uns des autres*, ou après être convenus entre eux qu'ils ne se communiqueront rien, et je suis convaincu que leurs notices respectives auront des nuances qui ne seront pas indifférentes à des yeux curieux ou clairvoyants. Mais il y a plus : qu'on suppose un procès, un fait d'histoire, etc., controversé, auquel cette notice puisse paroître démonstrative, et qu'on remette entre les mains du parti opposé le titre original : l'expérience journalière nous apprend que la controverse trouve des ressources et même des lumières nouvelles, et à la lueur desquelles les autheurs des notices se rendroient eux-mêmes; je ne connois de véritable épreuve en pareille matière que *l'intérêt* d'une opinion contraire; je dis *l'intérêt*, au moins à titre d'amour-propre, car une simple opinion se subjugue trop aisément.

Si cela est, si cela peut se supposer et même s'assurer pour une charte extraite par ces trois Messieurs, que sera-ce, et de quelle utilité véritable pourroit être une notice faite par des religieux, dont nous connoissons tous l'application et le mérite en ces matières, et dont le grand nombre qui sera employé ne peut avoir les mêmes lumières, la même assiduité ou plutôt la *même patience*, etc.?

Mais je craindrois même que l'ouvrage ne fût *dangereux* : ce sera une source d'incertitudes et de doutes, de fautes ou d'erreurs, d'opinions *diverses* ou *contraires*.

Voyés la critique de l'abbé de Foix [1] sur la notice des chartes imprimées, dont au surplus je ne reconnois point trop l'utilité, mais je la cite pour prouver que, si un critique indifférent, *qui n'a point d'opinion à luy*, a pu relever tant d'articles en si peu de soin et de temps sur les notices, faites par un seul homme, des *chartes imprimées*, on doit croire qu'il y en aura bien plus sur les *notices*, faites par *cent* personnes, des chartes *non imprimées*.

Quand il n'y auroit que ce mal, cela en seroit un très-grand. Mais que de *procès*, je ne dis pas seulement entre les voisins du lieu de la charte, ou de la part du domaine, ou de la part des villes, mais l'usage qu'en feront les avocats et procureurs dans des procès, d'ailleurs indifférents, je m'en remets à mon ami M. Bouquet [2] ! il trouvera dans cette notice son sistème évidemment établi ou évidemment combattu. Outre les procès, que *d'opinions du temps* en profiteront pour s'accroître ou s'étayer, que de vieilles erreurs *rajeuniront*, que de nouvelles erreurs *s'embelliront!*

Voilà ce que je pense : d'où je conclus que ce n'est point une notice qu'il nous faut, c'est une *collection de titres* ou de *copies fidèles de ces titres et chartes*, à laquelle les sçavants puissent recourir comme aux originaux, soit en attendant qu'elles soient imprimées, soit après leur impression. Cela ne nous empêchera pas, dans notre intérieur, de faire faire par M. de Bréquigny et autres bons citoyens ou sçavants une *notice de ces chartes*, des catalogues raisonnés, etc. Mais alors ce sera avec utilité, tout le monde pouvant recourir à l'inspection des chartes mêmes ou des copies fidelles qui seront au dépôt ou qu'on fera imprimer.

Cela ne nous empêchera pas non plus de recevoir dans notre dépôt les notices dont la congrégation de Saint-Maur est en possession, ou les copies, mais pour en faire l'usage qu'ils en font, c'est-à-dire un usage particulier et intérieur pour nous et quelques *sçavants* de nos amis.

Pour assurer même, ou plustôt pour établir une espèce d'authenticité à nos *copies* entières de *chartes*, il est facile de prendre un plan, et quand il n'y en auroit pas, l'ouvrage, moins parfait, moins bien combiné, n'en seroit pas pour cela inutile, comme une simple notice, parce qu'alors il ne pourroit

---

[1] Louis-Étienne de Foy, abbé de Saint-Martin-de-Séez, né à Angles, mort à Paris en 1778, publia en 1765 le tome I d'une *Notice des diplômes, des chartes et des actes relatifs à l'histoire de France*. Cet ouvrage n'a pas été continué et ne méritait pas de l'être.

[2] Il s'agit sans doute ici de Pierre Bouquet, érudit et jurisconsulte, mort à Paris le 2 avril 1781, neveu de dom Bouquet, l'éditeur du *Recueil des historiens des Gaules et de la France*.

plus subsister d'autre incertitude que sur *l'exactitude de la copie* ou sur la *forme ou vérité* du titre original [1].

Voilà mon opinion : voyés MM. de Bréquigny, Foncemagne et Sainte-Palaye et le Supérieur de la Congrégation, et si mon opinion leur paroît fautive, faites-moy part de leurs réflexions.

(Collection Moreau, n° 285, fol. 175.)

6
RÉPONSE DE MOREAU AUX OBSERVATIONS DE BERTIN.
14 août 1762.

Si l'on vouloit donner au public une notice de toutes les chartes non imprimées, on feroit, j'en conviens, une chose non-seulement *inutile*, mais *dangereuse*.

Si l'on vouloit ajouter une foi entière à toutes les notices particulières que les Bénédictins pourroient nous procurer dans le cours de leurs travaux et de leurs recherches, on courroit risque d'accréditer beaucoup d'erreurs.

Monseigneur le Controlleur général a donc saisi le véritable objet du plan qui lui est proposé, lorsqu'il a dit que *nous recevrions dans notre dépôt les notices dont la congrégation de Saint-Maur est en possession, ou les copies des titres qu'ils nous fourniront, mais pour en faire l'usage qu'ils en font, c'est-à-dire un usage particulier et intérieur pour nous et quelques savans de nos amis.* Ce sont ses propres expressions que je répète.

Cet ami que nous voulons principalement obliger, est le Gouvernement; il faut travailler à lui procurer successivement des lumières, et de ce que nous ne pouvons lui donner tout d'un coup des connoissances exactes sur tous les objets qui intéressent la surveillance universelle, il ne s'ensuit pas que nous ne devions pas au moins commencer par celles qui sont le plus à notre portée. Nous avons par rapport à lui un avantage : nous sommes sûrs qu'il saura douter.

Examinons sous ce point de vue le projet conçu et proposé. Est-il possible d'avoir dans un dépôt et sous les yeux du Ministre des copies de toutes

---

[1] *En marge :* NOTA. « Je le regarderois comme important.
« Cet article seroit un des objets à voir immédiatement après le *Bon* du Roy. »

les chartes et de tous les titres importans qui sont renfermés dans les différens dépôts du Royaume? Je conviens que rien ne seroit plus utile. Je conviens encore que c'est le but que nous devons nous proposer, sans trop le dire.

Mais je crois : 1° qu'il ne seroit pas prudent d'annoncer cet objet dans toute son étendue, en demandant aux Bénédictins des copies de tous les titres qu'ils découvriront; 2° que le moien le plus sûr d'avoir par la suite toutes ces copies est de paroître ne demander que des copies de ceux qu'ils jugent plus importans et des notices des autres.

Les Bénédictins travaillent et travaillent pour le public : pour cela, ils amassent une quantité prodigieuse de matériaux. Commençons par nous en saisir, puisqu'ils nous les offrent; ce ne sont ni les idées ni les systèmes de tels ou tels religieux que nous receuillerons, ce sont les pièces sur lesquelles ils ont bâti leur système, et cela pour les juger nous même. Nous ne bâtirons point, mais d'un côté nous aurons de quoi bâtir un jour et, en attendant, de quoi apprécier et même de quoi démolir tous ces édifices que l'on élève contre le Gouvernement.

Les religieux qui nous aideront ne se douteront point de notre objet. Ils croiront ne travailler que pour l'ouvrage que chacun aura sur le métier. Or voici comment ils opéreront. Tel Bénédictin qui fait, par exemple, l'histoire de l'Anjou et de la Touraine, se transporte dans les dépôts où il croit trouver des pièces nécessaires à son travail. Il copie pour son but un très-grand nombre de titres. Il y en a d'autres dont il ne prend que des extraits et des notices. C'est déjà beaucoup; mais, encouragé par le Gouvernement, il fera quelque chose de plus : il copiera même des titres entiers dont il auroit pu se passer, et, au lieu de ne prendre que les notices qui entroient dans son plan, il prendra celles de tout ce qui se trouvera.

Si, en abordant le dépôt, il s'annonçoit comme devant tout copier, outre qu'un tel travail coûteroit des sommes énormes, les propriétaires du dépôt se mettroient bien en garde contre lui; on appréhenderoit des recherches dont on n'appercevroit pas ou même dont on soupçonneroit l'objet.

Ces notices, il est vrai, peuvent être fautives, mais :

1° Comme ces religieux sont assés indifférens à tous les systèmes d'administration, il y a tout à parier que nous n'aurons à craindre que les erreurs involontaires et non celles qui naissent de la prévention ou même de la mauvaise foi.

2° Cette notice, telle que nous la demanderons, ne peut pas donner lieu à beaucoup d'écarts; la date du jour, de l'année et du lieu, le nom des parties et un mot de l'objet de l'acte. Ainsi : charte d'un tel jour passée en tel lieu, et par laquelle Guillaume de .... donne tel fonds .... à telle abbaye pour le repos de son âme. Voilà, avec une indication exacte du dépôt et de la place qu'elle y occupe, tout ce qu'il nous faut. Si les Bénédictins en mettent davantage, nous écartons tous leurs raisonnemens pour ne conserver que la substance du titre, et nous nous réserverons de la juger nous même.

3° Et cecy me paroît répondre à tout; nous ne regarderons jamais les notices qui nous seront envoiées que comme des indications de titres, qui nous mettront en état de les avoir quand il nous plaira.

J'ai dit qu'en exécutant notre plan, nous parviendrions beaucoup plus sûrement à remplir l'objet que Monseigneur le Controlleur général se propose.

En effet, d'un côté, nous aurons déjà toutes les copies entières des titres qu'ils auront receuillis; dom Housseau seul en offre dès à présent 4,200. D'un autre côté, munis de tous les extraits, indications, notices, qui nous seront envoyées, nous serons à portée de juger de l'importance de tous ces actes et nous saurons où ils sont; il nous sera donc facile et très-facile de nous procurer des copies exactes de tous ceux qui nous paroîtront mériter quelqu'attention.

Par là nous nous procurerons beaucoup plus que nous n'aurons demandé d'abord, mais nous aurions toujours beaucoup fait, si nous nous étions procuré autant de bulletins particuliers qu'il y a de chartes dans les différens dépôts du Royaume, avec une indication du lieu où les titres existent. Car nous aurions déjà fait des routes dans un païs immense qu'il s'agit de défricher.

En un mot, ce n'est point une notice que nous demandons aux Bénédictins, mais des matériaux pour en faire une nous même, après que nous aurons bien examiné, bien comparé, bien jugé tout ce qu'ils nous enverront. Ce travail, on le voit, ne peut ni donner lieu à des disputes, ni étayer des erreurs.

1° Il ne sera confié qu'à des gens attachés au Gouvernement et qui travailleront sous ses yeux. Notre dépôt n'est pas un dépôt public et où les opinions puissent venir chercher du secours.

2° Il n'en sortira aucun ouvrage de bien des années; mais il conduira un jour à donner une collection d'actes dans le goût du Rymer. Cela ne pourra jamais s'exécuter qu'après que le Gouvernement aura fait tout examiner, tout revoir, tout peser. La notice que nous composerons ne sera faite que sur les titres dont nous aurons des copies entières, mais elle restera dans le secret jusqu'à ce que le Ministère soit en état de juger de son exactitude et de son utilité.

En attendant, elle ne sera qu'un indice pour le Gouvernement, à l'aide duquel il pourra se procurer des lumières sûres dont il a souvent besoin.

Tout ceci entre dans l'objet que l'on s'est proposé pour l'établissement du dépôt à la tête duquel j'ai l'honneur d'être placé, et dont les motifs sont exposés dans le mémoire au bas duquel le Roy mit son bon en 1759.

Depuis que l'abus de la raison a introduit celui de l'érudition, il n'y a point en France de corps ou de compagnie qui n'ait mis en avant une foule de prétentions et qui n'ait disputé pour les soutenir.

Le Gouvernement, qui souvent ne sait auquel entendre, ne s'est pas toujours trouvé en état de détruire les sophismes par lesquels on a cherché à l'embarasser. L'autorité n'eût peut-être pas cédé, si elle eût connu tous ses titres.

Croit-on, par exemple, qu'il n'eût pas été très-facile de répondre solidement à la pluspart des remontrances des Parlemens, si le Ministère eût eu sous les yeux les registres des Compagnies et sous ses ordres des gens qui les eussent aussi bien connus que les magistrats?

Il en sera de même de toutes les autres questions qui peuvent naître sur l'administration. Dans ce siècle, où le peuple juge tout et a tant de demi connoissance dont il abuse, il faut opposer aux opinions fausses des vérités utiles et prouvées. Il me semble que l'art de dispenser à propos ces vérités et la manière de les accréditer méritent une partie des soins du Gouvernement.

Je puis me tromper, mais j'ai cru remarquer que ce qui perdoit tout étoit non la connoissance des faits, mais les fausses inductions que l'on en tire; dans toutes les hipothèses, le Gouvernement ne peut que gagner à connoître les faits même dont on abuse.

Tout ce que je viens d'exposer est le résultat des observations de MM. de Foncemagne et de Bréquigny. M. de Sainte-Palaye est à la campagne. Ces Messieurs croient que rien ne peut être plus utile au Ministère des finances, et même au Ministère en général, que d'avoir dans un lieu sûr, et qui ne sera accessible qu'à lui, un indice universel de toutes les chartes et titres du Royaume, et la facilité de se procurer des éclaircissemens sur toutes les questions qui intéressent les différentes parties de l'administration.

Au reste, pour nous procurer un plus grand nombre de copies entières des titres, j'ai changé quelque chose à la réponse que Monseigneur peut faire aux Bénédictins.

Ces Messieurs observent que le P. Général attend impatiemment cette réponse pour prendre les arrangemens nécessaires à l'exécution du plan.

(Collection Moreau, n° 285, fol. 146.)

7

PROJET D'ARRÊT DU CONSEIL RELATIF À LA PRÉPARATION D'UN RECUEIL GÉNÉRAL DES CHARTES DU ROYAUME.

Sur ce qui a été représenté au Roi étant dans son Conseil par le Général et les religieux bénédictins de la congrégation de Saint-Maur que, depuis plusieurs années, les différens travaux qui ont été entrepris pour procurer à S. M. une notice exacte et générale de toutes les chartes de son Royaume, tant de celles qui ont été déjà imprimées que de celles qui sont encore restées inconnues dans les dépôts publics, ne paroissant pas avoir été suivis du succès que l'on auroit pû en attendre, ils ont crû être autorisés par leur zèle à lui offrir des secours dont le genre d'étude qui a été embrassé par plusieurs de leurs religieux les a mis à portée de reconnoître l'utilité et l'étendue ; qu'en effet les différens ouvrages, soit d'histoire, soit de diplomatique, qui jusqu'ici ont été le fruit des recherches et des veilles desdits religieux, ont été composés sur l'examen d'une foule de monumens qu'ils ont tirés soit des dépôts publics qui leur ont été ouverts, soit des chartriers particuliers dont différens seigneurs des grandes terres du Royaume ont bien voulu leur donner communication ; que non-seulement les matériaux de tous les volumes qui ont été le résultat de ces recherches sont entre les mains desdits religieux, mais qu'ils en ont encore un grand nombre qui n'ont pû trouver place dans la composition desdits ouvrages et qui n'entrent pas moins dans la chaîne des monumens sur lesquels doit être appuié le droit public de la France; mais qu'indépendamment de ces richesses acquises, il en est encore une multitude immense qui n'ont point encore été tirées de la poussière des déposts où elles sont ensevelies, et dont on ne pourroit faire faire le dépouillement par des personnes exprès commises sans des dépenses très-considérables; que ladite congrégation de Saint-Maur renfermant dans son sein une multitude de sujets consacrés à cette espèce de travail, et auxquels l'honneur de servir S. M. tiendra toujours lieu de récompense, elle peut, en même tems qu'elle fera continuer les recherches littéraires dont lesdits sujets sont chargés, faire passer à S. M. ou à ceux qu'elle voudra bien préposer au travail d'une notice générale de toutes les chartes du Royaume, les notices particulières de toutes celles ou qui sont déjà entre les mains des différens membres de ladite Congrégation, ou qui pourront par la suite être le fruit des études qu'ils continueront avec d'autant plus d'empressement qu'ils les regarderont comme plus importantes pour le service de Sa Majesté; que, dans un tems où tous les ordres de l'État s'empressent de lui présenter des preuves de leur zèle pour sa gloire et de leur attachement pour sa personne sacrée, lesdits religieux ont crû devoir au moins offrir à S. M. l'hommage et le tribut de leurs travaux et la supplier de vouloir bien les diriger conformément au plan qu'elle trouvera le plus conforme à ses vues, pour le progrès des connoissances utiles à l'administration publique. Requerroient à ces causes les religieux bénédictins de ladite congrégation de Saint-Maur qu'il plust à S. M., en agréant lesdites offres, leur prescrire les moyens qu'elle trouvera les plus convenables à leur exécution. Vu ledit exposé des religieux bénédictins de la congrégation de Saint-Maur, ensemble le compte qui a été rendu à S. M. de tous les travaux commencés par son ordre pour parvenir à la composition d'une notice générale des chartes soit imprimées, soit non imprimées, et les différens mémoires qui ont été mis sous ses yeux pour la perfection d'un projet aussi utile; ouï le rapport du s^r Bertin, conseiller ordinaire au Conseil royal, Controlleur général des finances, le Roi, étant en son Conseil, a agréé les offres desdits religieux bénédictins de la congrégation de Saint-Maur, et en conséquence a ordonné et ordonne ce qui suit :

ARTICLE PREMIER. Ceux des religieux bénédictins de la congrégation de Saint-Maur qui seront jugés propres par le Général de ladite Congrégation aux travaux littéraires d'histoire et de diplomatique continueront, sous la protection de S. M. et sous la direction de leurs Supérieurs, les études auxquelles ils se sont consacrés jusqu'ici, et à cet effet ledit Général les distribuera, autant qu'il sera possible, dans les différentes maisons de leur ordre les plus à portée des villes où seront établis les dépôts publics dans lesquels ils pouront trouver les connoissances nécessaires à la partie du travail qu'ils auront embrassée; et ledit Général enverra tous les ans au s^r Controlleur général des finances de S. M. une liste desdits religieux, avec les noms des lieux où ils feront leur demeure et l'état des travaux qu'ils auront entrepris.

Art. 2. Pour servir de centre à la correspondance générale qui doit unir ces différens travaux et les faire tendre au même but, S. M. a nommé le s^r Jacob-Nicolas Moreau, avocat au Parlement et de ses finances, et le s^r de Bréquigny, de l'Académie des inscriptions et belles-lettres, qu'elle a préposés au travail et à la rédaction d'une notice générale et raisonnée des chartes du Royaume, et auxquels lesdits religieux bénédictins adresseront les indications, extraits et notices, tant de celles dont ils peuvent déjà avoir connoissance que de celles qu'ils découvriroient par la suite de leurs recherches.

Art. 3. Ces différentes notices contiendront la date de la charte, le lieu où elle a été donnée, son objet et le nom du dépôt où elle se trouve, sauf auxdits s^{rs} Moreau et de Bréquigny, lorsque lesdites chartes paroistront plus importantes, ou mériter un examen plus particulier, à en demander et à en faire venir une copie entière.

Art. 4. Les notices qui seront ainsi envoyées, après avoir été inscrites dans le catalogue déjà commencé par le s^r de Bréquigny sur les recueils du feu s^r Secousse, continués par le s^r de Sainte-Palais, seront rangées, suivant leur ordre chronologique, dans une collection générale, dont le dépôt sera placé à la bibliothèque des finances en l'hôtel du s^r Controlleur général.

Art. 5. Tous ceux qui ont été préposés, sous la direction du Procureur général de S. M., soit à la garde, soit à la recherche des titres et monumens contenus dans le trésor desdites chartes, enverront auxdits s^{rs} Moreau et de Bréquigny un double du résultat de leurs recherches, pour être les notices qui en résulteront placées dans ladite collection générale et réunies audit dépost; et seront également tenus de leur laisser prendre des copies de celles desdites chartes dont il sera nécessaire de faire un examen plus détaillé et plus critique.

Art. 6. Et afin que toutes les différentes parties d'un travail qui ne doit avoir qu'un but et un objet puissent s'aider mutuellement, il sera tous les mois tenu, en la bibliothèque de finances de S. M., une conférence à laquelle assisteront les s^{rs} de Sainte-Palaye, de l'Académie françoise et des inscriptions et belles-lettres, de Foncemagne, des mêmes Académies, de Villevaux, maître des requestes et nommé par S. M. pour former la collection des ordonnances du Royaume, Moreau, avocat des finances, de Bréquigny, de l'Académie des inscriptions et belles-lettres, Boucquet, Coqueley de Chaussepierre [1], Gibert [2] et Bonamy [3], commis à la garde du trésor des chartes du Palais à Paris; dans laquelle conférence seront revues et vérifiées les différentes notices qui auront été recueillies dans l'intervalle de chaque conférence, soit par les envois qui se feront des différentes provinces, soit par les recherches qui se feront au Trésor des chartes à Paris.

Art. 7. Lesdits s^{rs} Moreau et de Bréquigny rendront compte tous les mois au s^r Controlleur général des finances de S. M. des progrès et des accroissemens de la collection générale desdites notices, et l'état qui en sera par eux dressé sera par ledit s^r Controlleur général mis sous les yeux de Sa Majesté.

Art. 8. Les frais et déboursés que lesdits religieux bénédictins auront été obligés de faire pour parvenir aux recherches qu'exige leur travail leur seront payés en vertu d'ordonnances expédiées sur les mémoires qui seront

---

[1] Charles-Georges Coqueley de Chaussepierre, né à Paris en 1711, mort dans la même ville en 1790, connu par le *Code Louis XV*, publié en 12 vol. in-12, Paris, 1758 et années suivantes; littérateur, acteur même, censeur royal, etc.

[2] Joseph-Balthasar Gibert, né à Aix le 17 février 1711, mort le 12 novembre 1771, membre de l'Académie des inscriptions, auteur de plusieurs dissertations sur l'histoire juive et égyptienne et de travaux sur l'histoire de France.

[3] Pierre-Nicolas Bonamy, né à Louvres le 19 janvier 1694, mort à Paris le 8 juillet 1770, bibliothécaire et historiographe de la ville de Paris, membre de l'Académie des inscriptions, auteur de mémoires sur les antiquités de Paris et l'histoire ancienne de la Gaule.

envoyés audit s' Controlleur général par le Général de ladite congrégation de Saint-Maur.

Fait au Conseil du Roi, S. M. y étant, tenu à Versailles le . . . . . [1].

(Collection Moreau, n° 285, fol. 116.)

8

LETTRE DE BERTIN AUX RELIGIEUX DE LA CONGRÉGATION DE SAINT-MAUR.

30 septembre 1762.

J'ay reçu, mes Révérends Pères, la lettre que vous m'avez fait le plaisir de m'écrire, et je l'ay communiquée au Roy. Sa Majesté non-seulement a approuvé le plan que votre zèle pour le bien public vous a fait concevoir, mais m'a expressément chargé de vous témoigner la satisfaction qu'elle aura de le voir exécuter. J'accepte donc en son nom les offres que vous lui faites de faire servir vos travaux à lui procurer une connoissance exacte et détaillée des chartes et des monumens renfermés dans les différens déposts de son Royaume. Je pense, mes Révérends Pères, que, s'il y a en France une société littéraire capable de faciliter l'exécution d'un projet si utile aux progrès de notre droit public, on peut être sûr de la trouver dans une Congrégation qui, uniquement consacrée et à la religion et aux lettres, joint à l'habitude du travail toutes les connoissances qui peuvent le diriger vers le bien public.

Il ne me reste donc qu'à vous expliquer plus particulièrement les vues que Sa Majesté se propose pour hâter le succès de vos travaux.

Il y a dans le Royaume deux sortes de déposts : les uns sont des déposts publics, toujours accessibles aux recherches, et dont la surveillance des officiers royaux qui sont commis à leur garde écarte tout danger et de spoliation et d'altération même; tels sont les greffes des Parlemens, Chambres des comptes et autres Cours souveraines, ainsi que ceux des jurisdictions royales, bureaux des villes et autres de cette nature; les autres sont, pour ainsi dire, des déposts particuliers, dont la garde n'est confiée qu'au propriétaire, et sur lesquels l'Administration, quelqu'attentive qu'elle soit, ne

[1] Un projet d'arrêt analogue, préparé par Bréquigny, est au folio 168 du même volume.

peut que difficilement porter ses regards; tels sont les chartriers des abbayes, maisons religieuses, églises et même des grandes terres et seigneuries.

Par rapport aux premiers, il doit vous suffire, dans le cours de vos recherches, de procurer à Sa Majesté des notices des différentes chartes ou titres qu'ils renferment. Le Roy pourra même demander par la suite à vos religieux, et surtout à ceux que vous jugerez les plus dignes de sa confiance, des éclaircissemens sur l'état dans lequel se trouvent ces déposts et sur les soins que peuvent exiger et leur conservation et leur perfection; mais, quant aux titres qu'ils renferment, il suffira que le Roy les connoisse et sache, par la notice que vos religieux lui en donneront, les lumières que l'on en peut tirer.

Quant aux déposts particuliers, comme le Gouvernement doit veiller pour les propriétaires eux-mêmes à la conservation des monumens qui intéressent le droit public, le Roy entend que vous tiriez des copies figurées de toutes les chartes et de tous les actes importans que vous y trouverez. Ces copies, renfermées dans un dépost, pourront quelque jour suppléer les originaux, dans le cas où ceux-ci seroient perdus, soit par la négligence des propriétaires, soit par la mauvaise foy de ceux auxquels la garde en est confiée, et formeront une collection à la portée des sçavans qui auront besoin de consulter ces titres, qu'ils ne pourroient bien connoistre s'ils restoient dispersés dans des déposts particuliers ou si l'on n'en avoit qu'une notice.

Comme le dépost dans lequel seront conservées toutes les richesses que vous nous ferez passer doit être placé sous mes yeux au Controlle général, vous aurez la bonté de recommander à tous ceux qui seront chargés de les recueillir de les adresser sous enveloppe à M. Moreau, avocat des finances, qui leur en accusera la réception, et que je chargeray d'entretenir avec eux toute la correspondance nécessaire à leur travail.

Au surplus, le Roy étant bien aise de connoistre et d'honorer d'une protection particulière ceux de vos religieux qui, distribués dans toutes les maisons de votre ordre, partageront des travaux dont l'État recueillera les fruits, il m'ordonne de vous inviter à m'en envoyer promptement la liste, et il fixera lui-même une somme destinée à payer, sur les mémoires que vous m'adresserez, les frais et déboursés que leurs recherches auront exigés. Sa Majesté, déjà pleine de bienveillance pour votre Congrégation, vous verra avec plaisir acquérir de nouveaux droits à sa protection et à ses bienfaits.

Je suis, etc.

BERTIN.

(Collection Moreau, n° 1097, fol. 8.)

9

LETTRE DU P. GÉNÉRAL DE LA CONGRÉGATION DE SAINT-MAUR À MOREAU [1].

14 décembre 1762.

Monsieur, pour satisfaire à ce que vous attendez de moi, j'ay l'honneur de vous envoier la liste des religieux de notre Congrégation qui doivent

[1] Dès le mois d'octobre, les Bénédictins de la congrégation de Saint-Maur avaient informé Moreau que, prêts à l'aider dans son entreprise, ils lui enverraient, quand on la leur demanderait, une liste des religieux propres à y collaborer. Leur lettre est dans la Collection Moreau, n° 1097, fol. 11. Voici la liste de ces religieux, contenue dans le même volume, fol. 13 :

Dom Ursin Durand, au monastère des Blancs-Manteaux, à Paris.
Dom Prosper Tassin, au monastère des Blancs-Manteaux, à Paris.
Dom Jacques Précieux, à l'abbaye de Saint-Germain, à Paris.
Dom Étienne Housseau, à l'abbaye de Saint-Germain, à Paris.
Dom Nicolas Grenier, à l'abbaye de Saint-Germain, à Paris.
Dom Philippe Caffiaux, à l'abbaye de Corbie, près d'Amiens.
Dom Thomas Pardessus, à l'abbaye de Corbie, près d'Amiens.
Dom Claude Rousseau, à l'abbaye de Saint-Remi, à Reims.
Dom Jacques Le Noir, à l'abbaye de Fécamp, en Normandie.
Dom Jean Maheut, à l'abbaye de Fécamp, en Normandie.
Dom Claude Blanchard, à l'abbaye de la Couture, au Mans.
Dom Guillaume Gérou, à l'abbaye de Saint-Benoît-sur-Loire, près d'Orléans.
Dom Alexis Salazard, à l'abbaye de Saint-Bénigne, à Dijon.
Dom Léonard Fonteneau, à l'abbaye de Saint-Cyprien, à Poitiers.
Dom Joseph Col, au prieuré de Saint-Pierre-de-Mortagne, en Poitou.
Dom Guillaume Beaubens, à l'abbaye de Sainte-Croix, à Bordeaux.
Dom Bernard Soubira, à l'abbaye de Sainte-Croix, à Bordeaux.
Dom Henry Dupré, au monastère de la Daurade, à Toulouse.

Les Bénédictins dont les noms suivent paraissent n'avoir rien fourni au dépôt des chartes : dom Ursin Durand, né à Tours, profès à Marmoutier, le 23 février 1701, à l'âge de 19 ans, qui collabora avec dom Martène au *Gallia christiana*; dom Jacques Précieux, un des collaborateurs au tome XI du *Recueil des historiens de France*; dom Thomas Pardessus, né le 10 mars 1721 à Selomme, diocèse de Blois, mort le 18 janvier 1780 à Saint-Germain-des-Prés, collaborateur de dom Carpentier pour la continuation du Glossaire de du Cange; dom Claude Rousseau, né à Reims en 1722, mort à Saint-Denis le 1er mars 1787, auteur d'un *Mémoire pour la ville de* concourir au travail de la collection des chartes; je vous prie de la mettre sous les yeux de Monseigneur le Controlleur général.

Ils auront besoin qu'on leur fournisse une espèce de directoire qui leur indique quel doit être l'objet de leur travail et la manière d'y procéder.

Il est bon de faire aussi attention qu'ils ne sont point en état de faire les avances pour les frais de voyages et de copistes. A l'égard du compte qu'ils doivent rendre de leur dépense pour ces sortes de frais, il est à propos de statuer que c'est à vous immédiatement, et non à moi, qu'ils seront tenus de l'envoier. De bonnes raisons m'engagent de vous prier de suivre cet arrangement.

J'ay l'honneur, etc.

Fr. J. Delrue,
Général de la congrégation de Saint-Maur.

(Collection Moreau, n° 1097, fol. 12.)

10

LETTRE DE BRÉQUIGNY À BERTIN [1].

15 décembre 1762.

Monseigneur, en conformité des ordres que vous m'avez donnés, j'ai l'honneur de vous envoyer le projet de l'instruction circulaire qui doit être adressée aux Bénédictins chargés de faire la recherche des chartes. Si vous trouvez, Monseigneur, que j'aye rempli vos vues, je vous supplie de me renvoyer ce projet avec une apostille qui atteste votre approbation, afin que je sois autorisé à en remettre des copies au P. Général des Bénédictins, pour être distribuées à ses religieux. J'ai déjà commencé à faire copier plusieurs chartes qui m'ont été communiquées par deux Bénédictins de Saint-Germain-des-Prez. Je ne négligerai rien pour presser mon travail, avec le zèle que m'inspire le désir de justifier la confiance dont vous m'honorez.

Je suis, etc.

De Bréquigny.

(Collection Bréquigny, n° 157, fol. 218.)

Reims contre le chapitre (s. l. n. d.); dom Guillaume Baubens, né à Marmande vers 1708, qui s'occupa de l'histoire de la Guyenne; dom Jean Maheut, né au Vray, diocèse de Séez, vers 1717; dom Bernard Soubira, né à Carcassonne vers 1730; dom Jean-Claude Blanchard, né à Séez vers 1727; dom Henri-Gabriel Dupré, né à Pézenas vers 1732.

[1] Cette lettre a été publiée par M. Champollion-Figeac, *Lettres des rois et reines*, Introduction, p. IV.

11
LETTRE DE BERTIN À MOREAU [1].

1763.

Le Roy ayant accepté, Monsieur, les offres qui lui ont été faites par la congrégation de Saint-Maur de lui faire part de toutes les richesses littéraires que ses religieux ont amassées et qu'ils pourront recueillir par la suite, et ayant ordonné qu'il seroit formé sous mes yeux un dépost dans lequel se conserveroient, pour l'utilité de l'administration, tous les monumens soit d'histoire, soit de diplomatique, qui pourroient être le fruit de leurs études [2], S. M. a bien voulu vous nommer pour être gardien de ce dépost. En cette qualité, votre fonction sera de recevoir, des religieux préposés à ce genre de travail, toutes les pièces qu'ils pourront vous envoyer, et d'entretenir avec eux une correspondance utile au progrès et à la direction de leurs recherches. Vous travaillerez également au catalogue et à la notice de tous ces monumens, en sorte que la collection raisonnée que vous en ferez puisse contribuer à jetter de nouvelles lumières sur notre droit public. Cette collection pourra par la suite être augmentée, et c'est dans cette vue que j'ay pris des mesures pour faire remettre dans le même dépost qui vous est confié le catalogue de toutes les chartes imprimées, qui a déjà été commencé par M. Secousse et continué par M. de Bréquigny. Le Roy a jugé à propos de le nommer pour votre adjoint, à l'effet de travailler de concert avec vous aux notices de toutes les chartes dont vous pourrez l'un et l'autre enrichir ce dépost, à l'aide des travaux de la congrégation de Saint-Maur. Pour ce travail S. M. a bien voulu vous accorder 3,000 ʰ par an; à compter du 1ᵉʳ janvier dernier. Ils vous seront payés indépendamment de vos appointemens de votre place d'avocat des finances et de la même manière. Vous connoissez les sentimens avec lesquels je suis, etc.

BERTIN.

(Collection Moreau, n° 285, fol. 140.)

---

[1] Une lettre du même genre fut également adressée à Bréquigny. La partie qui diffère est publiée dans la pièce suivante.

[2] La différence entre le texte de la double lettre de Bertin à Moreau et à Bréquigny commence ici.

12

LETTRE DE BERTIN À BRÉQUIGNY.

....

Sa Majesté a confié à M. Moreau, avocat des finances, la garde de ce dépost, et je l'ay chargé en conséquence de recevoir des religieux préposés à ce travail toutes les pièces qu'ils pourront lui envoyer, et d'entretenir avec eux une correspondance utile au progrès et à la direction de leurs recherches. Je l'ay également chargé de travailler et au catalogue et à la notice de tous ces monumens. Mais comme vous avez déjà fait preuve de votre capacité et de vos talens pour ce genre d'études, en continuant le catalogue des chartes imprimées que M. Secousse avoit commencé et auquel M. de Sainte-Palaye avoit travaillé pendant quelque tems, je vous ay proposé au Roy pour aider M. Moreau dans le catalogue et la notice des chartes non imprimées qui pourront être découvertes par la congrégation de Saint-Maur. En conséquence, à mesure que ces pièces lui seront envoyées, vous voudrez bien vous partager ensemble le soin de les ranger dans l'ordre qui vous paroistra le plus clair et le plus utile, et en composer avec lui une collection raisonnée qui puisse contribuer à jetter de nouvelles lumières sur notre droit public. Je compte que, par la suite, cette collection s'augmentera considérablement et que, jointe au catalogue des chartes imprimées auquel vous avez travaillé, et dont vous voudrez bien faire remettre une copie au dépost de M. Moreau, elle contribuera quelque jour à faciliter toutes les recherches très-longues qui sont quelquefois aussi utiles à l'administration qu'agréables à la curiosité. Le Roy, pour ce travail, vous a assigné 2,400^{tt} par an, qui vous seront payés avec les 3,000^{tt} qui vous ont déjà été accordés pour le travail du catalogue des chartes imprimées et de la même manière. Vous connoissez les sentimens avec lesquels je suis, etc.

BERTIN.

(Collection Moreau, n° 285, fol. 143.)

13

PROJET D'INSTRUCTION POUR LES BÉNÉDICTINS ET AUTRES SAVANTS CHARGÉS DE LA COLLECTION DES CHARTES [1].

L'objet de ce travail étant de former un dépôt qui rassemble : 1° des notices de toutes les chartes renfermées dans les archives appartenantes au Roy, et confiées à la garde de ses officiers; 2° des copies exactes et figurées de toutes celles qui se trouvent dans les chartriers particuliers, tels que ceux des seigneurs, des églises, des abbayes et des communautés séculières et régulières, le plan que doit suivre quiconque est chargé des recherches ordonnées par le Roy se réduit aux opérations suivantes :

1°. Il doit connoître le nombre et la qualité des dépôts répandus dans l'étendue du district confié à ses recherches, soit que ce district lui ait été indiqué par ses Supérieurs, si c'est un religieux qui est chargé du travail, soit qu'il lui ait été fixé immédiatement par le Ministre; il doit, autant que faire se pourra, se procurer une nomenclature exacte de tous les chartriers qui y sont compris. Cette nomenclature, dont il enverra un double au Ministre, renfermera simplement le nom et l'indication de chaque dépôt; on aura seulement soin de distinguer, par une note marginale, les inventaires ou tables de ceux dont le dépouillement aura été fait, d'avec ceux qui n'auront point encore été visitez. Cette nomenclature doit tenir lieu d'une carte générale sur laquelle le Ministre pourra tracer la route aux travailleurs, en leur indiquant successivement les archives qu'ils doivent visiter.

Ce travail peut se faire dans le tems même que l'on sera occupé à dépouiller le chartrier auquel on sera attaché. En effet, sans parcourir les lieux, ou à mesure qu'on les parcourt, on peut se faire instruire par ceux qui habitent le pays. On peut consulter les gens de lettres, les principaux officiers des villes, les subdéléguez des Intendans. Le Ministre donnera à cet égard toutes les lettres de recommandation qui seront jugées nécessaires.

2° Quant au dépouillement des archives, on exhorte celui qui en sera chargé de ne point quitter le dépôt auquel il se sera attaché, qu'après l'avoir

[1] En tête de cette instruction, Moreau a écrit : « Nul usage de cette instruction, qui pourroit alarmer, si, comme cela ne manqueroit pas d'arriver, elle devenoit publique. On y a substitué la lettre que je dois écrire à tous les religieux. » Elle fut néanmoins expédiée.

examiné en entier et s'être bien assuré que rien ne lui est échapé. C'est le seul moyen de rendre les recherches utiles, et, sans cela, il faudroit perpétuellement y revenir. L'ouvrage fini, on enverra au Ministre un certificat qui attestera que le dépouillement a été entier, et on en fera note sur la nomenclature.

Lorsque l'on travaillera dans un chartrier appartenant au Roy, on se contentera : 1° de dresser un mémoire du local du dépôt et de l'ordre qui y règne. On indiquera le nombre des armoires ou layetes qui renferment les titres. On fera mention du nombre et de la nature des inventaires qui en ont desjà été faits. 2° On dressera des notices de toutes les chartes que l'on y trouvera, jusques à la fin du xv° siècle. Ces notices doivent contenir : 1° une description de la charte, désignée par la longueur et la largeur du parchemin; par la mention du sceau qui y est apperçu ou qui en a été arraché; par le caractère de l'écriture qui en atteste l'antiquité, etc.; 2° la date de la charte, les noms du prince ou du seigneur laïc ou ecclésiastique dont elle est émanée, et un précis court, mais exact, de la disposition qu'elle renferme. Ces notices formeront des espèces d'inventaires raisonnez, dans lesquels on n'insérera que ce qui est véritablement charte ou ordonnance. On peut aussi y faire mention des actes de foi et hommages et des aveux rendus au Roy, mais seulement jusques en 1450 ; car l'objet de ces recherches est purement de constater le nombre et la qualité des titres qui peuvent intéresser l'histoire et le droit public de la France.

3° Dans les archives qui appartienent aux églises, aux monastères, aux communautez et aux particuliers, il faut avoir la même exactitude pour la description de chaque charte en particulier; mais on peut s'épargner la peine de la notice destinée à en faire connoître les dispositions; car alors il faut transcrire en entier chaque pièce, et avoir soin d'y joindre un échantillon de l'écriture calquée sur verre, avec une description du sceau. Ceux qui pourront le dessiner ajouteront un nouveau mérite à leur travail. On en dit autant des notes topographiques ou critiques, que l'on exhorte les savans à y joindre. L'époque jusques à laquelle on poussera la recherche dans ces dépôts est la même que celle qui a été fixée pour les archives royales.

En marge de chaque pièce et en haut, on mettra sa date et l'indication du dépôt d'où elle est tirée; en bas, un certificat signé de celui qui l'aura copiée ou collationnée, qui attestera la fidélité de la transcription.

Toutes ces pièces seront envoyées à M. Moreau, conseiller en la Cour des aides de Provence, garde du dépost des chartes, qui rendra compte au Ministre des envois, et en accusera la réception.

(Collection Bréquigny, n° 157, fol. 240.)

14

CIRCULAIRE DE MOREAU AUX RELIGIEUX DE LA CONGRÉGATION DE SAINT-MAUR.

9 juillet 1763.

Le Révérend Père Général vous a sans doute fait part, mon Révérend Père, des arrangemens qui ont été pris entre M. le Controlleur général et lui pour rendre encore plus utiles aux progrès du droit public les études et les recherches auxquelles vous vous livrés et par goût et par état. Ces arrangemens ont été mis sous les yeux du Roy, qui non-seulement les a approuvés, mais a paru très-sincèrement désirer qu'ils fussent exécutez. C'est en conséquence de ces arrangemens, mon Révérend Père, que j'ay l'honneur de vous écrire pour commencer avec vous une correspondance utile aux lettres et au progrès de l'histoire et de la diplomatique. Il n'est point question de vous engager à des études nouvelles, mais de mettre à profit celles dont vous vous occupés, et voici ce que le Ministre attend de vous.

1° Parmi les monumens soit d'histoire, soit de diplomatique, que vous avés jusqu'ici receuillis, vous devés avoir une grande quantité de chartes soit de nos Roix, soit des différents princes et seigneurs temporels ou éclésiastiques, qui ont possédé ou exercé en France une partie de la puissance publique. M. le Controlleur général attend de votre zèle et des offres qui lui ont été faites au nom de la Congrégation, que vous voudrés bien lui faire part de toutes ces pièces, en m'en envoyant des copies que l'on puisse réunir dans un dépôt destiné à recevoir toutes ces richesses. Si vous aimés mieux que ces copies soient faites ici, vous pourés m'addresser celles que vous aurés, en en gardant un état; je m'engage à vous les renvoyer très-fidèlement, dès qu'elles auront été transcrites.

2° Ce que vous aurés bien voulu faire pour les monumens que vous avés desjà en votre possession, M. le Controlleur général espère que vous le ferés également pour ceux que vous découvrirés par la suite dans les dépôts ouverts à vos recherches; et sur cela il y a même une différence à faire par rapport à la nature du dépôt; il y en a de publics, dans lesquels on est toujours sûr de retrouver les titres utiles qui y sont conservés ; tels sont les dépôts des cours ou juridictions : ils appartiennent au Roy et sont gardés par ses officiers. Les autres sont des dépôts particuliers, tels que les chartriers des églises, des abbayes et de certaines grandes seigneuries. Pour les chartes ou autres monumens d'histoire ou de diplomatique qui peuvent être dans les premiers, une simple notice suffira à notre dépôt, pourvu qu'elle contienne exactement la nature de l'acte, la date de l'année, du jour et du lieu, les noms des personnes et un mot de la disposition ou de la convention, et l'indication du dépôt où la pièce existe. Pour les actes renfermés dans la seconde espèce de dépôt, M. le Controlleur général vous exhorte à nous en procurer, autant que vous le pourés, des copies entières; vous sentés la raison de la différence; on est toujours sûr de retrouver dans des dépôts publics les monumens qui y existent; il n'en est pas de même des particuliers.

Au reste, sur les frais de copistes qui vous seront nécessaires, M. le Controlleur général s'en rapporte à vous; ils seront payés sur les états que vous m'en envoyerés.

A mesure que je recevrai les pièces que vous voudrés bien m'adresser, mon Révérend Père, elles seront enregistrées et je vous en accuserai exactement la réception. M. le Controlleur général a desjà mis sous les yeux du Roy les noms de tous les savans religieux destinés à un travail aussi important. La congrégation de Saint-Maur, qui a desjà rendu tant de services à la religion et aux lettres, ne peut que voir avec plaisir Sa Majesté rendre justice à son zèle, protéger ses études et les tourner elle-même à l'avantage de l'État.

J'ai l'honneur, etc.

MOREAU.

(Collection de Picardie, n° 40, fol. 15.)

15

BON DU ROI
QUI AUTORISE LE PAIEMENT DES DÉPENSES EFFECTUÉES PAR LES BÉNÉDICTINS POUR LE TRAVAIL DES CHARTES PENDANT L'ANNÉE 1763.

Janvier 1764.

Le Roy a eu la bonté d'agréer, au mois de septembre 1762, l'établissement d'un dépôt général des chartres et autres monumens historiques qui peuvent servir au progrès des études du droit public. Cette collection coûte peu au Roi, parce que les Bénédictins de la congrégation de Saint-Maur, qui ont promis d'y travailler, ont destiné à ces recherches un certain nombre de religieux déjà consacrés par état à ces études, et auxquels il n'a été assigné que 4,000^{tt} par an, pour les frais des copistes et autres dépenses extraordinaires.

Ce dépôt, établi par les soins de M. Bertin, alors Contrôleur général, est demeuré dans son département, lorsqu'il a quitté le Ministère des finances. Il se forme peu à peu par les soins des Bénédictins chargés d'envoyer le résultat de leurs recherches au s^r Moreau, qui, sous les ordres du Ministère, est préposé à cette correspondance.

La gratification annuele de 4,000^{tt}, que Sa Majesté a assignée aux dépenses que ces recherches peuvent coûter aux Bénédictins qui en sont chargés, ayant commencé à courir au 1er janvier 1763, il en est échu au 1er janvier dernier une année. On propose à Sa Majesté d'en faire expédier l'ordonnance au nom du Père dom Estienne Le Picard, religieux bénédictin et dépositaire général de la congrégation de Saint-Maur.

Sur cette somme, qui demeurera entre les mains de ce dépositaire et dont il sera comptable au Ministre de Sa Majesté, il sera fait une distribution d'une somme de 1,500^{tt} entre quatre religieux, qui, pendant l'année 1763, ont marqué le plus de zèle et d'activité pour les progrès de ce travail. Les 2,500^{tt} restant seront employés, sur des ordres du Ministère et de concert avec le Père Général, à payer les dépenses des autres religieux qui sont occupés à ces recherches et sur les états qu'ils en enverront.

Le dépôt qui doit contenir le produit de leur travail renferme déjà plusieurs copies de monumens qu'ils y ont fait passer. Il s'enrichira incessamment à peu de frais, vu que les savans Bénédictins qui travaillent à le former ne demandent que les déboursés qu'ils sont obligés de faire, soit pour quelques voyages, soit pour le salaire des copistes qu'ils emploient.

(*Au bas est écrit de la main du Roi* : Bon.)

Pour ampliation :
BERTIN.

(Collection Moreau, n° 286, fol. 167.)

16

INSTRUCTION SUR LES RECHERCHES DES CHARTES MANUSCRITES [1].

14 mai 1764.

I. Les différents dépôts qui renferment les chartes dont on entreprend la collection peuvent se réduire à ceux-cy : les cabinets des curieux, les archives des gentilshommes et des seigneurs, celles des États, des provinces, des siéges roïaux, des cours souveraines, des évêques, des églises, des abbaïes et communautés régulières, et des villes et des communautés laïques.

II. Dès qu'on se sera ouvert l'accès de quelqu'un de ces dépôts, la première opération sera d'extraire la datte et le tittre des chartes qui s'y trouvent, et de les envoïer à mesure au sieur Moreau, avocat des finances, garde du dépôt du Controlle général, lequel les communiquera au sieur de Bréquigny, qui vérifiera, sur les tables des tittres imprimés qu'il a dressées, si lesdites pièces sont imprimées ou non. Si elles sont imprimées, il indiquera les ouvrages dans lesquels elles ont été publiées, pour que l'on en fasse la collation, si elles le méritent; si elles ne sont pas imprimées, il marquera si l'on doit les transcrire en entier ou en dresser seulement une notice, à raison de leur importance ou de leur ancienneté.

III. En conséquence de ces réponces, on travaillera aux transcriptions, notices ou collations, que l'on enverra aussi à mesure au sieur Moreau, qui en donnera des récépissés, et les communiquera au sieur de Bréquigny, pour en dresser des tables, qui seront ensuite remises avec lesdites pièces au Controlle général sous la garde dudit sieur Moreau.

[1] Cette pièce a été publiée par M. Champollion-Figeac, *Lettres des rois et reines*, Introduction, p. VII.

IV. L'objet de ce travail comprend toutes les chartes originales qui ont quelque rapport à l'histoire de France, ecclésiastique ou civile, générale ou particulière, soit diplômes, soit tittres ecclésiastiques, soit actes judiciaires, publics ou privés, passés entre particuliers. Il seroit utile que ceux qui s'occupent de ces recherches prissent une idée un peu distincte de la nature de ces diverses pièces, en parcourant au moins la 2ᵉ section de la 1ʳᵉ partie de la nouvelle Diplomatique, t. I, p. 323 et suivantes. Ils y trouveroient des notions claires et exactes des différentes espèces de chartes qui pourront s'offrir à eux. Nous ne pouvons indiquer icy que d'une façon très-générale les principales de celles qui doivent fixer leur attention dans les divers dépôts dont nous venons de parler :

1° Dans les archives des particuliers, outre les tittres généalogiques, on trouvera des tittres d'honneur, comme lettres de roys, de princes, de généraux, etc.

2° Dans celles des seigneurs, on trouvera de plus des actes d'hommages, des aveux, des contracts de vente et d'achat de grandes terres, des contracts de mariages et des testaments importants; quelquefois même des traités de paix, d'alliance, etc.; mais presque toujours des comptes de leur maison, qui renferment souvent des articles curieux.

3° Dans celles des États et des provinces, tout est de conséquence : lettres de commission pour la tenue desdits États; délibérations et traités sur les objets proposés par le Roy ou ses commissaires; remontrances au Roy et réponses du Conseil; édits et déclarations enregistrés au greffe des États, et qui peuvent ne pas se trouver ailleurs; ordre tenu dans les séances, et réglements à ce sujet, etc.

4° Il est aisé de sentir les ressources qu'on peut tirer, pour l'histoire des provinces, des registres des Cours souveraines et des divers tribunaux qui y sont établis; les Chambres des comptes surtout fourniront beaucoup de choses intéressantes : comptes de toutes finances, rolles de montres, rolles de réformation, quittances scellées, etc.

5° Mais les sources les plus abondantes peut-être seront les archives ecclésiastiques, tant parce qu'elles dattent de plus loin que parce qu'elles ont toujours été soigneusement conservées. On y rencontrera, outre la pluspart des diverses espèces de tittres dont nous avons parlé, des synodes et réglements ecclésiastiques, des délibérations de chapitre, des fondations de toute sorte, des élections, confirmations, bénédictions, réceptions solennelles, collations, dédicaces, confraternités d'églises.

6° Il faudra surtout ne pas négliger ce qu'on appelle, dans les archives particulières, *papiers de rebuts*, qui contiennent souvent des pièces très-importantes, quoique étrangères aux dépôts où elles se trouvent.

V. Ce seroit cependant se jetter dans un travail immense et souvent peu utile que de coppier indistinctement toutes ces chartes. Mais toutes, jusques au règne de Charles VI exclusivement, méritent d'être recueillies, parce que toutes peuvent, à quelques égards, servir à l'éclaircissement de ces tems anciens de notre histoire; ainsi il faudra transcrire toutes celles qui sont antérieures à ce règne, et qui n'ont point encore été publiées.

VI. On aura grand soin, dans cette transcription, d'observer l'ortographe emploiée dans l'acte, ne supléant ny les diphtongues, ni la ponctuation, et copiant même les fautes; surtout on prendra garde d'estropier les noms de personnes ou de lieux; et lorsque les noms de lieux seront hors d'usage ou latins, on s'informera dans le païs des noms modernes correspondants, autant qu'on pourra les découvrir, et on en fera note, ainsi qu'on le dira ci-dessous, article IX.

VII. On dessinera, au moins d'une façon grossière, les sceaux des rois, princes, évêques, abbés, seigneurs, etc., qui sont au bas des chartes; et, s'il y en a plusieurs sur le même acte, on les rangera dans l'ordre qu'ils y occupent, sans oublier le contre-scel.

VIII. On emploiera, dans la date ou ailleurs, les mêmes caractères numériques emploiés dans l'acte même. On copiera aussi les monogrames et les croix, qui tiennent souvent lieu de signature, observant l'ordre dans lequel les croix sont rangées, transcrivant les noms qui les accompagnent, et rangeant aussi, selon leur ordre, les signatures mêmes, de sorte que la coppie soit, à divers égards, aussi semblable qu'il sera possible à l'original.

IX. A la fin de chaque copie on joindra, sur un papier séparé, les notes que l'on croira devoir faire : 1° sur le tittre que l'on croira convenir à la pièce, ou que l'on aura trouvé au dos d'icelle; 2° sur les noms des lieux ou personnes; 3° sur les caractères numériques de la date; 4° sur les signatures, croix, etc., observant si elles ne sont pas toutes de la même main, comme cela arrive quelques fois; 5° sur les sceaux, distinguant ceux qui sont entiers, frustes ou qui paroissent avoir été enlevés, et décrivant ceux qu'on n'a pu dessiner; 6° sur les ratures, interlignes, endroits gratés ou altérés, etc.; 7° enfin, sur la forme phisique de l'acte, lorsqu'elle aura quelque chose de singulier; sur la nature du parchemin ou autre matière, quand cela sera remarquable; sur l'encre même, la forme de certains tittres qui peuvent servir à désigner l'âge de la charte, et les autres caractères extrinsèques qui paroîtront mériter d'être marqués. Il seroit bon de puiser quelque connoissance de ces divers caractères dans le *Nouveau traité de Diplomatique*. Au reste, ces observations doivent plustôt contenir des faits que des réflexions; elles seront courtes et seulement indicatives.

X. Depuis le commencement du règne de Charles VI jusques à la fin de celui de Louis XII, terme de la collection projettée, on continuera de copier les chartes non imprimées dont l'objet sera important; mais il suffira de dresser des notices des autres, selon l'avis qui en sera donné, ainsi qu'il est dit dans l'article II. Ces notices seront, au besoin, accompagnées de notes sur les caractères diplomatiques; ainsi qu'il est expliqué dans l'article précédent.

XI. On rencontrera souvent des copies de titres et de cartulaires. Lorsque ces copies auront quelque autenticité, on en prendra le tittre, ainsi que celui des pièces renfermées dans les anciens cartulaires, afin qu'on puisse y avoir recours lorsqu'on désespérera de trouver les originaux.

XII. On laissera, à la tête de la copie ou notice de chaque acte, environ quatre doits de vuide pour y placer le tittre de la pièce, quand elle aura été examinée par ceux qui sont chargés d'en dresser des tables. On laissera aussi de grandes marges, au haut desquelles on marquera le dépôt où la charte est renfermée. Ces marges doivent être assés larges pour pouvoir contenir des variantes, parce que, comme il se trouve quelques fois plusieurs originaux de la même charte, assés différents entre eux, au lieu de transcrire plusieurs fois ces originaux, on placera aux marges ces différences. On joint à cette instruction une copie qui pourra servir de modèle pour ces diverses précautions. L'on se servira de papier semblable, au moins pour la grandeur.

Au reste, comme il est impossible de prévoir les divers genres d'éclaircissement que pourroient souhaiter de plus ceux qui travaillent aux recherches des chartes, ils sont priés de communiquer leurs doutes au sieur Moreau, chargé de la correspondance de ce travail.

(Collection Moreau, n° 288, fol. 4.)

17

CIRCULAIRE DE MOREAU
AUX BÉNÉDICTINS CHARGÉS DE TRAVAILLER À LA COLLECTION DES CHARTES.[1]

14 mai 1764.

Vous n'avez point oublié, mon Révérend Père, la lettre que j'eus l'honeur de vous écrire l'année passée au nom du Ministre, et celle par laquelle le R. P. Général de la Congrégation vous fit part du plan formé par les ordres du Roi, pour composer un dépôt général de toutes les chartes non encore imprimées, et qui peuvent servir à la connoissance ou du droit public de la France, ou de ses ancienes coutumes, ou de la constitution particulière de chaque province.

Ce travail se trouvoit alors dans le département du Ministre des finances, qui, accablé par les soins d'une administration si pesante, ne pouvoit donner que peu de tems aux travaux littéraires. Débarassé du fardeau des finances, M. Bertin, Secrétaire d'État, a conservé dans son département l'inspection et les soins d'une entreprise aussi utile, à laquelle il se flatte que vous voudrés bien donner une nouvelle activité par vos recherches; il a donc fait expédier au nom du R. P. Estienne Le Picard, dépositaire général de la Congrégation, l'ordonnance des fonds destinés à paier les frais de 1763, et plusieurs de vos savans collègues ont été employés dans la première distribution de ces fonds. Il en reste encore, et si vous avés, dans le cours de l'année 1763, fait travailler quelques copistes pour notre dépôt, je vous prie de vouloir bien m'envoyer l'état de votre dépense, qui sera sur le champ acquitté. J'espère que vous voudrés bien vous rappeller la lettre que j'eus l'honeur de vous écrire l'année passée, et m'envoyer le plus de

---

[1] Cette lettre a été publiée par M. Champollion-Figeac, *Lettres des rois et reines*, Introduction, p. XI.

coppies que vous pourrés, soit des chartes et autres monumens historiques, que vous ont déjà procurés vos recherches, soit de ceux que vous pourrés découvrir à l'avenir. Le principal objet de ce travail est de former par la suite un receuil qui soit pour la France ce qu'est celui de Rimer pour l'Angleterre, et d'avoir dans un dépôt, sous les yeux même du Roi, soit des copies, soit des notices de tous les monumens qui n'ont point encore été imprimés. Ainsi l'histoire et le droit public de la France devront à la congrégation de Saint-Maur de nouveaux progrès par la facilité que ce dépôt, qui sera votre ouvrage, procurera aux bonnes études. Le Ministre rend très-exactement compte au Roi des travaux qui peuvent enrichir cette collection; et Sa Majesté honorera d'une bienveillance particulière ceux des membres de la Congrégation qui y contribueront le plus.

Je suis, etc.

MOREAU.

(Collection Bréquigny, n° 157, fol. 235.)

18

OBSERVATIONS DE RELIGIEUX DE LA CONGRÉGATION DE SAINT-MAUR
SUR LE PROJET DE COLLECTION DE CHARTES [1].

La collection de toutes les chartes du Roiaume, telle qu'on se la propose et qu'on a commencé de l'exécuter dans le cahier présenté au Ministre, est une entreprise vraiment digne du Roi et de ce Ministre éclairé. Ce seroit un vray thrésor pour l'État, le public et les savants. Touts, depuis les chefs jusqu'aux simples particuliers, trouveroient à y puiser des connoissances infiniment précieuses, absolument nécessaires et qu'on chercheroit inutilement ailleurs.

Mais si l'on veut tirer de cette collection tout l'avantage qu'on a lieu de s'en promettre, il faut qu'elle soit bien faite, et pour cela deux choses sont préalablement requises :

1° Il faut que les religieux qui ont été ou qui seront choisis pour travailler à ladite collection soient autorisés à se faire ouvrir les archives, soit publiques, soit particulières, qui se trouveront renfermées dans leur

[1] D'autres mémoires, à peu près identiques, sont contenus dans la Collection Moreau, n° 288, fol. 2, dans la Collection de Picardie, n° 46, fol. 19, et dans le fonds français, n° 20840, fol. 5.

district. Sans cela touts les chartriers leur seront fermés, ou ils ne pourront y entrer qu'après avoir essuïé mille mauvaises difficultés. On pense donc qu'il seroit à propos et nécessaire, ou de faire expédier à ces religieux des brevets d'archivistes du Roy, en vertu desquels ils eussent droit d'entrer librement dans touts les dépôts des chartres, quels qu'ils fussent, ou que Sa Majesté, témoignant approuver et vouloir faciliter le projet formé par la congrégation de Saint-Maur de donner au public les histoires des différentes provinces du Roiaume, ordonnât, par quelque acte autentique et en bonne forme, à ses officiers de donner entrée dans ses propres archives aux religieux de la Congrégation chargés d'exécuter ce projet, et inviter d'une façon pressante les seigneurs, soit ecclésiastiques, soit séculiers, à leur donner, à son exemple, communication de leurs chartres et autres tittres.

2° Pour pouvoir efficacement parvenir au but et à la fin qu'on se propose, il faut encore fournir aux religieux qui seront occupés à un travail aussi pénible et aussi rebutant qu'est celui de déchiffrer et copier d'anciennes chartes, des fonds suffisants pour subvenir soit aux frais des voïages fréquents qu'ils seront obligés de faire à cette occasion, soit aux appointements qu'ils sont tenus de donner à leurs copistes, soit enfin à mille autres petites dépenses qu'entraînera nécessairement après soy l'exécution de ce projet. Il ne faut donc pas se flatter qu'avec quatre mille livres on pourra faire travailler tout à la fois dans toutes les parties de la France. Il ne faut pas moins de douze cents livres à chacun de ceux qui voudront se charger de cet ouvrage, si l'on veut faire quelque chose de bien. Demander moins, ce seroit promettre plus qu'on ne pourroit tenir et se mettre dans la nécessité de ne pouvoir donner que des lumières très-médiocres et souvent imparfaites. On peut ajouter que les dépenses pour fournir à un ouvrage si utile, si nécessaire et si glorieux pour notre siècle, peuvent être faites sans grever le Thrésor roial. Il est mille moiens d'y pourvoir. La prudence du Conseil déterminera ceux qu'elle croira plus avantageux.

Resteroit à déterminer la manière dont il faut s'y prendre pour bien exécuter le projet en question; mais, à cet égard, il paroît qu'il n'y a rien de mieux à faire que de suivre de point en point le mémoire instructif que M. de Bréquigny a composé à ce sujet. Ce sçavant littérateur a renfermé dans deux pages tout ce qu'on peut dire à cet égard. C'est conformément à ce mémoire qu'a été fait le cahier qui a été présenté à M. Bertin et que ce Ministre éclairé a honoré de son approbation. On pense cependant qu'il n'est pas à propos, lorsqu'on entrera dans un chartrier, de commencer, comme l'exige M. de Bréquigny, par faire une notice de toutes les chartes qui s'y trouvent renfermées. Cette notice, suivant ce premier plan, seroit envoïée à M. Moreau. Celui-cy se chargeroit de la communiquer à M. de Bréquigny, qui, après avoir examiné quelles sont celles des chartes qui sont imprimées et celles qui ne le sont pas, marqueroit ensuite dans les provinces quelles sont celles qu'on doit coppier en entier et celles qu'on doit simplement se contenter de vérifier. On est persuadé que toutes ces précautions, loin d'accélérer l'exécution du projet en question, ne serviroient qu'à la reculer et à semer de nouvelles épines sur un travail où il ne s'en trouve déjà que trop. D'ailleurs tout cela iroit à ne point finir et ne remédieroit pas à grand chose. Que feroit-on dans un chartrier, en attendant le résultat de l'examen de ces Messieurs, qui alors seroient peut-être absents, comme l'est actuellement M. de Bréquigny, ou occupés d'affaires qui ne leur permettroient pas de faire sur le champ l'examen en question ? Ne seroit-il pas plus simple de coppier tout de suite celles de ces chartes qui paroîtroient intéressantes, sans trop s'embarrasser si elles sont imprimées ou non ? Sur un chartrier qui contiendra quatre à cinq cents chartes, il y en aura sept à huit, une douzaine peut-être, qui auront été imprimées tant bien que mal. Est-ce la peine de perdre tant de tems à s'en assurer ? D'ailleurs l'inconvénient de copier des chartes déjà imprimées est-il si grand ? On ne le pense pas, d'autant plus que, dans les imprimés, on n'observe pas communément la ponctuation, l'ortographe, les abbréviations et le caractère des originaux, toutes choses très-utiles, et que, conformément à une sage et judicieuse critique, on a raison d'exiger aujourd'hui.

(Collection Moreau, n° 305, fol. 2.)

19

MÉMOIRE DU P. JACQUIER
SUR LES DOCUMENTS RELATIFS À L'HISTOIRE DE FRANCE
RENFERMÉS DANS LES ARCHIVES DU VATICAN.

12 septembre 1764.

Pour satisfaire aux ordres de Votre Excellence [1], j'ai pris toutes les infor-

[1] Le P. Jacquier adressait son mémoire au marquis d'Aubeterre, ambassadeur de France à

mations qu'il m'a été possible d'avoir en aussi peu de temps, sur les chartes, diplômes, bulles et semblables documents qui peuvent servir à compléter un Rymer françois. J'ai appris, par des personnes qui connoissent très-bien les archives du Vatican, qu'il y avoit dans ces archives plusieurs actes appartenants à la France en général et à quelques-unes de ses provinces, qui ne se trouvent pas dans le Bullaire [1] ou autre livre imprimé. Je sçais par moi-même qu'il y a plusieurs bulles et diplômes qui ne sont point dans le Bullaire qui peuvent avoir place dans le Rymer françois, et qu'on trouve dans des livres nouvellement imprimés en Italie. J'ai lu, par exemple, un ouvrage imprimé à Rome l'année passée, et qui a pour titre : *Mémoires historiques de la ville de Bénévent* [2]. J'ai trouvé dans cet ouvrage quelques actes de donations originaux faites par Charlemagne, tirés de la bibliothèque du Vatican et de celle de l'Église de Bénévent. Je connois plusieurs autres livres dont on pourroit faire usage; tel est l'ouvrage Sur l'antiquité des Églises d'Espagne [3] publié à Rome, il y a quelques années.

Enfin, si on vouloit acquérir ce qui manque pour compléter le Rymer françois, et qui se trouve dans les archives du Vatican, cela ne seroit pas fort difficile; il suffit que quelque sçavant connu présente un *mémorial* au Cardinal Secrétaire d'État, par lequel il demande une permission, qu'on n'a pas coutume de refuser; ce seroit de faire copier les documents qu'on souhaitte. Le copiste ne peut être qu'un homme employé dans les archives, auquel on donne 30 sols par feuille. Si cependant le nombre des feuilles à copier étoit bien grand, alors le prix devient moindre. Au reste, on voit, pour commencer cet ouvrage, qu'il faudroit avoir les titres des actes qui composent le présent Rymer françois, pour y ajouter ce qui peut y man-

---

Rome. En transmettant le mémoire à Bertin, le marquis d'Aubeterre lui écrivait : « Ma maladie m'a empêché de répondre plus tôt au sujet du Rymer françois dont vous êtes chargé. Je me suis adressé au P. Jacquier, minime très-savant et fort connu dans la littérature. Voici le mémoire qu'il a fait; si vous jugez à propos d'en faire usage, je ferai toutes mes diligences, dès que vous me l'aurez marqué. » — Le P. François Jacquier, né à Vitry-le-François le 7 juin 1711, mort à Rome le 3 juillet 1788, devint professeur d'Écriture sainte au collège de la Propagande, obtint ensuite la chaire de physique expérimentale, puis celle de mathématiques au collège romain.

[1] Le recueil de Cocquelines intitulé : *Bullarum, privilegiorum ac diplomatum amplissima collectio*; Rome, 1739-1744, 23 tomes en 14 volumes in-folio.

[2] *Memorie istoriche della pontificia città di Benevento dal secolo VIII al secolo XVIII, divise in tre parti*, raccolte ed illustrate da Stefano Borgia; Rome, 1763, 3 vol. in-4°.

[3] *De antiquitate Ecclesiæ hispanæ dissertationes in duos tomos distributæ,..... opera et studio Cajetani Cenni*; Rome, 1741, 2 vol. in-4°.

quer. On m'a assuré que les actes des donations de Pépin et de Charlemagne se trouvent dans les archives du Vatican et qu'il ne seroit pas impossible de les faire copier. J'en connois moi-même quelques fragmens déjà imprimés. Voilà, Monseigneur, tout ce qu'il m'a été possible de faire jusqu'à présent pour obéir à Votre Excellence.

(Collection Moreau, n° 294, fol. 135.)

20

MÉMOIRE DE MOREAU SUR LA NÉCESSITÉ D'AUGMENTER LES FONDS AFFECTÉS AU TRAVAIL DE LA COLLECTION DES CHARTES.

1764.

En 1762 le Roy forma un établissement qui, ne coûtant presque rien à Sa Majesté, doit procurer le plus grand avantage à l'histoire et aux études du droit public du Royaume.

Son objet a été : 1° de placer à Paris, sous les yeux du Gouvernement, un centre de correspondance qui pût diriger, dans les provinces, les recherches et les études des anciennes chartes et autres monumens qui sont enfermés et inconnus dans une foule de dépôts; 2° de former, dans ce centre même, un dépost général qui contiendra, d'un côté, des copies fidèles de toutes les chartes qui se trouvent oubliées dans des dépôts particuliers, d'un autre côté, des notices exactes de toutes celles qui se trouvent dans des déposts publics et royaux. Par là, le Ministère pourra toujours avoir sous les yeux la table universelle de toutes les pièces qui, dans tout le Royaume, peuvent procurer des connoissances sur l'histoire, sur le droit public, sur les anciens usages et sur les constitutions particulières de chaque province.

Ce plan est vaste, et cependant les moyens employés pour le remplir sont simples. Il ne s'agit que de profiter de toutes les études qui se font en France, de les encourager et de les diriger vers un but commun.

On connoît déjà les chartes imprimées. Le seul catalogue qui en a été fait, par ordre du Gouvernement, remplit un très-grand nombre de volumes in-folio manuscrits.

Pour la recherche des autres monumens, les Bénédictins ont offert leurs soins et leurs travaux. Leur Général a distribué les plus sçavans et les plus laborieux dans différentes maisons à portée des déposts. Ils sont en correspondance, soit avec le Ministre, soit avec celui qui, sous ses ordres, est préposé à cette collection, et ils lui envoyent le produit de leurs découvertes. Il ne s'agit que de leur fournir quelques avances pour les frais des copistes et pour quelques voyages. Le Roy a destiné à cet objet une somme de 4,000 ₶ par an, à compter du 1ᵉʳ janvier 1763.

Plusieurs magistrats des Chambres des comptes, quelques gens de lettres, des ecclésiastiques laborieux, entrent aussi dans cette correspondance et doivent concourir à ce travail. Pour ceux-là l'honneur, l'émulation, le désir d'obtenir l'approbation du Roy leur servent de motifs, et on ne manquera pas d'occasions de récompenser quelque jour ceux qui auront le plus travaillé à enrichir le Gouvernement, qui, au bout de quelque tems, se trouvera en état de faire composer sous ses yeux une collection aussi importante pour la France que l'est celle de Rimer pour l'Angleterre.

La seule dépense qu'exige aujourd'hui un travail aussi étendu et aussi intéressant consiste dans les frais de copistes et de papier, et dans l'achat de quelques titres précieux que l'on trouve quelquefois occasion d'acquérir pour le Roy.

Il seroit donc nécessaire de faire un fonds au total de 10,000 livres par an, qui pût fournir à ces dépenses, et dont le Ministre dans le département duquel est ce travail feroit la distribution à mesure qu'il en verroit le succès. Les Bénédictins ont déjà 4,000 ₶, mais il faut convenir qu'ils employeront seuls au-delà de cette somme.

Or à ces 4,000 ₶ déjà accordées il est très-facile d'ajouter une somme de 6,000 ₶, qui ne coûtera au Roy aucune augmentation de dépense. Il ne s'agit que d'affecter à cet établissement les deux mille écus dont jouissoit M. l'abbé de Foy, et qui étoient destinés à payer le travail d'une notice des chartes imprimées. Il a été convenu entre M. Bertin et Monsieur l'évesque d'Orléans[1] que cette dépense annuelle seroit supprimée, quand l'abbé de Foy auroit obtenu en bénéfices une augmentation de revenu. C'est ce qui a été fait depuis un an par un bénéfice que le Roy a bien voulu accorder à cet abbé.

Ce sera rendre ces 6,000 ₶ à leur véritable destination que d'obtenir de Sa Majesté qu'ils soient réunis aux fonds que M. Bertin pourra employer

---

[1] Louis-Sextius de Jarente de la Bruyère, qui fut évêque d'Orléans depuis 1758 jusqu'en 1788.

annuellement à des travaux dont on vient de faire connoître l'importance et l'étendue.

Pour opérer cet arrangement (ces deux mille écus étant affectés sur le Trésor royal), il suffit que Monsieur le Controlleur général, en y donnant son consentement, cesse de les faire payer à M. l'abbé de Foy. M. Bertin les fera distribuer aux Bénédictins et employer aux frais de l'établissement dont il s'agit [1].

(Collection Moreau, n° 288, fol. 69.)

21
MÉMOIRE DE MOREAU SUR LA FORMATION DU DÉPÔT GÉNÉRAL DES CHARTES.

Fin de 1764.

Le but de l'établissement ordonné par le Roy est de former, sous les yeux de son Ministre, un cabinet ou dépôt général dans lequel on puisse trouver, un jour, et des indications ou notices de toutes les chartes et titres importans qui se trouvent dispersez dans les dépôts publics dont le Roy est propriétaire, et des copies figurées de tous les monumens de même nature qui sont enfermez dans les archives et chartriers des églises, abbayes, monastères ou même seigneuries particulières du Royaume.

Ce plan exige pour son exécution :

1° Un centre de correspondance d'où l'on puisse diriger tous les travaux relatifs à cette vaste entreprise. Ce centre doit être le Ministre et ceux qu'il voudra préposer sous ses ordres à cette correspondance;

2° Autour de ce centre, mais à très-peu de distance, une société de savans et de gens de lettres qui soient à portée de juger de l'importance et de la nature des titres dont on enverra soit des copies, soit des notices;

3° Dans toutes les provinces du Royaume, des travailleurs occupez du même objet et livrez aux recherches de ces titres;

4° Une méthode uniforme qui puisse leur servir de règle et assurer le Ministère que tous ceux qu'il employera dans les provinces auront pris les mêmes précautions pour n'être point trompez et pour donner une con-

[1] Cette augmentation de 6,000 livres fut accordée par le Roi le 21 août 1765.

noissance exacte et détaillée des monumens qui leur passeront sous les yeux.

Cherchera-t-on à donner aux copies des titres et monumens qui seront rassemblez dans le dépôt général dont il s'agit un caractère d'authenticité ? Avant que de répondre à cette question, il faut définir ce que l'on entend par cette authenticité.

Ce mot peut être pris en deux sens : on dit qu'un titre est authentique lorsque, sa vérité étant attestée par un officier public, les tribunaux sont obligez d'y ajouter foi : telle est l'authenticité légale, fruit des précautions que les loix ont prises pour le maintien de l'état et des possessions des citoyens.

Mais il est un autre genre d'authenticité, que l'on pourroit appeller authenticité morale et qui, n'étant fondée que sur le résultat des témoignages de gens capables d'examen et dignes de confiance, détermine certainement la créance due au titre, mais ne suffit point pour en attester la vérité en présence de la loy et sous les yeux de la justice.

Pour procurer aux copies dont il s'agit le premier genre d'authenticité, il faudroit ou qu'elles fussent faites par des officiers desjà revêtus d'un caractère public, à la signature desquels la justice dût ajouter foi, ou que les copies faites une fois fussent ensuite collationées et signées par ces mêmes officiers, ou qu'enfin le Roy, par un réglement public émané de lui, donnât à tous ceux qui seroient chargez de ces copies et de ces collations, le caractère suffisant pour mériter la confiance et de ses officiers, et des tribunaux, et du public.

Quant à la seconde espèce d'authenticité dont nous venons de parler, on la communiquera certainement aux copies que l'on receuillera, toutes les fois qu'elles subiront un examen exact et qui, attesté par des connoisseurs dignes de foi, garantira la fidélité de la transcription, l'existence et l'authenticité de l'original.

Mais, comme il est impossible d'établir, dans les provinces où se feront les recherches des titres, cette espèce de tribunal qui doit les juger, il semble que le seul moyen qui puisse être mis en usage pour donner quelqu'autorité à ces copies doit être de leur faire subir l'examen de la société de gens de lettres, qui sera destinée à certifier au Ministre et l'importance du titre et la confiance qu'il mérite.

On convient que cette société, n'ayant point sous les yeux l'original du titre dont elle examinera la copie, ne pourra rendre un témoignage parfaitement certain ny sur l'authenticité de l'original, ny sur l'exacte fidélité de la copie; mais, d'un côté, elle pourra attester que celui qui a été chargé de veiller à cette transcription mérite la confiance du public et a pris les précautions les plus sages pour s'assurer de la vérité et de l'authenticité du titre; d'un autre côté, il demeurera toujours pour constant que la pièce existe. On connoîtra le dépôt et l'endroit du dépôt où il est possible de la trouver, et si on la regarde comme assez importante pour en ordonner une collation authentique, il sera toujours possible d'en venir là. Au surplus, par la nature même de l'établissement, voilà tout ce que l'on peut faire pour procurer aux copies dont nous parlons cette authenticité morale que nous venons de définir.

Si l'on vouloit aller plus loin, il faudroit rendre un arrêt du Conseil pour ordonner aux lieutenans généraux et autres officiers de justice des lieux de collationner gratis les copies qui leur seroient présentées par les Bénédictins, et, à cet effet, de se transporter dans les dépôts d'où lesdites copies auroient été tirées. L'attestation de cette collation, signée de l'officier qui l'auroit faite, pourroit, par la suite, procurer aux copies la confiance que méritent les originaux, et cela dans le cas où ceux-cy seroient perdus.

Il s'agit maintenant d'examiner comment on peut se procurer dans les provinces un nombre suffisant de personnes qui soient chargées d'envoyer au dépôt général ou des copies exactes, ou des notices de tous les titres et monumens qui peuvent intéresser l'histoire et le droit public.

Comme cette entreprise est vaste, on ne doit pas se picquer de faire tout à la fois, et comme nous n'avons pas de fonds considérables, nous ne devons nous flater de réussir qu'en profitant de tous les petits encouragemens que l'on peut employer et en excitant de proche en proche le zèle par l'honneur, et l'émulation par la concurrence.

La résolution que le Ministre a prise de rendre, tous les quinze jours, compte au Roi des progrès de ce travail, doit faire et fait réellement un très-bon effet. Car on se livre avec joye à un ouvrage dont on regarde le Roy comme témoin et juge immédiat; par les lettres que reçoit celui qui est chargé de la correspondance, on s'apperçoit desjà des bons effets de l'émulation.

Les ouvriers doivent être différens suivant la nature des dépôts. Or ces dépôts sont de trois sortes :

1° Les dépôts royaux et publics, tels que ceux des Chambres des comptes et autres tribunaux, des hôtels-de-ville, etc.;

2° Les archives des églises, chapitres et autres communautez, soit régulières, soit séculières;

3° Les chartriers des seigneurs particuliers ou les cabinets des savans.

Par raport aux dépôts qui appartiennent au Roy, on a desjà observé, dans les mémoires auxquels Sa Majesté a donné son approbation et qui ont servi de base à l'établissement dont il s'agit, que, ces dépôts subsistans de siècle en siècle sans altération, il suffit d'y prendre des notices exactes de tous les titres qu'ils contienent. Ces notices, rangées par ordre et de tems et de matières dans le cabinet des chartes, seroient à jamais un indice universel qui mettroit le Gouvernement en état de connoître tout ce qui peut intéresser les différentes parties de l'administration.

Or est-il si difficile de se procurer ces notices?

1° Il y a plusieurs archives dans lesquelles ces inventaires ont desjà été faits par l'ordre du Roy. Il y en eut un de fait de cette manière en 1680, dans la Cour des comptes de Provence. Peut-être n'est-elle pas la seule qui soit dans ce cas.

2° Plusieurs magistrats ont, pour leur propre instruction, fait des tables, des répertoires, des inventaires des chartes et autres monumens qui se trouvent dans les archives des Compagnies.

3° Ces inventaires, accompagnez de notices, le Roy peut les faire faire sans qu'il en coûte rien autre chose que les frais des copistes. En voicy les moyens; attachons-nous d'abord aux Chambres des comptes, bureaux des finances et hôtels-de-ville. Le Ministère seroit desjà fort riche, s'il avoit des inventaires exacts et bien faits de tous les titres que renferment leurs archives.

Or, 1° il n'y a aucune de ces Compagnies dans laquelle on ne puisse trouver un ou deux magistrats honêtes et laborieux qui seroient flatez d'une correspondance avec le Ministre et d'un travail qui les mettroit à portée d'être connus du Roi : avec des motifs d'honeur et de gloire, on fera tout ce que l'on voudra de la pluspart.

2° Il n'y a aucune de ces Compagnies qui n'ait dans son sein des officiers pensionez du Roy : ces pensions ont été accordées aux services et à l'ancieneté; si donc on faisoit espérer la survivance de ces pensions à celui ou à ceux que l'on chargeroit des inventaires et des notices dont il s'agit, il est certain que l'on trouveroit plusieurs officiers qui se présenteroient à l'envy pour les mériter. Il n'en coûteroit rien au Roy, puisque, lorsqu'il tiendroit sa parole, qui doit être inviolablement exécutée, il n'accorderoit qu'une pension qu'il payoit auparavant.

L'empressement que l'on a desjà trouvé dans quelques-unes de ces Compagnies pour se prêter au travail doit assurer le Ministre des facilitez qu'il trouvera, quand il voudra, pour exciter la même ardeur dans les autres.

Pour y parvenir, on propose :

1° Que le Ministre ait la bonté d'écrire de la part du Roy à tous les premiers Présidens et à tous les Procureurs généraux des Chambres des comptes une lettre dans laquelle il exposera les raisons qui déterminent Sa Majesté à faire faire et faire garder sous les yeux de son Ministre des inventaires et des notices exactes de toutes les chartes et monumens importans qui se trouvent dans les archives des Chambres des comptes. S'il y eût eu de pareils inventaires pour celle de Paris, il n'y auroit pas eu des titres dont l'incendie de 1737 a fait disparoître jusqu'à la moindre trace. Le Ministre consulteroit ensuite ces magistrats sur les moyens d'exécuter ce plan à peu de frais, et les prieroit d'indiquer au Roy un ou deux officiers de leur Compagnie qui, par zèle et par honeur, voulût bien entreprendre cet ouvrage. On leur demanderoit en même tems des instructions sur l'état actuel des archives de toutes les Cours, sur les précautions qui peuvent avoir été prises pour en conserver les titres et pour y mettre de l'ordre, sur les différens inventaires qui peuvent avoir été faits de tous les monumens qui y sont renfermez. Enfin, on annonceroit que ce service rendu à l'État par les magistrats qui voudront s'en charger sera un titre pour mériter les grâces du Roy, et, à cette occasion, on demanderoit un état des pensions ou autres bienfaits du Roy dont jouissent les membres de chaque Compagnie.

2° La réponse à ces lettres doit être naturellement un mémoire instructif qui doit conduire à l'exécution d'un plan si simple et si raisonable dans chaque Compagnie. Les détails de ces mémoires peuvent faciliter l'ouvrage et suggérer des moyens auxquels on n'a point encor pensé. Ce qu'il y a de bien sûr, c'est que sur-le-champ il se présentera des travailleurs qui mettront même leurs services au rabais, tant est puissante dans les provinces l'ambition d'avoir une correspondance directe avec le Ministre et l'espérance d'obtenir quelques grâces pour soi et pour sa famille.

3° D'après cela, le Ministre doit choisir parmy les sujets qui lui seront présentez et faire à celui qui sera choisi l'honeur de lui écrire une lettre un peu enyvrante. Rien n'est si facile. Il faut bien peu connoître les François pour ne pas savoir combien il est aisé de les mener ; avec de belles paroles, on leur fera faire tout ce que l'on voudra. Il y a tel honête magistrat en province qui, se voyant nommé dans la gazete comme choisi pour cet ouvrage, feroit plus de cas de cet honeur que d'une véritable récompense.

4° Il ne faut pas s'en tenir là ; il faut, lorsque ces travailleurs seront occupez, saisir la première occasion de leur accorder quelque grâce qui ne coûtera rien au Roy, et rendre cette grâce bien publique et bien notoire ; qu'un pensionaire du Roy vienne à mourir dans une de ces Compagnies, et que sur-le-champ la pension soit accordée à celui qui sera chargé de l'inventaire et des notices des titres ; que l'on sache que cette grâce lui a été accordée à raison de ce travail ; qu'un autre magistrat chargé de la même opération obtienne, au bout de quelque tems et à la recommandation du Ministre sous les ordres duquel il travaillera, ou un petit bénéfice pour un de ses parens, ou la moindre pension pour un officier, son allié, auquel elle seroit due sans cela ; on ose dire que l'on verra en peu de tems croître l'émulation et que l'on n'aura pas besoin d'encourager les ouvriers.

On peut ajouter, et on l'a desjà éprouvé, que tout ce que ces inventaires coûteront au Roi se réduira aux frais du papier et au salaire des copistes.

A mesure qu'ils arriveront au dépôt, et ils y arriveront par parties, car il sera juste que l'on voye tous les six mois le résultat des travaux ordonnez et encouragez, la société littéraire chargée de les examiner sera à portée de juger du mérite et de la forme des notices que renfermeront ces répertoires, de les faire perfectionner et de demander des copies exactes, entières et figurées des titres qui lui paroîtront mériter un examen particulier ou pouvoir fournir à l'histoire et au droit public des découvertes nouvelles et importantes.

Ce qui aura réussi pour les Chambres des comptes pourra être pratiqué par raport aux autres Compagnies, soit dans le même tems, s'il est possible d'avoir quelques fonds pour subvenir aux frais, soit par la suite et successivement. Par là, après plusieurs années de travail, le Ministère pourra se procurer un répertoire général de tous les monumens renfermés dans les archives de toutes les Cours. On sent de quelle utilité seroit un pareil ouvrage pour éclairer toutes les parties de l'administration et pour éviter les fautes dans lesquelles on ne tombe souvent que par ignorance des usages et du droit public de chaque province.

Par raport aux archives qui n'appartienent point au Roy, il est convenu qu'il ne suffit pas d'y prendre des notices et des extraits des titres, mais qu'il est nécessaire d'en avoir, autant qu'il sera possible, des copies figurées.

Ces archives sont de deux espèces : celles des églises et des corps ecclésiastiques, soit réguliers, soit séculiers, et celles des seigneurs particuliers.

Commençons par les premières.

Les Bénédictins de la congrégation de Saint-Maur ont offert au Roy le résultat de leurs recherches, et leurs offres ont été acceptées par Sa Majesté. Cette Congrégation ne peut fournir qu'environ douze religieux sur lesquels on puisse compter, mais on les a distribuez dans les différentes provinces du Royaume et à portée des dépôts dont ils doivent faire le dépouillement.

La méthode uniforme qu'on leur prescrira pour leur travail et le zèle qu'ils ont témoigné jusqu'à présent pour ce genre de recherches donnent lieu d'espérer que l'on tirera de leurs études le plus grand parti : ils font journellement au dépôt général des envois précieux, et si on entretient avec eux une correspondance exacte qui puisse les encourager, si on a soin de tellement ménager les 4,000# que le Roy a bien voulu destiner à cet objet, qu'on ne leur fasse jamais attendre le remboursement de leurs frais, on doit se promettre que leur collection sera très-abondante.

On doit ajouter icy qu'ils sont presque tous extrêmement sensibles à l'honeur, à la confiance et aux distinctions; une lettre du Ministre qui contiendra quelqu'éloge de leur zèle fera sur plusieurs d'entre eux autant et plus d'effet qu'une récompense pécuniaire. Cette ressource est facile.

Mais il semble que, pour hâter leur travail et pour lui donner la plus forte activité et les plus grandes facilitez, il y auroit un moyen qui ne coûteroit rien du tout à Sa Majesté. Ce seroit de saisir l'occasion d'accorder sur quelques-unes des abbayes de leur ordre quelques pensions à ceux de ces religieux qui auroient le plus utilement et le plus longtemps travaillé.

Il pourroit se faire même que cette pension fût moins une récompense du travail qu'une ressource pour le continuer; auquel cas elle seroit donnée non à tel ou tel religieux en particulier, mais attachée à telle maison et destinée au Bénédictin qui y sera employé par ses Supérieurs aux études de l'histoire et de la diplomatique. Par exemple, M. l'évêque de Valence [1] est abbé de Saint-Benoît-sur-Loire, et ce bénéfice est fort considérable. Qu'à la mort de M. de Valence, le Roy veuille bien charger celui qui, après lui, aura l'abbaye de payer 1,000 ₶ de pension à celui des religieux de la maison qui lui sera indiqué par le Père Général comme chargé des travaux littéraires ordonnez par Sa Majesté, que cette grâce soit publiée dans les gazetes, et l'on ose avancer sans crainte qu'elle excitera la plus grande ardeur dans toute la congrégation de Saint-Maur, soit pour employer les savans qu'elle renferme, soit pour en former d'autres. Ce que l'on fera sur l'abbaye de Saint-Benoît-sur-Loire peut être répété sur d'autres abbayes du même ordre, et, outre l'émulation que le Roy aura excitée, il se sera peu-à-peu assuré les frais de ce travail, et les 4,000 ₶ qu'il y a destinez pourront être employez à récompenser d'autres études. On ne croit pas que les canonistes les plus sévères puissent critiquer un pareil emploi des revenus de l'Église.

Il faut avouer que le travail des Bénédictins sera long, et qu'attendu la modicité des fonds qui doivent fournir à leurs dépenses, on n'ira pas à beaucoup près aussy vite qu'on le voudroit. Ne pourroit-on faire concourir avec leurs recherches l'exécution d'un autre plan, qui paroît également juste et dont l'effet paroîtroit infaillible ?

Le Roy n'est point propriétaire des archives des églises et des chapitres ; mais, en sa qualité de protecteur de l'Église, il a droit de veiller à la conservation de ses titres, et il en a non-seulement le droit, mais peut-être la charge. Tout acte d'autorité par lequel il exigera que les églises mettent de l'ordre dans leurs dépôts et aient soin de la conservation de leurs archives sera donc de la part du Roi un acte de devoir et un soin digne de sa sagesse.

Il pourroit donc, par un arrêt de son Conseil, ordonner que tous les Intendans des provinces visiteroient les archives des églises et autres communautez séculières et régulières, et dresseroient des procès-verbaux exacts de l'état dans lequel ils les auroient trouvez, pour statuer ensuite sur les moyens d'y mettre de l'ordre et d'en assurer la conservation. Un second arrêt du Conseil enjoindroit aux évêques et aux chapitres de faire travailler à des inventaires exacts de tous leurs titres et pourroit exiger qu'il en fût envoyé des doubles au dépôt établi par Sa Majesté.

---

[1] Alexandre Milon, qui fut évêque de Valence depuis mai 1725 jusqu'en 1771.

Mais ces visites et ces procès-verbaux préparatoires pourroient traîner en longueur, peut-être même exciter des allarmes, parce que l'on ne manqueroit pas de leur prêter un autre objet. On croit donc qu'il vaudroit mieux, par un seul arrêt, ordonner l'opération et en annoncer le but. Tout ce qui est juste et évidemment raisonable ne manquera jamais de réussir, et les moyens simples sont toujours les plus sûrs; on n'insistera point sur cette idée, mais on joindra à ce mémoire le projet de l'arrêt du Conseil tel qu'il pourroit être conçu.

Ces inventaires, contenant une notice sommaire de tous les titres renfermez dans les archives des églises et communautez, abrégeroient et faciliteroient infiniment les recherches et l'ouvrage des Bénédictins. Ceux-cy, ayant entre les mains le catalogue des chartes imprimées, qui leur sera remis aussy tôt qu'il aura été publié, pourront sans peine découvrir, dans les répertoires dont il s'agit, celles des chartes jusqu'icy inconnues qui mériteront d'être entièrement copiées. Et peu-à-peu on aura au dépôt général, d'un côté, des tables universelles de tous les titres du Royaume, d'un autre côté, des copies figurées de toutes celles qui pourront fournir des lumières à l'histoire et au droit public.

Le Roy a si bien reconnu la nécessité des inventaires pour la conservation des titres des communautez, que, par l'article 31 de l'édit du mois d'aoust dernier, en prescrivant aux villes de remettre et garder leurs titres et papiers dans un endroit sûr, il a en même tems ordonné qu'il en seroit dressé un inventaire sommaire : on sent aisément de quelle utilité seroient au dépôt général des doubles de ces inventaires, et rien n'est plus facile que de les avoir, puisqu'il ne faut pour cela que rendre un arrêt du Conseil qui l'ordonne, et dont l'exécution sera confiée aux Intendans.

On ajoutera icy que le dépôt général ordonné par le Roy devant, suivant ses intentions, former par la suite un cabinet de la plus grande importance et où l'on trouvera les plus abondantes ressources soit pour l'histoire, soit pour le droit public de la nation, il seroit important d'y faire venir tout ce qui s'imprime d'arrêts et de réglemens dans toutes les Cours supérieures du Royaume. Pour cela, il suffit d'une lettre écrite par M. le Vice-Chancellier à tous les Procureurs généraux; l'envoy se feroit en vertu d'un ordre général de ceux-cy donné à tous les imprimeurs des Cours.

On vient de donner des vues qui peuvent conduire à se former un tableau général de tous les titres déposez soit dans les archives des Chambres des comptes et bureaux des finances, soit dans les hôtels-de-ville, soit enfin dans les chartriers des églises, chapitres et autres communautez.

Les dépôts des Parlemens, non moins importans que ceux-là, seroient sans doute les plus difficiles à aborder, et cela par une malheureuse suite des défiances qui règnent entre ces Compagnies et le Ministère. Mais on ne désespère pas de former un jour des tables ou d'avoir même des copies de ce qu'il y a de plus précieux dans leurs greffes.

1° Il existe dans plusieurs bibliothèques des copies des registres du Parlement de Paris, et il est possible ou que le Roy les fasse transcrire ou achète une de ces copies.

2° Il y a peu de Parlemens dans lesquels il ne se soit trouvé et où il ne se trouve même encor des magistrats laborieux qui, connoissant le prix des antiquitez, se sont livrez à la recherche des monumens renfermez dans les dépôts de leurs Compagnies; plusieurs ont fait pour leur usage des tables, des inventaires, des notices; on peut, avec du tems et de la patience, découvrir toutes ces richesses cachées et se les faire communiquer.

3° Enfin il viendra un tems où, les troubles, l'agitation et les défiances ayant cessé, il sera facile au Ministère d'agir de concert avec les premiers Présidens et les Procureurs généraux pour faire transcrire, en vertu des ordres du Roy, tout ce que les registres des Parlemens peuvent renfermer de curieux et d'important pour l'administration publique. Ce ne sera qu'alors qu'il sera possible d'avoir des mémoires impartiaux sur toutes les parties de notre droit public; car tant que les dépôts des Parlemens ne seront connus que de ceux qui y cherchent à justifier leurs opinions particulières, on ne tirera point de lumières sûres de ces immenses dépôts.

Il en est plusieurs autres qui ont été formez soit par les soins du Gouvernement, soit par la curiosité des particuliers, et dont il est également intéressant et facile de faire usage.

1° La Bibliothèque du Roy contient plus de 30,000 chartes qui n'ont jamais été imprimées et qui sont même entièrement inconnues. On sait qu'on les trouvera toujours dans ce dépôt, cela est vray, mais elles y seront inutiles jusqu'à ce que l'on ait commencé à en dresser un état et à en composer les notices.

Pour cela, il ne faut qu'employer les soins de deux Bénédictins connus, auxquels on confieroit tous les mois un certain nombre de ces chartes, dont ils donneroient leur récépissé et qu'ils ne rendroient qu'en remettant au Ministre les notices de toutes les pièces qu'ils auroient dépouillées. Avec du tems, on viendroit à bout de ce travail, qui ne coûteroit au Roy que les frais des copistes. On ne voit aucune raison pour remettre ce travail à un autre tems. En effet, le dépôt que le Roy veut former ne doit pas seulement être un supplément à tous ceux dont il est propriétaire. Il doit être de plus la clé à l'aide de laquelle on pourra faire usage de tous ceux-cy. Il doit renfermer, outre les copies des titres importans dont les originaux ne sont point à la disposition du Gouvernement, une table générale de tous ceux dont il pourroit disposer, mais qu'il ne connoît point encore.

2° Le Trésor des chartes au Palais est un de ceux qui pourroient être le plus connu et dont l'usage devroit être devenu facile depuis le tems qu'on paroît travailler à le mettre en ordre et à en composer les tables. Ce dépôt est confié à la garde de M. le Procureur général, qui a sous lui cinq ou six commis, tous gens de lettres, payez par le Roy, qui cependant n'a encore tiré aucun profit de leurs travaux. La raison en est simple : presque tous regardent ce soin comme un ouvrage de surérogation, n'y emploient que quelques momens de loisir et ne rendent presque jamais compte de leurs recherches.

Pour parer à cet abus, il y a un moyen sûr, c'est que chacun de ces travailleurs soit obligé de faire faire une double copie des notices dont il est chargé et d'en envoyer une au dépôt qui est sous les yeux du Ministre. Celui-cy pourra comparer les différens travaux des commissaires des chartes, avertir M. le Procureur général et s'entendre avec lui pour faire avancer la besogne. Comme ces commissaires, présentez au Roy par M. le Procureur général, sont nommez par arrêt du Conseil, quel inconvénient y auroit-il de leur prescrire par un second arrêt cette double copie?

3° On peut ajouter icy des dépôts particuliers qui n'appartienent point au Roy, mais à des corps qui seroient toujours disposez à lui donner toutes les lumières qu'il pourroit en tirer, s'ils lui appartenoient. Tel est, par exemple, celui de feu M. de Clairambault, qui a été acheté par l'ordre du Saint-Esprit et qui est peut-être le plus riche de Paris en titres anciens et originaux [1]; celui de la Pairie, composé du cabinet de M. Lan-

---

[1] Le cabinet de Clairambault se composait alors de 3,250 volumes ou boîtes de documents. Il comprenait, en outre, des jetons, des tableaux et des imprimés, ainsi qu'une table générale résumant les travaux exécutés par ce savant pendant le cours entier de sa vie. La Collection de Clairambault a été classée et mise en ordre dans ces dernières années; après avoir subi de grandes

celot [1], et où il avoit réuni les pièces et monumens sur lesquels M. Le Laboureur [2] avoit travaillé. Comme ces cabinets sont en ordre et confiez à des persones laborieuses et intelligentes, on a dressé des inventaires fidèles de tout ce qu'ils contienent. Il est aisé d'en avoir des copies qui donneroient une idée des monumens les plus précieux, dont on peut ensuite faire dresser ou des notices plus étendues, ou même tirer des copies entières et figurées.

A l'égard des chartriers des seigneurs particuliers, dont plusieurs peuvent renfermer des monumens très-intéressans, leur dépouillement entre dans le plan que se proposent les Bénédictins, et ce sont eux qui peuvent le plus facilement s'en procurer l'accès, précisément parce que, n'étant que gens de lettres et ne travaillant que pour l'histoire, ils ne sont point suspects dans leurs recherches. On espère d'icy à quelque tems avoir par leur moyen un état exact et général de tous les dépôts, soit publics, soit particuliers, qui, dans toute l'étendue du Royaume, peuvent exciter la curiosité et mériter quelqu'attention.

Mais on ose se flater que, lorsqu'une fois le cabinet ou dépôt formé par Sa Majesté sera connu, lorsqu'il sera bien avéré qu'il n'est destiné qu'à former une chaîne de connoissances qui puisse lier le droit public et l'histoire de toutes les provinces et conserver même aux particuliers des copies capables de suppléer les originaux, s'ils étoient jamais perdus, tout le monde s'empressera de faire connoître les monumens dont il est possesseur, et que le supplément que peuvent fournir ces dépôts particuliers sera peut-être de tous le plus facile à acquérir.

Après avoir indiqué les sources qui peuvent enrichir notre dépôt général, et suggéré quelques-uns des moyens d'y puiser les connoissances que l'on se propose de receuillir, il ne s'agit plus que de dresser un plan de travail uniforme, sur lequel puissent être calquées toutes les opérations des savans

---

pertes pendant la Révolution, elle se trouve aujourd'hui réduite à 1,348 volumes. Ils forment un fonds à part au département des manuscrits de la Bibliothèque nationale. Voir le *Cabinet des manuscrits* de M. Delisle, t. II, p. 19-25.

[1] Antoine Lancelot, membre de l'Académie des inscriptions, né à Paris le 4 octobre 1675, mort dans la même ville le 8 novembre 1740, avait formé une importante collection, conservée au département des manuscrits de la Bibliothèque nationale. Elle comprend 195 volumes. Voir le *Cabinet des manuscrits*, t. I, p. 409-411.

[2] Les papiers de Jean Le Laboureur, né à Montmorency en 1623, mort au mois de juin 1675, font partie de la Collection Clairambault.

qui concourront à nous enrichir. Ce plan ou cette méthode forme l'objet d'un second mémoire.

(Collection Moreau, n° 285, fol. 179.)

22
CIRCULAIRE AUX BÉNÉDICTINS OCCUPÉS À LA RECHERCHE DES CHARTES.
12 janvier 1765.

Le Roy, connoissant, mon Révérend Père, le zèle et le succès avec lequel vous vous êtes jusqu'icy livré aux recherches qui peuvent ou perfectionner l'histoire de France, ou ajouter aux connoissances du droit public, me charge de vous exhorter à continuer un travail aussi important. Il compte également que, conformément aux offres que le Père Général de la congrégation de Saint-Maur lui a faites au nom de tous les savans qui la composent, vous aurez soin de m'envoyer des copies exactes et figurées de tous les monumens que vous regarderez comme intéressans ce double objet, avec vos observations sur ces titres. Sa Majesté ne doute pas que tous ceux qui sont à la tête des dépôts où vous pourrez puiser ces connoissances ne s'empressent de concourir avec vous à un but aussi utile; c'est dans cette vue qu'elle m'a ordonné d'écrire de sa part à M. l'Intendant de......... de protéger votre travail et d'interposer ses bons offices auprès des églises et des chapitres pour seconder des recherches dont l'unique objet est de hâter le progrès d'une entreprise littéraire agréable au Roy et utile à la nation.

Je suis, etc.

BERTIN.

(Collection Moreau, n° 295, fol. 15.)

23
CIRCULAIRE DE MOREAU AUX RELIGIEUX DE LA CONGRÉGATION DE SAINT-MAUR.
20 janvier 1765.

Vous avés reçu, mon Révérend Père, la lettre du Ministre qui vous fait part des vues que le Roi s'est proposées en acceptant les offres qui lui ont été faites par la congrégation de Saint-Maur, et en mettant à proffit les études et les recherches de tous les savans qu'elle renferme.

J'ai l'honeur de vous adresser aujourd'hui, par ordre du même Ministre, une instruction qui vous indiquera le premier service que le Gouvernement attend de vous. L'espèce de nomenclature que l'on vous demande doit être la base du projet qu'il se propose pour l'avantage de l'histoire et du droit public, car, pour procéder avec ordre dans la recherche des monumens, il faut savoir où ils sont : et c'est sur un état général de tous les dépôts que l'on pourra par la suite diviser le travail et le suivre avec méthode et intelligence. Les lettres qui ont été écrites à Messieurs les Intendans faciliteront le travail, car il n'y en a aucun qui puisse vous refuser d'inviter ses subdélégués à vous mettre au fait des noms des dépôts qui se trouvent dans son district. Je mettrai sous les yeux du Ministre vos tables à mesure que vous les enverrés, et le Roi sera exactement instruit par lui et des services que la Congrégation rend à l'État et aux sciences et de la part que vous aurés à cet ouvrage.

Au surplus, mon Révérend Père, le Ministre se flatte que ce travail ne suspendra pas les envois des coppies de chartes que vous pourrés nous procurer.

Je suis, etc.

Moreau.

(Collection de Picardie, n° 40, fol. 9.)

24

INSTRUCTION POUR LES BÉNÉDICTINS DE LA CONGRÉGATION DE SAINT-MAUR OCCUPÉS AUX DIFFÉRENTES HISTOIRES DES PROVINCES [1].

21 janvier 1765.

Un des premiers services que puissent rendre au Ministère les savans religieux préposez par leurs Supérieurs aux travaux littéraires dont s'occupe la congrégation de Saint-Maur est de former, chacun dans leur département, une liste ou nomenclature exacte de tous les dépôts qui peuvent renfermer des monumens utiles à l'histoire et au droit public.

La formation de cette espèce de nomenclature peut exiger des connoissances locales que tous n'ont peut-être pas encore acquises, et des soins qui prendront quelque tems. Ainsi ce qu'on leur propose ici n'est point le

[1] Cette instruction diffère de celle que M. Champollion-Figeac a publiée (*Lettres des rois et reines*, Introduction, p. LII), laquelle n'est qu'un projet.

travail d'un mois, et on est bien éloigné de leur demander dans un terme fixe, mais on les prie, à mesure qu'ils se transporteront dans un canton, ou qu'ils le pourront, d'envoyer la liste et le nom des dépôts existans dans le bailliage ou arrondissement, sauf à y ajouter dans la suite les noms des nouveaux dépôts qu'ils auroient oubliés, et qu'ils auroient découverts depuis.

Cette liste doit renfermer les noms des dépôts publics, tels que les archives des Cours supérieures, tribunaux et hôtels-de-ville, et ceux des dépôts particuliers, tels que les chartriers des églises, abbayes, monastères et communautés séculières et régulières. On doit y joindre aussi les chartriers des possesseurs des terres et seigneuries dont les autheurs ont tenu un état considérable ou intéressant dans la province, et les cabinets des savans.

Ces listes doivent être composées, autant qu'on le pourra, en forme de tables et à trois colonnes, et divisées, comme on le jugera à propos, par villes, bourgs, bailliages ou autre arrondissement.

La première colonne contiendra le nom de chaque dépôt; la seconde indiquera s'il a desjà été visité et dépouillé par celui qui formera cette liste, ou ses adjoints, s'il en a.

La troisième contiendra des observations, supposé qu'on ait à en faire sur quelques-uns de ces dépôts, soit sur leur utilité, soit sur la difficulté de les aborder, soit sur tout autre objet qu'on jugera à propos d'observer; mais comme l'objet principal est d'avoir la simple nomenclature de tous ces dépôts, les savans religieux voudront bien ne s'attacher qu'aux deux premières colonnes; le reste viendra successivement.

On exhorte les savans religieux qui prendront cette peine à ne rien omettre, sous prétexte du peu d'importance des dépôts ou des difficultez que l'on peut rencontrer à les visiter, et on les prie de commencer leurs envois à ce sujet le plus promptement qu'ils pourront.

(Collection de Picardie, n° 40, fol. 10.)

25

PROSPECTUS DE TRAVAIL
POUR LES SAVANTS CHARGÉS DE DRESSER UN ÉTAT DES DÉPÔTS.

Prospectus du travail dont M...... a bien voulu se charger et dont il est prié de vouloir bien rendre compte au Ministre, à mesure qu'il l'exécutera.

S'occuper, soit seul, soit avec le secours de quelques correspondans, qu'il sera sans doute aisé de trouver, à former une nomenclature exacte de tous les dépôts du diocèse de ... qui peuvent contenir d'anciennes chartes ou monumens historiques.

Cette nomenclature ne doit qu'indiquer chacun de ces dépôts; elle ne demande donc que des connoissances locales; on peut seulement écrire à côté du nom de chacun ce que l'on pense de son antiquité ou de sa richesse, s'il a été desjà dépouillé par quelque savant, ou s'il n'a point encor été abordé, et, dans le premier cas, si le dépouillement a été entier ou imparfait, etc.

Cette nomenclature peut être faite par parties et à mesure que l'on acquerrera les connoissances qu'elle exige. Mais en attendant on peut toujours, en s'attachant à quelque chartrier particulier, en former des inventaires sur le plan que nous allons proposer.

1° D'abord le Ministre demande que l'homme de lettres qui se chargera de cet ouvrage commence par dresser une espèce de procès-verbal ou de description du local même du dépôt qui puisse faire connoître s'il est sûr et bien entretenu, du nombre des armoires ou layetes qu'il renferme, de la quantité de titres à peu près que chacune d'elles renferme; on aura soin d'avertir si la garde en est confiée à quelqu'un en particulier, et si l'on veille avec soin à la conservation de tout ce qui y est renfermé.

2° S'il y a eu autrefois des inventaires des chartes ou titres que le dépôt renferme, il faudra les indiquer, en donner la date et dire ce que l'on pense de ces inventaires. S'ils étoient fidèles et faits avec quelque soin, ils seroient d'un grand secours pour le nouveau travail, parce qu'ils le dirigeroient, et que, par raport à tous les monumens antérieurs à la confection de ces inventaires, il ne faudroit presque qu'une vérification et un récolement. Il faudra même faire faire des copies de ces inventaires et les envoyer au Ministre.

3° Il faudra ensuite, soit sur les anciens inventaires qui serviront à guider les recherches, soit sans ce secours, s'il manque, procéder à un nouvel état général de tous les titres qui composent le chartrier. Et voicy en quelle forme on doit y procéder :

On doit suivre l'ordre indiqué par le local et annoncer que, dans telle armoire, sont contenues tant de layetes, et, dans telle layete, tant de pièces, qui sont, etc.

Sur chaque pièce il faut d'abord en donner une description physique, la longueur et la largeur, la couleur et la nature du parchemin, la qualité de l'encre, le plus ou le moins d'abréviations, le nombre des signatures, l'état des sceaux, si cette pièce est un chirographe, ou un acte reçu par des notaires, si c'est un diplôme ou une charte, si elle paroît un titre original ou une copie; en un mot, il ne faut omettre aucun des caractères qui peuvent constater le plus ou le moins d'authenticité dont elle est susceptible. On doit ensuite rendre en un mot l'objet de la disposition ou de la convention que le titre renferme, les noms et les qualités des personnes qui disposent ou qui contractent, et la date du lieu, du jour et de l'année.

Enfin, s'il résulte de la pièce quelque connoissance qui puisse intéresser ou la chronologie, ou l'histoire, ou la topographie, on peut les exposer par forme de remarques.

Cette opération doit se répéter successivement sur tous les monumens du chartrier, et dans cet inventaire, qui doit être, comme on le voit, une suite de notices, on ne doit omettre aucun titre de tous ceux qui peuvent être antérieurs à l'an 1550.

Depuis cette époque, on ne prendra que ceux qui peuvent être des monumens de quelques faits importans ou servir de preuve à quelque point de l'histoire ou du droit public de la province.

(Collection Moreau, n° 288, fol. 10.)

26

CIRCULAIRE AUX INTENDANTS DES PROVINCES POUR LEUR DEMANDER DE FAVORISER LE DÉVELOPPEMENT DU DÉPÔT DES CHARTES [1].

25 janvier 1765.

Tout ce qui peut contribuer, Monsieur, au progrès des connoissances utiles a des droits sur vous : vous aimés les sciences et vous les envisagés, comme moi, sous le rapport qu'elles peuvent avoir avec l'ordre public.

---

[1] Cette pièce a été publiée par M. Champollion-Figeac, *Lettres des rois et reines*, Introduction, p. XIII.

La nécessité de ramasser des matériaux qui puissent perfectionner notre histoire et substituer enfin la vérité des faits constatés à l'incertitude des opinions et aux dangers des systèmes, a déterminé Sa Majesté à établir un dépôt général dans lequel elle m'a chargé de réunir toutes les richesses diplomatiques qui peuvent ajouter de nouvelles lumières à celles que nous avons desjà sur les anciens usages et sur le droit public de la France.

Les monumens dont nous pouvons tirer le plus de secours sont les chartes de nos Roix, celles des seigneurs laïques et ecclésiastiques, en un mot tous les actes anciens qui, dispersés dans une multitude innombrable de dépôts, ou n'ont point encore été abordés par la curiosité, ou n'ont été qu'imparfaitement connus par les savans.

Feu M. Secousse et, après lui, M. de Sainte-Palaye ont composé un catalogue de toutes les chartes desjà connues et dont les savans ont donné ou des copies ou des notices. Cet ouvrage, qui se continue par M. de Bréquigny, est desjà un fonds qui nous met à portée de tirer de tous les dépôts des copies d'un grand nombre de monumens. Mais il en reste à découvrir peut-être beaucoup plus qu'on en connoît, et ce travail, auquel le Roi ne peut employer beaucoup de fonds, exige par conséquent que nous mettions en mouvement les puissans ressorts de l'émulation et de l'honneur. Les Bénédictins de la congrégation de Saint-Maur ont offert au Roi le secours d'un petit nombre de travailleurs, qui s'occupent à dépouiller les chartriers qui peuvent leur être ouverts, et principalement ceux de leurs monastères. Mais vous concevés combien ce secours est foible et lent. Il seroit donc question d'animer et d'encourager à ces recherches tous les gens de lettres qui, dans les différentes provinces, peuvent se livrer par goût à ces sortes d'études, et peut-être seroit-il facile de tourner au profit de l'État la curiosité dont ils sont animés.

Voici donc, Monsieur, le plan de notre dépôt. Il doit renfermer : 1° des tables et des notices de tous les titres renfermés dans les archives qui appartiennent au Roi, à la conservation desquelles il veille et dont il peut tirer dans tous les tems tous les renseignemens utiles à l'administration; 2° des copies figurées de tous les titres importans qui, gardés dans les dépôts-chartriers ou des églises ou des particuliers, ne sont pas sous la main du Roi, et dès là peuvent ou être altérés par l'infidélité, ou dégradés par la négligence.

De l'exécution de ce plan, qui exige peut-être plusieurs années de travail, il résulteroit : 1° une source abondante de connoissances, qui faciliteroit à tous les savans des études pour lesquelles ils ont aujourd'hui peu de ressources; 2° la facilité de composer pour la France un receuil tout autrement riche et bien plus interressant que celui qu'a formé Rymer pour l'Angleterre.

D'après ces connoissances, que j'ai dû vous donner d'abord, je me flatte que vous voudrés bien concourir, autant qu'il est en vous, au succès de cet établissement, et voici ce que j'espère de votre zèle :

1° Il existe dans les provinces beaucoup de gens de lettres et de savans ignorés dans la capitale : il est toujours utile de faire connoître de pareils sujets, et souvent nécessaire de les employer. Si donc vous découvrés dans votre département des gens de mérite qui, appliqués par goût aux études de l'histoire et du droit public, soient capables de recherches et ayent fait preuve de leurs talens, je vous serai bien obligé de vouloir bien m'en envoïer les noms, et d'y joindre un état de ce qu'ils ont fait, du genre particulier auquel ils sont propres et même de leurs facultés et de leur fortune. Ces catalogues de gens utiles formeront, Monsieur, une partie précieuse des connoissances que je veus acquérir et qu'il est important de donner au Roi.

2° Si, dans l'étendue de votre département, il est possible de faire faire par vos subdélégués, du moins par ceux d'entre eux que vous jugerés plus propres à ce travail, ou par des gens de lettres de votre connoissance, des découvertes utiles, vous me fairés grand plaisir d'y faire travailler.

3° J'ai donné aux Bénédictins qui s'occupent, soit des recherches qu'exige notre dépôt, soit de la composition des histoires auxquelles leurs Supérieurs les appliquent, des lettres de recommandation pour MM. les Intendans; je vous serai donc bien obligé de vouloir bien protéger leurs études, leur faciliter l'entrée des dépôts dont la connoissance et le dépouillement leur sont nécessaires, et les encourager par des marques d'attention et de bonté. Vous pouriés même me mander quelquefois ce que vous pensés de leur travail et de la manière dont ils s'y livrent.

4° Les chapitres, dont les archives sont pour la plupart très-mal en ordre, ont toujours témoigné quelque défiance lorsque l'on a voulu fouiller leurs chartriers, et l'intention du Roi n'est certainement pas que l'on augmente ces défiances en usant d'autorité; mais ne seroit-il pas possible de les engager eux-même à mettre de l'ordre dans leurs chartriers, à en composer des inventaires exacts, et à en fournir au Roi des copies? Car, après tout, Sa Majesté, comme protectrice des églises, a non-seulement le droit, mais est de plus obligée de veiller à la conservation de leurs titres; sur cela, si vous avés quelqu'idée ou quelque plan, vous me ferés plaisir de m'en faire part.

Enfin, Monsieur, je vous exhorte à concourir, en tout ce qui dépendra de vous, au succès d'un travail dont vous sentés les avantages; la correspondance que vous voudrés bien entretenir avec moi sur cet objet me sera toujours extrêmement précieuse, et j'aurai soin d'instruire Sa Majesté des services par lesquels vous aurés secondé ses vues.

Je suis, etc.

BERTIN.

(Collection Moreau, n° 295, fol. 8.)

27
MÉMOIRE DE MOREAU SUR LA FORMATION D'UNE SOCIÉTÉ LITTÉRAIRE.
Du 5 janvier au 13 février 1765.

Le Ministre ayant, par ordre du Roy, entrepris de former sous les yeux de S. M. un dépôt de droit public qui doit devenir la clé de tous les dépôts du Royaume envisagés sous ce point de vue, il paroît important et facile de perfectionner un établissement dont on doit tirer tant d'avantages.

Ce dépôt doit contenir :

1° Des tables ou listes de tous les monumens renfermés dans toutes les archives du Royaume, et ces tables, rangées par ordre de provinces et de matières, serviront à tous les savans pour éclairer et faciliter leurs études;

2° Des copies figurées de toutes les chartes importantes dont on aura jugé à propos de conserver des doubles; ce qui arrivera toujours lorsque, le dépôt dont il aura été tiré n'appartenant pas au Roy, on ne pourra se flater de disposer de l'original en tout tems, et que l'on pourra même craindre de le perdre;

3° Des notices exactes de tous les titres importans renfermés dans les dépôts appartenans à S. M. et dont elle peut disposer, mais dont il est important de réunir tous les témoignages pour la facilité des études.

Ce projet commence à s'exécuter depuis près de deux ans, à l'aide des travaux de la congrégation de Saint-Maur, et jusqu'icy on s'est contenté d'encourager les recherches de ces religieux par une correspondance exacte. Le résultat de cette correspondance est que, peu-à-peu, le dépôt se forme, et qu'il n'en coûte que fort peu au Roy, qui n'a assigné à ce travail qu'une somme de 4,000 ₶ par an.

On propose maintenant à S. M. d'encourager ce travail, de lui donner une nouvelle activité et d'en étendre les progrès et les avantages.

Il ne s'agit pour cela que de former une société de gens de lettres qui jusques à présent aient fait leur principale étude de la diplomatique, du droit public et de l'histoire, et d'établir cette société sous les ordres du Ministre, comme le centre de tous les travaux littéraires qui doivent former et enrichir le dépôt projetté.

Le Ministre trouvera aisément douze personnes qui se livreront à ce soin et qui ne demanderont d'autres récompenses que l'honeur de servir utilement l'État, et la gloire d'être connus de S. M. comme travaillans par son ordre sous les yeux de son Ministre.

Cette société formée, il seroit nécessaire qu'elle reçût sa mission, soit par des lettres du Ministre, soit, ce qui seroit plus agréable, par un arrêt du Conseil, qui donneroit quelque solidité à l'établissement, et feroit regarder aux savans comme une faveur l'honeur d'être admis au travail.

Cette société auroit pour secrétaire perpétuel celui qui, sous les yeux du Ministre, a jusqu'icy été chargé de la correspondance qu'a exigée la formation de ce dépôt.

Elle s'assembleroit tous les quinze jours chès le Ministre même, qui pourroit, quand il en auroit le temps, présider à l'assemblée, et voicy quelles seroient ses occupations:

1° Elle examineroit les listes ou catalogues des monumens envoyés par les Bénédictins ou par tout autre que l'on employeroit dans les provinces, et indiqueroit les titres dont on doit envoyer des copies figurées ou seulement des notices. Les membres de cette société pourroient même se partager ces listes, et faire à la quinzaine leur rapport à l'assemblée.

2° Elle jugeroit également et les copies figurées et les notices qui seroient envoyées; et chargeroit le secrétaire perpétuel de demander les éclaircissemens dont elle croiroit avoir besoin.

3° Ce seroit d'après l'examen et la délibération de cette société que l'on assigneroit à chaque charte et le degré d'autorité qu'elle mérite, et la place qu'elle doit tenir dans le dépôt.

4° A mesure que, dans quelqu'un de ces monumens, on trouveroit quelque trace de connoissance utile à l'histoire ou au droit public, on en feroit note dans un regitre qui ne seroit destiné qu'à cela, et, au bout de l'année, ce regitre ne laisseroit pas que de contenir bien des notes curieuses et intéressantes.

5° Enfin, qui empêcheroit cette société de s'occuper de l'éclaircissement de plusieurs points intéressants de notre histoire, et de chercher impartialement la vérité, que tant de systèmes tendent à obscurcir? Là, sous les regards même du Gouvernement, se formeroient peut-être bien des mémoires utiles dont on pourroit faire usage quelque jour dans des tems plus calmes.

On ose dire que, si cette société, une fois formée, avoit commencé ses séances, et qu'on l'eût vue pendant six mois les tenir régulièrement, alors la considération personelle attachée aux membres qui la composeroient, l'honeur qu'ils auroient d'être approuvés et autorisés par le Roy, exciteroit l'émulation de bien des savans, qui brigueroient comme une grâce singulière l'avantage d'être admis à leurs assemblées.

Alors il seroit important d'être extrêmement réservé à l'accorder et de ne point augmenter le nombre des associés; mais ils pourroient se choisir dans les provinces des adjoints correspondans, qu'ils prendroient principalement dans les Chambres des comptes ou autres Compagnies supérieures et dans les collégiales. Ces adjoints, que la société présenteroit au Ministre, et auxquels il auroit la bonté d'écrire au nom du Roy, s'empresseroient d'aider la société de leurs travaux, et, dans peu de tems, l'émulation gagneroit tellement que ces sortes d'études n'auroient plus besoin d'être encouragées, et qu'il seroit facile au Ministre de les régler et de les diriger au bien public, but que l'on doit principalement se proposer dans un tems où on tenteroit en vain de donner des bornes à la curiosité ou d'imposer silence à la hardiesse des écrivains.

On se flate que S. M. voudra bien faire attention que, ne pouvant pas exciter par des récompenses pécuniaires le zèle des véritables savans, seuls en état de faire taire ceux qui ne le sont qu'à demi, elle doit hausser, autant qu'elle le pourra, la valeur des récompenses d'honneur et de considération. Il est heureux qu'en France les regards du Roy soient encore la plus flateuse que ses sujets se proposent [1].

(Collection Moreau, n° 288, fol. 63.)

[1] A ce mémoire de Moreau était jointe la liste suivante :

Gens de lettres qui pourroient former la société littéraire proposée à Sa Majesté.

M. DE SAINTE-PALAIS.

M. DE FONCEMAGNE.

M. DE BRÉQUIGNY.

M. DALBERT, conseiller au Parlement.

Il ne l'est que depuis quelques mois; il étoit cy-devant conseiller au Conseil souverain de Perpignan. Il est fort attaché à M. le maréchal de Noailles, grand travailleur, aimant les vieux monumens et impartial dans ses recherches sur le droit public.

M. MOREAU.

MM. CAPPERONIER et l'abbé BOUDOT.

L'un et l'autre gardes de la Bibliothèque du Roy; ils seroient sensibles à l'honneur d'être admis dans cette société et nous aideroient beaucoup en nous communiquant les richesses diplomatiques de la Bibliothèque du Roy. (Jean Capperonier, né à Montdidier le 9 mars 1716, mort à Paris le 30 mai 1775, professeur de grec au Collège de France, membre de l'Académie des inscriptions, garde des manuscrits, puis des imprimés de la Bibliothèque royale. — Pierre-Jean Boudot, né à Paris en 1689, mort dans la même ville le 6 septembre 1771, bibliographe distingué, collabora aux catalogues de la Bibliothèque du Roi.)

M. CHÉRIN.

Premier commis du dépôt de M. Baujon et l'un des plus habiles connoisseurs en monumens diplomatiques. (Bernard Chérin, historiographe des ordres de Saint-Lazare, de Saint-Michel et du Saint-Esprit, né à Ambonville, mort à Paris le 21 mai 1785.)

M. BOUCHER D'ARGIS.

Excellent avocat, ayant de très-bons receuils et s'étant toujours livré au droit public. (Antoine-Gaspard Boucher d'Argis, né à Paris le 3 avril 1708, mort dans la même ville le 26 janvier 1791, auteur de nombreux ouvrages de droit.)

M. DE VILLARET.

Chargé de la continuation de l'histoire de France de l'abbé Velly et fort au fait des archives de la Chambre des comptes. (Claude Villaret, né vers 1715 à Paris, mort en février 1766; il continua l'ouvrage de Velly depuis 1329 jusqu'à 1469.)

M. VIVENT DE MESSAC.

Homme très-savant, connoissant très-bien les monumens, il est attaché à la maison de Noailles, qui en fait grand cas. (Tout ce que l'on sait de Vivant de «Mezagues», c'est qu'il est l'auteur du *Bilan général et raisonné de l'Angleterre, depuis 1600 jusqu'à la fin de 1761, ou Lettres sur le produit des terres et du commerce*, Paris, 1762, in-8°.)

(Collection Moreau, n° 309, fol. 23.)

28

PROJET D'ARRÊT DU CONSEIL
RELATIF À LA CRÉATION D'UN BUREAU LITTÉRAIRE [1].

Le Roy s'étant fait rendre compte, dans son Conseil, du succès des mesures qu'il a cru devoir prendre jusqu'ici pour encourager les études de l'histoire et du droit public de son Roiaume, et pour en faciliter le progrès, Sa Majesté a reconnu qu'il étoit important d'écarter de ce genre de travail l'intérêt des partis, qui ne produit que des systèmes, et d'y substituer la recherche impartiale de tous les monumens qui seuls peuvent garantir et attester la vérité des faits. C'est dans cette vue que Sa Majesté, interressée à veiller également et à la conservation et à la recherche desdits monumens, a ordonné qu'il seroit formé, sous les yeux de l'un de ses Ministres, un dépôt général qui pût servir d'indication à tous les autres dépôts, et faciliter les études de tous les savans qui doivent y puiser. Le plan que Sa Majesté a suivi dans cet établissement a répondu parfaitement à l'objet qu'elle s'étoit proposé. D'un côté, la congrégation de Saint-Maur a offert le secours de ceux de ses religieux qui, occupés à la composition des histoires de différentes provinces, en receuillent avec soin les titres et les chartes; d'un autre côté, un très-grand nombre de savans laborieux se sont empressés, dans les provinces, de concourrir à un travail si utile, et, par les soins des uns et des autres, il devient de jour en jour plus facile de joindre à l'immense catalogue des chartes déjà connues le catalogue plus nombreux encore de celles qui sont ensevelies dans l'obscurité des dépôts. Les travaux qui doivent enrichir cette immense collection ne se sont pas même bornés aux dépouillemens qui ont été faits et qui se font journellement dans toutes les archives du Roiaume. Sa Majesté a fait faire à ses frais les recherches les plus exactes dans les dépôts étrangers, où l'on pouvoit trouver des titres utiles à l'histoire et au droit public de la France; c'est dans cette vue que, dans un voiage fait exprès à Londres, on a visité par son ordre les archives de la Tour, de la bibliothèque nommée le *Muséum*, et plusieurs autres dépôts publics de cette capitalle, d'où l'on a rapporté en France des coppies exactes d'une foule innombrable de monumens interressans, dont il est maintenant nécessaire

---

[1] Publié par M. Champollion-Figeac, *Lettres des rois et reines*, Introduction, p. xix.

de fixer l'ordre et l'employ. La réunion de tous ces travaux, s'ils sont conduits conformément au but que Sa Majesté s'est proposé en les ordonnant, lui fait espérer de pouvoir procurer au dépôt dont il s'agit le double avantage de devenir, un jour, et un répertoire des connoissances historiques les plus importantes, et une table générale destinée à se procurer facilement et dans le plus grand détail toutes celles que l'on peut y ajouter. Un établissement si utile, exigeant le concours de citoiens sur lesquels l'honeur fait infiniment plus d'impression que toutes les récompenses pécuniaires, Sa Majesté a cru devoir, d'un côté, leur procurer l'avantage de se faire connoître par l'établissement d'une société littéraire, qui pourra devenir pour eux un objet d'émulation, d'un autre côté, diriger et encourager leurs travaux par un réglement général, qui réunira autour d'un centre commun et tournera vers un objet unique et leurs recherches et leurs études. A quoy voulant pourvoir, ouy le rapport, le Roy, étant en son Conseil, a ordonné et ordonne ce qui suit :

ARTICLE PREMIER. Sa Majesté a confirmé et confirme l'établissement d'un dépôt général des chartes et monumens du droit public : lequel dépôt sera composé et des notices de tous les titres renfermés dans les dépôts roiaux, et des coppies qui pourront y être rassemblées de tous les monumens intéressans renfermés dans les chartriers particuliers.

ART. 2. Pour aviser aux moiens d'enrichir de plus en plus ledit dépôt, et pour en tirer, pour le progrès des sciences de l'histoire et du droit public du Roiaume, tous les avantages qu'il peut procurer, veut et entend Sa Majesté qu'il soit formé un BUREAU LITTÉRAIRE, *dont les différens membres s'assembleront tous les quinze jours* dans ledit dépôt, pour en examiner les progrès, pour juger du mérite des pièces qui y seront envoiées, et pour suggérer au Ministre de Sa Majesté les différentes vues qui peuvent ou assurer la conservation des monumens, ou en rendre la recherche plus facile et plus avantageuse.

ART. 3. Ledit bureau s'assemblera tous les quinze jours, et se conformera, pour le plan du travail, aux instructions qui lui seront données par le Ministre de Sa Majesté. Les délibérations qu'il formera à la pluralité des voix seront écrites dans un registre qui sera tenu par le garde du dépôt des chartes, et par lui représentées au Ministre, qui rendra compte à Sa Majesté.

Art. 4. Ledit bureau examinera avec le plus grand soin tant les coppies des titres anciens qui ont desjà été envoiées audit dépôt, que celles qui ont été apportées d'Angleterre par le sieur de Bréquigny, de l'Académie des inscriptions et belles-lettres; d'après lequel examen, il sera dressé sur chacune un arrêté, pour en constater le caractère ou la vérité; et chaque pièce, accompagnée du jugement qui en aura été porté, sera placée et rangée dans ledit dépôt, dans l'ordre que ledit bureau croira lui convenir.

Art. 5. Celles desdittes pièces qui, par leur nature, paroîtront devoir être plus utilement placées dans d'autres dépôts, y seront réunies, avec un extrait du jugement qui en aura été porté, signé des membres dudit bureau, et cela à fur et à mesure de l'examen qui en sera fait, et il en sera seulement gardé, dans le dépôt général des chartes, soit une notice pour pouvoir ensuite entrer dans la table générale des titres, soit une coppie figurée, suivant que ledit bureau l'avisera.

Art. 6. Les membres dudit bureau littéraire, en procédant auxdits examens, composeront des tables ou inventaires de tous lesdits monumens, pour servir lesdittes tables de suite aux tables chronologiques des chartes imprimées et connues, lesquelles tables s'impriment actuellement par ordre de Sa Majesté; se réservant Sa Majesté de donner ensuitte auxdittes pièces, ainsi examinées et jugées, le degré d'autorité dont elles pourront être susceptibles, et d'autoriser les dépositaires à en délivrer des coppies collationnées à ceux qui pourroient en avoir besoin.

Art. 7. Les membres dudit bureau seront également autorisés à proposer à Sa Majesté tous les moiens qu'il peut y avoir de conserver les archives des églises, chapitres et communautés, et d'y mettre l'ordre nécessaire pour en prévenir la déprédation et l'altération; et seront tous les préposés à la garde desdittes archives ou chartriers obligés de laisser prendre en leur présence communication de tous les titres qui y sont en dépôt, par ceux qui seront munis de lettres du Ministre de Sa Majesté, qui leur seront envoiées par ledit bureau, le tout néantmoins sans déplacement et sans rien innover aux formes usitées pour donner communication des titres contenus dans le Trésor des chartres de Sa Majesté, au Palais.

Art. 8. Tous ceux qui sont emploiés et payés par Sa Majesté pour différens travaux concernant l'histoire et le droit public de la France ne pourront refuser audit bureau les mémoires qu'il leur demandera sur le travail dont ils sont chargés; et aura ledit bureau, sous les ordres et la direction du Ministre de Sa Majesté, la surintendance et l'inspection de tous lesdits travaux littéraires.

Art. 9. Pourra ledit bureau faire faire par ses correspondans dans les provinces, munis de lettres du Ministre de Sa Majesté, toutes les recherches qu'il croira nécessaires dans les dépôts roiaux, et y faire prendre des notices des chartres, titres et autres monumens; le tout néantmoins en la présence de ceux qui sont préposés à la garde desdits dépôts, et en leur remettant, pour leur décharge, des lettres signées du Ministre de Sa Majesté, sans que, dans aucun cas, on puisse déplacer lesdittes chartes et autres monumens.

Fait au Conseil du Roi, Sa Majesté y étant[1].

(Collection Moreau, n° 315, fol. 123.)

29
LETTRE DE BERTIN AU P. GÉNÉRAL DE LA CONGRÉGATION DE SAINT-MAUR.
Compiègne, 14 septembre 1766.

Vous allés tenir vôtre Chapitre général, mon Révérend Père, et l'obligation que le Roi m'a imposée de veiller au progrès des travaux littéraires qu'il protège, et dont j'espère que vôtre Congrégation ne perdra jamais l'habitude, m'autorise à vous donner un avis qui peut également contribuer et à augmenter parmi vos religieux le goût des études, et à former des sujets capables de s'y livrer avec succès. Il n'y a point de monastère dans vôtre Congrégation qui n'ait des archives plus ou moins ancienes et plus ou moins riches, et le travail de ceux de vos religieux qui s'appliquent à les dépouiller m'apprend, depuis quelques années, combien elles peuvent être utiles pour fournir de nouvelles lumières

---

[1] Le bureau littéraire créé par ce projet devait comprendre Foncemagne, Sainte-Palaye, Moreau, Bréquigny, Béjot, Gibert, Chevalier, maître des comptes, Boucher d'Argis et Bouquet, avocats, et Chérin. Les mémoires sur l'histoire et le droit public rédigés par les membres du bureau et jugés dignes de l'impression étaient imprimés aux frais du Roi; les auteurs en recevaient cinquante exemplaires. Voir Collection Bréquigny, n° 157, fol. 247.

à nôtre droit public et de nouveaux matériaux à nôtre histoire. Mais j'apprends en même tems que plusieurs de vos chartriers sont en désordre, et je croi qu'il est intéressant pour la Congrégation de remédier à ce mal. J'imagine donc qu'il seroit très-utile pour elle, et très-convenable aux vues qu'elle doit se proposer, de placer dans chacune des maisons de vôtre Congrégation un religieux qui auroit le titre et feroit les fonctions d'archiviste. Le soin qu'il donneroit au dépôt dont il seroit chargé le rendroit digne et le mettroit en état d'être ensuite préposé à un autre chartrier plus riche et plus important. Les fonctions de ce religieux seroient de veiller à la garde des titres, de les mettre en ordre, d'en faire des inventaires exacts et de faire la recherche de ceux qui pourroient être utiles soit pour les affaires des maisons, soit pour aider vos savans dans leurs travaux [1]. Par là, vous auriés dans toutes vos maisons au moins un homme obligé par état d'étudier l'antiquité. Il seroit aisé, par la suite, et j'y contribuerai, s'il le faut, d'exciter entre eux quelque émulation. Elle naîtroit même du concours de leurs occupations. Celles-cy garantiroient ces religieux du danger de l'oisiveté, les accoutumeroient à lire les anciennes écritures et peu-à-peu leur inspireroient ce goût d'études et de recherches que la Congrégation ne peut trop maintenir dans son sein. Communiqués, mon Révérend Père, cette lettre au Conseil de la Congrégation, et faites-moi part des idées que ma proposition lui peut suggérer. Vous savés que je

---

[1] La congrégation de Saint-Maur adopta cette proposition. Dans le *Plan d'études* arrêté en 1766, son chapitre général trace ainsi les attributions de l'archiviste d'un monastère : « 1° Il s'occupera du soin de sauver de la poussière tous les titres du monastère ; il classera chacun d'eux par ordre de seigneuries et de cantons ; il fera de ces titres deux inventaires : le premier contiendra l'intitulé, l'âge du titre ; le second sera un extrait du contenu dans chacun de ces titres pour ce qui concerne les biens du monastère ; il mettra dans un troisième cahier ses notes sur les parties du titre relatives à l'histoire et aux mœurs du temps. Il est, à cet égard, des morceaux très-curieux qui seront accueillis avec avidité par ceux qui travaillent aux histoires des provinces. Il ne manquera pas de faire part de ses découvertes à ceux qui travaillent à l'histoire de la province ; il ne prêtera aucun titre à qui que ce soit sans la permission du supérieur local, et, dans ce cas, il ne le donnera que sous *récépissé*, et il sera fait mention, dans ledit *récépissé*, de la permission accordée par le supérieur local. 2° Lors de la visite, il fera un relevé de toutes ses notes et observations historiques, qu'il signera et remettra au visiteur de la province. Cette copie sera remise par le visiteur au bureau de littérature. On voit que par ce moyen les sujets utiles seront connus, et que le régime, sur les observations et les représentations du bureau, ne donnera rien au hasard dans la destination qu'il fera des sujets de la Congrégation. Il conviendroit qu'aucun religieux ne fût nommé procureur, avant qu'il n'ait exercé les fonctions d'archiviste dans quelque monastère pendant l'espace de quatre ou cinq ans. » — Ce plan d'études a été publié par M. Champollion-Figeac, *Lettres des rois et reines*, Introduction, p. XLIV.

connois assés le bien qu'elle peut faire pour souhaiter de l'encourager; elle peut être sûre que je serai toujours très-empressé de faire valoir auprès du Roi et ses travaux et les avantages qu'ils peuvent procurer et à l'Église et à l'État. Je suis, etc.

BERTIN.

(Collection Moreau, n° 295, fol. 70.)

30

LETTRE DE BERTIN AU P. GÉNÉRAL DE LA CONGRÉGATION DE SAINT-MAUR.

14 décembre 1766.

J'apprends avec grand plaisir, mon Révérend Père, les mesures que vous prenez pour maintenir dans la congrégation de Saint-Maur le goût des bonnes études et l'émulation qui doit en augmenter le succès. La résolution que vous avez prise, conformément à la lettre que je vous écrivis de Compiègne, de placer dans toutes vos maisons un archiviste qui puisse mettre de l'ordre dans vos chartes et s'instruire à les débrouiller, contribuera beaucoup à former des sujets propres à ce genre d'étude. Mais ce qui me fait le plus de plaisir, c'est l'établissement du *bureau de Littérateurs* [1] qui s'assemblera une fois par semaine à Saint-Germain. M. Moreau m'a fait part du dessein que

---

[1] Voici, en résumé, d'après le *Plan d'études* de 1766, le but du *Bureau de littérature*. 1° *Correspondants de littérature*. Dans chaque province, ceux des religieux prêtres qui, pendant le cours de leurs études, avaient donné des preuves de capacité, étaient réunis dans un même monastère. Sous la direction d'un président, ils s'occupaient en commun de diplomatique et de recherches historiques, tout en ayant la liberté de poursuivre chacun des études personnelles. Ils se réunissaient deux fois par semaine pour discuter ensemble des sujets désignés à l'avance par le président. Une copie de leurs délibérations était envoyée, chaque année, vers le temps de la visite, au bureau de littérature établi à l'abbaye de Saint-Germain-des-Prés. Tous les trois mois, le président informait, en outre, ce même bureau de toutes les questions qui avaient été traitées. — 2° *Littérateurs de Paris*. Douze places étaient réservées à Saint-Germain-des-Prés à des littérateurs en titre, chargés de travailler à des ouvrages déterminés. Les religieux des Blancs-Manteaux devaient occuper six de ces places. Ces littérateurs étaient tenus, deux fois au moins dans un espace triennal, de rendre compte de l'état de leurs ouvrages au bureau de littérature. Ils pouvaient se choisir dans les provinces des associés qui travaillaient sous leurs ordres. La règle était peu rigoureuse; on leur accordait de nombreuses dispenses. — 3° *Bureau de littérature*. Le bureau littéraire était le centre vers lequel convergeaient toutes les parties du plan d'études. Composé de quatre religieux, nommés par le *définitoire* et résidant à l'abbaye de Saint-Germain-des-Prés, il avait un droit d'inspection sur tout ce qui avait rapport aux lettres et aux lettrés. Les directeurs des collèges, les correspondants de littérature et les littérateurs avaient ordre d'entretenir des communications constantes avec lui. Il s'assemblait

vous aviez de l'engager à y assister et m'a promis d'y être très-exact. Ce sera un moyen sûr de faire marcher de concert et les études ordonnées par la Congrégation, que le Roy se fera toujours un plaisir de protéger, et les recherches auxquelles Sa Majesté employera ceux que vous lui présenterez comme capables de remplir ses vues. Comptez de ma part sur tous les encouragemens qui peuvent seconder des travaux si utiles. De cette manière, nous pourrons agir de concert pour procurer à vos religieux les facilitez et les secours même dont leur travail aura besoin.

En plaçant ce ressort dans un centre éclairé par votre surveillance, mon Révérend Père, je vous convaincrai de plus en plus que l'intention du Roy est d'éviter avec soin que le goût des études ne devienne dangereux pour la discipline et que l'émulation du travail ne nuise à la subordination. M. Moreau vous avertira quand je seray à Paris. Je seray fort aise de vous y voir et de vous assurer, mon Révérend Père, des sentimens avec lesquels je suis, etc.

BERTIN.

(Collection Moreau, n° 295, fol. 90.)

31.
LETTRE DU P. GÉNÉRAL DE LA CONGRÉGATION DE SAINT-MAUR À BERTIN.
18 décembre 1766.

Monseigneur, Votre Grandeur a jusqu'icy daigné honorer de sa bienveillance la congrégation de Saint-Maur, et j'ai lû, avec la plus respectueuse reconnoissance, les assurances qu'elle a bien voulu me donner, dans la lettre qu'elle m'a fait l'honneur de m'écrire, de ses dispositions à protéger le goût des bonnes études que j'aurois tant à cœur d'y voir refleurir. Le Chapitre général s'est occupé sérieusement du soin de répondre aux intentions de Votre Grandeur dans ce qui concerne l'article des chartes; cette partie du plan d'études sera maintenue dans toute la Congrégation avec le plus d'attention qu'il me sera possible; je tâcherai d'y exciter l'émulation, et j'espère qu'avec le temps elle acquerera le degré de perfection que vous désirez, dez que vous daignez, Monseigneur, assurer aux religieux qui

une fois par semaine, pour rechercher les moyens de perfectionner chaque partie du plan d'études et avait mission de présenter aux chapitres généraux des mémoires sur ce sujet. Les littérateurs ne pouvaient publier aucun ouvrage qui n'eût reçu approbation du bureau littéraire. Il avait enfin la distribution des 6,000# accordées tous les ans par la Congrégation et destinées à l'entretien des historiens.

y sont consacrez les facilitez et les secours dont ils auront besoin. J'ai apporté à la place qui m'est confiée les vœux les plus sincères pour le rétablissement de la paix et du bon ordre. Pénétré de la nécessité de réûnir les esprits pour les faire concourir au même but, j'ai crû devoir prendre pour règle de ma conduite ce qui a été si sagement prescrit par l'arrêt du 6 juillet. Sa Majesté ayant ordonné que tout ce qui s'est passé jusqu'icy soit regardé comme éteint et assoupi, j'ai envisagé comme un des devoirs les plus urgens de mon ministère de rétablir la paix[1]. J'y vais travailler avec l'empressement et l'activité d'un chef de corps qui la désire de tout son cœur. J'ose déjà me promettre que mes soins ne seront point inutiles, par l'espoir que m'en donnent unanimement les esprits même partagez de sentimens. Les mesures que mon cœur me dicte à cet égard ne me font point perdre de vue les différens objets du plan d'études. Le bureau de littérature a commencé avant-hyer ses séances; j'y ai présidé, et j'ai eu la satisfaction de voir ceux qui le composent répondre à mes vues, ainsi qu'à tout ce qui peut faire aller de pair la régularité des mœurs avec les études. Ces deux objets, Monseigneur, ne seront point séparez. Le bureau de littérature ne s'occupera pas seulement des moyens de faire fleurir les études; les principes sur lesquels le plan est établi concourent également à faire des Bénédictins de Saint-Maur des religieux estimables par la sagesse, par la simplicité des mœurs et par les travaux littéraires.

[1] En 1765, vingt-huit Bénédictins de Saint-Germain-des-Prés tentèrent de secouer le joug de la discipline monastique et demandèrent à être dispensés de la règle. Dom Antoine-Joseph Pernetty était des plus ardents. Dans le chapitre général de 1766, il demanda la modification dans un sens plus libéral de la constitution de la congrégation de Saint-Maur. Ses efforts ayant été vains, il quitta la Congrégation et accepta les offres du roi de Prusse, qui lui donna la place de conservateur de la bibliothèque de Berlin, le titre d'académicien et l'abbaye de Burgel en Thuringe. D. Pernetty rédigea à cette occasion des projets concernant une constitution et des déclarations nouvelles pour la congrégation de Saint-Maur; on trouve ces deux pièces dans les mss. latins 13863 et 13864. La *Requête présentée au Roy par le Supérieur général, le régime et la plus nombreuse partie de la congrégation de Saint-Maur, contre l'entreprise de vingt-huit religieux de l'abbaye de Saint-Germain-des-Prés, 23 juillet 1765*, par dom Delrue, ancien Général de la Congrégation, et publiée à Paris en 1765, in-4°, etc., se rattache à cette question. Le même esprit d'indiscipline qui agitait Saint-Germain-des-Prés paraît avoir gagné quelques autres monastères bénédictins : dom Martin et dom Maximilien Duez sollicitèrent directement de Bertin l'honneur de collaborer à la collection des chartes pour la Saintonge : l'autorisation leur en avait sans doute été refusée par le Général de la Congrégation. La correspondance échangée à ce sujet entre Bertin et dom Martin dénote une singulière effervescence. Ces lettres sont dans la Collection Moreau, n° 322, fol. 124 et suivants. On peut dire que ce fut le commencement de la décadence définitive de la Congrégation.

Je sçaurai un gré infini à M. Moreau, s'il veut bien m'informer du temps de votre retour à Paris. Je suis trop flatté de l'invitation honorable que vous daignez me faire, pour ne pas saisir avec tout l'empressement possible les occasions de vous assurer du trez-profond respect avec lequel j'ai l'honneur d'être, etc.

Fr. P.-F. Boudier,
Supérieur général de la congrégation de Saint-Maur.

(Collection Moreau, n° 306, fol. 42.)

32.

CIRCULAIRE AUX PROCUREURS GÉNÉRAUX DES CHAMBRES DES COMPTES.

Août 1767.

Le Roi croit qu'il est du bien de son service, Monsieur, de se procurer une connoissance exacte de l'état dans lequel se trouvent les différens dépôts de son Royaume, et surtout ceux qui peuvent fournir des lumières sûres à notre histoire et à notre droit public. C'est dans cette vue qu'il m'a chargé de me mettre en état de lui rendre compte des différens inventaires qui ont été faits dans ses Chambres des comptes pour constater le nombre et la nature des titres que renferment leurs archives, ainsi que des précautions qui ont été prises pour y mettre de l'ordre et pour en assurer la conservation. Je m'adresse donc à vous avec confiance, Monsieur, pour vous prier de m'envoyer un mémoire que je puisse mettre sous les yeux de S. M. et dans lequel je vous prie de vouloir bien : 1° m'instruire de l'ordre qui règne dans les archives de votre Compagnie et des soins que l'on s'est donnez jusqu'icy pour le maintenir; 2° me faire savoir s'il existe quelques inventaires de ces chartes, de quelle date ils sont, le nombre de volumes qu'ils composent, et si vous les croyés exacts et suffisans pour donner une juste idée des monumens; 3° enfin me faire part des vues que vous pourrés avoir, soit pour perfectionner l'ordre et l'arrangement de ces titres, soit pour en rendre la garde plus sûre et la recherche plus facile.

J'aurai soin de rendre compte au Roy du zèle avec lequel vous aurés répondu à des vues si sages; et je saisis avec plaisir cette occasion de vous assurer des sentimens avec lesquels je suis, etc.

Bertin.

(Collection Moreau, n° 288, fol. 18.)

33

RAPPORT DE MOREAU
SUR LE PLAN ET L'EXÉCUTION DE LA COLLECTION DES CHARTES.

1768.

Ce n'est pas à vous, Messieurs, qu'il est nécessaire de prouver l'avantage des recherches historiques qui peuvent aider en France soit la législation, soit l'administration.

Notre droit public est fondé sur des faits : la connoissance de ces faits dépend de celle des monumens. L'ignorance et la paresse ont enfanté les systèmes ; une curiosité infatigable est seule capable de nous conduire au vray, en nous en découvrant les preuves.

Les Ministres qui ont eu le plus à cœur le progrès de l'histoire et du droit public ont donc constamment favorisé et encouragé les recherches que faisoient dans l'ombre, dans le silence, peut-être dans la poussière, une foule de savans répandus dans tout le Royaume. Mais leurs travaux eussent encor été plus utiles si, sous les yeux même du Gouvernement, on eût tracé un plan vaste dont tous les savans n'eussent été que les exécuteurs, une belle et magnifique carte qu'ils eussent été chargez de remplir et sur laquelle on les eût guidez.

Ce plan est-il possible, Messieurs ? S'il l'est, le Ministre qui nous rassemble veut et le former et le suivre, et c'est pour cela qu'il vous consulte.

Il y a desjà plusieurs années qu'il en a conçu l'idée : elle est digne de feu M. le chancelier d'Aguesseau. Elle se lie avec les projets que ce grand homme avoit desjà entamez. Elle en est pour ainsi dire le complément.

Il avoit desjà fait commencer l'immense receuil des Ordonnances, dont nous avons icy le digne continuateur [1].

Le Receuil des historiens de France étoit une autre entreprise non moins vaste et aussy utile.

Mais ces grands ouvriers avoient besoin de matériaux. Ils ne pouvoient aller chercher la pierre dans des carrières profondes : il étoit donc essentiel de rassembler des ouvriers en sous-ordre, moins habiles sans doute, mais également infatigables; et leur multiplication seule pouvoit avancer l'ouvrage.

[1] Bréquigny.

Les Bénédictins, en travaillant aux différentes histoires des provinces, avoient receuilli et étoient accoutumez à chercher des monumens inconnus. Eux et d'autres savans en avoient publié une multitude immense, qui n'est peut-être pas cependant encor la dixième partie de ce qui est enfermé dans des dépôts inabordez, ni le tiers de ceux qui pourroient conduire nos connoissances à leur perfection.

Feu M. Secousse entreprit de former un catalogue ou un indice général de tous les monumens desjà imprimez en entier ou connus par des extraits qui en avoient été faits.

M. de Sainte-Palaye continua cet ouvrage pendant quelque tems. Il est aujourd'hui suivi par M. de Bréquigny, et on imprime au Louvre cet immense receuil, qui, ne contenant que les titres des chartes connues et l'indication des livres où elles se trouvent, contiendra cependant quatre gros volumes in-folio. L'impression de ce catalogue en est à l'année 930.

D'après ce court récit, vous voyez, Messieurs, que, pour embrasser un plan vaste, nous pouvons partager les monumens qu'il nous est important de connoître, ou plus tôt dont il nous est important de faciliter la connoissance aux savans, en deux classes.

Les uns sont desjà connus, et le catalogue dont je viens de vous parler nous mettra toujours à portée et de nous les procurer, et même de vérifier sur les originaux les copies qui en ont desjà été faites.

Les autres, et c'est incomparablement le plus grand nombre, sont encore enfouis dans la poussière d'une multitude immense de dépôts qui n'ont point encore été abordez par la curiosité.

Mais, pour faciliter la recherche de ceux-cy, nous devons encore les partager en deux classes, car les uns sont enfermez dans des dépôts qui appartienent au Roy et dont la garde est confiée à ses officiers. Là loy veille ou du moins devroit veiller à leur conservation. Je dis : devroit veiller, car la négligence des officiers du Roy en a laissé dépérir un grand nombre. Les autres sont dans des dépôts particuliers qui appartienent aux églises, aux communautés religieuses, aux seigneurs même, qui souvent les connoissent peu, les gardent mal et ne les envisagent que sous le point de vue de leur généalogie ou de leurs possessions, nullement sous celui de l'histoire de notre droit public, de nos mœurs et de nos usages anciens, dont nous avons intérêt de nous occuper.

D'après ces faits, le Ministre, Messieurs, a conçu le plan d'un dépôt qui, placé sous les yeux même du Ministère et en même tems accessible à tous les savans, fût en quelque façon le suplément de tous les autres dépôts, et fournît du moins la table générale de tout ce qu'ils contienent.

Ce dépôt doit être tel que l'homme d'État et le savant qui auront besoin de faire des recherches sur quelque point d'histoire que ce soit seront sûrs d'y trouver, ou la copie figurée des monumens qui peuvent les instruire, ou l'indication et la notice de ceux qu'il leur sera possible de consulter dans les dépôts royaux où leur garde est assurée.

Ce plan est vaste : l'objet en est grand et utile ; malheureusement les ressources pécuniaires étoient courtes. Mais il est en France une valeur que l'on ne peut trop multiplier, et qui suplée plus aisément l'argent qu'il ne la peut supléer lui-même. Je parle de l'honeur et de l'émulation qui doivent échaufer les gens de lettres.

Voyons ce que le Ministre a pu faire jusqu'icy. Il a d'abord obtenu du Roy que l'on imprimeroit au Louvre le catalogue des chartes imprimées. Ce catalogue se continue. Il formera d'abord un fonds qui est le résultat des recherches des savans depuis deux siècles.

Il s'agissoit de rechercher et de ramasser les chartes inconnues. Au mois de juillet 1762, le P. Général et le Conseil de la congrégation de Saint-Maur offrirent le secours de leurs travailleurs : ils furent acceptés, et le Ministre obtint du Roy une gratification annuelle de 4,000 ᵗᵗ, destinée à payer les frais de copistes et de voyages extraordinaires de ces religieux. La Congrégation en présenta dix ou douze, qui ont plus ou moins travaillé jusqu'icy. Nous en avons deux entre autres dont les recherches et les récoltes méritent des éloges ; ce sont dom Grenier[1] et dom Le Noir[2]. Quelques-uns

---

[1] Dom Pierre-Nicolas Grenier, né à Corbie le 10 novembre 1725, mort à Paris le 2 mai 1789, historiographe de Picardie, le continuateur des recherches de dom Mongé et de dom Caffiaux, a mérité de donner son nom à la Collection de Picardie, en 279 volumes, écrits en partie de sa main. Ils sont conservés au département des manuscrits de la Bibliothèque nationale. M. Ch. Dufour en a publié un inventaire sommaire dans les *Mémoires de la Société des antiquaires de Picardie*, t. II, 1839, p. 385-474. Voyez aussi la *Notice sur les collections manuscrites de la Bibliothèque nationale*, par M. Delisle, p. 38-49.

[2] Dom Jacques-Louis Le Noir, né à Alençon vers 1720, mort à Saint-Germain-des-Prés le 18 mars 1792. Il copia à la Chambre des comptes la plupart des pièces qui devaient constituer un ouvrage en 25 volumes in-fol., relatif à l'histoire de la Normandie. Seul le prospectus de ce vaste travail a été publié en 1788. La Bibliothèque nationale possède un certain nombre des documents qu'il avait recueillis ; ils sont épars dans les 284 premiers volumes de la Collection Moreau et dans le n° 341 de la même Collection. Ses papiers appartiennent aujourd'hui à la famille de Mathan.

des autres sont morts; on les a remplacez. Nous avons encor à Limoges dom Col [1], qui travaille bien, mais lentement. Au reste comme on ne les paye qu'à proportion de ce qu'ils font, l'argent du Roy est bien employé.

Il faut avouer que, tant que le catalogue des chartes desjà connues n'est point encore imprimé, les religieux bénédictins ne peuvent que difficilement s'assurer de l'utilité de leur travail, car ils peuvent nous copier des chartes desjà connues. Aussy ce qui leur a été donné jusqu'icy ne doit être regardé que comme un moyen d'entretenir l'émulation et de tenir les travailleurs en haleine, jusqu'à ce que l'on puisse voir plus clair dans leur travail. Il est arrivé de là que, quoique le petit nombre des religieux qui ont travaillé pour nous nous ait desjà envoyé une très-grande quantité de chartes, nous avons cependant encor en caisse, y compris les fonds de 1767, environ 7,000 ₶ de l'argent destiné à cet objet.

Mais un autre objet a semblé mériter d'autant plus d'attention, qu'il n'étoit environé d'aucun nuage et que nous pouvions nous flater de marcher sûrement dans les recherches qu'il nous fournissoit. Je veux parler, Messieurs, des dépôts précieux des Chambres des comptes du Royaume. On peut dire en effet que ces dépôts renferment tout ce qu'il y a de plus précieux et de plus important en monumens.

Dépositaire de la correspondance du Ministre, je me suis procuré successivement des mémoires et des renseignemens sur l'état où se trouvent les dépôts des Chambres des comptes; je suis desjà au fait de plusieurs. J'attends des mémoires sur les autres.

Nous avons fait plus : le Ministre ayant obtenu du Roy pour ce travail une seconde somme dont nous ne jouissons que depuis deux ans, nous avons commencé l'employ de cette somme en faisant copier et collationer même par les Procureurs généraux des Chambres des comptes les inventaires ou répertoires qui contienent un état ou des notices de tous les titres renfermez dans ces archives royales. Nous avons desjà Franche-Comté [2],

---

[1] Dom Claude-Joseph Col, né à Saint-Anthème, diocèse de Clermont, vers 1720, mort en 1795, dans une maison de détention de prêtres. On conserve à la Bibliothèque nationale, sous les n°ˢ 9193-9199 du fonds latin, sept volumes de documents sur le Limousin recueillis pendant sa mission.

[2] N°ˢ 375-377 et 378-382 de la Collection Moreau.

Bourgogne[1], Provence[2], Blois[3]. D'icy à deux ou trois ans, je me flate que nous aurons tous ces inventaires, dont la collection peut nous fournir un catalogue général des titres les plus anciens, les plus importans; cette collection sera d'autant plus précieuse qu'elle manque à la Bibliothèque du Roy.

Que nous restera-t-il donc alors ? 1° de former (et cet ouvrage se commence) une table ou nomenclature générale de tous les dépôts qui couvrent la surface du Royaume; 2° d'entretenir avec beaucoup d'honeur et d'émulation, et le moins d'argent que nous pourrons, des savans et des gens de lettres dans les provinces qui, attachez au Ministre par une correspondance flateuse, puissent enrichir sans cesse notre dépôt général en parcourant les dépôts particuliers dont nous aurons la carte; 3° d'avoir à Paris, sous les yeux même du Ministre, une société de gens de lettres qui puisse juger de l'importance et de la sûreté des découvertes, les ranger dans l'ordre le plus utile, et en tirer, chemin faisant, toutes les indications, que j'auray soin de réunir dans un registre ou mémorial qui ne sera destiné qu'à cela.

C'est après tout cela, Messieurs, qu'il sera possible de commencer et d'avancer même assez rapidement une collection qui puisse être pour la France peut-être beaucoup plus riche et beaucoup plus exacte que celle de Rimer ne l'est pour l'Angleterre.

Comme je n'ay voulu, Messieurs, que vous faire concevoir l'ensemble de l'ouvrage, j'ay suprimé je ne sai combien de détails qui ne vous auroient mis au fait que des ressources particulières. Je ne dois pas oublier cependant les offres qui ont été faites au Ministre par l'Académie de Besançon, qui lui a envoyé la nomenclature des dépôts de Franche-Comté[4] et s'offre de se charger de leur dépouillement, si le Ministre fait payer les copies qui lui seront envoyées. Différens autres savans l'ont attaqué également par des offres très-honêtes; en sorte que nous avons tout lieu d'espérer que, si notre ouvrage prend une certaine consistance qui lui

---

[1] Nos 383 et 384 de la Collection Moreau. Il fut exécuté par les soins du Procureur général Bouillet d'Aizerey.
[2] Nos 393 et 394 de la Collection Moreau.
[3] Nos 405 et 406 de la Collection Moreau. Cet inventaire fut fourni par le Procureur général Rangeard de la Boissière.
[4] Cette nomenclature forme le n° 363 de la Collection Moreau. Voyez aussi le n° 329 de la même Collection, fol. 202-212.

donne autant de considération dans le public que le Ministre qui est à la tête mérite de confiance, l'honeur et l'émulation des savans suppléeront abondamment à ce qui nous manque du côté des ressources pécuniaires.

Pour parvenir à cette considération et en même tems pour donner à toutes les parties de notre plan un centre commun d'où on puisse les faire marcher toutes ensemble, il semble qu'il est nécessaire : 1° de fixer par un arrêt du Conseil et l'objet et la forme du travail, ainsi que le lieu du dépôt; 2° d'établir une espèce de société littéraire qui puisse présenter au Ministre ses vues, et l'aider à suivre un projet qui peut immortaliser son administration, et qui, bien conçu, bien dirigé, est digne et de M. Colbert et de M. d'Aguesseau.

Nos travailleurs étant pour la pluspart ecclésiastiques, s'il étoit possible qu'on pût leur annoncer, au bout d'un certain nombre d'années de travail, une pension sur un bénéfice, 10,000 livres de revenu du bien de l'Église employé à cet objet et partagé en 10 ou 15 pensions, auxquelles on arriveroit par ancieneté de travail, suffiroient pour exciter le plus grand zèle. Mais il faudroit que cette récompense fût annoncée et qu'on y pût compter.

Par la suite, une foule de moyens se présenteroient pour hâter cet ouvrage.

Le Roy est le conservateur de tous les titres des églises et des monastères. Seroit-ce leur faire un tort que de les obliger de mettre de l'ordre dans leurs dépôts, d'en faire faire des inventaires, de destiner même à ces frais le revenu d'une prébende que l'on laisseroit vacante dans les collégiales, jusqu'à ce que l'ouvrage fût fait? En général, il me semble que l'on réussira toujours mieux par les moyens généraux, et que lorsqu'ils tendront évidemment au bien public, ils seront toujours aprouvez.

(Collection Moreau, n° 290, fol. 59.)

34

LETTRE DE BERTIN À L'ÉVÊQUE D'ORLÉANS,
CHARGÉ DE LA FEUILLE DES BÉNÉFICES.

13 novembre 1768.

Vous connoissés aussi bien que moi, Monsieur, combien il est important de réveiller et d'entretenir l'émulation des savans. Il est une portion de travail littéraire confié à mes soins, et pour lequel j'aurois grand besoin que vous m'aidassiés quelquefois : c'est celui qui a pour objet le droit public, la diplomatique et l'anciene histoire du Royaume. Avec un très-petit fonds et beaucoup d'encouragemens, peu-à-peu je rassemble des copies fidèles d'une multitude de monumens précieux, jusqu'icy inabordables dans la poussière des vieilles archives. J'employé pour ce travail sept ou huit vieux Bénédictins, bons travailleurs, habiles déchifreurs et infatigables dans leurs recherches; j'employe également des ecclésiastiques, gens de lettres, qui nous servent à peu de frais et dont il est important que j'entretiene l'ardeur. Vous auriés pour cela un excellent moyen, et vous ne pouvés me le refuser.

Par exemple, il y a un certain M. l'abbé Joli [1], chanoine de Dijon, grand diplomatique, jadis employé et longtems par feu M. le chancellier Daguesseau, et qui est très-mal à son aise. Cet homme vient de donner au Roy quelques manuscrits anciens et précieux, et il les a donnés bien gratuitement. Ainsi vous ne m'alléguerés point la simonie; mais je voudrois, de mon côté, lui procurer, quoi? Ce n'est ny une abbaïe, ny un prieuré. Rassurés-vous, c'est une misérable pension de 600 livres sur un bénéfice. Vous ne sauriés croire combien une pareille grâce, que nous ferions sonner bien haut, attacheroit de gens aux travaux qui me sont confiez. Je vous la demande donc, et ma lettre vous servira de mémoire pour la mettre sous les yeux du Roy.

Autre exemple. Dom Prosper Tassin est un vieux Bénédictin de quatre-vingts ans [2], qui a pensé mourir il y a deux ans. Cet homme a fait un magnifique traité de diplomatique en plusieurs volumes in-4° et a travaillé toute sa vie à receuillir les monumens de notre histoire. Je lui ai fait présenter son ouvrage au Roy [3], mais cet honneur ne pique point l'émulation des autres, comme le feroit une petite pension de 300 ou 400^{tt} sur une abbaye bénédictine. Vous ne la payeriés pas un an; mais cet événement me feroit

---

[1] L'abbé Philippe-Louis Joly, né à Dijon en 1712, mort, le 27 août 1782, chanoine de la Chapelle-aux-Riches à Dijon, l'auteur des *Remarques critiques sur le Dictionnaire de Bayle*, Paris (Dijon), 1748, 2 tomes in-4°; l'éditeur de la *Bibliothèque des auteurs de Bourgogne*, par l'abbé Papillon, etc., etc.

[2] Dom Tassin naquit, le 17 novembre 1697, à Lonlay-l'Abbaye (Orne); il mourut à Paris, le 10 septembre 1777.

[3] La présentation de dom Tassin au Roi eut lieu entre le 25 mai et le 17 juin; la première date résulte de deux lettres du Général de la congrégation de Saint-Maur et de dom Tassin, d'une note de la *Gazette de France*, qui relate cette circonstance.

trouver dix ou douze honêtes gens qui se jetteroient dans la poussière des titres pour mon service. Voilà, Monsieur, tout ce que j'y sais, et je vous appelle avec confiance à mon aide. Il est si aisé d'encourager les hommes que, si, sur ces deux objets, vous voulés me faire une belle réponse ostensible, la copie que je leur en enverrai leur inspirera le plus grand zèle, et doublera l'ardeur dont je profite. Nous autres Ministres, quand nous n'avons point de bon argent, il faut au moins que nous donnions de belles paroles.

Je suis, etc.

BERTIN.

(Collection Moreau, n° 295, fol. 47.)

35
CIRCULAIRE AUX INTENDANTS DES PROVINCES [1].
17 mars 1769.

Le Roi ayant résolu, Monsieur, de réunir dans un dépôt général toutes les richesses diplomatiques qui peuvent servir de preuves à notre histoire et perfectionner notre droit public, j'ai cru que ce dépôt devoit contenir deux choses : 1° des inventaires et des notices exactes de toutes les chartes renfermées dans les différentes archives dont le Roi est propriétaire, et qui sont confiées à la garde de ses officiers ou d'officiers publics, tels que ceux des hôtels-de-ville ; 2° des copies figurées de tous les titres antérieurs au quinzième siècle, qui se trouvent dans les chartriers des églises, des monastères, des seigneurs ; en un mot, dans les chartriers ou archives dont le Roi ne dispose point.

Par là, d'un côté, on sera en état de former une table générale et raisonnée de tous les monumens qui intéressent la France et qui existent dans les archives qui sont sous la main du Roi ; d'un autre côté, on conservera des doubles de ceux des autres dépôts qui seront, non-seulement utiles aux savans, mais souvent précieux pour les particuliers, dans le cas où les originaux se perdroient.

Ce travail, déjà commencé, ne peut être suivi avec méthode et succès que lorsque l'on connoîtra du moins les noms et la place de tous les dépôts du Royaume. Ce n'est que d'après une nomenclature universelle et très-

[1] Cette pièce a été publiée par M. Champollion-Figeac, *Lettres des rois et reines*, Introduction, p. LII.

exacte des chartriers des provinces que l'on pourra se former un plan sur les moyens de les faire visiter tous; car, avant que de tracer aux savans qui sont chargés de ces recherches la route qu'ils suivront, il faut avoir devant soi la carte générale des pays qu'ils doivent parcourir.

C'est, Monsieur, à cette carte générale que je vous prie de concourir, pour remplir dans l'étendue de votre généralité les intentions du Roi. L'ouvrage est simple, il n'exige ni déplacemens, ni voyages, ni aucuns frais. Je ne demande point ce que contiennent les dépôts, mais seulement le lieu où ils sont, et le nom des corps ou particuliers à qui ils appartiennent. Voici donc ce que je vous propose.

Votre département est divisé en un certain nombre de subdélégations, et il n'y a guère aucun de vos subdélégués qui ne connoisse assez bien les villes et l'arrondissement soumis à son inspection pour être en état de faire la liste de toutes les archives qui se trouvent dans son district. Les cours souveraines, les bailliages et sénéchaussées, les corps de ville, les cathédrales et collégiales, les abbayes et autres maisons religieuses, les communautés séculières et régulières, ont leurs archives, et tous ces corps sont connus. Les châteaux des seigneurs particuliers qui renferment un chartrier peuvent l'être facilement, ainsi que les cabinets des savans qui ont amassé des richesses diplomatiques. Dans l'incertitude même si tel château renferme des archives, on peut le mettre sur la liste, sauf à s'assurer de la vérité dans la suite. Ce catalogue, au reste, divisé par provinces et subdivisé par subdélégations, ne doit contenir que l'indication et le lieu du dépôt. Nulles recherches, nulles réflexions; chaque subdélégué peut l'entreprendre et remplir sa tâche en très-peu de temps. Loin de lui prescrire des choses difficiles, on peut craindre au contraire qu'il ne trouve la besogne trop aisée, et qu'il ne l'embarrasse en l'étendant. C'est sur quoi, Monsieur, je vous prierai de vouloir bien avoir l'œil. Une lettre de vous à tous vos subdélégués, ou la copie de celle-ci, leur indiquera nettement l'ouvrage que j'attends d'eux, et le renfermera dans ses justes bornes. Je vous prie même de m'envoyer ou faire envoyer ces listes à mesure qu'elles se feront pour une ville, pour un district, sans attendre, de la part de vos subdélégués ni de la vôtre, qu'on ait fini tout un département.

Je suis, etc.

BERTIN.

(Collection Bréquigny, n° 157, fol. 247.)

36
LETTRE DE BERTIN À L'INTENDANT DE METZ.

28 mai 1769.

On m'a assuré, Monsieur, qu'il y a dans la maison de Saint-Arnould de Metz une société de religieux bénédictins de la congrégation de Saint-Vanne qui, chargée de l'histoire du païs Messin, a déjà visité et dépouillé tous les dépôts de cette province. Si ce dépouillement avoit été bien exactement fait, le travail ordonné par Sa Majesté pour rassembler dans un dépôt et les notices des chartres renfermées dans les archives royales, et des copies de celles que contienent les dépôts particuliers, se trouveroit déjà fort avancé. Quoi qu'il en soit, Monsieur, je serois fort aise que vous puissiés me procurer sur l'ouvrage de ces Bénédictins tous les éclaircissemens qui peuvent me mettre en état d'en tirer parti pour notre collection. Mandés moi donc si l'on peut se confier entièrement à l'exactitude de ces travailleurs, et s'ils seroient disposés à nous communiquer le résultat de leurs recherches...

BERTIN.

(Collection Moreau, n° 295, fol. 123.)

37
LETTRE DE BERTIN
AU PROCUREUR GÉNÉRAL DE LA CHAMBRE DES COMPTES DE PARIS.

28 mai 1769.

Le Roy ayant résolu, Monsieur, de rassembler dans le dépôt général des chartes qu'il a placé à sa Bibliothèque royale des doubles des inventaires de toutes ses Chambres des comptes, vous sentés quel rang ceux de la Chambre des comptes de Paris doivent tenir dans cette collection. Mais, avant que d'entreprendre de les faire copier, j'ai cru devoir vous demander quelques éclaircissemens préalables, sans lesquels je craindrois de manquer le bût que se propose Sa Majesté. Souffrés donc que je vous demande : 1° si la Chambre des comptes a des inventaires qui contienent l'indication de l'universalité des chartes renfermées dans ses archives; 2° combien elle possède de pareils inventaires et en quels tems ils ont été faits; 3° si, depuis l'incendie de la Chambre des comptes[1], on a marqué dans ces inventaires les titres qui ont été consumés par le feu; 4° si on y a également inscrit les nouvelles copies que l'on a pû en recouvrer; 5° si l'indication de toutes les chartes contenues dans ces inventaires est suffisante pour en donner une juste idée. Je vous invite, Monsieur, de vouloir bien, en répondant à mes questions, me mettre à portée de proposer au Roy les moyens les plus simples et les moins dispendieux de mettre de l'ordre dans ces importantes archives. Qu'a-t-on fait jusqu'icy pour y parvenir? N'y a-t-il point, parmi les officiers de cette Compagnie, quelque savant laborieux et intelligent qui se fît un honneur de diriger un pareil travail et auquel on pût le confier? Si en y employant quelques-uns des Bénédictins chargés par le Roy de la recherche et de la collection des anciennes chartes, on pouvoit hâter les progrès du travail et en diminuer la dépense, je serai fort aise de concerter avec vous, Monsieur, les moyens d'exécuter un projet si utile. Faites moi le plaisir de me mander aussi combien coûteroit à peu près la transcription des inventaires ou autres répertoires que vous possédés.

Je suis, etc.

BERTIN.

(Collection Moreau, n° 295, fol. 249.)

38
BON DU ROI POUR LA LOCATION D'UNE MAISON DESTINÉE AU LOGEMENT DU DÉPÔT DES CHARTES.

12 décembre 1769.

Le dépôt général des chartes dont le Roi a ordonné la collection s'enrichissant de jour en jour, et exigeant maintenant un travail suivi et des assemblées réglées, Sa Majesté est suppliée de vouloir bien procurer à ce dépôt un emplacement commode et qui puisse en faciliter l'usage.

Indépendamment de ce dépôt, il en est deux autres auxquels M. Bertin, Ministre et Secrétaire d'État, est obligé de chercher une place; l'un est celui

---

[1] Cet incendie éclata le 27 octobre 1737. Voyez à ce sujet la *Notice* de M. de Boislisle *sur la Chambre des comptes de Paris*, en tête des *Pièces justificatives pour servir à l'histoire des Premiers Présidents*, Paris, 1873, in-4°, p. cv.

des minutes d'arrêts, mémoires contenans les ordres du Roi, et en général de tous les papiers de correspondance de son département; l'autre est celui des papiers et titres de la Dombes, qui, depuis que Sa Majesté a acquis cette province [1], sont restés aux archives de l'hôtel du Maine [2], parce qu'on n'avoit point de lieu pour les placer ailleurs.

Un seul fait prouve la nécessité de ces dépôts. On est obligé dans tous les tems d'y avoir recours, et c'est pour avoir laissé disperser successivement tous les papiers des Secrétaires d'État que la pluspart des arrêts du Conseil rendus dans leurs départemens n'ont plus de minutes. Le seul département de M. de Saint-Florentin a un dépôt, parce que la place est depuis cent cinquante ans dans sa maison [3]. Tous les autres dépôts sont restés aux familles des Ministres et ont disparu.

Pour parer à cet inconvénient dans son département, et pour réunir les trois dépôts dont la surveillance lui est confiée, M. Bertin propose à Sa Majesté de louer une maison qui fait le coin de la place Vendôme et de la rue des Capucines [4]. Le sieur Moreau, auquel est déjà confiée la garde du dépôt général des chartes, la louera en son nom, et Sa Majesté voudra bien qu'il y soit logé, ainsi que celui qui sera chargé du dépôt de la Dombes et du Secrétariat d'État, pour être plus à portée des papiers qui leur sont confiés et du travail qu'ils exigent. Le loyer, que Sa Majesté voudra bien prendre sur son compte, est de sept mille livres, et sera pris, savoir 3,000 livres sur les fonds et revenus de la Dombes pour la garde des papiers de cette province, 3,000 livres sur le Trésor royal pour le dépôt du Secrétariat d'État, enfin 1,000 livres sur les modiques fonds que Sa Majesté destine tous les ans à la recherche et à la collection des chartes qui, tous les ans, enrichissent ce dépôt.

(*Au bas est écrit de la main du Roy :* Bon.)

(Collection Moreau, n° 286, fol. 173.)

---

[1] La principauté de Dombes fut échangée, le 28 mars 1762, par Louis de Bourbon, comte d'Eu, contre le duché de Gisors et d'autres terres que lui céda le Roi, et fut ainsi réunie à la couronne.

[2] L'hôtel du Maine était rue Bourbon.

[3] Louis Phélypeaux, comte de Saint-Florentin, fut le sixième qui, dans sa famille, remplit les fonctions de Secrétaire d'État depuis 1621.

[4] C'était celle de feu Richard, fermier général.

39

CIRCULAIRE AUX PROCUREURS GÉNÉRAUX DES CHAMBRES DES COMPTES.

Janvier 1770.

En me chargeant de vous envoyer, Monsieur, le catalogue des chartes imprimées que vous recevrez avec cette lettre, le Roy veut moins vous faire un présent que vous donner à vous-même les moyens de seconder une entreprise qu'il protège. Dans ce catalogue, qui formera quatre volumes, dont voici le premier, vous verrez, Monsieur, tout ce que nos savans ont, depuis plusieurs siècles, découvert et publié de monumens historiques; mais, indépendamment de cette multitude de titres, il en reste peut-être un plus grand nombre dans l'obscurité des dépôts soit publics, soit particuliers. Le Roy voudroit les en tirer et multiplier par là les matériaux de notre histoire et les monumens de notre droit public. Vous pouvez nous aider dans cette entreprise, et concourir à la publication d'un receuil auquel il est tems de faire travailler sous les ordres de Sa Majesté. Ce seroit une collection générale, qui équivaudroit pour la France à celle qu'a faite Rymer pour l'Angleterre. Pour jetter dès à présent les premiers fondemens d'un ouvrage qui exigera sans doute le travail de bien des années, j'aurois besoin de savoir quelles sont les chartes les plus anciennes que renferment les archives de votre Compagnie. Si, pour faciliter l'exécution d'un projet si vaste, vous aviez quelqu'idée utile à nous communiquer, ou quelque bon ouvrier à nous fournir, vous pouvez vous ouvrir à moy avec confiance.

Je suis, etc.

BERTIN.

(Collection Moreau, n° 288, fol. 82.)

40

EXTRAITS DES MÉMOIRES SUR LES PROGRÈS DE LA COLLECTION DES CHARTES.

(TIRÉS DES ÉTATS DRESSÉS POUR LE TRAVAIL DU ROI, DE 1764 À 1770.)

N° 1. — Du 8 décembre 1764.

Dans le travail du samedy 24 novembre dernier, le Roy eut la bonté d'approuver un état de distribution de 2,200ᵗᵗ en faveur des Bénédictins et pour fournir aux dépenses des copistes qu'ils employent. Le Ministre eut l'honneur de mettre aussi sous les yeux de Sa Majesté la liste des savans Bénédictins de la congrégation de Saint-Maur actuellement occupés aux recherches qui doivent enrichir le dépost des chartes. Voici ce qui s'est passé depuis ce dernier travail.

MM. les Intendans de Normandie et d'Orléans, auxquels le Ministre avoit recommandé dom Le Noir et dom Girou [1], deux bénédictins, dont l'un est actuellement occupé à l'abbaye de Saint-Ouen de Rouen, et l'autre à celle de Saint-Benoist-sur-Loire à Orléans, ont répondu qu'ils mettroient tout en usage pour faciliter à ces religieux l'accès des déposts de ces deux provinces. Dom Le Noir même a écrit qu'il étoit extrêmement flaté des bontés que lui témoignoit à Rouen M. de la Michaudière.

On a envoyé de la part du Ministre à dom Fonteneau, bénédictin, chargé de la recherche des chartes du Poitou, un mémoire par lequel, en répondant à celui dans lequel il avoit rendu compte des déposts qu'il avoit déjà visités, on lui demande un état exact et détaillé de tous ceux qui sont et à Poitiers et dans toute la province.

On a fait, par lettres, la même demande à dom Caffiaux [2], chargé de l'histoire de Picardie, et à dom Villevieille, chargé avec dom Salasard [3] de celle de Bourgogne. On compte successivement tirer de tous les Bénédictins employés par la Congrégation ces sortes d'états, qui mettront le Ministère à portée de diriger plus facilement leurs différens travaux.

Pendant ce tems-là, le Ministre a fait dresser un mémoire, qui est une espèce de plan général qui présente l'ensemble des différens moyens par lesquels il est possible de former sous les yeux de Sa Majesté un tableau général de tous les monumens anciens qui peuvent ou éclairer l'administration, ou faciliter les études du droit public, ou jetter de nouvelles lumières

---

[1] Dom Guillaume Gérou, né à Orléans en 1700, mort à Saint-Benoît-sur-Loire en 1767, qui explora l'Orléanais, le Blaisois, le pays Chartrain et le Berry. M. L. Jarry a consacré une notice à ce bénédictin : *Dom Gérou, bénédictin de la congrégation de Saint-Maur, sa vie et ses travaux littéraires, d'après sa correspondance inédite*, Orléans, 1879, in-8°. Il a inséré dans ce travail une partie de la correspondance de dom Gérou avec Moreau.

[2] Dom Philippe-Joseph Caffiaux, né à Valenciennes en 1712, mort à Saint-Germain-des-Prés le 26 décembre 1777; chargé, après la mort de dom Mongé, de continuer avec dom Grenier l'histoire de la Picardie.

[3] Dom Alexis Salazar, né à Bourg-en-Bresse, profès à Vendôme le 22 mai 1723, à l'âge de dix-neuf ans, mort à Saint-Bénigne de Dijon le 19 octobre 1766. Sur dom Villevieille, voyez p. 142.

sur l'histoire et sur les usages des différentes provinces. Ce mémoire doit être examiné par le Ministre, qui en rendra compte à Sa Majesté.

. . . .

(Collection Moreau, n° 288, fol. 134.)

N° 2. — Du 8 au 22 décembre 1764.

Le sieur de Bréquigny, qui a passé sept mois en Angleterre, pour y faire dans les dépôts de l'Échiquier, de la Tour et du Muséum, la recherche de tous les titres et monumens anciens qui peuvent intéresser la France, est venu pour rendre compte aux Ministres de ses premières découvertes. Il a rapporté avec lui le premier des vingt-trois volumes manuscrits in-folio qui contiennent le catalogue de toutes les chartes imprimées, commencé par le feu sieur Secousse, suivi par le sieur de Sainte-Palaye, et de la continuation duquel le sieur de Bréquigny est aujourd'hui chargé.

Le Ministre a cru devoir proposer au Roy de faire imprimer ces catalogues, parce qu'ils doivent naturellement abréger et faciliter le travail des Bénédictins chargez de la recherche et de la collection des chartes non imprimées. Sans le secours de ces catalogues, ils pourroient mettre beaucoup de tems et de soins à copier des titres desjà connus.

Dans une conférence qui s'est tenue chez le Ministre, le vendredy 14 décembre, avec les sieurs de Sainte-Palaye, de Foncemagne, de Bréquigny et Moreau, il a été avisé aux moyens de hâter l'impression du premier volume de ces catalogues, et le sieur de Bréquigny a été chargé de revoir ce volume d'un bout à l'autre, pour en vérifier tous les titres et pour ajouter sur chacun le dépôt d'où il a été tiré, dans le cas où il se trouveroit indiqué par les livres où les chartes ont été imprimées. Le sieur de Bréquigny est occupé à ce travail, et, dès qu'il sera fini, on prendra l'ordre du Roy pour l'impression.

. . . .

(Ibid., fol. 140.)

N° 3. — Du 5 janvier au 13 février 1765.

. . . .

Le Ministre a fait addresser à tous les religieux qui travaillent sous ses ordres une première instruction, par laquelle il leur demande de former, chacun dans le district dont il est chargé, une nomenclature exacte des noms de tous les dépôts qui peuvent contenir des chartes ancienes, d'y joindre le nom des possesseurs et une note qui puisse faire connoître si ces dépôts ont été déjà visités et exactement dépouillés.

Ce travail sera long et ne peut être fait qu'à mesure que les Bénédictins acquéreront les connoissances dont il doit être le résultat; quelques-uns l'ont déjà commencé et entre autres dom Fonteneau pour le Poitou, dom Girou pour l'Orléannois, dom Deschamps[1] pour l'Auvergne.

En conséquence, on inscrit dans un registre destiné à former la nomenclature générale les noms de tous ces dépôts, à mesure qu'ils sont envoiés, et on les range sous les titres de chaque province.

. . . .

Le sieur de Bréquigny, de l'Académie des inscriptions et belles-lettres, est reparti vers le 20 du mois de janvier, pour continuer le dépouillement des dépôts de Londres. Il a laissé à Paris le premier volume du catalogue des chartes imprimées, et a promis que son premier commis seroit ici avant le 15 février et apporteroit avec lui quelques-uns des volumes suivans pour les faire imprimer.

. . . .

Il seroit important aujourd'hui :

1° De faire transporter dans le dépôt, chés le Ministre, tout ce qui a été jusqu'ici receuilly;

2° De mettre à fin le mémoire qui doit servir de seconde instruction aux travailleurs : il est entre les mains du Ministre depuis longtems;

3° De se former un plan général pour l'ouvrage; à cet égard, le Ministre a entre les mains un long mémoire qui contient différentes vues et qu'il est supplié de remettre sous ses yeux.

. . . .

On croit qu'après avoir formé la société des gens de lettres sur lesquels, en pareille matière, se repose la confiance du Ministre, il faudroit les engager à s'assembler, une fois tous les quinze jours, dans le lieu qui sera destiné au dépôt. L'objet de cette conférence seroit de lire toutes les coppies qui jusqu'icy ont été envoiées, et de mettre sur des bulletins leurs observations et le jugement qu'ils porteroient de chaque pièce. Ce seroit, d'après ces observations que l'on conviendroit de demander aux Bénédictins les éclaircisse-

---

[1] Les envois de dom Deschamps sont dans le n° 347 de la Collection Moreau, fol. 254-336.

mens dont on auroit besoin et de leur prescrire les opérations les plus utiles au dépôt.

(Collection Moreau, n° 288, fol. 144.)

N° 5. — Du 13 février au 24 avril 1765.

....

Comme l'objet de l'établissement est de procurer au Roy : 1° une liste ou able générale de toutes les chartes et monumens, imprimez ou non imprimez, qui peuvent servir aux progrès du droit public et à la connoissance de l'histoire; 2° des copies figurées de ceux de ces titres qui, par leur importance, mériteront une attention particulière et dont il importera de conserver des doubles; 3° des notices bien faites et exactes de ceux de ces monumens qui auront aussi leur degré d'importance, et dont la conservation sera d'ailleurs assurée par la nature du dépôt où ils sont renfermez, le Ministre a cru devoir proposer aux différens religieux occupez à ce travail, de former dans chaque dépôt qu'ils dépouilleront : 1° une espèce de procès-verbal de description de l'état où il se trouve; 2° un inventaire général de toutes les pièces qu'il contient, sans y rien omettre.

C'est sur ces inventaires généraux, qui eux même doivent faire partie du dépôt, qu'une société de savans, appliquez et à l'histoire et au droit public de France, doivent juger quels sont les titres dont il est nécessaire de faire une copie figurée, quels sont ceux dont une notice suffit. Cette société doit aussi juger de l'autorité de chaque titre en particulier et fixer l'usage que l'on en peut faire. Il seroit important de la former promptement, pour qu'elle ne soit pas dans la suite accablée par la multitude de la besogne.

Quelques-uns des Bénédictins ont envoyé des états des pièces les plus importantes qu'ils ont trouvées dans les chartriers de leurs abbayes, et ont eux même demandé qu'on leur prescrivît celles dont ils devoient faire ou des copies, ou des notices.............. Pour donner à ce travail un peu de consistance et pour en tirer tout l'avantage dont il est susceptible, il est important de former promptement la société littéraire dont on donnera le projet par un mémoire particulier.

(Ibid., fol. 148.)

N° 7. — Du 10 juin au 22 août 1765.

....

On s'occupe de donner la dernière main au catalogue des chartes imprimées, commencé par feu M. Secousse et continué après lui par M. de Sainte-Palaye et par M. de Bréquigny. Comme la publication de ces catalogues peut seule mettre les Bénédictins en état de distinguer dans leurs recherches les chartes qui sont encore inconnues d'avec celles dont les auteurs diplomatiques ont donné ou des copies ou des extraits, on a cru qu'il falloit incessamment faire imprimer ces catalogues. Mais, avant tout, on a voulu faire une vérification de tous les titres qu'ils renferment, afin de joindre, s'il est possible, à l'indication de l'auteur qui en a parlé celle des dépôts où ils sont renfermez. Ce travail se fait dans le cabinet de M. de Sainte-Palaye et sous ses yeux.

(Collection Moreau, n° 288, fol. 156.)

N° 8. — Du 22 août au 10 octobre 1765.

. . . .

M. de Sourivierre, auditeur des comptes, et l'un des commis de M. le Procureur général pour le travail du Trésor des chartes, a communiqué a M. l'évêque d'Agde [1] plusieurs registres très-curieux tirés de ce dépôt. Le Ministre a consenti qu'on les fît coppier; il s'est présenté un homme qui s'engage à en coppier quatre d'ici à Pâques, moienant 25 louis.

(Ibid., fol. 160.)

N° 12. — Du 14 mai au 25 novembre 1766.

. . . .

On imprime au Louvre, avec la permission du Roi, le catalogue de toutes les chartes qui jusqu'icy ont été publiées par différens auteurs. Ce catalogue, commencé par feu M. Secousse, continué par M. de Sainte-Palaye et fini par M. de Bréquigny, facilitera beaucoup les recherches et les travaux commencez par l'ordre de Sa Majesté. En effet, d'un côté, il mettra en état de comparer avec les copies que nous receuillons celles qui ont été données par différens écrivains et qui peuvent être ou imparfaites ou infidèles. D'un autre côté, il dirigera les recherches des ouvriers, qui pourront se dispenser de receuillir les chartes que l'on connoît desjà, et se borner, lorsqu'ils les rencontreront, à collationer de nouveau avec l'original les copies imprimées que l'on en connoît.

---

[1] Charles-François-Siméon de Saint-Simon de Sandricourt, évêque d'Agde, de 1759 à 1790.

Le Directeur de l'Imprimerie royale [1] a promis une feuille par semaine et a commencé pendant le voyage de Compiègne. Comme il remet un exemplaire de chacune de ces feuilles à celui qui préside au dépôt, on est en état, à mesure qu'elles paroissent, de faire dans la collection des copies desjà envoyées le triage et la séparation des chartes desjà connues par les auteurs d'avec celles qui paroissent au jour pour la première fois.

L'émulation paroît se réchaufer parmi les Bénédictins. Il y en a toujours un certain nombre qui travaillent avec fruit dans les provinces. Quelques autres offrent leurs services et demandent à être employez. De ce nombre sont deux religieux de Saint-Jean-d'Angéli [2], qui, voulant entreprendre l'histoire de la Saintonge, ont offert au Ministre des doubles des monumens qui seront le fruit de leurs recherches. Il faut convenir que leur zèle tend un peu à se rendre indépendans de leurs Supérieurs, et se sent un peu de l'ardeur et des inquiétudes qui agitent aujourd'hui la Congrégation. On cherchera à profiter de leurs travaux, en les ramenant tout doucement à la règle. On leur a demandé une simple nomenclature de tous les dépôts de cette province, et ils l'ont promise.

(Collection Moreau, n° 288, fol. 174.)

N° 13. — Du 25 novembre 1766 au 10 mars 1767.

. . . .

On continue au Louvre l'impression du catalogue des chartes imprimées; on en est à la feuille O et à l'année 760. Incessamment, ce catalogue va devenir très-utile, soit pour s'assurer si les pièces découvertes et envoiées par ceux que le Ministre emploie à la recherche des chartes anciennes, sont desjà connues ou sortent pour la première fois de l'obscurité des dépôts, soit pour comparer ces coppies nouvelles avec celles qui ont été données des mêmes titres par les auteurs qui les ont connus.

Le Ministre a cru devoir faire dépouiller un dépôt assés considérable qui se trouve à l'abbaye de Saint-Martin-des-Champs, et qui renferme une multitude d'anciens titres dont plusieurs peuvent être importans. Ce dépôt avoit été formé par un religieux, nommé dom Pernot [3], qui avoit entre

---

[1] Jacques Anisson.

[2] Dom Martin et dom Maximilien Duez, dont il a été parlé plus haut, p. 104.

[3] Dom Pierre-François Pernot, bibliothécaire de Saint-Martin-des-Champs, mit en ordre environ huit mille pièces dont il avait fait l'acquisition et qui provenaient des archives de la Chambre des comptes. Il mourut en 1758. Dom Chamoux lui succéda dans l'emploi de bibliothécaire.

autres choses receuilly un grand nombre de pièces dispersées et vendues, lorsque l'incendie de la Chambre des comptes avoit obligé de transporter une partie des titres qu'elle renferme.

Parmi ces pièces se sont trouvées quelques ordonnances que l'on ne connoissoit point et qui n'avoient point été insérées à leur datte dans le travail qui s'en imprime au Louvre.

Le bibliothécaire de Saint-Martin-des-Champs, nommé dom Chamou, est préposé à la garde de ce dépôt : il lui a été promis 500ᵗᵗ par an, sur les fonds dont le Ministre peut disposer pour ce genre de travail, et tous les samedis, il envoie les notices qu'il a rédigées pendant la semaine, et qui sont revues par les sieurs de Bréquigny et de Foncemagne. Il en a donné 60 depuis le mois de novembre [1]......................................

(Collection Moreau, n° 288, fol. 178.)

N° 14. — Du 10 mars au 28 avril 1767.

Dom Chamou, bibliothéquaire de Saint-Martin-des-Champs, continue les notices des ordonnances et autres chartes non imprimées, ni connues, qui se trouvent dans le dépôt dont la garde lui est confiée. MM. de Foncemagne et de Bréquigny lui indiquent les pièces dont il doit ou donner des coppies entières, ou seulement faire des extraits. Ils ont aussi le soin de revoir l'ouvrage de ce religieux.

....

Dom Col, qui travaille à Limoges, a envoié, le 20 mars et le 10 avril dernier, 20 coppies figurées de chartes, tirées des dépôts de la ville de Limoges et presque toutes du XIIIᵉ siècle.

Ce religieux presse le Ministre de trouver bon qu'il prenne pour collègue dans ses recherches littéraires dom Girodias, prieur de l'abbaye de Solignac près Limoges [2].

Il lui a été répondu que l'on trouveroit toujours bon que le nombre des travailleurs se multipliât, mais que le Père Général et la Congrégation ayant présenté au Ministre un certain nombre de religieux entre lesquels elle a partagé le travail des provinces, la correspondance littéraire ne pou-

---

[1] L'inventaire analytique dressé par dom Chamoux des titres conservés à Saint-Martin-des-Champs forme les nᵒˢ 1430 et 1431 de la Collection Moreau.

[2] Dom François Girodias, né à Billom, profès à Saint-Allyre de Clermont, le 29 mai 1734, à l'âge de dix-sept ans, mort le 20 août 1771 au monastère d'Issoire.

voit être qu'avec chacun de ceux qui avoient été appliqués à ce travail par leurs Supérieurs : qu'ainsi on seroit fort aise que dom Girodias aidât dom Col dans ses recherches, mais que le Ministre ne s'addresseroit jamais qu'à celui-cy, jusqu'à ce que dom Girodias lui eût été présenté par le Père Général. On a cru devoir tenir cette conduite réservée, parce que l'on s'est apperçu qu'un grand nombre de religieux ne demandoient pas mieux que de lier avec le Ministre un commerce direct et indépendant de leurs Supérieurs, vis-à-vis desquels ils emploioient ensuite le nom du Ministre pour se soustraire à quelques-uns des devoirs de l'obéissance.

. . . .

On compte se procurer d'ici à peu de tems tous les inventaires qui existent dans les différentes Chambres des comptes du Roiaume, et le Ministre sera en état d'en faire faire successivement des coppies. S'il est quelques-unes de ces Compagnies qui n'aient point d'inventaire de leurs titres, il sera alors possible de proposer au Roy quelques mesures que l'on peut prendre pour en faire faire.

. . . .

Il seroit important que le Roy voulût bien procurer un logement au dépôt des chartes. Il est impossible de les arranger jusques-là avec quelqu'ordre, et elles commencent à exiger un emplacement où l'on puisse se retourner.

(Collection Moreau, n° 288, fol. 186.)

N° 15. — Du 28 avril au 20 juillet 1767.

M. de Bréquigny a remis au dépôt des chartes un mémoire qui contient la relation de son voyage en Angleterre et des découvertes qu'il y a faites.

. . . .

Au surplus, nous touchons au tems où il sera possible de diriger les recherches des Bénédictins avec plus de sûreté et d'en apprécier les succès avec plus de certitude. Quoique l'on ait avancé assés lentement au Louvre l'impression du catalogue des chartes imprimées, dont nous n'avons encore que quarante-quatre feuilles tirées, cependant nous en sommes à l'année 829, et ce catalogue nous aide desjà à discerner, dans les chartes du IXe siècle qui nous sont envoyées, les découvertes nouvelles d'avec celles qui pourroient avoir été connues des savans. On peut, dès maintenant, assurer que, parmi les titres de cette époque qui meublent desjà notre dépôt, il y en a un très-grand nombre qui n'avoient jamais vu le jour.

Au reste, pour employer encore plus utilement les fonds que le Roi veut bien destiner à ce travail, en attendant que les Bénédictins puissent être guidés par le catalogue dont on vient de parler, le Ministre a pris le parti de se mettre au fait des dépôts des différentes Chambres des comptes du Royaume et de se procurer des copies des inventaires ou répertoires des chartes et autres titres qu'ils renferment.

C'est dans cette vue qu'il a écrit aux Procureurs généraux de ces Compagnies, et leur a demandé, au nom de Sa Majesté, des mémoires instructifs sur l'état de leurs archives et sur les différens moyens que l'on pourroit employer pour se procurer des notices des chartes qu'elles renferment.

Le Ministre a desjà de très-bons mémoires sur les Chambres des comptes de Bourgogne, de Franche-Comté, de Provence, de Pau[1], de Nantes et de Blois; on lui en fait espérer de semblables de la part des autres Chambres des comptes.

Plusieurs d'entre elles ont des répertoires ou inventaires de leurs titres bien en ordre; et nous aurons dès cette année, sans faire des frais très-considérables, des copies très-exactes des inventaires de la Chambre des comptes de Dijon, de celle de Bourgogne et de celle de Provence.

On se procurera successivement tous les autres, et s'il existe quelques-unes de ces Compagnies dont les titres mal en ordre n'aient point encore été distribuez et indiquez dans des répertoires, le Ministre sçaura du moins dans quelles Chambres des comptes cette opération est nécessaire, et pourra proposer au Roi les moyens les plus faciles et les moins dispendieux d'y parvenir.

Lorsque ces copies seront faites, ou même à mesure qu'elles se feront, on pourra mettre sur autant de cartes ou de bulletins différens toutes les notices de ces différens titres, et les ranger suivant la date des années et celle des matières. Par là s'assembleront peu-à-peu les matériaux des tables immenses qui entrent dans le plan de Sa Majesté, et qui seront infiniment plus étendues que celles des chartes desjà connues.

On n'a point besoin d'en annoncer icy l'utilité. Tous ceux qui s'appliquent à l'étude ou de l'histoire ou du droit public de la France sentent la nécessité d'un indicateur général qui puisse leur épargner la portion la plus difficile de leurs recherches, et les assurer du succès de toutes celles qu'ils entreprendront.

[1] N° 370 de la Collection Moreau.

On ne cessera de représenter la nécessité de donner un lieu à ce dépôt : jusques-là il est impossible d'y établir l'ordre qu'on se propose.

(Collection Moreau, n° 288, fol. 190.)

N° 16. — Du 1er janvier au 15 octobre 1768.

....

Pendant ce tems-là, le dépôt des chartes s'augmente tous les jours des collections faites par un certain nombre de travailleurs, qui, à peu de frais, fouillent dans les dépôts des églises et dans les archives des seigneurs particuliers.

Ces travaux purement littéraires n'effraient personne, parce que les recherches sont faites par des savans sans autre caractère que celui que leur donne la mission du Ministre; peu-à-peu ils gagnent la confiance; les Intendans des provinces les aident plustôt de leur crédit que de leur autorité.

Ces travailleurs sont un certain nombre de Bénédictins, qui, déjà employés par la congrégation de Saint-Maur, coûtent fort peu d'argent..... On peut y joindre quelques ecclésiastiques qui, en différens lieux, s'occupent de ces sortes de recherches, et sont en correspondance soit avec le Ministre, soit avec le gardien du dépôt qui travaille sous ses ordres.

C'est au moien de l'activité et de l'émulation qu'on trouve le moien de leur faire inspirer à peu de frais, qu'on a ramassé jusqu'icy : 1° 4,032 copies de chartes ; 2° plusieurs coppies de cartulaires très-anciens ; 3° des inventaires de titres de plusieurs abbaies, qui non-seulement désignent tous les titres, mais les décrivent et en contienent d'excellentes notices, d'après lesquelles on sera en état de faire copier tout ce qu'on voudra ; 4° des manuscrits précieux que quelques savans ont même donnés au dépôt. De ce nombre est l'abbé Joly. Dans le moment même, il est sur le point d'envoier un manuscrit de M. Dupuy, écrit de la main même de ce savant, sur l'origine des Parlemens. Cet homme de lettres, qui a été longtems employé par M. le chancellier Daguesseau, mériteroit une petite pension sur un bénéfice, et ne fût-elle que de 5 à 600 ^{tt}, elle le flateroit infiniment.

On a joint, cette année, à ces recueils 7 ou 800 titres originaux, triés avec soin par M. de Bréquigny dans le cabinet du sieur Blondeau de Charnage [1], et par lui remis au dépôt des chartes.

---

[1] Charles-François Blondeau de Charnage, généalogiste, mort en 1776. En 1755, 1769 et 1777, la Bibliothèque du Roi acquit un certain nombre de documents, la plupart peu intéressants, qu'il

....

Il est nécessaire de rendre compte de ce qui s'est passé sur le local du dépôt. Jusques à présent, faute d'une place et par œconomie, il avoit été gardé dans le cabinet même du dépositaire et sous ses yeux. Mais comme il grossissoit à vue d'œil, il devenoit de jour en jour nécessaire de lui trouver un autre lieu. Le Ministre a projetté plusieurs arrangemens qui devoient ensuite être présentés au Roy, mais ils n'ont eu aucun succès, parce qu'ils eussent été trop dispendieux.

C'est dans ces circonstances que le dépositaire, ayant été obligé de quitter l'appartement qu'il avoit et d'en louer un autre qui s'est trouvé moins grand, quoique beaucoup plus cher, dans lequel il n'a pu même placer ses livres, a été obligé de placer le dépôt des chartes à la Bibliothèque du Roy, dans un grand cabinet contigu à celui dans lequel se trouve desjà un dépôt de plus de 60,000 pièces, attaché au Ministère des finances. Ce dépôt des finances, assés analogue au dépôt des chartes, en ce que le premier contient toutes les loix relatives à la législation, à l'administration, à la jurisdiction du Roy, est desjà une collection importante à la connoissance de notre droit public, et comme l'un et l'autre dépôt est confié à la garde de la même persone, au moien de quoi cette disposition provisoire lui est d'autant plus commode que, dans un bureau situé dans la cour même de la Bibliothèque du Roy, le dépositaire de l'un et de l'autre emploie trois commis, dont il se sert pour la correspondance et pour coppier tous les mémoires.

Mais, pour plus de sûreté, il a fait placer dans ce cabinet même de grandes armoires grillées et fermantes à clé. C'est là que sont rangées dans des cartons toutes les copies de chartes et d'autres monumens qui ont déjà été recueillies. Ce dépôt peut rester là jusqu'à ce que les arrangemens pris pour [transporter] la Bibliothèque du Roy dans le Louvre aient été effectués, et que l'on ait pu donner un local plus vaste et plus commode à ce dépôt, qui se trouvera vraysemblablement alors considérablement augmenté.

Ce lieu, tel qu'il est même aujourd'hui, est assés grand pour contenir les collections qui ont été apportées de Londres par M. de Bréquigny et qui doivent être jointes au dépôt des chartes. En attendant, M. de Bréquigny travaille à en faire les tables.

---

avait réunis. Ceux d'entre eux qui sont signalés ici font partie de la Collection Moreau, n°s 1047-1051; les autres sont compris sous les n°s 26309-26484 du fonds français. Un inventaire sommaire en a été publié dans le *Cabinet historique*, 1877, 2e partie, p. 51-100.

On doit ajouter, en finissant, que la collection des chartes non imprimées que l'on rassemble au dépôt doit servir de complément au catalogue des chartes imprimées, dont le premier volume est sur le point de paroître. Ce qui en est desjà imprimé nous conduit presque jusqu'au xie siècle, et nous met en état : 1° de distinguer dans les chartes qui nous sont envoiées celles qui ont desjà été connues d'avec celles qui étoient ignorées jusqu'icy ; 2° de suppléer ce qui manque à celles qui n'ont été imprimées que par extrait ; 3° de confronter avec ces nouvelles coppies les chartes qui ont été imprimées en entier. Par là, on découvre quelques fois des erreurs importantes dans les transcriptions.

Tel est l'état actuel dans lequel se trouvent et le dépôt des chartes et les travaux littéraires destinés à l'enrichir.

(Collection Moreau, n° 288, fol. 196.)

N° 17. — Du 15 octobre 1768 au 15 mai 1769.

. . . .

Jusqu'icy on a tâché de mettre en mouvement les talens et la bonne volonté soit des religieux de la congrégation de Saint-Maur, soit de plusieurs autres savans, qui, par zèle pour le bien public, se sont prêtés au plan dont le Roy souhaite l'exécution. Le peu de fonds qu'il a destiné à ce travail a été exactement ménagé et n'a presque jamais été employé qu'à payer des déboursés. Mais, quoique l'on ait desjà ramassé une quantité immense de monumens placés dans le dépôt général des chartes, on n'a pu jusqu'ici mettre assés d'ordre et d'ensemble dans toutes les opérations, et cela faute d'avoir une carte générale qui indiquât l'universalité des dépôts qu'il s'agit de fouiller. Aujourd'hui le Ministre s'occupe plus que jamais du soin de former cette carte, et voicy les moyens qu'il y a employés.

Il a écrit, avec l'agrément du Roy, une lettre circulaire à tous MM. les Intendans des différentes généralités du Royaume et leur a envoyé une instruction, qui, distribuée à tous leurs subdélégués, a mis ceux-cy en état de former une nomenclature exacte de tous les dépôts de leur département. Ces différentes nomenclatures, receuillies par les Intendans et renvoyées ensuite au Ministre, forment aujourd'hui un corps de matériaux, qui s'augmente successivement tous les jours. En les comparant avec les différentes nomenclatures que l'on a desjà reçues des Bénédictins, on va être incessamment en état de rédiger par province et par subdélégation une table générale qui contiendra un état exact de toutes les différentes archives du Royaume. On annoncera dans cette table celles qui ont déjà été exactement dépouillées et les noms de ceux qui ont été chargés de ce travail. On fera connoître également celles qui n'ont été qu'imparfaitement examinées et celles qui n'ont pas même encore été abordées. C'est à l'aide de cette immense nomenclature que l'on pourra ensuite distribuer avec ordre des travailleurs dans toutes les provinces et prendre des mesures assurées pour n'être pas obligé de revenir à deux fois sur les mêmes objets.

Ce plan annonce un travail immense et de longues recherches, mais on doit se rappeller que, sans qu'il en coûte au Roy plus de 10,000 ₶ par année, il se trouvera, quelque jour, avoir réuni dans un des dépôts attachés à sa Bibliothèque royale : 1° des inventaires exacts de toutes les archives des Chambres des comptes de son Royaume; 2° des notices de toutes les chartes contenues dans toutes les archives qui luy appartienent et qui sont confiées à la garde de ses officiers; 3° des copies figurées de toutes les anciennes chartes renfermées dans les chartriers des églises, des communautés et des seigneurs.

Ce plan une fois exécuté, rien ne sera plus facile que l'étude de l'histoire et du droit public, car lorsque les savans auront toutes les facilités qu'ils pourront désirer pour s'instruire exactement des faits, ils ne seront plus tentés de s'égarer en composant des systèmes.

On doit regarder comme faisant partie du dépôt général des chartes la nombreuse collection que M. de Bréquigny a rapportée d'Angleterre, et dont il s'occupe à rédiger les inventaires et les notices. Ainsi il paroît nécessaire de constater l'identité de ces deux dépôts en ordonnant, par un arrêt du Conseil, que cette collection, avec un double des inventaires qui en seront faits, sera remise au dépôt général des chartes.

On a déjà dit que le premier volume du catalogue des chartes imprimées étoit sur le point d'être donné au public; la seule chose qui ait retardé jusqu'ici la publication de ce volume est la nécessité d'y joindre une préface instructive. On y travaille actuellement, et on y rendra compte et des recherches ordonnées par Sa Majesté pour perfectionner notre histoire et des succès qu'elles ont eus jusqu'icy.

(Collection Moreau, n° 288, fol. 206.)

41

LETTRE DE BERTIN AU DUC DE LA VRILLIÈRE.

10 novembre 1770.

J'ai l'honeur de vous envoyer, Monsieur le Duc, une copie de la lettre que j'ai écrite à M. Bignon, sur le projet de faire travailler aux notices des chartes renfermées dans la Bibliothèque du Roy. Vous y verrés que je n'ai compté prendre l'ordre de Sa Majesté sur ce que je pourrois faire donner à nos Bénédictins, qu'après que vous l'auriés pris vous-même sur la manière dont ils auroient communication des titres et manuscrits sur lesquels ils doivent travailler. J'attendrai donc, pour faire commencer cet ouvrage, que vous ayiés instruit M. Bignon de vos intentions. J'ai offert le secours de nos travailleurs; il sera prest dès que vous l'aurés accepté et que je pourrai leur prescrire la manière dont ils doivent se conduire.

Je suis, etc.

BERTIN.

(Archives nationales, AB⁵.)

42

LETTRE DE BERTIN À BIGNON, BIBLIOTHÉCAIRE DU ROI.

Novembre 1770.

Je connois, Monsieur, tous les soins que l'on se donne sous vos ordres pour mettre en ordre tous les manuscrits de la Bibliothèque du Roy, et j'ignore s'il en existe des catalogues. Mais parmy les richesses que cette Bibliothèque contient, il est un genre de manuscrits qui intéresse le département que le Roy m'a confié : ce sont les chartes originales, dont elle renferme une multitude immense. Pour hâter le travail dont le Roy m'a chargé, j'ai cru que vous trouveriés bon que je vinsse au secours de vos travailleurs, et je ne prendrai sur cela l'ordre de Sa Majesté qu'après avoir sçu ce que vous penseriés de ma proposition. Je voudrois faire faire incessament, par un ou deux Bénédictins très-habiles que je destine à ce travail, des notices exactes et détaillées de toutes les chartes que renferme la Bibliothèque du Roy. Ce travail peut être long, mais vous sentés combien il sera utile. Je vous prie, Monsieur, de me faire part de votre avis sur mon projet et de me mander en même tems s'il sera nécessaire que mes Bénédictins travaillent dans la Bibliothèque même, ce qui seroit très-incommode dans l'hyver, ou si l'on pourroit leur confier, toutes les semaines, sous leur récépissé, une liasse de chartes comptées, qu'ils remettroient ensuite à M. Béjot[1], lorsqu'ils en auroient fait le dépouillement. Je crois, Monsieur, seconder votre zèle en imaginant ce moyen d'avancer le travail qui vous est confié. Les frais que coûteront ces notices regarderont uniquement mon département, et vous pourrés, pour faciliter vos catalogues, vous procurer un double du travail de nos Bénédictins.

Notre dépôt des chartes, Monsieur, n'est ni ne peut être étranger à la Bibliothèque du Roy; il est même destiné à l'enrichir quelque jour, et pour vous prouver que je n'en négligerai aucunes occasions, j'ai l'honeur de vous prévenir que je compte dès à présent vous faire remettre un manuscrit très-précieux qui lui manque; c'est l'ancien manuscrit de Frédéguaire[2], qui a été donné à notre dépôt par M. de Lauraguais[3]. J'ai commencé par le faire examiner par M. de Bréquigny, qui ne doute ni de son authenticité, ni de son antiquité, et j'ai conservé seulement les notices qu'il en a faites. M. Moreau vous le portera de ma part, et je vous prierai alors de vouloir bien et lui en donner une décharge et m'en accuser la réception.

Je suis, etc.

BERTIN.

(Archives nationales, AB⁵.)

43

RÉPONSE DU DUC DE LA VRILLIÈRE À BERTIN.

15 novembre 1770.

Je connois trop bien, Monsieur, l'importance de l'ouvrage dont le Roy vous a chargé pour n'être pas flatté de contribuer à sa perfection, en tout

---

[1] François Béjot, né à Montdidier le 14 septembre 1718, mort à Paris le 31 août 1787, membre de l'Académie des inscriptions, censeur royal, garde des manuscrits de la Bibliothèque du Roi, un des principaux rédacteurs du catalogue de 1744.

[2] Ce manuscrit porte le n° 10910 du fonds latin de la Bibliothèque nationale; il est du VII° ou du VIII° siècle et avait fait partie de la célèbre collection du collège de Clermont.

[3] Louis-Léon-Félicité, duc de Brancas, comte de Lauraguais, pair de France, chevalier de la Toison d'or et lieutenant général des armées du Roi, membre libre de l'Académie des

ce qui poura dépendre de moy. Je suis bien persuadé que vous n'en avés confié le soin qu'à des personnes sages et éclairées. Ainsy je viens d'écrire à M. Bignon de donner à ceux qui seront porteurs de vos ordres toutes les facilités que l'on poura, pour rendre leur travail plus facile, et de leur confier sous récépissé les titres et chartes originales dont ils pouront avoir besoin.

J'ay l'honneur, etc.

Le Duc de la Vrillière.

(Collection Moreau, n° 296, fol. 27.)

44

LETTRE DE BERTIN À DOM TURPIN ET DOM HERMANT [1].

30 juin 1771.

Votre Général vous ayant présentez pour être chargez d'un travail que je crois important au progrès de l'histoire et du droit public, je vous envoye, mes Révérends Pères, les instructions qui doivent vous guider et auxquelles j'espère que vous vous conformerez.

Il est question de dresser un inventaire raisoné et composé de notices exactes de toutes les chartes renfermées à la Bibliothèque du Roy.

Parmy ces monumens anciens, il y en a un grand nombre qui ont été publiez par des savans; ces titres, desjà connus, n'ont pas besoin de notices, et, pour rendre général votre inventaire, il suffira d'y insérer le titre de ces pièces, en avertissant qu'elles sont desjà connues et indiquant, si faire se peut, les auteurs qui les ont données au public.

Quant aux chartes que l'on ne connoît point encor ou dont tout au plus on ne connoîtroit que le titre inséré dans le catalogue des manuscrits de la Bibliothèque du Roy, vous joindrez à ce titre : 1° une description du matériel de la charte, de sa forme, du sceau qui y est attaché, de l'écriture et des altérations qu'elle peut avoir souffertes; 2° une notice de ce qu'elle contient, où vous aurez soin d'insérer la date du tems et du lieu, les noms des per-

---

sciences. Bibliophile éclairé, M. de Lauraguais avait formé une riche bibliothèque : il dut la vendre pour refaire en partie sa fortune compromise.

[1] Dom Claude-François Turpin, né à Paris vers 1731, d'abord chargé de travailler à l'histoire du Berry, plus tard membre du Comité des chartes. Dom Raymond Hermant, né à Beauvais vers 1741.

sones qui y parlent ou qui y paroissent comme témoins, et un extrait succinct des dispositions qu'elles renferment. Vous pourrez y joindre vos observations sur la chronologie, sur la topographie et sur les usages dont ces titres font preuve.

Pour exécuter ce travail, on vous confiera à l'un et à l'autre, sous votre récépissé, un certain nombre de chartes dont vous vous partagerez entre vous deux le dépouillement, et lorsque le travail sera fini, vous reporterez à la Bibliothèque du Roy les pièces que l'on vous aura confiées, et l'on vous en confiera de nouvelles, sous un autre récépissé, qui sera échangé contre le précédent.

A mesure que vous avancerez l'inventaire et les notices dont il s'agit, vous en remettrez les cahiers à M. Moreau, préposé à la garde de notre dépôt général des chartes, avec qui vous pourrez conférer sur tous les détails qui peuvent concerner votre travail. Je seray fort aise aussy que vous me rendiez quelquefois compte et de votre ouvrage, et des découvertes qu'il vous procurera; ce sera une occasion pour moy de vous en témoigner ma satisfaction.

Je vous envoye deux lettres, l'une pour M. Bignon, l'autre pour M. Béjot; vous les leur remettrez de ma part. Vous prendrez les ordres du premier, vous vous arrangerez avec le second. Je me charge des petits frais de papier et de copistes qui vous seront nécessaires, et pour lesquels vous vous adresserez à M. Moreau. Cette lettre et ces instructions vous seront remises par le Père Général; car c'est principalement de leur Supérieur que de bons religieux doivent recevoir leur mission, et je vous connois assez pour être persuadé qu'en faisant passer par lui tout ce que j'ay à vous dire, je me conforme à vos vues et je pars d'après vos maximes.

Je suis, etc.

BERTIN.

(Collection Moreau, n° 295, fol. 187.)

45

LETTRE DE BERTIN À BIGNON [1].

30 juin 1771.

Dom Turpin et dom Herman, religieux de la congrégation de Saint-

[1] La lettre écrite par Bertin à Béjot, pour lui recommander dom Turpin et dom Hermant, est conçue dans le même sens. Elle est conservée dans la Collection Moreau, n° 295, fol. 188.

Maur, m'ont été présentez, Monsieur, par leur Supérieur général, pour travailler au dépouillement et aux notices des chartes ancienes qui se trouvent à la Bibliothèque du Roy. Vous vous rappellez que Sa Majesté vous a fait donner par M. le duc de la Vrillière la permission de les leur confier sous leur récépissé. Comme le travail dont ils doivent s'occuper est dans mon département, je vous les présente comme deux hommes dignes de votre estime et de vos bontez. Je leur ay prescrit de recevoir d'abord vos ordres, et de s'arranger ensuite avec M. Béjot pour le nombre de chartes qu'ils recevront à la fois. On ne leur en remettra de nouvelles qu'en recevant d'eux celles dont ils se seront d'abord chargez. Les notices raisonées qu'ils dresseront de ces titres, en enrichissant notre dépôt général des chartes, tourneront aussy au profit de la Bibliothèque du Roy, pour qui vous pourrez, Monsieur, en faire faire des copies. Je connois votre zèle pour le progrès des connoissances littéraires, et je suis bien persuadé que cet arrangement méritera votre suffrage, intéressera votre zèle et sera protégé par vos soins.

Je suis, etc.

BERTIN.

(Collection Moreau, n° 295, fol. 189.)

46

RAPPORT DE MOREAU AU COMITÉ
SUR L'ÉTAT ET LES PROGRÈS DE LA COLLECTION DES CHARTES.

Mars 1774.

Pour mettre le Ministre en état de décider sur les questions qui peuvent être relatives au progrès de l'entreprise littéraire qui nous réunit, il est avant tout nécessaire d'en indiquer le but, et de mettre sous vos yeux les différens moyens par lesquels on a cru y atteindre.

L'objet que le Ministre s'est proposé a été d'ouvrir un chemin facile à tous ceux qui doresnavant voudroient étudier l'histoire et le droit public de la France. Ce qui rend ce travail difficile est principalement la recherche des monumens. 1° Il faudroit d'abord savoir où ils sont, et on ne le sait pas. 2° Quand on le sauroit à-peu-près, ils sont si dispersez, si éloignez les uns des autres, que c'est l'ouvrage de la vie que de se les procurer tous. Ainsi la vie se passe à faire des recherches; l'auteur meurt à la peine; son successeur ne connoît pas son plan; l'ouvrage avorte. S'il pouvoit y avoir un magasin commun et à portée des savans, qui réunît ou la multitude innombrable des monumens qu'il faut consulter, ou du moins un état, un catalogue, une nomenclature qui les indiquât tous par ordre, il resteroit sans doute la peine du travail, mais on n'auroit plus l'embaras de la recherche et l'incertitude du succès; on sauroit du moins où porter ses pas.

Réunir dans un même dépôt tous les monumens historiques de la France est une chose impossible; mais le Ministre a voulu essayer s'il le seroit également de rassembler une espèce de carte générale de ces monumens, quelque chose qui les représentât, en un mot, un état général d'après lequel les savans pussent connoître leur route et n'avoir plus qu'à vérifier l'exactitude des recherches que l'on auroit commencé à faire pour eux. C'est cette idée qui a donné lieu à l'établissement d'un dépôt général des chartes. Il n'est peut-être encor qu'à son berceau : notre établissement est peut-être encor très-imparfait, et c'est pour le perfectioner que le Ministre vous rassemble.

Vous voyez, Messieurs, que le dépôt général des chartes doit être une espèce de représentation de tous les dépôts du Royaume. On doit y trouver le nom et la nomenclature de toutes les archives, des renseignemens sur leur état actuel et sur le progrès des recherches qu'on y aura desjà faites, des copies des pièces les plus intéressantes qu'elles renferment, et des états ou inventaires de toutes celles que l'on n'aura pas copiées. Et, à cet égard, j'auray l'honeur de vous indiquer dans ce moment une différence essentielle qu'il faut faire entre les archives royales et les chartriers particuliers. Si ce dépôt général existoit tel que je l'ay conçu, j'ose dire que l'étude de l'histoire ne coûteroit presque plus rien, et que nous aurions commencé par en arracher toutes les épines.

Ce projet étoit, comme vous le voyez, Messieurs, digne d'un grand Ministre, mais il faut convenir que, pour en avancer l'exécution, il sembloit exiger de très-grandes dépenses. Eh bien, Monsieur le Ministre qui nous rassemble l'a entreprise avec les fonds les plus modiques. Et nous avons au moins esquissé l'ouvrage, nous sommes en état d'employer utilement ce que nous avons et de voir croître un jour nos richesses en raison de nos ressources (voicy celles que nous avons aujourd'huy), et de joindre ce que nous pouvons faire à ce qui a desjà été fait. Notre objet étant de réunir tous les monumens et de la législation et de l'administration françoise, et de connoître tous les titres qui peuvent conduire à la connoissance de l'antiquité, il faut d'abord regarder comme nous appartenantes, et du moins comme faisant partie des matériaux que nous rassemblons, les deux collections desjà fort avancées et que l'on continue sous les yeux du Gouvernement. L'une est la collection des *Ordonnances* qui s'imprime au Louvre, l'autre, le *Receuil des historiens de France*.

Pour remplir l'intervalle qui s'est écoulé entre les derniers capitulaires que nous connoissions et les premières ordonnances de nos Roix de la 3e race, nous n'avons que deux espèces de monumens :

Les uns sont ceux que M. Howard[1] a receuillis dans deux excellens ouvrages de sa façon, dont un seul a vu le jour. Ce savant a prouvé que Rollon et ses successeurs, établis en Normandie avant l'entière décadence de la 2e race, y avoient conservé les usages et les loix que l'on suivoit sous cette 2e race, et qu'on retrouvoit les uns et les autres dans les loix anglo-normandes qu'a receuillies Littleton[2]. Ce receuil est donc très-intéressant pour nous faire connoître le droit public de la France depuis Charles le Chauve jusqu'à Hugues Capet.

La 2e espèce de monumens, les autres titres qui viennent à notre secours, sont cette foule innombrable de chartes et d'actes de toute espèce qui nous sont restés du régime féodal. Ces actes ont été conservez dans les chartriers soit des églises et monastères, soit des anciennes maisons.

La pluspart de ces dépôts ont desjà été visitez et dépouillez par tous nos savans antiquaires ou diplomatiques qui se sont livrez à ce genre de travail. Mais comme chacun d'eux avoit son objet et son but particulier, la recherche n'a pas été générale et le dépouillement n'a pas été entier.

---

[1] David Houard, né à Dieppe le 26 février 1725, mort à Abbeville le 15 décembre 1802, membre associé de l'Académie des inscriptions, s'occupa particulièrement de la Coutume de Normandie, à laquelle il consacra plusieurs ouvrages. Moreau fait allusion ici à celui d'entre eux qui a pour titre : *Anciennes lois des François conservées dans les coutumes angloises,* recueillies par Littleton, avec des *Observations historiques et critiques,* etc., Rouen, 1766, 2 vol. in-4°. Une 2e édition de cet ouvrage parut en 1779. Houard copia pour le dépôt des chartes diverses pièces des archives municipales de Dieppe et du prieuré de Longueville-en-Caux ; il envoya aussi à ce dépôt une copie du cartulaire de Saint-Laurent d'Envermeu, qui porte le n° 10058 du fonds latin à la Bibliothèque nationale.

[2] Francis Littleton, jurisconsulte anglais, né à la fin du xive siècle à Frankley (Worcester), mort le 23 août 1481, dont Houard publia les *Anciennes lois des François,* ainsi que l'indique la note précédente.

Pour réunir tout ce qui a résulté de ces travaux si variez, M. Secousse d'abord, après lui M. de Sainte-Palais et enfin M. de Bréquigny ont commencé par former l'immense catalogue de toutes les découvertes desjà faites. Cet ouvrage s'imprime; il fait desjà une partie précieuse de notre collection, et M. de Sainte-Palais a eu la bonté d'en donner les matériaux au Roy; mais ce catalogue fait mieux encor : il sert de guide à nos travailleurs pour distinguer les chartes qui ont desjà été publiées de celles qui jusqu'à présent étoient restées dans la poussière et dans l'oubli.

Ce sont principalement ces monumens inconnus et oubliez, à la recherche desquels le Ministre souhaite de mettre tout le plus de savans qu'il pourra, et ce sont ces savans eux même qui, enrichissant tous les ans notre dépôt, le mettront peu-à-peu en état de remplir sa destination.

En joignant au dépouillement desjà fait tous ceux qui nous restent à faire, on se mettoit peu-à-peu en état de former pour la France un receuil infiniment plus précieux que n'est celui de Rimer pour l'Angleterre.

Mais, pour en venir là, il falloit un centre à l'ouvrage, et le dépôt général des chartes est maintenant ce centre.

En 1763, la congrégation de Saint-Maur offrit au Ministre ses services. Elle promit des doubles de tous les monumens que ses travailleurs découvriroient; elle ne demanda que le remboursement de leurs déboursez, et le Roy destina 4,000 ₶ par an à cette dépense.

Cet exemple ayant été suivi par quelques gens de lettres, trois ans après, le Roy augmenta ce fonds médiocre d'une somme de 6,000 ₶, également employée non à payer les recherches des savans, mais à les mettre en état d'en faire transcrire les résultats.

Pour remplir l'idée que j'ay voulu donner plus haut de notre dépôt général et pour le mettre en état de représenter un jour en petit toutes les archives du Royaume, dont il doit être la table et l'indice, on a commencé par se procurer une nomenclature générale de tous les dépôts du Royaume. Elle a été dressée en vertu des ordres du Roy et par les soins des Intendans des provinces. Il s'en faut bien qu'elle soit encor parfaite, mais on s'occupe du soin de lui donner sa dernière forme.

Elle sera divisée par provinces et par subdélégations, et on sera en état d'écrire à côté de chaque dépôt et ce que l'on a fait par raport à lui, et ce qui reste encor à faire.

Cette nomenclature générale sera la table universelle qui, en indiquant les noms de toutes les archives du Royaume, indiquera en même [tems] le nombre et la place des boëtes ou des cartons destinez à donner une idée de chaque dépôt particulier, d'en annoncer ou d'en représenter même les richesses.

Mais les dépôts dont il s'agit sont de deux espèces, et cette différence en produira une dans la représentation de chacun.

Il y a des archives royales; le Roy en est le propriétaire et ses officiers en sont gardiens. Ces sortes d'archives ne sont point exposées au danger d'être spoliées ou dissipées comme celles des particuliers. Il suffit donc que le dépôt général des chartes renferme des inventaires fidèles et entiers de tous ces dépôts; une suite de notices des titres qu'ils renferment nous suffit.

Tels sont les dépôts des Chambres des comptes, des autres Compagnies supérieures, des bureaux des finances, des greffes des hôtels-de-ville, etc.

Aussy avons-nous cherché à nous procurer les inventaires des Chambres des comptes; nous en avons desjà plusieurs, et nous ne perdons point de vue cet objet, ainsi que celui des catalogues de tous les dépôts royaux que nous travaillons à faire copier.

Les autres dépôts sont les chartriers des églises et des chapitres, ainsi que des seigneurs particuliers. Ces titres peuvent être transportez, dissipez; tous les jours, on en trouve de précieux dans des mains qui n'ont aucun intérêt à leur conservation. Pour tous ces titres, le Ministre en a donc ordonné la transcription.

Voicy donc, Messieurs, le résumé de tout ce qui composera notre dépôt :

1° Une nomenclature générale de toutes les archives du Royaume ;

2° Chacun de ces dépôts en petit et représenté, les Chambres des comptes et autres archives royales par des catalogues fidèles et par des notices exactes; les archives particulières, par des boëtes ou cartons qui contiendront des copies figurées de toutes les pièces qui mériteront l'attention.

Ainsi dans le dépôt général, si l'on ne trouve pas toutes les pièces dont on peut avoir besoin pour s'instruire de l'histoire et du droit public de chaque province, on connoîtra du moins et le titre de ces pièces et le lieu où on est sûr de les trouver.

On joindra à cela un catalogue général de tous les titres qui seront ou indiquez ou copiez en entier dans le dépôt : j'ay un homme que m'a donné M. Béjot, de la Bibliothèque du Roy, et qui travaille à nos notices [1]. J'en ay aporté icy quelques-unes, afin, Messieurs, que vous jugiez si elles sont bien faites.

Je dois ensuite vous parler de nos travailleurs, pour vous engager à suggérer au Ministre des moyens de les augmenter, et des questions qu'ils nous font sur leur manière de procéder, afin que, par la solution de ces questions, vous puissiez nous aider à perfectioner l'ouvrage.

La congrégation de Saint-Maur nous fournit aujourd'hui beaucoup moins de travailleurs qu'elle ne le pourroit.

Nous avons aujourd'hui dom Grenier; on peut justement le mettre à la tête des savans Bénédictins qui nous aident. Dom Fonteneau [2], à Saint-Jean-l'Angeli, paroît s'être condamné à l'inaction, mais pour un tems seulement : il sera possible de réveiller son zèle. Dom Quincer [3] ne les vaut pas à beaucoup près, mais il parcourt les abbayes de Flandre, et envoye, tous les ans, au moins 600 copies de chartes; il est vray qu'il faudra un peu revoir sa besogne. Il a beaucoup d'ardeur, mais peu de critique.

Je ne mets pas en ligne de compte dom de Vienne [4], à Bordeaux. Dom Col, à Limoges, travaille pour les particuliers qui le payent; dom Le Noir,

[1] Peut-être Glier, dont il est fait mention p. 158.

[2] Dom Léonard Fonteneau, né à Jully, diocèse de Bourges, fournit sur le Poitou au Comité des chartes une quantité considérable de documents antérieurs à l'an 1140. Ces documents ont été disséminés dans la première partie des chartes et diplômes de la Collection Moreau. Les manuscrits de dom Fonteneau conservés à la bibliothèque de Poitiers forment quatre-vingt-neuf volumes, dont vingt-neuf volumes de chartes : la Bibliothèque nationale possède une copie de ces derniers, sous les n°ˢ 18376-18404 (fonds latin). M. Paul de Fleury a donné un dépouillement sommaire de la Collection Fonteneau dans son *Inventaire des manuscrits de la bibliothèque de Poitiers*, p. 43 et suivantes. M. Redet a publié une *Table des manuscrits de D. Fonteneau*, et un supplément, qui contiennent le catalogue chronologique des vingt-neuf volumes de chartes, Poitiers, 1839 et 1855, in-8°.

[3] Dom J.-B. Queinsert, né à Bapaume, profès à Saint-Faron de Meaux, le 29 juillet 1733, à l'âge de vingt ans, fut chargé d'explorer les archives d'Artois, de Flandre, du Hainaut et de Picardie. Il recueillit environ six mille documents, qui sont disséminés dans le recueil des chartes et diplômes de la Collection Moreau et dans la Collection Grenier, notamment dans les n°ˢ 60, 150, 249-251.

[4] Dom Charles-Jean-Baptiste d'Agneaux de Vienne, historiographe de Bordeaux, né à Paris en 1728, mort en 1792, n'envoya rien au dépôt des chartes.

très-savant, paroît uniquement occupé de son histoire de Normandie; dom Villevieille [1], à Dijon, s'est refroidi [2].

J'ay vu le P. Général; il nous promet de nous nommer, à la Pentecôte, un grand nombre de sujets qu'il fait actuellement examiner, et dont il sera sûr. Mais il demande que l'on donne à ce travail une espèce de publicité qui encourage les religieux, et une méthode uniforme qui puisse le mettre lui-même à portée de donner des ordres dans ses maisons. Pour cela, il avoit proposé de faire imprimer une espèce de prospectus qui auroit non-seulement contenu les instructions particulières que doit suivre chaque religieux, mais le plan et le but général auquel ils se croiroient tous appellez. Il promet de distribuer lui-même ce prospectus, et comme il compte que la Congrégation se tiendra fort honorée de cette espèce de mission, il est persuadé que l'émulation de tous ses membres se trouvera réveillée et produira des fruits qu'elle n'a point rendus jusqu'aujourd'hui.

Cette proposition mérite d'autant plus d'attention qu'il entre dans le système du P. Général de payer lui-même ses religieux, en sorte que ce que le Roy aura à fournir sera très-modique. Jusqu'à présent, ce qui a nui au progrès de la besogne, c'est que les religieux demandoient, outre les déboursez qu'occasione le travail, des frais de voyages, de chevaux, de nourriture, etc. Le P. Général se chargera de tout cela, et le travail se multipliera sans que nos frais augmentent.

D'ailleurs, le moyen d'ôter toute espèce de défiance aux corps et aux particuliers dont on veut fouiller les archives est de prouver bien clairement que c'est icy une entreprise purement littéraire, et tout le monde en sera bien persuadé, lorsqu'on verra que les Bénédictins y ont la principale part.

Outre les religieux, nous avons encor quelques savans que nous occupons à plus ou moins de frais.

---

[1] Dom Jacques-Joseph Villevieille, né à Nuits le 23 septembre 1736, mort à Paris le 2 septembre 1820. Sa vie et sa correspondance ont fait l'objet d'une intéressante étude, publiée en tête du *Trésor généalogique*, t. I, Paris, 1875, par MM. Henry et Alphonse Passier. Les manuscrits de dom Villevieille et les chartes originales qu'il avait recueillies et qui sont conservées à la Bibliothèque nationale y forment, avec les papiers de dom Caffiaux, un ensemble de cent soixante volumes.

[2] On peut voir, dans la biographie de dom Villevieille par MM. Passier, les causes de ce refroidissement. Les fonds promis par Moreau étaient rarement et tardivement envoyés, ou ils étaient insuffisants. Les lettres des autres Bénédictins contiennent souvent, à ce sujet, des réclamations semblables.

Nous avons à Dieppe ce M. Howard dont j'ay desjà parlé; jusqu'à présent il n'a rien coûté.

A Besançon, M. Droz [1], conseiller au Parlement et secrétaire de l'Académie, nous a fourni la majeure partie des monumens qui peuvent éclairer sur l'histoire et sur le droit public de Franche-Comté. Le Ministre leur a fait obtenir un petit secours sur la province, qui, joint à environ 700 à 800₶ que nous donnons par an, nous a desjà procuré un très-grand nombre de volumes.

Nous avons à Cambray M. Mutte [2], doyen du chapitre et ami de Sainte-Palais, qui nous a desjà envoyé une grande partie des chartes de son église.

Nous avons enfin à Clugny M. Lambert de Barive [3], occupé à nous dépouiller les archives de ce monastère; à Troyes, M. Grolé [4] et dom Maréchal [5], occupé à l'histoire de cette province.

De tous nos travaux depuis plusieurs années, il a résulté environ huit à neuf mille chartes, indépendamment de plusieurs cartulaires [6] et d'un grand nombre d'inventaires que nous avons fait copier.

Celuy qui dépouille actuellement les archives de Clugni a fait sur son travail et sur la méthode qu'il doit y suivre plusieurs questions qu'il s'agit

---

[1] François-Nicolas-Eugène Droz, né à Pontarlier le 4 février 1735, mort à Saint-Claude le 13 octobre 1805, secrétaire perpétuel de l'Académie de Besançon, fut le plus actif collaborateur de Moreau. Aidé de dom Roux, de dom Charles et de dom Grappin, il envoya, outre les pièces disséminées aujourd'hui dans la collection des chartes et diplômes, des copies qui, sous le titre de Collection Droz, forment quarante-quatre gros volumes (n°s 862-905 de la Collection Moreau). M. Ulysse Robert en a donné le dépouillement dans son *Catalogue des manuscrits relatifs à la Franche-Comté qui sont conservés dans les bibliothèques publiques de Paris*, Paris, 1878, p. 195-222.

[2] Mutte avait recueilli les anciennes chartes relatives à la cathédrale de Cambrai longtemps avant 1774, c'est-à-dire avant ce rapport.

[3] Lambert de Barive, avocat, consacra plus de vingt années au dépouillement des chartes de Cluny et fournit au Cabinet des chartes les copies de plusieurs milliers d'actes dont les originaux sont perdus. Une partie de ces actes, qui n'avait pas été envoyée à Moreau, est entrée à la Bibliothèque nationale en 1855. Ce sont les n°s 8990, 9090-9092 et 9884 du fonds latin.

[4] L'érudit Pierre-Jean Grosley, qui ne paraît pas avoir fourni une contribution bien importante au Cabinet des chartes.

[5] Dom Mareschal dépouilla les chartriers du prieuré de Saint-Julien de Sézanne, des établissements civils et religieux de Bar-sur-Aube, du prieuré de Belleroy et celui du seigneur de la Bande.

[6] Les principaux cartulaires dont la copie est due aux collaborateurs du Cabinet des chartes sont, outre celui de Saint-Laurent d'Envermeu, cité plus haut (p. 138, n. 1), celui de Saint-Lô de Bourg-Achard, transcrit par les soins de dom Probst, ms. latin n° 9212, ceux de Morienval et de Saint-Quentin-en-l'Île, n°s 9987 et 10116 du fonds latin, celui de l'abbaye de Buillon, qui est dans le n° 332 de la Collection Moreau, et les cartulaires franc-comtois dans la Collection Droz.

de résoudre, et dont la solution pourra fournir une règle générale pour tous ceux qui sont chargez de la même besogne que luy.

En effet, le Ministre ayant demandé que dans tous les dépôts particuliers, tels que ceux des églises, on copiât en entier toutes les pièces, la première question qu'il s'agit de décider est de savoir jusques à quelle époque on doit tout copier. Le Ministre avoit d'abord cru qu'il étoit important de tout copier jusqu'au règne de Philippe-Auguste et à l'année 1223. M. de Barive observe que la multitude des pièces antérieures à cette époque est telle à Clugny, qu'il faudroit qu'il passât sa vie à ce travail, et que d'ailleurs cette multitude ne paroît pas rendre ce que l'on en attend.

Il propose de faire de toutes ces pièces des extraits, dont il a desjà envoyé plusieurs cahiers. Il s'agit d'examiner ces extraits et de décider s'ils remplissent l'intention du Ministre.

Je propose donc pour cette conférence deux questions, sur lesquelles je prie le Ministre de donner des ordres :

1° Quel est le moyen d'augmenter le nombre de nos travailleurs et que dois-je répondre aux propositions du P. Général des Bénédictins? Peut-on donner à l'entreprise un peu plus de publicité et d'authenticité? Doit-on le mettre en état de distribuer à ses religieux un prospectus?

Je dois observer en même tems que, quoique notre entreprise soit protégée par le Roy, qui a même donné une maison pour placer notre dépôt, nous n'avons aucun titre en règle pour son établissement, rien qui puisse le mettre en état de réclamer des secours.

2° Si le Ministre prend ce parti, il me semble qu'il faudra refondre dans ce prospectus les instructions nécessaires et y faire entrer la solution de la deuxième proposition que je propose :

Dans les dépôts particuliers, jusqu'à quelle époque doit-on copier, et doit-on tout copier?

(Collection Moreau, n° 285, fol. 110.)

47

MÉMOIRE DE BERTIN À LOUIS XVI
SUR LES DÉPÔTS ET COLLECTIONS DE CHARTES ET LES TRAVAUX QUI EN DÉPENDENT.

1774.

Sur l'état de mes départemens, Votre Majesté trouvera les dépôts et collections de chartes tant manuscrites qu'imprimées et les travaux ordonnez en différens lieux par le Roy à ce sujet.

Il faut expliquer à Votre Majesté l'objet et la nature de cette partie de mon administration.

L'histoire est une des sciences que nos Roix, depuis François Ier, ont toujours regardée comme très-intéressante pour leur gouvernement, et dont ils ont cru devoir hâter les progrès. Cette science tient à celle de la législation, car elle fournit au législateur les faits qui peuvent l'instruire et les matériaux qui peuvent l'aider. Le droit public d'un État n'est même autre chose que l'histoire de sa constitution combinée avec les principes du droit naturel que Dieu donna à toutes les sociétez. L'histoire et le droit public d'une nation sont appuiés sur des monumens. Il a fallu les rassembler pour connoître, et il étoit nécessaire de connoître avant que d'agir.

En matière de gouvernement, la connoissance des faits étoit même d'autant plus importante que l'on a toujours vu les grandes erreurs être les avant-coureurs des grands désordres, et que ceux qui ont voulu troubler les États ont toujours commencé par tromper les peuples.

On appelle du nom général de *chartes* tous les diplômes et actes publics par lesquels, dans tous les siècles de la monarchie, les Roix, les princes, les évêques et les seigneurs ont rendu leurs volontez publiques. Ainsi une collection générale de ces sortes de monumens seroit le plus précieux trésor littéraire que l'on pût acquérir.

Voicy en peu de mots ce que le feu Roy a fait pendant son règne pour augmenter nos richesses diplomatiques :

1° Il a fait exécuter deux grands ouvrages, qui se continuent encor par les soins des savans qui y sont employez.

L'un est le receuil de toutes les ordonnances de nos Roix, qui s'imprime au Louvre; l'autre est la collection de tous les auteurs qui, à commencer dès l'origine de la monarchie, ont écrit sur l'histoire de France.

2° Par les ordres de S. M., un savant a été chargé de former le catalogue immense de tous les titres et monumens receuillis et découverts depuis la renaissance des lettres par tous les auteurs qui se sont occupés de recherches sur l'antiquité. Ce catalogue, continué par d'autres savans, s'imprime actuellement au Louvre par l'ordre du Roy.

3° Le Roy a ordonné que l'on recherchât dans toutes les archives et dépôts de son Royaume tous les anciens monumens d'histoire, de législation et de droit public qui étoient encor inconnus, soit dans les archives royales, soit dans celles des églises et des particuliers. Il a même envoyé en Angleterre un homme de lettres qui en a remporté des copies de tous les titres qui pouvoient avoir été autrefois enlevez de nos provinces, lorsque les Anglois en furent chassez. Ce dernier travail, dont je suis particulièrement chargé, s'exécute à peu de frais. On y emploie en effet le zèle et l'activité d'un grand nombre de savans désintéressez, et notamment ceux des Bénédictins de la congrégation de Saint-Maur, qui, sous les ordres de leur Général, sont chargez d'une partie de ces recherches et ne reçoivent que leurs déboursez et les petites dépenses de leurs voyages.

Ce dépôt, placé dans une maison louée par les ordres du feu Roy et destinée également aux archives de mon département, doit être un magasin qui renfermera et des indications sûres de tout ce qu'il y a de précieux dans les chartriers appartenans à S. M., et des copies de tous les monumens utiles que peuvent renfermer les chartriers particuliers. La garde et la direction en sont confiées au s^r Moreau, conseiller au Parlement de Provence, bibliothéquaire de la Reine et premier conseiller de Monsieur.

Indépendamment du loyer de la maison et des appointemens du dépositaire, le Roy destina à ce travail, en 1763, une somme de 4,000^{tt} par an, et deux ans après y joignit 6,000^{tt}, en sorte que depuis 1766 une entreprise aussy utile coûte à S. M. 10,000^{tt} par an, employez aux frais de voyages et de copistes des savans qui s'en occupent.

Ces secours ont été ménagez avec le plus grand soin, et quoique l'on ait desjà réuni dans le dépôt des chartes une très-grande quantité de richesses diplomatiques, parmy lesquelles je dois compter une copie des regîtres *Olim* du Parlement à laquelle je fais travailler, on a en caisse au moins

40,000ᵗᵗ, qui, à mesure que nous trouverons des ouvriers, doivent servir à multiplier le travail.

Cette idée générale, à laquelle je joindray par la suite tous les détails que S. M. demandera, peut suffire aujourd'hui pour mériter à cet établissement et au travail qui en est l'objet l'approbation et la protection de S. M.

(Collection Moreau, n° 309, fol. 102.)

48

LETTRE DE BERTIN AU P. GÉNÉRAL DES BÉNÉDICTINS DE LA CONGRÉGATION DE SAINT-MAUR.

27 août 1774.

Il y a longtems que vous m'avez promis, mon Révérend Père, de m'envoyer un état de tous les savans religieux qui, dans la congrégation de Saint-Maur, s'occupent à des travaux littéraires et particulièrement aux différentes histoires de nos provinces. Vous m'aviez également fait espérer que vous y joindriez une liste de ceux qui, n'ayant actuellement aucune occupation de ce genre, seroient disposez à se livrer aux recherches diplomatiques qui ont rendu vos savans si célèbres dans la République des lettres. Je désirerois fort mettre sous les yeux du Roy ce double état. Ne craignez pas qu'en cherchant à réveiller dans votre Congrégation cet esprit des bonnes études, on y affoiblisse jamais l'esprit religieux et la discipline intérieure dont le maintien vous est confié. Jamais il n'y a eu parmy ses membres plus de bons religieux que lorsqu'ils étoient presque tous savans, et ils n'ont jamais été plus soumis à leurs Supérieurs que lorsqu'ils ont été tous occupez. C'est avec vous, mon Révérend Père, que je conféreray sur les moyens de concilier et le travail et la subordination. Vous jugerez vous-même de nos plans et vous disposerez des ouvriers que vous nous présenterez.

Je suis, etc.

BERTIN.

(Collection Moreau, n° 295, fol. 286.)

49

MÉMOIRE DE DOM BERTHOD[1] SUR LES BÉNÉDICTINS DE LA CONGRÉGATION
DE SAINT-VANNE.

1775.

La congrégation de Saint-Vanne[2], ordre de Saint-Benoît, est une de celles où la discipline régulière et où l'amour de la règle se soient conservés avec plus de zèle et de ferveur.

De tout tems on y a aimé les lettres. Si on ne les a pas cultivées avec autant d'éclat que dans la congrégation de Saint-Maur, il ne faut accuser que la position de la pluspart des monastères, éloignés des villes, des bibliothèques, de la fréquentation des gens de lettres; mais il est certain que les bonnes études y ont été toujours en vigueur et qu'à présent même la congrégation de Saint-Vanne est une de celles où les jeunes religieux soient mieux formés aux sciences.

Aussi en voit-on un grand nombre qui pourroient les cultiver avec succès, si on leur en donnoit la facilité et si on leur assignoit une tâche capable de les occuper utilement.

Le dépôt des chartes en seroit une propre à nourrir le goût de l'érudition, où les Bénédictins se sont toujours montrés avec distinction. La congrégation de Saint-Vanne ignoroit presque le projet qu'en avoit formé le Ministère : il n'est pas surprenant que jusqu'ici on n'ait vu aucun de ses religieux se présenter pour travailler à augmenter ce dépôt.

Afin de se procurer un certain nombre d'ouvriers, il seroit nécessaire d'en écrire au Supérieur général, qui demeure à Mouzon[3], de luy faire part du projet du Ministère, de concerter avec luy sur le nombre des religieux qu'on pourroit y employer.

Il est vrai qu'actuellement il n'y en a guères de formés à ce genre d'étude, mais il y en a un bon nombre qui, dans trois ou quatre mois, pourroient

---

[1] Dom Anselme Berthod, né à Rupt le 21 février 1733, mort à Bruxelles le 19 mars 1788, grand prieur de Luxeuil, membre des Académies de Besançon et de Bruxelles, bibliothécaire de Saint-Vincent de Besançon. Il en sera fait plusieurs fois mention dans cette publication.

[2] Elle comprenait les monastères bénédictins de la Lorraine, de la Franche-Comté, etc., qui avaient embrassé la réforme introduite, en 1600, dans l'abbaye bénédictine de Saint-Vanne de Verdun.

[3] L'abbaye de Mouzon (Ardennes), diocèse de Reims

y travailler avec succès, si on leur donnoit quelques leçons de diplomatique et si on les instruisoit de ce qui peut rendre utiles leurs opérations.

Les Supérieurs se porteroient d'autant plus à favoriser ce projet, qu'on les assureroit que le Ministre ne donneroit de commission qu'à ceux qui luy seroient présentés par ces Supérieurs, que ces religieux, malgré leur commission, demeureroient toujours dans la dépendance, et que l'on commenceroit à travailler aux archives des monastères soumis à la congrégation de Saint-Vanne, avant que de dépouiller les chartriers des villes, des chapitres et des abbayes qui sont dans le voisinage. La Congrégation devant tenir dans peu une assemblée, il seroit important d'écrire tout de suite au Supérieur général, afin qu'il pût communiquer aux Visiteurs le projet du Ministère et prendre avec eux les moyens de le faire réussir. Personne n'ignore combien il est interressant pour l'État et pour la Congrégation en particulier.

(Collection Moreau, n° 327, fol. 43.)

50

LETTRE DE BERTIN À L'ARCHEVÊQUE DE TOULOUSE [1].
19 avril 1775.

Pour vous consulter, Monsieur, sur un projet qui m'a été suggéré par quelques gens de lettres, j'aurois attendu votre retour dans ce pays-cy, si son exécution ne paroissoit pas exiger des démarches que la proximité de l'assemblée de la congrégation des Bénédictins de Saint-Vanne ne permet pas de différer. Vous connoissez tous les services que celle de Saint-Maur a rendus autrefois à l'histoire et combien elle a produit de laborieux antiquaires. Je ne sai si le zèle pour le travail s'est refroidi, mais elle ne fournit plus aujourd'hui les mêmes secours à la diplomatique. Et on m'a indiqué un moyen soit de réveiller son émulation, soit de procurer à la République des lettres une recrue de travailleurs qui pouroit un jour augmenter ses ressources. Chargé par le Roy d'encourager ces sortes de travaux, j'ay eu occasion d'employer quelques religieux de la congrégation de Saint-Vanne; j'en connois un entre autres qui vient de parcourir avec succès nos provinces belgiques et en a rapporté des richesses vrayment utiles [2]. Il ne m'a

---

[1] Étienne-Charles de Loménie de Brienne, archevêque de Toulouse, du 2 février 1763 à 1788, membre très influent de toutes les assemblées du clergé.

[2] Bertin veut parler de dom Berthod.

point dissimulé que sa Congrégation renfermoit plusieurs savans en état de se livrer aux études des anciens monumens, et encor un plus grand nombre de jeunes gens qui, pleins de volonté et de dispositions, ne demandoient qu'à être dirigez et encouragez. De là l'idée que l'on m'a donnée d'inviter le Supérieur de cette Congrégation, non-seulement à favoriser, mais à se faire même honeur d'une entreprise qui occuperoit utilement une partie de la jeunesse des maisons dont il est le chef. J'ignore si je trouveray les dispositions et les ressources que je souhaite, mais il me semble que l'exemple de la congrégation de Saint-Maur pourroit être proposé à celle de Saint-Vanne, et que si celle-cy étoit comme l'autre en état d'assigner tous les ans une certaine somme dont l'emploi, réglé par les Supérieurs majeurs, seroit destiné à favoriser les travaux littéraires des religieux, peu-à-peu on viendroit à bout et de former des sujets et de développer les talens de ceux qui ne demandent pas mieux que de se livrer aux bonnes études, car on est desjà en état de leur présenter dans cette Congrégation même et des instituteurs et des modèles.

J'ay donc risqué une lettre au Supérieur général et je vous en envoye copie. J'y joins, Monsieur, deux autres copies, celle d'un mémoire qui vous fera connoître un établissement utile dont les travaux de cette Congrégation pourroient seconder et même hâter les progrès; l'autre est celle des instructions distribuées aux travailleurs de la congrégation de Saint-Maur et en général à tous ceux qui, par amour pour ce genre de connoissances, ont concouru avec eux à augmenter nos collections [1]. C'est d'après ces pièces que je vous prieray, Monsieur, d'apprécier mon projet; si vous l'aprouvez, l'influence que vous devez avoir sur l'assemblée de la congrégation de Saint-Vanne vous mettra à portée de le seconder, et lorsqu'à Paris j'auray l'honeur de vous voir, nous parlerons plus à fond des moyens de le faire réussir. C'est, Monsieur, vous servir selon votre goût, que de vous présenter des occasions d'ajouter aux lumières de notre siècle et de hâter les progrès de nos connoissances.

Je suis, etc.

BERTIN.

(Collection Moreau, n° 295, fol. 157.)

[1] Le texte de ce mémoire et de ces instructions se trouve p. 63 et 87.

51

LETTRE DE BERTIN AU P. SUPÉRIEUR GÉNÉRAL DE LA CONGRÉGATION DE SAINT-VANNE.

Rien de ce qui peut augmenter la considération dont jouit desjà la congrégation de Saint-Vanne ne doit vous être étranger, mon Révérend Père. Vous allez tenir son assemblée générale, et je crois pouvoir vous proposer un objet de délibération qui vous prouvera du moins le cas que l'on fait des talens et de la bonne volonté de vos religieux. Un des avantages dont l'Église et l'État sont redevables à l'ordre de Saint-Benoît est la conservation de la pluspart des monumens qui peuvent intéresser notre histoire. Les anciennes transcriptions furent faites dans les monastères, et c'est dans leurs archives que reposent la pluspart des titres qui peuvent aujourd'hui nous éclairer sur les anciens usages. La recherche de ces monumens enfouis occupa utilement la congrégation de Saint-Maur depuis la renaissance des lettres, et on se demande quelquefois pourquoi celle de Saint-Vanne ne partageroit-elle pas aujourd'hui cet honneur, s'il est vray surtout, comme je l'ay ouï dire, qu'elle renferme dans son sein et plusieurs savans, et beaucoup de jeunes travailleurs qui ne demandent qu'à le devenir. J'ay donc imaginé qu'elle pourroit se faire à elle-même un plan pour exciter cette émulation louable et pour en préparer de loin les succès, et je veux sur cela vous consulter vous-même, mon Révérend Père; je vous indique le but, comme vous voyez, je ne vous suggérerai point les moyens. C'est à vous à les imaginer, à les combiner même sur la connoissance que vous pouvez avoir et de l'intérieur de vos maisons et de leurs facultés, et des talens des sujets qu'elles sont en état de fournir. Ne seroit-il pas agréable pour vous que votre Congrégation, desjà si utile et si édifiante pour l'Église, pût encor fournir à l'État des savans et des modèles de travail? La congrégation de Saint-Maur a, de tout tems, assigné, tous les ans, un fonds destiné à favoriser ces sortes de travaux. J'ignore si vous êtes à portée d'en faire autant. Ce que je sçai, c'est que le Roy, qui a fort à cœur le progrès des sciences, vous sauroit gré de tous les plans que vous pourrez proposer pour faciliter le succès d'une si louable entreprise, et que j'aurois le plus grand plaisir de lui mettre sous les yeux, si vous croyez en avoir quelqu'un à lui présenter. Je joins à cette lettre, pour faciliter vos délibérations sur cet objet, un mémoire qui n'est autre chose que l'instruction donnée aux religieux de la congrégation de Saint-Maur pour faciliter les recherches qui occupent quelques-uns de ses savans. Peut-être ne vous seroit-il pas impossible de parvenir à former un jour dans votre Congrégation des sujets qui, livrés aux mêmes études, mériteroient la même protection et les mêmes éloges. Je suis, etc.

BERTIN.

(Collection Moreau, n° 295, fol. 165.)

52
RÉPONSE DU PRÉSIDENT DE LA CONGRÉGATION DE SAINT-VANNE À BERTIN.
Nancy, le 6 mai 1775.

Monseigneur, je me suis fait un devoir de communiquer à notre assemblée la lettre et le mémoire que Votre Excellence a daigné me faire passer, touchant le projet d'établir parmi nous une école de jeunes gens destinez à travailler sur les archives, dépôt de la plupart des monumens qui peuvent intéresser notre histoire.

La Congrégation, Monseigneur, est on ne peut plus sensible aux marques de bonté et de bienveillance dont Votre Excellence veut bien l'honorer dans cette occasion. Son plus grand empressement seroit sans doute de répondre aux vues et de se conformer aux intentions de Votre Excellence. Mais elle me permettra de luy représenter que la circonstance des collèges, dont notre corps se trouve déjà chargé, sans parler de ceux qu'on luy offre encore, occupant presque toute notre jeunesse, nous sommes forcez de nous renfermer, pour le présent, dans les bornes de l'enseignement public.

Nous n'ignorons pas, Monseigneur, que la congrégation de Saint-Maur, depuis la renaissance des lettres, s'est occupée utilement à la recherche des anciens monumens. Celle de Saint-Vanne, non moins jalouse de se rendre utile au public, désireroit fort de pouvoir partager cet honneur. Mais la modicité de ses revenus, le petit nombre de sujets dont elle est composée, le peu de travailleurs qu'elle renferme, destinez à l'éducation dans les collèges, ne luy permettent pas de s'assimiler à la congrégation de Saint-Maur[1].

---

[1] Il ne faudrait pas conclure de la réponse de dom Brihy à Bertin que la congrégation de Saint-Vanne resta étrangère aux travaux d'érudition qui firent la gloire de la congrégation de Saint-Maur. Elle fournit pour le dépôt des chartes d'actifs et intelligents collaborateurs en Champagne,

Elle en ressent d'autant plus de douleur qu'elle est plus pénétrée des marques de bonté et de bienveillance dont Votre Excellence daigne l'honorer. Elle ose espérer qu'elle voudra bien les luy continuer et luy permettre de les réclamer dans toutes les occasions.

Je suis, etc.

D. Saintin BRIHY,
Président de la congrégation de Saint-Vanne

(Collection Moreau, n° 317, fol. 31.)

53
CIRCULAIRE DE MOREAU AUX MEMBRES DE LA CONFÉRENCE DES CHARTES.
18 janvier 1780.

J'ai l'honneur de vous envoyer, Monsieur, de la part du Ministre,.... copies d'anciennes chartes que les gens de lettres, chargés de la recherche de nos anciens monumens historiques, ont fait passer à notre dépôt. Le Ministre, persuadé que vous voudrez bien concourir avec lui aux travaux littéraires ordonnés par S. M. pour perfectionner notre histoire et éclaircir les obscurités de notre ancien droit public, vous invite aux conférences qui se tiendront chez lui pour cet objet, et vous prie de raporter avec vous soit la totalité des chartes que je vous adresse, soit seulement celles que vous aurez eu le tems d'examiner. Il espère que, dans cette conférence, où vous ne trouverez que des gens de lettres occupés du même travail, vous voudrez bien lui donner sur chacune de ces pièces votre jugement, qui doit principalement avoir pour but d'indiquer à S. M. celles que vous croyez devoir entrer dans la collection générale des monumens de notre histoire, dans le cas où elle se détermineroit à la faire imprimer.

Cette décision de votre part doit donc porter sur deux choses : 1° sur la forme du titre, de laquelle vous pourrez induire si elle réunit tous les caractères qui prouvent que la pièce n'est point supposée et est réellement l'ouvrage de ceux auxquels elle est attribuée, et de l'époque où elle est placée par sa date;

---

en Franche-Comté et en Lorraine. M. Delisle a donné les noms des principaux d'entre eux dans le *Cabinet des manuscrits*, t. I, p. 562-563. L'histoire littéraire de cette Congrégation mériterait d'être écrite.

2° Sur les relations plus ou moins importantes qu'elle peut avoir avec les faits historiques, avec le droit public, avec les usages et les mœurs de cette époque.

Le premier examen vous conduira à décider du degré de confiance que mérite la charte ; si vous la jugez fausse ou altérée, vous aurez la bonté d'exposer les motifs de vos doutes, qu'il seroit possible de vérifier par l'inspection de l'original ; s'ils ne portent que sur des altérations dans la copie, il sera également facile de renvoyer celle-ci sur les lieux pour y être de nouveau collationnée, car il n'est aucune de ces copies qui n'indique le dépôt où l'on garde l'original.

Le second examen tendra à faire, parmi la multitude de pièces de la même nature, le choix de celles qui doivent entrer dans la collection générale dont j'ai eu l'honneur de vous parler, et fixera dans notre cabinet la place de toutes celles que vous jugeriez inutile de publier, mais qui n'y seront pas moins conservées, pour ajouter à la conviction des savans qui les y consulteront.

Votre jugement, vos observations, les anecdotes historiques dont vous trouverez la preuve dans les monumens qui passeront par vos mains, seront gardés avec soin dans notre dépôt d'histoire et de droit public, et le Ministre n'aura pas de plus grand plaisir que de mettre sous les yeux du Roy et les preuves d'un travail si utile, et les noms des savans qui auront bien voulu y consacrer une partie de leur tems.

Je suis, etc.

MOREAU.

(Collection Moreau, n° 290, fol. 1.)

54

MÉMOIRE SUR UN ÉCHANGE DE DOCUMENTS, PROPOSÉ PAR M. DE PAULMY[1], AVEC LE DÉPÔT DES CHARTES.

11 mai 1780.

Le Roi a ordonné depuis longtems de rassembler dans un dépost, devenu

[1] Marc-Antoine-René, marquis de Paulmy, né à Valenciennes le 22 novembre 1722, mort à Paris, en 1787, membre de l'Académie française, ambassadeur en Suisse, etc., avait formé une riche bibliothèque. C'est cette bibliothèque, vendue en 1785 au comte d'Artois, qui servit plus tard de noyau à la bibliothèque de l'Arsenal. M. de Paulmy fit partie de la conférence des chartes.

déjà très-considérable, des copies authentiques de toutes les chartes concernant l'histoire et le droit public de France, dans le dessein de faire publier un recueil d'actes pour servir à cette histoire, tel, mais beaucoup plus complet, que celui de Rymer touchant l'histoire d'Angleterre.

M. le marquis de Paulmy, ayant pour principal motif l'honneur de contribuer à l'exécution désirée de ce grand et important projet, offre de remettre dans ce dépost une ample collection de pièces relatives à cet objet, et dont le catalogue seul forme 2 volumes in-folio, d'environ 500 pages chacun.

L'unique chose que M. le marquis de Paulmy supplie le Roi de lui accorder en retour est un recueil de copies beaucoup moins nombreuses d'anciens romans ou poëmes françois, qui se sont rencontrées parmi les manuscrits que Sa Majesté a acquis de M. de Sainte-Palaye, pour être placés dans son dépost des chartes manuscrites.

Ces pièces sont étrangères à l'objet du dépost. D'ailleurs elles ont été toutes copiées sur les manuscrits de la Bibliothèque du Roi, excepté quelques poésies transcrites au Vatican; mais, comme M. de Sainte-Palaye avoit fait faire deux copies de ces dernières, il en resteroit une au Roi. Ainsi le Roi ne se priveroit de rien, par la cession demandée de ces manuscrits.

L'échange proposé seroit, au contraire, très-avantageux au dépost des chartes historiques. Il le débarrasseroit de copies de poëtes et de romans qui y seroient peu utiles, et il l'enrichiroit, sans aucuns frais, d'un très-grand nombre de pièces qui y sont essentielles. On peut juger de leur mérite, en considérant qu'elles ont été recueillies par feu M. de Fontette, auteur de la nouvelle *Bibliothèque historique de la France*, et l'un des savans les plus versés dans la connoissance de notre histoire [1].

Si toutes, quoiqu'importantes, ne sont pas de nature à être conservées dans un dépost destiné uniquement aux chartes, celles qu'on croiroit devoir en exclure serviroient à faire des échanges, qui procureroient au dépost de nouveaux accroissemens [2].

(Collection Moreau, n° 1097, fol. 41.)

---

[1] Charles-Marie Fevret de Fontette, membre associé de l'Académie des inscriptions, né à Dijon le 14 avril 1710, mort dans cette ville le 16 février 1772. Il avait entrepris une seconde édition de la *Bibliothèque historique de la France* du P. Lelong, mais il n'en put donner que les deux premiers volumes.

[2] L'échange proposé ayant été accepté, deux cents manuscrits de la collection de Sainte-Palaye

55

LETTRE DE BERTIN À BIGNON.

Monsieur, le Roy ayant ordonné que l'on rassemblât des copies de toutes les chartes qui peuvent éclairer l'obscurité de notre ancienne histoire et servir à fixer les principes de notre droit public, j'ay cru, dès le premier moment où il m'a chargé de diriger ce grand travail, devoir commencer par tirer parti du plus vaste et du plus magnifique dépôt où nous trouverons une partie des richesses littéraires que nous cherchons.

Ce qui nous occupe dans le moment présent, c'est la recherche de tous les titres antérieurs à l'année 987. Nous en avons desjà une partie, mais il est très-intéressant : 1° de vérifier et collationer avec les manuscrits de la Bibliothèque du Roy les chartes que nous avons desjà ; 2° de nous procurer les copies de ceux qui nous manquent et qu'elle pourroit contenir.

Les catalogues de ces manuscrits sont desjà imprimez. Il seroit question d'abord de parcourir ces manuscrits d'après les catalogues qui les indiquent et de dresser un état et des notices de tous les monumens qui sont antérieurs à l'année 987 que nous ne connoissons point encore.

Cet état, mis ensuite sous mes yeux et sous ceux des savans employez à la collection projettée, nous mettroit en état d'indiquer les pièces qu'il est important de transcrire pour le dépôt des chartes.

J'espère, Monsieur, que vous trouverez bon que M. Moreau, historiographe de France, chargé de ce dépôt, ait l'honneur de vous voir et de conférer sur le projet que je vous indique et avec vous et avec M. Béjot. Le local destiné à un dépôt de législation qui ne vous est point étranger et qui, confié à sa garde, fut placé en 1764 dans l'enceinte même de la Bibliothèque du Roy et sous la police dont vous êtes chargé, le mettra à portée

---

furent livrés au marquis de Paulmy, peu de temps après le décès de Sainte-Palaye, mort le 1ᵉʳ mars 1781. La plupart de ces manuscrits sont rentrés à la Bibliothèque nationale en 1807, après la mort de Mouchet, à qui ils avaient été communiqués. Les autres sont restés à la bibliothèque de l'Arsenal : ils y portent les n°ˢ 4277-4353 et 5836-5859 du fonds des manuscrits. M. de Paulmy céda en échange un grand nombre de portefeuilles de Fontette, la plupart relatifs à la Bourgogne, et qui sont composés surtout de papiers de Philibert de la Mare. Ils sont conservés dans la Collection Moreau, n°ˢ 734-856. Voir, sur la cession des manuscrits de Sainte-Palaye, une lettre de Moreau à M. de Miromesnil, garde des sceaux, dans la Collection Moreau, n° 291, fol. 231.

de vous fournir un homme exercé dans ces sortes de travaux et qui, payé par le Roy, évitera à M. Béjot, dont il suivra la direction, toutes les peines de cette opération. Ce dépôt de législation se trouvant aujourd'hui, comme celui des chartes, confié à mes soins et à ma surveillance, je n'en seray que plus en état de seconder moi-même votre zèle et d'en profiter. Vous savez tous les droits que j'ay de compter sur votre amitié, et c'est pour le bien public que je veux la mettre à profit [1].

Je suis, etc.

BERTIN.

(Collection Moreau, n° 297, fol. 221.)

56
LETTRE DE BERTIN À BIGNON.
1er juillet 1780.

Monsieur, j'ay reçu avec grand plaisir les assurances de votre zèle pour les travaux littéraires dont je m'occupe; vous me connoissez assez pour savoir que je n'en ay jamais douté. Il ne s'agit donc plus que de concerter avec vous le moyen le plus facile et le moins dispendieux de tirer de la Bibliothèque du Roy des copies exactes et fidèles de toutes les ancienes chartes qui doivent entrer dans notre Rymer françois.

. . . .

Cela posé, voicy notre plan : il nous faut un état de toutes les ancienes chartes que l'on trouve dans les manuscrits de la Bibliothèque du Roy, et, quant à présent, il ne s'agit que de les désigner par une courte notice, qui contiendra leur date, les noms des parties et un mot de leur objet.

Ces états, mis sous les yeux de la conférence qui se tient chez moi, nous serviront à indiquer ceux de ces monumens qu'il faut transcrire.

Cette transcription ne nous embarassera pas. M. Moreau, historiographe de France, chargé sous moy des détails de ce travail et de la correspondance qu'elle exige, a un commis que lui a donné M. Béjot lui-même, comme

---

[1] Bignon répondit, le 24 juin 1780, par un acquiescement absolu. Cette lettre est dans la Collection Moreau, n° 296, fol. 115.

un homme en qui il avoit confiance. Il est savant et très-propre à cette besogne [1].

. . . .

Je suis, etc.

BERTIN.

(Collection Moreau, n° 297, fol. 228.)

57

RAPPORT DE MOREAU AU COMITÉ
SUR L'ÉTAT ET LES PROGRÈS DU TRAVAIL DES CHARTES [2].

28 novembre 1780.

Au moment où Monseigneur le Garde des sceaux veut bien rouvrir nos conférences, je crois devoir remettre sous ses yeux et sous ceux du Ministre qui, le premier, jetta les fondemens de l'édifice dont nous préparons les matériaux : 1° l'objet de notre travail ; 2° les progrès qu'il a faits dans les conférences de l'année dernière ; 3° les plans qui peuvent être suivis pour le conduire au but que nous nous proposons.

I. L'objet que s'est proposé le Ministre, et dont le feu Roi connut l'utilité, lorsqu'il établit le dépôt à la tête duquel j'ai l'honneur d'être placé, fut de ramasser et de mettre en ordre tous les monumens de notre histoire et de notre droit public, et de fournir à quiconque voudroit étudier l'un et l'autre et tous les matériaux que nous pourrons rassembler, et des indications sûres pour découvrir ceux dont nous n'aurions pu encore nous procurer des copies.

Le dépôt qui m'est confié, et qui s'enrichit tous les ans du produit des recherches et des savans de la congrégation de Saint-Maur et de quelques laborieux collègues dignes de partager son zèle, doit donc, Messieurs, offrir : 1° des tables exactes de tous les monumens qui, renfermés dans les archives royales, peuvent plus difficilement être dispersés et dont la conservation nous est garantie par la vigilance des dépositaires assermentés. C'est dans

[1] Ce commis se nommait Glier. Il semble résulter d'une réponse de Bignon à Bertin, du 4 juillet 1780, qu'il eut pour collaborateur un neveu de Béjot, nommé Gossin. Voyez Collection Moreau, n° 296, fol. 119.

[2] Ce mémoire fut lu lors de la reprise des séances de la conférence des chartes, après la démission de Bertin. (Cf. les extraits des procès-verbaux ci-après, n° 1.)

cette vue que nous avons déjà ramassé plusieurs inventaires des archives des Chambres des comptes du Royaume, et que nous nous proposons par la suite d'y rassembler tous ceux dont il nous sera permis de faire des copies. Voilà la première utilité que l'on doit tirer du dépôt des chartes.

Le second service qu'il rendra aux savans sera de leur présenter, rangés dans un bel ordre et avec des tables de toute espèce, des copies exactes de toutes les chartes dont les originaux, renfermés dans les dépôts particuliers soit des églises, soit des grandes terres, peuvent plus facilement être ou négligés ou dispersés, ou même détruits.

Si une pareille collection devenoit un jour à-peu-près complette, on ose dire qu'il n'y auroit presque point de province dont on ne pût baser le droit public et les usages sur des faits constans, et point de faits importans dont le Ministère et les savans ne puissent se procurer la preuve.

Cet important cabinet se trouve aujourd'hui placé sous la protection et confié même à la direction du Chef de la magistrature, c'est-à-dire à celui de tous les Ministres du Roi qui est le plus en état et de l'enrichir et d'en faire usage. Outre les monumens qu'il renferme et qui composent déjà près de 25,000 précieuses copies, sans compter plus de 5,000 pièces envoyées de Rome, nous y avons joint une foule de livres nécessaires à l'étude de l'histoire, un très-grand nombre d'importans manuscrits. Le cabinet de M. de Sainte-Palais doit s'y réunir après lui ; les bons du Roi y destinent même une partie des copies que M. de Bréquigny a été chercher en Angleterre, et je consacrerai moi-même tous les ans un fond provenant des fruits de mon travail pour y rassembler tout ce qui peut y procurer aux savans et des ressources et des lumières.

Nos collections, Messieurs, me procurent dès à présent un très-grand avantage. Notre droit public avoit été, comme la phisique, livré à des sistèmes ; on est revenu aux expériences, on a constaté les faits, et M. de Buffon a fait son histoire naturelle d'après les trésors ramassés dans son cabinet. J'ai osé l'imiter ; j'ai entrepris, d'après les monumens de mon dépôt, l'histoire de notre constitution et de notre droit public, que j'ai déjà conduite jusqu'à l'anarchie féodale, et si, comme je le souhaite, je puis transmettre mon cabinet à mes successeurs historiographes de France, j'ose dire que ceux-cy seront en état de présenter dans tous les tems, et au Gouvernement et au public, les connoissances les plus intéressantes et les plus sûres ; notre droit public, une fois basé sur des faits et sur des monumens avoués, sera plus à l'abry que jamais et des vicissitudes que produit l'arbitraire, et des altérations qu'amènent insensiblement les sistèmes des partis. Mais, indépendamment de ce travail, qui fait le premier de mes devoirs comme historiographe, il en est un autre qui rassemble ici nos laborieux et savans coopérateurs.

Notre projet, peut-être le plus grand, le plus important qui ait jamais été formé en faveur des lettres, sous les yeux et avec la protection du Gouvernement, est de préparer, de commencer, de publier même une collection entière de tous les monumens destinés à compléter les receuils de monumens qui ont déjà été formés par ordre du Roi. Nous nous proposons de faire mieux pour la France que ne fit Rymer pour l'Angleterre. Ce compilateur ne commence sa collection qu'à l'année 1100, et elle ne renferme pas le quart des monumens que possède l'Angleterre. La nôtre, si elle est aidée, précédée, enrichie par de longues et laborieuses recherches que le Gouvernement peut encourager, finira par renfermer, sinon tout ce qui existe, au moins tout ce que l'on connoît, et c'est ce que l'on ne peut pas dire du receuil de Rymer; les monumens connus en Angleterre et qu'il n'a point fait imprimer feroient plus que doubler sa collection.

Ce grand ouvrage, nous ne le finirons pas, et c'est peut-être pour cette raison qu'il faut le commencer; tant que la première pierre n'en aura pas été posée, tant que l'on n'appercevra pas la première couche des matériaux dont il doit être formé, il restera dans la classe des projets, on en admirera l'idée, on ne travaillera point constamment à la réaliser. Dans un pays où le Louvre même n'est pas fini, on sait quel est souvent le sort même des meilleures entreprises. M. Colbert, M. Daguesseau, conçurent le plan dont M. Bertin a commencé l'exécution. Mais ces Ministres n'avoient point encore posé de fondemens, ni même entièrement fini l'esquisse; après eux l'ouvrage est resté là. Rendons justice cependant à M. Daguesseau; non-seulement il ramassa des matériaux, ce qu'avoit déjà fait M. Colbert; il entreprit même de les mettre en ordre : deux collections furent projettées et commencées de son tems : celle des historiens de France; nous avons ici les savans continuateurs de ce grand ouvrage; le recueil des ordonnances du Louvre, dont M. de Bréquigny est chargé.

Si, lorsque ces deux collections ont été entreprises, on eût eu et tous les monumens que nous avons ramassés depuis, et tous ceux dont nous avons entrepris la recherche, peut-être ces deux collections nous suffiroient aujourd'hui ; l'une réuniroit tous les monumens de l'histoire ; l'autre, tous ceux de législation.

Dans le projet que le Ministre forma l'année passée, il eut égard à ces deux importans ouvrages. Nous destinâmes l'immense collection que nous préparons à servir de suplément et à compléter de la manière la plus vaste les plans de M. Colbert et de M. Daguesseau.

Nous avons donc observé : 1° que Baluze ayant commencé la collection des monumens de nos deux premières races, qui ont été également consignés dans les receuils de dom Bouquet et de ses successeurs, il ne s'agissoit plus que de réunir, par forme de supléments et de suite aux volumes de Baluze, toutes les chartes de notre première race qui ne sont point encore imprimées. Par là nous aurons rassemblé tous les matériaux de notre ancienne histoire, tout ce qui intéresse la constitution monarchique françoise antérieure à la féodalité.

2° Ce qui nous reste donc principalement à ramasser consiste dans cette multitude immense de monumens et de chartes que l'on doit regarder comme appartenans, soit à l'anarchie féodale, qui commença au règne de Louis le Bègue, soit au gouvernement féodal, dont je crois que l'on peut fixer l'époque au règne de Philipe-Auguste. Les règnes de Louis le Gros et Louis le Jeune m'ont en effet toujours paru pouvoir être également placés et à la fin de l'anarchie et au commencement du gouvernement féodal.

Pour premier anneau de la longue chaîne que doit parcourir notre collection, nous avons donc pris le commencement du règne de Louis le Bègue, le premier de nos Roix auquel on fit jurer à son sacre d'observer, comme loy fondamentale de la monarchie, ces capitulaires de Chiersy, qui avoient dénaturé notre ancienne constitution. Ainsi tous les monumens qui précèdent la mort de Charles le Chauve, arrivée en 877, appartiendront à l'ancienne monarchie françoise ; tous ceux qui viennent ensuite seront regardés comme appartenant à l'anarchie ou au règne féodal, et nous ne nous permettrons d'y joindre quelques chartes d'une époque antérieure que lorsqu'elles concerneront la famille de nos Roix de la troisième race. A partir même de cette époque, les titres que nous aurons à réunir formeront une collection si nombreuse que, si quelque chose pouvoit nous effrayer, ce seroit la multitude des volumes dont elle doit être composée. Mais il faut convenir en même tems que, dût-elle être l'ouvrage de cinquante ans, le siècle à venir devra à celui de Louis XVI un trésor que, parmi tant d'autres États, la France seule aura peut-être été en état de se procurer.

Tel est, Messieurs, le premier objet que j'avois à vous présenter, l'objet de notre travail et le plan de notre entreprise.

II. Qu'avons-nous fait pour la commencer? Telle est la seconde question à laquelle doit répondre le compte que j'ai l'honneur de vous rendre.

Messieurs se rappellent que nous possédons environ vingt-cinq mille chartes dans notre dépôt, mais on ne doit pas se dissimuler qu'elles n'ont été tirées que du petit nombre d'archives qui, jusqu'ici, ont été ouvertes aux recherches de nos infatigables coopérateurs.

Pour nous mettre en état de les arranger, de les reconnoître, de les classer, j'ai commencé par faire faire sur autant de feuilles séparées des notices de ces chartes. M. Glier, chargé de ce travail, a suivi un excellent modèle. Il a fait ses notices dans la même forme que M. de Bréquigny a donnée à celles dont il a composé son catalogue des chartes imprimées. Ces notices, dont il y a déjà 8,000 de faites, ont été communiquées à M. de Bréquigny et à nos collègues, et ils les ont fort approuvées. Comme elles sont toutes isolées, on est le maître de leur donner l'arrangement qu'on voudra, et les receuils que nous en pouvons composer, seront autant de tables qui nous serviront à les chercher et à les reconnoître [1].

Nous avons fait mieux encore dans le courant de l'année que nous allons finir. Les membres de notre petite société littéraire ont commencé l'examen des copies même que nous avons réunies, et, dans les différentes conférences qui ont été tenues, ont rendu compte des observations que cet examen leur avoit fournies. Ils ont mis par écrit ces observations, et elles se trouvent jointes à la pièce même qui a passé sous leurs yeux.

Mais ils sont convenus que ce premier examen ne pouvoit pas encore servir de motif à un jugement décisif sur le sort des chartes, sur leur autorité, et sur la place qu'elles devoient tenir dans notre collection. En effet, à mesure que nous avançons dans l'examen de tout ce qui nous passe sous les yeux, il nous arrive de trouver dans un monument les lumières qui nous manquoient sur un autre. Le rapprochement, la comparaison des différentes pièces produisent de nouvelles observations, qu'il faudra joindre aux premières, et des éclaircissemens que nous cherchons pourront même naître

---

[1] Ces notices forment les n°ˢ 1735-1778 de la Collection Moreau.

des pièces qui nous restent encore à découvrir; mais, sans abandonner cette idée d'un examen encore plus réfléchi, rappelons celui qui a déjà été fait.

Parmi les pièces qui ont passé par vos mains, Messieurs, nous trouvons cent soixante copies de pièces antérieures à l'époque de 877.

De ce nombre, il n'y en a qu'environ soixante qui se trouvent imprimées dans le *Receuil des historiens de France*. Les cent autres étoient pour la plupart inconnues, à l'exception de quelques-unes qui se trouvent indiquées ou extraites dans d'autres ouvrages que la collection de dom Bouquet. Nous avons mis à part toutes ces pièces, qui peuvent entrer dans un nouveau volume de suplément de Baluse [1], dont le public aura obligation à nos travaux : mais ce volume de suplément même, il ne faut le commencer qu'après le résultat des nouvelles recherches que nous devons étendre jusque dans quelques dépôts étrangers. Ils ont été indiqués à M. de Chiniac, et je compte incessamment proposer à Monseigneur le Garde des sceaux des moyens de nous enrichir de ce qu'ils pourroient contenir d'inconnu.

Reste donc l'objet principal que nous nous sommes proposés de faire entrer dans notre collection, savoir les chartes et autres monumens postérieurs à la mort de Charles le Chauve.

Les pièces que nous trouvons dans notre dépôt depuis le commencement du règne de Louis le Bègue jusques à la fin de celui de Louis le Fainéant remplissent un intervalle de 109 ans.

Ces pièces sont maintenant rangées dans l'ordre chronologique et jointes dans mon dépôt aux détails des observations que vous y avez jointes, Messieurs; elles sont en état de recevoir et le nouvel examen que vous voudrez en faire et le jugement deffinitif que vous prononcerez.

Mais sur cela, permettez-moi quelques réflexions. Ces douze cens chartes examinées dans les conférences qui ont précédé les vacances sont le produit des recherches faites dans vingt-neuf tant églises que monastères, et le dépôt de Clugny seul, parmi les chartes que nous avons déjà examinées, en a fourni huit cent cinquante-neuf, si bien que cette abbaye a seule en-

---

[1] Aux *Regum Francorum capitularia*, 2 volumes in-fol., publiés en 1677. Matthieu Chiniac de la Bastide, né à Alassac en 1739, mort en 1802, donna, en 1780 une nouvelle édition de cette publication; cette édition forme aussi 2 volumes in-folio, mais sans le supplément annoncé par Moreau. Chiniac, qui devait compulser le cartulaire d'Uzerche, ne fut pas pour le dépôt des chartes un auxiliaire bien actif.

voyé à notre dépôt trois fois plus de monumens des ix⁰ et x⁰ siècles que les vingt-huit autres dans lesquelles nous en avons trouvé.

Il est vrai que cette multitude de chartes venues de Clugny, quelqu'intéressantes qu'elles soient pour le dépôt, méritent un grand choix, lorsqu'il s'agira de l'impression.

Il seroit à craindre qu'une foule d'actes absolument de la même nature ne fatiguât et ne dégoutât en pure perte. Il faudra donc choisir les principaux et les plus utiles de ces titres et indiquer seulement les autres avec la place qu'ils tiendront dans notre dépôt, où il sera toujours facile de les trouver.

Mais de ce triage même, et du petit nombre des monumens que nous offrent les vingt-huit autres dépôts d'où ces anciennes pièces ont été tirées, de l'espérance que nous avons d'en retrouver encor un grand nombre de cette époque dans les dépôts dont nous projettons le dépouillement, il semble résulter qu'il n'est guerres possible dès à présent de composer un volume des chartes des Capétiens [1].

En vous lisant la liste des chartriers qui nous ont fourni les pièces que vous avez vues, je vous convaincrai, Messieurs, que le plus grand nombre de nos provinces ne nous a encore rien fourni, et effectivement il y en a plusieurs qui n'ont pas encore été abordées par nos recherches. Je vous ai dit que vingt-neuf dépôts seulement avoient fourni les matériaux que vous avez parcourus jusqu'ici; je n'ai pas entendu vous faire juger que ces vingt-neuf dépôts soient les seuls qui aient été jusqu'ici dépouillés, mais de tous ceux qui l'ont été il n'y a que ces vingt-neuf dans lesquels on ait trouvé des monumens antérieurs au xi⁰ siècle.

Il n'en est pas moins vrai, cependant, qu'il peut y avoir un très-grand nombre d'autres archives qui nous en pourront procurer, indépendamment des grands dépôts de la capitale, qu'il a été jusqu'ici impossible de visiter avec assez de détail et d'exactitude.

Comment venir à bout d'augmenter nos richesses, comment les multiplier, comment nous emparer successivement de tous ces chartriers que nous devons mettre à contribution? Les moyens, Messieurs, nous sont aujourd'hui moins difficiles que jamais. Jusqu'à présent, nous nous sommes aidés d'un petit nombre de travailleurs pris dans la congrégation de Saint-

---

[1] « Dom Grenier, dans sa dernière tournée, vient d'en rapporter plusieurs de l'époque qui nous occupe. » (Note de Moreau.)

Maur. Nous devons beaucoup à leur zèle, mais c'étoit celui de quelques gens de lettres particuliers qui suivoient leur goût. Ce n'étoit point encore l'impulsion générale de cette nombreuse et respectable société de savans. Aujourd'hui que notre entreprise a une base et un centre, un dépôt, des conférences réglées, aujourd'hui que ce qu'il y a de plus distingué dans la congrégation de Saint-Maur, de plus en état de piquer d'émulation la nombreuse jeunesse qu'elle renferme, devient la nécessaire partie de cette société littéraire que Monseigneur le Garde des sceaux rassemble, Saint-Maur va, j'ose en assurer Monseigneur le Garde des sceaux, et j'en ai pour garant les savans du vœu desquels je suis porteur, Saint-Maur, dis-je, va nous fournir une foule de laborieux ouvriers qui vont se partager nos provinces, et, dès cette année, nous allons voir augmenter nos richesses, et nous mettre en état de donner mieux que le foible échantillon d'une collection future.

Voilà, Messieurs, où en sont pour le moment nos travaux. Il n'est plus question que de proposer les moyens d'en accélérer le progrès et de préparer utilement un premier volume de notre collection.

III. 1° J'oserai inviter nos collègues de la congrégation de Saint-Maur à nous indiquer eux mêmes des travailleurs, entre lesquels Monseigneur le Garde des sceaux puisse distribuer la recherche et le dépouillement des dépôts qui n'ont point encore été attaqués. Ce travail est, selon moi, d'autant plus essentiel, qu'un savant de la connoissance de Monseigneur le Garde des sceaux, M. Howard [1], m'a lui-même averti que nous allions quelquefois chercher fort loin et à grands frais ce que nous trouvons chez nous. Il a payé lui-même beaucoup d'argent pour faire venir d'Angleterre des copies dont il a ensuite découvert les originaux dans nos dépôts et, parmi les pièces que nous envoie M. du Theil [2], dom Grenier en a vu un très-grand nombre qui ne sont que la répétition de ce qu'il a lui-même fourni au dépôt.

---

[1] David Houard, dont il a déjà été parlé plus haut, p. 138.

[2] François-Jean-Gabriel de la Porte du Theil, né à Paris le 13 juillet 1742, mort le 28 mai 1815, un des plus actifs collaborateurs de Moreau. Il embrassa d'abord la carrière militaire et fit les dernières campagnes de la guerre de Sept ans; mais, à travers la vie des camps, il ne négligea pas la langue grecque, pour laquelle il avait un goût tout particulier. Admis à l'Académie des inscriptions en 1770, il fut explorer, en 1776, les archives du Vatican et les bibliothèques de Rome, dans le dessein d'enrichir la collection des chartes. Sa mission, sur laquelle on trouvera plus loin d'intéressants documents, dura environ dix ans. Il rapporta la copie de près de

2° Il faut délibérer sur la manière de préparer le premier volume de notre collection, de manière que nous soyons en état de le donner au public, dès qu'il pourra être complet.

Je conviens qu'un des moyens les plus sûrs d'encourager notre travail est d'en présenter incessamment le produit. Ce que je soumets à l'examen de la conférence, est la question de savoir si, dans l'état où sont les choses, ce produit peut être un premier volume.

Je dis qu'il seroit très-imparfait s'il n'étoit composé que des monumens que nous avons examinés jusqu'ici; il ne présenteroit en effet qu'une très-petite partie des monumens que nous instruirons de cette époque de Louis le Bègue à Louis V, lorsque nous aurons avancé la recherche des autres dépôts. Or, parmi ces 1,200 chartes dont nous avons parlé, il y en a peut-être moitié qui seront écartées de notre collection et seront rejettées dans nos tables, lorsque nous aurons découvert d'autres monumens de la même époque et de même nature.

Je sçais que ce premier volume peut, de plus, contenir les pièces de la même époque (800) dont M. de Bréquigny a donné les titres dans son catalogue. Ainsi, aux pièces que nous avons déjà il est nécessaire de joindre, dans le receuil destiné à l'impression, les notices même imprimées dans ce catalogue. Mais 1° il faut faire copier ces pièces entières dans les ouvrages qu'indique le catalogue; 2° l'assemblée doit les examiner de nouveau pour sçavoir et la place qu'elles doivent tenir, et les notes dont elles doivent être accompagnées. Tout cela est un travail qu'il faut d'abord entreprendre, et après lequel on aura seulement encore une partie de notre premier volume.

Je serois donc d'avis que l'on ne donnât à l'impression même la première des pièces qui doivent entrer dans ce volume, que lorsque l'on aura rangé dans un carton ou portefeuille l'entier receuil qui doit le composer. Tant que ce receuil ne renferme que des pièces manuscrites ou des notices dont on peut changer l'arrangement et parmi lesquelles on peut intercaler les nouvelles découvertes, il peut successivement se compléter, et on est

20,000 pièces, conservées dans la Collection Moreau sous les n°s 1163-1281. La Porte du Theil fut chargé de préparer, avec Bréquigny, la collection des *Diplomata* et de donner une édition de celles des lettres d'Innocent III qui n'avaient été publiées ni par Baluze ni par les éditeurs antérieurs. Le recueil qu'il en forma parut en 1791; il comprend les Gestes d'Innocent III, les livres III, V-IX de ses lettres et deux appendices renfermant 85 pièces.

toujours en état de le perfectioner. Si nous nous hâtions trop, le mal seroit sans remède.

Pour composer ce receuil manuscrit, qui doit rester longtems dans cet état et qu'il s'agira de revoir et d'examiner plusieurs fois, avant de le faire imprimer comme premier volume, voici ce que mes collègues Bénédictins ici présens me chargent de proposer à Monseigneur le Garde des sceaux. Ils m'ont représenté en effet que, répondant en quelque façon de leurs notes et de leurs observations, ils ne vouloient point les perdre de vue, et voici ce qu'ils ont imaginé pour se mettre en état de garantir, et au Ministre et au public, la bonté, la fidélité, l'exactitude de l'ouvrage.

Messieurs se rappellent ces notices, dont je puis ici présenter à l'assemblée un échantillon.

Ces notices tiennent chacune une page in-folio ou à-peu-près. Il reste donc un blanc à la suite de chacune, et si ce blanc ne suffit pas, on peut y joindre une autre feuille.

Or, sur ce blanc, je propose de faire rédiger par l'auteur même de ces notices le jugement qui aura été porté dans les conférences, et les observations qui auront ou appuyé ou accompagné ce jugement.

Cette rédaction, avant que d'être transcrite, sera revue et examinée non-seulement par l'auteur des notes et observations, mais par les autres membres du Comité, auxquels M. Glier se charge de les présenter, et s'il y a même quelque question à traiter à ce sujet, elle pourra être portée de nouveau à l'assemblée.

Mais une fois revue, ainsi que la notice, cette rédaction sera mise dans un carton, à la place que la charte doit occuper dans la collection, et dans un autre carton correspondant sera placée la copie entière de la charte même, corrigée d'après les observations de l'assemblée.

Ces deux cartons contiendront les matériaux de notre premier volume. Dans l'un, nous aurons la charte telle qu'elle devra être imprimée; dans l'autre, les notes et observations qui doivent l'accompagner.

On pourroit ajouter aux notes critiques, chronologiques et topographiques qui seront l'ouvrage de ces Messieurs, quelques observations qui indiqueroient les raports de la charte ou aux grands évènemens contemporains, ou au droit public, aux formes, aux usages de l'époque de sa date. Mais comme je pense que notre collection doit laisser le choix le plus libre aux explications des savans, je réserve ces notes, dont je me charge moi-même, pour un receuil particulier, qui fera partie de la bibliothèque de l'historiographe et ne sera que pour lui et ses successeurs.

A mesure que, par les recherches que nous ferons, soit dans les dépôts de la capitale, soit dans ceux des provinces, nous trouverons des monumens des siècles auxquels ce volume sera consacré, nous les porterons à la conférence et nous en ferons le raport à l'assemblée; ils y seront jugés; la notice et les observations d'une part, la charte, de l'autre, seront intercalées dans les receuils, que nous verrons ainsi grossir insensiblement, à mesure que l'on augmentera par de nouvelles découvertes les richesses qu'il s'agira ensuite d'apprécier.

Pour procéder dans tout cela avec plus d'ordre, je propose que M. Glier, qui depuis huit ans connoît à fond le dépôt, et qui, livré sans relâche à ce genre de travail, a acquis de notre histoire une connoissance très-exacte et très-détaillée, tienne un registre de nos assemblées et du nombre de chartes qui y sont examinées; c'est un homme de lettres, ami de M. Béjot, connu, estimé de nos coopérateurs de la congrégation de Saint-Maur et qui, à raison des communications respectives de nos chartes, a gagné leur confiance.

On le chargera sous moi de la rédaction des observations des juges, et je me flate que l'on en sera content. Si même Monseigneur le Garde des sceaux veut permettre qu'il assiste à nos conférences, la plume à la main, nous serons bien plus en état de mettre de l'ordre dans toutes nos opérations. Comme c'est lui qui jusqu'ici envoye à nos savans le contingent de leurs raports, il sera bien plus en état de suivre le chemin que feront nos monumens dans les différentes mains par lesquelles ils passeront, et de répondre sur-le-champ aux questions qui pourront lui être faites sur les secours que le dépôt peut fournir dès à présent.

Il me semble que ce que je viens de proposer est le plan le plus sûr et le plus facile pour nous mettre en état de donner, le plustôt qu'il se pourra, un volume, et pour s'assurer par l'examen de tous, tant que nous sommes, que l'on n'a rien négligé pour le rendre le plus complet et le plus exact.

Je sçais qu'il seroit très-agréable pour nous de voir incessamment paroître ce volume, qui auroit au moins l'avantage d'intéresser le public et tous les savans à nous aider, en leur prouvant que notre entreprise littéraire n'est point un de ces beaux projets qui ne se réalisent jamais. Rien certainement ne seroit [plus] capable d'encourager le zèle de nos travailleurs et d'augmenter l'émulation de tous les savans que renferme la congrégation de Saint-Maur.

Mais, d'un côté, je ne crois pas que nous devions sacrifier à cette annonce flateuse pour nos travaux l'avantage de les rendre plus utiles.

D'un autre côté, il me semble qu'il est possible, dès à présent, de donner d'une autre manière à notre entreprise et toute la publicité et tout l'encouragement dont elle a besoin.

Il nous faut beaucoup de tems encore pour préparer et réunir les matériaux d'un premier volume. Donnons dès à présent, et faisons imprimer au Louvre un prospectus raisonné de notre travail. Je le composerai, si l'on veut bien m'en charger. J'y ferai l'historique de mon dépôt, j'en indiquerai l'objet, j'annoncerai le plan de notre entreprise, et le prospectus même pourra servir de préface à notre collection, comme le discours de M. Dalembert au Dictionnaire encyclopédique [1].

En exposant nos ressources dans ce discours préliminaire, nous nous en procurerons d'autres, et lors surtout que nous aurons annoncé que nous faisons imprimer aux frais du Roi tous les titres historiques, tous les monumens intéressans que nous croirons utile de transmettre à la postérité et de faire survivre même à la perte des originaux, il n'y a, j'ose le dire, point de grande maison qui ne nous fasse passer les monumens de son histoire particulière qui se lient à l'histoire générale. Peut-être nous arrivera-t-il que les grands seigneurs, ces communautés dont nous sommes obligés d'aller fouiller les archives, nous épargneront une partie de notre travail. Voilà, Messieurs, ce que j'ai cru devoir vous proposer, et sur quoi je demande et les ordres du Ministre et la délibération de l'assemblée qu'il consulte.

(Collection Moreau, n° 288, fol. 33.)

---

[1] Le prospectus dont parle Moreau fut rédigé par lui et parut sous le titre de : *Plan des travaux littéraires ordonnés par Sa Majesté*, Paris, 1782, in-8°.

58

EXTRAITS DES PROCÈS-VERBAUX DES SÉANCES DE LA CONFÉRENCE DES CHARTES.

N° 1. — Séance du 28 novembre 1780.

MONSEIGNEUR LE GARDE DES SCEAUX [1].
M. MOREAU.
M. DE BRÉQUIGNY.
D. CLÉMENT [2].
D. GRENIER.
D. LABBAT [3].
D. LIEBLE [4].
D. POIRIER [5].
D. TURPIN.

M. Moreau a ouvert la séance en rappellant à l'assemblée l'objet et le but des travaux littéraires dont elle doit s'occuper; il a rendu compte des examens faits dans les séances précédentes tant chez M. Bertin, Ministre, que chez Monseigneur, ainsi que du nombre des chartes qui ont été mises sous les yeux de l'assemblée. Ensuite il a proposé différens partis que l'on pouvoit prendre pour former la collection projettée.

Il a été arrêté : 1° que M. Moreau seroit chargé de faire un prospectus qui annoncera au public l'ouvrage dont il est question, et en fera connoître le plan et l'utilité : prospectus dont l'effet sera certainement d'encourager et d'instruire non-seulement les travailleurs qu'offre la congrégation de Saint-

---

[1] Armand-Thomas Hue de Miromesnil, garde des sceaux depuis le 24 août 1774.

[2] Dom François Clément, né à Bèze en 1714, mort à Paris au mois de mars 1793, membre de l'Académie des inscriptions, un des continuateurs de l'*Histoire littéraire de la France*, t. XII, du *Recueil des historiens de France*, t. XI et XII, donna, de 1783 à 1787, la grande édition en 3 volumes in-folio de l'*Art de vérifier les dates*.

[3] Dom Lièble, né à Paris, fit profession à Saint-Faron de Meaux, le 28 décembre 1752, à l'âge de 18 ans, et mourut à Paris vers la fin de 1813. Même après la suppression des ordres religieux, il demeura bibliothécaire de Saint-Germain-des-Prés, jusqu'au 21 août 1794, à l'incendie de la bibliothèque, incendie dans lequel il perdit le manuscrit de sa *Notice de l'ancienne Gaule*.

[4] Dom Pierre-Daniel Labbat, né à Saint-Sever en 1723, mort à Saint-Denis en 1803, préparait une édition des conciles, sur laquelle nous publions plus loin des documents.

[5] Dom Germain Poirier, né le 8 janvier 1724 à Paris, où il est mort le 2 février 1803, membre de l'Académie des inscriptions, etc., publia le tome XI du *Recueil des historiens de France*, etc.

Maur, mais d'engager même soit les savans, soit les propriétaires de chartes et de titres inconnus à concourir à l'exécution d'un projet si vaste et d'une collection si utile et si importante, tant pour la littérature que pour le Gouvernement;

2° Que toutes les pièces qui ont passé à l'examen seroient revues par les religieux qui en ont déjà porté le jugement, et que M. Glier les leur remettra sous les yeux;

3° Qu'après ce second examen, M. Glier placera dans un carton toutes celles qui doivent être imprimées, et dans un autre celles dont on ne donnera qu'une notice avec les noms de personnes et de lieux.

Il y a eu 46 pièces de rapportées, savoir :

4 à imprimer, par M. de Bréquigny;
20 par D. Clément, dont 7 à imprimer (1 *Agdrico rege*) et 13 à extraire;
1 à imprimer (*Agdrico rege*), par D. Labbat;
6 par D. Lieble, 5 à imprimer et 1 à extraire;
13 par D. Poirier, dont 4 imprimées dans le *Recueil des historiens de France*, et 9 pour la collection;
2 *Agdrico rege* sans observations.

46 pièces.

(Collection Moreau, n° 202, fol. 2.)

N° 2. — Du 6 décembre 1780.

MONSEIGNEUR.
M. BERTIN.
M. le Marquis DE PAULMY.
M. MOREAU.
M. DE BRÉQUIGNY.
D. CLÉMENT.
D. GRENIER.
D. LABBAT.
D. LIEBLE.
D. POIRIER.
D. TURPIN.

En faveur de M. Bertin et de M. le Marquis de Paulmy, qui ne s'étoient point trouvés à l'assemblée précédente, M. Moreau a fait un précis du mémoire par lequel il avoit ouvert la séance.

Ensuite dom Grenier a lu un mémoire dans lequel il fait le récit de son voyage littéraire en Picardie, d'où il a rapporté pour le dépôt 200 copies de chartes curieuses et intéressantes. Parmi ces pièces, il s'en trouve une de l'année 900 ou environ, et plusieurs du XI° siècle, même des diplômes de nos Rois, successeurs de Hugues Capet, lesquels n'ont pas encore été publiés. En finissant, il a cru devoir insister sur les dépouillemens qu'il seroit à propos de faire dans diverses provinces du Royaume, préférables, à tous égards et par bien des raisons, à d'autres travaux et aux recherches dispendieuses et inutiles dont on s'occupe en pays étranger.

Après cela, il a remis 20/3 copies, avec ses observations, savoir 2 diplômes qui avoient déjà été examinés, qu'il a depuis collationés avec les originaux et qui seront réimprimés, à cause des corrections; 10 copies de ses envois à imprimer, ces 12 pièces antérieures à Hugues Capet; ainsi que 2 d'envoy de dom Queinsert, dont 1 à imprimer et 1 à extraire; 5 pièces postérieures à la susdite époque, dont 4 à imprimer et 1 à extraire; enfin 1 copie de 4 lettres du commencement du XI° siècle au sujet de la vie de s^{te} Rictrude, lesquelles lettres seront mises à part pour servir à l'histoire littéraire de ce tems là.

Dom Lieble a fait le rapport de ses observations sur 13 pièces, dont 7 à imprimer et 6 à extraire. De ces 13 pièces, il y en a 10 de Cluny et 3 de la haute Normandie, où a travaillé dom Le Noir, dont la présence seroit bien à désirer dans cette assemblée. Elles sont toutes du règne de Hugues Capet ou de celui de son successeur.

Dom Turpin ayant comparé les copies de plusieurs titres du X° siècle qu'il a rapportées du Berry avec celles qui lui avoient été remises, il en a fourni au dépôt de nouvelles copies, plus exactes que celles qui y avoient été ci-devant envoyées. Ces pièces sont au nombre de 7, et accompagnées de notes, ainsi que 18 copies de Cluny, parmi lesquelles il y en a 2 à renvoyer pour être vérifiées avant l'impression, 5 à imprimer et 11 à extraire. Presque toutes ces pièces sont du règne de Hugues Capet.

Enfin 2 copies *Agdrico rege* sans notes.

Total des pièces examinées : 60/63. *Nota.* Il reste à examiner savoir : par Monsieur de Bréquigny, 16 pièces des 20 qui lui avoient été envoyées avant les vacances et dont il en a remis 4 ; par D. Clément, D. Grenier, D. Lieble et D. Poirier, 20 chacun; par D. Labbat, 19. Pour D. Turpin, il a promis de donner des copies des pièces qu'il a rapportées du Berry.

(Collection Moreau, n° 292, fol. 3 v°.)

N° 3. — Du 20 décembre 1780.

ASSEMBLÉE COMPLETTE.

A la recommandation de dom Grenier, religieux de l'abbaye de Saint-Germain-des-Prés, chargé de composer l'histoire de Picardie et membre du Comité, M. Moreau a présenté à Mgr le Garde des sceaux M. Desmarais[1], président de l'élection de Senlis, lequel, ayant été autrefois dans le génie, s'est depuis appliqué à dessiner les sceaux qui se trouvent au bas des diplômes et chartes. Monseigneur a rendu la justice due à son travail et à son talent dans cette partie. Après avoir accepté 19 pièces accompagnées de leurs sceaux exactement dessinés, il l'a assuré de toute sa bienveillance et lui a promis de l'employer dans le cas où, l'ouvrage projetté ayant lieu, les fonds du dépôt permettroient cette augmentation de dépense.

M. de Bréquigny a fait le rapport de 16 pièces, dont 15 du Poitou envoyées par dom Fonteneau, et 1 de l'abbaye de Saint-Wandrille en Normandie, de l'envoy de dom Le Noir. De ces 16 pièces, il y en a 10 à imprimer, savoir : 9 du Poitou et celle de Saint-Wandrille, laquelle n'est qu'un vidimus de 3 pièces des VIIIe et IXe siècles déjà imprimées, mais que M. de Bréquigny et l'assemblée ont jugée digne de l'impression. Les 6 autres sont à extraire.

D. Clément a donné ses remarques sur 12 pièces du Poitou, dont 5 à imprimer et 7 à extraire.

D. Grenier a remis 1 diplôme du roi Louis V, du 9 juin 978, lorsque ce prince n'étoit encore qu'associé au trône avec Lothaire, son père. Ce diplôme est une confirmation de biens appartenans à l'église de Sainte-Croix d'Orléans.

D. Labbat a fait part de ses observations sur 18 pièces de Cluni, dont 13 à imprimer et 5 à extraire.

D. Lieble a communiqué ses notes sur 19 pièces de Cluni, dont 12 à imprimer et 7 à extraire.

D. Poirier a remis 20 pièces, dont 19 de Cluni et 1 de l'abbaye de Saint-

---

[1] Desmaretz offrit plus tard, dans l'espoir d'une récompense, tous ses dessins de sceaux, trois ou quatre mille environ, au cabinet des chartes. Sa proposition fut alors rejetée, comme on peut le voir par deux mémoires qui sont dans la Collection Moreau, n° 308, fol. 118 et 122. En 1786, il devint dessinateur du cabinet. (Voyez la lettre de Miromesnil à Desmaretz, dans le n° 308 de la Collection Moreau, fol. 155.) Les n°^{s} 9976-9982 de la Bibliothèque nationale contiennent des dessins de lui représentant des sceaux, pris surtout dans les archives de Saint-Nicolas d'Acy, de Saint-Vincent de Senlis, de Chaalis, de Royaumont et de Froidmont.

Denis, de l'an 956. De ces 20 pièces, il n'y en a que 11 de Cluni qui soient destinées à l'impression. Les 9 autres seront extraites.

D. Turpin a donné les copies de 2 titres de l'abbaye de Saint-Sulpice de Bourges, l'un de l'an 800 au plus tard et l'autre de 814. Ces copies seront remises à D. Turpin, avec d'autres qu'il a précédemment confiées à M. Moreau, ainsi que ses observations, quand le tout aura été copié.

Toutes ces pièces, excepté celles qui sont désignées particulièrement, sont de la fin du x⁰ siècle et du commencement du xi⁰. Le total des pièces examinées dans cette séance se monte à 88 pièces, dont 49 à imprimer et 39 à extraire.

Le 16 de ce mois, il a été envoyé une vingtaine de chartes à MM. qui composent l'assemblée, à la réserve de D. Grenier, qui n'a pas eu le tems de lire ses observations.

Monsieur Moreau a remis en outre à D. Clément 20 copies nouvellement envoyées de Cluni par M. Lambert de Barive.

(Collection Moreau, n° 292, fol. 5 v°.)

N° 4. — Du 31 janvier 1781.

M. le Marquis de Paulmy, absent.

Monsieur Moreau a communiqué à l'assemblée deux lettres qui lui ont été écrites directement, l'une par M. Gérard [1], ci-devant secrétaire de l'Académie impériale de Bruxelles, dont M. Moreau est membre depuis plusieurs années; l'autre par M. l'abbé Grandidier [2], auteur de l'histoire de l'Église et des Évêques-princes de Strasbourg, depuis la fondation de l'évêché jusqu'à nos jours, dont il a déjà paru une partie.

M. Gérard instruit M. Moreau du projet qu'a formé l'Académie de Bruxelles de publier une collection des historiens des Pays-Bas. En réponse, M. Moreau lui a demandé quand paroîtront, savoir, la chronique de Hainaut par Gilbert, prévôt des églises de Mons, lequel fut chancelier de Baudoin, dit de Constantinople, comte de Hainaut; dont M. le marquis du Chasteler [3]

---

[1] Georges-Joseph Gérard, érudit belge, né le 2 avril 1734 à Bruxelles, mort dans cette ville le 4 juin 1814, fondateur de l'Académie de Bruxelles, aux travaux de laquelle il participa très largement.

[2] Philippe-André Grandidier, né à Strasbourg le 9 novembre 1752, mort à l'abbaye de Lutzel ou Lucelle, en Alsace, le 11 octobre 1787. Son *Histoire de l'évêché et des évêques de Strasbourg* parut en 1777-1778, en 2 vol. in-4°; elle devait en avoir huit.

[3] François-Gabriel-Joseph, marquis du Chasteler, né à Mons le 24 mars 1744, mort à Liège

doit donner une édition, ainsi que les deux chroniques de Brabant en latin, l'une par Edmond de Dynter[1], qui fut secrétaire de trois ou quatre ducs de Brabant, et l'autre de Pierre à Thimo[2]. L'édition de ces deux chroniques est confiée à M. l'abbé de Nelis[3]. Quant à M. Gérard, il se propose de donner les Mémoires de Jehan de Hennin, qui accompagna le duc Charles le Hardi.

La lettre de M. l'abbé Grandidier, écrite avec cet esprit de franchise et de confiance qui caractérise une âme honnête, a inspiré en sa faveur tout l'intérêt qu'il pouvoit espérer. Monseigneur a décidé que M. Moreau lui demanderoit en réponse où il en est de son ouvrage, ce que l'on pourroit faire pour lui, afin de ne pas laisser son travail imparfait, de mettre à profit sa bonne volonté, son ardeur pour l'étude, et lui procurer les secours que les circonstances actuelles lui rendent absolument nécessaires.

Dom Clément a lu ses observations sur 20 chartes envoyées depuis peu de Cluni par M. Lambert de Barive. Ces 20 chartes, du tiroir intitulé *Espagne*, sont depuis l'an de J.-C. 1071 jusqu'à l'an 1274. Il a été convenu qu'on les reverra, quand on aura toutes les autres de la même nature.

Ensuite dom Grenier a fait part de ses remarques sur 20 copies, dont 2 ont été remises à dom Clément. Les 18 autres doivent être imprimées, quoique quelques-unes l'ayent déjà été plusieurs fois. 5 de ces pièces font partie des envois que dom Grenier a faits ci-devant au dépôt. Les autres ont été fournies par D. Le Noir, D. Queinsert et feu M. l'abbé Mutte, doyen de l'église de Cambrai. Ces 18 pièces sont depuis l'an 991 jusqu'à l'an 1035.

---

le 11 octobre 1788, publia la chronique de Gislebert, dans le tome V des Mémoires de l'Académie de Bruxelles.

[1] Edmond de Dynter, né près Bois-le-Duc, chanoine à Louvain et à Corsendonck, mort à Bruxelles le 17 février 1448. Sa chronique a été publiée en 1857-1860, en 3 volumes, dans la Collection des documents de l'Académie de Belgique, par de Ram.

[2] Pierre à Thymo ou van Heyden, chanoine de Sainte-Gudule de Bruxelles, mort en 1473, à l'âge de quatre-vingts ans. De nombreux manuscrits de lui sont conservés à la bibliothèque royale de Bruxelles. Les Gestes des ducs de Brabant ont été publiés, en 1843, par Willems dans la Collection des documents de l'Académie de Belgique.

[3] Corneille-François de Nélis, prélat et érudit belge, né à Malines le 5 juin 1736, mort près de Florence le 21 août 1798, devint chanoine et vicaire général de Tournai, et, le 25 octobre 1784, évêque d'Anvers. Nélis s'est fait avantageusement connaître par différents travaux sur l'histoire de la Belgique. Il sera plusieurs fois question de lui dans le cours de cette publication.

On joindra aux copies à renvoyer à Cluni une de celles qui avoient été remises à D. Labbat et dont les etc., suivant lui, méritent d'être remplis.

Dom Clément a rendu, avec une note de sa main, 1 pièce sur laquelle dom Lieble avoit déjà fait ses remarques, laquelle note ne sert qu'à confirmer le sentiment de D. Lieble.

Dans les premiers jours de ce mois, il a été envoyé une vingtaine de copies tirées du dépôt de Cluni à chacun de MM. de l'abbaye de Saint-Germain et des Blancs-Manteaux.

Le nombre des pièces examinées se monte à quarante.

(Collection Moreau, n° 292, fol. 7 v°.)

II

DOCUMENTS RELATIFS
AUX TRAVAUX MANUSCRITS DU CABINET DES CHARTES.

I

MISSION DE BRÉQUIGNY À LONDRES [1].

1

PREMIER MÉMOIRE DE BRÉQUIGNY SUR LE TRAVAIL À FAIRE
POUR LE RECOUVREMENT DES PIÈCES CONCERNANT LA FRANCE
QUI SE TROUVENT DANS LE DÉPÔT DE L'ÉCHIQUIER.

1764.

Avant d'entamer ce travail si utile à notre nation, si glorieux pour le Ministre qui en a formé le projet, et dont il m'est si honorable d'être chargé, je crois devoir exposer, dans ce premier mémoire, le plan général que je me suis formé, soit sur l'objet du travail même, soit sur les moyens de l'exécuter. J'en exposerai les opérations particulières dans un second mémoire, sitôt que l'inspection des pièces m'aura mis en état d'entrer dans les détails.

On sait jusqu'ici que la multitude de ces pièces est si grande, qu'on ne peut guères se proposer de les copier toutes. Je crois donc qu'on doit les diviser en trois classes : 1° les plus importantes, qu'il faudra transcrire en entier; 2° celles qui, sans être d'une aussi grande conséquence, méritent cependant d'être connues avec quelque détail, et dont il conviendra de dresser des notices; 3° enfin celles dont il suffira d'indiquer l'objet par un simple titre.

---

[1] Sur la mission de Bréquigny à Londres, voyez aussi ce qui en est dit pages 97, 99, 120, 121, 126, 129, 131, 146, 159, 310, 311, 313, 315, 321, 352, 358, 384, 412, 415, 433, 445.

Comme ces pièces sont dispersées sans ordre, ou entassées par monceaux dans la plus grande confusion, je perdrois beaucoup de tems si je m'occupois d'abord, et par forme de travail préliminaire, à les séparer selon leurs classes. Je me propose donc de travailler sur chacune d'elles, à mesure qu'elle se présentera sous ma main. Je jugerai d'abord si elle doit être ou copiée, ou extraite, ou simplement inscrite; et, en conséquence, je la livrerai à ceux de mes commis qui seront chargés ou de l'inventaire, ou des notices, ou des copies.

Quant à la règle que je crois pouvoir me prescrire pour distinguer les pièces qui doivent être copiées, ou extraites, ou seulement indiquées, je pense : 1.° que toutes celles qui sont de nature à entrer dans le dépôt des affaires étrangères doivent être transcrites tout au long, mais surtout les actes qui composoient le chartrier de Philippe-Auguste, pris par les Anglois à la bataille de Belle-Foge [1], les registres, mémoires et autres titres concernant l'administration de plusieurs de nos provinces, qui furent remis, en exécution du traité de Brétigny, aux commissaires d'Angleterre, selon le récépissé qu'ils en ont donné à la Chambre des comptes de Paris, les ordonnances que les rois d'Angleterre ont rendues pour les parties de la France dont ils ont été les maîtres, et, en général, les actes les plus essentiels à notre histoire. On rendra ces copies aussi semblables qu'il sera possible aux originaux, imitant exactement les monogrames, dessinant ou décrivant les sceaux, et faisant mention des autres caractères diplomatiques.

2° Les pièces qui contiendront des faits moins importans, mais qui cependant pourront servir soit à éclaircir notre histoire par raport à la chronologie, à la géographie, à la généalogie des grandes maisons, soit à l'enrichir par des détails relatifs aux mœurs et aux usages anciens de notre nation, etc. On se contentera d'en dresser des notices exactes, qui contiendront l'extrait de la partie essentielle de l'acte, et l'on fera mention des caractères diplomatiques qui mériteront d'être observés.

3° Toutes les autres pièces dont l'utilité sera moins sensible ou moins générale, telles que celles qui ne concernent que les familles particulières, les lettres missives qui ne contiennent point de faits intéressans, etc., on

---

[1] C'est cette aventure qui donna lieu à l'idée de la fondation d'un dépôt permanent des archives de la Couronne ou Trésor des chartes.

les désignera par des titres très-sommaires, et qui indiqueront seulement l'objet principal de l'acte et sa date.

Chaque copie ou chaque notice sera faite sur des feuilles séparées et de même grandeur; et chaque titre des pièces qui ne seront ni copiées ni extraites sera mis sur un bulletin, afin de pouvoir ranger successivement ces feuilles dans des cartons, et réduire ces bulletins en table par suite de matières et par ordre chronologique.

Il y aura, outre cela, un registre sur lequel on inscrira chaque pièce, aussitôt qu'elle aura été vue; ce qui formera un inventaire général de toutes les pièces sur lesquelles on aura travaillé. On y inscrira :

1° Le titre de la pièce et sa date.

2° On y fera mention si l'acte a été copié, si on en a dressé la notice ou si l'on s'est contenté de l'indiquer par un simple titre.

3° Comme on aura soin de cotter par une lettre ou un chiffre chacun des originaux, on marquera dans l'inventaire la cotte sous laquelle ces actes seront rangés dans le dépôt, afin d'en faciliter la compulsion, si, par la suite, on en a besoin.

Cette compulsion pourra devenir lucrative aux gardes du dépôt; ainsi on espère qu'ils se porteront d'eux-mêmes à ne rien changer à l'ordre des cottes, ni à l'arrangement des pièces dans le dépôt même. On présume qu'il sera d'ailleurs besoin de leur donner quelque gratification, afin d'obtenir d'eux toutes les facilités qui pourront hâter l'expédition. J'aurai soin de plus de leur faire sentir combien ils se feront d'honneur en coopérant de tout leur pouvoir à un travail qui ouvrira des sources nouvelles, même pour leur propre histoire, si étroitement liée à la nôtre.

Quoiqu'il y ait lieu de croire que jusqu'ici on a publié fort peu des actes renfermés dans le dépôt qu'on se propose de fouiller, cependant il n'est pas impossible qu'il y en ait eu d'imprimés sur des copies de ces mêmes actes trouvées dans d'autres dépôts. Il sera aisé de le vérifier par la table chronologique de tous les titres imprimés concernant l'histoire de France que j'ai poussée jusqu'au delà du xvie siècle. On s'épargnera par là de copier les pièces déjà imprimées, en se contentant d'en inscrire dans l'inventaire général le titre et la cotte, avec un renvoy au volume dans lequel elles auront été publiées.

Au reste, je me flatte que le Ministre sous les ordres duquel j'ai l'honneur de travailler me permettra de lui adresser fréquemment les catalogues raisonnés des pièces que je recouvrerai et daignera me guider par ses lumières dans tout le cours des opérations de ce travail.

Pour le manuel de ces opérations, voici le plan général que je me propose de suivre.

Je me réserve : 1° l'inspection première des pièces et leur distribution pour être copiées, extraites ou simplement inscrites; 2° la vérification des notices; 3° la rédaction des titres; 4° la description des caractères diplomatiques; 5° la collation des copies. Je crois devoir observer qu'afin de donner à ces copies le degré d'authenticité le plus propre à les rendre utiles, il seroit nécessaire de m'autoriser suffisamment pour que la pièce collationnée par moi eût en France la même force que l'original. Ainsi crut-on devoir autoriser, par arrêt du Conseil du 2 may 1747, M. Courchetet-Desnans[1], chargé d'un travail à-peu-près semblable dans les dépôts des Païs-Bas.

Le reste des opérations sera exécuté sous mes yeux par des commis, que je crois devoir d'abord borner à six, savoir : un pour écrire sous ma dictée; un pour l'inventaire général; deux pour les copies, et deux pour les notices et extraits. On pourra, par la suite, augmenter ce nombre, mais il n'en faut pas davantage dans les commencemens, parce qu'étant obligé de les former à une méthode uniforme et d'éclairer leur travail, je me trouverois surchargé, et ne pourrois veiller d'assés près sur ce qui seroit fait.

Il est nécessaire que quatre de ces commis soient versés dans la lecture des anciennes écritures, et que deux au moins soient initiés dans la diplomatique, dans la connoissance de notre histoire, et dans l'intelligence de la basse latinité et de l'ancien françois.

Les appointemens de ces commis en France seroient, suivant les divers degrés de leurs connoissances, de 800ᵗᵗ, 1,000ᵗᵗ et 1,200ᵗᵗ par an. Mais, vu la cherté de la vie à Londres, je crois qu'il faudroit doubler ces appointemens. A ce moyen, je les préviendrois qu'ils n'auroient aucune gratification à espérer. Cependant, pour mieux les encourager, je croirois devoir fixer leurs appointemens au quart au-dessous du prix destiné, afin de pouvoir distribuer ce quart entr'eux chaque année par forme de gratification, selon qu'ils me paroîtroient le mériter. Ainsi les frais de ces commis seroient réglés de la manière qui suit :

---

[1] François Courchetet, seigneur d'Esnans, conseiller au Parlement de Besançon. Les quarante-neuf volumes qu'il recueillit forment les nᵒˢ 909-957 de la Collection Moreau.

Celui qui écrira sous ma dictée et celui qui tiendra le registre d'inventaire général, pour chacun 1,200ᵗᵗ.............................	2,400ᵗᵗ
Gratification annuelle, chacun 400ᵗᵗ....................	800
Deux commis pour déchiffrer et copier, chacun 1,500ᵗᵗ......	3,000
Gratification annuelle, chacun 500ᵗᵗ.....................	1,000
Deux autres pour les extraits et notices, chacun 1,800ᵗᵗ.....	3,600
Gratification annuelle, chacun 600ᵗᵗ....................	1,200
Total cy..............	12,000ᵗᵗ

Il faudra en outre leur paier leur voiage, que je croys qu'on peut porter à cent écus pour chacun, et autant pour leur retour.

Du reste, j'aurai soin d'exciter encore leur zèle en leur faisant sentir combien leur travail est honorable, et combien il les mettra à portée d'être employés par la suite avantageusement.

Pour ne pas multiplier les frais, je me propose de partir avec un seul commis, après m'être assuré des autres aux conditions que j'ai marquées, de sorte que, lorsque je les manderai, ils soient, à leur arrivée, en état de commencer leurs opérations, sans aucune perte de tems.

En général, j'ose assurer que je ne négligerai rien pour réunir dans la conduite de ce travail l'exactitude, la diligence et l'œconomie.

(Collection Bréquigny, n° 75, fol. 196.)

2

NOTE DE MOREAU À BERTIN SUR LA MISSION DE BRÉQUIGNY À LONDRES.

3 mai 1764.

J'ay vu M. de Bréquigny, qui compte partir lundy prochain pour l'Angleterre et qui va demain à Versailles prendre congé de M. le duc de Praslin[1], recevoir ses derniers ordres et ses lettres de change. Il aura l'honeur de voir Monseigneur, et il est absolument nécessaire qu'il y ait une explication sur l'objet de son voiage. Il est persuadé que les recherches qu'il va faire à l'Échiquier et à la Tour de Londres, quoiqu'elles embrassent tout le droit

---

[1] César-Gabriel, comte de Choiseul, puis duc de Praslin, ministre des affaires étrangères le 9 octobre 1761.

public et beaucoup au-delà de ce qui intéresse le département des affaires étrangères, ne doivent cependant enrichir que le dépôt de M. le duc de Praslin, et qu'il ne peut envoyer dans le nôtre aucunes copies qu'en vertu d'ordres qui lui seroient donnez et moyenant d'autres copistes, que Monseigneur lui fourniroit.

Je lui ay objecté qu'étant attaché à un travail particulier, qui est dans le département de Monseigneur, il étoit si vray qu'il alloit travailler pour lui, qu'il comptoit emporter des catalogues de chartes imprimées qui appartienent à notre dépôt, et j'ay dit que Monseigneur pensoit qu'il devoit nous les laisser en partant. Il répond qu'il a été dit qu'il les emporteroit, et que c'est un des ordres qui lui ont été donnez, en conséquence du bon du Roy mis sur un mémoire détaillé dont il a été fait raport au Conseil, en présence de Monseigneur. Il compte pour les envois établir sa correspondance avec M. Durand[1], garde du dépôt des affaires étrangères, et demande, pour-être autorisé à nous envoyer aussy des doubles de ce qu'il découvrira, une lettre expresse de Monseigneur.

J'avois cru, moi, que le Ministre des affaires étrangères ne s'étoit mêlé de cette affaire que pour concerter avec celui d'Angleterre les agrémens et les permissions qu'il nous falloit; mais ce n'est pas comme cela que l'entend M. de Bréquigny. Je pense donc que Monseigneur lui doit expliquer nettement ses intentions, et prendre des arrangemens pour que l'on ne nous enlève pas tout le fruit que nous pouvons tirer de ce voiage pour le dépôt des chartes.

(Collection Moreau, n° 308, fol. 243.)

3

LETTRE DE BRÉQUIGNY À BERTIN [2].

Londres, le 29 mai 1764.

Monseigneur, vous m'avez ordonné de vous rendre compte du succès de

[1] Durand de Distrof. Il existe de lui au Ministère des affaires étrangères des Mémoires sur l'Allemagne, qui portent la cote 525, ainsi que divers Mémoires et des dépêches réunis sous la cote 533. Il avait, dès 1762, signalé l'importance des dépôts d'archives d'Angleterre pour l'histoire de France.
[2] Cette lettre a été publiée par M. Champollion-Figeac, *Lettres des rois et reines*, Introduction p. LXXX.

ma mission pour la recherche des titres concernant la France qui se trouvent dans les dépôts de Londres. Depuis mon arrivée ici, je suis occupé tous les jours (excepté le dimanche) à fouiller dans un grenier de l'Échiquier, d'une longueur immense, rempli, jusqu'au comble, de vieux parchemins, que l'on y a accumulés sans ordre, et que l'on y abandonne à la pouriture comme inutiles. La pluspart de ceux que j'ay examinés jusqu'ici sont d'anciens comptes rendus à l'Échiquier des divers revenus de la couronne d'Angleterre, et les pièces justificatives de ces comptes. Parmi ces pièces justificatives, j'en ai trouvé plusieurs qui intéressent la France, et je les ai mises à part. Je n'ai pu encore faire copier, parce que, dans le grenier où je fouille, il n'y a pas de place pour pouvoir écrire. Il n'y en a pas même pour se tenir debout; mais j'espère obtenir la permission d'emporter chez moi, sous mon récépissé, les pièces que je croiray devoir extraire ou faire transcrire. J'allay avant-hier à ce sujet, avec M. l'ambassadeur de France [1], chez mylord Mansfield [2] (*lord chef-justice*), et il assura qu'il fairoit en sorte de me procurer cette permission. J'ay visité le *Museum British*, où il y a une collection de chartes bien précieuses; on m'en a promis toute communication : on m'a promis aussi de m'introduire dans les divers dépôts de titres qui sont à Londres. Ces dépôts sont en si grand nombre que leur liste seule, qui est imprimée, forme un volume. Il y a tout lieu de croire que je pourai faire ici une récolte très-abondante de chartes utiles à l'histoire de notre nation. J'auray soin, Monseigneur, de vous informer du progrès. Daignez me conserver vos bontés, que je m'efforcerai toujours de mériter.

Je suis, etc.

BRÉQUIGNY.

(Collection Moreau, n° 315, fol. 66.)

4
LETTRE DE BRÉQUIGNY À BERTIN [3].
Londres, le 22 juillet 1764.

Monseigneur, j'ai reçu la lettre dont vous m'avez honoré le 6 juin, par

---

[1] Claude-François, comte de Guerchy, qui fut envoyé comme ambassadeur à Londres, après la paix de 1763.
[2] William Murray, comte de Mansfield.
[3] Cette lettre a été publiée par M. Champollion-Figeac, *Lettres des rois et reines*, Introduct., p. LXXXI.

laquelle vous me recommandez de ne pas oublier la Tour de Londres. Je ne manquerai pas de puiser dans ces précieuses archives, où l'on m'assure que je trouverai quantité de pièces importantes. Mais comme ce dépôt est à plus de trois milles de distance de ceux où je travaille, j'ai cru devoir différer de m'y transporter, jusqu'à ce que je puisse m'établir dans le voisinage, comme je me propose de le faire, dès que j'aurai achevé mon travail dans les dépôts qui sont actuellement à ma portée. Ces dépôts sont : 1° les greniers de l'Échiquier, au-dessus de l'*Augmentation des Offices;* 2° l'Office des *Remembrances* de cet Échiquier; 3° la bibliothèque Cottoniene, où il y a beaucoup de cartulaires qui appartenoient autres fois aux monastères d'Angleterre; 4° le chartrier du Museum. Ce chartrier contient seize mille chartes qui n'ont jamais été publiées, et dont il y en a quatre mille qui ne sont pas même connues de leurs possesseurs. Il y a fort peu de temps que je me suis ouvert cette nouvelle source.

Je viens d'envoyer à Monseigneur le duc de Praslin le catalogue des pièces que j'ai copiées jusqu'ici dans ces divers endroits, et j'ai joint à ce catalogue un mémoire détaillé sur mes opérations. J'aurai soin, Monseigneur, de vous informer de leurs progrès. La moisson sera certainement abondante à la Tour de Londres, quand on ne feroit que copier les plus importans des roolles dont Carte [1] a publié les catalogues; et il y en a bien d'autres qu'il n'a pas connus. On fait ici peu de cas de cet auteur, qui, dit-on, n'avoit pas vu les titres originaux dont il a parlé, mais seulement des catalogues qu'il n'a eu que la peine de transcrire.

Je suis, etc.

BRÉQUIGNY.

(Collection Moreau, n° 315, fol. 68.)

5
RÉPONSE DE BERTIN À BRÉQUIGNY [2].
Paris, le 12 août 1764.

J'ay reçu, Monsieur, votre lettre du 22 juillet, et je vois avec plaisir que

---

[1] Thomas Carte, historien anglais, né à Dusmoon en avril 1686, mort près d'Abingdon (Berkshire) le 1er avril 1754, auteur d'un *Catalogue des rôles gascons, normands et françois, conservés dans les archives de la Tour de Londres, tiré d'après celui du garde desdites archives;* catalogue publié par de Palmeuse, avec préface de Bougainville; Londres (Paris), 1743, 2 vol. in-fol.

[2] Cette lettre a été publiée par M. Champollion-Figeac, *Lettres des rois et reines*, Introd., p. LXXXII.

vos espérances nous annoncent une ample récolte. J'aurois voulu que vous m'eussiez dit quelque chose de la nature et de l'antiquité des monumens que vous trouvez dans les dépôts de l'Échiquier. J'avois toujours ouï dire que ce qu'il y avoit de plus intéressant pour nous dans ces dépôts étoient les minutes des jugemens des tribunaux françois, que les Anglois avoient autrefois emportez avec eux, au lieu que les principaux titres du domaine enlevez à Philippe-Auguste avoient été placez à la Tour. Lorsque vous aurez visité celle-cy, vous serez plus à portée de vérifier si ce que l'on m'a dit à cet égard est certain; mais, en attendant, je n'aurois pas été fâché que vous me fissiez part de l'idée que vous avez prise vous-même des titres de l'Échiquier. Il paroît que le chartrier du Muséum vous offrira une ample collection dont il me tarde de voir l'état. Vous me confirmez dans le jugement que j'avois porté de Carte et de ses catalogues, dont, entre nous, je n'ay pas fait plus de cas que les Anglois en font eux même.

Le catalogue des chartes imprimées que vous avez emporté avec vous nous manque beaucoup icy. Les Bénédictins sont arrêtez dans leurs recherches par la crainte de ne nous envoyer que des titres qui auroient été desjà publiez. J'ay résolu, pour faciliter leur travail, de faire imprimer le catalogue que vous avez, et dont je suis très-fâché que nous n'ayions pas icy un double : il est impossible de commencer cette impression sur les bulletins peu en ordre que vous avez laissez à Paris. Mandez-moi donc quand vous pourrez ou nous renvoyer ou nous rapporter cet ouvrage; car si vous ne voiiez pas jour à faire icy un voyage, je croi qu'il seroit essentiel que vous nous fissiez passer d'Angleterre une copie de ces catalogues, que je ferois sur-le-champ donner à l'impression. Je vous souhaite, Monsieur, une ample moisson de monumens, et vous prie de me faire part de vos découvertes.

Je suis, etc.

BERTIN.

(Collection Moreau, n° 315, fol. 70.)

6

LETTRE DE BERTIN AU DUC DE PRASLIN [1].

Août 1764.

M. de Bréquigny m'a fait part, Monsieur le Duc, des recherches qu'il a faites à Londres et des espérances qu'elles lui donnent. Il m'a également appris qu'il vous avoit envoyé le catalogue des pièces qu'il avoit jusqu'icy fait copier : vous sentez combien les premiers succès de ce travail doivent piquer la curiosité de ceux qui, comme moi, ont la manie des antiquitez : c'est un goût que je partage avec vous. Mais à ma propre curiosité se joint l'intérêt du dépôt des chartres que le Roy m'a confié. Je vous serai donc très-obligé, Monsieur le Duc, si vous voulez bien me faire communiquer ce catalogue de M. de Bréquigny, que j'auray soin de vous faire remettre incessamment.

Je suis, etc.

BERTIN.

(Collection Moreau, n° 315, fol. 70 v°.)

7

LETTRE DE BRÉQUIGNY À BERTIN [2].

5 septembre 1764.

Monseigneur, j'ai reçu la lettre que vous m'avez fait l'honneur de m'écrire le 12 aoust, par laquelle vous me marqués que vous désireriez sçavoir quelque chose sur la nature et l'antiquité des monumens que j'ai trouvés à l'Échiquier. J'ai l'honneur de vous envoyer un petit mémoire où j'ai rassemblé ce que j'ai vu, lu ou ouï dire sur ce dépôt et sur les pièces qu'il renferme. Quant aux titres que j'y ai fait jusqu'ici copier, vous en avez sans doute parcouru les catalogues que j'ai envoyés à Monseigneur le duc de Praslin. Le Muséum m'offre une récolte jusqu'ici plus intéressante. Il est

---

[1] Cette lettre a été publiée par M. Champollion-Figeac, *Lettres des rois et reines*, Introduction, p. LXXXIII.

[2] Cette lettre a été publiée par M. Champollion-Figeac, *Lettres des rois et reines*, Introduction, p. LXXXIII.

très-vray, comme vous l'a dit M. Hume [1], qu'on y trouve un suppléement au Rymer [2]: il est en 60 vol. in-fol., et je suis occupé à en faire le dépouillement pour ce qui concerne la France. Ce ne sont pas les titres originaux, mais les copies que M. Rymer en avoit fait faire pour servir à son suppléement. On voit, par ses indications, que presque tout est tiré de la Tour. Je compte faire copier les titres intéressants pour nous, sur les copies qu'il a fait faire, parce que cela sera plus aisé pour mes commis et d'une expédition plus prompte. Ensuite, lorsque je passerai à la Tour, je collationnerai ces copies sur les originaux.

Indépendamment du travail de Rymer, le Muséum renferme des pièces très-importantes pour nous, et que je fais actuellement copier. Ce sont quantité de pièces originales, telles que des lettres de roys, de ministres, etc., des instructions secrètes d'ambassadeurs, des minuttes de traités, des plans de négociations, etc. (Je parle toujours de pièces relatives à la France.) La seule bibliothèque Cottoniene possédoit une suite de 24 registres de cette espèce : ils ont presque tous péri dans un incendie [3]. Il n'en reste que des lambeaux mal en ordre, à demi-brûlés, et dont le parchemin a été tellement ridé par le feu qu'il est très-difficile de les lire. Le plus grand malheur est qu'ils se détruisent en les feuilletant, quelque précaution que l'on prenne. Tout cela les rend plus précieux; car, avant qu'il soit peu, ces originaux seront absolument perdus. J'en range et raproche les morceaux, et je les déchiffre avec tout le scrupule et toute l'exactitude immaginables. Ce que je tireray de là tiendra lieu un jour des originaux même, qui périront bientôt, et je crois que cet article mérite la plus grande attention. Je ne fais que commencer ce travail, qui sera long, si les pièces de ces receuils continuent d'être aussi intéressantes et aussi peu connues que celles que j'ai rencontrées jusqu'à présent.

[1] Le célèbre philosophe et historien David Hume, qui avait accompagné, en 1763, le comte d'Hertford à Paris, en qualité de secrétaire d'ambassade.

[2] Le fameux recueil dont il est si souvent question dans ces pièces, recueil dû à l'érudit anglais Thomas Rymer, né en 1646, mort le 14 décembre 1713, à Londres, intitulé : *Fœdera, conventiones, literæ et cujuscumque generis acta publica inter reges Angliæ et alios quosvis imperatores, reges, etc.*, comprend 17 vol. in-fol., parus de 1704 à 1716, avec un supplément de 3 vol. publié de 1726 à 1735, par Sanderson, qui avait été adjoint à Rymer depuis 1707. Cette publication s'arrête à l'année 1634.

[3] La bibliothèque Cottonienne, ainsi nommée à cause du savant antiquaire anglais qui l'avait formée. Robert Bruce Cotton, né à Denton le 22 janvier 1570, mort le 6 mai 1631, fut détruite en partie, le 23 octobre 1731, par l'incendie qui dévora la bibliothèque de la Couronne, à laquelle elle avait été réunie. Ce qui échappa aux flammes fut porté au British Museum.

Vous sentez aisément, Monseigneur, l'indispensable nécessité de vérifier à tout instant ces pièces avec la table des titres imprimés; sans cela, je courrois risque très-souvent de faire copier ce qui a été publié. L'usage que je fais de cette table est précisément celui auquel elle a été destinée; mais, en même temps, je la perfectionne. Elle n'a été faite que sur les dépouillements des livres connus en France, et particulièrement sur les livres de la bibliothèque de M. Secousse, qui, quoique très-nombreuse sur ce qui concerne notre histoire, ne renfermoit pas diverses histoires étrangères, dans lesquelles on a publié des titres qui concernent la nôtre. Tels sont, par exemple, les *appendix* des trois vol. in-fol. de l'histoire d'Angleterre, par Brady [1], etc.; il est par conséquent nécessaire, pour la perfection de cette table, que j'y ajoute les titres des pièces relatives à l'histoire de France qui ont été publiées dans ces ouvrages. Je crois donc qu'avant de la faire imprimer, il convient de la rendre aussi complète qu'il est possible; et ce délai ne peut nuire au travail des Bénédictins.

Dans le plan fort étendu que j'avois dressé sur leur travail, et qui a dû passer sous vos yeux, Monseigneur, il me souvient que j'avois marqué qu'ils envoyeroient les titres des pièces avant de les faire copier, afin de juger : 1° de leur importance, et si elles valoient la peine d'être transcrittes en entier; 2° si elles n'étoient pas desjà ou publiées ou manuscrites dans quelques bibliothèques publiques. Il me semble qu'en suivant ce plan, les Bénédictins pouroient envoyer les listes, à mesure qu'ils découvriroient quelque chose. Leur première liste, une fois renvoyée, leur donneroit de l'ouvrage assez pour n'être pas oisifs, tandis qu'on examineroit les listes successives qu'ils pourroient faire passer et qu'on leur renvoyeroit à mesure, avec les apostilles, pour copier, extraire ou négliger les pièces dont ils fourniroient des catalogues. MM. de Foncemagne et de Sainte-Palaye feroient aisément cette besogne à Paris, à l'ayde des bulletins qui ont servi à la composition de la table, et qui sont certainement très en ordre, rangés verticalement dans des cartons, comme des cartes à jouer, exactement selon l'ordre observé dans la table même. Mais, ce qui ne seroit pas plus long ni plus difficile, ce seroit de me faire passer ici ces listes, que je renvoyerois sur-le-champ, et

---

[1] *Introduction to the old english history*, Londres, 1684, in-fol.; le même ouvrage parut sous ce titre : *Complete history of England;* ibid., 1685, in-fol., avec une continuation jusqu'à la fin du règne de Richard II; ibid., 1760, 2 vol. in-fol. L'auteur, Robert Brady, professeur de médecine à l'Université de Cambridge, né en 1643 dans le comté de Norfolk, mourut en 1700.

auparavant que les Bénédictins eussent eu le tems de m'en fournir de nouvelles. D'ailleurs, quand même les Bénédictins auroient la table des titres imprimés, ils ne seroient pas dispensés, avant de copier, d'envoyer les listes des pièces, pour vérifier s'il n'en existe pas desjà des copies dans quelques-uns des dépôts de Paris. Ainsi ce que je propose n'alonge en rien leur travail.

Au reste, Monseigneur, si vous êtes toujours résolu à faire imprimer cette table dans l'état où elle se trouve, je vous en envoyerai le premier volume, ou j'aurai l'honneur de vous le porter moi-même cet hiver. Je crois qu'il sera indispensable que j'aille dans cette saison à Paris pour faire quelques vérifications sur des notices de pièces dont on peut trouver des copies dans les dépôts de France, vérifications qui ne peuvent guère être faites avec l'exactitude nécessaire que par celui même qui a vu les pièces dont il s'agit. J'attendray vos ordres à ce sujet, Monseigneur, et je vous suplie d'être persuadé de tout le désir que j'ai de méritter vos bontés.

Je suis, etc.

BRÉQUIGNY.

(Collection Moreau, n° 315, fol. 71.)

8

MÉMOIRE DE BRÉQUIGNY SUR LES TITRES DÉPOSÉS À L'ÉCHIQUIER [1].

Il y a beaucoup de dépôts différents à l'Échiquier. Chacun d'eux a ses officiers et ses gardes, dont il est assez difficile de tirer des notions claires et précises des divers titres qui leur sont confiés. Je n'ay jusqu'ici travaillé que dans ce qu'on appelle l'*Office des Remembrances*. Il y a plusieurs salles dépendantes de cet office, et de fort vastes greniers. Dans la salle où je suis encore, on trouve : 1° des rôles contenant les enregistrements des lettres patentes du grand sceau et du sceau privé : chaque rôle contient une année du règne; les plus anciens que l'on m'ait communiqués sont d'Édouard III, qui commença à régner le 21 janvier 1327. Quelques-unes des lettres enregistrées dans ces rôles regardent les affaires de France, mais toujours indirectement. J'ai fait des dépouillements de quelques-uns de ces rôles, et

---

[1] Ce mémoire a été publié par M. Champollion-Figeac, *Lettres des rois et reines*, Introduction p. LXXXVI.

j'ai vu que les lumières que j'en tirois méritloient peu la peine et le temps que j'y employois; 2° les procédures faites relativement aux revenus de la couronne d'Angleterre; 3° les jugements de l'Échiquier par raport aux affaires particulières : ces deux sortes de titres ne m'ont rien fourni; 4° plusieurs coffres où sont divers registres, dont quelques-uns concernent les revenus de la couronne; d'autres sont des terriers d'anciens monastères. J'ai parcouru tous ces registres, et j'en ai tiré ce qui pouvoit être relatif à mon objet. Le fameux *Livre rouge* m'a fourny plusieurs choses, entre autres, une liste, plus ample et plus exacte que celle qui est publiée dans les historiens normands de Duchesne, des fiefs qui existoient en Normandie du temps de Guillaume le Conquérant, avec leurs redevances et les noms de leurs possesseurs.

Les greniers qui dépendent de cet office sont remplis d'une quantité immense de papiers regardés comme inutiles. C'est là où je me suis d'abord attaché, parce qu'on m'assura que tout le reste étoit connu, et qu'il n'y avoit ailleurs aucuns papiers qui eussent appartenu à la France. Après y avoir travaillé près de deux mois, je me suis convaincu qu'ils ne contenoient que d'anciens comptes des recettes et des dépenses de l'État, avec des pièces justifficatives. Il y a plusieurs de ces comptes qui concernent nos provinces, du temps que les Anglois en étoient les maîtres; j'en ay fait copier quelques-uns. J'ai trouvé aussi, parmi les pièces justifficatives, quantité de chartes relatives à notre histoire : j'en ay tiré beaucoup de copies et dressé beaucoup de notices. Leurs titres forment la plus grande partie du catalogue que j'ai envoyé à Monseigneur le duc de Praslin. Il s'en faut bien que ce travail soit épuisé; mais le Muséum m'ayant offert des choses beaucoup plus intéressantes, je ne donne plus à ce premier objet que le temps qu'il ne m'est pas possible de donner au second.

Il y a, outre cela, trois autres sales dépendantes de ce même office; l'une contient des *contrôles* ou *duplicata* des pièces précédentes; l'autre, les procédures faites contre les officiers de l'Échiquier, ou leurs poursuites contre les comptables; la dernière, les titres concernant les revenus ecclésiastiques de la Couronne, tels que les annates et les dixmes. On y trouve les évaluations des bénéfices sous Henri VIII. Les lumières qu'on en peut tirer relativement à notre histoire ecclésiastique sont des listes exactes de ce que nos églises de France possédoient en Angleterre, et de la valeur de ces possessions. Comme ces biens étoient communément saisis toutes les fois que l'Angleterre étoit en guerre avec la France, il est souvent question de l'administration de ces revenus dans les comptes qui m'ont passé par les mains, et j'ai receuilli plusieurs choses à ce sujet qui peuvent être utiles à perfectionner l'ouvrage de *Gallia christiana*.

Outre les dépôts de l'*Office des Remembrances*, il y a encore à l'Échiquier quatre autres dépôts : celui de la *Trésorerie*, celui des *Augmentations*, le *Pipe-office*, et la *Cour des gardes* où jurisdiction concernant les gardes nobles.

Cette jurisdiction ne subsiste plus; on se plaint que ses actes ont été pillés par un gardien infidèle. On en a rassemblé les restes, qui sont en ordre, mais ils ne peuvent intéresser que les possesseurs actuels des terres d'Angleterre, ou les familles de ceux qui en ont joui.

Le *Pipe-office* est ainsi nommé, dit-on, parce qu'autres fois les papiers qu'on y conservoit étoient mis dans cette sorte de tonneau qu'on nomme *pipe*. On y trouve les comptes des revenus de la Couronne et leurs controlles, tant pour les revenus fixes que pour les revenus casuels. Je ne doute pas que cet immense amas de papiers qui se trouvent dans les greniers n'ait fait autres fois partie des papiers du *Pipe-office*, où l'on n'aura laissé que les comptes des derniers règnes.

L'office des *Augmentations* contient ce qui concerne les augmentations faites aux revenus de l'État, et principalement celles qui sont provenues de la réunion des petits bénéfices ecclésiastiques au domaine de la Couronne.

L'office de la *Trésorerie* se divise en quatre portions : la première contient les rôles des jugements prononcés par les juges députés dans les provinces sous Henry III, roy d'Angleterre, et sous les trois premiers Édouards, etc., les titres concernant les terres qui ont fait partie des appanages, ou celles des monastères qui furent donnés au fameux cardinal de Wolsey [1]. On y trouve aussi les papiers saisis chez ce cardinal lors de sa chûte. On assure qu'il y a les statuts de l'ordre de Saint-Michel, que notre roy François Ier envoya à Henry VIII; quelques rôles de lettres-patentes sous Jean-sans-Terre, Édouard II et Henry VI, etc. Il y a lieu de croire qu'on tireroit de tout cela divers secours pour notre histoire.

La deuxième portion de la *Trésorerie* semble encore plus intéressante. Outre beaucoup de papiers qu'on dit être inutiles, et ceux qui concernent

---

[1] Le célèbre ministre du roi Henri VIII.

l'administration du domaine sous Henry VIII et ses quatre successeurs, on prétend qu'il y a une armoire remplie de lettres d'ambassadeurs, leurs instructions, leurs chiffres, etc.

La troisième étoit une voûte dans le cloître de l'abbaye de Westminster, sous laquelle on avoit placé les traités avec les cours étrangères, et d'autres papiers d'État; mais, comme ils y étoient mal logés, on les a transférés, il y a près de 70 ans, dans l'ancien chapitre (*Chapter-house*), qui est dans le même cloître.

Cette dernière portion contient, outre ces papiers qui y ont été transportés, les registres (depuis Henry III jusqu'à Henry VII) de la *Cour du roy* et des deux jurisdictions qui en furent formées : le *Banc du roy* et les *Plaids communs*. On y trouve de plus quelques rôles du parlement sous Édouard Ier et beaucoup d'autres du tems de Henry VIII, touchant son divorce, sa renonciation à la suprématie du pape, l'abolition des abbayes, etc. Rymer a tiré de ce dépôt un grand nombre d'actes qu'il a publiés. Je suis, depuis un mois, occupé à m'en procurer l'entrée; mais l'absence des Ministres, qui, dans cette saison, sont presque toujours à la campagne, et des barons de l'Échiquier, occupés à leurs tournées dans les provinces, ne m'a pas encore permis d'obtenir l'accès dans ce lieu, où j'espère trouver beaucoup de choses importantes, et peut-être les papiers apportés de France, dont on soutient ici n'avoir aucune connoissance, mais qui certainement doivent s'y trouver quelque part. Vous pouvez voir, Monseigneur, par le compte que je viens d'avoir l'honneur de vous rendre, que la distribution des titres dans les dépôts est faite sans beaucoup d'ordre; et je suis assuré que ceux même qui les gardent ont des notions très-imparfaites des choses qui leur sont confiées.

Outre l'espérance que me donnent ces dépôts, je compte avoir incessamment communication d'un catalogue de titres concernant la France, qui se sont trouvez chez un particulier. M. Webb, solliciteur de la Trésorerie, m'a promis de me faire voir ces titres. Indépendamment des lumières qu'exige sa place, qui est fort considérable, il a des connoissances très-étendues sur l'histoire ancienne et moderne de sa nation, et m'a offert de m'ayder en tout ce qu'il pourroit. Ainsi j'ai lieu d'espérer que je ne manquerai ny d'objets de travail ny de secours.

(Collection Moreau, n° 315, fol. 84.)

9

ARRÊT DU CONSEIL QUI COMMET BRÉQUIGNY POUR COLLATIONNER AUX ORIGINAUX LES TITRES TRANSCRITS EN ANGLETERRE [1].

26 août 1765.

Le Roy étant informé que, dans les dépôts d'Angleterre, il se trouve différentes pièces et d'anciens titres relatifs au royaume de France, qui pourroient n'être pas moins utiles à la connoissance et au recouvrement de ses droits qu'intéressantes pour les principales familles du Royaume, a désiré s'en procurer des copies exactes, et, à cet effet, a chargé le sieur de Bréquigny, de l'Académie royale des inscriptions et belles-lettres, d'en faire la recherche et de faire transcrire celles de ces pièces qui lui paroîtront utiles; mais, comme pour tirer de cette recherche le fruit qu'il est naturel de s'en promettre, il faut que la transcription qu'il fera faire de ces titres ait une autenticité capable de leur assurer la foi nécessaire pour qu'elles puissent servir tant aux officiers chargés de la conservation et recouvrement de ses droits, qu'à ceux de ses sujets qui pourroient être dans le cas d'en faire usage, Sa Majesté ne trouve pas de voie plus simple et plus convenable que celle de confier au sieur de Bréquigny le soin d'en collationner les copies aux originaux et de lui donner à cet effet une mission expresse. A quoi voulant pourvoir, ouï le rapport du sieur de l'Averdy, conseiller ordinaire au Conseil royal, Contrôleur général des finances, le Roy étant en son Conseil a commis et commet le sieur de Bréquigny pour collationner aux originaux les copies de titres et pièces qu'il a fait et fera transcrire en Angleterre, pour lesdites copies ainsi collationnées et par lui certifiées conformes aux originaux être remises au dépôt des affaires étrangères ou autres dépôts de Sa Majesté, auxquels lesdits titres et pièces, suivant l'objet auquel ils ont rapport, peuvent appartenir, et être ensuite ordonné par Sa Majesté sur la validité desdits titres ce qu'il appartiendra. Fait au Conseil d'État du Roy, Sa Majesté y étant, tenu à Versailles le vingt-six août mil sept cent soixante-cinq.

PHELYPEAUX.

(Collection Moreau, n° 315, fol. 143.)

[1] Cet arrêt a été publié par M. Champollion-Figeac, *Lettres des rois et reines*, Introduction, p. xcv.

10

LETTRE DE BRÉQUIGNY À BERTIN [1].

Londres, le 8 octobre 1765.

Monseigneur, j'ai différé à vous rendre compte du progrès de mes recherches jusqu'à ce que je me fusse procuré l'entrée dans les archives de la Tour ; ce qui a souffert des difficultés que je n'ai pu vaincre qu'avec du temps et en faisant envisager une récompense proportionnée aux services qu'on me rendroit. Comme la communication des pièces de ce dépôt produit à ceux qui en ont la garde des salaires qui font partie du produit de leurs places, cette communication dépend absolument d'eux. Ils ne permettent jamais de tirer de copies de leurs pièces, et se réservent d'en délivrer des expéditions, qu'ils vendent d'ordinaire fort cher. Le garde principal s'est prêté jusqu'icy de bonne grâce à mes recherches, d'autant plus volontiers que je ne les ay présentées que comme celles d'un particulier qui travaille pour son instruction propre. Je doute que j'eusse pu réussir, si l'on m'avoit soupçonné de vues plus étendues.

La nécessité de cacher ces vues m'oblige d'éviter tout ce qui pourroit donner le plus petit éclat à mon travail, que je rends aussi obscur qu'il m'est possible. C'est par cette raison que je n'ai que deux copistes à la Tour ; un plus grand nombre feroit ombrage. J'en ai quatre autres au Museum, où les collections de mylord Oxford [2], du chevalier Cotton, de Rymer, de Madox [3], etc., offrent des richesses inépuisables, sans compter celles qui se trouvent dans les manuscrits du chancelier Séguier [4], dont une partie se trouve icy.

J'ai jusqu'icy dirigé mes recherches principalement sur les cinq objets suivants :

---

[1] Cette lettre a été publiée par M. Champollion-Figeac, *Lettres des rois et reines*, Introduction, p. XCVI.

[2] Robert Harley, comte d'Oxford, homme d'État, né à Londres en 1661, mort le 21 mai 1724. Sa collection comprend 7,000 manuscrits. Connue sous le nom de fonds Harléien, elle est une des richesses du British Museum.

[3] Thomas Madox, érudit anglais, mort à Londres vers 1735, consacra sa vie à des travaux sur les anciennes lois et la constitution de l'Angleterre. Sa collection forme 94 volumes in-folio et in-4°, remplis de documents qu'il avait surtout transcrits au British Museum.

[4] Sur la collection des manuscrits du chancelier Séguier, voyez le *Cabinet des manuscrits* de M. Delisle, t. II, p. 78-99.

1° Les titres relatifs aux droits du Roy et à ses domaines;

2° Les anciennes loix municipales de nos villes, surtout de celles qui ont souffert la domination angloise : leurs droits et leurs priviléges avant et durant cette domination ;

3° Les ordonnances de nos rois et celles des rois d'Angleterre, par rapport aux provinces de France qu'ils ont possédées ;

4° Les registres de plusieurs de nos cours souveraines, les titres concernant leurs droits et usages, et autres pièces relatives à cette partie de notre administration ;

5° Les lettres originales de plusieurs de nos rois, de nos ministres, de nos généraux ; les instructions des ambassadeurs d'Angleterre en France ; les dépêches, les traités et projets de traités, et autres pièces propres à éclaircir l'histoire des négociations.

J'ai, outre cela, une classe nombreuse de mélanges, qui contient des pièces relatives à divers faits particuliers, à des familles illustres, aux droits des grandes terres, etc. Il y en a aussi concernant l'histoire ecclésiastique de notre nation : de ce nombre sont plusieurs bulles des papes. J'en trouve icy beaucoup d'originales, et qui n'ont point été publiées; mais je me suis borné à celles qui sont relatives à la France.

Le dépôt de la Tour va me fournir de quoy augmenter considérablement cette moisson, déjà abondante. Il me paroît que les pièces que ces archives renferment peuvent se diviser en deux classes :

1° Les rôles qui contiennent les enregistrements des actes émanés des rois d'Angleterre ; c'est la classe la plus nombreuse et la mieux connue. J'ai déjà des pièces de ces rôles transcrites d'après les copies que Rymer en avoit fait faire pour le supplément de son grand ouvrage. Il ne me reste qu'à les collationner et à y ajouter ce qui avoit échappé à Rymer, ou ce qu'il avoit négligé comme trop étranger à l'Angleterre.

2° La seconde classe est composée de pièces proprement originales, rassemblées sans ordre dans des paquets conservés sans soin, et souvent fort endommagés. J'ai trouvé, dans ce que j'en ai parcouru, un grand nombre de lettres de nos rois écrites aux rois d'Angleterre, surtout dans les XIII° et XIV° siècles. J'y ai trouvé aussi quelques pièces qui nécessairement ont été apportées de France : telle est une ordonnance de Philippe le Bel sur les monnoyes, que MM. de Laurière [1] et Secousse n'ont point connue. Je conclus

---

[1] Eusèbe-Jacob de Laurière, né à Paris le 31 juillet 1659, mort le 19 janvier 1728. Ses

de là que Carte se trompoit, ou nous trompoit, quand il assuroit que les pièces qui avoient été apportées de France en Angleterre ne devoient se trouver qu'à l'Échiquier, et ne pouvoient jamais se trouver à la Tour ; et je conçois de ces premières découvertes des espérances encore plus heureuses.

C'est avec la plus grande satisfaction, Monseigneur, que je vois s'accroître une collection, d'autant plus importante qu'il étoit plus difficile de se la procurer. Elle fait une partie essentielle du double travail dont vous avez daigné me charger, mais elle ne me fait point négliger l'autre. Tandis que je rassemble icy des chartes manuscrites, je continue de dépouiller les collections angloises des chartes imprimées relatives à notre histoire ; et, pendant ce même temps, le sieur Mouchet travaille à Paris à la revision de la table déjà dressée. Il suit le plan que j'ai tracé dans le mémoire qu'il a eu l'honneur de vous présenter, et qu'il me mande que vous avez approuvé. Il m'assure qu'il avance dans cette revision, à laquelle il travaille sans relâche, et il a le plus grand désir d'avoir l'honneur de vous en rendre compte. Il est fort instruit dans ce genre de connoissances, et l'on ne sauroit y employer des gens trop instruits. M. Secousse avoit cru que de simples copistes étoient assez bons pour cela : les défauts de sa table, qui donne aujourd'huy tant de peines, prouvent assez son erreur.

Je travaille depuis un mois à dresser des listes des pièces à transcrire, pour laisser de l'ouvrage à mes copistes, afin de pouvoir aller à Paris, le mois prochain, y continuer moi-même la revision commencée, tandis que le sieur Mouchet me suppléra icy au besoin. Je ne ménage ny soins ny dépenses pour répondre à vos vues, Monseigneur, et pour mériter vos bontés. Ma récompense la plus flatteuse sera de pouvoir vous prouver mon zèle et le profond respect avec lequel je suis, etc.

BRÉQUIGNY.

(Collection Moreau, n° 315, fol. 92.)

études et ses travaux sur le droit en général et sur les coutumes en particulier l'avaient admirablement préparé à la publication qu'il entreprit des *Ordonnances*. Il eut, dès le début, pour collaborateurs dans ce travail Berroyer et Loger, et fit paraître avec eux, en 1706, la *Table chronologique des Ordonnances depuis Hugues Capet jusqu'en 1400*, Paris, 1706, in-4°.

11

ACCORD RELATIF À LA TRANSCRIPTION DES DOCUMENTS.

16 octobre 1765.

It is agreed that Mr de Brequigny shall be at liberty to employ two or three persons to transcribe records relating to France or French affairs, and himself or, in his absence, one other gentleman to superintend or peruse such records as may be necessary to be copied and to examine the same when transcribed, and the two or three persons so employ'd to copy shall have access to such records daily, from about the hour of nine in the forenoon till about three o'clock in the afternoon, sundays, Christmas day and the three days after excepted;

That Mr de Brequigny shall pay to Mr Rooke as a full recompence for the fees due for such copies the sum of one hundred and twenty five guineas, let them amount to more or less;

That six calendar months only shall be allow'd for this work, to commence from the twenty eighth day of september last past, and that if it shall be finished at any time sooner or left off, then it is hereby expressly agreed that no manner of abatement shall be made of the sum herein before specifyed, but the same and every part thereof shall be actually and *bona fide* paid immediately when the work is compleated or left off, it being admitted that this composition is as favourable as could be expected. Dated the 16th of october 1765.

Witness : Hen. ROOKE.

(Collection Bréquigny, n°. 75, fol. 214.)

12

MÉMOIRE DE BRÉQUIGNY À BERTIN
SUR L'ÉTAT ACTUEL DES RECHERCHES DANS LES ARCHIVES DE LONDRES.

Janvier 1766.

Les recherches à l'Échiquier sont finies, il y a plus d'un an. Les deux dépôts des affaires étrangères nommés *Chapter-house* et *Paper-office*, devoient être inaccessibles; j'ay cependant eu le bonheur d'obtenir communication des catalogues d'une partie considérable de ces dépôts, et je les ai fait copier. Enfin l'on aura achevé dans deux mois la transcription des pièces interressantes pour la France renfermées dans les bibliothèques Cottoniene et Harleiene, et dans le chartrier du Cabinet britannique, que l'on nomme communément British Museum.

Il me reste à dépouiller : 1° environ 30 sacs de papiers sauvés de l'incendie d'un dépost qui étoit autrefois au palais de White-Hall, saisis, il y a quinze ans, chez un particulier suspect qui les avoit détournés, et restés depuis ce tems sous la garde du s^r Carington, messager d'État;

2° Les archives de la Tour, dont la portion qui concerne la France consiste en 15 ou 16 gros paquets de titres, inconnus aux gardes mêmes de ces archives, et en un grand nombre de rôles gascons, normands et françois, dont Thomas Carte a publié des catalogues peu complets.

Le premier de ces deux objets ne m'occupera pas longtems, autant que j'en puis juger par la notice sommaire que le s^r Lescalier, par les ordres de M. le comte de Guerchy, a trouvé le moyen de me procurer. Il n'y en a qu'une partie qui interresse la France; et si je suis assez heureux pour obtenir, comme je l'espère, la liberté d'extraire ou de copier ces titres, j'ay lieu de présumer que ce sera l'ouvrage de peu de semaines.

Il me faudra beaucoup plus de tems pour les archives de la Tour, surtout ne voulant rien négliger de ce qui peut nous interresser dans un dépost qui est si fort en droit d'exciter la curiosité de notre nation. Cependant j'ay déjà fait transcrire une partie des rôles, et des 15 ou 16 paquets de titres dont j'ay parlé, il ne m'en reste que cinq ou six à examiner, les autres étant extraits ou copiés. Ainsi je me flatte que ces archives seront totalement épuisées dans le cours de cette année. J'ay même déjà fait des listes des pièces tirées de ces rôles et publiées par Rymer, lesquelles, par conséquent, n'ont pas besoin d'être transcrites, et d'une grande partie de celles qui, selon le degré de leur importance, doivent être transcrites ou extraites.

Il résulte de cet état de mes recherches non-seulement qu'elles seront probablement finies cette année, mais qu'il seroit possible dans peu de mois d'en diminuer considérablement la dépense, par les retranchemens suivans :

1° Ne pouvant employer aux archives de la Tour plus de quatre commis, parce qu'un plus grand nombre feroit ombrage, les deux commis qui achèvent les transcriptions dans les bibliothèques Cottoniene et Harleiene peuvent être incessamment supprimés; ce qui fera une diminution d'environ 300^{tt} par mois.

2° Ma présence devenant peu utile à Londres, lorsque j'aurai achevé de dresser les listes de pièces à copier, laissant pour veiller à la transcription un secrétaire de confiance que j'ay formé à ce genre de travail et qui y préside actuellement, rien n'empêche, dans trois ou quatre mois au plus, de supprimer mes appointemens, en réservant seulement 1,500^{tt} pour les frais de bureau, ce qui opérera une diminution de 1,100^{tt} par mois. Ainsi la dépense sera diminuée au total de 1,400^{tt} par mois, c'est-à-dire de près des deux tiers.

. . . .

(Collection Bréquigny, n° 75, fol. 220.)

13

MÉMOIRE SUR LES RECHERCHES RELATIVES À L'HISTOIRE DE FRANCE, PAR BRÉQUIGNY [1].

On savoit depuis longtemps que l'Angleterre possède un grand nombre de titres relatifs à la France. Thomas Carte avoit fait imprimer, il y a vingt-quatre ans, le catalogue des pièces qui se trouvent dans les rôles gascons, normands et françois conservés à la Tour de Londres; mais il nous avoit appris en même temps que ce n'étoit qu'une très-petite partie des titres intéressans pour la France qu'on pourroit découvrir en Angleterre. Il ajoutoit que c'étoit à l'Échiquier qu'il falloit les chercher, et que peut-être même on y retrouveroit le chartrier de Philippe-Auguste, perdu à la journée de Belle-Foge, il y a près de six cents ans.

A la vérité, on pouvoit d'autant moins se flatter de recouvrer ce chartrier précieux, qu'aucun écrivain anglois n'a fait mention d'un trophée si glorieux pour sa nation. Sans doute il fut dissipé dans le désordre d'une retraite tumultueuse, sans que les ennemis s'en soient emparés. Mais on devoit espérer de recouvrer les originaux des autres actes que Carte indique, *les suppliques, les représentations, les lettres de la noblesse, des villes, des communautés; les enquêtes, les terriers, et en général les actes dressés par les sé-*

---

[1] Lu à la séance publique de la Saint-Martin 1766 et extrait des *Mémoires de l'Académie royale des inscriptions et belles-lettres*, t. XXXVII, p. 528-540.

néchaux, les magistrats, les commissaires départis dans les provinces de France soumises autrefois à la domination angloise.

Le projet de les chercher avoit été formé à diverses reprises, mais différens motifs en avoient éloigné l'exécution. La paix offrant des circonstances plus favorables, M. le duc de Praslin, qui étoit alors Ministre des affaires étrangères, saisit cet instant pour reprendre le projet suspendu, et jeta les yeux sur moi pour l'exécuter. L'honneur d'être choisi, l'utilité de l'entreprise ne me permirent pas de balancer. Je hâtai mon départ, et j'arrivai à Londres au mois de mai 1764.

Mon plan étoit dressé avant de quitter Paris. Carte avoit indiqué l'Échiquier comme le lieu principal où se devoient trouver les pièces qui concernoient la France. C'est par ce dépôt que je devois commencer; et M. le comte de Guerchy, ambassadeur de France à Londres, m'en avoit préparé l'accès.

Les archives de l'Échiquier sont distribuées en plusieurs offices ou bureaux, destinés particulièrement à conserver les actes émanés de ses divers tribunaux, et les comptes de la recette et de la dépense des revenus de l'État. On y gardoit aussi autrefois les traités faits avec les nations étrangères; mais on les a transportés, depuis peu d'années, dans un dépôt établi pour les affaires politiques.

Les pièces conservées à l'Échiquier sont divisées en deux classes. Celles qui sont d'un usage journalier, renfermées dans un grand nombre d'armoires, sont rangées dans un bel ordre, et bien connues de ceux à qui elles sont confiées. Celles que l'on regarde comme inutiles sont, les unes accumulées dans un grenier, sur environ dix toises de long et quatre pieds de haut; les autres entassées sans ordre dans un cabinet obscur, couvertes d'un enduit épais de poussière humide et infecte : preuve du long repos dans lequel on les a laissées, et qui sembloit devoir éteindre tout désir de le troubler.

Je travaillai durant trois mois dans cette espèce de chaos, que je bouleversai sans ménagement. Je n'avois point à craindre d'en augmenter le désordre. Les surveillans qu'on me donna toujours, témoins de l'opiniâtreté de ce travail pénible et dégoûtant, me plaignoient en souriant, persuadés de l'inutilité de mes recherches.

En effet, dans cet amas immense de vieux parchemins, je ne trouvai d'autres pièces concernant la France que d'anciens états de la recette et de la dépense des revenus de quelques-unes de nos provinces, occupées jadis par les Anglois. Cependant, comme les pièces justificatives étoient jointes à ces états, plusieurs me parurent propres à éclaircir quelques points de l'administration ancienne de ces provinces, à rappeler le souvenir de quelques usages oubliés, à jeter du jour sur les généalogies de notre noblesse, dont une partie, surtout celle de Guienne, fut longtemps au service des rois d'Angleterre. Je transcrivis un assez grand nombre de ces pièces. Je fis aussi des extraits de différens comptes des revenus de diverses parties de la France, dans le xive siècle : purs objets de curiosité. Par exemple, en dépouillant un gros registre des droits de la douane de Bordeaux en 1350, je vis qu'il étoit sorti de ce port, dans le cours d'un an, cent quarante-un navires chargés de treize mille quatre cents vingt-neuf tonneaux de vin, qui avoient produit de droits cinq mille cent-quatre livres seize sous, monnoie bordeloise.

Ce n'étoit pas là les pièces principales que je cherchois. Carte avoit dit qu'on pourroit les trouver dans des coffres, où il les croyoit enfermées depuis plusieurs siècles. On eut la complaisance de m'ouvrir tous ceux de l'Échiquier, à la réserve de deux ou trois, qu'on m'assura ne contenir que des procédures criminelles qui ne devoient point voir le jour. Ce que j'y trouvai de plus important fut un assez grand nombre d'anciens manuscrits, parmi lesquels étoit ce registre, si connu sous le nom de *Livre rouge*, renommé par son ancienneté, et cité comme authentique dans des actes judiciaires du xive siècle.

Je dressai des notices de presque tous ces registres. Il y en a peu dont je n'aie tiré quelque pièce relative à notre histoire. De ce nombre sont deux actes du commencement du xiie siècle, les titres les plus anciens que nous ayons de la suzeraineté de la France sur les comtes de Flandre; ils se trouvent, à la vérité, dans Rymer, mais défigurés par des lacunes qui les rendent en partie inintelligibles; l'état des fiefs de Normandie du temps de Guillaume le Conquérant, publié par Duchesne, mais d'une façon très-imparfaite; quelques loix de Guillaume le Conquérant, qui nous conservent les premières traces de notre droit neustrien, déjà imprimées plusieurs fois, mais toujours peu correctement, parce que les éditeurs, de leur aveu, n'avoient pu obtenir de collation exacte de ce même *Livre rouge*, sur lequel je les ai transcrites avec la plus scrupuleuse fidélité. Ce fut là que se terminèrent mes recherches à l'Échiquier. Cependant mes recueils, quoique remplis de choses utiles, étoient bien au-dessous des espérances que Th. Carte m'avoit données. Mais si l'Échiquier en avoit été le premier objet, il n'en étoit pas l'objet unique. Je venois même de m'ouvrir une mine nouvelle, ample dédommagement du foible produit de la première. Je veux parler de la bibliothèque Britannique.

Je la connoissois par les catalogues qu'on en avoit publiés, mais ce n'étoit pas la connoître. MM. Morton [1] et Maty [2], à qui la garde en étoit confiée, et avec qui j'avois eu l'avantage de me lier, me donnèrent une toute autre idée des richesses qu'elle renfermoit; ils m'invitèrent à la parcourir, et m'obtinrent du Comité toutes les permissions dont j'eus besoin, pour que les trésors, même les plus secrets, me fussent ouverts.

Cette bibliothèque en contient plusieurs qui ont été réunies : celles de divers rois d'Angleterre; celle du chevalier Hans Sloane [3], avec sa magnifique collection d'histoire naturelle; un cabinet de médailles antiques et modernes; enfin les manuscrits de la bibliothèque Harleiène et ceux du chevalier Cotton, dans lesquels se trouvent un grand nombre de pièces originales, outre une collection de plus de quatorze mille chartes.

Les chartes et les actes originaux fixèrent principalement mon attention, et m'offrirent une moisson si abondante que six commis, avec le travail d'une année, eurent peine à la recueillir. Les bornes de ce mémoire ne me permettent pas les détails. Les titres seuls des pièces que j'ai tirées de ce dépôt forment un volume.

Parmi les principales est une lettre de Charlemagne à l'empereur d'Orient et plus de soixante lettres d'Alcuin qui n'ont jamais été imprimées [4]. Elles

---

[1] James Douglas, comte de Morton, né en 1707 à Édimbourg, mort en 1768, directeur du British Museum, associé de l'Académie des sciences de Paris, etc. Vers la fin de sa vie, il avait entrepris de former un cabinet des archives d'Écosse.

[2] Matthieu Maty, savant médecin anglais, né d'un père français, protestant réfugié à Montfort, près d'Utrecht, en 1718, mort en 1776. Il fut sous-bibliothécaire du British Museum dès la création de cet établissement, en 1753, puis bibliothécaire en chef, après le docteur Knight, en 1772, etc.

[3] Hans Sloane, naturaliste anglais, né le 16 avril 1660 à Killileagh, en Irlande, mort le 11 janvier 1753 à Chelsea. Il légua son cabinet à la nation anglaise, à charge de payer à ses héritiers la somme de 20,000 livres sterling. Ce cabinet, joint aux collections de Cotton et de Harley, a formé le premier fonds du British Museum. Il contenait environ 50,000 volumes, 3,516 manuscrits, 32,000 médailles, 700 pierres gravées et camées, 2,256 pierres précieuses, 1,555 poissons, 1,172 oiseaux, 1,886 quadrupèdes, 5,439 insectes, 12,506 plantes, etc.

[4] « Je les ai depuis communiquées à dom Frobenius, abbé, prince de Saint-Émeran, à Ratisbonne, il les a insérées dans la belle édition des Œuvres d'Alcuin, qui doit voir le jour incessamment. » (Note de Bréquigny.)

se trouvent dans un manuscrit du IXe siècle, apostillé de la propre main du savant Usserius[1], qui avoit eu probablement dessein de les publier.

Je citerai encore plusieurs chartes originales de Guillaume le Conquérant, que ce nom seul rend intéressantes, et quantité de lettres, également originales, de presque tous nos rois depuis Louis VII, surtout de Louis XII, de François Ier, de Henri IV. J'ai recueilli avec un respect religieux jusqu'aux moindres lignes tracées de la main, ou dictées de la bouche de ces princes chéris. Tout ce qui est émané d'eux semble avoir droit à quelque portion de cette vénération que nous conservons pour leur mémoire.

Vingt-deux gros volumes d'actes originaux concernant l'histoire de France, dans le XIVe et le XVe siècle, et rassemblés à grands frais par le chevalier Cotton, formoient autrefois un des plus riches ornemens de sa bibliothèque. Un incendie qui pensa la consumer toute entière, il y a environ quarante ans, détruisit presque absolument ce recueil. Il n'en reste plus que quelques liasses de feuillets souvent sans ordre, à demi brûlés ou crispés par le feu, et qui ne peuvent longtemps échapper à une ruine totale. J'en ai tiré environ cinq cents pièces; c'est tout ce que j'ai pu sauver de ces débris.

Heureusement Rymer nous a conservé quelques portions de ce recueil, dans les supplémens qu'il avoit préparés pour sa célèbre collection. Ces supplémens manuscrits, qui forment cinquante-neuf volumes in-folio, sont dans la bibliothèque Britannique. J'en ai tiré tout ce qui pouvoit appartenir à notre histoire; mais j'ai vérifié les copies de Rymer sur les originaux, autant qu'il m'a été possible, et souvent je me suis su bon gré de cette précaution.

On croit communément en France que tous les manuscrits du chancelier Séguier ont passé à l'abbaye de Saint-Germain-des-Prés; j'en ai cependant rencontré plusieurs dans la bibliothèque Harleiène. Ils m'ont fourni quantité de lettres des personnes employées dans l'administration, du temps de ce chancelier, et diverses pièces originales qu'il avoit jugé dignes d'être conservées.

Les monnoies qui ont eu cours en France dans les divers siècles de notre monarchie, surtout celles que les seigneurs particuliers, les villes, les

---

[1] James Usher, en latin Usserius, né le 4 janvier 1580 à Dublin, mort le 21 mars 1656 à Ryegate (Surrey), archevêque d'Armagh, auteur de nombreux ouvrages de théologie et d'histoire ecclésiastique.

églises avoient autrefois le droit de faire frapper, sont un objet très-propre à piquer notre curiosité. J'en ai fait dessiner un très-grand nombre, avec l'indication de leur poids, de leur titre et de leur valeur, d'après quelques manuscrits des bibliothèques Harleiène et Cottoniène.

Une charte qu'on regardera peut-être comme étrangère à la France, mais que son importance ne m'a pas permis de négliger, est le fameux décret d'union, la plus célèbre des bulles du pape Eugène IV, et qui devoit servir de monument éternel de la réunion des Églises grecque et latine. Le laborieux auteur du *Nouveau Traité de diplomatique* cite jusqu'à sept exemplaires authentiques de ce décret[1]. Il a ignoré l'existence de celui-ci. Les savans ont observé que des exemplaires connus de ce diplôme il n'y en a pas deux exactement semblables. Il étoit donc utile de transcrire celui de la bibliothèque Cottoniène, inconnu jusqu'à présent. M. Simon[2] prétend que les signatures des évêques, dans l'exemplaire qu'il avoit vu, sont de la même main que l'acte entier; j'assure que, dans l'exemplaire de Londres, elles sont toutes de mains différentes, et par conséquent originales. On pourra s'en convaincre en voyant ma copie de cette bulle renommée; je les y ai fait imiter toutes avec la plus grande exactitude.

Dans les intervalles de mes travaux à la bibliothèque Britannique, je visitois les savans, j'implorois leur secours, consultois leurs cabinets et surtout leurs lumières. Je trouvois partout les services les plus empressés, l'accueil le plus obligeant. J'oserai le dire; ce trait est trop honorable aux lettres pour le taire : le Roi d'Angleterre[3] daigna lui-même me témoigner plusieurs fois l'intérêt qu'il prenoit à mes recherches.

Je voudrois que les bornes prescrites me laissassent le loisir de rappeler ici les noms de tous les savans anglois dont j'ai éprouvé les bontés. J'en conserverai toute ma vie le plus tendre souvenir. Qu'il me soit au moins permis, en déposant ici ce témoignage, d'immortaliser, s'il se peut, ma reconnoissance.

Je me hâte de passer au plus célèbre et au moins accessible des dépôts que Londres renferme, le seul qui me restât à visiter : les archives de la Tour.

---

[1] Un à la Bibliothèque du Roi, deux aux archives du château Saint-Ange, un à Florence, trois à Rome, dont un au Vatican et un dans les archives du chapitre de Saint-Pierre (t. V, p. 315-316). Ailleurs, il en cite un autre exemplaire conservé à Bologne (t. I, p. 172). Le premier dans l'ordre de notre énumération porte aujourd'hui à la Bibliothèque nationale le n° 430 du fonds grec.

[2] Richard Simon?

[3] Georges III.

Th. Carte assuroit qu'il n'y avoit, dans ces archives, d'autres pièces concernant notre histoire que celles qui se trouvent dans les rôles gascons, normands et françois; et je comptois me borner à transcrire les plus essentielles : mais j'appris, avec autant de joie que de surprise, qu'il y avoit outre cela douze fort gros paquets de titres qui intéressoient la France, ou dont on n'avoit jamais dressé de catalogue et que je pouvois regarder comme inconnus jusqu'ici.

Je ne doutai plus que ce ne fussent ces titres que Th. Carte croyoit devoir ne se trouver qu'à l'Échiquier, et je ne tardai pas à m'en convaincre.

Ces paquets, au premier coup d'œil, me parurent contenir chacun au moins cinq ou six cents pièces; mais elles étoient dans le plus grand désordre et dans le plus déplorable état : traitées comme pièces de rebut, empaquetées sans précaution, froissées par mille plis, livrées aux vers, à la poussière, à la fermentation que produit l'humidité naturelle du parchemin : une partie étoit considérablement endommagée, et l'écriture surtout tellement altérée, que sans les ablutions continuelles auxquelles on me permettoit d'avoir recours, la vue de ces richesses n'eût servi qu'à m'en faire regretter la perte.

Je ne puis en donner ici qu'une idée générale. J'apperçus d'abord environ quarante lettres originales de saint Louis, de la reine Blanche, sa mère, de la reine Marguerite, sa femme, et de plusieurs princes de son sang; cinquante-cinq des rois de France Philippe le Hardi, Philippe le Bel, Louis le Hutin, Philippe le Long, Charles le Bel; les minutes des réponses de Henri III, roi d'Angleterre, de sa femme, Éléonore de Provence, et des trois premiers Édouards.

Je trouvai plusieurs lettres fort curieuses, écrites de Syrie, dans le XIIIe siècle, sur la situation des affaires des chrétiens en Orient, auxquelles nos ancêtres prenoient alors tant de part; une liste des grands-maîtres des Templiers, dont nous n'avions point la suite exacte, et qui fut dressée en 1347, très-peu de temps après la destruction de cet ordre [1].

Je trouvai plusieurs ordonnances de Philippe le Hardi, de Philippe le Bel, de Philippe de Valois. Il y a lieu de croire qu'elles manquent à nos dépôts, puisqu'on n'a pu jusqu'ici les y découvrir, malgré les recherches faites par les ordres des Ministres, pour compléter le recueil des Ordonnances de nos Rois.

---

[1] « J'ai communiqué cette liste à dom Clément, qui en a fait usage dans sa nouvelle édition de *l'Art de vérifier les dates.* » (Note de Bréquigny.)

Je trouvai des mémoires en si grand nombre sur les différends des rois de France et d'Angleterre durant trois siècles, qu'on pourroit en composer une histoire très-détaillée des querelles funestes qui si longtemps ont épuisé l'Angleterre et désolé la France.

Je trouvai une quantité prodigieuse de pétitions ou suppliques originales des villes et bourgs des provinces de France qui passèrent sous la domination angloise. Leurs anciens privilèges, ou ceux qu'elles désiroient d'obtenir, y sont ordinairement exposés, et la réponse du prince est au bas de la supplique. Ainsi ces actes constatent à la fois deux choses importantes : l'ancienneté des droits que le nouveau maître confirme et l'origine de ceux qu'il accorde.

Enfin je trouvai beaucoup de pièces qui concernent les biens domaniaux du Roi et les patrimoines des particuliers : des terriers et des titres où sont détaillés les droits des grandes terres; des procédures, des enquêtes et quelquefois des jugemens qui les constatent; des actes qui donnent la suite successive des divers possesseurs, et fournissent pour leurs généalogies des éclaircissemens précieux.

Il est aisé de reconnoître parmi ces pièces celles que Thomas Carte croyoit ensevelies dans l'Échiquier : ces *suppliques des communautés*, ces *enquêtes*, ces *actes* dressés par les *sénéchaux* et les *commissaires départis*. Je jouissois donc, après plus de deux ans de travaux pénibles, du plaisir de posséder l'objet de tant de laborieuses recherches. Il ne me restoit plus à ajouter à ces découvertes que la transcription des pièces les plus importantes des rôles gascons, normands et françois, déjà connus par les catalogues de Thomas Carte.

Ces *rôles*, qui tirent leur nom de leur forme, sont de longues bandes de parchemin, composées quelquefois de plus de cinquante feuilles, cousues bout à bout et *roulées*. On y enregistroit les lettres des rois d'Angleterre, à mesure qu'on les expédioit. Ces actes ont été et sont encore fréquemment consultés. La noblesse françoise y cherche ordinairement les témoignages reculés de son illustration, et quelquefois la décision des contestations sur les droits de ses anciens patrimoines; mais ces recherches ont été jusqu'ici difficiles, dispendieuses et souvent infructueuses.

Il étoit donc utile de nous mettre à portée de consulter sans peine et sans frais ces mêmes rôles, et je croyois que pour y parvenir il suffiroit de transcrire les principales pièces indiquées dans les catalogues de Thomas Carte, mais je m'apperçus bientôt qu'il y manquoit l'indication d'une grande partie des pièces; et que souvent même les plus intéressantes étoient celles qu'il avoit omises.

Je me déterminai donc à revoir les rôles d'un bout à l'autre, quelque effrayant qu'en fût le nombre. Je distinguai les pièces qu'il falloit copier de celles qu'il falloit extraire ou dont il suffisoit de prendre des notes. Les actes copiés en entier montent seuls à plusieurs milliers. Les divers objets qu'ils contiennent ne peuvent se détailler ici; il suffit de dire qu'ils fournissent sur l'histoire générale une multitude d'actes relatifs aux différends de la France avec l'Angleterre, depuis saint Louis jusqu'à Henri IV; sur l'histoire ecclésiastique, les titres de concession ou de confirmation des privilèges accordés aux églises et aux monastères de France qui ont autrefois reconnu les rois d'Angleterre pour souverains; sur l'histoire particulière des provinces, un recueil nombreux de pièces concernant la Normandie, la Bretagne, une partie de la Flandre et de la Picardie, la Guyenne surtout, qui comprenoit alors presque toute la partie de la France depuis la Loire jusqu'aux Pyrénées; la fondation, l'accroissement, les loix municipales, les révolutions, quelquefois la destruction de leurs villes, châteaux, bourgs, villages; jusqu'aux suites exactes des divers ordres de leurs magistrats; enfin sur les généalogies des familles particulières, quantité de mémoires concernant leur descendance, leurs alliances, leurs illustrations et leurs services.

Je termine cette énumération, qu'on pourroit croire exagérée, si elle n'étoit justifiée d'avance par les catalogues de Thomas Carte, tout imparfaits qu'ils sont. Mais je ne dois pas finir ce mémoire sans fonder sur quelques preuves le jugement que j'ai porté de son ouvrage; elles serviront en même temps à faire sentir l'utilité que notre histoire pourra tirer de mes recherches. Je choisirai un objet sur lequel l'attention publique a été depuis quelque temps réveillée: le mémorable siège de Calais, et le plus célébré des héros de cette ville, qu'il a rendue fameuse, Eustache de Saint-Pierre. Sans répéter les faits connus, je me bornerai à rapporter les particularités singulières ignorées jusqu'ici, que les rôles de la Tour m'ont fournies pour la plupart et que Thomas Carte a négligé d'indiquer dans ses catalogues, où le nom d'Eustache de Saint-Pierre ne se rencontre pas même une seule fois.

On sait qu'Édouard III, vainqueur à Crécy, arriva devant Calais le 3 septembre 1346, et en forma le siège, qui dura onze mois.

J'ai transcrit les états originaux des forces de terre et de mer avec lesquelles il fit ce siège.

L'armée de terre étoit formée, selon l'usage de ce siècle, des contingens que les seigneurs étoient obligés de fournir à raison de leurs fiefs ou par des accords particuliers avec le souverain, et des troupes étrangères prises à sa solde.

La flotte étoit aussi formée de contingens fournis par les divers ports d'Angleterre, et de navires auxiliaires; elle se montoit en tout à sept cents trente-sept bâtimens, qui portoient quinze mille cinq cents quinze hommes. Je supprime les détails. Lédiard les a publiés, d'après un manuscrit de la bibliothèque Cotonièn[1], peu différent des états que j'ai copiés. Je remarquerai seulement que ces bâtimens n'étoient à proprement parler que de simples barques. Il y en avoit qui ne portoient que six hommes; le plus grand de tous n'en portoit que cinquante-un.

Les habitans de Calais, bloqués par terre et par mer, se trouvoient, au mois de juin 1347, réduits à la plus grande disette; des lettres qu'ils écrivoient à Philippe, le 26 de ce même mois, portoient que, s'ils n'étoient promptement secourus, il ne leur restoit de parti à prendre que de sortir tous, pour mourir du moins les armes à la main; car, ajoutoient-ils, *nous aimons mieux mourir aux champs honourablement que manger l'un l'autre*.

Peu de temps après, Philippe marcha à leur secours : il n'étoit qu'à trois lieues de Calais le 23 juillet, et à la vue même de cette place le 27, selon diverses lettres d'Édouard. On négocia durant quelques jours, pour parvenir du moins à une trêve : mais Philippe exigeoit pour préliminaires qu'on accordât une capitulation aux Calésiens; Édouard, au contraire, vouloit qu'ils se rendissent à discrétion. Philippe, ne pouvant obtenir ce qu'il souhaitoit, décampa le 2 août avant le jour; et les assiégés, sans espoir de secours, se déterminèrent à se rendre dès le lendemain.

Édouard, qui leur avoit refusé une capitulation, lorsque Philippe la demandoit à la tête d'une armée formidable, comme préliminaire d'une trêve désirée des deux princes, et qui fut en effet signée le mois suivant, étoit bien éloigné de l'accorder à de malheureux habitans épuisés de fatigues, mourans de faim et sans ressources. Il exigea qu'ils missent leurs biens et leur vie à la merci du vainqueur.

[1] Dans son *Histoire navale d'Angleterre*, t. I, p. 113, de la traduction française publiée à Lyon, 1751, 3 vol. in-4°.

Le petit nombre d'écrivains contemporains, anglois ou françois, diffèrent sur presque toutes les circonstances de la reddition de Calais; mais tous semblent s'accorder sur ce fait, que les habitans, en plus ou moins grand nombre, sortirent la corde au cou, implorant la clémence d'Édouard, qui leur laissa la vie.

Froissart dit qu'Édouard se contenta d'exiger que six des principaux bourgeois, la tête et les pieds nus et la corde au cou, vinssent lui apporter les clefs, se réservant d'en faire à sa volonté, et promettant de prendre le reste à merci. L'historien ajoute que le plus riche bourgeois, Eustache de Saint-Pierre, s'offrit le premier, et fut imité par trois de ses parens, Jean d'Aire, Jacques et Pierre Wissant: il ne nomme point les deux autres. Il prétend qu'Édouard voulut envoyer à la mort ces généreux citoyens, mais que, touché des prières et des larmes de la reine sa femme, il leur fit grâce [1].

Maître de leur vie selon le droit de la guerre, il pouvoit en user à la rigueur, dans ces siècles encore barbares. Il traitoit les Calésiens de rebelles, conséquemment au titre qu'il prenoit de roi de France par droit successif. Il avoit intérêt d'effrayer ceux qui auroient osé tenter d'imiter leur belle défense. Si Édouard eût été cruel, sa cruauté n'auroit pas manqué de prétextes. Mais il étoit généreux, et il s'en tint à la menace.

Je n'examinerai point les diverses circonstances du récit de Froissart, dont il est le seul garant. Peut-être jugera-t-on qu'on auroit peine à les concilier avec quelques faits jusqu'ici ignorés, mais d'une authenticité incontestable : je me contenterai de les rapporter.

La reine, qu'on suppose avoir été si touchée du malheur des six bourgeois dont elle venoit de sauver la vie, ne laissa pas d'obtenir, peu de jours après, la confiscation des maisons que Jean d'Aire, l'un d'eux, avoit possédées dans Calais.

La plupart des autres maisons furent données aux Anglois, qu'Édouard y appela par ses lettres du 12 août. Calais lui avoit trop coûté, il sentoit trop l'importance d'une telle place, pour rien négliger de ce qui pouvoit lui en assurer la conservation. Les habitations même qu'il y accordoit à ses sujets n'étoient données qu'avec la clause de ne les vendre qu'à des Anglois.

Il ne faut cependant pas s'imaginer, comme on le croit d'ordinaire sur la foi des historiens, que tout ancien possesseur fut chassé, que tout François

---

[1] Cf. l'édition Kervyn de Lettenhove, t. V, p. 202 et suiv.

fut exclu ; j'ai vu au contraire quantité de noms françois parmi les noms des personnes à qui Édouard accorda des maisons dans sa nouvelle conquête. Mais je ne m'attendois pas à trouver, au nombre de ceux qui avoient accepté les bienfaits du nouveau souverain, celui qui sembloit le plus fait pour les dédaigner, le fameux Eustache de Saint-Pierre.

Par des lettres du 8 octobre 1347, deux mois après la reddition de Calais, Édouard donne à Eustache une pension considérable, en attendant qu'il ait pourvu plus amplement à sa fortune. Les motifs de cette grâce sont les services qu'il devoit rendre, soit en maintenant le bon ordre dans Calais, soit en veillant à la garde de cette place. D'autres lettres du même jour, fondées sur les mêmes motifs, lui accordent et à ses hoirs la plupart des maisons et emplacemens qu'il avoit possédés dans cette ville, et en ajoutent encore quelques autres. Comment Eustache de Saint-Pierre, cet homme qu'on nous peint s'immolant avec tant de générosité aux devoirs de sujet et de citoyen, put-il consentir à reconnoître pour souverain l'ennemi de sa patrie; à s'engager solennellement de lui conserver cette même place qu'il avoit si longtemps défendue contre lui, enfin à se lier à lui par le nœud le plus fort pour une âme noble, l'acceptation du bienfait? C'est ce qui paroît s'accorder peu avec la haute idée donnée jusqu'ici de son héroïsme patriotique.

On attribuera peut-être sa conduite au dépit excité par quelque mécontentement, et l'on alléguera ce qu'a dit Froissart, que Philippe ne fit rien pour récompenser le courage et la fidélité des braves Calésiens. Mais Froissart étoit mal instruit. Nous avons plusieurs ordonnances de Philippe[1], par lesquelles il pourvut à l'indemnité des malheureux habitans de Calais ; nous en avons qui prouvent que cette indemnité eut lieu ; et les rois ses successeurs, Jean II et Charles V, s'en occupèrent même encore[2].

Il faut donc qu'il en coûte quelque chose à la gloire d'Eustache de Saint-Pierre ; et puisque les faits que j'expose semblent y porter quelque atteinte, j'oserai en tirer les conjectures qu'ils font naître.

On a vu, par les lettres des Calésiens, que leur dernière résolution étoit

---

[1] Elles sont imprimées dans le *Recueil des Ordonnances des rois de France*, t. VI, p. 606-607.
[2] Cf. l'édition Kervyn de Lettenhove, t. VI, p. 651, et t. VII, p. 137. — M. Em. Molinier a publié le texte de quelques actes relatifs à ces donations et l'analyse de plusieurs autres, sous le titre de *Documents relatifs aux Calaisiens expulsés par Édouard III*, Paris, 1878, in-8°. (Extrait du *Cabinet historique*, t. XXIV, p. 254-279.)

de sortir de leurs murs les armes à la main et de chercher à travers l'armée angloise ou la mort ou la liberté. Il paroît constant qu'Eustache combattit cette résolution désespérée. Dans le dernier conseil tenu à Calais, il se leva le premier et opina, selon le *récit de Froissart même*, à se rendre aux conditions qu'Édouard dictoit. Il sauvoit par-là les assiégés et épargnoit le sang des assiégeans : il servoit également les deux partis. Édouard dut lui en savoir gré, et voulut le lui prouver par des bienfaits. Il avoit même des raisons de chercher à s'attacher un homme d'un si grand poids dans sa ville; et il vint enfin à bout de forcer Eustache à la reconnoissance. Voilà, ce me semble, ce qui résulte naturellement de la combinaison des faits que je viens de rapporter.

S'ils diminuent quelque chose de la haute idée que les éloges de quatre siècles sembloient avoir attachée pour jamais à la mémoire d'Eustache, hâtons-nous de rendre à sa famille toute la gloire dont elle se montra digne.

Ses héritiers n'imitèrent point sa conduite; ils sacrifièrent les avantages qu'il en avoit tirés aux devoirs de sujets fidèles. Eustache mourut en 1351. Des lettres du 29 juillet de la même année nous apprennent que les biens qu'il avoit à Calais furent confisqués, parce que ses héritiers étoient demeurés attachés à leur maître légitime. Édouard, en les privant de ses dons, fit plus pour eux que s'il les en eût comblés : il rendit à leur nom tout l'éclat que ces mêmes dons, acceptés par Eustache, avoient pu ternir.

Je me borne aujourd'hui à cet exemple. Il est aisé de juger par ce mémoire combien les pièces que j'ai recueillies fournissent de secours pour perfectionner notre histoire, et de matière aux travaux de l'Académie, dont nos monumens historiques sont un des objets les plus intéressans.

14

LETTRE DE BERTIN À BRÉQUIGNY.

28 mars 1768.

J'ai rendu compte au Roy, Monsieur, des dispositions qui sont nécessaires pour tirer des titres que vous avez rapportés d'Angleterre toutte l'utilité dont ils sont susceptibles, et en particulier pour que l'on puisse en avoir des copies authentiques, ce que l'arrest du Conseil du 26 aoust 1765 ne met pas encore en état de faire. Pour y parvenir, S. M. paroist résolu à former un dépost public et authentique des chartres dont vous sçavez que S. M. a ordonné la collection, et d'y faire réunir les titres dont vous estes chargé, ce qui permettra pour lors de donner aux copies qui en seront expédiées la même authenticité que pour les autres chartres du dépost et par les mêmes formes; mais comme, en attendant, il est instant que vous puissiez mettre ces pièces en ordre et travailler à la confection des tables et somaires, je me suis concerté avec M. le Controlleur général pour l'acquittement des frais et soins qu'exigera cette opération, et, sur son consentement et le compte que j'en ai rendu à S. M., elle m'a autorisé à vous expédier sur le Trésor royal une ordonnance de 6,000^{tt} chaque année, à compter du 1er janvier de cette année; je vous remettrai incessamment l'ampliation du bon du Roy à ce sujet. Je vous envoye la lettre que M. le Controlleur général vous écrit pareillement à ce sujet.

Je suis, etc.

BERTIN.

(Collection Moreau, n° 1097, fol. 19.)

15
MÉMOIRE DE BRÉQUIGNY SUR L'UTILITÉ DES PIÈCES RECUEILLIES À LONDRES [1].
1768.

On s'est occupé fort tard en France du soin de rassembler les monumens de notre histoire. On avoit fait, sous le dernier règne, de grandes dépenses pour l'impression de l'histoire byzantine [2], et la nôtre étoit restée en arrière. Quoique M. Colbert eût formé, dès 1676, le projet de faire continuer le recueil de nos historiens, commencé par Duchesne [3], ce ne fut

[1] Ce mémoire a été publié par M. Champollion-Figeac, *Lettres des rois et reines*, Introduction, p. CVI.

[2] Par du Cange. Elle parut en 1680, sous ce titre : *Historia byzantina duplici commentario illustrata, complectens familias Constantinopolitanas, imperatorum Constantinopolitanorum numismata et descriptionem urbis Constantinopolis*, Paris, in-fol.

[3] André du Chesne avait projeté et commencé une édition des historiens français en 24 volumes in-fol., sous ce titre: *Historiæ Francorum scriptores*. De 1636 à 1649, 5 volumes in-folio en furent publiés à Paris, les trois derniers préparés par les soins de François du Chesne, son fils. Le programme de cette importante publication parut sous ce titre : *Series auctorum omnium qui de Francorum historia et de rebus francicis, tum ecclesiasticis, tum secularibus, ab exordio regni ad nostra usque tempora, etc., quorum editionem pollicetur Andreas Duchesne*, Paris, 1633-1635,

qu'en 1723 que ce projet fut repris sur un meilleur plan, sous les ordres de M. Daguesseau; et le premier volume de la nouvelle collection n'a paru qu'en 1738 [1].

Comme on y a fait entrer les diplômes et les chartes, vrais fondemens des connoissances historiques, on a senti la nécessité de tirer de l'oubli tout ce qui reste de titres de cette espèce. Il y en a beaucoup d'imprimés, mais dispersés et, pour ainsi dire, égarés dans des ouvrages peu connus. M. de Machaut [2], Contrôleur général des finances, ordonna, en 1746, qu'on en dressât des tables chronologiques. Cet ouvrage se continue sous les ordres de M. Bertin, et l'impression en est commencée depuis plusieurs mois.

Tandis qu'on travailloit à faire connoître, par le moyen de ces tables, les titres déjà publiés, des savans parcouroient les dépôts et les cabinets dans les diverses parties de la France, et dressoient des notices des chartes qui s'y trouvent. Mais pour rassembler toutes celles qui intéressent notre histoire, ce n'étoit pas en France seulement qu'il falloit les chercher. Les Anglois ont possédé longtems plusieurs de nos provinces, dont les monumens historiques sont demeurés chez eux. Leurs écrivains ont plus d'une fois annoncé que les archives d'Angleterre conservent beaucoup de titres concernant la France, et M. Carte en publia, il y a vingt-quatre ans, des catalogues peu capables de satisfaire notre curiosité, mais bien propres à l'exciter.

Le Gouvernement reconnut les avantages qu'on pouvoit retirer de ces pièces, et chercha longtems l'occasion de les acquérir. M. d'Argenson [3] ne

in-fol. Après du Chesne, le P. Lelong réunit les matériaux d'une immense collection des historiens de France. Son entreprise fut interrompue par sa mort, le 13 août 1721.

[1] Sur la proposition de dom Denis de Sainte-Marthe, supérieur de la congrégation de Saint-Maur, dom Martin Bouquet, bibliothécaire de Saint-Germain-des-Prés, fut chargé de la publication du *Recueil des historiens de France*, après la mort du P. Lelong. Il en avait préparé, en 1729, les deux premiers volumes, avant d'être envoyé à Saint-Jean de Laon; mais il ne put les publier qu'en 1738, lorsqu'il fut rappelé à Paris par le chancelier d'Aguesseau, et se fixa au couvent des Blancs-Manteaux. Cette importante collection parut sous ce titre : *Rerum gallicarum et francicarum scriptores*, ou *Recueil des historiens des Gaules et de la France*, Paris, 1738, 2 vol. in-fol. Les volumes se succédèrent à de rares intervalles jusqu'au huitième, publié en 1752. Dom Bouquet mourut le 6 avril 1754, pendant qu'il réunissait les matériaux du neuvième volume. Né à Amiens le 6 août 1685, il était âgé de 69 ans. Les Bénédictins qui continuèrent le *Recueil des historiens* sont dom Haudiquier, dom Précieux, dom Clément, dom Poirier et dom Brial.

[2] Jean-Baptiste de Machault, seigneur d'Arnouville, plus tard ministre d'État, garde des sceaux, ministre de la marine, etc.,

[3] René-Louis, marquis d'Argenson, membre de l'Académie des inscriptions, ministre des affaires étrangères, du 18 novembre 1744 au 10 janvier 1747.

perdit jamais de vue ce projet; mais les circonstances ne sont devenues favorables que depuis la dernière paix. M. Durand[1], pour lors à Londres, y vit de ses propres yeux l'amas immense de ces titres, et en rendit compte. M. le duc de Nivernois[2] pressentit la possibilité d'en avoir communication; M. le duc de Praslin, instruit de l'utilité de l'objet, forma le dessein d'avoir des notices ou des copies de tous ces actes; M. le comte de Guerchy en facilita les moyens, et le sieur de Bréquigny fut chargé de l'exécution en 1764.

Il a travaillé en conséquence, sous les ordres de M. le duc de Praslin et M. le duc de Choiseul, durant plus de deux ans et demi, dans les divers dépôts de Londres, et ses découvertes ont passé ses espérances[3]. Il avoit dirigé ses recherches sur quatre points principaux : 1° la politique ou l'administration extérieure; 2° l'administration intérieure, le domaine du Roy, les droits municipaux, les ordonnances; 3° l'histoire proprement dite, soit ecclésiastique, soit civile; 4° les titres concernant les affaires des particuliers, principalement les généalogies des familles nobles, et les terres qu'elles ont possédées. De là les titres qu'il a rassemblés se divisent naturellement en quatre classes, qu'on va parcourir sommairement.

I. CLASSE POLITIQUE.

Lorsque le sieur de Bréquigny, dans le cours de ses recherches, trouvoit quelques pièces relatives à l'administration extérieure, il en informoit M. le comte de Guerchy; souvent même il envoyoit des notices à M. le duc de Praslin, qui faisoit apostiller les articles à transcrire. Le nombre en est considérable.

Il a fait des copies de deux catalogues, fort étendus, des pièces renfermées dans un des plus célèbres dépôts politiques de Londres. Il y a joint des copies exactes de quantité de négociations et de traités, depuis le XIII° siècle jusqu'au XVII°. Ces titres ont, à la vérité, peu d'influence sur les affaires actuelles; mais ils semblent cependant devoir entrer dans le dépôt des

---

[1] Garde des archives des affaires étrangères, dont il a déjà été parlé p. 182.

[2] Louis-Jules-Barbon Mancini-Mazarini, membre de l'Académie française et de l'Académie des inscriptions, ambassadeur à Londres, etc.

[3] Bréquigny ne rapporta pas moins de 7,000 pièces copiées, qui sont reliées en 109 volumes et forment les numéros 625-733 de la Collection Moreau. Sur les recherches de Bréquigny à Londres, on peut consulter la *Correspondance de M. de Bréquigny relative à ses recherches sur l'histoire de France dans les archives d'Angleterre*, publiée par Champollion, Paris, 1831, in-8°.

affaires étrangères, destiné à conserver la mémoire des divers systèmes politiques de l'Europe, la chaîne des négociations successives, les titres des droits de nos souverains, relativement aux autres puissances, dans les différens âges de notre monarchie, et les exemples dont la suite et l'uniformité sont les fondemens du droit public.

Il y a aussi parmi ces pièces des actes plus récens et d'une utilité plus prochaine : tels que des mémoires dressés, par ordre des rois d'Angleterre, sur la préséance, et dans lesquels celle de la France est reconnue; des actes de la prétention formée, en 1672, par les électeurs et les princes de l'Empire, d'avoir des ministres revêtus du titre d'ambassadeur et d'Excellence; des décisions de Louis XIV favorables à ces prétentions; beaucoup de pièces relatives au traité de Nimègue, qui manquent en France, et dont plusieurs, en effet, sont des actes remis aux ministres anglois médiateurs, qui ne les communiquoient pas toujours aux ministres des puissances belligérantes.

II. CLASSE DOMANIALE ET MUNICIPALE.

La classe qui concerne l'administration intérieure a pour objet le domaine de la Couronne, les droits municipaux des villes, les ordonnances des Rois. Sur le domaine, le sieur de Bréquigny a rapporté divers terriers et censiers du comté de Guines, de plusieurs parties de la Guyenne, et de divers autres cantons de la France. M. le Contrôleur général, ayant été informé de l'existence de ces terriers, fit rendre un arrêt du Conseil pour commettre le sieur de Bréquigny à leur collation. Le receveur général des domaines et bois d'Amiens et celui de Bourdeaux[1] ont pu rendre compte des avantages qu'ils ont déjà tirés de quelques-uns de ces titres, qui leur ont été communiqués par ordre du Ministre.

Le sieur de Bréquigny a rapporté aussi les anciennes loix municipales de la plupart des villes de France possédées autrefois par les Anglois; titres précieux, qui contiennent les principes de l'ancienne administration de ces villes, et qui peuvent fournir des éclaircissemens importans sur leur droit coutumier actuel. Enfin il a trouvé plusieurs ordonnances de nos Rois, qu'on n'a pu jusqu'ici découvrir dans nos dépôts, malgré les recherches qui ont été faites par les ordres de M. le Chancelier, pour completter le recueil des Ordonnances.

[1] Les sieurs Le Sénéchal et de Joinville. Le premier, grâce à la communication de quelques-unes de ces pièces, gagna un procès considérable en faveur des finances du Roi.

III. CLASSE HISTORIQUE, ECCLÉSIASTIQUE ET CIVILE.

Les pièces purement historiques montent à plusieurs milliers, et renferment l'espace de cinq ou six siècles. On distingue dans ce nombre beaucoup de lettres de nos Rois, depuis Louis VII jusqu'à Henri IV; des relations fort curieuses, écrites de Syrie, sur l'état des chrétiens en Orient dans le XIII° siècle; une suite de lettres des grands-maîtres et des principaux chevaliers de Saint-Jean de Jérusalem, vers le tems de la prise de Rhodes; beaucoup de mémoires fort détaillés concernant les querelles des rois de France et d'Angleterre, sous les trois premiers Édouards.

Le sieur de Bréquigny a communiqué, aux Bénédictins qui préparent une nouvelle édition des conciles de France, des copies de quelques conciles anciens, dont ils comptent faire usage. Il a fait tirer une copie figurée très-exacte de l'original qui se trouve à Londres du fameux décret d'union des Églises grecque et latine, signé de l'empereur de Constantinople, du pape Eugène IV, et de grand nombre d'évêques latins. Il y eut plusieurs originaux de ce décret, et il en existoit un en France, à la Bibliothèque du Roy, mais il ne s'y trouve plus [1].

On feroit un volume de la simple indication des titres relatifs à nos mœurs, à nos usages, ou des faits particuliers que peuvent fournir les pièces recueillies par le sieur de Bréquigny. Il en a donné un exemple dans un mémoire qu'il a lu à l'Académie des belles-lettres [2]. Il y a prouvé, par des titres authentiques et inconnus jusqu'à présent, qu'Eustache de Saint-Pierre, dont on a si fort vanté le dévouement pour les habitans de Calais, fut séduit par Édouard, et reçut de ce prince des pensions et des possessions, fort peu de tems après la prise de cette place, aux conditions d'y maintenir le bon ordre et de la conserver à l'Angleterre.

IV. CLASSE GÉNÉALOGIQUE.

On ne fera qu'indiquer ici les titres généalogiques, dont la classe est très-nombreuse. Il est aisé d'imaginer le fruit que la noblesse de France en peut retirer, soit pour prouver sa descendance, ses services, son illustration, soit pour reconnoître les droits de ses possessions anciennes. Elle sera désormais

---

[1] Il avait disparu pendant quelque temps; c'est le n° 430 du fonds grec.
[2] Il est dans le tome XXXVII des *Mémoires de l'Académie des inscriptions*, p. 535-540. C'est celui que nous publions plus haut, p. 199-211.

affranchie des recherches dispendieuses et difficiles qu'elle étoit obligée de faire à Londres pour se procurer ces mêmes titres. Elle pourra dorenavant les obtenir sans peine, sans frais, et revêtus de tout ce qui peut en constater l'authenticité : objet digne de l'attention d'un Souverain qui a donné si souvent à sa noblesse, toujours prête à se sacrifier pour lui, des marques distinguées de sa protection et de ses bontés.

(Collection Bréquigny, n° 157, fol. 263.)

16
MÉMOIRE SUR LE TRAVAIL CONCERNANT LES PIÈCES RAPPORTÉES DE LONDRES PAR BRÉQUIGNY.

8 septembre 1787.

En 1763, M. le duc de Praslin, pour lors Ministre des affaires étrangères, forma le projet de faire transcrire les diverses pièces relatives à la France qui se trouvoient dans les dépôts de Londres. Il jetta les yeux sur le sieur de Bréquigny pour cette mission, dont on avoit préparé le succès. Le sieur de Bréquigny partit peu après, et resta plus de deux ans et demi à Londres, avec six copistes. Il revenoit cependant en France deux mois par an, afin de veiller aux travaux dont il étoit chargé, et que son absence n'interrompit point. De retour sur la fin de 1766, il rapporta des copies d'un fort grand nombre de pièces, qu'il avoit recueillies, conformément aux instructions qu'on lui avoit données en partant. Le Ministre lui recommandoit, dans toutes ses lettres, de ne s'occuper que de la transcription et de la collation des pièces, remettant à son retour le travail qu'elles exigeroient pour en tirer l'utilité dont elles pourroient être susceptibles, avant de les répartir dans les dépôts auxquels elles paroîtroient appartenir.

Les unes regardoient le dépôt des affaires étrangères, et avoient été recueillies en conséquence des notes de M. Durand, alors garde de ce dépôt, avec lequel le sieur de Bréquigny entretenoit une correspondance suivie; les autres concernoient le domaine et les mouvances du Roi, et sembloient devoir être remises à la Chambre des comptes; d'autres, touchant les municipalités, droits et privilèges des villes, étoient du ressort du Trésor des chartes; le reste, composé de pièces historiques et généalogiques, destiné d'abord à la Bibliothèque du Roi, dans un temps où le dépôt des chartes n'avoit pas encore de consistance, peut aujourd'hui trouver sa place dans ce dépôt.

Mais avant cette répartition, il parut important de faire sur toutes ces pièces un travail qui en facilitât l'usage et qui en dévoilât l'utilité. Le sieur de Bréquigny eut ordre en 1770 de s'en occuper, et, depuis ce temps, il y a sans relâche employé plusieurs commis.

Jusqu'ici il a dressé des tableaux du domaine et des mouvances du Roi dans toute la Normandie, et dans ce qu'aux XIII° et XIV° siècles on appeloit la Guyenne. Cet article, fort étendu, n'est point encore achevé, non plus que ce qui regarde le Calaisis et les pays adjacens. Il a tracé ces tableaux d'après plusieurs conférences qu'il eut à ce sujet avec feu M. Cochin[1], et depuis avec feu M. de Beaumont[2], intendans des finances.

D'immenses tables alphabétiques, dont on continue de s'occuper, contiendront tous les noms de personnes dont il est mention dans ces pièces. On éprouve chaque jour l'avantage qu'en retirent surtout ceux qui font des recherches généalogiques. D'autres tables de tous les noms de lieux formeront un recueil bien utile pour perfectionner la topographie de la France depuis le XIII° siècle jusqu'au XVI°.

Les pièces historiques ont déjà donné lieu au sieur de Bréquigny de composer une suite de mémoires sur divers points intéressans de notre histoire durant ces siècles, et il en a paru plusieurs dans les Mémoires de l'Académie des belles-lettres[3].

Il a souvent communiqué, d'après les ordres du Ministre, aux adminis-

---

[1] Conseiller d'État, intendant des finances de 1770 à 1775.

[2] Jean-Louis Moreau de Beaumont, né à Paris en 1715, mort au Mesnil le 22 mai 1785.

[3] Ces mémoires sont les suivants : 1° *Recherches historiques sur la vie de Charles, fils aîné de Charlemagne*, t. XXXIX, p. 617-641 ; — 2° *Mémoire sur Étienne, chancelier de Sicile en 1168, dans lequel on trouve qu'il étoit de sang royal de France, et on examine comment il pouvoit être en même temps fils d'un comte du Perche*, t. XLI, p. 622-640 ; — 3° *Mémoire sur les différends entre la France et l'Angleterre, sous le règne de Charles le Bel*, t. XLI, p. 641-692 ; — 4° *Mémoire sur les différends de la France avec la Castille, sous les régences des rois de France Philippe III et Philippe IV*, t. XLI, p. 693-725 ; — 5° *Mémoire sur les exemplaires originaux du décret d'union de l'Église grecque avec l'Église latine*, t. XLIII, p. 287-310 ; — 6° *Observations sur un traité de paix conclu en 1160 entre Louis VII, roi de France, et Henri II, roi d'Angleterre, duc de Normandie*, t. XLIII, p. 368-401 ; — 7° *Mémoire touchant la réclamation que Marguerite, reine de France, et Éléonor, reine d'Angleterre, firent de leurs droits sur la Provence, qui avait été donnée à Béatrix, leur sœur, par Raymond-Béranger, comte de Provence*, t. XLIII, p. 449-484 ; — 8° *Mémoire sur la vie de Marie, reine de France, sœur d'Henri VIII, roi d'Angleterre*, t. XLIII, p. 485-534 ; — 9° et 10° *Mémoires pour servir à l'his-*

trateurs des domaines et aux députés des villes quantité de pièces qui ont plus d'une fois servi à la décision d'affaires importantes. M. Bertin et M. le Garde des sceaux de Miromesnil seroient en état d'en rendre témoignage.

Le sieur de Bréquigny continue de travailler sur ce plan et désire que le peu de jours qui lui restent suffisent à mettre cette opération à fin.

(Collection Moreau, n° 315, fol. 12.)

toire de Calais, t. XLIII, p. 722-752, et t. L, p. 594-645; — 11° *Mémoire sur les négociations touchant les projets de mariage d'Élisabeth, reine d'Angleterre, d'abord avec le duc d'Anjou, ensuite avec le duc d'Alençon, tous deux frères de Charles IX, roi de France*, t. L, p. 684-718.

II

CHOIX DE DOCUMENTS RELATIFS AUX RECHERCHES FAITES OU À FAIRE DANS LES PROVINCES ET À L'ÉTRANGER.

1

LETTRE DE DOM LE NOIR À MOREAU.

Rouen, 20 novembre 1764.

....

Monsieur, j'ai vu Monsieur l'Intendant [1], qui m'a fait mille offres de services et mille politesses. Ainsi j'espère, Monsieur, que rien ne retardera désormais mon travail, si ce n'est les difficultés qui en sont inséparables, et qui souvent ne sont pas petites; il en est une surtout que je souhaiterois bien de tout mon cœur que vous pussiez m'applanir : c'est la difficulté qu'il y a à rendre et peindre, pour ainsi dire, les différens caractères d'écriture de chaque pièce, car ou ce caractère est trop petit, ou l'encre en est trop blanche, ou le temps est trop sombre pour pouvoir le calquer à la vitre, de façon que j'y perd un temps infini, et très-souvent je ne réussis pas. S'il y avoit donc moyen de m'exempter de cette partie de travail, ce seroit pour moi beaucoup de peines épargnées et bien du temps de gagné. Je n'ai point l'instruction dont M. Bertin me fait l'honneur de me parler dans sa lettre. Je l'ai eue entre les mains et j'en ai pris lecture, mais elle ne m'est pas restée. Je vous prie donc de vouloir bien me l'envoyer conjointement avec le nouveau mémoire instructif que vous me promettez de la part de ce Ministre, et cela, s'il vous plaît, le plutôt qu'il vous sera possible; d'autant plus que me voici actuellement à l'ouvrage, et qu'il seroit disgracieux pour

---

[1] J.-B.-Fr. de la Michodière, intendant de Rouen, de 1762 à 1767.

moi, ou de ne le pas faire entièrement comme il faut, ou d'être obligé de le recommencer.

J'ai l'honneur, etc.

Le Noir, R. B.

(Collection Moreau, n° 342, fol. 98.)

2

LETTRE DE DOM COL À MOREAU.

Limoges, 11 avril 1765.

Monsieur, dans les coppies que je vous envoie, je me suis plus étendu à décrire la forme phisique de l'acte, ainsi que vous l'exigiés dans une de vos précédentes lettres. Je m'étois contenté d'abord de vous en donner de simples notices, ne croiant pas qu'on pût tirer de ces chartes assés de secours pour l'histoire de la nation, pour qu'elles méritassent d'être coppiées en entier. Vous avés voulu en avoir la coppie figurée, et pour qu'on pût tirer quelque utilité de mon ouvrage, je me suis attaché plus scrupuleusement à décrire la forme des caractères, de la ponctuation, des abbréviations et des autres caractères dipplomatiques de ce siècle.

Vous voulés actuellement, Monsieur, que je me borne à vous envoyer seulement une simple notice de toutes les chartes que je trouveray : je pense néantmoins que, pour ne pas se jetter dans un travail immense et peu utile, il sera également nécessaire d'un peu de choix à cet égard. Toutes les chartes du xiv° siècle et au-delà peuvent mériter cette attention; dans ces tems reculés, tout devient utile, souvent même ce qui paroît moins pouvoir l'être. Mais depuis le xiv° siècle jusques au règne de Louis XII, terme de la collection projettée, si l'on vouloit lire et parcourir° tous les tittres pour en faire des notices, ce seroit un ouvrage immense. Il est des archives dont on ne sortiroit plus; je crois donc qu'il faut encore du choix à cet égard.

Je continueray à vous envoier des coppies figurées de toutes les chartes que je croiray pouvoir être d'une utilité marquée; pour les autres, je me contenteray de vous en envoyer des notices. M. de Bréquigny ne prescrit aucune forme dans son instruction sur ces notices; je les réduiray en cahyers, parce que je pense qu'il seroit assés innutile de les distribuer toutes par feuilles, comme les coppies figurées. Au reste, s'il se trouve quelque chose à réformer après que je vous auray envoyé mon premier cahyer, vous aurés la bonté de m'en avertir.

Je suis obligé d'interrompre mes recherches dans les archives de Solignac [1] pour dépouiller le thrézor de la vicomté de Turenne, dont touts les papiers sont aujourd'huy chez Monsieur l'Intendant; j'espère de trouver là bien des choses curieuses. Baluze a dû parcourir ce dépôt en faisant sa fameuse hystoire de la maison de Bouillon [2]. S'il se trouve dans ce païs une édition de ses ouvrages, je passeray toutes les chartes qu'il aura fait imprimer, mais si je ne puis les avoir, je vous feray passer touts les tittres qui me paroîtront être de quelque utilité. Je vous avertiray cependant qu'il s'est trouvé des pièces qui ont formé de grandes contestations : c'est peut-être icy où il faudra plus d'examen, de critique et de discernement que partout ailleurs.

. . . .

J'ay l'honneur, etc.

COL.

(Collection Moreau, n° 336, fol. 95.)

3

LETTRE DE DOM COL À MOREAU.

Limoges, 6 mai 1765.

Monsieur, il paroît que, pour accellérer l'ouvrage de la collection des chartes, vous aiés pris le parti de vous contenter d'un simple inventaire de touts les tittres qui se trouveront dans chacque dépôt. Ce projet est d'une

---

[1] Solignac, abbaye bénédictine de la congrégation de Saint-Maur, dans le diocèse de Limoges, fondée en 631.

[2] Il s'agit de la célèbre *Histoire généalogique de la maison d'Auvergne*, publiée en 1708, dans laquelle Baluze avait inséré des fragments d'un ancien cartulaire et d'un obituaire de Brioude, fabriqués par un faussaire, Jean-Pierre Bar ou de Bar. Ces fragments prouvaient que les Bouillon descendaient en ligne directe des comtes d'Auvergne. Ils avaient été faits, assurait-on, pour soutenir les prétentions du cardinal de Bouillon, qui se disait indépendant de Louis XIV, et fondait son droit sur ce qu'il était né d'une maison souveraine, dans la principauté de Sedan, avant que l'échange de cette souveraineté avec le Roi eût été consommé. Pour avoir publié ces fragments, Baluze fut privé de sa chaire de droit canon au Collège royal et interné à Rouen, Blois, Tours et Orléans jusqu'en 1713.

exécution très-facile, mais je le crois d'une bien médiocre utilité. A l'exception de quelques dipplômes qu'on trouve rarement, et dont tout le corps renferme des faits remarquables, toutes les autres chartes qui sont dans les archives ne sont intéressantes qu'à quelques égards et sous certain point de vue; tantôt c'est par leur date, où il est marqué que l'acte a été passé sous le règne d'un tel Roy, sous le gouvernement d'un tel duc, comte, vicomte, etc.; tantôt c'est par le nom des témoins, des souscripteurs, ou par quelque clause étrangère à l'acte et aux parties contractantes; tantôt enfin par la forme de l'acte, le stile, les termes singuliers qui s'y trouvent, les signatures, les monogrammes, les différents signes dont les notaires se servoient dans chaque siècle. Touts ces objets deviennent intéressants comme bien d'autres que j'omets, qui servent souvent à fixer des faits importants dans la chronologie, l'antiquité et l'emplacement des lieux dans la géographie. Or il est bien sensible qu'un simple inventaire ne donnera point touts ces éclaircissements. Il se réduira à faire connoître la liste des papiers qui sont dans un dépôt, sans montrer de quelle utilité ils pourront être, et les secours qu'on peut en tirer; par conséquent, voilà un travail immense dont l'utilité se réduira presque à rien.

Si vous m'alléguéz qu'il faut faire mention dans cet inventaire de touts les objets qui paroîtront importants, je répons : Alors que faire à l'égard de la pluspart des tittres dont l'utilité est nulle, comme seroit un contract de mariage entre des laboureurs, un testament, une acquisition, une transaction, où l'on ne découvre rien de remarquable que les noms de Jacques et de Perrette? Je pense qu'il seroit plus utile de négliger ces sortes de tittres et de les passer sous silence; sans cette précaution, il faudroit des deux et trois ans pour sortir d'un chartrier; ce seroit beaucoup de tems perdu et, quoy qu'on en dise, le tems doit être compté pour quelque chose. Je suis actuellement à dépouiller les titres de la vicomté de Turenne; parmy un fatras de papiers, j'ay pu à peine trouver de quoy faire quelques notes. Lorsque j'auray fini de parcourir ce dépôt, je vous feray passer les notes que j'y ay faites. Pour l'inventaire que vous demandés, je suis trop avancé pour l'entreprendre actuellement; j'ay cru d'ailleur que ce travail seroit d'autant plus innutile que M. Turgot, notre intendant, fait travailler à cet inventaire depuis longtems. Si vous persistés dans l'avis d'avoir des inventaires de chaque dépôt, il sera facile d'avoir une coppie de celui qui se fait à l'Intendance, et dans les premières archives que je dépouilleray, je feray l'inventaire des tittres qui y sont, mais, comme j'ay déjà eu l'honneur de vous l'observer, je crois que ce sera un travail très-long et d'une petite utilité.

. . . .

J'ay l'honneur, etc.

Col.

(Collection Moreau, n° 336, fol. 97.)

4

LETTRE DE DOM COL À MOREAU.

Meymac, 31 août 1768.

Monsieur, vous aviés raison de ne plus me croire à Limoges, puisque j'en étois effectivement party dès le commencement de juillet dernier, depuis lequel temps j'ay travaillé au château de Meaumont, dans les montagnes du Limousin, à sept lieues de Tulles; je me suis néantmoins derrobbé quelques moments pour parcourir quelques petites villes des environs, et j'ay vu dans les archives des maisons de ville d'Ussel, de Maimac et d'Égletons des pièces très-anciennes et très-curieuses, dont je n'ay pu prendre que des notes très-succintes, attendu le peu de séjour que je pouvois faire dans ces endroits là.

Monsieur Turgot, toujours attentif à favoriser les arts et les sciences, avoit sçu qu'il y avoit à Angoulême les tittres du prieuré de Beaulieu, qui a été réuni au collège de Tours. On lui fit entendre qu'il y en avoit de très-anciens, qui remontoient jusques au dixième siècle, et qu'il seroit bon de les faire visiter avant leur déplacement, dans l'espérance d'y trouver des monuments intéressants pour l'histoire et les mœurs du païs. Monsieur Turgot écrivit donc à Messieurs les administrateurs du collège de Tours, pour les prier de laisser encore quelques mois ces papiers à Angoulême, jusqu'à ce qu'il en eût fait faire la revision. Il obtint un délay et m'écrivit dans les premiers jours du carême dernier, pour me prier de me transporter à Angoulême et y faire le dépouillement de ces archives. Je luy fis réponce que je m'y rendrois après Pacque. Je comptois allors sur l'argent que vous aviés accoutumé de m'envoier au commencement de chacque année, et ce fut la seule raison qui m'engagea à vous demander pour la première fois de l'argent. Des occupations plus sérieuses ou des raisons que j'ignore vous engagèrent à ne pas répondre à ma lettre : j'ay cru même m'appercevoir, depuis ce temps là, que vous ne daigniés même pas accuser la réception des pacquets que je vous faisois passer, ce qui m'a fait soupçonner que vous étiés bien moins content de mon travail que vous le paroissiés dans vos lettres. Dans ces circonstances, M. de Maumont se trouvant pour des affaires à Limoges vint m'y voir, me vanta beaucoup les tittres et l'antiquité de sa terre, en m'ajoutant que, dans ces cantons, on trouvoit des monuments fort anciens. Il me pria de venir travailler chez luy. Un certain point d'honneur, un goût peut-être trop décidé pour ces sortes de recherches, m'engagèrent de traiter avec luy, et je promis à M. de Maumont de me rendre chez luy vers le commencement de juillet.

Dans ce même temps, Monsieur Turgot arriva de Paris ; je fus le voir pour le prier de permettre que je fis passer mes recueils à Limoges sous son addresse pour en éviter le port. Il me demanda alors pourquoi je n'avois pas été à Angoulême, et me proposa de commencer à faire ce voiage. Je fus obligé de luy répondre que je n'avois aucun fonds pour fournir à cette dépense, et je partis pour me rendre à Maumont. Sans doute qu'après mon départ, Monsieur Turgot aura écrit à M. Bertin, et voilà l'explication de toute cette affaire, dans laquelle vous avés cru remarquer quelque contradiction.

J'écris aujourd'huy à Monsieur Turgot pour m'obtenir un délay de deux mois, pendant lesquels je pourrois finir dans ces cantons. Si la chose est possible, je resteray icy pendant ce temps là; si elle ne l'est pas, je partiray incessamment pour Angoulême, dès que j'auray reçu sa réponce. A mesure que je transcriray les tittres du prieuré de Beaulieu, je vous les feray passer à l'ordinaire. Je crois seulement que je dois y mettre peu de nottes; cela épargnera du temps et de la dépense.

Vous ajoutés, au bas de votre lettre, qu'il doit encore vous revenir une centaine de tittres des archives de Saint-Estienne. Je vous ay fait passer touts ceux qui me restoient ; je crois que vous avés dû en recevoir 302 coppies, si j'ay bonne mémoire ; il ne me reste plus entre mains qu'un extraict d'un ancien obituaire que j'avois pris pour moy, à cause du nom de plusieurs anciennes familles qui s'y trouvent. Si vous croiés qu'il vous soit utile, je vous en feray passer la coppie.

Il y a encore dans les archives de Saint-Estienne une quantité de pièces très-curieuses, mais j'avois à faire à un vieux ecclésiastique fort intéressé, qui, lorsqu'il a vu que je ne paiois plus la peine qu'il avoit d'être mon gardien, m'a fait la grâce de me dire que le Chapitre ne vouloit plus permettre que je travaillasse plus longtemp chez luy. J'ay été obligé de me rettirer et d'abbandonner ces archives, avec beaucoup de regret, parce qu'elles sont les plus riches de la province.

Voilà, Monsieur, une trop longue lettre, contre mon ordinaire, pour ne vous rien dire d'intéressant, mais imputés-vous en la faute, s'il vous plaît; vous me mettés dans le cas de vous rendre compte de ma conduite. Je le fais de bonne foy pour lever vos scrupulles, n'aiant rien tant à cœur que de vous prouver que je mérite peut-être l'honneur de me dire, etc.

Col.

(Collection Moreau, n° 386, fol. 142.)

5

LETTRE DE DROZ À MOREAU.

Besançon, 2 février 1769.

Je suivrai, Monsieur, avec plaisir le plan que le Ministre m'indique par votre organe pour le dépouillement de nos archives, et il paroît en effet le plus simple; cependant je n'avois pas cru devoir l'adopter d'abord, pour les raisons que j'ai écrites dans le tems à M. Bertin : la première, parce qu'il me paroissoit convenable de s'assurer de prefférence des pièces les plus importantes; la seconde, parce que les propriétaires des archives se prêtent difficilement à un dépouillement général et soupçonnent toujours quelque vue secrette, au moyen de quoy ils rebutent par des longueurs et par des formalités, au lieu qu'en s'assurant par les inventaires de l'existence des pièces, on se les procure insensiblement. Cela demande plus de soins, à la vérité, mais on éprouve moins de désagrément et l'on a d'abord des monumens plus précieux.

Dez que cette manière de travailler ne remplit pas votre objet, j'essayerai de nouveau celle que vous proposez, mais, pour cela, je vous prierai, Monsieur, de me procurer un ordre positif du Ministre à cet égard, que je puisse montrer aux corps et communautés pour leur justifier de ma mission et les persuader qu'elle n'a d'objet que la perfection de l'histoire. Si cela ne suffit pas, il faudra des ordres particuliers pour chacun des réfractaires, mais ce ne sera qu'aprez avoir épuisé toutes les voyes d'invitation et de négotiation, qui sont toujours prefférables, d'autant plus que, dans quelques dépôts, il doit exister des pièces non inventoriées, comme réputées inutiles aux droits actuels, et qui sont peut-être les plus essentielles pour notre objet; pour quoy on ne manqueroit pas de les céler, pour peu que l'on fût sur la deffensive.

Quant à l'indication du numéro de la pièce et de la case ou liasse qui la contient, il n'est pas possible de donner aucune notion certaine, attendu qu'il ne règne pas assez d'ordre dans nos archives, les inventaires du Parlement ne tendant qu'à constater l'existence de l'acte, en sorte que, dans les différens récollemens ou dans d'autres occasions, on a souvent changé l'ordre. C'est pourquoy M. de Beaumont [1], étant en cette province, lors de la fondation de l'Académie [2], avoit conçu le projet de faire apporter à Besançon dans un dépôt général les originaux des archives des bénéficiers et de ne leur en laisser que des copies authentiques, au moyen de quoy on auroit également pourvu à l'ordre et à la conservation des chartes.

Vous verrez, Monsieur, dans une note à la suite de l'état des pièces que j'ay envoyées à votre dépôt, le précis de ce qui concerne nos inventaires et la nécessité de faire exécuter une déclaration de 1731, qui enjoint aux bénéficiers de faire faire à leur entrée une description exacte de leurs titres, ce qui est trez-mal exécuté, par la trop grande bonté de M. le Procureur général [3], mort depuis peu, et il seroit bon d'aviver le zèle de M. son fils [4] à cet égard.

Quant aux dépôts royaux, il ne faut pas croire qu'ils soient plus en règle. Je sçais de bonne part qu'il y a à la Chambre des comptes beaucoup de papiers non inventoriés, et que plusieurs se perdent dessus ou dessous des armoires; il y en a sur l'église ou au clocher de Dôle, chez le garde-livre, etc., et, entr'autres, j'ai vu [dans] une copie de l'ancien inventaire de ladite Chambre (8ᵉ sac, cottes 651 et 652) l'indication d'une *procédure instruite au Parlement de Dôle en 1402 contre le sire de Thoiré pour les limites du comté et la mouvance d'une partie du Bugey, où l'on avoit produit 1,400 chartes, dont plusieurs de la seconde race.* Cependant on n'en voit pas la moindre trace dans l'inventaire usuel.

Jugez par là, Monsieur, combien il est important de mettre ordre à cette partie; c'est une entreprise bien digne du zèle de M. Bertin et du

---

[1] Intendant de Besançon de 1750 à 1754. Il en a déjà été parlé page 218.
[2] En 1752.
[3] Philippe-Antoine Doroz, mort le 6 ou 7 janvier 1769.
[4] Claude-Théophile-Joseph Doroz, qui avait succédé à son père.

vôtre, et si vous ne procurez pas quelques ordres sur ce point, nous aurons le regret de voir périr insensiblement les restes les plus précieux de nos antiquités; ainsi il seroit encore trez-utile de ranimer le zèle de Messieurs de la Chambre des comptes sur cet article.

Tous ces préliminaires me paroissent essentiellement liés à vos vues; c'est pourquoy je vous en parle avec franchise, sans prétendre inculper personne et uniquement pour indiquer les différens moyens de perfectioner votre entreprise; en attendant, je ne laisserai pas de faire, de mon côté, le plus de découvertes qu'il sera possible, et je continuerai à vous en faire part, espérant que vous voudrez bien, lorsque vos affaires le permettront, me communiquer vos observations et vos instructions, dont je ferai toujours grand cas.

. . . .

J'ai l'honneur, etc.

Droz.

(Collection Moreau, n° 328, fol. 24.)

6

LETTRE DE DOM LE NOIR À MOREAU.

5 février 1769.

Monsieur, j'ai peut-être un peu trop différé à répondre à la lettre que vous m'avez fait l'honneur de m'écrire le 22 du mois passé. Si cela est, je vous en demande mille pardons, mais comme elle m'a paru mériter beaucoup d'attention, j'ai cru que vous ne trouverriez pas mauvais que je me donnasse quelque temps pour y faire mes réflexions. Vous la commencez, Monsieur, par me dire fort obligeamment que le Ministre est satisfait de mon travail, et qu'il m'exhorte à continuer mon état des titres qui intéressent la province de Normandie. Mais il vous faudroit, dites-vous, quelque chose de plus, et vous voudriez vous mettre parfaitement au fait de tout ce que renferme le dépôt si riche et si étendu de la Chambre des comptes de Paris. Je crois en effet, Monsieur, que rien ne seroit plus à propos. Il n'est pas douteux que, pour ne pas perdre un temps infini à faire copier des titres sans nombre qui figureroient mal dans la collection des chartes, et qui ne feroient qu'en augmenter le volume sans aucune utilité, il est nécessaire, avant toutes choses, de s'en procurer des notices exactes et bien faites, qui, renfermant, pour ainsi dire, toute la substance de chaque titre, puissent en faire connoître au premier coup d'œil l'importance ou l'inutilité. Ce sera, je l'avoue, un travail de plusieurs années, et qui ne laissera pas d'être coûteux. Mais dès qu'il est nécessaire, je ne vois pas qu'il y ait à balancer. Si l'on a cru devoir sacrifier six mille livres par an, pendant dix à douze ans, pour avoir un volume d'extraits de chartes déjà imprimées, on ne doit pas, ce me semble, regreter ce qu'il en coûtera pour avoir en moins de temps des notices exactes et détaillées de tous les titres que renferme la Chambre des comptes de Paris : d'autant plus que ces notices ne seroient pas seulement utiles à la collection des chartes, mais qu'elles seroient encore en elles même un ouvrage important et qui peut-être est nécessaire. Si l'on en avoit fait faire de semblables avant l'incendie de la Chambre, l'on auroit quelque sujet de se consoler de ce malheur, au lieu que, faute d'avoir pris cette précaution, l'on a fait une perte immense et qui est entièrement irréparable. Or ce qui est déjà arrivé peut arriver encore, et, dans ce cas, quelles obligations la postérité n'auroit-elle pas au Ministre qui lui auroit conservé tout l'essentiel de tant de titres, où sont consignés les droits du Roi, et dont dépend souvent la fortune des particuliers ?

Vous voyez, Monsieur, que je suppose qu'il n'y a à cette Chambre aucun inventaire des titres qu'elle renferme ; et cela est exactement vrai, quoique cependant il y en ait un, qui peut-être même est à-peu-près suffisant pour le service de ses officiers, mais je pense qu'il ne peut remplir les vues du Ministre. Premièrement, c'est plustôt un inventaire des titres qui étoient à la Chambre avant l'incendie que de ceux qui y sont actuellement; on y trouve annoncés un grand nombre de titres qui n'existent plus, et, très-souvent, on n'y trouve point ceux qui existent encore aujourd'hui, ou s'il y en est fait quelque mention, ils ne sont plus communément à la place qui leur est assignée dans cet inventaire, ce qui aujourd'hui le rend comme nul à leur égard. Secondement, il n'est point assés détaillé, et, le plus souvent, on ne peut juger d'après lui de l'importance ou de l'inutilité de la pièce qu'il indique. On trouve, par exemple, dans ce dépôt des lettres patentes de l'an 1464, par lesquelles le roi Louis XI, cassant et annulant toutes les procédures commencées au Parlement contre le duc d'Alençon, accusé d'avoir fait tuer quelques personnes qui, sous le règne précédent, avoient révélé ses intelligences avec les ennemis de l'État, et d'avoir en outre envoié en Angleterre un jacobin du couvent d'Argentan pour faire au roi Édouard des propositions contraires aux intérêts du Roi et du Royaume, Sa Majesté déclare qu'elle ne veut pas que ledit seigneur duc puisse être inquiété en aucune façon à l'occasion desdittes accusations, et qu'elle entend que sesdittes lettres patentes, qu'elle-même a enterrinées et vériffiées, sortissent leur plein et entier effet, sans qu'il soit besoin en avoir autre enterrinement ou expédition en sa court de Parlement ou ailleurs en quelque manière que ce soit, attendu qu'au Roi seul compette et appartient la connoissance, correction, punition, extinction et abolition de tous cas concernans la personne des ducs et pairs de France. Voilà assurément, Monsieur, une pièce très-importante. Or, on ne s'en douteroit jamais, si on ne la connoissoit que par l'inventaire de la Chambre, dans lequel elle est annoncée simplement et en deux mots comme des lettres de grâce qui n'ont rien d'extraordinaire. Il en est de même de la pluspart des titres portés sur cet inventaire; d'où je conclus qu'il est absolument insuffisant pour vous guider dans le choix de ceux qui doivent entrer dans la collection des chartes.

Quant à ce que vous me demandez en second lieu, sçavoir si le travail que je fais pour la Normandie, on pourroit le faire en général pour tout ce qui est contenu dans ces archives si étendues et mal connues, j'ai l'honneur de vous répondre, Monsieur, que je n'y vois aucune impossibilité. Les magistrats sans doute ne s'y opposeront pas et n'y mettront aucun obstacle, ce travail ne pouvant être que très-utile à la Chambre même, qui, par le moien des écrivains qu'elle emploie journellement et pendant tout le cours de l'année, pourroit se procurer une copie du nouvel inventaire, sans qu'il lui en coûtât la moindre chose. Je n'y vois donc d'autre difficulté que celle de trouver quelqu'un qui ne manque pas tout-à-fait d'intelligence, qui ne soit pas entièrement étranger dans l'histoire et la géographie du Royaume, et qui se sente assés de force et de courage pour aller, tous les jours de l'année, quelque temps qu'il fasse, s'enterrer deux fois par jour dans un tas immense d'anciens titres, dont la lecture n'aura pour lui rien d'amusant, ni qui puisse le dédomager en quelque façon de sa peine et de son travail. Or une telle personne n'est pas absolument introuvable, et le Ministre a plus que tout autre des moiens pour la trouver.

Comme je crois, Monsieur, entrevoir par votre lettre que vous seriez assés disposé à jetter les yeux sur moi pour cet effet, en quoi sans doute vous pensez m'obliger, permettez-moi de vous faire mille remercimens de cette bonne volonté de votre part, mais en même temps trouvez bon, s'il vous plaît, que je vous supplie instamment de vouloir bien n'y pas penser. Ce travail, plus disgracieux par lui-même que vous ne le pouvez croire, le seroit pour moi encore plus que pour tout autre. Je veux dire, Monsieur, que je ne pourrois me charger de cette entreprise qu'en même temps je ne renonçasse à mon travail sur l'histoire de Normandie. Or je vous avoue que je ne me sens point la force de faire un tel sacrifice. Perdre ainsi dans un moment tout le fruit du travail le plus assidu depuis neuf à dix ans seroit quelque chose de bien dur pour moi. Je vous prie donc instamment de vouloir bien m'en épargner la peine, et d'être persuadé que je vous en aurai mille obligations.

Je suis, etc.

Le Noir, R. B.

(Collection Moreau, n° 342, fol. 122.)

7
LETTRE DE LEYDET [1] À BERTIN.
Pau, 30 juin 1772.

....

Mes recherches dans le trésor de Pau ont été secondées par tant de bontés de la part de M. de Fécheux [2], que j'ay eu lieu de reconnoître tous les jours que Votre Grandeur ne m'avoit pas fait trouver un ami simplement obligeant, mais encore véritablement affectueux. J'en ai reçu des témoignages trop fréquens, soit par les commodités qu'il m'a fournies, pendant que je travaillois sous ses yeux, soit par des attentions distinguées pendant quelques maladies que j'ai essuyées depuis que je suis ici, que je mériterois d'être taxé d'ingratitude si je n'en faisois à Votre Grandeur des remercimens particuliers.

L'unique peine que j'aie maintenant, Monseigneur, c'est de n'avoir pas fait un ouvrage qui soit digne d'être le fruit de la protection de Votre Grandeur.

---

[1] Leydet, chanoine régulier de Chancelade. Ses travaux sur l'histoire du Périgord, acquis en 1812 par la Bibliothèque nationale, forment, avec ceux de Prunis, les vingt-deux premiers volumes de la collection dite du Périgord.

[2] C'est à Fécheux qu'est due la copie de l'inventaire du Trésor des chartes de Pau, qui forme le n° 370 de la Collection Moreau.

Dans le plan de mes recherches, je me suis fait une loi d'examiner, par moi-même et dans le plus grand détail, toutes les pièces qui occupent la vaste armoire du Périgord et du Limousin. Là s'est trouvée une ample collection de chartes concernant nos anciens comtes, avant la confiscation du Périgord en 1399. J'y ai recueilli un nombre considérable de faits qui m'ont paru curieux et peu connus sur les guerres particulières à la province ou sur celles qui furent générales pendant la domination angloise; j'ai acquis quelques connoissances sur plusieurs anciennes familles du pays, sur son histoire ecclésiastique, sur ses monoyes et sur son commerce. Je n'ai point négligé ce qui pouvoit avoir rapport aux mœurs, aux anciens usages, aux loix locales, à l'administration de la justice, et aux privilèges et immunités des comtes ou des villes principales. Dès qu'une pièce m'a paru intéressante, je l'ai transcrite en son entier. Quant aux actes moins importans, j'en ai tiré, par extrait formé des propres paroles du texte, ce qui méritoit d'être conservé. Je me suis contenté de parcourir rapidement les titres mêmes qui n'étoient plus d'aucune utilité en apparence, pourvu qu'ils fussent anciens. J'en ai pris des observations sur la chronologie, le comput ecclésiastique et civil et quelques autres points de la diplomatique. Là j'ai résolu quelques fois des difficultés sur la géographie ou déterminé l'étendue d'une juridiction ou fixé la signification des mots obscurs et singuliers de la basse latinité pour le supplément du Glossaire, qui peut toujours recevoir de nouveaux éclaircissements.

Ce travail a dû occasionner des recueils diffus; mais j'ay mieux aimé donner dans cet excès que d'être trop resserré; par cette surabondance, je m'évite les regrets que j'aurois dans le nouveau dépouillement que je ferai de mes porte-feuilles, quand je serai retiré.

La comté du Périgord étant passée dans les maisons d'Orléans, de Bretagne-Penthièvre, d'Albret, et enfin entre les mains des roys de Navarre [1], j'ay fouillé avec soin dans les armoires qui contiennent leurs papiers; et, parce que les maîtres du Périgord ont eu des liaisons avec les seigneurs d'Armagnac, de Foix, etc., je n'ay pas cru devoir négliger les chartes de

---

[1] Archambaud VI, comte de Périgord, ayant été banni pour crime de rapt, en 1399, le comté de Périgord fut donné à Louis d'Orléans. Charles d'Orléans, son fils, vendit le Périgord, en 1438, à Jean de Blois, comte de Penthièvre, auquel succéda, en 1454, son frère Guillaume de Blois. Celui-ci mourut en 1455, laissant trois filles : l'aînée, Françoise, apporta en dot le vicomté de Périgord à son mari Alain, sire d'Albret [1470]. Il appartenait à Jeanne d'Albret, lorsqu'elle épousa Antoine de Bourbon. Henri IV, leur fils, le réunit à la couronne de France.

ces derniers; il s'y est trouvé des pièces relatives à notre province, qu'on y avoit transportées pour des intérêts qui leur étoient communs.

Dans le cours de mon travail, je ne me suis pas tellement borné au Périgord que je n'aye aussi recueilli plusieurs actes importans sur l'histoire générale du Royaume, dans le dessein que j'en pourrois former dans la suite une collection qui pût vous être présentée, Monseigneur, pour le dépôt des chartes du Roy; en étendant ainsi mes vues, j'ai cru suivre les intentions de Votre Grandeur, que j'ai regardé comme un devoir glorieux pour moi de remplir, autant que mes connoissances ont pû me le permettre.

Mais je me croirois coupable envers l'État, Monseigneur, pour tout le temps qu'un plus long détail prendroit sur des moments précieux que vous employez à sa félicité. Je me borne donc maintenant à présenter à Votre Grandeur deux mémoires ou recueils de chartes que j'ai tirées des archives du château de Pau, l'un sur l'histoire générale qui regarde la conquête de la Guienne sous Charles V, et l'autre sur les anciennes monoyes du Périgord.

. . . .

Les projets ultérieurs que je forme dans ce moment ne sont pas bien étendus. La permission que Mʳ le Prince-archevêque de Bordeaux [1] a bien voulu m'accorder de visiter ses archives m'attire d'abord dans cette ville, et l'influence que Bordeaux a eue dans toutes les affaires de la Guienne, pendant le séjour des Anglois dans cette province, me fera tenter auprès de MM. les jurats d'obtenir, s'il est possible, une semblable permission pour le trésor de l'hôtel-de-ville. Ses registres pourront peut-être donner quelques éclaircissements sur l'histoire du Périgord, s'il s'est conservé dans ce dépôt des papiers qui soient anciens, comme je puis le présumer.

Cependant, Monseigneur, quels que soient mes projets, ils seront toujours subordonnés à telle disposition qu'il plaira à Votre Grandeur de me faire connoître : je me ferai un devoir capital de suivre ses volontés pour vous assurer, Monseigneur, du parfait dévouement que je vous dois à tant de titres.

Je suis, etc.

Leydet,
chanoine régulier de Chancelade.

(Collection Moreau, n° 336, fol. 72.)

[1] Ferdinand-Maximilien Mériadec, prince de Rohan-Guémené, archevêque de Bordeaux, du 26 décembre 1769 en février 1781.

8

RÉPONSE DE BERTIN À LEYDET.

16 juillet 1772.

J'ai reçu, Monsieur, votre lettre du 30 juin dernier, avec les deux extraits que vous y avés joints, concernant les pièces tirées des archives de Pau qui peuvent intéresser l'histoire générale de France, ainsi que celle des monnoyes particulières aux provinces.

Si vous n'avés pas reçu ma réponse plutôt, c'est que j'ai voulu lire en entier et à tête reposée les deux receuils en question et qu'il m'a fallu plusieurs jours pour en trouver le tems.

J'ai été on ne [peut] pas plus satisfait des détails qu'ils contiennent, de l'exactitude et du véritable travail que je vois que vous y avés apporté, ainsi que des observations dont vous avés accompagné les pièces, soit pour leur teneur, soit pour leur forme, soit pour l'état phisique de chaque pièce, et je vous en fais mil remercîments; j'en dois à M. Fescheux de toutes les attentions qu'il a apportées à remplir ce que je désirois, et je m'en acquitte par ce courrier; c'est bien le moins que je l'en remercie.

Je compte communiquer dans quelque tems à MM. de Sainte-Palaye et Bréquigny les deux receuils que vous m'adressés; il est bon de lier et de faire connoître entr'eux des littérateurs comme vous et eux; je vous réponds d'avance qu'ils en feront grand cas.

Comme les archives de Pau appartiennent au Roy et dépendent de lui, je n'ai rien, pour le présent, à désirer sur cette partie, sinon de vous prier de faire, lors du travail ultérieur qui doit vous occuper, sur les extraits que vous emportés, des nottes sur les erreurs de lieu, de fait ou de datte que vous découvrirés dans le catalogue ou inventaire que vous connoissés des titres renfermés dans ces archives. Je m'explique; je suis bien loin de vous demander de faire un recensement exact de cet inventaire ou catalogue avec les nottes de ces erreurs; ce seroit un travail trop long et qui ne vaudroit pas même la peine que cela occasionneroit; mais comme vous avés eu occasion d'observer quelqu'unes de ces erreurs dont vous avés fait notte dans les deux receuils que vous m'adressés, si vous aviés quelques autres articles où vous ayés eu occasion de vériffier pareilles erreurs, ou que, dans la suite de vos recherches et de vos travaux, vous en remarquiés de nouvelles, je vous prie de m'en faire part, afin qu'elles soyent jointes à la copie de l'inventaire de ces archives qui est au dépôt des chartres. Vos travaux étant finis à Pau, je n'ai qu'à vous remercier des offres que vous voulés bien me faire et à vous offrir ce qui dépendra de moi à Bordeaux pour y favoriser vos recherches. Comme les archives de l'archevêché ne sont ni royalles, ni publiques, nous aurons peut-être besoin au dépôt des chartres d'avoir des copies exactes des titres qui peuvent s'y rencontrer, et je vous prie de m'écrire, quand vous serés arrivé à Bordeaux, afin que je vous y adresse l'instruction nécessaire, si vous ne l'avés pas encore, que nous remettons aux sçavants et gens de lettres qui s'occupent des recherches diplomatiques dans les différentes provinces du Royaume.

Je suis, etc.

BERTIN.

(Collection Moreau, n° 336, fol. 83.).

9

LETTRE DE DROZ À MOREAU.

Besançon, 17 mars 1774.

Monsieur, permettez que je réclame votre protection auprez de M. l'archevêque de Toulouse,[1] en faveur de quelques Bénédictins lettrés dont nous avons grand besoin pour perfectioner l'histoire de Franche-Comté.

L'Académie avoit pensé qu'un des meilleurs moyens à ce sujet étoit de ranimer le goût des bonnes études dans la congrégation des Bénédictins réformés de Saint-Vannes; on y est parvenu à certain point et j'ai employé avec succez plusieurs religieux, sçavoir :

Dom Berthod, sous-prieur et bibliothécaire; dom Sornet[2], proffesseur; dom Coudret, curé, à l'abbaye de Saint-Vincent de Besançon; dom Grappin[3], principal de Saint-Ferjeux, prez de Besançon; ils ont remporté plusieurs prix et ont inspiré à leurs élèves le goût des recherches et de l'antiquité.

Pour exciter de plus en plus leur zèle, dom Berthod a été admis à l'Aca-

---

[1] Étienne-Charles de Loménie de Brienne. Voir page 149.
[2] Dom Claude-Benoît Sornet, né à Salins en 1739, mort en 1815.
[3] Dom Pierre-Philippe Grappin, né à Ainvelle-lez-Conflans le 1ᵉʳ février 1738, mort le 20 novembre 1833 à Besançon, copia dans les archives de Luxeuil un certain nombre de titres pour le dépôt des chartes. Ces titres sont aujourd'hui dans la Collection Moreau, n° 869, fol. 313-461.

démie et son prieur me fit espérer qu'on ne le changeroit pas de maison; dez lors il a travaillé, par ordre de M. le cardinal de Choiseul [1], au dépouillement des archives de l'officialité. Je vous en ai envoyé, Monsieur, une table dont vous avez été satisfait [2]; ensuite il s'est livré au dépouillement de quatre-vingts volumes des manuscrits du cardinal de Granvelle [3] : l'ouvrage est avancé, et paroîtra à la suite sous vos yeux.

Mais peut-être la jalousie monachale, qui, depuis deux ans, traverse en cette province les religieux lettrés, va-t-elle nous priver du fruit de leurs travaux, en les dispersant dans des maisons isolées, sans livres et sans secours. C'est pourquoy, Monsieur, je vous suplie de vouloir bien recommander à M. l'archevêque de Toulouse, qui va présider au chapitre général qui se tiendra, le 18 avril prochain, à Montierenderf [4], en Champagne, dans votre département :

1° De favoriser les demandes des religieux qui se livrent à l'étude et dont la conduite et la régularité est d'ailleurs trez-édifiante;

2° De laisser à Besançon et à Saint-Ferjeux les susdits et surtout dom Berthod, qui nous est nécessaire pour les manuscrits de Granvelle; il en connoît les chifres, etc., et, sans luy, la table désirée des curieux ne se feroit jamais; sa qualité de sous-prieur, maître des novices et bibliothécaire prouve que c'est un religieux sans reproche, et quoiqu'il soit fait pour la première place, il ne demande que son rang de proffession;

3° D'écouter favorablement ce qui lui sera représenté pour le bien des études par le député de Saint-Vincent et dom Bouhélier, prieur de Fontaine, ancien bibliothécaire, qui s'interresse à l'accroissement de notre bibliothèque publique, déjà augmentée par les dons de M. de Sermange, son frère, conseiller au Parlement [5].

---

[1] Antoine-Clériadus, cardinal de Choiseul-Beaupré, archevêque de Besançon, du mois de novembre 1754 au 7 janvier 1774.

[2] Cette table est dans le n° 865 de la Collection Moreau.

[3] Le n° 906 de la Collection Moreau comprend l'analyse de trente-quatre volumes des manuscrits de Granvelle; le n° 907 contient l'analyse des mémoires de Maximilien Morillon, prévôt d'Aire; du recueil de l'ambassade de Simon Renard; des lettres de Jean de Saint-Mauris-Montbarrey, prieur de Bellefontaine, de M. de Chantonnay, d'Hopperus; des mémoires de M. de Champagney; des lettres de M. de Vergy; une analyse du Journal des voyages de Charles-Quint depuis 1514 jusqu'en 1551, par Vandenesse, et de Philippe II, depuis 1551 jusqu'en 1560.

[4] Abbaye bénédictine de la congrégation de Saint-Vanne, dans la Haute-Marne, fondée avant 685 par saint Bercaire.

[5] François-Xavier, frère du prieur François-Ferdinand, de la famille de Claude-François-Ignace

Tous ces objets, Monsieur, entrent dans les vues de votre Ministère, et j'ai lieu de me flatter que, par égard pour vous et pour M. de Toulouse, la congrégation de Saint-Vannes nous laissera des sujets qui ne peuvent que luy faire beaucoup d'honneur, et auxquels je ne m'interresse que pour le bien de la chose et l'exécution de vos projets.

Je suis, etc.

DROZ.

(Collection Moreau, n° 328, fol. 234.)

10

DEMANDE DE MISSION EN BELGIQUE, PAR DOM BERTHOD.

1774.

Dom Berthod, bénédictin et bibliothécaire de l'abbaye de Saint-Vincent de Besançon, eut l'honneur de présenter, il y a quelques années, à Monseigneur Bertin un mémoire concernant les manuscrits de Grandvelle qui sont déposés dans la bibliothèque publique de cette abbaye. Le premier soin de dom Berthod a été d'analyser ces manuscrits, pour mieux connoître quel avantage pourroit en retirer l'histoire générale. Un travail opiniâtre et suivi, une analyse de près de soixante volumes, la pluspart en chiffres et en différentes langues, l'ont confirmé dans l'idée qu'il avoit conçue de l'importance de cette collection. Ce travail touchant presque à sa fin, dom Berthod auroit d'abord dessein de rendre public le voiage de Charles V et de Philippe II, par Vandenesse [1], controlleur de la maison de ces deux princes. Le manuscrit est original et peut être regardé comme une suite des Mémoires de Commines.

Quoiqu'il apartienne principalement à l'histoire de ces princes, on voit bien qu'il peut répandre un grand jour sur celle de France ; mais cette édition ne peut être complette, quoiqu'accompagnée de notes précieuses puisées dans les Mémoires de Grandvelle, si on ne compare cet original avec quelques autres de même genre qui apartiennent à l'église de Tournay, et

---

Bouhélier d'Audelange. Il fit faire, pendant les années 1732 et suivantes, l'inventaire des titres de la Chambre des comptes de Dôle, qui est conservé dans la Collection Moreau, n°⁸ 880-882.

[1] Le *Journal des voyages de Charles-Quint et de Philippe II*, par Vandenesse, que M. Gachard a publié, en 1874, dans la Collection des documents de l'Académie de Belgique.

que M. l'abbé de Nelis[1] promet de communiquer à dom Berthod. Dans ces circonstances le voiage de Tournay seroit nécessaire pour l'éditeur; les frais n'en seroient point dispendieux, puisqu'il est à Paris et dans la proximité de la Flandre. Mais quand ce voiage seroit moins dispendieux encore, il est au-dessus des moyens d'un simple religieux; ainsi, quelque bonne volonté que dom Berthod ait d'être utile, l'édition qu'il projette n'aura pas lieu, si personne ne le seconde dans ses travaux.

. . . .

(Collection Moreau, n°. 327, fol. 103.).

11.
INSTRUCTION POUR DOM BERTHOD,
À L'OCCASION DE SA MISSION LITTÉRAIRE EN BELGIQUE.
Septembre 1774.

Dans les dépôts, archives et bibliothèques que dom Berthod visitera, les notices des manuscrits historiques qu'il poura dresser le mettront quelque jour en état de faire connoître des pièces précieuses qui manqueroient à la Bibliothèque du Roy.

Mais voicy ce qui regarde principalement le dépôt des chartes, dont M. Bertin est chargé : ce dépôt ayant pour objet de réunir des copies des ancienes chartes de nos Roix ou des grands vassaux, et des actes publics qui pourroient un jour entrer dans une collection qui seroit pour la France ce qu'est celle de Rymer pour l'Angleterre, dom Berthod aura soin de dresser un état de ces sortes de pièces qu'il trouvera.

Il indiquera les cartulaires qu'il aura découverts, et enverra à M. Moreau des états de toutes les richesses diplomatiques qu'il croira pouvoir servir à notre histoire.

Ces états seront dressez d'après les recherches qu'il fera, soit dans la bibliothèque des ducs de Bourgogne à Bruxelles, soit dans celles des Jésuites

---

[1] « M. l'abbé de Nelis, chanoine et vicaire général de Tournay, membre de l'Accadémie de Bruxelles, est chargé par ses confrères d'entretenir correspondance avec celle de Besançon par le moyen de D. Berthod. Les Pays-Bas et la Franche-Comté ayant été réunis sous les mêmes souverains pendant plusieurs siècles, l'histoire de ces provinces ne peut que gagner beaucoup à ce commerce littéraire. » (Note de dom Berthod.)

à Anvers et à Louvain, soit dans les archives de Tournay, qu'il compte visiter.

Il aura la bonté de donner à M. Moreau des nouvelles de son arrivée dans les différens lieux qu'il parcourrera, et, d'après les détails dans lesquels il entrera, s'il a besoin de nouveaux secours, M. Moreau proposera au Ministre de les lui faire passer et il espère les obtenir, si nous avons lieu d'espérer une récolte qui en vaille la peine [1].

(Collection Moreau, n° 309, fol. 178.)

12
MÉMOIRE DE DOM BERTHOD SUR UN PROJET DE SECOND VOYAGE EN BELGIQUE.
15 mai 1775.

Dom Berthod, après son retour des Pays-Bas autrichiens, avoit accepté le projet proposé par M. Bertin d'aller, pendant quelques mois, en un monastère de sa Congrégation former de jeunes religieux à la diplomatique et à l'histoire, afin de les occuper ensuite à augmenter le dépôt des chartes; ce qu'ils auroient fait avec plus de facilité et de succès.

Les Supérieurs de la Congrégation, invités par M. Bertin à concourir à l'établissement de cette accadémie, s'en sont excusés sur ce que plusieurs villes leur offroient l'instruction de la jeunesse, et qu'il leur falloit un nombre de religieux choisis pour remplir les colléges.

Ainsi dom Berthod se trouve maintenant sans occupation décidée. Il regarderoit cette position comme très-avantageuse, si elle devoit le faire entrer dans la carrière littéraire qu'il s'étoit ouverte, l'année dernière, dans la Flandre autrichienne. Plusieurs sçavans qu'il a eu l'honneur de consulter ont vu, par les notices qu'il leur a fournies, l'abondante récolte qu'on pourroit faire dans ces provinces pour notre littérature; on ose l'assurer, les circonstances sont très-favorables, soit pour se ménager l'entrée dans les archives, soit pour transcrire plusieurs manuscrits interressans. Le plus léger intérêt politique peut nous priver de ces richesses pour longtems, si on ne se hâte de les recueillir.

[1] Par une lettre du 26 septembre 1774, qui est dans la Collection Moreau, n° 809, fol. 177, Bertin recommanda dom Berthod au baron de Bon, ministre plénipotentiaire à Bruxelles.

Si ce projet méritoit d'être aggréé par M. Bertin, dom Berthod prendroit la liberté de luy faire observer que, pour rendre ce voiage littéraire plus utile, il seroit à propos : 1° d'accélérer ce voiage, afin de profiter de la belle saison pour visiter les abbayes de la campagne, qui sont inaccessibles pendant l'hiver; 2° d'avoir un ou deux copistes pour transcrire les chartes et les ouvrages qui seroient de quelque importance.

Dans la suposition que ce voiage ne pût se faire maintenant, dom Berthod suplie M. Bertin de luy assigner une tâche où il lui fût permis de s'occuper; il préféreroit sans doute quelques abbayes des Trois Évêchés ou de Lorraine, si le Ministre ne juge pas à propos de l'envoyer ailleurs. Dom Berthod espère que M. Bertin voudra bien continuer à l'honorer de sa protection. S'il l'abandonnoit dans les circonstances présentes, des gens oisifs penseroient et luy reprocheroient que son travail dans la Flandre n'a point été agréable, puisque le Ministre l'abandonne et cesse de le protéger. Quelque mal fondés que seroient ces propos, cependant un homme de lettres est toujours fatigué de les entendre [1].

(Collection Moreau, n° 327, fol. 39.)

13

REQUÊTE PRÉSENTÉE AU ROI PAR L'ABBÉ DE SAINT-BERTIN.

Mai 1775.

L'abbé de Saint-Bertin [2] suplie S. M. d'honorer de sa protection l'exécution d'un projet qu'il a formé et qui réunit à l'avantage particulier de son abbaye la plus grande utilité publique.

Il demande : 1° à remettre au dépôt des chartes de S. M. des copies exactes et figurées de tous les monumens intéressans que renferment les archives de son abbaye; 2° il fera plus, il fera imprimer à ses frais l'universalité de tous ces titres, et cette collection importante composera au moins huit volumes in-folio. Cette entreprise est l'exécution partielle du grand projet

---

[1] Dom Berthod écrivit encore à Bertin dans le même sens, le 18 juin. (Voir Collection Moreau, n° 327, fol. 23.) Bertin s'adressa en sa faveur à l'archevêque de Toulouse. (Voir p. 245-246.)

[2] Dom Joscio d'Allesnes, né le 3 octobre 1736 à Aire, mort le 2 août 1808 à Nemours, devint abbé de Saint-Bertin le 22 février 1774, et demeura dans ce monastère jusqu'en juin 1790.

formé par le feu Roi de réunir dans un dépôt pour la conservation des anciens monumens et pour l'instruction des savans : 1° des notices de toutes les chartes renfermées dans des dépôts royaux ; 2° des copies figurées de toutes celles qui sont encore cachées dans la poussière des dépôts particuliers.

Son exemple peut encourager les autres monastères et déterminer même les propriétaires de plusieurs autres archives, dont la publicité éclaireroit beaucoup notre histoire et favoriseroit les progrès du droit public.

Un pareil ouvrage, qui ne coûtera rien au Roi, ne peut donc être trop accueilli.

Mais comme il est important que ces copies reçoivent quelqu'authenticité qui puisse les rendre propres à remplacer les originaux, s'ils étoient perdus, ou à les suppléer, lorsqu'on voudra en épargner le transport, il demande au Roi de vouloir bien lui prescrire les formes qu'il doit suivre pour parvenir à ce but. On pense que le parti le plus sûr sera de charger trois hommes de lettres de la collation de ces copies, et de les nommer commissaires du Roi pour présider à cette édition. On a réuni dans le projet d'arrêt du Conseil ci-joint les précautions qui peuvent être prises pour garantir la fidélité et l'exactitude de ce travail, et on propose à S. M. d'en charger le sʳ de Bréquigny, de l'Académie françoise et de celle des belles-lettres, déjà connu par l'expérience qu'il a acquise dans la science diplomatique, le sʳ Chérin, généalogiste des ordres du Roi, et le sʳ Moreau, historiographe de France et préposé par Sa Majesté à la garde du dépôt général des chartes.

(Collection Moreau, n° 1097, fol. 20.)

14

ARRÊT DU CONSEIL PRESCRIVANT L'EXÉCUTION D'UNE COPIE AUTHENTIQUE ET DÛMENT COLLATIONNÉE DES CHARTES DE L'ABBAYE DE SAINT-BERTIN.

26 mai 1775.

Sur la requête présentée au Roy étant en son Conseil par dom Josio d'Allesnes, abbé régulier de l'abbaye de Saint-Bertin, ordre de Saint-Benoît, contenant que les Rois, prédécesseurs de Sa Majesté, en accordant la protection la plus marquée aux recherches qui avoient pour but de tirer de la poussière et de conserver à la postérité les anciens monumens, ont également favorisé et les intérêts des principales maisons de leur Royaume, auxquelles ils ont procuré la connoissance des titres de leur filiation et de leurs propriétés, et la louable curiosité des savans, qui ont trouvé, dans les amples recueils que ces recherches ont produits, les plus grandes facilités pour répandre de nouvelles lumières sur l'histoire et le droit public de la France; que l'on ne peut pas cependant se dissimuler qu'il reste en France un très-grand nombre de dépôts importans, dont les uns n'ont pas même été abordés par la curiosité et dont les autres n'ont été que très-imparfaitement aprofondis, et dans lesquels cependant les titres les plus précieux peuvent périr de vétusté, avant que l'on ait pû en tirer pour l'histoire les avantages qu'ils seroient en état de lui procurer; qu'instruit depuis longtems de l'établissement d'un dépôt général destiné, dans l'intention du feu Roy, à faciliter le travail et à abréger les recherches des gens de lettres, auxquels il doit présenter soit des tables générales de tous les monumens importans renfermés dans les archives royales, soit des copies exactes et figurées des chartes et autres titres contenus dans les archives des églises et même des particuliers qui, pour assurer la conservation des monumens qui les intéressent, prendroient la sage précaution d'y remettre lesdittes copies, le supliant croit devoir, pour l'intérêt de son abbaye, pour le bien des lettres, et le progrès des connoissances utiles, profiter de cette ressource ouverte à sa prudence, qu'en effet l'abbaye de Saint-Bertin, fondée en [648], et l'un des plus anciens monastères du Royaume, possède dans ses archives un très-grand nombre de chartes précieuses qui remontent jusqu'à la première race de nos Rois, que plusieurs d'entre elles, détériorées par le laps du tems, courent risque d'être enfin détruites par la vétusté, et que le seul moyen de prévenir ce malheur, et non-seulement de perpétuer les monumens, mais de les rendre encore plus utiles, seroit : 1° d'en faire tirer plusieurs copies exactes et authentiques qui pussent et supléer les originaux et même les remplacer un jour, s'ils étoient perdus ou entièrement adhirés; 2° de placer l'une desdittes copies dans le dépôt même établi par Sa Majesté et dans lequel elle pourroit, dans tous les tems, servir à l'instruction publique; que, pénétré de ce projet, le supliant, après avoir consulté les religieux de son abbaye, a pris la résolution, sous le bon plaisir de Sa Majesté, non-seulement de faire faire à ses frais lesdittes copies de toutes les chartes et anciens monumens que contiennent les archives de Saint-Bertin, mais même de les faire imprimer toutes dans un recueil qui composera un grand nombre de volumes; que le supliant espère que le Roy voudra bien faire placer dans le dépôt général des chartes l'une des copies desdittes chartes, à l'effet d'y pouvoir être consultées dans tous les tems par les savans qui s'appliqueront aux recherches de l'antiquité; mais qu'un projet si conforme aux vues de Sa Majesté ne peut s'exécuter sans sa protection, puisqu'elle peut seule, et par son autorité et par les précautions qu'elle croira devoir prendre, garantir à la postérité la fidélité et l'autenticité desdittes copies, qui ne pourront un jour supléer les originaux que dans le cas où Sa Majesté auroit daigné s'assurer elle-même qu'elles y seroient parfaitement conformes; requéroit à ces causes le sieur abbé de Saint-Bertin qu'il plût à Sa Majesté lui permettre : 1° de faire procéder aux copies collationnées des chartes, diplômes et autres monumens que renferme son abbaye; 2° de faire imprimer l'universalité desdittes copies et d'en déposer un double au dépôt général des chartes de Sa Majesté, ordonner à cet effet que par tels commissaires qu'il lui plaira de nommer il sera procédé à la vérification et collation desdittes copies avec les originaux, et au surplus indiquer au supliant les formes et précautions que Sa Majesté jugera nécessaires pour les rendre aussi autentiques et laditte édition aussi fidèle qu'elles peuvent l'être, sur lesquelles formes et précautions déclaroit le supliant qu'il s'en raporte en entier à ce qui lui sera prescrit et ordonné par Sa Majesté et son Conseil; vu laditte requête signée : D'Allesne, abbé de Saint-Bertin, ouï le raport, le Roy étant en son Conseil, voulant donner audit sieur abbé de Saint-Bertin des preuves de l'aprobation qu'il donne à une entreprise aussi utile et au zèle qui la lui inspire, a ordonné et ordonne ce qui suit :

ARTICLE PREMIER. Il sera fait incessamment, par telles personnes capables que le sieur abbé de Saint-Bertin jugera à propos de commettre, deux copies de toutes les chartes, diplômes et titres étant dans le chartrier de laditte abbaye, en tête de chacune desquelles sera placée une description exacte de la forme extérieure du titre, un sommaire de son objet, ainsi qu'une indication de la layette où il est enfermé et de la place qu'il occupe dans ledit chartrier.

ART. 2. Lesdites copies seront figurées; la première ligne de chacune sera calquée sur l'original pour en représenter l'écriture, et au pied d'icelle sera faite la description du sceau qui s'y trouvera, ou mention qu'il en a été enlevé, ou qu'il ne s'y en est pas trouvé.

Art. 3. Le sieur Whitte, archiviste de laditte abbaye, mettra au pied de chacune desdittes copies son attestation qu'elle est conforme à l'original.

Art. 4. Pour vérifier et collationner lesdittes copies et leur procurer l'autenticité dont elles sont susceptibles, Sa Majesté a commis et commet les sieurs de Bréquigny, l'un des quarante de l'Académie françoise, et Chérin, généalogiste des ordres du Roy, lesquels, après serment par eux préalablement prêté entre les mains du sieur Bertin, Ministre et Secrétaire d'État, ayant dans son département le dépôt général des chartes, seront tenus de procéder à la collation desdittes copies avec les originaux qui leur seront représentés, ainsi que toutes les autres chartes, diplômes et inventaires d'iceux qu'ils croiront nécessaires à leur opération; mettront et signeront lesdits sieurs commissaires au bas de chacune desdittes copies leur attestation qu'ils les ont collationnées et les ont trouvées conformes aux originaux.

Art. 5. En cas qu'aucuns desdits titres ne pussent être transportés à Paris, lesdits commissaires pourront se transporter en laditte abbaye, si ledit sieur abbé le requiert, pour y procéder à leur vérification et collation.

Art. 6. Lesdittes copies figurées, ainsi vérifiées et certifiées, seront arrangées par ordre de dattes par lesdits commissaires en un ou plusieurs volumes, à l'effet d'être imprimées dans ledit ordre, et sera le présent arrêt imprimé à la tête de chaque volume.

Art. 7. L'une desdittes copies sera déposée au chartrier de laditte abbaye, pour y avoir recours sans déplacer les originaux; et l'autre sera remise au dépôt général des chartes de Sa Majesté, pour y avoir recours par ceux qui voudront les consulter.

Art. 8. Lesdittes copies collationnées et certifiées pourront être produites en justice et y feront foi comme les originaux, sauf les moyens qui pourroient être allégués et les voyes de droit qui pourroient être prises contre l'original de chacune d'icelles.

Art. 9. Lorsque les susdittes opérations auront été finies ou à mesure qu'elles finiront, ledit sieur abbé de Saint-Bertin pourra faire imprimer et débiter par tel imprimeur ou libraire qu'il lui plaira le recueil général desdites chartes, diplômes, titres et monumens de laditte abbaye, en se conformant toutes fois aux réglemens de la librairie, et en obtenant le privilége en tel cas requis. Fait au Conseil d'État du Roy, Sa Majesté y étant, tenu à Versailles le 26 may 1775.

(*De la main du Roi :*) Bon.

Hue de Miromenil.

(Collection Moreau, n° 1097, fol. 30.)

15
LETTRE DE BERTIN À L'ARCHEVÊQUE DE TOULOUSE.

2 juillet 1775.

L'intérêt que vous prenez, Monsieur, au progrès des lettres et la protection que vous devez à la congrégation de Saint-Vanne m'engagent à recommander à vos bontés un religieux qui se distingue dans cette Congrégation par ses talens et par ses travaux. Dom Berthod, membre de l'Académie de Bezançon, occupé à recueillir dans l'abbaye de Saint-Vincent les manuscrits du cardinal de Grandvelle, dont il a tiré grand parti pour l'histoire, fit, l'année passée, un voyage à Tournay pour des recherches relatives à cet objet de son travail. Je profitai de cette occasion pour lui faire visiter un grand nombre des archives de la Flandre autrichienne, qui renferment plusieurs monumens de notre histoire. Je dois à ce religieux un témoignage que je lui rends avec plaisir; il a gagné la confiance de tous les propriétaires des dépôts qu'il a visités; ecclésiastiques et laïques, communautés et seigneurs, tous le redemandent, et les savans avec lesquels il a, dans cette province, lié une correspondance utile, désirent de le revoir. Je voudrois fort profiter des sentimens qu'il a inspirés, pour l'engager à dépouiller avec un peu plus de soin beaucoup d'archives de la Flandre autrichienne, dont il n'a pu que deviner les richesses.

Il est cependant retourné dans son monastère de Saint-Vincent, où il attendra les ordres que je voudrois bien être en état de lui donner et qu'il désire lui-même pour aller parcourir de nouveau les Païs-Bas autrichiens. Mais il faut vous avouer que l'argent nous manque un peu pour cet objet. Les fonds que le Roy destine à ce travail étant, comme vous le savez, trèsmodiques, vous seroit-il possible d'engager la congrégation de Saint-Vanne à fournir du moins à ce religieux une pension pour sa nourriture et son vêtement? A quelque petite somme qu'elle fût portée, elle seroit un premier secours, auquel je pourrois ajouter un suplément.

Les religieux bénédictins sont de tous les travailleurs ceux que l'on employe à meilleur marché. Je crois seconder vos désirs, Monsieur, en vous fournissant une occasion d'être utile aux lettres, et, si vous ne réussissez pas, je serai bien sûr que cela vous aura été impossible.

J'attendrai donc votre réponse pour prendre un parti à l'égard de dom Berthod.

Je suis, etc.

BERTIN.

(Collection Moreau, n° 309, fol. 174.)

16

LETTRE DU GARDE DES SCEAUX À DOM BERTHOD.

1781.

Les savantes recherches que vous avez faites dans les Pays-Bas, mon Révérend Père, m'ont inspiré un véritable désir de vous connoître. Je n'ay pas été étonné que vos Supérieurs, qui savent aprécier vos talens dans tous les genres, vous aient attaché au gouvernement temporel de l'une de vos maisons[1]. Mais je désirerois fort que les lettres n'y perdissent pas trop. Pourrez-vous encor donner quelque tems à la recherche de nos antiquitez? Avez-vous, dans le lieu de votre résidence ou même dans les maisons de votre voisinage, quelques récoltes à faire de la nature de celles qui ont tant d'atrait pour vous? J'aime à m'en flater, et j'attendray votre réponse pour tirer de vous, avec la permission de vos Supérieurs, tout le parti que votre zèle et votre érudition me donnent le droit d'en espérer.

Je suis, etc.

MIROMESNIL.

(Collection Moreau, n° 297, fol. 229.)

[1] Dom Berthod venait d'être nommé prieur de Morey.

17

RÉPONSE DE DOM BERTHOD AU GARDE DES SCEAUX.

Morey, 4 juin 1781.

Monseigneur, il n'y a que votre amour pour les lettres et la protection que vous voulés bien accorder à ceux qui les cultivent qui aient pu vous décider à porter vos regards jusque dans la solitude que j'habite depuis plus d'un an; une pareille attention de la part du Chef de la magistrature flatte toujours un solitaire dévoué, par goût autant que par état, à l'étude de nos antiquités.

Mon séjour à Morey n'auroit rien de désagréable pour moy, si j'eusse trouvé dans cette maison de quoy suivre mon inclination; mais ce monastère, fondé dans le dernier siècle, interresse foiblement un érudit. L'abbaye de Cherlieu offre quelque chose de plus piquant dans ses archives, dont M. Droz, conseiller au Parlement de Besançon, a déjà fait le dépouillement[1]; ainsi, malgré le désir que j'aurois d'être utile, je suis forcé à suspendre mes travaux. Puisque vous voulés bien, Monseigneur, y prendre quelqu'intérêt, permettés que je vienne vous en faire hommage, trop heureux si vous daignés les agréer. Pendant le séjour que j'ay fait dans la Flandre autrichienne, j'ay apperçu l'abondante moisson qu'il y avoit à faire pour notre histoire, en dépouillant les archives des abbayes et des chapitres fondés dans ces belles provinces. A peine peut-on compter sur la collection de Miræus[2] et de Foppens[3]; j'ay montré combien cette collection étoit deffectueuse. Guères de diplômes où je n'aye trouvé des altérations considérables, en les raprochant des originaux ou des copies les plus anciennes. Les chartriers du chapitre d'Aix-la-Chapelle, si importans pour l'histoire de la seconde race, et un nombre considérable d'autres églises sont ignorés de la pluspart des

---

[1] Ce dépouillement consiste en un extrait des titres et dans la copie d'un cartulaire et d'un supplément au cartulaire de Cherlieu; il porte les n°s 873 et 874 de la Collection Moreau. Le cartulaire original forme le n° 10973 du fonds latin.

[2] Aubert Le Mire, plus connu sous le nom de Miræus, savant belge, né à Bruxelles le 30 novembre 1573, mort à Anvers le 19 octobre 1640, a laissé un grand nombre de travaux. Celui auquel dom Berthod fait allusion est intitulé : *Opera diplomatica et historica*. Il a été publié à Bruxelles, 1723-1748, en 4 volumes in-fol., par Foppens.

[3] Jean-François Foppens, historien et bibliographe belge, né à Bruxelles le 17 novembre 1689, mort à Malines le 16 juillet 1761.

sçavans. Les archives des villes particulières sont aussi inconnues. Cependant quel avantage ne retireroit pas un sçavant des monumens renfermés depuis tant de siècles dans ces différens dépôts! mais ceci demanderoit peut-être plusieurs ouvriers intelligens qui s'occupassent non-seulement des dattes et des noms, mais qui portassent leur critique et leurs yeux jusque dans la source de nos usages et de nos coutumes. Il me semble donc que, tant que nous n'aurons pas une connoissance complette des archives des Païs-Bas autrichiens, il sera presque impossible de mettre sous presse la collection des chartes dont on a formé le projet.

Peut-être ne seroit-il pas aussi difficile de parvenir à cette connoissance qu'on se l'imagine d'abord, surtout si l'Accadémie de Bruxelles se trouvoit interressée à ce dépouillement : elle seule pourroit préparer les voies et ménager les esprits; il faudroit un caractère souple et adroit pour donner de l'activité aux accadémiciens et surtout agir de concert avec eux; tout cecy demanderoit des peines et quelques dépenses. Je n'ose me flatter, Monseigneur, de réunir les qualités que demanderoit une pareille commission, mais je connois un peu le génie des habitans de ces provinces; j'entretiens encore des relations avec les principaux membres de l'Accadémie de Bruxelles; leur conseil et leur zèle m'ont beaucoup été utiles pendant le séjour que j'ay fait parmi eux, et je crois qu'on ne risqueroit rien, si on les prenoit pour guide. Tel seroit du moins mon plan, si Votre Excellence daignoit m'honorer de quelques commissions relatives aux sciences dans la Flandre autrichienne.

Je suis, etc.

Dom Berthod.

(Collection Moreau, n° 296, fol. 156.)

18

LETTRE DE BERTIN AU GRAND DOYEN DU CHAPITRE D'AIX-LA-CHAPELLE.

M. Moreau m'a rendu compte, Monsieur, des ouvertures qu'il a eu l'honeur de vous faire sur un projet dont vous avés paru reconnoître l'utilité et vouloir faciliter l'exécution. J'ai cru devoir en instruire le Roy et l'assurer de votre bonne volonté à cet égard. En conséquence, trouvés bon que je vous adresse la note cy-jointe, sur laquelle je ne doute pas que vous n'obteniés de votre Chapitre une décision satisfaisante. Je suis charmé de trouver cette occasion de pouvoir faire connoître à Sa Majesté votre attachement à sa persone, et votre zèle pour les entreprises utiles qu'elle protège. En mon particulier, Monsieur, je serai très-reconnoissant des services que vous pourrés rendre aux auteurs chargés de perfectioner notre histoire, en enrichissant le dépôt dont Sa Majesté m'a confié le soin et me recommande les progrès.

Je suis, etc.

BERTIN.

(Collection Moreau, n° 295, fol. 202.)

19

NOTE SUR LA COPIE DES CHARTES DES ROIS DE FRANCE RENFERMÉES DANS LES ARCHIVES DU CHAPITRE D'AIX-LA-CHAPELLE.

Le Roy désirant de faire réunir dans un dépôt général des copies fidèles de toutes les chartes qui peuvent servir de preuves à l'histoire de France et fournir des lumières sur le droit public de ce Royaume, il a été représenté à Sa Majesté que les archives du noble Chapitre d'Aix-la-Chapelle contenoient un très-grand nombre de chartes originales de Charlemagne et de ses successeurs, roix de France, et relatives à ce double objet, dont il seroit important de se procurer des copies authentiques et figurées : c'est dans cette vue qu'instruite du zèle et de la bonne volonté que M. le grand doyen de ce Chapitre a fait paroître, lorsqu'il lui a été fait quelques ouvertures à ce sujet, Sa Majesté a autorisé son Ministre à se concerter avec ledit Chapitre sur la manière de faire rechercher et transcrire dans ses archives toutes les chartes et monumens qui peuvent tendre au but qu'elle se propose. L'exécution de ce projet ne fera qu'augmenter la bienveillance du Roy pour le noble Chapitre d'Aix-la-Chapelle, et si celui-cy y consent, Sa Majesté fera faire à ses frais le dépouillement de cet ancien dépôt par le secrétaire archiviste dudit Chapitre, en présence d'un homme de lettres qui sera chargé de présider à ce travail. Cette opération, utile aux vues que le Roy se propose, sera également avantageuse au Chapitre. On lui laissera un double des tables que l'on fera, et il sera sans doute fort aise de connoître à fond ses titres, dont aucun ne sera déplacé.

(Collection Moreau, n° 295, fol. 280.)

20

LETTRE DE DOM DEWITTE AU GARDE DES SCEAUX.

7 août 1782.

Monseigneur, daignez, je vous supplie, agréer l'hommage que j'ai l'honneur de vous faire des chartes et diplômes des archives de l'abbaye de Saint-Bertin qui, non-seulement au-delà de plus de onze siècles, a eu le bonheur et l'avantage de conserver en original son titre primordial de fondation de l'année 648, faite par Adroald, seigneur de Sithieu, mais encore une infinité d'autres, qui, jusqu'aujourd'hui restés dans l'oubli, seront mis au jour par votre zèle à favoriser la respectable antiquité et votre protection à seconder le travail des diplomatistes [1].

Je ne puis vous dissimuler, Monseigneur, qu'ayant plut à mes Supérieurs me charger, en 1755, de la bibliothèque de Saint-Bertin, j'avois, déjà même quelques années avant, conçu une inclination particulière pour la diplomatique, et qu'avec un goût décidé pour lors je me suis mis en devoir de remplir par un recueil de beaucoup de copies de nos chartes que je trouvai tant parmi nos manuscrits que dans plusieurs ouvrages imprimés.

Lorsqu'en 1765 on me plaça aux archives et secrétariat de notre abbaye, j'entrepris avec une nouvelle inclination de confronter et collationner mon recueil de copies sur copies aux originaux, et, à leur défaut, aux cartulaires authentiques de nos archives, mais la multitude infinie, tant de variantes que d'omissions et de quantité d'autres fautes que j'y trouvai et rencontrai, me fit regretter le travail de mon recueil et former le dessein de copier moi-même nos originaux avec la plus scrupuleuse attention, afin de les donner au public dans toute leur intégrité.

On trouvera, surtout dans nos plus anciens titres, plusieurs et plusieurs fautes de latinité, mais que je me suis bien gardé de prendre la licence de corriger, parce qu'elles viennent ou du style du tems, ou de l'inattention des écrivains, et que l'indulgence du public doit plutôt passer que de voir les-dis originaux falsifiés.

Je serois doublement enchanté, Monseigneur, de vous aller faire de vive

---

[1] Les pièces envoyées par dom de Witte sont disséminées dans les chartes et diplômes de la Collection Moreau, à leur ordre chronologique. On a pu voir, p. 240-245, que l'abbé de Saint-Bertin s'était proposé d'en donner une édition ; mais ce projet ne fut point exécuté.

voix l'hommage de ce premier envoi ou des suivans, mais mes infirmités m'en empêchent; elles ne m'ôtent au moins pas toute ma satisfaction à vous convaincre que je suis, etc.

D. Ch. Dewitte,
archiviste de S. Bertin.

(Collection Moreau, n° 319, fol. 133.)

21

LETTRE DES SUPÉRIEURS MAJEURS DE LA CONGRÉGATION DE SAINT-VANNE AU GARDE DES SCEAUX.

15 avril 1784.

Monseigneur, nous venons de prendre lecture de la lettre que vous avez fait l'honneur d'écrire à dom Colette, visiteur de notre Congrégation, par laquelle vous l'assurez que vous vous proposiez d'employer à la collection des chartes dom Tabouillot, prieur du collége de Metz, et dom Michel Collotz, sousprieur de l'abbaye de Saint-Airy de Verdun, et que vous le chargiez d'en obtenir la permission des Supérieurs majeurs, avant de leur expédier les commissions à ce nécessaires.

Dom Tabouillot, qui aura l'honneur de vous remettre la présente, vous dira, Monseigneur, combien nous avons été flattés de ce que vous voulez bien jetter les yeux sur les religieux de notre Congrégation, pour travailler à augmenter le dépôt des chartes, ouvrage précieux à la monarchie, et que les sçavans attendent avec le plus grand empressement. Nous ne désirons pas moins que les religieux de notre Congrégation soient également occupés à ce travail, dans les différentes provinces dans lesquelles nous avons des maisons. Nous pouvons, Monseigneur, vous en présenter et vous en offrir quelques-uns animés du même zèle et capables de s'y appliquer avec fruit et d'une façon à mériter la distinction dont Votre Excellence daignera les honorer.

Nous sommes, etc.

Les Supérieurs majeurs de la congrégation de Saint-Vanne:

Fr. Étienne Piere, président.   D. A. Berthod, visiteur.
N.-H. de Bras, visiteur.   D. Collette, visiteur.

(Collection Moreau, n° 297, fol. 41.)

22

LETTRE DE DOM COLLOZ AU GARDE DES SCEAUX.

8 novembre 1784.

Monseigneur, en vertu et en exécution de la lettre du 6 may dernier, par laquelle Votre Grandeur me chargeoit de faire la collection des monumens historiques qui peuvent rester encore inconnus dans le Verdunois et dans les duchés de Bouillon et de Luxembourg, j'ai fait passer à M. Moreau plus de deux cens copies des titres, tant de l'évêché de Verdun que des abbayes de Saint-Airy, de Saint-Vanne et d'Epternach, toutes de l'ordre de Saint-Benoît, situées les deux premières à Verdun, et la dernière au duché de Luxembourg, à cinq lieues de Trèves.

C'est, Monseigneur, que, dans les quatre endroits nommés, on s'est fait un devoir de respecter la lettre dont Vostre Grandeur a daigné m'honnorer; mais je désespère de la voir respecter dans les autres maisons de cette ville, où il y a des archives considérables, nommément à l'évêché, où je n'ai pas encore fini, à la cathédrale, à la collégiale de la Magdelaine et à l'abbaye de Saint-Paul, ordre des Prémontrés, à moins que Vostre Grandeur ne réprime le refus que je viens d'essuier de la part des quatorze personnes qui composent aujourd'hui l'hôtel-de-ville de Verdun, au mépris de la lettre de Votre Grandeur que j'ai montrée et de l'arrêt du Conseil privé du Roy, en vertu duquel elle me l'a donnée, et que j'ai cité. Voici le fait dans la dernière vérité :

Ne pouvant, Monseigneur, dans la saison où nous sommes, continuer le dépouillement des archives de l'évêché de Verdun, parce qu'elles sont éloignées d'un bon quart de lieue de notre maison de Saint-Airy, et étant convenu, pour la même raison, avec Monseigneur l'évêque de Verdun [1], de n'y retourner qu'au printems, j'avois résolu, pour ne point perdre de tems d'ici à cette époque, de dépouiller dans l'intervál les archives de l'hôtel-de-ville, qui ne sont qu'à une portée de fusil de ma demeure. Dans ce dessein, je me suis présenté, en suppliant et avec toute la décence requise en pareil cas, chés les deux principaux de cet hôtel, c'est-à-dire chés M. Garaudé, maire, et chés M. Tailbot, syndique de la ville. Le premier, respectant la lettre de Votre Grandeur, et ne trouvant d'ailleurs aucun inconvénient de me communiquer les titres de la ville, vu, dit-il, qu'ils

---

[1] Henri-Louis-René Desnos, évêque de Verdun de 1769 à 1790.

appartiennent à tous les membres de la ville et que tous les membres de la ville ont droit d'en tirer des copies, m'a promis très-honnêtement de dire à M. Mondon, greffier, de me communiquer tous ceux de ces titres que je jugerois propres à remplir ma mission.

Il n'en est pas de même du second; il m'a objecté la deffense de M. l'Intendant [1] de communiquer aucun titre de l'hôtel-de-ville de Verdun sans sa permission, et il a été très-peu sensible à l'observation que je lui ai faite avec instance, que cette deffence ne devoit point avoir lieu à la vue de la lettre de Votre Grandeur et de l'arrêt du Conseil privé du Roy sur lequel elle est fondée, puisqu'il m'a répliqué que cet arrêt étoit inconnu à l'hôtel dont il étoit officier. Je ne sçais s'il a communiqué ses idées à tous les autres Messieurs de cet hôtel, mais le résultat de leur assemblée de samedy dernier, sixième jour du présent mois de novembre, a été de me députer M. Mondon, leur greffier, pour me dire purement et simplement de leur part que je n'aurois communication d'aucun titre de l'hôtel-de-ville de Verdun, ni au dedans, ni au dehors de cet hôtel; ce sont les propres termes.

Si je n'avois pas montré, Monseigneur, aux deux principaux de ces Messieurs la lettre dont Votre Grandeur a daigné m'honnorer, en leur faisant connoître l'arrêt du Conseil privé du Roi qui l'authorise, ce refus, tout grossier et définitif qu'il est, ne me rebuteroit point, parce que j'aurois espérance de le faire tomber par la communication de ces deux pièces; mais, m'ayant été fait par un corps assemblé, nonobstant la communication de ces deux pièces respectables, et étant déjà connu par toute la ville, il ne me reste, Monseigneur, que de recourir à Votre Grandeur, et de la supplier, ou de le réprimer d'une manière qui me mette à l'abri de tout autre, ou de me permettre de lui renvoyer la lettre dont elle a daigné m'honnorer, comme une pièce qui, sans cela, me deviendroit inutile.

Si vous daignés, Monseigneur, prendre le premier de ces deux partis, comme j'ose l'espérer de votre bonté, et comme il paroît absolument nécessaire pour l'exécution de l'arrêt du Conseil privé du Roy, je reprendrai mes opérations avec un nouveau zèle, et je redoublerai, s'il est possible, le profond respect dans lequel j'ai l'honneur d'être, etc.

D. Michel COLLOZ.

(Collection Moreau, n° 297, fol. 54.)

[1] M. de la Porte de Meslay, intendant de Lorraine de 1778 à 1790.

23

LETTRE DU P. GÉNÉRAL DE LA CONGRÉGATION DE SAINT-VANNE

AU GARDE DES SCEAUX.

Novy, 12 janvier 1785.

Monseigneur, occupés sérieusement à suivre avec le plus grand zèle les désirs intéressants que marque Votre Excellence d'enrichir le Trésor des chartres, nous avons chargé nos visiteurs, en parcourant nos trois provinces, de nous indiquer des sujets zélés et capables de s'appliquer avec fruit à ces recherches nécessaires. Ils nous ont assurés avoir trouvé dans chaque province des sujets tels que nous les désirions, capables et assez actifs pour se livrer à cette étude.

J'ai en conséquence engagé le Père visiteur de Champagne de se rendre auprès de vous, Monseigneur, pour en conférer avec Votre Excellence. Il doit vous demander d'indiquer les différents districts que vous nous destinez à défricher dans ce genre; nous estimons que ces recherches doivent se faire à moins de frais possibles, et nous estimons encore que ce soit à moins de voyages et de courses qui font perdre du tems et occasionnent de la dissipation à des religieux.

Le Père visiteur aura l'honneur, Monseigneur, de vous présenter les districts où nous pouvons travailler efficacement sans frais et sans voyages.

Pour moi, Monseigneur, j'ai une grâce unique à demander à Votre Excellence à cet égard: c'est de vous supplier de ne faire expédier aucune commission à des particuliers; vous en sentez, Monseigneur, tous les inconvéniens; et que toutes celles qui auroient été expédiées soient non avenues jusqu'à présent, exceptés dom Tabouillot, à Metz, et dom Collotz, à Verdun.

Il y a longtems que j'ai procuré de notre chartrier quelques pièces de conséquence à dom Clément. Il pourra, Monseigneur, vous rendre compte de mon goût sur cette matière. J'aurois un plaisir particulier à feuilleter les archives du Réthelois; je prendrai un jeune homme avec moi, que je mettrai en état de me succéder avec avantage dans ce trésor, qui n'est pas petit pour le nombre considérable de gentilshommes qui ne connoissent qu'imparfaitement leur origine et qu'on doit trouver chez eux.

....

(Collection Moreau, n° 326, fol. 162.)

D. Étienne PIERRE.

24
MÉMOIRE SUR LES DÉPÔTS D'ARCHIVES QUI PEUVENT ÊTRE CONSULTÉS PAR LA CONGRÉGATION DE SAINT-VANNE [1].

La congrégation de Saint-Vanne est en état de fournir des religieux pour la recherche et les choix des chartes, depuis l'année 1450 jusqu'à la conversion des François à la foy.

PROVINCE DE CHAMPAGNE.

L'abbaye d'Hautvillers peut visiter les archives d'Épernay, Châtillon-sur-Marne, Dormans et Château-Thierry et lieux circonvoisins.

L'abbaye de Vertus peut rendre compte des chartriers de Vertus, des églises et châteaux circonvoisins.

Villenoxe peut examiner Sézanne-en-Brie, Nogent-sur-Seine, Villenauxe même, etc.

Provins peut connoître les chartes de ces deux villes haute et basse, les églises circonvoisinnes et les châteaux, etc., et en rendre compte.

Moutier-la-Celle : visiter les chartriers des églises, châteaux, hôtels-de-ville de Troyes, etc.

Poultières : examiner les chartriers de Châtillon-sur-Seine, Mussy-l'Évêque et autres gros lieux remarquables et les églises.

Montiéramée : pour l'Afferté-sur-Aube et Bar-sur-Aube et Bar-sur-Seine, etc.

Montiérenderf : Vassy, Saint-Dizier, Brienne, etc.

Saint-Urbain : Joinville et Chaumont, Vignory, etc.

Huiron : Vitry-le-François et le Brûlé surtout, etc.

Morimont : Sainte-Ménehould et circonvoisins.

Beaulieu : Clermont et le Clermontois, Varenne, Stenay, Dun, Jamais, etc.

[1] Ce mémoire est joint à une lettre de dom Étienne Piere, du 26 avril 1785.

Mouzon : Sedan, Beaumont-en-Argonne, Mouzon, Donchery, Donzy, Carignan, Montmédy, Damvillers, etc.

Novy : Réthel, Mézières, le Réthelois et Château-Porcien.

Saint-Michel-en-Tyérache : la Tyérache, Montcornet, Guize, Hirson, la Capelle.

Châalons-sur-Marne et dépendances et lieux circonvoisins sera aidé par Huiron et Vertus.

Metz et Verdun ont reçu leurs commissions par Monseigneur le Garde des sceaux ; ils ont déjà produit des chartes.

LORRAINE.

Saint-Mihiel : Commercy, Bar-le-Duc et Saint-Mihiel et Apremont, etc.

Toul : Saint-Èvre et Saint-Mansuit travailleront sur cette partie.

Saint-Léopold : Nancy, son voisinage ; avec Flavigny, visitera les chartriers de Mirecourt, etc.

Le Menil : Lunéville, etc., Saint-Nicolas-en-Lorraine.

Saint-Mont : Épinal, Remiremont, Boucières, etc.

Senonnes et Moyenmoutier : les Vosges, Raon, Rambervillers, etc.

Munster : le Val, etc., Colmar, Turkeim, etc.

FRANCHE-COMTÉE.

Saint-Vincent : Bezançon et dépendances.

Mont-Rolland : Dôle, Aussonne, Grey, etc.

Faverney : ses environs, etc.

Luxeuil : ses bains et ses environs, Lure, Vezoul.

Morey : ses environs, s'il y a des chartriers.

(Collection Moreau, n° 326, fol. 164.)

25

LETTRE DE DOM POIRIER À MOREAU.

12 juin 1789.

Monsieur, voilà près de quinze jours que je suis occupé à faire transporter à notre bibliothèque des manuscrits les livres et les portefeuilles de l'histoire de Picardie, ce qui a demandé un certain tems, à cause d'un inventaire tel quel, qu'il m'a fallu faire de ces livres et de ces portefeuilles, à l'occasion de ce transport, en attendant qu'on en puisse faire un plus en détail, à tête reposée; cette circonstance a renouvellé et augmenté le sentiment douloureux de la perte que nous avons faite [1]. Quelque idée avantageuse que l'on eût avec raison de notre estimable défunt, qu'une solide piété, une assiduité constante au travail et la franchise aimable de son caractère rendoient recommandable, la simplicité de ses mœurs et sa religieuse modestie l'empêchoient de faire connoître tout ce qu'il valoit. Ce ne seroit pas lui rendre justice que de se borner à regarder dom Grenier comme un des plus laborieux sujets de la Congrégation; l'immensité de ses recherches étonne; on voit par ses extraits et par ses notes qu'il a prodigieusement lu. Il a envisagé sa matière sous tous les rapports possibles : féodalité, discipline ecclésiastique, mœurs et usages, antiquités gauloises, romaines et du moyen âge, agriculture, commerce, arts, histoire naturelle, histoire littéraire, diplomatique, généalogies, etc., il n'a rien négligé. Ajoutez à cela le dépouillement d'un grand nombre d'archives, dont il a copié et commenté une infinité de chartes, et tout cet immense travail, tout cet amas de connoissances caché sous l'écorce de la simplicité et de la naïveté. Quelle modestie aussi rare et aussi estimable! Il ne vous avoit point oublié. J'ay retrouvé le paquet de 200 chartes qu'il vous avoit destiné. Je vous les enverrai; mais comme je n'ai pas encore trouvé toutes les minutes ou premières copies de ces chartes, je vous demande encore quelque tems.

Agréez, etc.

D. POIRIER.

(Collection Moreau, n° 319, fol. 121.)

26
LETTRE DE GODEFROY[2] AU GARDE DES SCEAUX.
Lille, 4 octobre 1789.

Monseigneur, j'ay l'honneur de vous envoyer le quatrième volume de mon

---

[1] Dom Grenier était mort le 2 mai précédent.
[2] Denis-Joseph Godefroy, sieur de Maillart, du Hautpont, etc., né en 1740, mort à Lille en 1819. A l'âge de dix-neuf ans, il fut nommé garde des archives de la Chambre des comptes de Lille. Il envoya au dépôt des chartes cinq volumes d'inventaires raisonnés : l'un d'eux est relatif aux chartes de l'Artois et quatre à celles de la Flandre. Ces volumes forment les n°° 396-402 de la Collection Moreau.

inventaire des chartes des anciens comtes de Flandres, déposées à Lille, avec la table des matières et celle des noms. J'y joins aussi les deux tables du premier volume, que je n'avois pas faites d'abord et que M. de Barentin[1] m'a demandées. Ces tables me sont très-pénibles, et me causent beaucoup de travail et d'ennui, mais elles sont bien essentielles. Je ferai, l'année prochaine, celles du second volume. Le cinquième volume de mon inventaire de Lille et le second de celui d'Artois sont déjà assez avancés.

J'ay vu avec plaisir, par la lettre que vous m'avez fait l'honneur de m'écrire, Monseigneur, l'intérêt que vous prenez à mes travaux diplomatiques et combien vous désirez qu'ils continuent, mais je crains que la grande économie que l'on veut apporter dans toutes les parties de l'administration n'empêche de faire les fonds modiques destinés à les poursuivre; d'ailleurs la nouvelle constitution que l'on paroît vouloir donner au Roiaume rend pour ainsi dire inutile la connoissance de tous les anciens documens de notre histoire. Quant à moi, Monseigneur, je verrois suspendre mes travaux avec beaucoup de chagrin; j'en sens toute l'utilité, et je ne forme d'autres désirs que celui de voir le moment heureux où tous les travaux de ce genre marcheront d'un pas égal dans toutes les provinces de cet Empire, et où l'on pourra prouver à toute la nation, par la publication du recueil de nos chartes, combien sont prétieux les anciens documens de notre droit public et combien est malheureuse la perte que l'on a faite de ces anciens monumens.

Je désire, Monseigneur, que vous soiez aussi content de mon travail que les Ministres de la justice ont paru en être satisfaits jusques à présent. Je serois fort aise de le continuer, mais je vous prie de vouloir me faire connoître vos intentions à ce sujet.

Je suis, etc.

GODEFROY.

(Collection Moreau, n° 332, fol. 96.)

[1] Charles-Louis-François-de-Paule de Barentin, nommé garde des sceaux le 19 septembre 1788. Il perdit ces fonctions peu de temps après la réunion des États généraux.

III

TRÉSOR DES CHARTES [1].

1

LETTRE DE VILLEVAULT À BERTIN.

16 août 1762.

Monsieur, j'ay reçu la lettre que vous m'avez fait l'honneur de m'écrire pour me demander l'état du double travail dont je suis chargé relativement à la collection des Ordonnances et aux inventaires des registres du Trésor des chartres. Pour ce qui concerne ce dernier objet, c'est M. le Procureur général seul qui peut vous instruire du progrès de ce travail. Depuis que je suis chargé de cette commission, feu M. son père et luy m'ont donné successivement plusieurs registres, dont j'ay fait les extraits, et à chaque extrait cinq sortes de tables. Je rends les registres et les extraits à mesure qu'ils sont finis, et l'on m'en donne d'autres; il m'a paru qu'on étoit content de mon ouvrage.

A l'égard de la collection des Ordonnances, on achève d'imprimer le dixième volume; je compte qu'il sera en état d'être présenté au Roy avant la fin de cette année.

Je ne dois pas vous laisser ignorer, à cette occasion, Monsieur, que lorsque je fus chargé de la Compagnie des Indes, je craignis avec raison que la collection des Ordonnances n'en souffrît. Je priai M. le Chancelier de me donner M. de Bréquigny, de l'Académie des inscriptions, pour adjoint; il y consentit, et M. de Bréquigny, qui est mon ami de tout temps, veut bien m'aider gratuitement depuis deux ans.

Je suis, etc.

DE VILEVAULT.

(Collection Moreau, n° 343, fol. 52.)

[1] Voyez aussi pages 35, 41, 84, 123, 178.

2
LETTRE D'OMER JOLY DE FLEURY [1] À BERTIN.
4 septembre 1762.

Monsieur, j'ay reçu la lettre que vous m'avés fait l'honneur de m'écrire, le 14 du mois dernier, au sujet du travail qui concerne les titres du Trésor des chartres. J'ay dressé en conséquence un mémoire que j'ay l'honneur de vous envoyer et qui renferme tous les éclaircissemens que vous pouvés désirer, tant sur la nature des titres de ce dépost que sur les progrès du travail déjà commencé sur ces titres, et qui se continue avec le plus grand succès. Je me flatte, Monsieur, que, si vous voulés avoir la bonté de jetter les yeux sur ce mémoire, vous serés convaincu non-seulement qu'il est important pour la conservation et la deffense du domaine du Roy que ce travail ne soit pas interrompu, mais mesme qu'il est d'une nécessité indispensable de le favoriser, soit en conservant aux cinq commissaires qui en sont chargés les mesmes appointemens dont ils ont joui jusqu'à présent, soit en leur accordant de nouveaux secours, lorsque les circonstances pourront le permettre. J'ose, Monsieur, vous asseurer qu'indépendamment de leur capacité, de leurs talens et de leur mérite personnel, ils sont dignes des plus grands éloges par le zèle infatigable avec lequel ils se consacrent à un ouvrage aussy long et aussy pénible.

J'ai l'honneur, etc.

JOLY DE FLEURY.

(Collection Moreau, n° 343, fol. 90.)

3
MÉMOIRE CONCERNANT LE DÉPÔT DU TRÉSOR DES CHARTES ET LE TRAVAIL DES COMMISSAIRES SUR LES TITRES DE CE DÉPÔT [2].

Le Trésor des chartes, dans lequel sont déposés les titres les plus pré-

---

[1] Omer Joly de Fleury, avocat général, puis président au Parlement de Paris, né à Paris le 26 octobre 1715, mort le 29 janvier 1810.

[2] Malgré la lettre de Joly de Fleury, ce mémoire paraît être l'œuvre de Bonamy, alors employé à dresser l'inventaire du Trésor des chartes. En écrivant à Bertin, le 17 août 1762, Bonamy lui annonce l'envoi d'un mémoire (sans doute celui-ci), dans lequel il décrit : 1° l'origine du Trésor des chartes; 2° les deux parties dont il est composé, c'est-à-dire les layettes, contenant les pièces originales, et les registres appelés de chancellerie, qui renferment les copies de tous les titres concernant les rois de France et leurs sujets; 3° le travail qu'on y a fait jusqu'alors et la manière dont on a procédé; 4° le moyen de rendre ce travail utile au Ministère et au public. Le texte de la lettre de Bonamy est dans la Collection Moreau, n° 343, fol. 54.

cieux de la Couronne, est placé au-dessus de la sacristie de la Sainte-Chapelle, à l'imitation de la pratique des anciennes églises, qui conservoient leurs archives dans leur sacraire, comme le lieu le plus sûr et le plus inviolable.

Aussi, comme les Procureurs généraux du Parlement sont aujourd'huy, par le titre de leur charge et par leurs provisions, gardes de ce Trésor, c'est à eux seuls que les clefs en ont été confiées, et personne n'y peut entrer qu'en leur présence.

Pour donner une première idée généralle des titres que ce dépôt renferme et de l'objet du travail qui a déjà été fait et qui se continue avec succès sur ces titres par les commissaires nommés par le Roy, il est nécessaire de les diviser en trois classes différentes.

Les titres de la première classe sont des pièces détachées, mais qui sont toutes originales et authentiques, et ce sont ces premiers titres que MM. Godefroy et Dupuits [1] ont mis dans un ordre qui ne laisse rien à désirer; ils sont connus sous le nom de layettes, parce qu'ils sont rangés par ordre de provinces, de villes et de domaines, qui chacun ont leurs layettes ou leurs liasses particulières.

Les titres de la seconde classe sont des pièces toutes transcrittes à la suite l'une de l'autre dans de gros volumes reliez en parchemin qui sont connus sous le nom de registres, qui font l'objet du travail actuel des commissaires.

Enfin les titres de la troisième classe consistent dans un grand nombre de pièces dispersées sans ordre dans des armoires ou dans des coffres. Ces pièces, étant revêtues de leurs sceaux, sont la pluspart des pièces originales, mais, comme il n'a jamais été fait d'états ny d'inventaires de ces pièces, c'est un travail dont les commissaires s'occuperont aussitôt qu'ils auront achevé celui des registres.

Telle est l'idée généralle qu'on peut se former du dépôt précieux du Trésor des chartes.

Mais il est indispensable d'ajouter quelques observations particulières

---

[1] Théodore Godefroy, de l'illustre famille des Godefroy, qui a produit avec les trois Denis Godefroy, Théodore, Jacques, Jean, Achille et Denis-Joseph, jurisconsultes, diplomates, historiens, gardes d'archives. Il fut associé aux travaux de Pierre Dupuy pour le classement et la rédaction de l'inventaire du Trésor des chartes. La minute de cet inventaire est conservée à la Bibliothèque nationale, sous les numéros 162-169 de la Collection Dupuy.

pour faire voir non-seulement l'ancienneté, mais même l'importance de ce dépôt, et pour faire connoître en même temps combien il est intéressant pour la conservation du domaine du Roy de continuer le travail commencé sur tous les titres qu'il renferme.

L'origine du dépôt de ces titres au Trésor des chartes est, en effet, fort ancienne, puisqu'elle remonte à l'époque de l'acquisition faitte par nos Roys des anciennes pairies, comme la Champagne, le Languedoc, etc., et de la réunion de différentes autres provinces à la Couronne. Nos Roys alors, devenus propriétaires de ces grands fiefs et ayant besoin de leurs titres de propriété, ils se les firent remettre par les vendeurs, lors de l'acquisition, ou ils s'en emparèrent, lors des confiscations; ils les firent ensuite successivement déposer au Trésor des chartes, et comme on apprend par ces titres que ce n'est que depuis la réunion de ces grands fiefs et de leurs dépendances à la Couronne que l'usage des fiefs s'est développé, que les coutumes ont commencé à prendre force de loy, que le domaine du Roy s'est acru, que les pairies anciennes se sont éteintes et ont été remplacées par d'autres d'un caractère différent, que les apanages se sont introduits, que les servitudes ont été proscrittes, que les guerres et les subsides ont commencé à prendre une forme, que la justice et ses officiers ont eu des règles fixes et qu'enfin on a commencé à porter les premiers coups aux entreprises des ecclésiastiques et des grands, il est aisé de se confirmer de l'importance de ce dépôt et de la nécessité absolue dont il est de bien connoître tous les titres qu'il renferme.

Ce fut aussi pour y parvenir que MM. Godefroy et Dupuis furent nommés par le Roy, dès 1615, pour extraire les titres de la première classe. Ces deux hommes, illustres par leur sçavoir et par leur mérite en tout genre, ont formé neuf volumes in-folio d'inventaires et de tables de ces titres, qui sont divisés par provinces, et au moyen de ces inventaires, qui sont faits avec la plus grande exactitude et la plus grande intelligence, on trouve assez facilement les titres dont on peut avoir besoin pour l'éclaircissement et le soutien des droits du Roy.

Cet excellent ouvrage de MM. Godefroy et Dupuis fit sans doute naître l'idée à M. Daguesseau, Procureur général, d'en former un pareil sur les titres de la seconde classe, qui sont les registres déposés dans ce Trésor.

Comme ces registres sont pour la pluspart des registres de Chancellerie, destinés à conserver des copies authentiques des lettres qui se délivroient par nos Roys, et que la foy est due à ces copies comme à des pièces originalles,

M. Daguesseau pensa que les pièces qu'ils contenoient n'étoient pas moins importantes pour les droits du Roy que les premiers titres dont MM. Godefroy et Dupuis avoient fait des inventaires, et qu'il falloit pareillement inventorier toutes les pièces de ces registres.

En conséquence, il intervint, en 1703, un arrêt du Conseil qui nomma deux commissaires pour faire les inventaires de ces registres, sous la direction du Procureur général; dans la suitte, on en a nommé un troisième.

Mais comme depuis on a reconnu qu'un si petit nombre de commissaires n'étoit pas suffisant pour achever un travail aussi étendu, d'autant plus qu'on avoit conçu depuis longtemps le projet de joindre à ce travail celui d'une notice génénalle de tous les titres renfermés dans ce Trésor et dans beaucoup d'autres dépôts publics, le Roy, par arrêt du Conseil du 6 octobre 1757, jugea nécessaire de nommer deux nouveaux commissaires, pour, avec les trois autres cy-devant nommés, continuer, conjointement et sous la même direction, les extraits et inventaires des registres cy-devant commencés et travailler à la notice génénalle, suivant le plan agréé par Sa Majesté pour la perfection dudit travail : ce sont les propres termes de cet arrêt du Conseil.

Ainsi, d'après cet arrêt du Conseil qui a jugé, et avec raison, qu'il falloit continuer les inventaires et les extraits de ces registres avant de travailler à la notice générale, les cinq commissaires s'occupent actuellement de ces inventaires et de ces extraits, et ils y travaillent sans relâche.

Mais il ne faut pas être surpris si ces inventaires ne sont pas encore achevés.

1° Ces registres sont très-gros par leur volume.

2° Il n'y en a pas un seul qui contienne moins de trois à quatre cent pièces, et il y en a même un assés grand nombre qui sont composés de huit cent et même de 1,200 pièces.

3° Ils sont écrits d'une écriture ancienne et gothique et par conséquent très-difficile à lire.

Il faut donc nécessairement un temps considérable pour faire le dépouillement et l'inventaire d'un seul de ces registres.

D'ailleurs la manière dont chaque commissaire opère pour rendre ces inventaires et ces extraits utiles au domaine du Roy suffit pour convaincre que ce n'est qu'à force de temps que l'on pourra parvenir à la fin d'un ouvrage si important.

En effet, ces inventaires sont composés :

1° De la désignation du registre, de sa datte et son état;

2° De l'extrait de chaque pièce, et l'on fait mention de sa forme, de sa datte de jour, d'année et de lieu, de l'idiôme dans lequel elle est écritte, soit latin ou françois ou patois;

3° D'une table chronologique de toutes les pièces du registre, qui souvent sont transposées ou mises sous différentes divisions;

4° D'une table généralle des matières;

5° D'une table généralle des noms des lieux;

6° D'une table généralle des noms des personnes;

7° D'une table particulière des lieux d'où les lettres des Roys sont dattées, à l'effet de servir à un itinéraire général;

8° Enfin d'une table généralle des mots françois et latins anciens et qui ne sont plus d'usage.

Lorsque la totalité des extraits et inventaires de ces registres sera ainsi achevée, on formera une table généralle de tous les registres, en refondant chaque table de chaque espèce, et cette table généralle renverra à chaque registre particulier et à chaque page de chaque registre.

D'après ce plan et d'après toutes les combinaisons qu'il exige pour le remplir, il est aisé de juger de l'étendue de ce travail et par conséquent du tems immense qu'on est obligé d'y employer.

Aussi de trois cent quatre registres qui sont au Trésor des chartes, les différents commissaires qui se sont succédé jusqu'à présent n'ont pû, malgré leur assiduité et leur application, faire les inventaires que de deux cent treize registres; il reste par conséquent quatre-vingt onze registres à extraire et aux inventaires desquels les commissaires actuels travaillent successivement et avec le plus grand zèle.

Lorsque ces inventaires seront achevés, les commissaires s'occuperont alors au dépouillement des titres de la troisième classe, afin qu'il ne reste plus au Trésor des chartes de titre qui n'ait été extrait ou inventorié, parce que ce n'est qu'après les avoir entierrement épuisés qu'ils seront ensuitte en état de se livrer avec succès au travail de la notice généralle, qui, dans le moment présent, ne pourroit former qu'un ouvrage très-imparfait, puisqu'il ne pourroit pas rassembler l'intégralité de toutes les notices particulières des différents titres que le Trésor des chartes renferme.

Mais ce travail des commissaires sur les titres de la troisième classe exigera que le Roy donne de nouveaux fonds pour y parvenir, parce qu'il sera impossible de le faire sans que l'on nomme peut-être de nouveaux commissaires, ou que du moins l'on fournisse à ceux qui le sont actuellement un assés grand nombre de commis pour pouvoir vacquer à un ouvrage d'un aussi grand détail.

En effet, ces titres de la troisième classe sont, comme on l'a déjà observé, des pièces répandues sans ordre dans des armoires et dans des coffres.

Ainsy :

1° Il faudra commencer par rassembler ces pièces dans un même lieu, les enfermer ensuitte chacune dans une chemise de papier blanc, sur laquelle on mettra un numéro et sommairement la datte de la pièce, le lieu où elle a été rédigée, sa qualité, son objet et le nom des parties, et les commissaires feront faire par un principal commis des bulletins de cette espèce d'extraits, qui seront numérotés, et chaque pièce, ainsy extraitte et numérotée, aura une étiquette particulière.

2° Il faudra diviser toutes ces pièces, suivant les provinces auxquelles elles doivent appartenir, conformément au plan de MM. Godefroy et Dupuis, afin de pouvoir par la suitte faire cadrer ce nouveau plan avec le premier.

3° Toutes les pièces ainsi extraittes, étiquetées, numérotées et divisées par provinces et autres subdivisions relatives aux provinces, seront divisées en autant de paquets qu'il y aura de pièces de différentes natures, ce qui formera de nouvelles subdivisions : par exemple, dans les contrats, la masse principale contiendra toute espèce de contrats, et les subdivisions seront en contrats de vente, contrats de mariage, etc.

4° De chacun de ces paquets il en sera formé des liasses, suivant les différentes subdivisions, car ces subdivisions sont une des parties essentielles de l'arrengement général; et quoiqu'elles paroissent de pure mécanique, elles demandent de l'intelligence, et c'est de là que dépend la netteté et l'exécution du plan.

5° Les liasses étant formées, elles seront mises dans des boëtes ou cartons, et ces boëtes ou cartons dans des armoires distribuées par cases.

6° Chaque pièce de chaque liasse aura un numéro, chaque liasse un numéro, ainsi que chaque boëte ou carton et chaque armoire, le tout relativement l'un à l'autre, et il en sera fait des bulletins séparés, à l'effet de former des registres particuliers d'abord, ensuitte des registres généraux.

7° Après l'arrengement fait par divisions génerales et particulières, on pourra former un inventaire général, qui sera divisé en autant de titres qu'il y aura de divisions et de subdivisions.

8° A la marge de chaque page de cet inventaire, on mettra le numéro de l'armoire, celui de la boëte et celui de la liasse, et au haut de chaque page, la province et la nature du titre.

9° Une opération subséquente sera de reprendre tout l'ouvrage de MM. Godefroy et Dupuis et de le refondre sur le même plan, pour parvenir à un inventaire général et uniforme de la totalité des pièces du Trésor des chartes.

Lorsque ce plan sera exécuté, on aura enfin une connoissance entière et parfaitte de tous les titres que renferme le Trésor des chartes. Or quelles lumières cette connoissance ne répandra-t-elle pas sur le domaine du Roy et sur les droits de sa Couronne!

(Collection Joly de Fleury, n° 1010, fol. 85.)

4

LETTRE DE BERTIN À OMER JOLY DE FLEURY.

Avril 1770.

Le catalogue des chartes imprimées et publiques que le Roy fait imprimer au Louvre n'a point été regardé, Monsieur, lorsque Sa Majesté a donné ses ordres à ce sujet, comme un ouvrage destiné au public et propre à être placé dans les bibliothèques : ces chartes, en effet, sont desjà connues, ainsi que les livres qui les contiennent. Ce catalogue n'a donc été destiné qu'à faciliter la recherche et la collection des chartes encor inconnues. Car, avec son secours, chacun des savans qui travaille à ramasser des chartes encor enfouies dans les dépôts, et dont l'intention du Roy est de faire imprimer dans quelque tems l'immense receuil, est en état de distinguer celles qui, étant desjà publiques, deviennent inutiles à l'objet de ses recherches. Ce simple catalogue n'est donc qu'un instrument de travail destiné à tous ceux qui peuvent enrichir par leurs recherches notre dépôt général. Je conviens, Monsieur, qu'à ce titre même il est de notre intérêt de vous l'offrir, mais je ne vous cache point l'engagement que vous contractez en l'acceptant. Notre but étant de former un jour une collection aussy intéressante pour la France que l'est celle de Rymer pour l'Angleterre, nous avons besoin de tous les inventaires qui peuvent indiquer la nature et l'objet des chartes qui sont dans le trésor précieux confié à votre garde. Les catalogues de M. Dupui sont dans toutes les bibliothèques, mais nous ne pouvons tenir que de vous ces catalogues et ces notices qui sont le fruit du zèle et des soins de feu Monsieur votre père [1] et des vôtres, et qui doivent nous mettre au fait des richesses contenues dans les regîtres du Trésor. Ils sont, je le say, au nombre de 300 et il y en a desjà 134 [2] qui ont été dépouillez et dont les catalogues sont faits. Je vous demande donc instamment, et au nom du Roy de qui j'ay pris l'ordre, la permission de faire faire à ses frais des copies de tous ces inventaires. Je suis bien sûr, Monsieur, du plaisir avec lequel vous vous prêterez à un arrangement si utile. Je vous envoye donc mon catalogue, ainsi qu'à Monsieur votre frère [3], et je déclare que c'est moy qui vous devray du retour.

Je suis, etc.

BERTIN.

(Collection Moreau, n° 295, fol. 247.)

5

MÉMOIRE DE MOREAU À BERTIN
SUR UN PROJET DE COPIE DU TRÉSOR DES CHARTES.

1778.

L'intention du Ministère seroit de se procurer des copies des chartes contenues dans le Trésor de la Sainte-Chapelle et d'avoir dans le dépôt du Roy un double de cette transcription.

Il s'agiroit pour cela de profiter du transport de ces layetes dans un nouveau local qui leur est destiné. M. le Procureur général consentant une fois à cette transcription, il ne sera plus question que de trouver un fonds pour cette dépense.

Peut-on, dans cette circonstance, s'aider d'un secours que le clergé offre,

---

[1] Guillaume-François Joly de Fleury, procureur général au Parlement de Paris, né à Paris en 1675, mort le 22 mars 1756.

[2] Est-ce le commencement de la collection en 222 volumes qui est conservée au Ministère de la justice?

[3] Jean-François Joly de Fleury, qui fut intendant de Bourgogne, conseiller d'État, puis ministre des finances, né le 8 juin 1718, mort à Paris le 13 décembre 1802.

et qui suffira seul à tout le travail de cette transcription, mais auquel il attache une condition, c'est qu'on lui permettra de prendre pour lui-même un double de toutes les copies de titres qui intéresseront les biens des églises? Si l'on considéroit cette question en point de droit, il sembleroit que, dans un tems où le Gouvernement semble exiger que les évêques et les bénéficiers éclésiastiques, qui sont plus que jamais aujourd'hui sujets et sujets fidèles de S. M., s'avouent encor ses vassaux, la justice demande que le Roy, à titre de seigneur, les aide dé la communication de tous les titres à raison desquels il veut les assujetir à des devoirs féodaux.

Mais, indépendamment de ces motifs de bonne foi et de justice, n'envisageons sa proposition que relativement aux vues d'économie qui doivent être précieuses au Gouvernement.

Le Roy connoît l'intérêt qu'il y a pour lui-même de doubler, pour ainsi dire, l'existence des monumens les plus précieux à la monarchie et d'assurer la conservation des originaux eux même, en mettant le public à portée d'en consulter d'abord les copies; on sent combien la facilité que l'on aura pour lors de consulter nos anciens titres doit augmenter les connoissances historiques dont nous avons encor besoin. Comment, dans cette hypothèse, pourroit-on refuser un secours de 50,000 livres par an, uniquement destiné à un travail dont le Roy et l'État tireront la principale utilité?

Cependant la défiance à cet égard est encor telle que le clergé, qui paroît résolu à cette dépense, est en même tems persuadé que, s'il fait à découvert cette proposition au Ministre, elle sera éconduite, par la seule raison de l'avantage que les ecclésiastiques en tireroient eux même.

C'est ce qui m'a été rendu par M. l'Archevêque lui-même [1], d'après plusieurs délibérations prises dans des comitez qui ont été tenus chez lui.

Aussy ne m'a-t-il permis de confier ses vues qu'au Ministre seul, pour qui ce mémoire est destiné. Si le Ministre croit que la proposition du clergé n'effarouche persone, s'il connoît assez les dispositions de ceux à qui nous aurons à faire pour nous laisser l'espérance du succès, le Ministre est suplié de me confier là-dessus ses idées et ses vues, d'après lesquelles je reverray le prélat et lui rendray ensuite les espérances et les demandes de ses collègues.

(Collection Moreau, n° 298, fol. 199.)

[1] Cette proposition fut faite, en 1778, par Christophe de Beaumont, archevêque de Paris d'août 1746 à décembre 1781.

6

MÉMOIRE DU GARDE DES SCEAUX
SUR UN PROJET DE COPIE DU TRÉSOR DES CHARTES [1].

Après juillet 1783.

Le transport du Trésor des chartes dans les nouveaux dépôts où le Roi a voulu que les archives de sa Couronne fussent désormais mises en sûreté avoit fait naître une idée qu'il paroît aujourd'hui important de rappeller à Monsieur le Procureur général.

Il sait mieux que personne que la nécessité de tirer des layetes ces titres précieux, à mesure qu'on a besoin de les consulter, occasione des déplacemens qui troublent l'ordre de leur arrangement, et des frotemens qui peuvent insensiblement achever d'en effacer les caractères. On ne peut donc trop leur épargner l'un et l'autre danger, et il sembloit que l'occasion se présentoit : 1° de travailler à faire de tous ces titres des copies qui, rangées dans le même ordre que les originaux, eussent pu les supléer et en tenir lieu pour les recherches; 2° de vérifier les anciens inventaires, d'y faire les supplémens et les additions qui peuvent être nécessaires, en un mot de mettre le Roi, ses Ministres, les Grands, le Clergé et les Savans en état d'indiquer les titres dont ils peuvent avoir besoin, et de s'en procurer des extraits ou des copies, sans courir risque où de déranger ou d'user et les sceaux qui peuvent encore y rester, et les vieux parchemins qui ne peuvent être trop ménagés.

M. le Procureur général, comme garde de cet antique trésor, avoit le plus grand intérêt à ce travail et devoit naturellement en être chargé. Mais il lui falloit un fond pour cette dépense, et les besoins de l'État ne permettoient pas de l'espérer.

Feu Monseigneur l'Archevêque de Paris [2] se présenta. Il offrit de consigner 50,000 ₶, dont il faisoit présent pour une opération aussi utile. Cette somme devoit être remise à M. le Procureur général, qui eût choisi et payé par ses mains tous ceux qui y eussent été employés.

Il est vrai qu'il demanda, comme le prix et les conditions de ce bienfait, qu'on lui permît de faire tirer à ses frais, et pour lui, des copies de toutes celles

---

[1] La copie des registres du Trésor des chartes avait été commencée dès 1703, mais le projet de Moreau n'eut pas de suite.

[2] Christophe de Beaumont. Voir la pièce précédente.

des chartes qui intéresseroient l'Église. Cette condition fit manquer le projet. On n'examine point si elle devoit en arrêter l'exécution; on se contentera de raporter le fait, il est certain.

Il n'est plus question d'offrir au Ministère ce secours extraordinaire; mais si, en se passant de ce bienfait étranger, on peut parvenir à faire le bien que l'on projetoit alors, n'est-il pas raisonable de chercher d'autres moyens d'y réussir, et de profiter pour cela du zèle et de la bonne volonté des Ministres qui connoissent l'utilité et la nécessité même de l'opération indiquée plus haut?

On demande donc à M. le Procureur général : 1° s'il regarde comme avantageux au Roi, à sa Noblesse, au Clergé, et à tous les grands propriétaires du Royaume de prendre ce moment pour mettre le plus bel ordre dans les archives de la Couronne, pour en collationer et perfectioner les inventaires, et pour faire même des copies exactes et fidèles de toutes les chartes contenues dans les layetes, copies qui deviendroient un jour des doubles intéressans, dans le cas où les anciennes écritures achèveroient de s'effacer, et qui, dès à présent, faciliteroient les recherches et les extraits, sans déranger l'ordre des originaux.

On lui demande : 2° si, dans le cas où il approuveroit cette idée, il ne croiroit pas important d'établir pour cette opération un bureau qui, placé au Palais sous sa direction et ses ordres, se chargeroit de toutes ces opérations, dont le progrès seroit par M. le Procureur général lui-même mis tous les six mois sous les yeux de M. le Garde des sceaux. Ce Ministre, préposé par S. M. à la direction de tous les travaux qui intéressent l'histoire et le droit public, demanderoit alors lui-même à ce magistrat des doubles copies de celles de ces chartes qu'il seroit important d'insérer dans la collection générale ou le Rymer françois dont on prépare une édition.

On lui demande : 3° à quelle somme il évalue la dépense entière de cette opération, afin que l'on puisse la partager en différens payemens annuels, d'après lesquels on pourroit fixer la durée du bureau chargé du travail, ainsi que le nombre et le salaire des ouvriers qui y seroient employés.

En un mot, le but, les moyens, la dépense, tels sont les trois objets sur lesquels M. le Garde des sceaux prie M. le Procureur général de lui faire passer son avis dans un mémoire qui sera ensuite mis sous les yeux du Roi.

(Collection Moreau, n° 286, fol. 188.)

7

**EXTRAIT D'UN RAPPORT DE MOREAU
SUR L'ÉTAT DES TRAVAUX LITTÉRAIRES** [1].

7 mars 1788.

Il a été autrefois fait par MM. Dupuy et Godefroi des inventaires des monumens conservez au Trésor des chartes. A l'égard des regîtres de la Chancellerie, ils restèrent dans l'état où ils étoient, et en 1703, M. Daguesseau, Procureur général, fit nommer un certain nombre de commissaires pour y travailler. Leurs appointemens ont, depuis cette époque, coûté au Roy 12,000 ₶ par an, et en 1783 il avoit desjà dépensé pour cette besogne neuf cens soixante mille francs; or, en cette année 1783, des 251 regîtres de la Chancellerie, on n'en avoit encor dépouillé qu'environ 240.

Lorsque l'on a transporté au Palais dans un nouveau dépôt l'universalité du Trésor des chartes, il fut proposé de vérifier les inventaires de Dupuy et de faire même des copies de ces titres précieux, pour épargner la confusion que les recherches occasionent tous les jours dans les layetes; feu M. l'Archevêque proposa de remettre à M. le Procureur général 50,000 ₶ [2] pour cette dépense, qu'il feroit lui-même. Monsieur de Fleury, conseiller d'État, y avoit d'abord consenti; lorsqu'il fut Controlleur général, il ne voulut plus de cette opération, parce que Monsieur l'Archevêque, pour récompense de ces 50,000 ₶, vouloit qu'on lui permît de prendre copie des titres qui concerneroient son Église.

Quoi qu'il en soit et quoique le soin de ce précieux trésor soit confié à M. le Procureur général, il n'en est pas moins soumis à la surveillance de Monseigneur le Garde des sceaux, qui peut et qui doit peut-être, pour avancer cette besogne des inventaires des regîtres, qui durera encor cent ans, prendre avec ce magistrat les mesures qu'il croira les plus utiles.

(Collection Moreau, n° 343, fol. 104.)

[1] Remis à Lamoignon, garde des sceaux, le 7 mars 1788.
[2] Le texte porte par erreur 60,000.

IV

REGISTRES DU PARLEMENT [1].

1

MÉMOIRE SUR LA COPIE DES REGISTRES DU PARLEMENT DE PARIS CONNUS SOUS LE NOM D'*OLIM*.

1771.

Le Roi ayant jugé à propos de réunir dans un dépôt général des copies fidèles de tous les monumens qui peuvent intéresser l'histoire et le droit public de la France, le Ministre chargé du soin d'enrichir ce dépôt croit qu'une des plus intéressantes collections qui doive y trouver place est une copie des anciens registres du Parlement connus sous le nom d'*Olim* [2]. Ce que l'on connoît sous ce nom dans certaines bibliothèques, loin d'être une copie de ces registres, n'en est qu'un extrait imparfait. M. Daguesseau [3], à qui le Ministre a confié ses vues à cet égard, a bien voulu lui promettre de les seconder. Il est prié de vouloir bien prendre et donner les ordres nécessaires pour que l'on commence incessamment au Palais les copies de ces registres, qui seront ensuite placés au dépôt général des chartes. Les copistes

[1] Voyez aussi pages 5, 83, 415, 444.

[2] Les *Olim* sont les registres des arrêts rendus par la cour du roi sous les règnes de saint Louis, de Philippe le Hardi, de Philippe le Bel, de Louis le Hutin et de Philippe le Long. Ils forment les quatre premiers registres du Parlement de Paris, et sont ainsi désignés parce que le second d'entre eux commence par ces mots : *Olim homines de Baiona*. Ils ont été publiés dans la Collection des documents inédits, en 4 volumes, de 1839 à 1848, par le comte Beugnot. Un autre registre, comprenant les arrêts rendus pendant les années 1273-1298, est perdu; les fragments qui en ont été retrouvés ont paru dans les *Actes du Parlement de Paris*, t. I, p. 297-464, et dans les *Notices et Extraits des manuscrits de la Bibliothèque nationale*, t. XXIII, part. II, p. 113-194. Le projet de copier les *Olim*, projet formé en 1770, ne fut exécuté que plus tard; ce travail fut confié à Chevreuil, qui devint archiviste de Notre-Dame de Paris. M. Delisle lui a consacré une page intéressante dans le *Cabinet des manuscrits*, t. I, p. 568-569. Voyez sur la collection des registres du Parlement le rapport du comte Beugnot dans les *Rapports au Ministre*, 1839, p. 287-307.

[3] Henri-Cardin-Jean-Baptiste, comte d'Aguesseau, né à Fresnes en 1746, mort en 1826, avocat général au Parlement de Paris, membre de l'Académie française, etc.

qui y seront employiés seront envoiés par le Ministre et paiés sur les fonds que le Roi destine tous les ans à la collection des monumens historiques qui doivent former ce dépôt.

(Collection Moreau, n° 344, fol. 106.)

2
RAPPORT DE BERTIN AU ROI [1].

Les anciens registres du Parlement nommés *Olim* sont un des plus précieux monuments de notre droit public; mais, jusqu'à présent, ces registres n'ont été d'aucun usage au Roi, parce que Sa Majesté n'en avoit pas une copie exacte et fidèle; si bien qu'en supposant que l'on en abusât pour soutenir des systèmes dangereux, il étoit impossible aux Ministres du Roi d'éclaircir les difficultés par lesquelles on pouvoit chercher à les embarrasser. On a cru devoir procurer à Sa Majesté une copie entière et très-exacte de ces registres; le greffier en chef du Parlement s'y est prêté sous le plus grand secret : les copies sont déjà faites en partie; on ne les quittera point qu'elles ne soient entièrement finies. Sa Majesté est supliée d'agréer que cette dépense soit prise sur le fonds destiné par le feu Roi au travail et à la collection des chartes. Lorsque cet ouvrage sera fini, on rendra compte au Roi de la dépense qu'il aura coûté.

3
MÉMOIRE DE MOREAU SUR LA COPIE DU PREMIER VOLUME
DES REGISTRES *OLIM*.
Juillet 1773.

Depuis que j'ay eu l'honeur de prendre les ordres de Monseigneur, j'ay vu M. Chevreuil et M. de Bréquigny.

Celui-cy a eu l'honeur d'écrire hier à Monseigneur, et je n'ay plus qu'à lui faire part de la conversation que nous venons d'avoir ensemble, sur laquelle je suplie Monseigneur de me faire passer ses ordres en marge de ce billet.

[1] Ce rapport a été publié par le comte Beugnot, *Rapports au Ministre*, p. 296, note.

1° M. de Bréquigny fera tout ce que le Ministre croira le plus utile à la besogne; il l'en a assuré et il vient de me le répéter.

2° Cependant, pour ne lui point donner trop de peine, voicy le parti que l'on pourroit prendre et que nous sommes convenus de proposer à Monseigneur.

M. de Bréquigny pourroit aller passer une matinée au Palais avec son copiste et là parcourir l'ouvrage de M. Chevreuil et de son commis, en collationer icy, là et en différens endroits, une partie assez considérable pour juger si les ouvriers étoient bons et, en général, si la besogne est bien faite.

S'il ne la juge pas telle, il n'y a pas à balancer; il offre de collationer la totalité, quelque peine qu'il lui en coûte. Dans ce cas, l'ouvrage sera long, car on ne peut le transporter chez M. de Bréquigny, et il y a pour un mois bien rempli de besogne.

Si, au contraire, il juge la besogne bien faite par nos ouvriers, il laissera M. Chevreuil collationer l'ouvrage en entier avec son commis, qui en a copié une bonne partie, et lui, Monsieur de Bréquigny, se chargera ensuite de la vérification.

Voicy en quoi elle consiste. A mesure que l'on a copié, on a fait note de quelques endroits embarassants et des mots que l'on a laissez en blanc : la liste de ces phrases douteuses et de ces mots que l'on craint d'avoir mal lus a été faite avec soin.

Il ne s'agira donc plus que de suivre cette liste et de décider sur chaque mot. La méthode de M. de Bréquigny est de copier le mot tel qu'il le lit, mais s'il lui reste encor quelque difficulté, il le figure à la marge pour qu'on puisse le juger d'après la vue des caractères. Si Monseigneur aprouve notre idée, il peut mettre son bon à côté de ce mémoire.

Quant à M. Chevreuil, effectivement son travail pour ce seul premier volume ira au moins à 2,400ʰ, ce qui est un peu cher. Cela vient peut-être de ce que, lorsqu'un copiste est payé par mois ou par an, il ne demande pas mieux que de faire durer la besogne.

Peut-être seroit-il possible de faire un forfait pour les trois autres volumes.

Mais si Monseigneur continue de faire payer par mois, je prendray le parti de payer effectivement au bout de chaque mois et, en payant, j'examineray ce qui aura réellement été fait : la perspective de cette attention engagera les travailleurs à ne point perdre de tems, et j'auray même soin de passer de tems en tems à leur laboratoire.

Il y a encor quelques feuillets du premier volume à copier : avant que cela finisse, je projetteray une lettre à M. le premier Président, pour que Monseigneur le prie de faire remettre à nos travailleurs les autres volumes, mais vraysemblablement il faudra, en les recevant, restituer le premier.

J'ay payé un à-compte à M. Chevreuil; j'attendray, pour en donner un second, que M. de Bréquigny ait fait la visite proposée.

M. de Bréquigny souhaiteroit fort que l'abbé Destrées[1] ne prît point d'ombrage de tout cela. Monseigneur aura la bonté d'aviser aux moyens de l'empêcher.

Il m'a dit ce que Monseigneur avoit oublié de m'apprendre, c'est que tout ce que M. Lambert a copié à Clugny a desjà été imprimé. Il croit qu'il faut lui mander d'envoyer des notices avant que de faire copier; au surplus, je n'ay point encor nouvelle de son arrivée à Clugny.

Dès que je seray à Villedavré, j'enverray à Monseigneur cette écriture de L. B. que je luy ay promise. C'est là que sont les deux lettres de lui dont j'ay parlé à Monseigneur.

(Collection Moreau, n° 344, fol. 82.)

4

ARTICLES CONVENUS ENTRE MOREAU ET CHEVREUIL
POUR LA COPIE DES VOLUMES II, III ET IV DES REGISTRES *OLIM*.

27 avril 1777.

ARTICLE PREMIER. Monsieur Chevreuil se charge de faire faire, par deux copistes habiles qu'il a choisis, une copie exacte et figurée du IIe, du IIIe et du IVe volumes des registres *Olim*, dans le lieu qui lui a été donné par M. Le Bert, greffier en chef du Parlement, et dans l'hôtel de Monseigneur le Garde des sceaux.

ART. 2. Le papier, l'encre, la lumière, le bois et généralement toutes les dépenses nécessaires à l'établissement de ce travail seront fournis par mondit sieur Chevreuil.

ART. 3. Lesdittes copies seront relues et collationnées exactement par mondit sieur Chevreuil, cahier par cahier, et à fur et mesure que les copistes tra-

---

[1] Sans doute l'abbé Jacques Destrée ou Destrées, généalogiste, né à Reims.

vailleront, en sorte que lesdittes copies, relues et collationnées, puissent être remises à M. Moreau successivement et quatre cahiers par quatre cahiers.

Art. 4. M. Chevreuil s'oblige à remettre lesdittes copies entières à M. Moreau dans l'espace de deux ans, qui ont commencé au 15 avril présent mois, tems où il a mis ses deux copistes à l'ouvrage; en sorte que le tout sera entièrement fini au 15 avril de l'année 1779.

Art. 5. Le prix de tout cet ouvrage, y compris les frais de bureau et le salaire dû pour la peine de la collation, a été fixé à la somme totale de quatre mille quatre cent cinquante livres, que M. Moreau payera à M. Chevreuil sur le fond destiné par le Roy au travail des chartes, en huit portions égales, chacune de cinq cent cinquante-six livres cinq sols, que M. Chevreuil touchera de trois mois en trois mois, et dont la première lui sera payée au 15 juillet prochain.

Art. 6. Au payement de chaque terme, M. Moreau s'assurera que l'ouvrage avance dans la proportion des payemens qu'il fera.

Fait et arrêté de l'agrément du Ministre, sous nos signatures privées, et fait double entre nous à Paris, le vingt-septième avril mil sept cent soixante dix-sept.

(*De la main de Bertin.*) Vu : bon.

Bon. Le 4 juin 1780.

HUE DE MIROMÉNIL.   CHEVREUIL.

(Collection Moreau, n° 344, fol. 172.)

5

LETTRE DE MOREAU À BERTIN.

24 septembre 1777.

L'affaire de la copie des *Olim* est terminée....................

Comme nous avons desjà deux copies du premier volume des *Olim*, il étoit nécessaire d'en avoir aussy deux des volumes suivans; on ne pouvoit faire à meilleur marché cette seconde.

. . . .

En sortant de chez M. Chevreuil, j'ay été conférer avec M. de Bréquigny sur la manière de constater les travaux dont Monsieur du Theil est chargé et opérer dans la suite notre décharge à l'un et à l'autre, car lui-même est chargé de donner quitance.

Pour cela, il a jugé que le petit mémoire que j'ay l'honneur d'envoyer à

Monseigneur et dont il aprouve toutes les expressions, s'il étoit également signé et du Ministre et de lui, M. de Bréquigni, suffiroit pour constater dans tous les tems et la dépense et son utilité.

Si Monseigneur l'aprouve, il pourra ou me le remettre, quand j'auray l'honeur de le revoir, et j'en feray faire trois copies; M. de Bréquigny m'a chargé de dire à Monseigneur que cet arrangement lui étoit aussy utile à lui-même qu'à moi.

Il examine avec soin l'état de M. l'évêque de Châlons, et m'a assuré que tout ce qu'il avoit trouvé d'important jusqu'icy dans cet état avoit été imprimé.

Il n'a pas encor fini ses apostilles.

....

MOREAU.

(Collection Moreau, n° 344, fol. 187.)

6

LETTRE DE CHEVREUIL À BERTIN.

24 avril 1779.

....

L'on comprend dans les rouleaux [du Parlement] trois divisions distinctes, qui sont :

1° Minutes et expéditions d'anciens arrêts qui ne datent cependant que du commencement du XIVe siècle;

2° Les transactions du même tems auxquelles sont attachés les arrêts d'homologation, et les enquêtes jugées, même celles non jugées, par l'accord, précédant arrêt, fait entre les parties.

Le premier de ces objets est sous la garde du greffier en chef ou de ses commis; il n'est point important par lui-même, puisqu'il doit être compris dans les regîtres.

Quant aux deux autres, ils sont en la garde de M. Le Ber, greffier des dépôts civils de la Grand'Chambre et des enquêtes.

Ces derniers objets ont pour dépôt la seconde tour ronde qui donne sur le quay des Morfondus.

Dans ce dépôt, où tous les titres sont couverts et remplis d'une ancienne et dangereuse poussière, est contenu, comme je viens de l'expliquer :

En premier lieu les transactions homologuées, dont Votre Grandeur a connoissance par les extraits qu'elle a eus en communication du Procureur général; elles sont, les unes en parchemin et les autres en papier, liées avec des ficeles, en paquets et rouleaux portant quelques étiquetes d'indication; le tems en peut que continuer à les détruire par la formation des paquets, à moins qu'elles ne soient déliées et renfermées dans des cartons ou boëtes;

En second lieu les enquêtes, objet, Monseigneur, qui paroît seul pour le moment vous intéresser. Ces enquêtes sont en grand nombre, roulées, très-serrées et pressées les unes dans les autres et les unes sur les autres; l'ensemble ne peut former, en rassemblant toutes les parties éparses dans le dépôt, par lui-même très-sâle, malsain et peu commode, un cube de sept pieds de long et de haut, sur trois pieds d'épaisseur.

Par celles que j'ai ouvertes, prises de plusieurs endroits, j'ai distinctement connu qu'il y en a de très-anciennes et au moins de la fin du xiii° siècle: vraisemblablement elles peuvent également dater depuis 1255, époque du premier regître *Olim*. Chaque rouleau contient plusieurs enquêtes, qui sont toutes celles des parties plaidantes pour avoir un même jugement. Ce rouleau, sommarié au dos du nom des parties, est fermé avec un lien tressé de parchemin, au bout duquel les commissaires enquêteurs nommés avoient apposé leurs sceaux pour les envoyer au Parlement; l'on en voit même beaucoup qui n'ont point été ouverts, les parties s'étant accordées avant d'être jugées, sur lesquels est écrit *concordati*. Il y a sur le rouleau un numéro qui répond, suivant toute vraisemblance et ainsi que je l'ai reconnu, à l'ordre des tables qui se trouvent dans les regîtres *Olim* et *Judicata* [1], comme on pourroit plus facilement le démontrer par les tables du troisième regître. L'enquête commence par un long détail et des qualités des parties en procès et de leurs griefs respectifs; viennent ensuite les informations complettes, le nom des témoins, et, simplement en chiffres romains, l'année du siècle, comme dans cet exemple : xxxvi an : je n'ai point apperçu de dates plus précises, dans toutes celles qui m'ont passé par les mains, mais il est aisé de juger du siècle par le caractère de l'écriture et l'ordre des tables.

Dans ce dépôt le greffier m'a fait voir un manuscrit précieux et original qui y existe: il est de la fin du xiii° siècle. Quoique peu considérable, il contient par articles et sommaires les formes et les usages qui devoient rigidement s'observer en Parlement dans les matières civiles et criminèles : il réunit en lui le code et toutes les règles de la jurisprudence ancienne.

---

[1] Les *Judicata* ou *Jugés* étaient des décisions rendues après enquête.

M. Le Ber m'a aussi montré dans son greffe un gros regître ancien, commençant à la fin du xiv° siècle et parcourant presque la totalité du xv°, qui contient les testaments de beaucoup de gens illustres de ces deux siècles. Ce manuscrit est également précieux [1].

. . . .

J'ai l'honneur d'être, etc.

CHEVREUIL.

(Collection Moreau, n° 344, fol. 72.)

7

LETTRE DE BERTIN À CHEVREUIL.

19 mai 1779.

Je suis très-aise, Monsieur, et vous remercie des détails que vous me faites concernant les trois divisions des rouleaux : je réponds à votre lettre article par article.

1° Je commence par le premier de ces objets, qui est sous la garde du greffier en chef ou de ses commis. Il est, en effet, peu important par lui-même, s'il est compris dans les registres; mais seroit-il possible par la suite et à loisir de bien vérifier s'il est, en effet, compris dans les registres existans, ainsi qu'un autre point plus intéressant à ce sujet, ce seroit de vérifier si, dans ces minutes, ne sont pas celles des arrrêts compris dans les registres qui ont été égarés et n'existent plus? Vous savés qu'il en manque surtout du commencement du xiv° siècle, et si ces dernières minutes s'y trouvoient, on pourroit, en les faisant copier, rétablir les registres manquant. Je laisse ce point à vos réflexions, dont vous me ferés part, si vous le voulés bien, à votre aise.

---

[1] Ce registre est conservé aux Archives nationales sous la cote X^{1a} 9807. Il comprenait 236 testaments, et se composait de 521 feuillets : les folios 265-509 manquent aujourd'hui; mais cette lacune peut être comblée à l'aide de la copie faite autrefois pour les années 1391-1421, et qui porte les numéros 1161 et 1162 de la Collection Moreau. Le tome I de cette copie est perdu. Les testaments enregistrés au Parlement de Paris, sous le règne de Charles VI, ont été publiés par M. Tuetey dans le tome III (nouvelle série) des *Mélanges* de la Collection des documents inédits, p. 243-704, et en tirage à part de 464 pages. L'ensemble des copies exécutées sur les documents du Parlement forme 43 volumes, dont 28 sont actuellement conservés à la Bibliothèque nationale, sous les numéros 1135-1162 de la Collection Moreau.

2° Sur les deux autres objets ou divisions des rouleaux, le premier, qui sont les transactions homologuées dont j'ai eu les extraits en communication, est peu de chose, surtout n'exige aucun nouveau travail au moyen des extraits qui en ont été fort bien faits; je n'y vois autre chose que de les renfermer dans des boêtes pour leur conservation, et si cela est nécessaire, tâchés de vous en souvenir pour me le rappeller à moi-même dans le tems; nous en pourrions faire la galanterie à M. Le Bert, lorsque nous aurons fini la besogne avec lui pour le troisième objet et pour les deux manuscrits.

Quant à ce troisième objet, qui sont les enquêtes, il me paroît, comme à vous, le seul intéressant en ce moment, et moyennant la bonne volonté de M. Le Bert, que je vous prie de continuer à cultiver comme vous avés commencé, vous pouvés, au même titre et sous les mêmes couleurs, proposer à M. Le Bert les arrangemens au moyen desquels vous seriés chargé de cette opération, puisque vous m'assurés qu'elle ne dérangeroit rien sur la besogne des *Judicata* et leur suite. Je vous prie seulement de mettre ces propositions à me faire par M. Le Bert et par vous en écrit, afin que je puisse en rendre compte moi-même et faire régler par le Roy ce qu'il jugera à propos. Il en est de même du manuscrit et du gros registre ancien qui est dans le greffe de M. Le Bert. Lorsque M. de Bréquigny y aura jetté un coup d'œil, nous verrons à prendre sur le tout une détermination fixe et par écrit.

3° Je viens à l'observation que vous me faites concernant la besogne des *Judicata*. Si vous avés cru que j'étois encore indécis pour sa continuation permanente, vous vous êtes trompé. Elle sera continuée, et je puis vous en assurer. Je n'ai d'indétermination que sur la question de savoir à quelle époque nous cesserons de prendre des copies entières, pour nous contenter d'extraits bien faits et bien fidèles. Il faut pour cela que j'en raisonne de nouveau avec M. de Bréquigny et M. Moreau, et qu'eux-mêmes peut-être prennent des éclaircissemens et se consultent.

....

Je suis, etc.

BERTIN.

(Collection Moreau, n° 344, fol. 70.)

8

ARTICLES CONVENUS ENTRE MOREAU ET CHEVREUIL POUR LA COPIE DES REGISTRES *JUDICATA*.

2 juillet 1779.

ARTICLE PREMIER. M. Chevreuil, sans interrompre les copies des registres *Olim* et du premier des *Judicata*, auxquels il s'est engagé par les précédens traités, et qu'il promet de remettre aux époques qui y sont indiquées, s'oblige en sus à faire commencer au 1er octobre prochain la copie du deuxième volume des registres du Parlement intitulés *Judicata*, et des volumes qui suivent, jusques et y compris l'année 1365, et à remettre à mondit sieur Moreau tous les ans jusqu'à la concurrence de 1,500 rolles de laditte copie.

ART. 2. Cette copie se fera sur le même papier et dans le même format que celle du premier volume, et M. Chevreuil se conformera aux instructions qui lui seront données par M. de Bréquigny pour distinguer ceux des arrêts desdits registres *Judicata* qui doivent être copiés dans tout leur entier, d'avec ceux qui, moins intéressans ou par leurs dispositions ou par la qualité des parties, ne seront copiés qu'en partie ou par extrait, ainsi et dans la forme qui lui sera présentée par lesdittes instructions.

ART. 3. Pour tous les frais, salaires et déboursés desdittes copies, M. Moreau, à compter dudit jour 1er octobre 1779, payera par an à M. Chevreuil la somme de 2,600^{tt}, savoir 650 au 1er janvier 1780 et pareille somme de trois mois en trois mois, jusqu'à la perfection entière desdittes copies; et à chaque terme de payement, il sera constaté par écrit la quantité de rolles relus et collationés qui seront remis à mondit sieur Moreau.

Fait et signé double entre mondit sieur Moreau et mondit sieur Chevreuil, à Paris, le deux juillet mil sept cent soixante dix-neuf.

Bon. BERTIN.

CHEVREUIL.

Bon. Le 4 juin 1780.

HUE DE MIROMÉNIL.

(Collection Moreau, n° 344, fol. 176.)

9

MÉMOIRE DE BERTIN CONCERNANT UN PROJET DE TRAVAIL SUR LES *ROULEAUX* DU PARLEMENT DE PARIS.

Septembre 1779.

Pour le travail concernant les rouleaux, on prendra volontiers l'engagement de proposer au Roy de faire la dépense de 1,800 ₶ par année, à la disposition de M. le Procureur. Comme, suivant la proposition, ce travail ne doit durer que deux années, on ne compte que sur une somme de 3,600 ₶ en tout, et M. le Procureur général est prié de prendre à cet égard de telles mesures qu'on ne soit pas forcé de laisser là cette besogne vrayment utile, parce qu'elle viendroit à exiger une prorogation qui seroit d'autant plus impossible que les dépenses et les travaux de ces espèces de recherches augmentent et augmenteront, loin de procurer des facilités ou des économies. On compte que l'objet de ce travail consiste : 1° à copier seulement les extraits qui ont été déjà faits, ce qui n'exige que du tems et n'est pas bien difficile, et cette copie sera livrée à fur et à mesure au dépôt concernant les chartres; 2° à mettre en ordre tant les titres qui sont extraits que ceux qui restent à extraire de ces rouleaux (*nota* : c'est le plus pressé, il faut commencer par là, à ce qu'on croit); 3° à faire pareils extraits et pareilles copies des rouleaux qui n'ont pas été extraits.

On désireroit aussi être instruit à fur et à mesure de l'avancement de ce travail, et pour ne pas distraire, ni donner cette peine aux personnes employées par M. le Procureur général, on commettra, s'il veut bien l'agréer, quelqu'un qui ira, de concert avec ces personnes, examiner où en sont les choses et l'ouvrage.

(Collection Moreau, n° 344, fol. 49.)

10

LETTRE DE MOREAU À PITORRE [1].

27 septembre 1779.

J'ai pris, Monsieur, les ordres du Ministre, et je vas vous présenter

---

[1] Pitorre, de Saint-Pons en Languedoc, fut chargé de faire des extraits et des copies des rouleaux du Parlement. Il recevait pour ce travail 1,800 livres par an. Le travail de Pitorre, ébauché avant

l'opération qu'il me charge de vous prescrire, pour remplir les vues qui lui sont communes avec M. le Procureur général et les arrangemens pris avec lui.

Les personnes qui ont été autrefois employées au dépouillement des rouleaux sur lesquels vous devez travailler ont, comme vous le savez, fait une partie des extraits nécessaires à les faire connoître.

Vous m'avez dit que ces extraits remplissent 12 ou 14 cartons.

Si, à mesure que ces extraits ont été faits, on eût mis en ordre et les rouleaux et les pièces, ce seroit une grande partie de notre besogne de finie. Le mal est que tout est resté dans le désordre et qu'il a même été augmenté depuis.

Mais il faut au moins que ce qui a été fait nous serve, et si, pour rétablir l'ordre, vous preniez le parti de commencer par faire de nouvelles notices de tous les rouleaux dont les extraits sont faits, comme ces seuls extraits ont coûté plus de six ans de tems, il seroit ridicule d'imaginer que vous puissiez venir à bout en deux ans de la totalité de vos notices.

Voici donc l'opération que le Ministre vous demande :

1° Commencez par faire une table chronologique de tous les extraits renfermés dans les 12 ou 14 cartons dont vous m'avez parlé, et rangez-les par ordre de date dans ces cartons même. Cette table ne vous coûtera pas beaucoup de peine, car trois mots peuvent vous indiquer dans cette table la pièce que vous y annoncerez; l'un sera la date de la pièce, les deux autres seront les noms des parties.

2° Cette table faite, servez-vous en pour séparer tous les rouleaux dont les extraits sont faits d'avec ceux sur lesquels il vous reste à opérer, et, dans cette séparation, rangez, suivant l'ordre chronologique de votre table, les rouleaux sur lesquels il ne nous reste rien à faire.

Après la séparation finie, il faut copier tous les extraits déjà faits et nous les remettre à mesure; cela vaut mieux que la nouvelle notice que vous en feriez.

3° Vous pouvez alors suivre votre méthode pour faire les notices de tout ce qui restera à extraire, et, toutes vos notices faites, vous serez en état de ranger dans l'ordre chronologique les rouleaux inconnus jusqu'ici.

lui par un avocat nommé Meslé, forme 12 volumes in-fol. (n°ˢ 1075-1086 de la Collection Moreau), et contient l'analyse d'environ 14,000 rouleaux, classés chronologiquement, depuis l'an 1274 jusqu'en 1575.

4° C'est alors que l'on peut faire une table générale et chronologique qui indiquera l'ordre du dépôt et distinguera ceux des rouleaux dont nous aurons déjà les extraits faits par les anciens travailleurs de M. le Procureur général, de ceux dont vous aurez fait de simples notices; alors notre besogne sera véritablement finie; car si, d'après vos notices, on veut faire des extraits plus détaillés des pièces que vous aurez rangées et indiquées, on sera en état de les trouver facilement, sans courir le risque de recommencer ce qui auroit déjà été bien fait.

Le Ministre étoit presque d'avis que je ne vous prescrivisse de sa part que la première partie de la besogne, qui concerne la table, l'arrangement et la copie des extraits déjà faits, mais il vaut mieux vous présenter l'ensemble du travail, afin que vous puissiez mesurer le tems que vous devez y donner.

Je suis, etc.

A Paris, ce 27 septembre.

MOREAU.

Je vous attends, Monsieur, vendredy à 9 heures du matin, et vous prie de me raporter cette lettre.

Je promets à Monseigneur de Bertin de me conformer au plan qui m'a été tracé cy-dessus de sa part, et de commencer par l'arrangement de la table chronologique des extraits déjà faits, et par la séparation des rouleaux déjà extraits d'avec ceux qui restent à extraire. Je remettrai, tous les quinze jours, à Moreau l'état de mon travail, dont le Ministre pourra juger; je le prie de lui donner de ma part cette parole et, d'après cet état, il pourra me faire passer, tous les quinze jours, les ordres du Ministre.

Paris, ce 1er octobre 1779.

PITORRE.

Bien entendu que cela ne coûtera ni plus de tems ni plus d'argent; il faut le dire à M. Pitorre, car ce seroit le tromper; mais alors si la besogne est faite conformément à sa soumission, il faudra luy en donner une autre, si nous l'avons comme nous y comptons [1].

(Collection Moreau, n° 344, fol. 11.)

[1] Ce dernier paragraphe est de la main de Bertin.

V

NOTICE DES GAULES.

1

LETTRE DE BERTIN À DOM LIÈBLE.

29 décembre 1766.

J'apprends, mon Révérend Père, que vous travaillez depuis longtems à une *Notice des Gaules modernes*. Ce titre annonce un ouvrage aussy important qu'étendu et qui doit être de la plus grande utilité pour l'histoire. Chargé par le Roy de lui rendre compte des progrès de ces sortes d'études, je voudrois savoir de vous-même quel est le plan de votre ouvrage, et à quel point vous l'avez avancé. Je vas à la découverte des savans, comme vous à celle des monumens, et en vous trouvant, mon Révérend Père, je crois avoir fait une très-bonne rencontre. Il ne tiendra qu'à vous que je vous connoisse davantage et peut-être ne nuirai-je point à vos travaux.

Je suis, etc.

BERTIN.

(Collection Moreau, n° 295, fol. 95.)

2

RÉPONSE DE DOM LIÈBLE À BERTIN.

19 janvier 1767.

Monseigneur, depuis que j'ai reçu la lettre dont Votre Grandeur a bien voulu m'honorer, je me suis transporté plusieurs fois en votre hôtel, pour m'acquitter de ce que vous désiriez de moi, et vous présenter en même tems tous les sentimens du plus profond [respect] et de la plus vive reconnoissance. N'ayant point eu le bonheur de trouver Votre Grandeur, j'ai pris le parti de lui envoyer par écrit une esquisse de mon entreprise littéraire. La Notice des Gaules donnée par Adrien de Valois[1] comprend l'âge romain et le moyen âge. Outre certains sentimens qui lui sont particuliers, on ne peut s'empêcher d'avouer qu'il a fait des fautes ; c'est le sort des grands hommes comme des autres. On a découvert depuis lui bien des monumens qui n'ont pas peu contribué à défricher notre histoire. D'ailleurs, il n'est point entré dans un assez grand détail et a omis un nombre considérable d'articles, nécessaires cependant pour éclaircir notre histoire et la conduire à sa perfection. La Notice de l'ancienne Gaule ou de la Gaule romaine[2] est la partie la moins étendue et a été donnée par M. d'Anville, mon parent. Il a senti la nécessité de donner le moyen âge, qui est la partie la plus considérable et la plus essentielle à l'histoire de France. Son âge et ses autres occupations ne lui ont pas permis d'entreprendre un travail si long et qui demande tant de recherches. Il a cru trouver en moi quelqu'un capable, par la jeunesse et l'amour du travail, de débrouiller le moyen âge, tems presque encore enseveli dans l'obscurité. Je prends ma notice à la chûte de l'Empire romain en Occident, et je la conduis jusqu'au XIIIe siècle inclusivement. Je la diviserai en royaume d'Austrasie, royaume de Neustrie, royaume de Bourgogne, l'Aquitaine et le Parisis. Au reste, je ne m'arrête pas tellement à cette division que je ne puisse la changer suivant les découvertes que je ferai et les avis des sçavans, de M. d'Anville entre autres, que je me ferai toujours un devoir de consulter. L'ouvrage aura sa préface et sa dissertation générale, et chaque partie du plan, sa dissertation particulière. Ensuite les *pagus* et les différens lieux du moyen âge seront discutés séparément, en forme de dictionnaire, pour trouver leur rapport avec l'âge romain et l'âge actuel. Voilà en peu de mots, Monseigneur, l'objet qui m'occupe depuis cinq ans.

J'ai déjà quatre mille articles environ de collection. Je serois plus avancé, si je n'étois quelque fois interrompu par les fonctions de bibliothécaire de l'abbaye Saint-Germain-des-Prés, et si je ne l'eusse été par un petit ouvrage sur les limites de l'empire de Charlemagne, qui me valut en 1764

---

[1] Adrien de Valois, né le 14 janvier 1607 à Paris, où il mourut, le 2 juillet 1692, publia, en 1675, la *Notitia Galliarum ordine litterarum digesta*, un volume in-folio.

[2] La *Notice de l'ancienne Gaule*, de J.-B. Bourguignon d'Anville, premier géographe du Roi, membre de l'Académie des inscriptions, parut en 1760, en un volume in-4°. Né en 1697, d'Anville avait 70 ans au moment où écrivait dom Liéble ; il mourut en 1782.

le prix de l'Académie des inscriptions et belles-lettres. Si Votre Grandeur veut bien me favoriser d'un instant d'audience, je lui demanderai la permission d'entrer dans un plus grand détail. La protection dont vous honorez et l'ouvrage et l'auteur est le moyen le plus capable de piquer mon émulation. Je vais m'adonner avec plus d'ardeur que jamais à cet ouvrage important. Toute mon ambition sera de le faire paroître sous les auspices d'un Ministre voué par état et par inclination aux progrès des lettres, et dont les bienfaits et les lumières excitent la reconnoissance de toute la France et la confiance du meilleur des Rois.

J'ai l'honneur, etc.

Fr. LIEBLE.

(Collection Moreau, n° 291, fol. 79.)

III

DOCUMENTS
RELATIFS AUX PUBLICATIONS CONTINUÉES OU ENTREPRISES PAR LE COMITÉ DES CHARTES.

1
ORDONNANCES DES ROIS DE FRANCE [1].

1
LETTRE DE BRÉQUIGNY À BERTIN [2].

27 novembre 1766.

Monseigneur, j'ay l'honneur de vous envoyer le premier essay du travail de dom Chamoux [3] sur diverses ordonnances de Philippe le Bel, etc., qui n'ont point encore été imprimées. Il attendra vos ordres pour continuer sur le même plan, ou pour y faire les changemens que vous jugerez à propos. Il épuisera d'abord les ordonnances, et passera ensuite aux autres espèces de titres qui forment son cabinet.

. . . .

La table chronologique des titres imprimés avance toujours aussi rapidement qu'il est possible. On imprime actuellement la 16ᵉ feuille.

Je suis, etc.

BRÉQUIGNY.

(Collection Moreau, n° 315, fol. 96.)

[1] Voyez aussi pages 5, 9, 32, 138, 145, 160, 215, 331, 340, 430, 434, 445 et 447.

[2] Cette lettre a été publiée par M. Champollion-Figeac, *Lettres des rois et reines*, Introduction, p. ci.

[3] Bibliothécaire de Saint-Martin-des-Champs. Voir page 124, note 3.

2

LETTRE DE LAMBERT [1], CONSEILLER D'ÉTAT, À BRÉQUIGNY.

17 mai 1786.

J'ay convoité, Monsieur, toute ma vie, je puis le dire à présent sans blesser la délicatesse, l'avantage qu'avoit M. de Vilevault d'être à portée des connoissances les plus intimes et les plus sûres de notre droit public, et de ses développemens progressifs de siècle en siècle. Je n'ay pu m'empêcher de marquer hier à Monseigneur le Garde des sceaux l'inclination que j'aurois eue pour ce travail, auquel ont eu beaucoup d'analogie presque tous les objets qui m'ont longtemps occupé au Parlement, et le plaisir qu'il me feroit, s'il jugeoit à propos de me faire passer la commission qu'avoit M. de Vilevault. Monseigneur le Garde des sceaux m'a marqué ne pas désapprouver mon désir, avoir même de la disposition à y accéder, mais il m'a fait l'honneur de me dire qu'il vous en parleroit, Monsieur, et ne feroit à cet égard aucune disposition qui ne fût de votre gré et même de votre choix. Cette déférence entière vous est assurément due, et j'y applaudis plus que personne, quelque puisse être votre plan, favorable ou non à ma proposition. Un travail d'une aussi grande utilité publique, qui vous est dû tout entier, ne peut ny ne doit être dirigé que par votre influence : elle régleroit toujours, par la suite, la forme et les objets du travail que j'aurois à y mettre; elle doit également décider sur l'offre même que je fais de mon zèle et de ma bonne volonté. Si vous jugez à propos, Monsieur, de les agréer, le prix de votre suffrage ajoutera encore infiniment à la faveur en elle-même. Il est très-possible que de bonnes raisons vous portent à des vues différentes, et je ne regretteray point de vous avoir fait hommage de mon zèle, quand il ne pourroit pas être mis en activité. Vous auriez deux ouvriers au lieu d'un, si ma proposition vous est agréable; l'instruction et la satisfaction de mon fils aîné entre pour quelque chose dans mes vues; je puis dire de lui qu'il est peut-être le plus appliqué, le plus laborieux, le plus ardent pour s'instruire de tous les jeunes magistrats du Parlement; c'est un jeune homme qui ne connoît d'autre plaisir absolument que l'étude et qui a le plus grand désir de savoir à fonds tout ce qui tient à son état et surtout le droit public.

---

[1] Charles-Guillaume Lambert, né à Paris en 1726, mort sur l'échafaud le 27 juin 1793, fut conseiller au Parlement, conseiller d'État, contrôleur général des finances.

Il auroit infiniment à gagner d'être attaché, quoiqu'indirectement, à vos travaux, et il le seroit autant que vous le permettriez ou que vous voudriez l'employer, aussitôt que j'y serois associé. J'ay voulu, Monsieur, avoir moi-même la satisfaction de vous faire ces propositions, sans attendre que mes vœux vous parvinssent par Monseigneur le Garde des sceaux. Je profite avec empressement de cette occasion[1], etc.

LAMBERT,
Conseiller d'État.

(Collection Bréquigny, n° 161, fol. 32.)

3

MÉMOIRE DE BRÉQUIGNY SUR LE RECUEIL DES ORDONNANCES.

8 septembre 1787.

Le projet de ce recueil fut conçu sous Louis XIV, et, dès 1706, on avoit publié une table des pièces qui devoient y entrer, jusqu'à l'an 1400. Mais ce ne fut qu'en 1715 qu'on choisit, pour publier ce grand ouvrage, M. de Laurière, avocat célèbre, connu par plusieurs livres de jurisprudence. Il étoit déjà vieux, et infirme. Il ne laissa pas de publier le premier volume du recueil en 1723; et il avoit presque achevé le second, lorsqu'il mourut en 1728.

M. le Chancelier d'Aguesseau nomma pour le remplacer M. Secousse, ancien avocat au Parlement, membre de l'Académie des belles-lettres, et qui avoit une profonde connoissance de notre histoire. Il acheva le second volume, que M. de Laurière avoit laissé imparfait. Il publia les suivans jusqu'au huitième inclusivement. Le neuvième étoit même prêt à paroître, lorsqu'il mourut en 1754, après avoir travaillé seul à cette collection durant vingt-cinq ans.

M. de Vilevault, alors conseiller en la Cour des aides, fut chargé par M. le Chancelier de Lamoignon de continuer l'ouvrage. Il manquoit peu de

---

[1] Bréquigny répondit, le 19 mai, à Lambert que, depuis environ deux ans, Villevault avait entièrement cessé de prendre part à ce travail. Il ajoutait: « J'ai eu l'honneur de rendre compte (de ces détails) à Monseigneur le Garde des sceaux, le lendemain de la mort de mon malheureux ami. Il m'a paru approuver que je continue seul, tant que l'âge m'en laissera la force, une besogne que je fais seul depuis vingt-six ans et sur laquelle j'ai eu le bonheur de n'essuyer aucun reproche. » (Collection Bréquigny, n° 161, fol. 34.)

chose au neuvième volume. M. de Vilevault, qui avoit à cœur que ce volume parût promptement, pria le sieur de Bréquigny, son ami dès l'enfance, et qui jouissoit de plus de loisir que lui, de composer la préface, selon le plan des préfaces qui enrichissoient les volumes précédens, ce qui demandoit des soins et des recherches. Le sieur de Bréquigny s'en chargea, et le volume parut en 1755.

Peu après, M. de Vilevault fut maître des requêtes, et l'un des commissaires du Roi pour l'administration de la Compagnie des Indes. Il sentit qu'il ne pouvoit donner le temps qui seroit nécessaire à un éditeur du recueil des Ordonnances; mais il désiroit d'en conserver le titre. Le sieur de Bréquigny, sous le nom de son adjoint, fut chargé du travail, que son goût particulier lui rendoit agréable, et que l'amitié lui rendoit cher. L'adjonction qui existoit de fait depuis longtemps fut formellement accordée en 1759, par M. le Chancelier de Lamoignon, sur la demande de M. de Vilevault, et le dixième volume parut en 1763, sous les deux noms de M. de Vilevault et de son adjoint. Le sieur de Bréquigny continua de travailler seul aux volumes suivans. L'impression du quatorzième est bien avancée.

Le recueil des Ordonnances se fait immédiatement sous les ordres de Monseigneur le Garde des sceaux; les pièces qu'on y imprime sont et doivent être publiées d'après les originaux mêmes qui sont, soit au Trésor des chartes, soit dans les dépôts des Cours souveraines. Le sieur de Bréquigny les fait transcrire sous ses yeux, ou elles lui sont envoyées, légalement certifiées, par les commis aux dépôts des provinces.

M. de Vilevault, qui avoit positivement déclaré, dès 1784, qu'il ne prenoit aucune part au travail sur les Ordonnances, mourut dans les premiers mois de l'année suivante. Le sieur de Bréquigny alla prendre les ordres de M. le Garde des sceaux de Miromesnil, qui eut la bonté de l'exhorter à continuer un travail auquel il n'ignoroit pas qu'il s'occupoit seul depuis plus de trente ans, et dont le public paroissoit content. Monseigneur le Garde des sceaux de Lamoignon lui a fait l'honneur de lui témoigner les mêmes bontés.

(Collection Moreau, n° 315, fol. 6.)

II

RECUEIL DES HISTORIENS DE FRANCE ET ART DE VÉRIFIER LES DATES [1].

1
LETTRE DE DOM HOUSSEAU À BRÉQUIGNY.
4..... 1762.

Monsieur, D. Tassin espère ou vous voir ou vous écrire pour une petite chose assez singulière. Le jeune D. Haudiquier [2], consterné de se voir dépouillé du travail de la collection des historiens, implore le crédit de D. Tassin auprez de vous. Il croit que c'est vous, Monsieur, qui avez arrangé toute cette affaire avec M. de Malesherbes. Quoique D. Tassin lui ait répondu qu'il n'avoit aucune raison de penser comme lui, touché de ses représentations, il s'est engagé de vous proposer s'il seroit possible de conserver ce religieux dans la société des nouveaux ouvriers. J'arrivai aux Blancs-Manteaux à l'instant que D. Haudiquier sortoit de sa chambre. Je dis à D. Tassin qu'aprez ce qui s'étoit passé chez M. le Chancelier, il seroit inutile de tenter cette association, ni même de la proposer. Ensuite je l'assurai que vous ne vous étiez point mêlé de cette opération. D. Tassin, qui est toujours compatissant, me répliqua qu'il n'avoit [pu] s'empêcher de lui promettre son intercession; en même tems, il me pria de vous en prévenir : c'est ce que je fais, en vous assurant qu'on ne peut être avec un plus respectueux attachement, etc.

Fr. E. Housseau.

(Collection Bréquigny, n° 160, fol. 193.)

---

[1] Voyez aussi pages 105, 138, 146, 160, 212, 333, 337, 396, 409, 430, 445, 446.
[2] Dom Charles-Michel Haudiquier, né à Eu, vers 1723, collaborateur du *Recueil des historiens*, comme dom Jean-Baptiste Haudiquier, né aussi à Eu vers 1715, mort le 11 février 1775 à l'abbaye de la Grasse.

2

ARTICLES ARRÊTÉS DANS LA CONFÉRENCE TENUE CHEZ M. LE CHANCELIER DE MAUPEOU, CONCERNANT LE RECUEIL DES HISTORIENS DE FRANCE ET CELUI DES CROISADES.

12 juin 1769.

L'assemblée étoit composée de : M. le Chancelier, qui y présidoit et concluoit, après avoir pris les avis des membres de l'assemblée; M. de Sartines [1], lieutenant général de police, qui a présidé dans les momens d'absence de M. le Chancelier; MM. de Foncemagne, de Bréquigny, de Guignes [2], Gibert, de l'Académie des belles-lettres; D. Précieux, D. Poirier, continuateurs du *Recueil des historiens de France*; D. Berthereau [3], chargé de l'édition du recueil des croisades; D. Henry [4], l'un des auteurs du *Gallia christiana*; D. Patert [5], bibliothécaire, religieux de l'abbaye de Saint-Germain; D. Tassin, l'un des auteurs du *Nouveau traité de diplomatique* en françois, religieux des Blancs-Manteaux.

D. Précieux a exposé l'objet de la conférence et a rendu compte de ce qui avoit été arrêté dans les conférences chez M. le Chancelier de Lamoignon, concernant la méthode qu'il convenoit de suivre pour les volumes destinés aux règnes de Philippe Ier, de Louis VI et de Louis VII.

Ensuite D. Poirier et D. Berthereau ont proposé successivement différentes questions; le premier, par rapport au *Recueil des historiens de France*, et le second, par rapport au recueil des croisades. Chaque question a été mise en délibération, et le résultat a été tel qu'il s'ensuit :

---

[1] Antoine-Raymond-Gualbert-Gabriel de Sartines, comte d'Alby, né à Barcelone le 12 juillet 1729, mort à Tarragone le 7 septembre 1801, conseiller d'État, puis ministre de la marine et ministre d'État.

[2] Joseph de Guignes, orientaliste, né à Pontoise le 19 octobre 1721, mort à Paris le 22 mars 1800, membre de l'Académie des inscriptions, censeur royal et garde des antiques du Louvre, etc.

[3] Dom François-Georges Berthereau, né à Belesme, profès à Vendôme le 30 octobre 1748, mort à Paris le 26 mai 1794. On lui doit trente et un volumes de recherches sur les croisades, compris sous les numéros 9050-9080 du fonds français de la Bibliothèque nationale.

[4] Dom Pierre Henry, né à Sermier, diocèse de Reims, profès à l'âge de dix-huit ans dans l'abbaye de Saint-Remi, le 7 mars 1725, fit paraître, en collaboration avec dom Jacques Taschereau, le tome XI du *Gallia christiana*, en 1759.

[5] Dom Samson Patert, né à Compiègne, profès à Saint-Faron de Meaux le 27 octobre 1737 à l'âge de dix-huit ans, plus tard bibliothécaire de Saint-Germain-des-Prés.

Arrêtés sur le *Recueil des historiens de France* :

1° Que l'on s'en tiendroit à ce qui avoit été arrêté dans les conférences chez M. le Chancelier de Lamoignon, touchant la manière de couper les chroniques et les autres monumens historiques ; qu'en conséquence, on embrasseroit, pour les volumes suivans, les trois règnes de Philippe Ier, Louis VI et Louis VII, ce qui forme une époque de 120 ans, depuis 1060 jusqu'en 1180 ;

2° Que l'on réserveroit pour le dernier volume de cette époque la partie historique de la préface et la table chronologique ;

3° Que l'on mettroit à la tête du XIIe volume la carte géographique de la France, qui avoit été omise au commencement des monumens de la 3e race, et qu'on y distingueroit principalement les sept grands fiefs qui composoient alors la monarchie ;

4° Que l'on se contenteroit d'extraire, des historiens des provinces qui n'appartenoient pas alors à la France, ce qui a rapport à notre histoire, comme on le fait à l'égard des écrivains de l'histoire des royaumes étrangers ;

5° Que, quant aux historiens des provinces qui ne faisoient point alors partie de la France, mais qui y ont appartenu depuis et qui en font aujourd'hui partie, il convient d'en extraire de plus les diplômes et les autres monumens qui paroîtront les plus importans pour l'histoire générale de ces provinces, surtout s'ils ne se trouvent point dans les recueils des historiens étrangers ou dans d'autres collections ;

6° Que l'on n'employera les historiens de la conquête de Naples et de Sicile que jusqu'au tems où les Normands conquérans s'y trouvent établis, tout ce qui est au-delà de cette époque appartenant à l'histoire de Sicile et d'Italie, dont les monumens ont été rassemblés dans les amples recueils de Muratori[1], Caruso[2], etc. ;

7° Que l'on placeroit d'abord par ordre chronologique tous les chroniqueurs de France, et ensuite les extraits des écrivains étrangers, chaque nation sous un titre séparé, comme *Excerpta ex scriptoribus anglicis*, *Excerpta ex scriptoribus italicis*, etc., et que, dans l'*elenchus* à la tête du volume, on rangeroit tous ces extraits, suivant leur ordre chronologique.

---

[1] Les *Rerum Italicarum scriptores*, en 27 vol. in-fol., publiés à Milan, 1723-1738, par Louis-Antoine Muratori, né à Vignola le 21 octobre 1672, mort à Modène le 21 janvier 1750.

[2] La *Bibliotheca historica Siciliæ*, en 2 vol. in-fol., publiés à Palerme, 1720-1723, par J.-B. Caruso, né à Polizzi le 27 décembre 1673, mort le 13 octobre 1724.

Les arrêtés concernant le recueil des historiens des croisades furent remis à D. Berthereau. Ils regardoient la réimpression des *Gesta Dei per Francos* [1] et l'impression des historiens qui ont écrit en arabe, avec la traduction en latin.

(Collection Moreau, n° 307, fol. 32.)

3
OBSERVATIONS PRÉSENTÉES PAR DOM POIRIER
AU SUJET DU RECUEIL DES HISTORIENS DE FRANCE,
DANS LA CONFÉRENCE TENUE CHEZ M. LE CHANCELIER DE MAUPEOU.
12 juin 1769.

Messieurs, mon collègue vient de vous rendre compte de ce qui a été arrêté dans les conférences chez M. le Chancelier de Lamoignon, concernant la manière de couper les chroniques et les autres monumens de notre histoire, en divisant la troisième race en différentes époques. On y est convenu, par rapport aux volumes suivans, que l'on donneroit de suite les chroniques et les autres monumens qui appartiennent aux règnes de Philippe Ier, de Louis VI et de Louis VII, ce qui embrasse un espace de 120 ans, à compter depuis 1060 jusqu'à 1180.

Cette méthode, à laquelle dom Bouquet s'est conformé littéralement pour les monumens de la première race et pour les règnes des successeurs de Charles le Chauve jusqu'à la fin de la seconde, paroît exiger de nous quelques modifications par rapport à la préface et à la table chronologique qui sont ordinairement placées à la tête de chaque volume.

Partie historique de la préface. Nous avons divisé la préface du dernier volume en deux parties, dont la première contient la notice des auteurs et des monumens qui y sont rassemblés, et la seconde des observations sur les loix, coutumes, mœurs et usages de la nation sous les règnes de Hugues Capet, Robert et Henri Ier. Nous donnerons, à la tête de chaque volume de l'époque fixée, la notice des monumens qu'il renfermera. Mais nous pensons que, quant à la partie historique de la préface, il seroit mieux de la réserver pour le dernier volume de l'époque déterminée. En effet, ce tableau

---

[1] C'est la précieuse collection des principaux chroniqueurs des croisades, publiée par Bongars, Hanau, 1611-1619, 2 vol. in-fol.

du gouvernement, des mœurs et des usages n'étant que le résultat des traits remarquables contenus dans les monumens qui appartiennent à une même époque, il paroît convenable de ne le présenter qu'après avoir rassemblé tous les traits qui doivent le composer.

Table chronologique. Nous croyons aussi que la table chronologique doit être placée à la tête du dernier volume de l'époque fixée. Cette méthode pourra paroître une nouveauté. On est accoutumé à voir une table chronologique à la tête de chaque volume, et nous ne dissimulons pas que dom Bouquet en a ainsi usé par rapport aux monumens de la première race, et pour ceux de la seconde qui concernent les règnes des successeurs de Charles le Chauve.

Il y a cependant des raisons très-fortes pour s'écarter de la méthode de D. Bouquet, quand les monumens appartenans à une même époque contiennent plusieurs volumes. En effet, la table chronologique est composée d'après les monumens de chaque volume. L'un contiendra les chroniques, le second l'*Appendix ex variis chronicis*, les poésies historiques, les vies des saints et autres monumens, les lettres historiques des princes, papes et évêques, les décrets des conciles et les ordonnances; le troisième renfermera les diplômes, notices et chartes importantes et remarquables.

Or, indépendamment de la difficulté qu'il y a à fixer les dattes des événemens par années, en se bornant aux chroniques qui souvent se contredisent à cet égard, il est certain que l'on ne réussira jamais à fixer ces dattes sans combiner les chroniques non-seulement entre elles, mais encore avec les divers monumens renfermés dans les volumes suivans qui appartiennent à la même époque, comme l'*Appendix ex variis chronicis*, les vies des saints, les conciles, et surtout les lettres historiques et les diplômes. Ce qui peut se rencontrer de défectueux dans une espèce de monumens historiques se corrige par une autre. Et il n'y a que ce moyen de perfectionner la table chronologique, qui est d'un travail très-épineux, souvent ingrat et le plus pénible de l'ouvrage. Les critiques ont reproché à dom Bouquet beaucoup de négligences dans ce genre; mais outre que personne ne peut se flatter d'éviter toutes les fautes dans ce travail, il est vraisemblable que dom Bouquet en eût évité une grande partie, s'il eût attendu à composer sa table chronologique que tous les monumens appartenans à une même époque fussent imprimés. Il paroît donc convenable de ne placer les annales ou la table chronologique qu'à la tête du dernier volume appartenant à la même époque. Cette méthode réunit un autre avantage qui n'est pas indifférent pour les gens de lettres, c'est qu'il suffira d'ouvrir un volume pour y lire la suite des faits contenus dans plusieurs volumes, au lieu qu'autrement il faudroit, pour une même époque, consulter plusieurs tables chronologiques à la fois, ce qui seroit beaucoup plus embarassant. Au reste, on s'en rapporte aux lumières de l'assemblée et de son illustre chef.

Cartes géographiques. Suivant le plan arrêté chez M. le Chancelier Daguesseau, on devoit mettre une carte géographique au commencement de chaque race. On n'en a point mis au commencement de la troisième, mais cela peut se réparer, et l'on espère du zèle de Monseigneur le Chancelier pour la perfection de ce grand ouvrage qu'il voudra bien donner les ordres nécessaires à cet égard. Mais on ne peut se dispenser d'observer qu'une seule carte géographique ne suffit pas pour la troisième race. Il paroît nécessaire d'en mettre une au commencement du dernier volume de chaque époque. Nous inclinons pour le dernier volume, plutôt que pour le premier, parce qu'à mesure qu'on ramasse des monumens et qu'on les combine avec les premiers d'une même époque, on acquiert des lumières et on réforme des erreurs. Cependant, par cette considération, on pourroit placer à la tête du premier volume d'une époque la carte géographique qui représenteroit l'état du Royaume, non pas pendant cette époque, mais à la fin de l'époque précédente : par exemple, rien n'empêcheroit de mettre à la tête du douzième volume une carte géographique qui représenteroit la France telle qu'elle étoit pendant les règnes de Hugues Capet, de Robert et de Henri Ier, et par conséquent au commencement de celui de Philippe Ier, qui doit faire la matière de l'époque suivante, avec les règnes de Louis VI et de Louis VII.

(Collection Moreau, n° 307, fol. 34.)

4

PLACET DU SUPÉRIEUR GÉNÉRAL DE LA CONGRÉGATION DE SAINT-MAUR AU GARDE DES SCEAUX.

5 août 1769.

Monseigneur, dom Pierre-François Boudier [1], Supérieur général de la

---

[1] Pierre-François Boudier, né à Valognes, profès à Jumièges le 29 juillet 1722, abbé de Saint-Martin de Séez, etc.

congrégation de Saint-Maur, représente très-humblement à Votre Grandeur qu'en 1717, dom Maur Audren [1], pour lors assistant du Général de ladite Congrégation, ayant proposé à Mgr d'Aguesseau le dessein d'une nouvelle édition des historiens de France donnés par Duchesne, ce magistrat l'approuva et tint en son hôtel une assemblée de sçavans qui furent d'avis qu'il falloit recommencer et continuer la collection de Duchesne suivant le plan qui en seroit dressé par dom Martenne [2], de ladite Congrégation. Ce religieux rédigea le plan, qui fut lu et approuvé dans une autre assemblée, et le même auteur fut chargé par Monseigneur le Chancelier de l'exécuter. Des changements arrivés dans le Ministère interrompirent l'exécution. Cependant on jugea qu'il étoit nécessaire de commencer à rechercher les monuments qui pouroient entrer dans la nouvelle collection et de faire à cet effet un voyage dans les Pays-Bas et en Allemagne. Dom Martenne et dom Durand firent ce voyage aux dépens de la Congrégation [3]. En 1721, le Ministère la chargea de l'ouvrage. Dom Bouquet le commença en 1723 ; il a donné, jusqu'à sa mort, les neuf premiers volumes de la collection. C'étoient les plus intéressants et les plus difficiles. Le dixième et le onzième ont paru depuis. Ce dernier étoit très-avancé, lorsque l'ouvrage a été confié à dom Précieux, qui s'est associé dom Poirier. Ces deux religieux devenant aujourd'hui étrangers à la Congrégation [4], il paroîtroit injuste qu'ils profitassent au dehors des recherches littéraires qu'elle a fait faire à grands frais et qu'ils emportassent les portefeuilles de dom Maur Dantine [5] et d'autres religieux de la Congrégation qui ont eu part à cet ouvrage. Ce seroit de plus pour la Congrégation un déshonneu qu'elle ne croit pas avoir mérité, et qui pouroit décourager ceux de ses membres qui sont occupés de travaux littéraires ou qu'on se propose d'y

---

[1] Dom Maur Audren, né à Laudumez, diocèse de Léon en Bretagne, profès à Saint-Melaine de Rennes, à l'âge de dix-huit ans, le 17 janvier 1669, mort à Marmoutier le 7 avril 1725. Il contribua beaucoup aux progrès des études historiques dans la congrégation de Saint-Maur.

[2] Dom Edmond Martene, né à Saint-Jean-de-Losne le 22 décembre 1654, mort à Paris le 20 juin 1739, une des gloires de l'érudition bénédictine.

[3] Ils partirent le 30 mai 1718. Les particularités intéressantes des voyages que firent pour leurs travaux dom Martene et dom Durand sont consignées dans leur *Voyage littéraire*, Paris, 1717 et 1724, in-4°.

[4] Dom Poirier et dom Précieux venaient de quitter la congrégation de Saint-Maur : dom Poirier y rentra plus tard.

[5] Dom Maur-François Dantine, né à Gourieux, près de Liège, le 1er avril 1688, mort à Paris le 3 novembre 1746. Il avait conçu et entrepris l'*Art de vérifier les dates* et collabora à la collection des lettres des Papes et à la nouvelle édition du Glossaire de du Cange.

appliquer. Ce considéré, Monseigneur, il plaise à Votre Grandeur de faire couserver à ladite Congrégation la continuation dudit ouvrage et les matériaux qui en ont été confiés à dom Précieux et à dom Poirier, aux offres par le suppliant d'en charger un religieux sçavant et laborieux, capable de conduire avec diligence l'ouvrage à sa perfection, et le suppliant et toute la Congrégation redoubleront leurs vœux et leurs prières pour la conservation de Votre Grandeur [1].

(Collection Moreau, n° 307, fol. 16.)

5

LETTRE DE DOM BERTHEREAU AU GARDE DES SCEAUX.

19 octobre 1769.

Monseigneur, je n'ai été interrogé que légèrement sur le résultat de l'audience dont Votre Grandeur m'a honoré. Ma réponse n'a pas été plus longue, et je me suis maintenu dans les bornes que vous m'avés prescrites. J'ai néanmoins eu occasion de converser avec nos Supérieurs de la collection des historiens de France; ils parloient cy-devant d'un inventaire des papiers; je les ai mis à même, mais je leur ai fait sentir que ce n'étoit pas l'ouvrage d'un jour. Le P. Général m'a dit qu'il avoit autre chose à faire; j'ai proposé, en conséquence et de sa part, à un de ses assistants de jetter un coup d'œil sur les portes-feuilles; il m'a refusé, disant qu'il n'y entendoit rien; mais il m'a témoigné avec quelle peine il voioit la forme de notre ouvrage soumise à la décision d'autres que ceux du dedans et à des conférences qui se tiennent en présence de Votre Grandeur. J'ai essaié de lui faire sentir combien ces conférences nous étoient honorables et utiles; mais il y a longtemps que je sçai que nos Révérends Pères voient les choses d'un œil différent. Ils considèrent que cela donne occasion à des relligieux de se faire connoître et protéger en cas de besoin, et qu'ils ne sont plus alors si fort les maîtres de les changer à

---

[1] Un placet semblable fut adressé à Charles-Antoine de la Roche-Aymon, archevêque de Reims, grand aumônier de France. (*Ibid.*, fol. 14.) De son côté, dom Poirier demandait au Garde des sceaux, par une lettre datée du 25 décembre 1769, à continuer, avec dom Précieux, sinon toute la collection des historiens de France, au moins la partie qu'ils en avaient préparée ensemble et qui embrassait les règnes de Philippe Ier, Louis VI et Louis VII. (*Ibid.*, fol. 23.)

leur gré. Cette observation est nécessaire, Monseigneur, avant que j'aie l'honneur de rendre compte à Votre Grandeur de ce qui s'est passé depuis peu entre eux et moi. J'ai risqué de leur dire, par manière de conversation, ce que j'ai toujours pensé sur la manière dont je pense qu'ils auroient dû s'y prendre pour la continuation du *Receuil des historiens de France*. Je ne leur ai dit que ce que j'ai dit plus d'une fois aux abbés Poirier et Prétieux et à M. de Foncemagne, qui tous sont de mon avis. Nos Supérieurs ont paru faire attention à mes raisons; ils m'ont prié de les mettre par écrit, pour qu'ils puissent en conférer ensemble plus à leur aise. Je l'ai fait, et voici en substance, Monseigneur, ce que j'ai mis par écrit.

Les circonstances présentes peuvent être très-favorables ou très-défavorables à l'ouvrage; favorables, si les abbés Poirier et Prétieux donnent les trois règnes de Philippe Ier, Louis VI et Louis VII, qui forment l'époque arrestée en présence de Votre Grandeur, et si pendant ce temps d'autres relligieux s'appliquent à faire des recherches sur le règne de Philippe-Auguste et les suivants; défavorables, si les abbés Poirier et Prétieux ou autres continuent seuls; car, une fois prélevés les papiers relatifs aux trois règnes qui forment l'époque convenue, il ne reste que dix cartons, qui ne contiennent que des collections vagues, sans notes et sans variantes, depuis le règne de Philippe-Auguste jusque et au-delà de celui de François Ier. D'où il suit que, si on ne multiplie les travailleurs, l'ouvrage languira. Les circonstances semblent propres à les multiplier; les nouveaux continuateurs pourroient même faire imprimer le règne de Philippe-Auguste, lorsce que les abbés Poirier et Prétieux imprimeront le second ou troisième volume de leur époque; ce qui, joint à ce que je pourrai donner de croisade, avanceroit beaucoup cet ouvrage. J'ai conclu à ce que nos Révérends Pères m'autorisassent à remettre incessamment à l'abbé Poirier les papiers qui regardent son travail, et à ce qu'ils eussent l'honneur de vous présenter un placet et de vous supplier d'agréer cet arrangement. Je n'ai eu garde, Monseigneur, de leur promettre un heureux succès; j'ai seulement présumé que la chose paroissant tourner à l'avantage de l'ouvrage et à la satisfaction des parties, il pourroit plaire à Votre Grandeur. L'abbé Poirier doit avoir l'honneur de vous en écrire[1]; il pense que les deux ou trois volumes de l'époque choisie ne pourront pa-

---

[1] La lettre de dom Poirier à laquelle il est fait allusion ici se trouve dans la Collection Moreau, n° 307, fol. 25.

roistre que dans 8 à 10 ans, et qu'après ce temps, ils seront d'un certain âge, et qu'ils seront charmés d'être à eux, afin de pouvoir mettre au net toutes leurs idées sur l'histoire de France. Le seul volume auquel ils ont travaillé leur a donné occasion de jetter sur le papier la matière d'un volume in-4° de dissertations. Il pense aussi comme moi que l'ouvrage restant dans la Congrégation, il sera beaucoup moins exposé à languir que si il passe successivement dans les mains de différents particuliers.

Nos Révérends Pères se sont assemblés. J'ai demandé à dom Gilot[1], l'un des assistants, et huit jours après, si ils avoient été contents de mon écrit. Ils ont trouvé que j'avois bien exposé l'état de la question, mais il m'a ajouté que le secrétaire n'avoit pas rédigé le résultat de leur conférence, et que, quand il le seroit, il m'en feroit part. Je ne compte pas là-dessus du tout. La réponse m'aiant paru mistérieuse, j'ai lâché quelque propos vague pour en sçavoir davantage. J'ai paru désirer que l'ouvrage fût continué dans la Congrégation. Dom Gilot m'a répondu que l'on ne manquoit pas d'autres ouvrages également intéressants, que de mon aveu il n'y avoit presque rien dans les cartons, et que, par conséquent, on ne perdroit rien. J'ai ajouté qu'il me paroîtroit gratieux pour eux de faire agréer à Votre Grandeur un plan qu'ils proposeroient d'eux-mêmes ; il m'a répondu qu'il y avoit des occasions où des ordres supérieurs avoient leur avantage. J'ai conclu de tout cela, Monseigneur, que dom Gilot, dont je connois d'ailleurs les idées, a persuadé aux autres que le *Receuil des historiens de France* étoit dangereux, en ce qu'il donnoit occasion à quelques relligieux d'être moins sujets à leurs fantaisies ; ils ont probablement pris le parti de traîner en longueur, ou de proposer quelque arrangement ridicule pour avoir des ordres, et afin qu'ils puissent dire à ceux qui pourroient regretter l'ouvrage, que ce n'est pas leur faute. Ils ont pensé à proposer de faire faire cet ouvrage gratis, dans l'espérance d'être plus les maîtres des auteurs. Quelque vaine que soit leur espérance, je serois fort de leur avis pour le gratis, mais une expérience de quarante ans nous a appris que les taxes imposées pour les frais littéraires ont été en grande partie converties à d'autres usages, et fort souvent au profit des Supérieurs. Le Conseil littéraire que nous avions fait établir étoit fait pour remédier en partie à cet abus, mais les Supérieurs ont trouvé le moien de

---

[1] Dom Jacques-Louis Gilot, né à Surenne, profès à Saint-Faron de Meaux, à l'âge de vingt-cinq ans, le 18 mai 1744.

l'anéantir : il offensoit trop leur esprit de domination. Les foibles réglements que nous avons obtenus, dans ces derniers temps, n'ont fait qu'irriter le despotisme et ne l'ont point abbatu : nos Supérieurs seront plus en garde que jamais contre les gens de lettres.

....

J'ai l'honneur, etc.

Fr. G.-F. BERTHEREAU.

(Collection Moreau, n° 307, fol. 20.)

6
LETTRE DE DOM BOUDIER AU GARDE DES SCEAUX.

14 décembre 1769.

Monseigneur, j'obéis aux ordres que m'a donnez Votre Grandeur, de luy désigner les religieux que je crois les plus en état de travailler avec succez à la continuation de la collection des historiens de France. Celuy qui me paroît le plus capable d'être mis à la tête d'une entreprise aussi importante, de la diriger, et de former des sujets qui puissent un jour le remplacer, se nomme dom François Clément, âgé de cinquante-cinq ou six ans, homme trez-laborieux et des plus versez que nous ayons dans la connoissance de l'histoire, avec cela trez-exact à ses devoirs, et plein de l'esprit de son état. Il a autrefois travaillé à l'*Histoire littéraire de France* [1]; il donne actuellement l'*Art de vérifier les dattes* [2], qu'achève d'imprimer M. Desprez et qui doit paroître dans le mois prochain. L'associé que j'ai l'honneur de vous présenter, Monseigneur, pour être admis au même travail et l'aider dans les recherches à faire pour le porter à sa perfection, s'appelle dom Monniotte [3], homme

---

[1] Dont il acheva les onzième et douzième volumes et prépara le treizième.

[2] Nouvelle édition, considérablement corrigée et augmentée, de l'ouvrage de dom Clémencet, qui avait paru en 1750.

[3] Dom Pierre-François Monniotte, né à Besançon en 1723, mort à Tigery, près de Corbeil, le 29 avril 1797, ancien professeur de philosophie et de mathématiques à Saint-Germain-des-Prés. Foncemagne, écrivant, le 15 décembre 1769, au Garde des sceaux, émettait l'avis que dom Monniotte ne pouvait guère servir que de copiste à dom Clément et que dom Jacques-Claude Vincent, alors à Saint-Remi de Reims, devait lui être préféré. L'observation de Foncemagne était fondée, car dom Vincent s'était particulièrement occupé des origines de notre histoire nationale. Ses travaux forment les numéros 10437-10439 du fonds français des manuscrits de la Bibliothèque nationale. La lettre de Foncemagne est dans la Collection Moreau, n° 307, fol. 7.

d'esprit, qui aime l'étude et a trez-bien enseigné, trez-religieux et appliqué; capable conséquemment de réussir. Voilà, Monseigneur, les deux religieux que j'ai l'honneur de proposer à Votre Grandeur, pour s'occuper d'un ouvrage auquel elle daigne accorder une protection particulière, que je la supplie de vouloir bien luy continuer. Il a été commencé sous les auspices d'un de vos plus illustres prédécesseurs; je souhaitte qu'il finisse sous les vôtres, Monseigneur, et à votre plus grande satisfaction.

J'ai l'honneur, etc.

Fr. P.-F. Boudier,
Supérieur général de la congrégation de Saint-Maur.

(Collection Moreau, n° 307, fol. 6.)

7
LETTRE DE DOM CLÉMENT AU GARDE DES SCEAUX.
16 juillet 1787.

Monseigneur, je reçois comme un ordre très-respectable l'invitation que Votre Grandeur veut bien me faire de lui apprendre où en est la collection des historiens de France, dont je suis chargé depuis 17 ans, et quels sont mes associés soit pour cette entreprise, soit pour ma troisième édition de l'*Art de vérifier les dates*. Je n'en ai aucun, à proprement parler, pour celle-ci. Mais j'entretiens des correspondances avec divers savans des pays étrangers, qui me fournissent d'excellens mémoires ou qui prennent la peine de revoir ceux que je leur envoye sur les grands feudataires des provinces qu'ils habitent. C'est avec leur secours que j'espère débrouiller le cahos de l'histoire féodale des Pays-Bas, de l'Allemagne et de l'Italie.

A l'égard de la collection des historiens, j'ai, depuis environ 15 ans, pour collègue dans cette tâche dom Brial[1], qui, étant dans la force de l'âge et joignant l'amour du travail aux talens, est en état de fournir et d'éclaircir les monumens de plusieurs règnes. C'est avec lui que j'ai publié les XII° et XIII° volumes, qui embrassent, sous une période de 120 ans, les règnes de Philippe I°, de Louis le Gros et de Louis le Jeune. Ces mêmes règnes doivent

[1] Dom Michel-Jean-Joseph Bréal, né à Perpignan en 1743, mort à Paris le 24 mai 1828, collaboroit alors avec dom Clément aux tomes XII et XIII du *Recueil des historiens de France*, etc.

encore nous occuper dans le XIV° volume, où nous nous proposons de faire entrer tout ce qu'il y a sous cette période de relatif à notre histoire et au droit public dans les actes des conciles, dans les vies des saints, dans les bulles des papes, dans les diplômes de nos Rois, dans les lettres des hommes illustres, dans les poésies du tems, etc. Une pièce importante, par où ce volume doit s'ouvrir et qu'on nous fait attendre depuis longtems de Rome, où nous l'avons plusieurs fois fait demander, nous tient en échec. Si de nouvelles sollicitations ne sont pas mieux accueillies, nous serons obligés, pour l'obtenir, de recourir à votre puissante recommendation, qui ne manquera sûrement pas de produire son effet. Tel est l'état que l'obéissance m'engage à vous rendre de nos travaux littéraires, heureux de pouvoir les continuer sous vos auspices.

Daignez agréer, etc.

Fr. Franç. CLÉMENT, bénédictin.

(Collection Moreau, n° 307, fol. 90.)

8

EXTRAIT D'UN RAPPORT DE MOREAU SUR L'ÉTAT DES TRAVAUX LITTÉRAIRES [1].

1ᵉʳ mars 1788.

Ces deux ouvrages sont les deux plus importans peut-être que la congrégation de Saint-Maur ait entrepris.

L'*Art de vérifier les dates* est dû aux soins de dom Clément. Il ne forma originairement qu'un volume in-quarto ; plus que doublé dans la deuxième édition, qui fut dédiée au Roy en 1770, il fit un très-gros in-folio. La dernière édition, qui a été prodigieusement augmentée, renferme trois volumes in-folio; mais tous les monumens ne sont pas encor épuisez et, à l'aide de ses correspondances, ce savant religieux, qui espère bientôt avoir un adjoint pour cet ouvrage, compte, si Dieu lui donne la vie, débrouiller le cahos de l'histoire féodale des Pays-Bas, de l'Allemagne et de l'Italie. Cet ouvrage mérite vrayment les soins et la protection du Gouvernement.

La Collection des historiens de France est desjà composée de 14 volumes, dont les deux derniers renferment, sous une période de cent vingt ans, les règnes de Philippe Iᵉʳ, de Louis le Gros et de Louis le Jeune. Commencée par

[1] Remis à Lamoignon le 1ᵉʳ mars 1788.

dom Bouquet, elle est, depuis longtems, continuée par dom Clément, qui a, depuis quinze ans, pour adjoint et associé dom Brial, qui seul en est chargé actuellement.

Le Roy souscrit pour un certain nombre d'exemplaires de cet ouvrage, et ils sont distribuez à mesure qu'ils paroissent.

Dom Clément, par sa lettre du 16 juillet 1787, rend compte à Monseigneur de ces deux ouvrages, qu'il recommande à sa protection, et, tous les ans, aura l'honeur de lui faire part de leurs progrès.

(Collection Moreau, n° 307, fol. 75.)

III

TABLE CHRONOLOGIQUE DES CHARTES ET DIPLÔMES [1].

1
MÉMOIRE DE BRÉQUIGNY SUR L'ÉTAT ET LES PROGRÈS DE LA TABLE DES TITRES IMPRIMÉS RELATIFS À L'HISTOIRE DE FRANCE.
1763.

Cette table est considérablement avancée; l'on a achevé le dépouillement d'environ douze mille volumes. Le catalogue des auteurs imprimés forme seul un très-gros volume in-folio, que le sieur de Bréquigny a l'honneur de mettre sous les yeux de Monseigneur le Contrôleur général. On se flatte qu'il reste peu de titres imprimés concernant notre histoire qui ayent échappé à nos recherches.

Les titres des pièces imprimées ont d'abord été extraits sur des bulletins; on a ensuite travaillé à les transcrire sur des registres selon l'ordre chronologique. Cette transcription est presque finie; elle s'étend depuis le commencement de notre monarchie jusqu'au règne de Louis XIII, qui est même assez avancé. Le sieur de Bréquigny a aussi l'honneur de mettre sous les yeux de Monseigneur le Contrôleur général un des registres de cette table; il y en a plus de trente autres semblables.

Tandis que l'on continuoit la transcription, le sieur de Bréquigny, chargé, depuis près de deux ans, de conduire ce travail, s'est apperçu que le sieur Secousse, qui l'avoit dirigé avant lui, et à qui l'affoiblissement de sa vue ne permettoit pas d'éclairer ses copistes, avoit employé des gens peu habiles ou peu exacts, de sorte que plusieurs des extraits qu'ils avoient faits étoient remplis de fautes, soit par de fausses fixations de dattes, soit parce que, ne

---

[1] Voir aussi pages 32, 35, 40, 41, 56, 57, 63, 72, 73, 99, 107, 108, 120, 121, 122, 123, 124, 126, 131, 139, 146, 162, 166, 179, 182, 185, 196, 213, 266, 288, 331, 337, 346, 414, 430, 445, 447.

trouvant pas d'argumens aux pièces, ils en avoient construit de peu convenables, soit parce que, trouvant dans divers recueils la même pièce sous divers titres, ils avoient transcrit ces titres comme s'ils annonçoient des pièces différentes. Le sieur de Bréquigny a donc pris le parti de faire une revision générale, qui lui a déjà fourni un grand nombre de corrections; il y en a des exemples dans le registre qu'il a l'honneur de mettre sous les yeux de Monseigneur le Contrôleur général.

Sitôt que cette revision sera achevée et que la transcription de la table chronologique sera finie, le sieur de Bréquigny, selon le projet arrêté lorsque ce travail fut commencé, dressera une table dans laquelle chaque titre sera rangé selon l'ordre des matières; il s'occupe même de cette distribution importante et difficile, en même tems qu'il procède à la revision des titres.

Cette seconde table sera encore plus utile que la table chronologique, car celle-cy n'interesse principalement que ceux qui travaillent sur l'histoire générale de la France; mais la table par ordre de matières est nécessaire à ceux qui travaillent sur des objets relatifs à cette histoire, tels que les droits et prérogatives de la Couronne, les libertés de l'Église gallicane, les finances, le commerce, etc. Le sieur de Bréquigny a l'honneur de mettre sous les yeux de Monseigneur le Contrôleur général l'essay du système de cette table qu'il joint à ce mémoire.

Lorsque cette table sera achevée, il ne s'agira plus que de dresser des tables particulières des noms de lieux et de personnes, ce qui cependant ne devra se faire qu'après l'impression des tables générales dont on vient de parler, dans le cas où l'on jugeroit à propos de les faire imprimer. Si l'on prenoit ce parti, l'on seroit en état de commencer dès à présent l'impression de la table chronologique, qui pourroit former en tout environ quatre volumes in-folio.

L'impression de cette table seroit d'une grande utilité pour faciliter et accélérer le travail projetté sur les chartes manuscrittes, parce que l'on distribueroit des exemplaires de cette table à ceux qui rassembleroient les chartes, et ils verroient d'un seul coup d'œil quelles sont celles qui ont déjà été imprimées et dans quels livres elles ont été publiées, de sorte qu'il leur seroit aisé d'en faire sur-le-champ la collation et de juger par là si la charte manuscrite, quoique déjà imprimée, ne mérite pas à quelques égards d'être copiée, ou s'il suffit d'indiquer le dépost où elle se trouve.

Le sieur de Bréquigny attendra à ce sujet les ordres de Monseigneur le

Contrôleur général, et cependant ne négligera rien pour conduire à sa fin, aussi promptement qu'il lui sera possible, le travail dont il a l'honneur d'être chargé. Il ose espérer que son application et son exactitude lui mériteront les bontés de Monseigneur le Contrôleur général.

(Collection Moreau, n° 285, fol. 164.)

2

RÉPONSE DE BERTIN À BRÉQUIGNY [1].

Après le 5 septembre 1764.

J'ay reçu votre lettre, Monsieur, et je l'ay lue avec plaisir, ainsi que le mémoire que vous y avez joint. Vous voilà au milieu de richesses inconnues jusqu'à présent pour ceux même qui en sont possesseurs, et par vos soins peut-être nous seront-elles plus utiles qu'à eux. Je vous exhorte à me faire part de tems en tems de vos découvertes. Outre l'intérêt que je prends au bien général, j'y puiseray souvent des vues qui pourront contribuer au progrès du travail dont le Roy m'a chargé.

C'est pour avancer ce travail que je persiste à croire que nous avons un véritable besoin du catalogue des chartes imprimées que le Roy a fait faire, et dont on vous doit la continuation. C'est la première pièce du Cabinet ou dépôt des chartes et notices dont Sa Majesté a ordonné l'établissement. Je conviens avec vous que ces catalogues vous sont utiles à Londres; je pense même que vous pouvez les y augmenter; mais il n'en est pas moins vray qu'ils sont indispensables icy, soit aux Bénédictins, pour faire utilement les recherches que nous leur prescrivons, soit à ceux qui pourront nous aider dans la collection que nous avons en vue. La peine que les uns et les autres prendroient même à faire les listes que vous proposez, et qu'il faudroit ensuite donner à examiner à MM. de Sainte-Palais et de Foncemagne, pour savoir quelles pièces doivent être copiées, seroit un travail perdu toutes les fois que les chartes qu'ils placeroient dans ces listes auroient été imprimées et seroient dans votre catalogue. D'ailleurs, quelque bonne volonté qu'aient vos amis, il ne seroit pas juste de les charger de ce

[1] Cette lettre a été publiée par M. Champollion-Figeac, *Lettres des rois et reines*, Introduction, p. LXXXIX.

détail pénible, auquel souvent ils n'auroient pas le tems de se livrer. Les Bénédictins demandent donc, et je croi qu'ils ont raison, qu'on les mette en état de faire eux même ce triage. Rien ne sera plus facile, lorsque nos catalogues seront imprimez et leur auront été donnez : car lorsqu'ils trouveront une charte dans un dépôt, ils sauront en une minute si elle est desjà connue par l'impression ou si elle ne l'est pas. Les additions dont le catalogue des chartes imprimées est susceptible ne doivent point, selon moi, en retarder la publication ; car si on attendoit, pour la faire, qu'il n'y eût plus rien à y ajouter, on attendroit encor bien des années. Les additions doivent produire des supplémens, et en attendant il est bon de jouir.

D'après cela, Monsieur, pour concilier et le besoin que vous avez de ces catalogues et celui que nous en avons nous même, j'accepte l'offre que vous me faites de m'envoyer incessamment le premier volume, dont on commencera toujours l'impression. Elle nous conduira jusqu'à votre retour, que vous annoncez pour l'hyver. Alors vous nous mettrez vous même en état de continuer l'impression des volumes suivans, soit sur les bulletins même, qui peut-être nous suffiront, s'ils sont dans l'ordre que vous annoncez, qui, pour la facilité de nos travailleurs, doit être l'ordre chronologique, soit sur des copies que l'on en fera faire, lorsque vous les aurez revus.

Je suis, etc.

BERTIN.

(*Collection Moreau*, n° 315, fol. 73.)

3

LETTRE DE BRÉQUIGNY À BERTIN [1].

Londres, le 30 octobre 1764.

Monseigneur, en conséquence de vos ordres, je viens de remettre le premier volume de la table chronologique des titres imprimés, bien emballé, chez M. l'ambassadeur de France, qui s'est chargé de vous le faire passer par la meilleure et la plus prompte voye possible. Je crois qu'il y aura quelques vérifications à faire au sujet des changemens qu'y a faits M. l'abbé de

[1] Cette lettre a été publiée par M. Champollion-Figeac, *Lettres des rois et reines*, Introduction, p. xci.

Foix, entre les mains de qui ce volume a autrefois passé, et qui travailloit, à ce qui me paroît, sur un plan différent du nôtre; car il ne s'est pas contenté de rayer les articles doubles; il en a rayé plusieurs autres qu'il ne croyoit pas essentiels, mais qui le sont dans notre plan, qui embrasse tout: c'est ce dont je me suis apperçu en revoyant cette table, et j'en conféray même pour lors avec dom Housseau et dom Précieux. Au reste, ce travail sera de peu de conséquence et peut se faire en revoyant les épreuves.

Il y a une autre observation, Monseigneur, dont je dois aussi vous informer; c'est que les copistes de M. Secousse n'ont pas pris garde à l'ancienne façon de commencer l'année à Pâques; de sorte que, dans les tems où l'on datoit ainsi, les actes des premiers mois de l'année doivent être reculés d'un an, selon la façon dont on date aujourd'huy. Ainsi l'acte datté, par exemple, du 15 février 1400, doit être placé après le mois de décembre 1400, et par conséquent en 1401, selon la chronologie actuelle; au lieu que, dans la table, cet acte se trouvera placé au commencement de l'année 1400, conformément à sa datte non rectifiée. Il est encore fort aisé de corriger ce défaut.

Je m'occupe toujours des travaux dont je suis chargé ici, et la moisson continue d'être très-abondante. J'auray l'honneur, Monseigneur, de vous en rendre compte au premier jour, et j'ose me flatter que vous serez content du progrès.

Je suis, etc.

BRÉQUIGNY.

(Collection Moreau, n° 315, fol. 74.)

4

LETTRE DE BRÉQUIGNY À BERTIN [1].

1765.

Monseigneur, selon la promesse que j'eus l'honneur de vous faire à Versailles, le mois dernier, j'envoye le sieur Mouchet [2], mon secrétaire,

---

[1] Cette lettre a été publiée par M. Champollion-Figeac, *Lettres des rois et reines*, Introduction, p. XCII.

[2] Georges-Jean Mouchet, né à Darnetal en 1737, mort le 6 février 1807 à Paris, employé au département des manuscrits de la Bibliothèque royale. Le 27 avril 1779, il fut régulièrement adjoint à Bréquigny pour la rédaction de la table chronologique des chartes et diplômes; il fut aussi adjoint à Sainte-Palaye pour l'achèvement du Glossaire français.

qui a conduit la besogne de Londres durant mon absence, pour conduire celle que vous avez bien voulu me confier à Paris. Je le charge d'avoir l'honneur de vous présenter cette lettre et de prendre vos ordres à ce sujet. J'ai mis une grande partie du premier volume de ma table des titres imprimés en état d'être livrée tout de suite à la presse. L'homme que je vous envoye continuera de revoir le reste sur le même plan, dont je l'ai instruit; il est très-capable de l'exécuter.

Je crois, Monseigneur, qu'il seroit nécessaire que vous donnassiez vos ordres à l'Imprimerie royale pour que l'on remît au sieur Mouchet ce que M. l'abbé de Foy a fait imprimer relativement à mes tables. Son travail poura servir à les perfectionner, et donnera la raison de la suppression qu'il a faite de quelques articles.

Je pense qu'à mesure qu'on imprimera ma table, on pouroit en envoyer les feuilles aux Bénédictins chargés de recueillir les chartes manuscrites. Alors il seroit bon, je crois, d'y joindre une lettre circulaire par laquelle on leur marqueroit que cette table, dont on tire peu d'exemplaires, et pour eux seuls, n'est jusqu'ici qu'une sorte d'essay destiné à guider et à faciliter leur travail, mais qu'on a dessein de la perfectionner pour la rendre utile en général à tous ceux qui voudront étudier ou écrire l'histoire de France; que, pour la conduire à ce degré de perfection, qu'il est impossible qu'un pareil ouvrage acquierre d'abord, il est nécessaire que chacun d'eux marque aux marges de son exemplaire les méprises, les doubles emplois ou les omissions qu'il y poura découvrir dans le cours de ses recherches, afin que, lorsqu'il s'agira de donner cette table, on fasse usage de ces remarques; que, dans ces remarques, outre les erreurs qu'ils pouront relever dans ma table, ils doivent avoir particulièrement deux autres objets :

1° De marquer les dépôts dans lesquels on trouvera les pièces déjà imprimées dont ma table offre le catalogue ;

2° De faire mention des caractères diplomatiques de ces pièces originales, lorsque ces caractères pouroient faire naître des doutes, ou rassurer sur les soupçons contre l'authenticité de ces chartes.

Le sieur Mouchet aura aussi l'honneur de vous rendre compte, Monseigneur, des progrès du travail de Londres, si vous le jugez à propos. J'avois dessein de vous envoyer par lui le catalogue des pièces déjà transcrites, mais le nombre de celles qu'il y faut ajouter s'est tellement multiplié pendant mon absence, que j'ai mieux aimé différer, afin de vous l'envoyer plus complet.

Au reste, j'exécuterai ce que vous me prescrirez à ce sujet, et je ne négligerai rien pour mériter vos bontés.

Je suis, etc.

BRÉQUIGNY.

(Collection Moreau, n° 315, fol. 76.)

5

LETTRE DE MOUCHET À BERTIN [1].

16 juin 1765.

Monseigneur, il y avoit trop longtems que j'ambitionnois l'honneur de recevoir vos ordres, pour n'être pas exact à remplir ceux que vous me donnâtes le jour où je fus admis à votre audience. Dès le lendemain, je vis MM. de Foncemagne et de Sainte-Palaye, et je leur communiquai votre projet sur la revision générale de la table manuscrite des titres imprimés, au moyen des bulletins. Ce projet leur parut de la plus grande utilité, et leur premier mouvement fut de l'adopter. Mais la réflexion leur fit entrevoir dans l'exécution des difficultés que vous-même, Monseigneur, aviez senties. Ils craignent qu'il ne soit pas facile d'obtenir à la Bibliothèque du Roy un cabinet particulier pour y déposer en sûreté tout ce qui sera nécessaire au travail ; en supposant même qu'on vienne à bout de lever ce premier obstacle, que ceux qui seront employés à la revision ne puissent pas entrer tous les jours à la Bibliothèque, et que, dans le cas où cette permission seroit accordée, ils ne puissent y travailler que peu d'heures par jour, attendu qu'on ne peut guère espérer qu'un garde de la Bibliothèque s'assujettisse à passer des journées entières à donner les livres dont on auroit besoin, et les remettre à leur place.

MM. de Foncemagne et de Sainte-Palaye appréhendent encore qu'il ne soit difficile de faire marcher d'un pas égal les deux opérations qu'ils distinguent dans le projet de cette revision générale, savoir : la vérification des titres et l'indication des dépôts. La dernière sera courte, autant que l'autre paroît devoir être longue. Pour vérifier un titre et en rectifier la copie, si

[1] Cette lettre a été publiée par M. Champollion-Figeac, *Lettres des rois et reines*, Introduction, p. XCIII.

elle n'est pas exacte, il faut lire la pièce en entier et l'entendre, ce qui demande toujours beaucoup de tems. De là cette lenteur qui feroit attendre plusieurs années des avantages dont on ne peut jouir trop tôt.

MM. de Foncemagne et de Sainte-Palaye doivent chercher les moyens les plus propres à diminuer les difficultés. Ils auront l'honneur de vous rendre compte de leurs vues.

Je suis, etc.

MOUCHET.

(Collection Moreau, n° 315, fol. 88.)

6

LETTRE DE BRÉQUIGNY À BERTIN [1].

Londres, le 6 juillet 1765.

Monseigneur, en conséquence de l'ordre que vous avez donné de faire la revision de la table des titres imprimés, j'ay fait un mémoire sur la méthode qui m'a paru la plus propre à rendre cette opération facile et courte. J'ay chargé le sieur Mouchet, que j'ay envoyé depuis plusieurs mois à Paris pour ce travail, de mettre au net ce mémoire et d'avoir l'honneur de vous le présenter sitôt que vous le lui permêtrez. Si vous approuvez ce plan, je vous supplie, Monseigneur, de lui donner vos ordres pour l'exécuter sans délai.

Indépendamment de l'ample collection de titres non imprimés que je continue de rassembler, je fais dépouiller plusieurs receuils considérables imprimés en Angleterre et inconnus en France, qui renferment un grand nombre de pièces concernant notre histoire : tels sont la collection de Thurloe [2], 7 vol. in-fol.; celle de Sidney [3], 2 vol.; les pièces justificatives

---

[1] Cette lettre a été publiée par M. Champollion-Figeac, *Lettres des rois et reines*, Introduction, p. xcıv.

[2] Les *State papers* de John Thurloe, publiés en 1742, à Londres, par Birch, en 7 vol. in-fol. John Thurloe, qui était né à Abbots-Boding (Essex) en 1616, et est mort à Londres le 21 février 1668, exerça, entre autres fonctions, celles de secrétaire du Conseil d'État, de secrétaire d'État de Cromwell, de directeur général des postes, etc. Il prit une grande part aux affaires de son temps, surtout aux affaires extérieures : de là l'intérêt de ses *State papers*.

[3] Il s'agit sans doute de la correspondance de Philippe Sidney, homme d'État anglais, né le 29 novembre 1554 à Penshurst (Kent), mort le 17 octobre 1586 à Arnheim. Elle fut publiée en 1746, en 2 vol. in-folio, par Collins, à Londres, sous ce titre : *Letters and memorials of State, written and collected by Henry, Philip and Robert Sidney*.

de l'histoire d'Angleterre par Brady[1], 3 vol.; de celle du cardinal de Wolsey[2], les négociations de Carleton[3], etc., etc...................

Je suis, etc.

BRÉQUIGNY.

(Collection Moreau, n° 315, fol. 90.)

7

MÉMOIRE DE BRÉQUIGNY SUR LA REVISION DE LA TABLE CHRONOLOGIQUE DES TITRES IMPRIMÉS.

M. de Bréquigny, à qui l'on a communiqué le projet de la revision de la table chronologique des titres imprimés, approuve infiniment le plan qu'on propose de suivre. Pour faciliter et hâter cette revision, il croit que l'usage des bulletins est le plus favorable, parce que, par leur mobilité, ils sont susceptibles de divers arrangemens successifs.

Ainsi : 1° on doit d'abord les ranger chacun sous le titre de chaque livre dont ils ont été extraits; par là on aura l'avantage, sans être obligé de parcourir sans cesse toute la table, de trouver de suite tout ce qui a été tiré d'un même ouvrage, et d'en faire en peu de tems la vérification.

2° Sur le bulletin même on marquera les additions et corrections que fournira cette revision.

3° On réunira ensuite les bulletins des pièces de même datte et de même sujet qui, quoique portant un titre différent par lequel les copistes ont été trompés, n'indiquent cependant qu'une seule et même pièce. Alors on conférera ce petit nombre d'articles, pour vérifier si les pièces sont différentes ou si elles sont les mêmes, ou si ce sont des traductions.

---

[1] Il en a été question plus haut, p. 188.
[2] Par Grove, *History of the life and times of cardinal Wolsey*, Londres, 1742-1744, 4 vol. in-8°.
[3] Sir Dudley-Carleton, vicomte de Dorchester, né en 1573 à Baldwin-Broghtwell (Oxford), mort en 1632. Il fut, en 1600, secrétaire de l'ambassadeur d'Angleterre en France, sir Thomas Parry; plus tard ambassadeur à Venise, puis auprès des Provinces-Unies, secrétaire d'État, etc. Sa correspondance diplomatique pendant son ambassade de Hollande a été publiée par le comte de Hardwick, sous ce titre : *The letters from and to sir Dudley-Carleton, during his ambassy in Holland, from january 1615-1616 to december 1620*, Londres, 1757, in-4°, et traduite en français par Gaspard-Joël Monod, sous ce titre : *Lettres, mémoires et négociations du chevalier Carleton, ambassadeur ordinaire de Jacques Ier, roi d'Angleterre*, la Haye, 1759, 3 vol. in-12.

4° On rangera enfin dans l'ordre chronologique, tel qu'il a été suivi dans la table même, les bulletins ainsi corrigés, et l'on portera sur le folio v° de la table (lequel a été laissé en blanc pour les additions qu'on prévoyoit) les corrections dont les bulletins seront chargés, et le travail sera fini.

Lorsqu'on s'occupera de cette dernière opération, M. de Bréquigny fera usage des dépouillemens de plusieurs ouvrages anglois qui contiennent des pièces relatives à notre histoire, tels que les recueils de Turlöe, 7 volumes in-folio, ceux de Sidney, 2 volumes in-folio, les preuves de l'histoire d'Angleterre, de Brady, 3 volumes in-folio, celles du cardinal Wolsey, les lettres et négociations de Carleton, etc., etc. On y joindra les extraits de quelques ouvrages imprimés récemment en France, tels que le dernier volume du recueil de nos historiens, les derniers volumes de la Diplomatique, l'histoire du Valois[1] et celles d'Amiens[2] et de Montdidier[3].

(Collection Moreau, n° 307, fol. 197.)

8

MÉMOIRE DE MOUCHET SUR LA REVISION DE LA TABLE MANUSCRITE DES TITRES IMPRIMÉS[4].

14 octobre 1765.

Les difficultés qui sembloient devoir retarder encore l'impression de la table manuscrite des titres imprimés disparoissent. L'arrangement des bulletins, enfilés par ordre des pages, sous le titre de chaque ouvrage, en a rendu la revision assez facile; de sorte que, dans peu, l'on pourra faire imprimer un premier volume.

Ces titres généraux et vagues, qui pouvoient convenir à tous les diplômes obtenus par une même église, une même abbaye, etc., sont à présent distingués par l'indication précise de l'objet particulier et essentiel de la charte.

La ressemblance réelle de certaines pièces les a fait regarder quelque-

---

[1] Par l'abbé Carlier, publiée en 1764, en 3 vol. in-4°.
[2] Par le P. Daire, publiée en 1757, en 2 vol. in-folio.
[3] Par le même, publiée en 1765, in-12.
[4] Ce mémoire a été publié par M. Champollion-Figeac, *Lettres des rois et reines*, Introduction, p. xcix.

fois comme étant les mêmes, quoique différentes par leur nature et par leurs objets; mais, avec de l'attention et quelque connoissance des anciens usages, on en a saisi et marqué les caractères distinctifs, et la charte de cession n'est plus confondue avec la charte de tradition et d'investiture. Les confirmations portant donation ou concession de nouveaux priviléges ne seront plus prises pour des confirmations simples et ordinaires. Souvent une omission, une clause mal exprimée dans un titre primitif et original, donnoit lieu à un second acte, qui, loin de détruire le premier, servoit même à le confirmer. On les laissoit subsister l'un et l'autre, parce qu'ils suppléoient à des omissions réciproques. La précision et l'exactitude des titres qu'on a refaits feront sentir la différence de ces chartes, qui, semblables et dissemblables tout à la fois, n'ont cependant qu'un but ou qu'un objet.

La conciliation des dattes anciennes avec le calcul moderne exige des discussions multipliées, dans lesquelles les éditeurs des anciens diplômes s'égarent eux-mêmes, faute d'avoir toujours présents à l'esprit les différens commencemens de l'année : de là les années de l'Incarnation, les indictions et autres notes chronologiques rectifiées trop légèrement ou soupçonnées d'interpolation, parce qu'au premier coup d'œil elles ne paroissent pas concourir ensemble. Ne pourroit-on pas épargner à un homme peu versé dans la variété des dattes l'embarras dans lequel il se trouvera, quand il cherchera inutilement dans la table (sous l'an 1200, par exemple) une charte que le calcul moderne aura fait placer sous l'an 1199 ou 1201, en commençant l'année de l'Incarnation, exprimée dans cette charte, un an plein après la nôtre, ou neuf mois moins sept jours avant? etc.

Il est vrai que, sous la troisième race de nos rois, l'usage de commencer l'année à Pâques étoit devenu presque général. Mais pour trouver un diplôme du 17 avril 1358, ne faudra-t-il pas que celui qui le cherchera consulte des tables de Pâques, avant de savoir que Pâques, cette année là, étant tombé au 1er avril, le 17 avril 1358 apartenoit à l'an 1359? Encore lui restera-t-il des doutes, quand il verra que Pâques, en 1357, tomba le 9 avril, et que, par conséquent, il y avoit effectivement un 17 avril 1358 qui apartenoit à l'an 1358. On marque souvent, à la vérité, que la datte est avant ou après Pâques, ou l'on tire l'équivoque par quelqu'autre signe; mais cela n'est pas toujours.

Ces réflexions ont déterminé à faire le relevé des dattes, telles qu'elles sont dans les chartes. Peut-être sera-t-il nécessaire d'en faire usage tout simplement, sans les réduire au calcul moderne, afin qu'on puisse trouver tout de suite dans la table la pièce manuscrite qu'on voudra s'assurer avoir été imprimée, ce qui est le but spécial de ces tables.

On a joint à l'indication des dépôts plusieurs notes chronologiques très-courtes, assez étendues cependant pour mettre ceux qui auront recours à la table à portée de se décider sur la diversité d'opinions des éditeurs, touchant la vraie datte des actes, lorsqu'ils ont cru devoir les placer sous des années différentes.

(Collection Bréquigny, n° 157, fol. 231.)

9

LETTRE DE BERTIN À BRÉQUIGNY.

18 novembre 1765.

J'ai lu au Roi, Monsieur, la lettre que vous m'avez fait le plaisir de m'écrire en date du 8 octobre, et Sa Majesté a été très-satisfaite. Votre plan me paroît très-bon, et je ne doute pas qu'il ne vous procure des richesses littéraires et diplomatiques infiniment précieuses. Je suis fort aise que la revision que je vous ai demandée vous ait convaincu de l'imperfection des travaux de M. Secousse, ou plutôt des écrivains qu'il employoit. Il faudra faire successivement pour tous les volumes de ces tables ce que vous avez fait pour le premier. Votre retour, que vous annoncez comme très-prochain, vous mettra à portée de juger si ce premier volume, en l'état qu'il se trouve aujourd'hui, peut être donné à l'impression. Je compte m'entretenir plus en détail avec vous à votre arrivée, et je serai fort aise de continuer à rendre compte au Roi du succès de vos recherches.

Je suis, etc.

BERTIN.

(Collection Moreau, n° 315, fol. 127.)

10

LETTRE DE BRÉQUIGNY À BERTIN [1].

18 décembre 1766.

Monseigneur, je n'ai reçu qu'avant-hier la lettre dont vous m'avez honoré, en datte du 14 de ce mois, et j'ai vu hier D. Chamoux, avec lequel je me suis concerté pour diriger et revoir son travail, comme vous me le prescrivez. Je vous supplie de croire que je m'y porterai avec tout le zèle que m'inspire la confiance dont vous m'honorez. Je crois qu'il seroit nécessaire que vous me fissiez remettre les notices que D. Chamoux vous a envoiées jusqu'ici, afin que je les apostille comme vous souhaitez qu'elles le soient. Je me souviens qu'il y a dans ce nombre la notice d'une pièce qui mériteroit bien d'être copiée en entier. Ce sont des lettres qui ordonnent d'arrêter le Bègue de Vilaines [2] et toute sa famille jusqu'à la quatrième génération. Ce coup d'autorité est très-remarquable.

....

Les vérifications des articles de ces tables ont été faites sur les bulletins du premier volume par mon secrétaire durant mon séjour en Angleterre. Depuis mon retour, j'ai porté de ma main sur la copie les corrections que ces vérifications ont produites. La multitude de ces corrections, dont aucun article n'est exempt, a tellement brouillé la copie que M. Duperron m'a prié, dès la troisième feuille, pour faciliter et hâter le travail de ses ouvriers, de la faire mettre au net. Je l'ai fait, et j'y employe journellement un copiste; j'ai assez d'avance pour être sûr que cela ne retardera pas la besogne. Mais, dans les vérifications, on a été obligé de laisser en souffrance des articles où l'on citoit des livres qui ne se trouvoient pas. Je m'occupe sans cesse à les déterrer : et voilà la seule cause qui pourra quelquefois suspendre le travail; mais ce ne sera jamais que de courts délais, étant déterminé à supprimer le très-petit nombre d'articles dont la vérification exigeroit des recherches trop longues.

J'ai cru, Monseigneur, devoir entrer dans ces détails, dans la crainte que vous n'atribuassiez à négligence de ma part ce qui n'est qu'un effet de

---

[1] Cette lettre a été publiée par M. Champollion-Figeac, *Lettres des rois et reines*, Introduction, p. CI.

[2] Pierre, dit le Bègue de Villaines, seigneur de Malicorne, chambellan du duc de Normandie, en 1360, puis chambellan du roi, gouverneur de la Rochelle, etc.

mon exactitude pour un travail que vous affectionnez, et auquel je me dévoue avec une bonne foy dont j'ose dire qu'il y a peu d'exemples. Rien ne peut me rebuter, quand je suis soutenu par l'espoir de mériter de plus en plus vos bontés et de vous prouver le profond respect avec lequel je suis, etc.

(Collection Moreau, n° 315, fol. 98.)

BRÉQUIGNY.

11
LETTRE DE BRÉQUIGNY À BERTIN [1].

3 novembre 1768.

Monseigneur, je m'occupe sans relâche à la continuation de la table chronologique des titres imprimés, mais j'aurois besoin actuellement de la partie de cette table qui est restée aux mains de M. l'abbé de Foy, à qui elle avoit été autrefois remise pour servir à son travail. Je la lui ai demandée, il y a déjà quelque tems. Il me dit que vous lui aviez donné ordre de la remettre à M. Moreau, ce qu'il étoit prêt d'exécuter. En attendant, j'ai tâché de m'en passer en recommençant les recherches; mais comme cela me prend beaucoup de tems, et qu'il est même possible qu'il m'échappe quelque chose des recherches déjà faites, qui me servent d'ordinaire de matériaux principaux, je vous supplie de vouloir bien faire retirer ce manuscrit, ou m'envoier une lettre qui autorise M. l'abbé de Foy à me le remettre.

J'avois d'abord voulu commencer mon travail sur les titres rapportés d'Angleterre par des tables alphabétiques des noms de lieux et de personnes. Mais, après avoir fait dépouiller beaucoup de noms, en indiquant par la date la pièce où ils se trouvent, j'ai vu qu'il y avoit trop de pièces de la même date pour que cette méthode fût exempte de confusion : j'ai donc pris un autre parti, c'est avant tout de ranger les pièces par classes, pour les distribuer ensuite par volumes dont les pages seront cottées, afin que les tables puissent y renvoier.

Pour parvenir à cette opération, il faut préalablement faire des titres à chacune de ces pièces, au haut desquelles on a laissé exprès un blanc en les

[1] Cette lettre a été publiée par M. Champollion-Figeac, *Lettres des rois et reines*, Introduction, p. CIV.

copiant. J'en avois fait peu en Angleterre, parce que j'avois à peine le tems de préparer les transcriptions et de les vérifier. Je m'occupe donc actuellement à faire ces titres, et je les fais copier tout de suite par bulletins : j'en ai actuellement environ deux mille. On les collera par classes, observant dans chaque classe l'ordre chronologique. Quand cette première table sera achevée, elle guidera l'arrangement des pièces mêmes, et les pièces étant rangées par volumes, on y joindra alors des tables telles qu'on les voudra, alphabétiques de noms et de matières, chronologiques, historiques, diplomatiques, etc.; et, à la tête de chaque volume, on placera un ou plusieurs mémoires sur les divers genres d'utilité qu'on pourra tirer des pièces que ce volume renfermera. Voilà tout mon plan. Je vous supplie, Monseigneur, de me dire si vous l'approuvez. J'aurai l'honneur de vous faire voir ce que j'ai de bulletins faits, lorsque vous me le permettrez.

Les premiers six mois de fonds accordés pour ce travail sont expirés du premier juillet. J'ai écrit à M. Moreau pour l'expédition de mon ordonnance. J'ose vous supplier, Monseigneur, de vouloir bien donner vos ordres à ce sujet, ma fortune ne me permettant pas de faire des avances considérables pour les frais des travaux dont je suis chargé. Accoutumé à vos bontés, j'espère de vous cette nouvelle grâce.

Je suis, etc.

BRÉQUIGNY.

(Collection Moreau, n° 315, fol. 108.)

12

MÉMOIRE DE BRÉQUIGNY SUR LA TABLE CHRONOLOGIQUE
DES CHARTES IMPRIMÉES RELATIVES À L'HISTOIRE DE FRANCE.

8 septembre 1787.

L'origine de ce travail remonte à l'année 1746. MM. de Foncemagne, Sainte-Palaye et Secousse, tous trois de l'Académie des belles-lettres, proposèrent alors à M. de Boulogne, Contrôleur général[1], de faire composer une table qui indiqueroit, selon l'ordre chronologique, toutes les chartes imprimées relatives à l'histoire de France, éparses dans un nombre prodigieux de volumes. Ce projet fut accueilli, et le soin de l'exécuter fut

[1] Bréquigny a commis ici une légère erreur. M. de Boullogne ne fut contrôleur général qu'à partir de 1757 jusqu'en 1759; c'est de Machault qui était contrôleur en 1746.

confié à M. Secousse, déjà chargé du recueil des Ordonnances, et possesseur d'une riche bibliothèque. Il mourut sept ou huit ans après, et M. de Sainte-Palaye, l'un des auteurs du projet, continua ce que M. Secousse avoit commencé : mais son âge avancé le détermina, en 1760, à remettre ce travail au sieur de Bréquigny, qui, déjà chargé de celui du recueil des Ordonnances, réunit ainsi ces deux travaux analogues, dont M. Secousse s'étoit occupé.

La table chronologique des chartes imprimées venoit d'acquérir une importance qu'elle n'avoit pas lorsque le projet en fut conçu. M. Bertin, pour lors Contrôleur général, avoit obtenu du Roi d'établir un dépôt où l'on rassembleroit des copies de toutes les chartes non encore publiées. Pour les distinguer de celles qui étoient imprimées, rien n'étoit plus nécessaire qu'une table de ces dernières, et pour qu'elle pût être remise aux différentes personnes qui feroient les recherches, il étoit utile qu'elle fût imprimée. Le sieur de Bréquigny fut chargé en 1764 de suivre l'impression, qui en fut ordonnée à l'Imprimerie royale.

Il fallut revoir tout le travail qui avoit été fait jusques là, parce qu'on changea quelque chose au premier plan, qu'on s'apperçut que M. Secousse n'avoit pas toujours employé pour ses extraits des commis assez exacts ou assez instruits, et qu'il falloit ajouter aux titres déjà recueillis ceux des pièces publiées dans des livres postérieurs. Le sieur de Bréquigny publia le premier volume de cette table en 1769. Le second et le troisième ont paru depuis, et l'impression du quatrième est fort avancée.

Le sieur de Bréquigny a toujours eu pour coopérateur dans ce travail le sieur Mouchet, et ce fut lui qui le suivit seul, sous les ordres de M. Bertin, pendant les recherches que le sieur de Bréquigny fit à Londres, durant près de trois ans.

Sur sa demande, le sieur Mouchet lui fut formellement adjoint avec survivance, et les deux noms se trouvent à la tête du troisième volume, qui parut en 1783. Ainsi le sieur de Bréquigny, qui, à l'âge de soixante-treize ans, ne peut espérer de finir cet ouvrage, s'est au moins procuré l'assurance d'avoir un successeur depuis longtemps formé à ce travail, et qui l'achèvera sur le même plan, et avec les mêmes soins.

(Collection Moreau, n° 315, fol. 8.)

IV

DIPLOMATA, CHARTÆ[1], ETC.

1

QUESTIONS À DISCUTER RELATIVEMENT AU PROJET D'UNE COLLECTION GÉNÉRALE DES CHARTES CONCERNANT L'HISTOIRE DE FRANCE.

1780?

On peut proposer cinq questions principales :

1° Quelle est l'espèce des chartes qui doivent entrer dans cette collection?

2° Les pièces déjà imprimées doivent-elles toutes y être insérées, et quelles sont celles qu'on peut en exclure?

3° Doit-on admettre en général toutes celles qui n'ont point encore été imprimées?

4° En quel ordre doit-on les publier, et que doit-on observer par rapport aux titres de chacune et aux notes qu'on pourroit y ajouter?

5° Quelles tables faudroit-il y joindre, et quelles introductions seroit-il convenable de placer à la tête des volumes?

6° Le plan général étant arrêté par rapport à ces divers articles, quel est le travail préliminaire dont on doit s'occuper dès aujourd'hui, afin de pouvoir incessamment commencer la publication de l'ouvrage?

1ʳᵉ question. Sur l'espèce des pièces qui doivent former la collection.

Il n'y a pas de doute que tout diplôme, tout traité, toute charte ne doive être admise, dès qu'elle peut servir à éclaircir l'histoire civile ou ecclésiastique, le droit public, les mœurs et usages de notre nation. Mais doit-on admettre également les lettres des particuliers et les actes ecclésiastiques, tels,

---

[1] Voir aussi p. 39, 47, 68, 71, 73, 87, 110, 118, 139, 155, 157, 160, 167, 170, 238, 266, 375, 380, 391, 430, 445, 447.

par exemple, que les conciles, les synodes, etc.? Les collections des historiens de France renferment beaucoup de ces lettres particulières et des extraits des conciles. Voilà les raisons d'admettre ce genre de pièces, qui d'ailleurs contient un très-grand nombre de traits infiniment curieux, surtout relativement aux mœurs et aux usages. Mais comme le seul article des conciles surchargeroit excessivement la collection, ne suffiroit-il pas de renvoyer aux collections imprimées, et ne pourroit-on pas en faire autant par rapport aux lettres particulières dont on a imprimé aussi des collections?

2e *question*. Toutes les chartes déjà imprimées doivent-elles entrer dans la collection projettée?

Ne devroit-on pas exclure celles qui composent les grandes collections sur notre histoire, telles que les recueils de Duchesne, de D. Bouquet, la Gaule chrétienne, les collections de Labbe, de Martène, de Dachery, de Baluze, etc., les recueils des Capitulaires, des Ordonnances et des Conciles?

Mais, en ce cas, ne seroit-il pas convenable d'indiquer au moins toutes ces pièces, en raportant le titre, indiquant le recueil où elles sont insérées, et recueillant les variantes, lorsqu'on pouroit les collationner avec les originaux? Si, par cette collation, on trouvoit des différences essentielles, il semble qu'il faudroit les réimprimer en entier.

3e *question*. Doit-on admettre indistinctement toute charte non imprimée?

Il est des chartes non imprimées si peu intéressantes par leur objet qu'on peut douter s'il n'est pas convenable de les exclure de la collection. Telles seroient, par exemple, cette multitude d'actes de ventes, d'achats, d'échanges qui remplissent les cartulaires ou les archives des monastères et des églises. Lorsque les chartes contiennent ou quelque nom de personne importante, ou quelque nom de lieu dont la position est peu connue, ou quelque formule, quelque date insolite, cela seul peut mériter que la pièce soit imprimée. Autrement ne conviendroit-il pas de les rejetter? Si on raportoit seulement les titres de ces sortes d'actes, ce seroit transcrire les tables de tous les cartulaires; et cette transcription ne tiendroit-elle pas dans la collection une place trop considérable, et sans grande utilité?

4e *question*. Dans quel ordre, sous quel titre et avec quelles notes publiera-t-on les pièces?

Quant à l'ordre, il n'y en a que deux qu'on puisse suivre : celui des dates et celui des matières. Ce dernier n'auroit-il pas de grands inconvéniens? Il y a peu de pièces qu'on ne doive raporter à plusieurs matières. Il faudroit donc, en suivant l'ordre des matières, des répétitions ou au moins des indications et des renvois multipliés, qu'il est avantageux d'éviter. Ne vaudroit-il pas mieux se déterminer pour l'ordre chronologique?

Quant aux titres, il en faut distinguer de deux sortes. Si, parmi les pièces déjà imprimées, il y en a qu'il suffit d'indiquer, les titres des pièces qu'on imprimera ne peuvent être trop courts et trop simples; mais les titres des pièces qu'on indiquera doivent offrir, sinon l'analyse ou le sommaire, du moins un développement suffisant du sujet de la pièce indiquée.

Quant aux notes, ne suffiroit-il pas de les faire le plus courtes et le plus succinctes qu'il seroit possible? Rymer n'en a joint aucunes à son recueil.

5e question. Quelles tables et quelles introductions seroient nécessaires?

Des tables de noms de personnes et de noms de lieux à la fin de chaque volume ne suffiroient-elles pas? On pourroit placer à la fin de la collection une table des matières, comme dans la dernière édition de Rymer. Au reste rien ne presse pour se décider à cet égard.

Ce qui demande une décision plus prompte est la nécessité d'une préface servant d'introduction à chaque volume, laquelle pourroit suppléer à une table de matières. Ne seroit-il pas possible de composer cette introduction sur le plan suivant? On la diviseroit en trois parties. La première seroit *historique*, et contiendroit, d'après les pièces du volume, l'histoire du nombre d'années auxquelles ce volume s'étendroit. La seconde seroit *politique*, et donneroit, d'après ces mêmes pièces, une connoissance exacte du droit public et privé observé en France dans ce même intervalle de temps. La troisième seroit *diplomatique*, et rassembleroit les observations et les discussions critiques, historiques, géographiques, chronologiques, auxquelles ces pièces pourroient donner lieu.

6e question. Quels sont les travaux préliminaires auxquels on pourroit, dès à présent, se livrer?

Ne pourroit-on pas commencer par partager entre diverses personnes les pièces du dépost concernant la première race? Chacun rendroit compte de celles qu'il se seroit chargé d'examiner. On constateroit dans cet examen :

1° Quelles sont celles qui sont déjà imprimées. On indiqueroit, autant qu'il seroit possible, les lieux où les originaux se trouvent, afin qu'en les collationnant avec ces originaux, on pût savoir s'il faudroit les réimprimer ou seulement renvoyer aux éditions en citant les variantes.

2° Celles qui ne sont encore que manuscrites seroient examinées d'abord quant à leur authenticité, ensuite quant à leur importance, et enfin quant aux endroits qu'on croiroit devoir être éclaircis par quelques courtes notes.

3° Après ce premier travail, on s'occuperoit des collations des pièces qui auroient besoin d'être revues sur les originaux, tandis que d'autres placeroient des titres à la tête de chaque charte, et y joindroient les notes nécessaires.

4° Ces divers travaux, rapportés aux assemblées, à mesure qu'ils avanceroient, y seroient discutés selon le besoin ; et quand on auroit achevé de mettre chacune des pièces de cette première époque dans l'état convenable, toutes seroient remises à celui qui seroit chargé de diriger l'édition. Il ne resteroit qu'à les ranger dans l'ordre chronologique et à veiller avec la plus grande exactitude à la correction des épreuves.

(Collection Moreau, n° 290, fol. 190.)

2
MÉMOIRE DE BRÉQUIGNY
SUR LA COLLECTION DES CHARTES CONCERNANT L'HISTOIRE DE FRANCE.

On a jusqu'ici arrêté, par raport à l'édition projettée d'une collection de toutes les chartes relatives à l'histoire et au droit public de France :

1° Qu'on ne la commenceroit qu'à la 3° race, en faisant cependant précéder, par forme d'introduction ou de préliminaires, les chartes de la seconde qui pourroient servir à éclaircir les monumens de la troisième, et surtout à jetter du jour sur l'origine du nouveau droit public qui prit consistance sous les premiers rois capétiens, mais qui avoit commencé à s'introduire durant l'anarchie, depuis la mort de Charles le Chauve, en 877, jusqu'à l'avènement de Hugues Capet, en 987. Ainsi ces préliminaires doivent contenir un espace de cent dix ans ;

2° Qu'on imprimeroit toutes les chartes de ce genre qui n'ont point été publiées, et qu'on réimprimeroit toutes celles qui l'ont été, excepté seulement celles qui se trouvent dans la collection des historiens de France ;

3° Que dans l'arrangement des chartes on suivroit l'ordre chronologique, et que, sous chacune d'elles, on placeroit les notes et observations qu'on croiroit utiles.

4° J'ai proposé (et il me semble qu'on en est aussi convenu) que, s'il se trouvoit des chartes trop peu intéressantes par leur objet principal, pour être admises dans le recueil, et qui, cependant, contiendroient quelques noms propres de lieux ou de personnes qu'on croiroit ne devoir pas négliger, quelque formule insolite, quelque expression peu connue, alors on se contenteroit de dresser des tables alphabétiques de ces noms, de ces expressions, de ces formules, en citant la date de la pièce où on les trouve, et l'endroit du dépôt où l'on pourroit au besoin recourir à la pièce même. Ces tables seroient placées à la fin des préliminaires, et il y en auroit de semblables à la fin du recueil des chartes de chaque règne dans la suite de la collection.

Après ces articles arrêtés, et conformément à ce plan, nous nous sommes occupés de l'examen des plus anciennes chartes déjà rassemblées au dépôt, et notre travail paroît porté jusqu'à l'an 954 environ, date de la mort de Louis d'Outremer. Ainsi nous avons parcouru un espace de soixante-dix-sept ans à peu près, sur les cent dix que nos préliminaires doivent remplir. Ce seroit avoir beaucoup fait, s'il n'y avoit lieu de croire, qu'outre ces chartes, il y en a beaucoup d'autres relatives à cette époque qui manquent encore au dépôt et qu'il est essentiel de connoître dès à présent, afin de pouvoir les insérer en leur place, lorsqu'on commencera l'impression des préliminaires que nous préparons.

Pour parvenir le plus promptement possible à en acquérir la connoissance, je crois que le moyen le plus expédient est de dépouiller tous les recueils des chartes qui se trouvent dans les diverses bibliothèques de Paris, surtout dans celles du Roi et de Saint-Germain-des-Prés. Je suis persuadé qu'on y peut découvrir la plus grande partie des chartes qui nous manquent. Il y en a d'originales; le plus grand nombre, à la vérité, sont des copies, mais on seroit toujours à temps de les faire collationner sur les originaux, et, quant à présent, il n'est question que d'en avoir le catalogue, afin de les faire copier à mesure que leur date les appellera au recueil.

Je prends donc la liberté de proposer la recherche des chartes qui sont dans ces bibliothèques, en se bornant actuellement à celles qui doivent se placer depuis l'an 877 jusqu'à l'an 987. On en dresseroit un catalogue succinct, où elles seroient désignées en très-peu de mots par leur date et leur objet. Un de nous, ou un commis exercé dans ce genre de travail, feroit aisément ce catalogue, en suivant les indications que j'offre volontiers de fournir.

Lorsque ce catalogue seroit dressé, et même à mesure qu'on le dresseroit, on le communiqueroit au bureau, où l'on se chargeroit de vérifier si, parmi les pièces qui y seroient énoncées, il y en auroit d'imprimées, ou de conservées manuscrites dans le dépôt. De cet examen résulteroit la connoissance de celles qui resteroient à transcrire, et on feroit sur-le-champ travailler à la transcription.

Ce travail achevé (probablement en peu de temps, car les pièces de cette date ne peuvent être très-nombreuses), nous pourrions nous flater d'avoir, à fort peu de chose près, une collection des chartes de notre première époque assez complette pour publier cette première partie de notre travail, sauf à donner par supplémens (qui, dans un pareil ouvrage, sont toujours indispensables) le petit nombre de pièces que nous pourrions découvrir par la suite, et le public commenceroit bientôt à jouir d'un recueil, sans lequel on n'aura jamais que des notions très-imparfaites de notre droit public et de notre histoire.

Je suis persuadé qu'avec ces secours, joints à ce que nous avons déjà, nous aurions assez de pièces pour en former un volume entier de préliminaires, à la tête duquel on placeroit une préface qui se diviseroit en deux parties. La première contiendroit des observations générales diplomatiques et critiques sur les chartes que ce volume renfermeroit. La seconde offriroit l'histoire abrégée, écrite d'après ces mêmes chartes, qui certainement différeroit assez des histoires publiées jusqu'ici, pour faire sentir l'utilité et l'importance de notre travail. Je ne parle point des tables des noms de lieux, des noms des personnes et des matières, qui termineroient le volume et en faciliteroient l'usage.

. . . .

(Collection Moreau, n° 1097, fol. 45.)

3

MÉMOIRE DE BRÉQUIGNY SUR LA PRÉPARATION DU RYMER FRANÇAIS [1].

Le travail actuel sur les chartes du dépôt consiste principalement à juger

---

[1] Ce mémoire a été publié par M. Champollion-Figeac, *Lettres des rois et reines*, Introduction p. xxv.

quelles sont celles qui méritent d'être imprimées dans la collection générale des actes relatifs à l'histoire de France, que l'on projette de publier. Ce choix est l'objet principal de nos assemblées, où chacun de nous porte à cet égard un jugement motivé.

Comme ces chartes doivent être rangées dans l'ordre chronologique, il est souvent besoin d'en discuter les dates; et ces discussions sont aussi l'objet de nos examens en particulier et en commun.

Enfin, nous ne négligeons pas les observations critiques auxquelles ces chartes peuvent donner occasion, et qui peuvent servir de matière aux notes qu'on doit employer dans l'édition de ces pièces.

M. le Garde des sceaux a jugé que cette édition devoit être l'ouvrage d'un seul, afin d'y mettre l'ensemble et l'uniformité nécessaires, et il m'a ordonné de m'en charger.

En conséquence, M. Moreau m'a remis, il y a longtemps, les cent premières chartes de son dépôt, accompagnées des notes de ceux qui les ont examinées, à commencer à la mort de Charles le Chauve, époque où on a cru devoir remonter, avant d'entamer les actes de la troisième race.

Quoique nous ayons examiné plus de mille chartes dans l'intervalle de ces deux époques, nous avons lieu de croire qu'il s'en découvrira encore; mais on a jugé qu'il y auroit de grands inconvéniens à différer plus longtemps de commencer l'ouvrage, sauf à intercaler les pièces qu'on découvrira pendant le travail, qui donnera tout le loisir de faire de nouvelles recherches, avec quelque ardeur qu'on le presse.

Je me suis donc mis à l'œuvre sur-le-champ, et voici le plan que j'ai suivi. Je distingue, parmi les chartes du dépôt, trois classes différentes : les pièces anecdotes qui contiennent des faits importans pour l'histoire proprement dite; les actes anecdotes passés entre particuliers obscurs, mais qui sont propres à nous instruire des mœurs et des usages des anciens temps de notre monarchie; enfin, les pièces qui ne présentent que des noms de lieux, ou quelques expressions inusitées qu'il est utile de remarquer.

On a décidé que les deux premières classes doivent nécessairement entrer dans le recueil projetté. La troisième ne feroit que le surcharger; et il suffit d'en extraire ces noms de lieu ou ces expressions dignes de remarques, dont on formera, à la fin du volume, des tables générales.

On a décidé aussi de faire entrer dans le recueil les pièces déjà imprimées, excepté celles qui le sont dans le *Recueil des historiens de France*.

Quant à celles-ci, j'ai cru devoir en placer les titres à leur ordre, en renvoyant à la page du volume où elles sont publiées.

Tel est mon plan relativement à l'espèce des pièces qui doivent composer le recueil.

Quant à chacune de ces pièces mêmes, voici la manière dont je crois devoir les publier.

Je mets à la tête de chacune un titre en latin, plus ou moins étendu, c'est-à-dire fort court, quand la pièce entière suit le titre, plus long, et avec ses notes chronologiques, quand la pièce n'est qu'indiquée comme étant publiée dans le *Recueil des historiens de France,* ou comme ne devant fournir que des extraits pour les noms de lieu ou les expressions inusitées.

Je place de courtes notes sous les pièces qui paroissent en exiger. Le recueil de Rymer n'en contient pas une seule, et c'est sans doute un défaut. Quoique l'objet de ces sortes de recueils soit principalement de publier les textes, il est des notes indispensables, telles que celles qui déterminent les dates, souvent incertaines, et celles qui font sentir l'utilité des actes privé qui, au premier coup d'œil, paroîtroient ne pas mériter d'être recueillis. Mais il faut, je crois, user en cela d'une grande sobriété. Je me suis proposé pour modèle les notes que les savans éditeurs de nos historiens ont jointes aux diplômes qu'ils ont publiés.

Ces notes sont écrites en latin ; car ce seroit une bigarrure peu convenable que de placer sous un texte latin des notes françoises. D'ailleurs l'usage du recueil projetté ne peut être borné à la France seule, et on doit s'y servir, par préférence, d'une langue familière à tous les savans de l'Europe.

C'est par cette raison que je crois qu'il faudra aussi employer cette langue, tant dans les préfaces que dans les tables de chaque volume ; mais il n'est pas encore temps de nous occuper de ces objets.

La matière des notes est principalement tirée des observations qui ont été jointes aux pièces par ceux d'entre nous qui les ont examinées, et dont je ne suis que le secrétaire. Aussi ai-je toujours eu soin de nommer l'auteur des observations à la fin de la note même ; et lorsqu'il se trouvera des difficultés, j'en ferai le rapport, pour être discutées dans nos assemblées, que j'ai grand intérêt de consulter sur mon travail.

En voici maintenant le premier essai.

Je propose de lire à chaque assemblée, durant la première demie heure, pour ne pas interrompre nos travaux ordinaires, les chartes et les notes que j'y destine. L'assemblée décidera si, par la suite, pour abréger, il ne suffiroit pas de lire seulement les pièces qui souffriroient difficulté. Quant aux autres, il pourroit suffire que j'en conférasse en particulier avec celui qui en a fait précédemment l'examen.

(Collection-Moreau, n° 315, fol. 141.)

4

OBSERVATIONS DES BÉNÉDICTINS SUR LA PRÉPARATION DU RYMER FRANÇAIS [1].

Pour préparer la publication du Rymer françois et fixer le choix des pièces dont il faut le composer, on a fait passer assez rapidement sous les yeux du Comité, depuis un an, environ 1,800 copies de chartes qui intéressent l'histoire des tems écoulés depuis la mort de Charles le Chauve jusqu'au couronnement de Hugues Capet. Cet espace renferme 110 ans.

Il faut aujourd'hui procéder à un examen définitif de toutes ces chartes, et distinguer celles qui doivent être transcrites en entier dans la collection de notre Rymer françois de celles qui ne doivent y entrer que par extrait ou par forme d'appendix.

Les religieux de la congrégation de Saint-Maur, qui ont fourni, chacun en particulier, leurs premières observations sur celles de ces copies qui leur ont été confiées, ne peuvent qu'applaudir à la proposition d'un nouveau raport dont M. de Bréquigny offre de se charger, et c'est pour rendre ce raport plus facile, plus sûr, et l'opération de leur triage moins dispendieuse au Roi, qu'ils suplient Monseigneur le Garde des sceaux de vouloir bien :
1° peser les observations qu'ils vont avoir l'honneur de lui proposer;
2° agréer le plan qu'ils présentent eux même, pour concilier avec la juste confiance qui est due au zèle de M. de Bréquigny la plus grande perfection d'un travail dans lequel ils sont ses coopérateurs.

Il est même d'autant plus nécessaire de régler d'une manière sûre la marche de nos travaux, que cette marche doit être suivie pendant le cours d'une opération qui durera plusieurs années.

[1] Ces Observations ont été publiées par M. Champollion-Figeac, *Lettres des rois et reines*, Introduction, p. XXVII.

Quelque zèle qui anime M. de Bréquigny, il ne peut excéder ses forces ni donner à ce travail qu'une mesure de tems peu proportionée à l'étendue de l'ouvrage. On connoît tous ceux dont il est chargé, et il les a même allégués, lorsqu'il y a environ six mois, on lui proposa de se charger de cette collection. Préposé à la rédaction des Ordonnances, placé à la tête du Glossaire françois, chargé du catalogue des chartes imprimées, le Journal des Sçavans, l'Académie françoise et celle des inscriptions, les nouveaux travaux relatifs aux mémoires des Chinois[1], dont il nous a dit que le Ministre l'avoit chargé, lui prennent presque tout le tems que lui laissent ses premières occupations.

Cependant ce nouvel examen ne lui permet pas de s'en reposer sur des travailleurs subordonnés, sur lesquels les religieux de la congrégation de Saint-Maur réclameroient la préférence, et ces travailleurs subordonnés ne pourroient même manquer d'occasioner au Roi des dépenses qu'il est juste de lui épargner, si on le peut, et qui seront mieux employées à entretenir les travailleurs qui nous manquent pour la recherche.

Cela posé, il est impossible que M. de Bréquigny seul rapporte au Comité ces 1,800 chartes ou environ, en moins de plusieurs années, pour peu que l'on veuille soumettre ses observations au jugement de ceux qui y sont apellés, quand on compteroit 20 comités par an, et quand, dans chacun, on feroit le raport de 40 chartes, ce qui est beaucoup.

Ajoutez à cela que, si le jugement qui doit fixer le choix de chaque pièce est, comme l'a dit le Ministre, l'ouvrage des lumières communes du Comité, il est impossible que, dans une assemblée de 3 ou 4 heures, on en examine et on en juge plus de 7 ou 8. Si on ne lit pas la charte en entier, si on ne parvient pas à l'entendre, s'il ne nous est pas permis à tous, ou si nous n'avons pas le tems de discuter la forme et le fond du titre, d'y faire remarquer et les traces des anciens usages et les preuves du droit de chaque époque, d'y disputer sur le fait ou sur les inductions du fait, le jugement pourra souvent être fautif ou du moins très-incomplet : la crainte de n'avoir pas le tems de se faire entendre ne laissera aux juges que le plaisir d'entendre M. de Bréquigny, et, dans le vrai, il n'y aura plus d'autre jugement

---

[1] Bréquigny avait été chargé par Bertin de continuer, avec Mouchet, les travaux des PP. Amiot, Bourgeois, etc., sur la Chine. Les papiers de Bréquigny sur la Chine et les Chinois forment, au département des manuscrits de la Bibliothèque nationale, les vingt-sept premiers volumes, plus les n°⁵ 106-114 et 121-126 de la collection qui porte le nom de ce savant.

que le sien; et tandis que la vérité doit naître du choc des opinions, loin d'y avoir dispute et discussion, il n'y aura pas même d'avis.

Nous objectera-t-on que nous en exigeons beaucoup, et que l'on peut se passer de toute cette critique détaillée qui consumeroit beaucoup de tems? Il nous suffira de répondre que, si on peut jouir de tous les avantages qu'elle présente, sans qu'il en coûte rien au Roi, et même en menant l'ouvrage plus vite qu'il n'iroit en suivant le plan proposé par M. de Bréquigny, ce seroit folie de s'en priver.

Proposons maintenant le nôtre, qui n'ajoutera à celui de M. de Bréquigny qu'une préparation nécessaire pour rendre son raport plus facile, réduire en peu de mots les discussions les plus épineuses, et doubler la célérité du travail, en augmentant encore son exactitude; le voici :

Nous partagerons cet espace de 110 années en onze intervalles, chacun de dix ans, et M. Moreau fera ranger sous ses yeux, dans deux cartons séparés, d'un côté, toutes les chartes qui ont été, à la première vue, jugées dignes de l'impression; d'un autre, toutes celles que l'on a cru ne devoir être insérées dans la collection que par extrait, ou que l'on a cru même devoir en retrancher.

Nous voudrions pouvoir nous transporter dans le dépôt même, pour y faire avec lui l'examen commun et réfléchi que nous avons l'honneur de proposer au Ministre; mais les frais de voiture seroient trop dispendieux, et nous demandons que la chambre de dom Grenier ou celle de dom Poirier, à Saint-Germain, soit le lieu où seront successivement portées ces onze subdivisions des chartes de notre première époque; et là, dans plusieurs bureaux, chaque semaine, nous serons en état de mettre à ce travail plus de tems que M. de Bréquigny ne pourroit y en mettre pendant six mois.

Ajoutons que notre travail sera alors un examen commun. Tous reverront en même tems la charte à laquelle un seul n'a pu donner jusqu'ici que quelques momens d'attention; celle que l'un de nous a examinée fournira à son confrère des lumières sur une autre qu'il aura vue: tout sera lu, examiné, discuté, comparé. Le respectable dom Clément ne pourra pas toujours assister à ces conférences, mais on ira le voir pour avoir son avis et pour profiter de ses lumières; on se fera même aider, s'il le faut, par quelques autres sçavants de Saint-Germain, qui se prêteront à ce travail, et l'on écrira un jugement motivé et définitif. M. Moreau a un commis, homme de lettres, intime ami de M. Béjot, et qui, depuis huit ans et plus, a manié, lu, étudié toutes ces chartes; il prêtera souvent sa plume pour les rédactions, et, en quinze jours, on viendra à bout de chaque subdivision.

Cela fait une fois, cette même subdivision sera remise à M. de Bréquigny, qui, pendant qu'une nouvelle classe de chartes sera l'objet des travaux de Saint-Germain, repassera le travail fait sur la première, et voudra bien, à la conférence générale chez Monseigneur le Garde des sceaux, rendre compte du résultat des travaux particuliers, et faire le raport des pièces qui, définitivement jugées dans cette assemblée, seront ensuite remises dans les portefeuilles destinés à l'impression.

Par là le raport sera : 1° plus facile; 2° très-bien entendu par les membres de la conférence, qui seront en état de répondre sur-le-champ aux difficultés qu'on pourra leur faire; 3° moins long et plus sûr, si bien qu'il sera possible alors, dans une seule assemblée, d'expédier plus de chartes qu'on ne l'eût fait peut-être en dix, si l'on eût été obligé dans chacune de se livrer aux discussions qui doivent nécessairement précéder le jugement.

Voilà le plan que proposent à Monseigneur le Garde des sceaux les religieux de la congrégation de Saint-Maur, et il n'est autre chose que la répétition de l'opération qui se fit lorsque l'on commença le *Recueil des historiens de France.* Les conférences se tenoient chez M. le chancelier Daguesseau; mais tout étoit préparé dans des conférences particulières, et dom Bouquet, raporteur au comité général, avoit préparé toute la besogne avec ses laborieux et savans coopérateurs.

Ce plan est de plus l'exécution de l'arrêté qui fut fait, l'année passée, dans une assemblée tenue chez Monseigneur le Garde des sceaux, et il y fut convenu que ces pièces seroient soumises à un second et commun examen de tous les membres du Comité.

Ajoutons aux avantages que ce plan réunit celui d'épargner au Roi des dépenses considérables. Le fonds destiné par Sa Majesté à ce travail-ci est très-modique : il est donc essentiel de l'employer à augmenter les recherches. Nous avons bien des ouvriers à présenter au Roi, pour fouiller les dépôts des provinces dont nous n'avons encore rien ou très-peu de chose; ils travailleront à peu de frais, mais il faut au moins payer leurs déboursés.

M. de Bréquigny ne peut se charger de l'entreprise qu'il refusa d'abord, et à laquelle il se soumet aujourd'hui, à moins que l'on ne monte chez lui un bureau, de qui on ne peut exiger le même désintéressement dont nous sommes redevables à sa générosité. L'argent que cet établissement coûteroit, nous le réclamons pour les travaux destinés à enrichir la collection.

Enfin, c'est la congrégation de Saint-Maur qui elle-même a fourni toutes les pièces qu'il s'agit aujourd'hui de juger et de trier; elle a été apellée à leur examen; elle désire de suivre cet ouvrage jusqu'à sa consommation, et de répondre au Roi et au public de la fidélité et de l'exactitude de l'ouvrage.

(Collection Moreau, n° 315, fol. 131.)

5

LETTRE DU GARDE DES SCEAUX À LA PORTE DU THEIL.

4 février 1782.

M. de Bréquigny, Monsieur, que j'ai chargé de l'édition des *Chartes relatives à l'histoire de France*[1], dont la collection se fait sous mes yeux, et dans laquelle doivent entrer celles que vous rassemblez à Rome, vous a demandé pour adjoint à ce travail, m'assurant que vous consentiriez volontiers à l'aider et à suivre après lui l'édition, selon le plan qu'il a tracé et que j'ai approuvé. Cette assurance et la connoissance que j'ai de vos talens et de votre zèle m'ont déterminé à lui accorder sa demande. Je désire donc que vous reveniez le plutôt possible à Paris pour vous y occuper, conjointement avec lui, de ce grand ouvrage, auquel vos recherches actuelles vous ont préparé. Je vous continuerai pour votre traitement personnel les appointemens de 1,500, que vous avez touchés jusqu'ici.

Je suis, etc.

MIROMESNIL.

Vous entendez bien, Monsieur, que si, par quelque motif qui eût rapport aux recherches que vous faites, vous croyiez nécessaire de différer votre retour, je m'en rapporte entièrement à votre prudence.

(Collection Moreau, n° 316, fol. 104.)

[1] Recueil dont le titre définitif devait être : *Diplomata, chartæ, epistolæ et alia documenta ad res francicas spectantia.*

6

OBSERVATIONS DE BRÉQUIGNY SUR LES DÉCISIONS PRISES PAR LE COMITÉ DES CHARTES AU SUJET DE LA COLLECTION GÉNÉRALE DES DIPLÔMES ET CHARTES RELATIFS À L'HISTOIRE DE FRANCE [1].

3 juillet 1782.

A la dernière assemblée [19 juin 1782] il a été arrêté :

1° Qu'on commenceroit le recueil général des chartes concernant l'histoire de France au règne de Clovis, et qu'on les rangeroit selon l'ordre chronologique ;

2° Qu'on en excluroit les capitulaires, les loix salique, ripuaire, etc., les autres loix civiles, et les loix ecclésiastiques renfermées dans les canons des conciles.

3° On a décidé que, jusqu'à Philippe-Auguste, on admettroit les bulles et les brefs des papes, sans exception, lorsque ces pièces seroient relatives à la France, sauf à se restreindre par la suite.

4° Quant aux formules anciennes qui ne sont que des protocoles d'actes, on a jugé qu'il suffiroit d'imprimer celles qui seroient utiles pour caractériser les formes et les usages dans les divers siècles de notre monarchie.

5° Par rapport aux lettres missives qui peuvent servir à l'histoire, on a distingué celles des rois, princes et personnages considérables, et celles des simples particuliers. On a distingué aussi celles qui étoient déjà rassemblées dans des recueils, et celles qui étoient éparses dans divers ouvrages. On a pensé que les lettres des rois, princes, etc., devoient toutes être imprimées dans notre recueil jusqu'à Philippe-Auguste, en les plaçant chacune à leur date déterminée ou conjecturale. Parmi les lettres des particuliers, on a cru que, soit qu'elles fussent éparses, soit qu'elles fussent recueillies en corps, il faudroit faire choix de celles qui seroient utiles pour notre histoire, et les placer selon l'ordre chronologique, au milieu des chartes et autres pièces.

J'ai l'honneur de proposer quelques observations sur les trois derniers articles, les bulles et brefs, les formules et les lettres des particuliers.

I. Il est à craindre que les bulles et brefs, par leur nombre prodigieux,

---

[1] Cette pièce a été publiée par M. Champollion-Figeac, *Lettres des rois et reines*, Introduction, p. XXIII.

ne surchargent une collection dont les chartes et diplômes doivent faire le fond principal ; et ces diverses lettres des papes semblent mériter un recueil particulier, auquel il suffiroit que cette collection renvoyât. Ce recueil a été commencé, il y a soixante ans, par D. Coutant [1]. Depuis ce temps, les savans en désirent la suite. Il y en a deux volumes prêts à paroître ; ils sont à Saint-Germain-des-Prés. D. Labbat seroit en état, non-seulement de publier ces deux volumes, mais de continuer cet important ouvrage. Ce travail est absolument analogue à celui qu'il a déjà fait, en préparant une nouvelle édition des conciles de France : en le chargeant d'une pareille collection, ce seroit avancer la nôtre ; elle y appartiendroit et seroit imprimée comme en faisant essentiellement partie.

II. Ma seconde observation regarde les formules anciennes. Baluze en a imprimé un recueil à la suite des capitulaires. M. de Chiniac se propose d'y joindre, dans la nouvelle édition qu'il donne de ces capitulaires, toutes les formules anciennes qu'il pourra rassembler. Cette édition des capitulaires fait aussi une portion essentielle de notre collection : on pourroit donc y renvoyer toutes les formules.

III. Ma dernière remarque concerne les recueils épistolaires, tels que ceux de Fulbert, d'Yves de Chartres [2], etc., qui sont entre les mains de tout le monde. Ne suffiroit-il pas, dans notre collection, au lieu d'y réimprimer tout au long les lettres que nous pourrions tirer de ces recueils, d'en rapeller seulement les titres à leur date, et de renvoyer aux éditions ?

(Collection Moreau, n° 315, fol. 129.)

[1] Dom Pierre Coustant, bénédictin de la congrégation de Saint-Maur, né à Compiègne en 1654, mort à Paris le 18 octobre 1721, avait voulu former une collection des lettres des papes des douze premiers siècles, avec des observations sur l'authenticité et la date de chaque pièce. Il n'en publia qu'un volume sous le titre de : *Epistolæ romanorum pontificum et quæ ad eos scriptæ sunt, a sancto Clemente ad Innocentium III, quotquot reperiri potuerunt*, etc., Paris, 1721, in-folio ; mais, avec dom Simon Mopinot et dom Ursin Durand, il réunit pour cette publication un nombre fort considérable de documents dont la plus grande partie est conservée en quatorze volumes à la Bibliothèque nationale, sous les n°ˢ 16983-16996 du fonds latin, et une partie est au Vatican.

[2] Les lettres de Fulbert avaient été publiées, en 1585, dans la première édition de ses œuvres par Papire Masson ; les lettres d'Yves de Chartres furent publiées en 1584, 1610, etc.

7

COMMUNICATION DE BRÉQUIGNY AU COMITÉ DES CHARTES.

17 juillet 1782.

J'ai rassemblé les pièces qui doivent entrer dans la collection des diplômes et titres relatifs au règne de Clovis, soit celles qui ont été publiées, soit celles qui sont au dépôt des chartes. J'en trouve quarante-trois indiquées dans la Table chronologique, parmi lesquelles il n'y a que six diplômes; les autres sont des lettres. Presque toutes ces pièces sont imprimées dans le *Recueil des historiens de France.*

On peut y ajouter quatre autres pièces qui ont été aussi imprimées, mais qui ont été omises dans la table et entreront dans le supplément. Ces pièces sont : un diplôme de Clovis pour Saint-Jean-de-Réomé[1], pièce pour le moins très-suspecte. Mais je crois qu'on ne peut se dispenser d'insérer ces pièces dans la collection, lorsque, comme le diplôme dont il s'agit, elles portent des caractères d'antiquité, et ont souvent été citées comme vrayes. Il faudra seulement y joindre les notes critiques convenables.

Les trois autres pièces sont : une lettre des évêques de France et de Germanie au pape Anastase II, vers 497, imprimée dans les *Constit. imper.* de Goldast[2], t. IV, part. III, p. 48, et deux lettres du pape Gélase Ier, écrites en 494, l'une à l'évêque de Lyon[3], l'autre à celui d'Arles[4]; la première dans le *Spicilége* de d'Acheri[5], t. V, la seconde dans Baronius, *Annal. eccl.*, t. VI, p. 491, et ailleurs.

Le dépôt des chartes ne me fournit qu'une seule pièce qui n'ait point été publiée; encore est-elle fausse et presque entièrement semblable à une qui

---

[1] Moutier-Saint-Jean, abbaye bénédictine, dans la Côte-d'Or, qui faisait autrefois partie du diocèse de Langres. Elle fut fondée vers 440. La pièce concernant Moutier-Saint-Jean est imprimée dans les *Diplomata*, p. 4-6.

[2] Le titre exact de l'ouvrage du savant Melchior Golddast de Heiminsfeld (né à Espéri le 6 janvier 1576, mort à Giessen le 11 août 1635) est : *Collectio constitutionum imperialium ab instauratione primæ monarchiæ Germanæ usque ad Mathiam*, Francfort, 1673 et 1713, 4 vol. in-fol.

[3] Saint Rustique.

[4] Saint Eonius.

[5] Le *Spicilége*, une des œuvres les plus importantes dues à l'érudition bénédictine : elle est intitulée : *Veterum aliquot scriptorum qui in Galliæ bibliothecis, maxime Benedictinorum, latuerant, Spicilegium*, Paris, 1655-1677, 13 vol. in-4°; 1723, 3 vol. in-fol. Son auteur, dom Jean-Luc d'Achery, né à Saint-Quentin en 1609, mort à Paris en 1685, fut un des plus savants religieux de la congrégation de Saint-Maur.

a été déjà publiée et indiquée dans la Table chronologique. C'est une charte sur la fondation du monastère de Saint-Pierre-le-Vif [1].

Je prie Messieurs du Comité de vouloir bien m'indiquer les autres pièces qui pourroient grossir cette courte liste.

N. B. — Il y a à la Bibliothèque du Roi un nombre très-considérable de chartulaires, dont plusieurs originaux, et les autres copiés sur les chartes originales des monastères et rassemblées par M. de Gaignières [2]. Il seroit nécessaire de savoir à quelle année commence chacun de ces chartulaires, pour y avoir recours, au besoin. On les trouvera tous indiqués dans la table du catalogue de la Bibliothèque du Roi, mss. latins, parmi les anonymes, sous le titre d'*Historia monastica*.

(Collection Moreau, n° 1097, fol. 47.)

8

OBSERVATIONS DE DOM GRENIER
AU SUJET DU PROSPECTUS DE LA COLLECTION DES CHARTES.

Le Comité étoit convenu, si je ne me trompe, que, le travail d'une époque de cent années fini, l'on procéderoit tous ensemble, sous les yeux du Ministre, à un nouvel examen, pour juger des pièces qu'il conviendroit de publier en entier et de celles qu'il suffiroit de faire entrer seulement par extrait dans l'appendix. Ce second travail paroît d'autant plus nécessaire que nous devons convenir tous ensemble de certaines dates sur lesquelles nous avons été partagés les uns les autres, ce qui ne se peut faire que par la comparaison de plusieurs pièces, expédiées dans l'espace de dix ou même vint années. Ce nouvel examen fournira certainement des idées neuves et mettra à portée, sinon d'ajouter de nouvelles observations à celles qui sont faites, du moins d'y changer. Nous sommes bien éloignés d'avoir épuisé dans l'étendue du Royaume les monuments relatifs à l'époque du xe-siècle. Peut-on se flatter même que la table générale des chartes imprimées renferme généralement toutes les pièces éparses en divers ouvrages? C'est un examen

---

[1] Abbaye bénédictine de Sens, fondée au commencement du vi^e siècle. La pièce concernant Saint-Pierre-le-Vif est imprimée dans les *Diplomata*, p. 6-10.

[2] François-Roger de Gaignières, né vers 1644, mort en mars 1715, l'érudit collectionneur dont M. Delisle a si bien mis en lumière la vie et les travaux dans le *Cabinet des manuscrits*, t. I, p. 335-356.

préliminaire de toute nécessité pour parvenir à la connoissance des diplômes et des chartes non imprimées des x⁰ et xi⁰ siècles. Je pense qu'il seroit à propos de publier incessament le *prospectus* de l'ouvrage important que le Gouvernement se propose de faire paroître.

(Collection Moreau, n° 290, fol. 186.)

9

PROJET DE PROSPECTUS DE DOM GRENIER POUR LA COLLECTION DES CHARTES.

1° Annoncer que les chartes qui doivent être publiées ont été copiées telles qu'elles se trouvent dans les originaux ou dans les anciens cartulaires;

2° Que les marques d'authenticité dont elles sont revêtues, comme le *Labarum*, les croix, les sigles et les monogrammes, ainsi que les sceaux, quand on aura pu se les procurer, seront gravées à chacune des pièces. M. Desmarest, président en l'élection de Senlis, nous offre un grand nombre de sceaux, dessinés d'après les types et avec beaucoup de soin.

3° Après avoir parlé de l'assemblée qui se tient exactement tous les mercredis de chaque quinzaine, après avoir nommé les personnes qui ont l'honneur d'y être admises, il sera à propos, pour exciter l'émulation de ceux qui voudront contribuer au travail, de citer ceux qui ont commencé la besogne en 1765, tels que D. Géroux, D. Le Noir, D. Mulei[1], D. Queinser et autres, dont M. Glié peut donner les noms; ceux qui ont suivi ce travail constament depuis l'origine jusqu'aujourd'ui; D. Grenier, chargé par ses Supérieurs de l'histoire de la province de Picardie, est le seul peut-être qui ait fourni des chartes, tous les ans, au dépôt; de rappeller ceux qui se sont mis à travailler depuis l'époque de 1765, savoir: M. Afforti, chanoine-doyen de Saint-Rieule de Senlis[2], M. Duteil[3], M. de Barive et autres, s'il y en a, ajoutant que plusieurs personnes se présentent aujourd'ui pour pousser la besogne vigoureusement.

4° Je pense qu'il ne seroit pas hors de propos de faire entrer dans le

---

[1] Dom Charles-Joseph Mulley, né à Bapaume, un des collaborateurs de dom Grenier à l'histoire de la Picardie.

[2] Afforty envoya au Comité des chartes la copie d'un grand nombre de documents tirés tant de l'hôtel de ville que des établissements religieux et ecclésiastiques du diocèse de Senlis. La bibliothèque de Senlis possède un recueil manuscrit en vingt-cinq volumes, dû à ce laborieux chanoine.

[3] La Porte du Theil.

prospectus la lêtre du P. Général de la congrégation de Saint-Maur, que M. Moreau annonce dans l'avertissement qui se trouve à la tête du dixième tome de ses *Discours sur l'histoire de France*, pour faire voir que ce corps de religieux a été prêt dans tous les tems à servir l'État comme l'Église.

(Collection Moreau, n° 290, fol. 185.)

10

EXTRAIT D'UN RAPPORT DE MOREAU SUR L'ÉTAT DES TRAVAUX LITTÉRAIRES.

1er mars 1788.

Cette collection a été projettée dans les comitez qui se tenoient chez M. le Garde des sceaux et a toujours été regardée comme le fruit du concert et de la collaboration de tous les membres du Comité, et si on veut avancer cette besogne, il est essentiel de maintenir toujours cet ordre.

Il faut cependant convenir que l'on s'est un peu trop hâté de vouloir donner un volume. Il eût été essentiel de commencer par amasser tous les matériaux qui devoient y entrer, et nous n'avons pas même encor tous ceux que l'on pourroit tirer de la Bibliothèque du Roy.

Lorsque cette observation fut faite, on répondit qu'il falloit commencer par donner un volume tel quel, afin que le public ne pût douter de la réalité de cette immense entreprise. On ajouta que ce premier volume, ne devant contenir que des pièces qui étoient desjà imprimées en différens receuils, seroit plus facile, et que l'on auroit le tems de préparer les autres.

Il eût été peut-être plus utile de le faire imprimer au Louvre, comme le receuil des Ordonnances, et d'ordonner, comme l'avoit fait autrefois M. Daguesseau pour celui-ci, que l'imprimeur enverroit à Monseigneur le Garde des sceaux une épreuve de chaque feuille, afin qu'il pût suivre ou faire suivre de l'œil ce travail. M. de Bréquigny, qui fut choisi pour rédacteur, en chargea Nyon, libraire, à qui l'on promit 9,000 ₶ par volume pour 300 exemplaires.

M. de Bréquigny, trop chargé, a choisi lui-même M. Dutheil, et il ne faut pas se dissimuler que ce travail se fait actuellement presque sans aucune relation avec le Comité, ny avec la bibliothèque destinée à lui fournir les matériaux.

Comme les chartes qu'il s'agit de rassembler sont infiniment plus nombreuses et moins connues que les Ordonnances, il est certain que si ce receuil devient, comme celui des Ordonnances, le travail d'un seul, nous ne le verrons jamais avancer.

Il est donc important de rétablir, par le moien du Comité, la relation qui doit être perpétuelle entre : 1° les rédacteurs; 2° le magasin qui doit fournir les matières; 3° et les gens de lettres qui doivent les juger et en disposer l'arrangement.

Icy même, ce n'est pas à proprement parler une rédaction qu'il faut, car toutes les pièces existent, il ne s'agit que d'un arrangement dans lequel chacun des membres du Comité peut et indiquer une pièce et juger de l'ordre où elle doit être placée.

On n'en dira pas davantage sur tout cela, parce que ce sera un des premiers objets sur lesquels on délibérera dans le Comité. Je ne me permettray, en attendant, qu'une seule observation : l'ouvrage n'ira jamais si bien, ny si vite, et ne se fera jamais à si bon marché que lorsque les Bénédictins, accoutumés à ce travail, le connoissant à fond, et n'ayant que cela à faire, arrangeront eux même la collection, dont M. de Bréquigny ne paroît s'être chargé que pour la faire passer à un autre, auquel il faudra bien quelque jour la payer infiniment plus cher.

. . . .

(Collection Moreau, n° 315, fol. 34.)

11

MÉMOIRE DE BRÉQUIGNY
SUR L'ÉDITION DE LA COLLECTION GÉNÉRALE DES CHARTES
RELATIVES À L'HISTOIRE DE FRANCE.

19 novembre 1788.

Quoique les comités des chartes soient interrompus depuis plus de trois ans, le sieur de Bréquigny, qui avoit été chargé par Monseigneur le Garde des sceaux de Miromesnil de travailler à l'édition de la collection générale des chartes (et même de s'adjoindre M. du Theil, qu'il fit revenir exprès de Rome), n'a cessé de s'occuper de ce travail. Le premier volume, contenant les chartes de la première race de nos Rois, est depuis plusieurs mois achevé d'imprimer; il reste à imprimer la préface, qui contiendra plus de 200 pages in-folio, parce qu'elle présente l'analyse complette de ce que renferme le volume.

Les éditeurs, qui renvoyent avec justice la gloire de cette collection au Ministre qui la protège, au dépôt d'où elle est tirée en partie, et aux savans du Comité dont les observations leur ont servi, sentent que l'édition ne doit paroître que sous les auspices de ce même Comité, spécialement la préface, qui contient le plan de l'entreprise. Mais on ne pourroit, sans une perte de tems immense, lire et discuter en plein Comité cette préface seule, qui formeroit un volume, quand même ce Comité auroit repris ses séances; et le libraire, qui a fait de grosses avances, souffriroit de trop longs délais.

Il seroit aisé de remédier à ces inconvéniens, si Monseigneur le Garde des sceaux jugeoit à propos de nommer deux membres du Comité, qu'il chargeroit d'examiner l'ouvrage et de lui en rendre compte. S'ils le jugeoient digne d'être avoué du Comité, Monseigneur le Garde des sceaux permettroit alors d'imprimer la préface, afin que l'édition d'un ouvrage depuis si longtems annoncé et d'une utilité reconnue ne languît pas plus longtems, que les délais ne fussent pas imputés aux éditeurs, et qu'on ne donnât pas lieu aux justes plaintes du libraire.

Ils prennent la liberté de proposer à Monseigneur le Garde des sceaux de nommer pour examinateurs deux des plus savans et des plus laborieux membres du Comité, M. de Pastoret[1] et dom Poirier, dont il connoît les lumières. On espère qu'ils se chargeront volontiers de cet important examen.

(Collection Moreau, n° 315, fol. 28.)

12
MÉMOIRE DE MOREAU SUR LE PREMIER VOLUME DE LA COLLECTION GÉNÉRALE DES CHARTES RELATIVES À L'HISTOIRE DE FRANCE[2].

Décembre 1788.

Je dois compte à Monseigneur le Garde des sceaux de l'un des premiers et des plus précieux fruits des travaux ordonnés par le Roi pour hâter les progrès de nos connoissances historiques et faciliter les études de notre droit public.

---

[1] Claude-Emmanuel-Joseph-Pierre, comte, puis marquis de Pastoret, né le 25 octobre 1756 à Marseille, mort le 28 septembre 1840 à Paris, membre de l'Institut, professeur de droit au Collège de France, ministre d'État, chancelier de France, membre de l'Académie française, etc., continuateur du recueil des *Ordonnances*, dont il publia les tomes XV-XX, etc.

[2] Ce mémoire a été publié par M. Champollion-Figeac, *Lettres des rois et reines*, Introduction, p. XXXI.

Tout le monde connoît le recueil des actes publics de l'Angleterre rassemblés par Rymer : un pareil ouvrage manquoit à la France ; mais le plus difficile étoit d'en connoître et d'en réunir les matériaux, dont un très-petit nombre étoit déjà imprimé dans quelques collections, mais dont une multitude innombrable étoit et est peut-être encore enfermée dans une foule d'archives, ou peu connues, ou jamais entièrement approfondies et épuisées par ceux qui les ont visitées.

Lorsqu'en 1762, le Roi, d'après le plan qui lui en fut suggéré par M. Bertin, alors Ministre des finances, eut joint à cette bibliothèque de législation et d'administration destinée, en 1759, à présenter sans cesse à tous les Ministres la tradition de toutes nos loix, un second cabinet, qui devoit également les instruire de tous les faits, en mettant sous leurs yeux tous les matériaux de notre histoire, le premier soin du Ministre fut d'obtenir de Sa Majesté que des gens de lettres seroient, d'un bout du Royaume à l'autre, employés aux recherches qui devoient accroître le nombre de nos monumens connus. On s'aida du zèle infatigable des savans religieux de la congrégation de Saint-Maur, qui depuis ont excité l'émulation active et laborieuse de celle de Saint-Vanne.

Un Comité fut établi pour examiner, juger et classer les matériaux qui furent le produit de ces travaux, qui n'ont point été interrompus; et lorsqu'en 1781, le Roi réunit et attacha irrévocablement à la Chancellerie ces deux cabinets, qui, sous le titre de *bibliothèque de législation, administration, histoire et droit public*, sont devenus le centre de toutes les entreprises littéraires relatives à ces grands objets, on continua, dans les assemblées qui se tinrent en présence de M. le Garde des sceaux, et où assistoient régulièrement M. le marquis de Paulmy et M. Bertin, à s'occuper surtout du projet de cette immense collection, dont le premier volume paroît aujourd'hui.

Il étoit nécessaire qu'à mesure que les monumens envoyés aux dépôts de la Chancellerie passoient sous les yeux des membres du Comité, un homme seul fût chargé de l'arrangement convenu, et préposé à l'édition d'un ouvrage sur lequel l'immensité même de l'entreprise pouvoit laisser quelqu'inquiétude; il fut jugé important que le public sût que nous avions commencé l'exécution d'un projet si vaste, qui, quelques soins que l'on y apporte, doit occuper nos savans une longue suite d'années. Le plus laborieux de tous, M. de Bréquigny, déjà si avantageusement connu par l'étendue de ses connoissances historiques et par son zèle infatigable pour les recherches de nos monumens, a bien voulu se charger de veiller à la composition et à l'impression de ce premier volume : il étoit juste que la première récompense de son zèle fût le choix de celui dont il croyoit pouvoir s'aider dans ce travail, et qui, en l'aidant même, méritoit d'être désigné pour son successeur; si donc le Comité qui, aujourd'hui attaché à la Chancellerie comme conseil et directeur de toutes les entreprises littéraires destinées à aider la législation et l'administration royales, continue de se regarder comme chargé de la composition de ce recueil; si la bibliothèque attachée à la Chancellerie réunit successivement, comme j'ose m'en flater, tous les monumens, tous les actes, tous les titres qui doivent entrer dans ce recueil, comme dans tous les autres de même nature que le Roi ordonne, encourage et protége; si enfin les savans qui, dans nos provinces, sont chargés de découvrir tout ce qu'il peut y avoir encore d'actes publics et de titres précieux enfouis dans la poussière des dépôts, [réussissent dans leur entreprise], M. de Bréquigny et M. du Theil, son adjoint, peuvent, en annonçant ce premier volume, promettre au public que les suivans ne se feront pas autant attendre que l'on pourroit le craindre, si l'on ne consultoit que l'innombrable multitude des actes dont ils doivent être composés.

Quiconque, au reste, lira la très-savante préface destinée à donner une juste idée de cette vaste composition, fera les vœux les plus sincères pour que le Gouvernement mette ce travail au nombre de ceux qui méritent le plus sa protection et ses secours. Sans les magazins, et si j'ose m'exprimer ainsi, sans les atteliers que le Roi a disposés à la Chancellerie, pour y livrer à des travailleurs actifs toutes les matières premières de ce grand édifice, sa construction ou seroit impossible, ou dureroit des siècles. Sans le grand et magnifique ouvrage qu'ils sont en état de présenter à la France, et même à l'Europe, on ne connoîtroit point assez combien ces atteliers et ces magazins seront utiles aux Ministres, qui, plus que jamais, ont aujourd'hui besoin de s'instruire; aux gens de lettres, dont il est si important de diriger les efforts au plus grand bien de la patrie, et dans un tems où il est si généralement reconnu que c'est au profit de l'avenir qu'il faut s'occuper du passé.

Cette préface, qui n'est point susceptible d'un extrait, m'a paru un prodige de travail et d'érudition : sa première partie renferme, dans un détail et dans un ordre admirables, le jugement sûr et impartial que l'on doit porter de chacun des monumens de notre première race. On y distingue les titres qui sont à l'abry de toute suspicion de fausseté d'avec ceux dont la véracité ou l'authenticité ne sont pas également prouvées; car on a cru devoir faire entrer dans nos collections quelques pièces de cette dernière espèce, sur lesquelles on a toujours eu soin de prévenir le jugement des lecteurs; car souvent même les pièces fausses ne sont pas inutiles à l'histoire : la saine critique y découvre du moins les usages, les habitudes et les formes du tems où elles ont été composées. Un des avantages de ce premier volume sera d'épargner de longues et de dispendieuses recherches à ceux qui veulent se mettre au fait de la législation et de l'administration de nos premiers roix; quelque sistème que l'on embrasse, il faut connoître à fond les monumens, et c'est un soin que l'on n'a pas assez pris jusqu'ici. En réunissant à ce premier volume de notre Rymer les deux volumes de Baluze qui contienent les Capitulaires, on aura sous les yeux tous les actes qui portèrent à cette époque l'empreinte du pouvoir.

Je me fais un devoir, au reste, d'attester à Monseigneur le Garde des sceaux que ce premier volume, dont la bibliothèque de législation, administration, histoire et droit public possède déjà un double exemplaire de toutes les feuilles qui en ont été imprimées, a été entièrement rédigé d'après le plan conçu dans nos assemblées, et est parfaitement conforme aux résultats des délibérations du Comité, dont tous les membres ont même revu, avant l'impression, toutes les pièces dont ils avoient autrefois fait le rapport au Chef de la justice.

MOREAU.

(*Au bas est écrit de la main du Garde des sceaux:* Approuvé pour l'impression.)

(Collection Moreau, n° 315, fol. 137.)

V

LETTRES DES PAPES [1].

1

MÉMOIRE DE BRÉQUIGNY SUR LES DOCUMENTS RELATIFS À L'HISTOIRE DE FRANCE CONSERVÉS DANS LES ARCHIVES ET BIBLIOTHÈQUES DE ROME.

Novembre 1773.

Les lumières que les historiens anglois ont tirées du recueil des actes publiés par Rymer, tout imparfait qu'est ce recueil, ont fait appercevoir que ce n'étoit qu'avec de pareils secours qu'on pouvoit écrire l'histoire d'une manière satisfaisante, et que les actes originaux sont seuls capables de garantir de la séduction des conjectures, en donnant des idées justes et précises, soit des faits, soit des motifs.

Le Roy, voulant procurer aux écrivains françois les mêmes ressources pour perfectionner nos annales, s'occupe depuis longtems des moyens les plus propres pour y parvenir. Il a fait dresser une table chronologique de tous les titres imprimés relatifs à cet objet, épars et comme égarés dans une multitude de livres, la pluspart peu connus. Le premier volume de cette table, qui s'imprime au Louvre, a déjà paru, et le second est près de paroître. Quant aux pièces manuscrites, Sa Majesté a établi un dépôt pour y placer celles qu'elle a donné ordre de rechercher et de transcrire, soit en France, soit même dans les pays étrangers, et on y en a déjà beaucoup rassemblé. L'Angleterre seule en a fourni un grand nombre. L'intention du Roy seroit qu'on fît des recherches semblables dans les autres États et surtout dans ceux qui, par leurs anciennes relations avec la France, paroissent avoir dû conserver une plus grande quantité d'actes propres à en éclaircir l'histoire.

---

[1] Voir aussi pages 70-72 et 430.

Rome est de tous les pays celui qui promet la moisson la plus abondante en ce genre. Elle a été longtems le centre des négociations de tous les États de l'Europe, et l'histoire des Papes a été mêlée avec la nôtre, plus encore par la protection spéciale que nos souverains leur ont accordée que par leurs démêlés respectifs. Il y a donc lieu d'espérer qu'on puiseroit les connoissances les plus précieuses pour l'histoire de France dans les dépôts du château Saint-Ange et du Vatican, où doivent se trouver les instructions données aux légats et aux nonces, leur correspondance, les lettres des princes chrétiens aux Papes et surtout les lettres des Papes même. On sçait qu'elles sont conservées dans une nombreuse suite de registres[1] qui ont fourni à Baronius[2], à Oderic Raynaldi[3], à Bzovius[4], etc., quantité de pièces insérées dans leurs écrits, dont elles font souvent le principal mérite, mais ce qu'ils en ont publié est bien peu de chose en comparaison de ce qui reste. Le savant abbé de Longuerue avoit deux volumes manuscrits in-folio des lettres des seuls papes Innocent VI, Urbain V et Grégoire XII, dont le Roy vient de faire l'acquisition[5].

La communication de ces pièces, accordée en divers tems aux sçavans avec la liberté même de les publier, donne lieu de croire qu'on ne refuseroit pas la permission de les transcrire sur les originaux ou sur des copies authentiques, afin de mettre dorénavant nos historiens à portée d'en faire usage. Quoiqu'il fût à souhaiter d'avoir un recueil exact et complet de toutes les lettres des Papes, cependant, pour ne pas se jetter dans un travail trop long, on pourroit se borner à celles qui concernent plus particulièrement la France, et, pour abréger encore ce travail, on se conten-

---

[1] Depuis Innocent III jusqu'à Sixte V, la collection des régistres contenant les lettres des papes forme plus de 2,000 volumes. Pour l'époque antérieure à Innocent III, nous n'avons que les registres de Grégoire Ier, de Grégoire VII et un fragment de celui de Jean VII.

[2] Pour les *Annales ecclesiastici*, que Baronius (César, cardinal Baronio, né à Sora, royaume de Naples, le 30 août 1538, mort le 30 juin 1607) poursuivit jusqu'en 1198, et qui forment 12 volumes in-folio, publiés à Rome de 1588 à 1593.

[3] Odorico Rinaldi, né en 1595 à Trévise, mort le 22 janvier 1671 à Rome, supérieur général de l'Oratoire. Il a donné la suite des *Annales ecclesiastici* depuis l'année 1198 jusqu'en 1571. Cette suite comprend 10 volumes, parus à Rome de 1646 à 1677; elle fut continuée par le P. Jacques Laderchi, qui publia, de 1728 à 1737, les tomes XXII-XXIV.

[4] Abraham Bzovius, en polonais Bzowski, né à Proczovic en 1567, mort à Rome le 31 janvier 1637, reprit à son tour les *Annales* de Baronius, de 1198 à 1532, tomes XIII-XXI; Cologne, 1616-1630, et Rome, 1652.

[5] Ms. latin 4127 de la Bibliothèque nationale, copie du XVIIe siècle.

teroit de collationner celles qui ont été déjà publiées et de marquer les différences qui se trouveroient entre le manuscrit et l'imprimé. On sent combien l'exécution d'un pareil projet seroit utile, non-seulement pour l'histoire de France en particulier, mais pour l'histoire de l'Église en général, et, à ce titre, il semble que cette opération a quelque droit à la protection du Chef de l'Église.

(Collection Moreau, n° 316, fol. 2.)

2
LETTRE DE BERTIN AU CARDINAL DE BERNIS [1].
7 novembre 1773.

Monseigneur, j'envoye à Votre Éminence un mémoire qui peut-être méritera son attention, et sur lequel j'ay l'honeur de lui demander et ses conseils et ses bons offices. Je connois votre goût pour les lettres : elles ont droit à votre protection, et il n'est aucun moyen d'être utile à la patrie que vous n'embrassiez avec la plus grande joye. C'est dans cette confiance que j'attendray la réponse de Votre Éminence, pour ne proposer au Roy que ce qu'elle jugera et avantageux pour la France et possible dans le pays que vous habitez.

Je suis, etc.

BERTIN.

(Collection Moreau, n° 316, fol. 4.)

3
RÉPONSE DU CARDINAL DE BERNIS À BERTIN.
Rome, 1ᵉʳ décembre 1773.

J'ai reçu, Monsieur, la lettre dont vous m'avés honoré, le 7 du mois dernier, avec le mémoire qui y étoit joint; vous verrés dans celui que j'ai l'honneur de vous envoyer en réponse ce que je crois possible de faire ici

---

[1] François-Joachim de Pierre de Bernis, né à Saint-Marcel (Ardèche), mort à Rome le 1ᵉʳ décembre 1794, membre de l'Académie française, ambassadeur à Venise, ministre des affaires étrangères, cardinal, archevêque d'Albi, etc., ambassadeur à Rome de 1768 à 1791.

pour remplir vos vues. Les difficultés ne sont pas petites, mais, avec les éclaircissemens que je demande et surtout en me faisant autoriser par M. le duc d'Aiguillon [1] à porter sur les états des frais extraordinaires la dépense qui sera nécessaire, tant par rapport aux archivistes que pour les personnes intelligentes qui seront chargées de faire des extraits et de les mettre au net, je ne désespère pas de trouver des choses intéressantes pour l'histoire de France.

Vous connoissés, Monsieur, depuis longtems, l'attachement inviolable que je vous ai voué.

Le cardinal DE BERNIS.

(Collection Moreau, n° 317, fol. 92.)

4

MÉMOIRE SUR LES BIBLIOTHÈQUES ET ARCHIVES DE ROME.

Il est hors de doute que la bibliothèque du Vatican, les archives de Saint-Pierre et ceux du château Saint-Ange contiennent des monumens précieux pour l'histoire et, en particulier, pour celle de France. Convaincus de l'extrême utilité des recherches que l'on se propose d'y faire, on ne veut point ici grossir ni multiplier les obstacles; on croit seulement devoir les indiquer, afin de se procurer les moyens de les applanir.

1° Ce seroit en vain que l'on chercheroit, dans les archives que l'on nomme apostoliques, des registres bien exacts, soit des lettres des papes, soit des instructions données aux légats dans des tems un peu éloignés. La pluspart des pièces contenues dans ces archives sont des brefs ou des bulles.

2° Il est constant qu'il règne dans ces mêmes archives un tel désordre, surtout à l'égard des pièces d'ancienne datte, que la moindre recherche est très-pénible. D'ailleurs les gardes des archives étant les seuls qui ayent le droit d'y faire des recherches, il faut par conséquent s'en rapporter entièrement à leur bonne foi.

3° La bibliothèque du Vatican offre plus de facilité. On y a déjà puisé nombre de connoissances historiques, mais l'obscurité des caractères de quelques anciens manuscrits présente de nouvelles difficultés. On est obligé

---

[1] Armand de Vignerot du Plessis de Richelieu, duc d'Aiguillon, ministre des affaires étrangères en 1771.

d'avoir recours, pour les déchiffrer, à des copistes-interprètes entretenus aux frais de la bibliothèque. Il est fort à craindre que ces copistes, ou par négligence ou à dessein, ne suppriment dans les copies des passages souvent très-essentiels.

4° Enfin on n'ignore pas que, parmi les pièces dont on est curieux, il peut y en avoir dont le Gouvernement soit jaloux et dont il regarde la publication comme pernicieuse par ses conséquences, ou du moins contraire aux principes qu'il a adoptés.

Malgré ces obstacles (dont on tâcheroit de surmonter une partie, en faisant assister à ces recherches une personne fidèle et intelligente), comme l'on désire de contribuer, autant qu'il est possible, à un recueil si utile, on demande pour cet objet : 1° une note distincte des principales pièces dont on souhaite la collation, avec les dattes et la citation des ouvrages où elles se trouvent insérées ; 2° une indication des autres pièces dont on veut faire recherche. Cette indication ne sauroit être trop détaillée, pour ôter à ceux qui ont en main les registres le prétexte de dire que ces pièces n'existent pas.

Au reste, indépendamment des archives que l'on nomme apostoliques, et de la bibliothèque du Vatican, il est probable que l'on trouveroit nombre de pièces très-intéressantes pour l'histoire dans plusieurs bibliothèques particulières et dans les archives de différens seigneurs romains qui ont eu dans leur famille des papes, des légats, des nonces et d'autres personnages employés par la cour de Rome dans les affaires publiques. On se flatte que les recherches que l'on pourroit y faire ne seroient pas tout-à-fait infructueuses.

(Collection Moreau, n° 316, fol. 5.)

5

LETTRE DE BERTIN AU CARDINAL DE BERNIS.

25 juin 1774.

Monseigneur, j'ay reçu la réponse dont Votre Éminence m'a honoré sur le projet que je lui avois fait passer de receüillir dans les différentes archives de Rome une foule de monumens encor inconnus et qui peuvent augmenter les lumières dont notre histoire de France a besoin. Je sens, Monseigneur, que, si ce projet s'exécutoit au nom du Gouvernement et comme une entreprise conçue par le Ministère et exécutée à ses frais, nous pourrions exciter quelques inquiétudes et rencontrer quelques difficultez. C'est donc pour simplifier notre plan, c'est pour le réduire aux simples recherches littéraires qui peuvent tenter la curiosité d'un savant, que je vous envoye ce second mémoire, fait sur celui que vous m'avez adressé. Mais, afin que vous vous rapelliez plus aisément l'objet entamé dans notre correspondance, je joins à ma lettre une nouvelle copie du premier mémoire que vous dûtes recevoir au mois de décembre dernier et celle de celui que vous avez joint à votre réponse. En relisant ces pièces, Monseigneur, et en faisant attention aux propositions contenues dans mon nouveau mémoire, vous pourrez, Monseigneur, extrêmement simplifier notre entreprise et trouver à Rome même un homme de lettres qui seroit en état de s'en charger. Quant aux dépenses nécessaires, si le Roy veut bien s'en charger, comme elles ne doivent passer que par vos mains, les dépositaires romains peuvent également ignorer qu'elles soient fournies par le Gouvernement, et c'est ainsi que l'on en a usé en Angleterre, où celui que le Roy y avoit envoyé n'a jamais passé que pour un savant poussé par son propre goût. J'attendray votre réponse, Monseigneur, pour concerter avec vous les détails du plan que vous aurez aprouvé, parce que, si vous n'aviez pas sous la main un homme de lettres capable de se prêter à nos vues, on pourroit en chercher un dans ce pays-cy, qui entreprendroit le voyage.

Je suis, etc.

BERTIN.

(Collection Moreau, n° 309, fol. 142.)

6

OBSERVATIONS DE BRÉQUIGNY SUR LA MANIÈRE DE PROCÉDER DANS LES RECHERCHES DE PIÈCES HISTORIQUES À ROME.

Juin 1774.

Les recherches des pièces relatives à l'histoire de France qu'on propose de faire à Rome, soit dans les archives apostoliques, soit dans la bibliothèque du Vatican, etc., semblent devoir réussir en ne les annonçant que comme des recherches de pure curiosité que voudroit faire un simple particulier, relativement à ses études, et sans aucunes vues politiques. La plupart des obstacles seront levés, dès qu'on sera parvenu à procurer une confiance entière à la personne qu'on employera. Ce fut ainsi qu'on s'ouvrit, il y a dix ans, un accès facile dans divers dépôts d'Angleterre, et qu'on obtint des communications qu'on refuse communément, même aux nationaux.

Il seroit nécessaire que cette personne fût en état de déchiffrer les manuscrits et qu'elle eût une connoissance suffisante de l'histoire, afin de pouvoir faire elle-même les recherches et juger de l'importance des pièces qui lui passeroient sous les yeux. Il n'est guère possible de lui indiquer d'avance ce qu'il faudroit copier, puisque ce que l'on désire principalement sont des pièces anecdotes et peut-être jusqu'ici ignorées de ceux mêmes qui en ont la garde.

Si cependant on jugeoit cette indication absolument indispensable, voici le moyen qu'on imagine. Celui qui entreprendroit les recherches commenceroit par feuilleter les catalogues des dépôts où il auroit accès, par exemple les catalogues des manuscrits du Vatican. Il feroit note de ceux de ces manuscrits qui lui paroîtroient contenir les actes les plus utiles à l'histoire de France. Il parcourroit ensuite ces manuscrits les uns après les autres, et feroit une table des pièces relatives à son objet, marquant sommairement le sujet et la date de chacune. Ensuite il enverroit cette table en France, à mesure qu'il la rédigeroit, et on lui marqueroit alors quelles sont les pièces qu'il faudroit transcrire. On en a quelquefois usé ainsi dans le cours des recherches faites à Londres.

On pourroit tenter l'essai de cette méthode sur les lettres des Papes. On voit par celles que Baronius, Rainaldi, Bzovius, etc., ont publiées d'après les manuscrits du Vatican, qu'il y a dans ce dépôt grand nombre de recueils manuscrits de ces lettres, dont une partie seulement a été imprimée, et il y a lieu de croire que ce qui n'a point vu le jour fourniroit de grands éclaircissemens pour l'histoire de l'Europe en général et de la France en particulier. On comprend les bulles et les brefs sous la dénomination de lettres des Papes.

Il seroit donc question de connoître d'abord les collections de ces lettres, soit en original, soit transcrites dans des registres authentiques, soit recueillies dans des manuscrits. On commenceroit par celles des Papes les plus anciens, et on en feroit un catalogue. Comme toutes sont dignes de curiosité et qu'il ne s'agiroit que de reconnoître celles qui ont été imprimées, il suffiroit que ce catalogue contînt : 1° le nom de celui à qui chaque lettre est adressée; 2° la première ligne et la dernière, et la date, s'il y en a une. Ce catalogue, peu difficile à faire, seroit envoyé en France, d'où on le renverroit fort peu de temps après, avec l'indication des lettres qui n'ont point encore été publiées et de celles qui l'ont été, mais qui méritent d'être collationnées.

Le travail, ainsi partagé, abrégeroit les opérations qui se feroient à Rome. Le temps qu'exigeroient les réponses aux questions sur le choix des pièces pourroit être employé à prendre copie de celles que les particuliers auroient dans leurs cabinets, et dont ils voudroient bien donner communication. L'on n'auroit pas lieu d'hésiter à les copier, dès que les possesseurs les indiqueroient eux-mêmes comme méritant d'être transcrites.

Une attention essentielle seroit de ne copier que sur des originaux, sur des copies collationnées, sur des registres qui eussent quelque caractère d'authenticité, ou sur des manuscrits du temps des pièces mêmes, autant que cela seroit possible.

Enfin, il seroit à souhaiter que celui qui se chargeroit de ce travail eût la liberté de faire transcrire les pièces sous ses yeux, par des gens intelligens et dont il seroit sûr; du moins il faudroit qu'il collationnât lui-même toutes les copies. Par là on remédieroit aux craintes que l'on pourroit avoir de l'inexactitude des copistes-interprètes attachés aux dépôts, si l'on ne pouvoit absolument se dispenser de s'en servir.

(Collection Moreau, n° 316, fol. 7.)

7

RÉPONSE DU CARDINAL DE BERNIS À BERTIN.

Rome, 10 août 1774.

J'ai reçu, Monsieur, avec la lettre que vous m'avés fait l'honneur de m'écrire le 27 juin dernier, le second mémoire au sujet des pièces manuscrites concernant l'histoire de France qu'on pourroit copier à Rome. Pour répondre à votre confiance sur le choix à faire ici d'un sujet dans le cas où il y en auroit, je crois devoir vous proposer M. l'abbé de Lestache, né à Rome. Il est fils de François et il a été naturalisé; je l'ai employé dans diverses occasions; il a si bien répondu à mes vues par son travail, que j'ai demandé pour lui, dans l'année dernière, une pension de 1,500 livres, qui lui a été accordée sur l'abbaye de Marsillac[1]; il a environ 35 ans et la survivance de son père, directeur de l'église et de la maison nationnales de Saint-Louis à Rome; il est instruit, il a passé du tems en France, il a de la littérature, sçait assés bien l'histoire, possède la langue françoise, parfaitement l'italienne et très-bien le latin; il est de plus exercé à lire les anciennes écritures de ce pays-cy; enfin il s'est attiré, par sa conduite et ses talens, l'estime générale. Il se dira chargé par une personne de l'Académie des inscriptions et belles-lettres, occupée d'écrire l'histoire, de faire des recherches dans cette vue; je protégerai son travail; il se conformera à ce qui est prescrit dans le second mémoire. L'abbé de Lestache quittera sans peine pour ce travail honorable quelques agences qui commençoient à lui être utiles. Les recherches dont il se chargeroit, Monsieur, sous vos ordres, l'occuperoient en entier; il me semble qu'on ne sçauroit lui offrir pour son travail et les dépenses de secrétaire moins de 4,000 livres de notre monnoye par an, pendant qu'il sera employé. Quant aux dépenses extraordinaires, comme de gratifier des archivistes et autres, elles lui seroient remboursées. Je puis singulièrement répondre de son assiduité, de son zèle et de sa probité. Il épargnera les frais autant qu'il le pourra; je ferai volontiers les avances de ses honoraires et des frais relatifs à son travail; je demande seulement d'être autorisé à porter cette dépense sur l'état que j'envoye, tous les six mois, des frais extraordinaires que j'avance ici pour les affaires du Roi. Je vous prie d'en convenir avec M. le comte de Vergennes[2].

Je saisirai toujours, Monsieur, avec plaisir, les occasions de vous assurer de l'attachement le plus parfait avec lequel je vous honore.

Le cardinal DE BERNIS.

(Collection Moreau, n° 317, fol. 100.)

[1] Abbaye de Bénédictins, dans le diocèse de Cahors.
[2] Charles Gravier, comte de Vergennes, ministre des affaires étrangères depuis le mois de juin précédent

8

EXTRAIT D'UNE LETTRE DE LA PORTE DU THEIL À BRÉQUIGNY.

1ᵉʳ février 1777.

... Le seul secours qu'on m'ait encore procuré a été de m'aboucher avec l'abbé de Lestache... Après plusieurs raisonnemens sur la difficulté de pénétrer dans l'archive secret du Vatican, et même dans celui du château Saint-Ange, il a fallu se réduire à feuilleter le catalogue des manuscrits de la bibliothèque publique. Croiriez-vous que pour cela même il s'est trouvé quelques *imbrogli*, assez difficiles à dénouer? Il faudroit 2 ou 3 pages pour en faire ici le détail, qu'il vaut mieux supprimer, attendu qu'il m'a donné assez d'humeur. Bref, il a fallu demander la permission de feuilleter ce catalogue, sous le prétexte de rechercher ce qu'il pouvoit y avoir de manuscrits d'Athénée et de Nonnus en grec. Une légère recommandation de l'abbé Gabriel (secrétaire de son Éminence) mal conçue, dans un sens mal entendu (seul secours que je me suis encore procuré, quoiqu'on m'en promette d'autres), m'avoit concilié quelque peu de facilité auprès de Mgr Assemani[1], le P. bibliothécaire du Vatican, et je lui avois avoué forcément que la permission demandée au cardinal Albani[2], bibliothécaire en chef, pour des manuscrits grecs, s'étendroit, sous son bon plaisir à lui, à des manuscrits concernant l'histoire de France en général. J'avois formé un petit plan, relativement au peu d'ouvertures que j'avois. Je m'étois donc proposé de lire d'un bout à l'autre ce catalogue (quoique je le crusse très-peu intéressant, pensant bien que ce travail avoit déjà été fait cent fois par Mabillon et mille autres), de prendre le titre de toutes les pièces qui me paroîtroient concerner notre histoire; de passer ensuite à la bibliothèque Barberini pour faire le même travail, puis ensuite aux autres bibliothèques, de vous envoyer après tout ce relevé et d'attendre votre réponse... A peine avois-je employé 5 ou 6 matinées au Vatican à cette fastidieuse besogne, que Mgr Assemani a paru soup-

---

[1] Étienne-Évode Assemani, archevêque d'Apamée, né à Tripoli en 1707, mort le 24 novembre 1782, auteur du *Bibliothecæ Mediceæ, Laurentianæ et Palatinæ codicum mss. orientalium catalogus*, Florence, 1742, in-fol.; du *Catalogo della biblioteca Chigiana*, Rome, 1764, in-fol., du *Bibliothecæ apostolicæ Vaticanæ codicum manuscriptorum catalogus*, Rome, 1756-1759, 3 vol. in-fol. Il fit ce dernier ouvrage en collaboration avec son oncle Joseph-Simon, archevêque de Tyr, préfet de la bibliothèque du Vatican et auteur du catalogue des manuscrits orientaux de ce dépôt, publié de 1719 à 1728, en 4 vol. in-fol.

[2] Né à Urbin le 15 octobre 1692, il mourut le 11 décembre 1779.

çonner que je voulois prendre copie du catalogue en entier, et m'a dit que, pour le travail que je faisois, il falloit une permission expresse du pape. Mon embarras n'a pas été mince... Je trouvois quelque satisfaction à tirer un relevé très-exact de tout ce qu'il y avoit de manuscrits connus au Vatican concernant de près ou de loin notre histoire, afin que, s'il n'y en avoit aucun dont le titre excitât la curiosité, on n'imaginât plus du moins dorénavant qu'il y en eût... La vacance forcée à la bibliothèque pendant le Carnaval a tout suspendu... Je vous envoye ce que j'ai relevé... Vous trouverez cy-joint les titres du peu que j'ai trouvé dans le catalogue des manuscrits concernant Innocent III. Voulez-vous que j'examine ce que ces titres annoncent? Je me suis gardé de commencer par demander soit à Mgr Assemani, soit au custode même, s'il n'y avoit rien de plus touchant ce pape; j'aurois craint de les rendre plus difficiles et sûrement, pour la première fois, ils auroient répondu que non..... Le Vatican est très-éloigné. Le custode ne vous voit et ne se prête sans peine à vos demandes que quand elles sont accompagnées de *mancie*, c'est-à-dire quand il voit suivre les paules et les demi-sequins, etc.

(Collection Moreau, n° 317, fol. 22.)

9

EXTRAIT D'UNE LETTRE DE LA PORTE DU THEIL À BRÉQUIGNY.

4 juin 1777.

M. Bertin, me dites-vous, ne semble destiner aux frais des transcriptions que 1,200 livres par année[1]. Cela me paroît infiniment trop court, et rompt tout d'un coup les mesures et les arrangemens que j'avois déjà pris d'après vos lettres précédentes. Qu'est-ce qu'un homme seul peut faire dans une matinée? Vous savez que les livres du Vatican ne sortent point de la bibliothèque, encore moins les manuscrits; il faut donc ne tabler que sur cinq heures au plus de travail par jour, depuis sept ou huit heures jusqu'à midi ou une heure. Je ne vous cache point que j'avois déjà com-

---

[1] Sur la réclamation de La Porte du Theil, il lui fut alloué 1,500 livres, payables à partir du 27 août 1776, et une indemnité pour frais de copies qui ne devait pas dépasser 4,000 livres. Le bon du Roi est dans la Collection Moreau, n° 316, fol. 10.

mencé à en employer trois à la fois, pour vous envoyer promptement : 1° les instructions et la correspondance (originales toutes deux) du cardinal Ginetti (Barberini)[1], à Cologne, en 1637 et 1638[2], et plusieurs autres pièces, aussi originales, de ce tems; 2° la pièce que vous m'avez désignée sur Avignon, et quatre autres du même genre qui se trouvoient dans le même manuscrit. Ce sont des mémoires ou écritures légales, mais qui sont très-curieuses et que j'ai trouvées, à la pleine lecture, beaucoup plus intéressantes encore et devant être encore plus utiles que je ne l'avois trouvé à la première inspection, quoiqu'elle seule m'eût décidé.

Ce n'est pas tout, à beaucoup près; il y a déjà un travail en train aux archives de Saint-Pierre, pour me rechercher toutes les lettres des Papes anecdotes qui concerneront la France. On m'en a déjà donné seize d'Innocent III, tirées précisément des livres que n'a point vus Baluze et que vous m'aviez recommandé d'abord de tâcher d'avoir; et quoique ce début ne promette pas poire molle, puisque ces seize lettres me coûteront (à bon marché, m'a-t-on dit, encore) 10 écus romains (54 livres), j'avois cru pouvoir prendre sur moi de faire continuer, quitte à suspendre dans six semaines, après votre avis sur cet article.

Somme toute, parce que je ne peux pas aujourd'huy entrer dans un grand détail, comme il seroit nécessaire, je pense affirmativement que M. Bertin ne peut se dispenser d'affecter au moins 4,000 livres par an au travail que j'entreprends de suivre, s'il veut que ma petite collection datte de quelque chose dans la littérature, et que mon tems ne soit pas perdu. Cependant vous ne lui direz de cela que ce que vous jugerez à propos. Je vous confie en outre que je suis rançonné d'importance pour tout ce que je veux faire et que, petit à petit, je découvre que tous les obstacles et les embarras que j'éprouve ne tendent qu'à m'extorquer des *manches* plus fortes et même des présens pour les chefs..... En gros, je vois que tous ces différens copistes s'arrangent pour m'en donner chacun pour 4 francs par jour, et, dans le fait, cela iroit très-bien comme cela, et comme j'enverrois quelque chose toutes les semaines ou tous les mois, le Ministre auroit le plaisir de vérifier lui-même sans peine si la recette vaudroit la dépense et, comme

---

[1] Le cardinal Antoine mort en 1646, surnommé *il Vecchio*, par opposition au cardinal Antoine mort en 1671.

[2] L'instruction du pape Urbain VIII au cardinal Ginetti est dans le n° 1270 de la Collection Moreau, et la correspondance du cardinal dans le n° 1268 de la même Collection, fol. 1-88.

il ne dépenseroit qu'après avoir reçu, il auroit la satisfaction de voir que la dépense seroit bien faite et sans méchant prétexte.... D'ailleurs les copistes ne peuvent se prendre ni à l'an ni au mois, mais à tant par page.... Je vous préviens que je vous ferai passer très-incessament : 1° seize lettres que je crois anecdotes d'Innocent III; 2° plusieurs pièces originales du tems d'Urbain VIII et de Richelieu; 3° cinq pièces concernant Avignon et les évêchés avoisinans de Languedoc; 4° un relevé des pièces qui se trouvoient jadis à la bibliothèque, mais qui sont présentement dans l'archive, où je peux les demander.

(Collection Moreau, n° 317, fol. 36.)

10

EXPOSÉ DES RECHERCHES LITTÉRAIRES RELATIVES À L'HISTOIRE DE FRANCE FAITES À ROME, PAR L'ORDRE ET SOUS LA DIRECTION DE M. BERTIN, MINISTRE ET SECRÉTAIRE D'ÉTAT, ENSUITE DE M. LE GARDE DES SCEAUX, DEPUIS LE MOIS D'OCTOBRE 1776 JUSQU'AU MOIS D'AOÛT 1782, PAR M. DE LA PORTE DU THEIL [1].

Au mois d'avril 1776, je formai le projet d'aller voyager en Italie. Mon unique but, dans le principe, étoit de satisfaire une curiosité naturelle à tout amateur des lettres et des arts. Je ne me proposois de séjourner dans cette belle contrée que le temps nécessaire pour connoître par moi-même les monumens célèbres de l'antiquité, dont l'étude avoit de tout temps flatté mon goût et fait ma première occupation. Mais je savois que M. Bertin (qui, comme Ministre et Secrétaire d'État, étoit alors à la tête des travaux relatifs à l'histoire de France, ordonnés par le Roi, dont la direction est actuellement confiée à M. le Garde des sceaux) nourrissoit l'idée de faire faire à Rome des recherches semblables à celles que M. de Bréquigny avoit été chargé de faire à Londres. Quoique voué originairement à l'étude du grec et du latin, je n'avois point négligé celle de notre ancienne histoire, et je pensai qu'il étoit de mon devoir d'offrir à ce Ministre mes services, simplement pour prendre des informations sur la manière la plus utile de procéder dans ces recherches. Soit qu'il fût disposé à présumer beaucoup

[1] Lu à l'assemblée publique de Pâques 1784 et publié dans les *Mémoires de l'Académie des inscriptions et belles-lettres*, t. XLVI, p. 691-713.

de mon zèle, soit qu'il crût que, nourri dans la société des Foncemagne et et des La Curne, je devois avoir acquis dans le commerce de pareils hommes une partie des lumières nécessaires à cet objet, soit plutôt qu'il espérât que leurs conseils et leurs avis suppléeroient abondamment à ce qui me manquoit, non-seulement il accepta mon offre, mais il m'annonça que, si je venois à entrevoir la possibilité de remplir ses vues, il ne songeroit point à en charger d'autres que moi.

Dès ce moment, je me livrai à l'espoir de rendre mon voyage directement utile à la littérature de mon pays; je me dévouai, en cas de réussite, à une séparation indéterminée de tout ce qui m'est cher. M. le comte de Vergennes, qui, au milieu des soins pénibles et des succès brillans de son Ministère, semble toujours craindre d'avoir peu fait pour l'État, et ne laisse échapper aucune occasion de contribuer au bien, sous quelque aspect que ce soit, m'assura d'un secours de sa part, que depuis j'ai vu sans cesse prévenir mes besoins. M. Bertin me remit mes instructions au mois d'août; je partis sur-le-champ : mon objet n'étoit plus d'obéir à une simple curiosité; je pris la route la plus courte; je m'embarquai à Antibes, et, sans m'arrêter ailleurs qu'à Gênes et à Livourne, pour raison de santé, je me rendis directement à Rome, où j'arrivai le 20 octobre.

Mes premiers regards se tournèrent, comme il étoit naturel, vers le dépôt littéraire du Vatican. Quoiqu'il n'existât aucun catalogue imprimé des manuscrits qui y sont renfermés, néanmoins ce dépôt étoit déjà assez connu, par différens relevés que plusieurs hommes de lettres ont publiés, pour que je me crusse assuré d'y trouver sans peine, et sans de longues recherches, matière à une ample moisson. Je me persuadois que le livre seul du Père Montfaucon intitulé *Bibliotheca bibliothecarum manuscriptorum* [1] suffiroit pour me guider sûrement, et que, en examinant avec soin ceux des articles cités dans ce livre qui n'auroient été imprimés ni en entier ni par extrait, depuis que ce savant religieux en avoit fait connoître l'existence, je pourrois m'occuper longtemps avec fruit; mais je fus bientôt détrompé. D'abord, je reconnus que l'ordre dans lequel étoient rangés les manuscrits, à l'époque où a paru le *Bibliotheca bibliothecarum*, a été depuis totalement interverti, de manière qu'il est impossible de retrouver aujourd'hui sous le numéro qui y

---

[1] Ce catalogue, paru en 1739, en 2 vol. in-fol., est le dernier grand ouvrage publié par Bernard de Montfaucon, qui mourut à Saint-Germain-des-Prés, le 21 décembre 1741, à l'âge de quatre-vingt-six ans : il était né le 13 janvier 1655, au château de Soulage.

est marqué un seul des articles qui y sont indiqués; de plus, le nombre des manuscrits est considérablement augmenté. Il fallut donc nécessairement commencer par me dévouer au même travail à peu près que le Père Montfaucon a dû faire en son temps. Je me mis non-seulement à lire attentivement ceux des catalogues manuscrits des différentes bibliothèques du Vatican qui indiquent article par article tout ce qui est contenu dans chaque volume, mais à examiner scrupuleusement les volumes que ces catalogues, qui ne sont point encore terminés, ne font connoître jusqu'à présent que par un simple numéro et un seul titre général. Ce travail, purement mécanique et fastidieux (s'il n'eût promis une grande utilité ultérieure), n'a pas laissé d'être long.

Sans rapporter des détails bibliographiques suffisamment connus, sur les différentes parties du dépôt littéraire du Vatican, je rappellerai seulement ici qu'il est composé de quatre grandes bibliothèques : celle du Vatican proprement dit, anciennement formée et successivement augmentée par les Papes, depuis Hilaire Ier, s'il faut en croire l'ancienne tradition, jusqu'à Sixte V; celle des électeurs Palatins, dont Maximilien de Bavière[1] fit présent à Grégoire XV[2]; celle des ducs d'Urbin[3], qu'Alexandre VII y a fait transporter, et celle de la reine Christine, qui avoit originairement appartenu aux célèbres savans françois Pétau[4] et Dupuy[5]; indépendamment de plusieurs cabinets considérables, acquis, dans des temps plus modernes, par les papes Alexandre VIII et Benoît XIV. Cette réunion, pour la partie du moyen âge, la seule qui ait dû m'occuper, forme un total d'environ 15,000 volumes manuscrits, dans lesquels il n'y a pas un seul article ayant trait à notre histoire nationale, sous quelque point de vue que ce soit, dont je n'aye pris de ma main une note exacte; à quoi il faut ajouter environ 5,000 autres volumes manuscrits, renfermés, soit dans la bibliothèque des Pères de l'Oratoire Saint-Philippe-de-Néri, dite *della Chieza*

---

[1] Maximilien Ier, qui régna de 1596 à 1651. Cette bibliothèque provenait du château d'Heidelberg.

[2] Du 9 février 1621 au 8 juillet 1623.

[3] Ce fonds avait été formé par Guido Ubaldo de Montefeltro et accru par les La Rovère.

[4] Paul Petau, érudit et collectionneur, né à Orléans le 15 mai 1568, mort à Paris le 17 septembre 1654, avait formé une bibliothèque fort riche en livres rares et en manuscrits. La plupart de ces derniers furent vendus à la reine Christine de Suède, en 1650; le reste fut dispersé. Voyez le *Cabinet des manuscrits*, par M. Delisle, t. I, p. 287-289.

[5] Pierre Dupuy?

nuova [1], soit dans les bibliothèques des princes Corsini et Chigy, dont j'ai pareillement dépouillé les catalogues.

De ce dépouillement est résulté un relevé de près de 20,000 articles. Durant le cours de cette opération, l'attention la plus scrupuleuse ne m'a pas manqué un instant, et je puis croire que, dans les différens dépôts dont je viens de faire mention, il ne se trouvera plus aucun monument relatif à la France dont je n'aye pris connoissance et dont je n'aye donné une notice exacte; de sorte qu'on ne sera plus dans le cas de faire de nouveau un semblable travail, lorsqu'on voudra savoir plus précisément en quoi consistent les ouvrages ou les pièces indiquées.

Ce travail terminé, et la connoissance de ce qui existoit une fois acquise, je mis sous les yeux du Ministre, et de ceux qui, sous ses ordres, veillent à la garde ou s'occupent de l'agrandissement du dépôt que je devois tâcher de mon côté d'enrichir, la perspective qui s'ouvroit d'une récolte abondante. J'indiquai les articles qui m'avoient paru mériter de fixer d'abord l'attention; je hasardai d'en faire copier quelques-uns qui me sembloient porter un intérêt marqué; mais surtout je demandai avec instance qu'on examinât mes relevés, et qu'on déterminât ce que je devois préférer. Si j'eus quelque satisfaction, en apprenant que le plan de mon travail et le début de mes recherches avoient obtenu une pleine et entière approbation, je ne fus pas médiocrement embarrassé de la liberté qu'on me laissa de choisir moi-même, et moi seul, les pièces et les ouvrages que je jugerois mériter d'être connus et copiés aux frais du Roi. La juste méfiance de mes lumières; la disette, naturelle en pays étranger, des secours nécessaires à ce genre de recherches; l'impossibilité de connoître tout ce qui a été publié, à plus forte raison, tout ce que nous possédons manuscrit en France; et, quand j'aurois pu le connoître, le risque de me tromper sur le degré d'importance que j'aurois pu attribuer à des pièces ou à des ouvrages que les Baluze, les Mabillon, les Dacheri, les Martenne, ont cru peut-être devoir négliger: tout m'alarmoit; et, sans suspendre l'examen long et réfléchi qui seul pouvoit me faire éviter, dans les dépôts immenses que je viens de citer, ou de faire de doubles emplois, ou d'appliquer peu utilement le pouvoir et les moyens qui m'étoient confiés, je m'efforçai de pénétrer en même temps dans quelques

---

[1] La Porte du Theil a donné un catalogue des extraits relatifs à la France que renfermait la bibliothèque des Pères de l'Oratoire Saint-Philippe-de-Néri, n° 1260 de la Collection Moreau, fol. 58.

dépôts moins vastes, où je pusse espérer davantage de ne me point égarer, parce que la nature des pièces constamment anecdotes qui y seroient renfermées me donneroit la certitude d'augmenter réellement par mes acquisitions nos richesses littéraires.

Tels me paroissoient devoir être, et tels étoient en effet, les deux dépôts connus sous le nom d'*Archives de Saint-Pierre* et du *château Saint-Ange*; là se trouve une multitude de pièces gardées avec soin, dont l'existence est encore ignorée, ou dont la communication, lorsqu'on a su qu'elles existoient, a été souvent refusée aux savans les plus distingués, comme aux personnages les plus éminens en dignité. Les recherches assidues que j'avois déjà faites ailleurs m'avoient fait découvrir plusieurs index des différentes pièces que contiennent ces doubles archives, et je ne pouvois douter de l'exactitude ni de l'authenticité de ces catalogues, que les possesseurs de certaines bibliothèques particulières, ou ceux qui en ont eu la garde, y ont placés dans des temps où, ayant un accès totalement libre dans les archives, soit par des droits honorifiques, soit à cause des travaux dont le Gouvernement les chargeoit, ils avoient profité de cet avantage pour faire un inventaire exact de tout ce qui se trouvoit dans ces dépôts célèbres. Quand je n'aurois pas eu des lumières aussi sûres, il suffisoit de me rappeler que c'est dans ces archives que se conserve la célèbre collection des *Regestes* (c'est-à-dire Recueils) des lettres des Papes, pour m'assurer que là, sans autre peine que de parcourir successivement des volumes, rangés dans un bel ordre, pour la plupart d'un beau caractère et d'une conservation parfaite, on recueilleroit une foule de pièces aussi intéressantes que nouvelles.

Mais quel espoir pouvois-je former à cet égard, et quelles facilités pouvois-je me promettre? En effet, les *Regestes* sont encore intacts, presque en entier. Les seuls savans à qui le Saint-Siége ait permis d'en faire quelque usage ont été jusqu'à présent ceux qui, par l'ordre exprès des Papes, ont travaillé en différens temps à l'histoire ecclésiastique. Sans les Annales de Bzovius et de Rinaldi, on ne connoîtroit pour ainsi dire encore que de réputation cette collection, unique tant par son étendue que par l'importance dont elle est pour l'éclaircissement de l'histoire ecclésiastique et civile de presque toute l'Europe.

Quant aux étrangers, jusqu'ici la cour de Rome s'étoit constamment défendue de leur en communiquer même des parties séparées. J'ai vu les preuves existantes des refus réitérés qu'ont essuyés jadis à ce sujet, et le célèbre Baluze, qui avoit si bien mérité des lettres, et ses protecteurs, si respectables par leur naissance. Jamais ils n'ont pu obtenir la communication des *Regestes* de six années du pontificat d'Innocent III, qui se trouvoient dans la collection des archives, et qui manquoient dans les manuscrits d'après lesquels Baluze a publié ce que nous possédons des lettres de ce pape. Avec bien moins de titres et de mérite, j'ai été plus favorisé que lui; mais, si en me trouvant à portée de rendre sur cet objet particulier un service réel à la littérature, je jouis d'une satisfaction qui lui eût été due, je ne l'attribue qu'à un bonheur inespéré, et je consacre en même temps ici l'hommage d'une juste reconnoissance à celui des Ministres du Chef de l'Église qui a bien voulu se rendre, jusqu'à un certain point, à mes désirs, et m'accorder une partie de ce que je n'osois espérer : je parle de M. le cardinal Palavicini, Secrétaire d'État de Sa Sainteté[1]. Cette Éminence, peut-être touchée de mon zèle, mais à coup sûr disposée favorablement, à cause de la bienveillance signalée dont elle me voyoit honoré de la part d'un homme[2] qui, dans le poste élevé où le Roi l'a placé auprès du Saint-Siége, recommande aussi puissamment, pour ainsi dire, par une seule marque de son estime personnelle que par la protection ministérielle la plus hautement annoncée; cette Éminence, dis-je, voulut bien m'obtenir du Saint-Père la permission de faire copier dans les archives toutes les pièces qui pourroient intéresser l'histoire purement ecclésiastique de la France. Cette faveur étoit, il est vrai, limitée; cependant elle étoit grande, et l'on verra, par le détail des fruits que j'en ai retirés, si elle a été d'une médiocre importance pour la littérature françoise.

Muni de cette permission, il me fut facile d'inspirer aux archivistes, MM. les abbés Calisto et Gaëtano Marini[3], la volonté de seconder un zèle pour les lettres, qui ne leur est point étranger à eux-mêmes : ils convinrent avec moi qu'ils dépouilleroient successivement les *Regestes*, afin de noter et de faire copier ensuite toutes les lettres qui, par les matières qui y seroient

---

[1] Lazare-Opizio Pallavicini, né à Gênes en 1719, légat de Bologne, fait cardinal en 1766 par Clément XIII, et mort en 1785.

[2] « M. le cardinal de Bernis. » (Note de La Porte du Theil.)

[3] Gaëtano Marini, né le 10 décembre 1742 à Santo-Archangelo, mort le 17 mai 1815 à Paris, est le plus connu des deux. Archiviste adjoint du Vatican, depuis 1772, il remplaça, en 1782, l'abbé Zampini comme préfet des archives. Les travaux qui ont fait sa réputation d'érudit sont ses *Atti e monumenti de' fratelli Arvali*, etc., Rome, 1795, 2 vol. in-4°, surtout les *Papiri diplomatici descritti ed illustrati*, Rome, 1805, in-fol., et les *Memorie istoriche degli archivi della Santa Sede*, publiés par le cardinal Maï, à Rome, 1825, in-4°.

traitées, ou par les personnages dont il y seroit fait mention, pourroient avoir trait à l'histoire ecclésiastique de la France. On sent déjà que, après avoir recherché avec soin toutes les lettres qui seroient dans ce cas, il devoit en rester peu de relatives à notre histoire, même générale, qui ne rentrassent pas dans la classe de celles qu'il leur étoit permis de me communiquer. On sait que, pour bien des siècles, les monumens de l'histoire de France ne sont guère que des monumens ecclésiastiques, tant les chefs et les ministres de l'Église, même les simples clercs et les religieux, ont eu d'influence sur le gouvernement et de part dans le maniement des affaires, pendant une longue suite de règnes.

Il seroit à souhaiter, sans doute, que cette précieuse collection des *Regestes* remontât jusqu'aux temps ténébreux où tant de points de notre droit public ont encore besoin d'être éclaircis. Malheureusement, elle ne commence qu'au règne d'Innocent III, qui date de 1198. Ce qui se trouve dans les archives de relatif aux époques antérieures, si on en excepte les manuscrits originaux des *Regestes* des papes Jean VIII et Grégoire VII, qui ont été publiés [1], ne consiste que dans un certain nombre de pièces éparses et sans ordre. On n'a point négligé de trier celles qui peuvent intéresser notre histoire. Il y en a certainement plusieurs qui sont remarquables, telles que des lettres de Caliste II et de Célestin III, absolument inconnues jusqu'à présent, et qui rétablissent la succession de plusieurs évêques ou abbés de France; une lettre de l'empereur Manuel Comnène, relative aux croisades, dont le manuscrit original, qui se garde dans les archives du château Saint-Ange, écrit en grec et en latin, en lettres d'or sur du parchemin rouge, conformément à la description exacte que j'en ai envoyée, est un des plus curieux qu'il soit possible de rencontrer. Il y a aussi quelques privilèges accordés à des églises de France par différens papes, avant le xiii° siècle, et d'autres monumens de ce genre; mais, comme ils ne sont pas en grande quantité, je n'entrerai dans quelque détail que sur les *Regestes*, qui m'ont fourni des récoltes encore plus dignes de l'attention de l'Académie.

J'ai dit qu'à l'égard du *Regeste* d'Innocent III, j'avois été plus heureux que

[1] Les recueils les plus complets des lettres de Jean VIII (14 décembre 872 — 15 décembre 882) parus à cette époque sont ceux que, en 1591, le cardinal Antoine Carafa a insérés dans le t. III des *Epistolæ decretales summorum pontificum*, p. 287-514, et Mansi, dans la collection intitulée : *Sacrorum conciliorum nova et amplissima collectio*, t. XVII, col. 3-264. Les lettres de Grégoire VII ont été publiées par Mansi, dans le même ouvrage, t. XX, col. 61-386; grâce à Ph. Jaffé, nous en avons une excellente édition dans les *Monumenta Gregoriana*, Berlin, 1865, in-8°.

Baluze; en effet, j'ai complété ce qui nous manquoit jusqu'à cette heure [1], des lettres encore existantes de ce pontife, aussi célèbre dans l'histoire de l'Europe que dans les annales de l'Église; non que j'aye obtenu aux archives des copies de la totalité des lettres qui y restent encore anecdotes; au contraire, on a été, pour ainsi dire, plus scrupuleusement attentif, pour ce pontificat que pour tout autre, à ne point outrepasser les limites de la communication qui m'avoit été accordée; et des archives mêmes, je n'ai rapporté que les seules lettres qui pouvoient être relatives à l'histoire purement ecclésiastique de la France. Cet article formoit déjà la majeure partie du supplément anecdote; le hasard et mon assiduité à tout parcourir m'ont fait trouver ailleurs ce qui pouvoit me manquer. Le règne d'Innocent III est si mémorable en tous genres, le recueil de ses lettres a toujours paru si important pour l'histoire de son temps, et les savans ont si souvent regretté qu'il restât des lacunes dans le recueil publié par Baluze, qu'il me seroit peut-être permis de m'étendre un peu sur la manière dont je suis parvenu à me mettre en état de contenter à cet égard le vœu des gens de lettres. Mais ce détail sera mieux placé à la tête de l'édition que je me propose de donner de ce précieux supplément; ici, je me borne à dire que je suis dans le cas de démontrer invinciblement que, sur le nombre de plus de mille lettres de ce pape qui peuvent exister encore anecdotes, il n'y en a peut-être pas cent dont je ne sois parvenu, soit aux archives, soit ailleurs, à me procurer une copie exacte; encore de ces cent lettres, y en a-t-il plus de cinquante dont j'ai des argumens (ou notices) datés, équivalant aux lettres mêmes [2]. J'ai de plus la copie d'un manuscrit de la vie même d'Innocent III [3], bien plus correct, surtout bien plus étendu que tous ceux qui avoient été connus de Baluze, et plusieurs autres écrits, pareillement anecdotes, traitant des actions particulières de ce pontife, d'après lesquels j'ai déjà préparé une dissertation historique qui fera connoître son règne d'une manière plus exacte et plus détaillée qu'il n'a été jusqu'ici. N'eussai-je rapporté de mon séjour à Rome d'autre fruit que de m'être mis dans le cas de pouvoir donner au public ce supplément à la collection publiée par Baluze, je suis persuadé que les véritables amateurs de l'histoire m'en sauroient quelque gré, et penseroient que mon temps n'a pas été inutilement employé.

---

[1] Les livres III, V-IX, plus quatre-vingt-cinq pièces tirées de différents dépôts d'archives.
[2] Les copies des lettres d'Innocent III forment les nos 1163-1177 de la Collection Moreau.
[3] Les *Gesta*, qui figurent en tête de l'édition de La Porte du Theil.

Après Innocent III, vient immédiatement le pape Honoré III, qui, pendant dix ans de règne, a principalement influé sur les croisades. Par un travail à peu près semblable, et avec les mêmes ressources, j'ai rassemblé les copies de onze cents lettres de ce pontife, presque toutes uniquement relatives à la France, indépendamment d'un nombre au moins égal d'argumens, détaillés et datés, d'autres lettres du même pape, ayant trait à l'histoire générale de l'Europe [1].

Pour le règne de Grégoire IX, plus long et plus intéressant encore que celui d'Honoré III, son prédécesseur, et célèbre surtout par les démêlés du chef de l'Église avec l'empereur Frédéric II, le nombre des lettres entières que j'ai recueillies se monte à près de quinze cents, parmi lesquelles il n'y en a que quatre ou cinq cents qui soient étrangères à la France. A quoi j'ai joint pareillement les argumens précis et datés de plus de deux mille autres lettres, traitant de divers sujets [2].

A Grégoire IX succède Innocent IV ; son pontificat, non moins mémorable que le précédent, et sous lequel se tint le fameux concile de Lyon [3], m'a fourni plus de neuf cents lettres directement relatives à notre histoire nationale. Elles sont également accompagnées d'une grande quantité d'argumens du même genre que les autres [4]. Je ne parle point ici de la copie de plus de six cents lettres anecdotes, formant le *Regeste* de la sixième année du pontificat de ce pape, qui manque dans le recueil des archives, tandis qu'il se trouve à la Bibliothèque du Roi [5]. Cette circonstance m'a fait naître l'idée d'enrichir moi-même le dépôt où l'on me permettoit de puiser. J'en ai demandé la permission au Ministre, et j'ai été autorisé à déposer aux pieds du Saint-Père cette offrande, spontanée de ma part, et qui, comme on verra tout-à-l'heure, n'a pas été infructueuse pour la continuation de mes recherches. Je reconnois bien volontiers ici les obligations que j'ai eues pour l'exécution de ce dessein à celui de nos confrères qui est spécialement chargé de la garde des manuscrits du Roi [6], et ce n'est pas la première fois qu'il s'est acquis des droits à ma reconnaissance.

Les *Regestes* d'Alexandre IV et d'Urbain IV, dont les règnes réunis ne

---

[1] Collection Moreau, n° 1178-1183, 1231, 1232, 1236 et 1237.
[2] Collection Moreau, n° 1184-1193, 1231, 1232, 1233 et 1238-1241.
[3] En 1245.
[4] Collection Moreau, n° 1194, 1203, 1231, 1232, 1242 et 1243.
[5] N° 4039 du fonds latin.
[6] « M. Béjot. » (Note de La Porte du Theil.)

comprennent qu'un espace de dix ans, n'ont pas laissé de me fournir près de quatorze cents lettres entières, la plupart n'ayant trait qu'à notre histoire particulière, indépendamment aussi d'une multitude d'argumens d'autres lettres des mêmes papes jusqu'à présent anecdotes [1].

J'observerai en passant que le *Regeste* de la septième et dernière année du pontificat d'Alexandre IV est perdu. Tout ce qui en reste, au moins tout ce qu'on sait en rester, se réduit à trente-sept lettres, et elles se trouvent encore, non aux archives de Saint-Pierre à Rome, mais ici à la Bibliothèque du Roi [2]. Cela est d'autant plus étonnant, que ce pontife, non seulement n'a point, comme Innocent IV, séjourné en France, mais en général ne s'est point immiscé avec autant de prépondérance que son prédécesseur dans les affaires politiques.

Dans les *Regestes* des trois années du règne d'Urbain IV, on a eu soin d'éviter un double emploi, et de collationner seulement les lettres qui se trouvoient avoir été déjà publiées dans la collection de D. Martenne [3]. Le risque à cet égard n'étoit pas considérable, puisque ce savant religieux n'a pu en rassembler que soixante-quatre, et que j'en ai recueilli plus de six cents.

Il a fallu plus de précaution pour les *Regestes* de Clément IV. Le nombre des lettres de ce pape qui sont imprimées dans la *Collectio amplissima* du savant que je viens de citer est d'environ sept cents [4]; le recueil des archives en contient près de quinze cents, partagées en cinq volumes différens, dont les quatre premiers pourroient paroître avoir été les originaux des copies d'après lesquelles D. Martenne a publié ce qu'il nous a donné; cependant il s'y est trouvé plusieurs lettres qui manquent chez lui, et que j'ai rapportées. Quant au cinquième volume, qui renferme seul plus de sept cents lettres, il est tout entier anecdote. Je n'ai point fait encore procéder à la copie de celles de ces lettres qui regardent la France, et dont la communication me sera accordée sans difficulté, parce que j'ai l'espérance la plus grande, si ce n'est l'assu-

---

[1] Collection Moreau, nos 1204-1206, 1231, 1232, 1233 et 1244-1245; 1207-1210, 1231 et 1246.

[2] N° 4038 B du fonds latin.

[3] Seize lettres d'Urbain IV sont dans la *Veterum scriptorum et monumentorum historicorum, dogmaticorum et moralium amplissima collectio*, t. II, col. 1250-1266. Celles auxquelles fait allusion La Porte du Theil sont dans le *Thesaurus novus anecdotorum*, t. II, col. 1-96.

[4] La Porte du Theil a commis une erreur; ces lettres sont dans le *Thesaurus novus anecdotorum*, t. II, col. 97-636.

rance, d'obtenir que, pour ce pontificat spécialement, tout me sera communiqué sans réserve [1].

Par la même raison, j'ai dû pour le moment, mais dans l'intention d'y revenir dans la suite, laisser de côté les *Regestes* de Grégoire X [2]. La collation de ces *Regestes* avec le formulaire de Bérard de Naples [3], qui contient une grande quantité de lettres de ce pontife, et que je possédois déjà, demandoit du temps; et pour n'en point perdre, on a passé, en attendant, aux *Regestes* de Jean XXI [4] et de Nicolas III [5], qui n'exigent pas autant de précaution. Celles des lettres de ces deux papes qui doivent m'être communiquées étoient déjà notées avant mon départ. La copie s'en poursuivra pendant mon absence, et je dois la trouver achevée à mon retour.

De cet exposé général, il résulte que, pour la partie seule des *Regestes*, les six premiers pontificats du xiii° siècle m'ont fourni environ cinq mille lettres entières relatives à la France, indépendamment d'une assez grande quantité d'autres lettres, pareillement entières, mais étrangères à notre histoire nationale. Celles que j'ai fait connoître simplement par des argumens ou des notices avec la date sont également au nombre de plus de cinq mille.

Outre ce recueil, j'ai encore eu des archives communication d'un assez bon nombre de pièces diverses, toutes relatives à notre histoire ecclésiastique, mais pour des époques postérieures au xii° siècle; des lettres écrites de France par des particuliers, par des évêques, même par quelques-uns de nos rois; différens procès, entre autres celui qui fut intenté, vers le milieu du xiii° siècle, contre l'évêque d'Alby, Bernard de Castagnet [6], et qui apprend

---

[1] Collection Moreau, n°⁵ 1211-1212, 1231, 1232, 1233 et 1247-1251.

[2] Collection Moreau, n°⁵ 1213-1217 et 1232.

[3] Bérard de Naples, notaire à la chancellerie des papes pendant la seconde moitié du xiii° siècle, dont M. Delisle a étudié le formulaire dans la *Notice sur cinq manuscrits de la Bibliothèque nationale et sur un manuscrit de la bibliothèque de Bordeaux, contenant des recueils épistolaires de Bérard de Naples* (extrait du t. XXVII, 2° partie, des *Notices des manuscrits*), 1877, in-4° de 87 pages.

[4] Collection Moreau, n°⁵ 1218, 1231 et 1252.

[5] Collection Moreau, n°⁵ 1219-1220, 1232, 1233 et 1253. Le recueil des lettres des papes comprend encore celles de Martin IV, n°⁵ 1221, 1222, 1232, 1233 et 1254-1255 de la Collection Moreau; celles d'Honorius IV, n°⁵ 1223-1224, 1232, 1233 et 1256; celles de Nicolas IV, n°⁵ 1225-1227, 1232 et 1233; celles de Boniface VIII, n°⁵ 1228, 1229; des lettres de Clément V, de Jean XXII, de Benoît XII, de Clément VI, d'Urbain V, et d'Eugène IV, n°⁵ 1230 et 1232; de Jean XXIII, de Nicolas V et de Pie II, n° 1230; d'Innocent V, n°⁵ 1231 et 1252; d'Innocent VI, de Grégoire XV, d'Urbain VI et d'Alexandre VI, n° 1232.

[6] Bernard de Castanet, né à Montpellier, archidiacre de Narbonne, évêque d'Alby, le 7 mars

sur ce personnage, dont le nom est cité souvent dans l'histoire de son temps, une foule de particularités inconnues aux auteurs du *Gallia christiana*; des inventaires de biens où se trouvent des actes qui peuvent devenir intéressans, à cause des signatures des notaires et des témoins qualifiés; des dispenses de mariages, pièces toujours importantes, surtout quand elles concernent les grandes maisons; telles sont, par exemple, plusieurs lettres concernant les comtes de Périgord, que j'ai lieu de croire n'avoir pas été connues jusqu'à présent, et qui ajoutent beaucoup à ce que Baluze, dans ses notes sur les vies des papes d'Avignon, a dit touchant la généalogie de cette illustre maison. Les dispenses de mariages sont un des articles qui ont le plus fixé mon attention. J'ai rassemblé soigneusement celles que j'ai trouvées éparses dans les différens dépôts où j'ai fouillé jusqu'à présent, et je me suis toujours promis de recueillir généralement toutes celles qui sont réunies dans l'archive de la Daterie, où se gardent particulièrement les pièces de ce genre. Mais, comme ce dernier dépôt ne remonte qu'à la fin du xve siècle, et que l'accès en est toujours ouvert, j'ai dû le réserver pour la fin et le complément de mes recherches : je n'y ai encore puisé que certaines pièces relatives à d'autres objets, qui m'ont été spécialement demandées par le Ministre, en différentes occasions.

Pendant que la copie de tant de pièces se poursuivoit aux archives, ainsi que le travail qui de ma part y avoit rapport, je ne suspendois point les recherches que j'ai dit avoir été entamées dans les différentes bibliothèques citées au commencement de ce mémoire. Je supprime bien des détails; mais il doit m'être d'autant plus permis d'entretenir aussi quelques momens l'Académie de cet objet, que je n'ai point dissimulé quelles avoient été mes craintes à cet égard, et que cette seconde partie de ma récolte est celle qui m'a coûté le plus de temps, de peines et de soins.

J'ai dit que le relevé des catalogues des quatre grandes bibliothèques du Vatican et des bibliothèques des Pères de l'Oratoire, des princes Chigy et Corsini, portoit un total de près de vingt mille articles ayant trait à notre histoire[1].

1276, du Puy en 1308, cardinal-évêque de Porto le 18 décembre 1316, mort à Avignon le 14 août 1317. Cette pièce est dans le n° 1260 de la Collection Moreau, fol. 1.

[1] Le relevé des articles du Vatican relatifs à la France est dans les nos 1266 et 1267 de la Collection Moreau; celui des articles de la bibliothèque Corsini dans le n° 1267, et celui de la bibliothèque Chigi dans le n° 1269 de la même collection.

Le nombre des volumes manuscrits entiers dont j'ai pris et envoyé des notices exactes et complettes se monte environ à cent vingt; ce qui peut paroître assez considérable, si on songe que je parle non de tous ceux que j'ai examinés avec soin, mais seulement de ceux qui, après l'examen, m'ont paru et n'avoir jamais été décrits, et mériter de l'être. La plupart de ceux auxquels je me suis arrêté se sont trouvés dans la bibliothèque de la reine Christine; et c'étoit dans ce dépôt, qui, comme j'ai déjà observé, a originairement appartenu aux deux hommes de lettres peut-être les plus versés dans l'étude de notre histoire, que je devois naturellement trouver le plus de richesses nationales : mais aussi, c'étoit là que je risquois le plus de faire de doubles emplois; et ce n'a été qu'après beaucoup de précautions, que j'ai cru pouvoir envoyer comme intéressantes les notices, dont je parle. Dans les autres bibliothèques, les manuscrits relatifs à la France sont plus communément encore intacts, mais le nombre en est proportionnellement moins considérable, et les objets présentent moins souvent, au premier coup d'œil, un intérêt marqué.

Les pièces séparées qui jusqu'à présent ont été copiées dans ces différentes bibliothèques sont au nombre de près de deux mille, dont plus de la moitié est restée à Rome. Je les y ai laissées, parce qu'il me deviendra nécessaire de les y avoir sous les yeux pendant la suite de mes recherches.

Telles seront, par exemple, toutes les lettres contenues dans un exemplaire du formulaire de Bérard de Naples, beaucoup plus étendu que celui qui est à la Bibliothèque du Roi [1]. Je les ai rangées dans l'ordre chronologique, avec des notes qui indiquent celles qui sont connues et celles qui sont encore anecdotes. Il y a aussi les lettres, purement relatives à la France, que j'ai triées dans le recueil (jusqu'à présent non connu, à ce que je crois, en France) de *Marinus de Eubulo* [2], personnage peu célèbre, mais qui a été successivement le secrétaire particulier de plusieurs papes du xiii° siècle, et dont la vie manuscrite, qui se trouve à la tête de son recueil, ne laisse pas d'avoir de l'intérêt.

Parmi celles de ces pièces que j'appelle séparées, qui ont été déjà remises

---

[1] La Bibliothèque du Roi possédait alors quatre exemplaires du recueil de Bérard : les n°ˢ 4043, 4311, 8581 et 8567 du fonds latin. Le n° 8581 est une copie faite pour Colbert.

[2] Marin d'Éboli, dominicain, vice-chancelier de l'Église romaine du 27 septembre 1244 au 13 décembre 1251, archevêque de Capoue en 1266, mort en 1285. L'extrait du recueil de Marin est dans le n° 1234 de la Collection Moreau.

au Ministre, il y en a plusieurs qui formeroient presqu'autant d'ouvrages complets. Il y a entre autres un recueil de toutes les inscriptions relatives à des personnages françois, tant anciens que modernes, qui se trouvent éparses dans la ville de Rome. Il y a des cartulaires, des procès-verbaux d'assemblées d'États provinciaux, des consultations légales, des causes litigieuses, des instructions importantes, telles que celle qui fut donnée par le pape Urbain VIII au cardinal Ginetti, lorsqu'il l'envoya à Cologne, pour assister aux premières négociations de la paix, qui ne fut conclue qu'en 1648, à Munster. Cette pièce volumineuse, absolument anecdote, écrite de la main de Benessa, le secrétaire particulier du pape, ainsi que la correspondance également originale du légat pendant son séjour à Cologne, dont j'ai pareillement pris la copie, pourront me fournir seules la matière d'un mémoire intéressant. Il y a encore des comptes de finance et de recette, des suites d'inféodation des terres du Comtat et de la Corse [1]; quelques généalogies, parmi lesquelles celle de la maison de Chavigny [2], tirée de la bibliothèque de la reine Christine, m'a paru contenir des particularités nouvelles. J'ai aussi recueilli des vies particulières, par exemple, celle de l'abbé de Fleuri Goslin [3], que dom Clément, ce savant si profond en ce genre de connoissances, a trouvée, je crois, assez intéressante pour mériter d'être insérée comme supplément dans le nouveau volume du *Recueil des historiens de France*, qu'il va publier incessamment. Je ne parlerai point des collations de manuscrits avec les ouvrages imprimés, qui m'ont été demandées (comme, en dernier lieu, la collation d'un manuscrit des lettres et des ouvrages d'Ildebert [4], dans lequel j'ai trouvé, indépendamment de plusieurs variantes importantes, des lettres entières de ce célèbre archevêque de Tours, totalement anecdotes); non plus que d'autres objets divers, dont l'énumération seroit longue et superflue.

---

[1] N° 1265 de la Collection Moreau.

[2] Cette généalogie est dans le n° 1260, fol. 47-49, de la Collection Moreau.

[3] Goslin, abbé de Fleury ou Saint-Benoît-sur-Loire en l'an 1004, archevêque de Bourges en l'an 1013, mort le 2 septembre 1029. Contrairement à ce que croyait La Porte du Theil, sa vie n'a point paru dans le *Recueil des historiens de France* : M. Delisle l'a publiée dans le tome II des *Mémoires de la Société archéologique de l'Orléanais*, avec un tirage à part in-8°, 1853.

[4] Hildebert, né à Lavardin en 1057, archidiacre du Mans en 1092, évêque de cette ville en 1097, archevêque de Tours en 1125, mort en 1133 ou 1134. Ses œuvres ont été publiées, en 1708, par dom Beaugendre, bénédictin de la congrégation de Saint-Maur. Les lettres copiées par La Porte du Theil sont dans le n° 1277 de la Collection Moreau.

J'ai dit des cartulaires; ce genre de pièces étoit un de ceux qu'il m'avoit été recommandé de chercher avec le plus de soin. Je n'ai rien négligé pour remplir sur ce point particulier mes instructions; mais la sincérité me force à faire ici l'aveu que ç'a peut-être été celui sur lequel j'ai le moins réussi à seconder les vues du Ministère. On sent que le nombre des chartes relatives à la France qui peuvent se rencontrer à Rome doit être limité. J'en ai pourtant rassemblé quelques-unes. Lorsque j'ai trouvé des pièces, et surtout des signatures, originales, j'ai eu soin de les faire calquer exactement sur du papier huilé. Tel est un exemplaire du décret d'union des Églises grecque et latine [1], sous le pape Eugène IV, que j'ai envoyé à M. de Bréquigny, avec quelques notes, dont il a fait usage dans un mémoire qui s'imprime actuellement parmi ceux de l'Académie [2].

Je puis citer encore une copie, également calquée avec le soin le plus scrupuleux, représentant parfaitement le caractère original des lettres de Henri VIII à Anne de Boulen [3], écrites de la main de ce prince, les unes en françois, les autres en anglois, manuscrit célèbre, et qu'on ne manque jamais de montrer aux étrangers, comme une des curiosités les plus piquantes de la bibliothèque du Vatican.

J'ai parlé d'un recueil d'inscriptions; je dois confesser également ici, et par franchise et par reconnoissance, que l'honneur de ce travail ne m'est point dû. C'est un présent que m'a fait généreusement Monseigneur Galletti [4], religieux bénédictin du couvent de Saint-Calliste, évêque de Cizenne *in partibus infidelium*. Ce savant et laborieux prélat, qui a rassemblé toutes les inscriptions, tant du moyen âge que des temps modernes, dont le nombre à Rome est immense, et qui les a divisées en autant de parties qu'il y a de nations diverses citées dans ce monument curieux, a bien voulu, en ma faveur, détacher de cette collection complette la portion encore anecdote qui

---

[1] Ce décret est du 5 juillet 1439.

[2] Il est intitulé : *Mémoire sur les exemplaires originaux du décret d'union de l'Église grecque avec l'Église latine*, et a paru dans les *Mémoires de l'Académie des inscriptions*, t. XLIII, p. 287-310.

[3] Henri VIII, roi d'Angleterre, et Anne de Boulen, sa deuxième femme, qu'il fit décapiter le 26 mai 1536.

[4] Pierre-Louis Galetti, né à Rome en 1724, mort dans cette même ville le 13 décembre 1790, bibliothécaire et archiviste des Bénédictins de Florence, nommé par Pie VI évêque de Cyrène *in partibus*. Galetti est auteur d'un grand nombre d'ouvrages d'histoire et d'archéologie, dont le plus important est le recueil d'inscriptions du moyen âge en Italie, publié sous le titre d'*Inscriptiones medii ævi*, Rome, 1757-1766, 7 vol. in-4°. L'exemplaire de ce travail qu'il offrit à La Porte du Theil est dans le n° 1261 de la Collection Moreau.

regarde la France. Je n'ai d'autre mérite que d'avoir rangé dans un ordre chronologique, et accompagné de quelques remarques, ces inscriptions, qui, dans le manuscrit dont on m'a fait le sacrifice, se présentoient d'une manière moins propre à en faciliter l'usage.

De toutes les pièces dont j'ai fait mention dans ce mémoire, soit en général, soit en particulier, et qui ont fait la matière de cent cinquante envois successifs, adressés au Ministre, il n'en est aucune dont la copie n'ait été collationnée avec attention, si ce n'est peut-être une vingtaine, pour lesquelles des circonstances particulières m'ont forcé de m'en rapporter à la fidélité des copistes.

A la tête de chaque lettre, sans aucune exception, j'ai placé un argument assez clair et assez détaillé, pour qu'il pût presque toujours tenir lieu de la lettre même. Toutes les fois qu'à la lecture d'une pièce j'ai pu, du premier coup-d'œil, en entrevoir l'utilité pour éclaircir quelque point d'histoire, je l'ai indiqué à la marge. Parmi celles que j'ai déjà notées ainsi, et dont le nombre ne laisse pas d'être considérable, il y en a plusieurs qui me fourniront matière à des dissertations dont le sujet est arrêté. J'aurois voulu multiplier ces remarques, surtout les rendre plus intéressantes; mais, dans un pays étranger, les livres nécessaires manquent souvent. Les bibliothèques publiques de Rome, pour la partie de l'histoire de France, sont d'un foible secours, et d'ailleurs la jouissance en est difficile, dès qu'il s'agit de consulter presque à la fois quantité d'ouvrages différens.

Dans tout le recueil, à la plupart des noms propres on trouvera des citations et des renvois aux articles du *Gallia christiana* et des principaux ouvrages connus qui traitent des personnages dont il est fait mention dans chaque pièce. A chaque envoi que j'ai fait au Ministre j'ai joint un *Index-et-notice* de toutes les pièces dont il étoit composé [1]. Ces *Index et notices* séparés forment seuls un volume in-folio, écrit de ma main, et assez considérable, d'autant que (pour mettre plus d'ordre dans le recueil qui a été tiré des *Regestes*) aux argumens des lettres anecdotes j'ai ajouté, avec des marques distinctives, ceux des lettres qui ont déjà été publiées, tant en entier que par extrait, ou même simplement indiquées dans les ouvrages de Bzovius, de Rinaldi, de Wading [2], dans les Mélanges de Baluze, le Spici-

---

[1] Ces notices forment les nos 1279-1281 de la Collection Moreau.
[2] Les *Annales ordinis Minorum* de Luke Wadding, né à Waterford le 18 novembre 1588,

lége de Dacheri, les collections de Martenne et autres livres de ce genre. J'ai eu soin de dresser en même temps une table générale de tous les noms propres cités dans ces lettres, travail ingrat, sur lequel néanmoins je n'ai voulu me fier qu'à moi-même[1]. Enfin je puis me rendre témoignage que je n'ai rien négligé, de ce que mes forces et mes lumières m'ont permis de faire, pour faciliter, dès à présent, à ceux qui tâchent d'éclaircir notre histoire, l'usage d'une collection uniquement destinée à les aider dans leurs travaux.

Ce but si recommandable du Ministère qui m'employoit n'a jamais cessé d'être présent à mes yeux. Afin de répondre, autant qu'il étoit en mon foible pouvoir, aux vues purement d'utilité publique du Gouvernement, j'ai consigné fidèlement dans le dépôt qui m'étoit indiqué, et qui est confié à la garde de M. Moreau, historiographe de France, tout le fruit, quel qu'il soit, de mes recherches : les pièces entières, les index, jusqu'à mes notes particulières, tout y est déposé, rien ne m'est resté en propre ; même, à l'instant où j'écris ceci, des circonstances particulières ayant fait que M. Moreau, précisément à l'époque de mon retour, s'est occupé plus particulièrement à mettre en ordre tout ce que contient ce dépôt précieux, je n'ai pu retirer à temps mes index. Je n'ai point voulu néanmoins ni interrompre une occupation si utile de sa part, que je croyois devoir être plus tôt terminée, ni remettre à un terme plus éloigné le compte que je devois à l'Académie, que j'étois impatient de lui rendre, et que la circonstance dont je parle m'a cependant fait retarder de quelques semaines.

Peut-être, en parcourant ces index, y aurois-je facilement trouvé quelques pièces intéressantes à citer, que ma mémoire ne m'a point rappelées ; mais mon objet n'étoit point de relever dans cette Compagnie le mérite ou la singularité de quelques pièces détachées ; il me suffira d'avoir pu lui prouver la constance de mon travail. Également éloigné d'une fausse modestie, je ne craindrai pas de laisser entrevoir que ce travail me paroît n'avoir pas été totalement infructueux ; je ferai plus, j'oserai m'applaudir un instant des marques d'approbation que j'ai reçues plus d'une fois de la part des Ministres.

---

mort à Rome le 18 novembre 1657, auteur de nombreux ouvrages de théologie et d'histoire. Ces *Annales* furent publiées à Lyon et à Rome, 1628-1654, en 8 vol. in-fol.

[1] Les bulletins de cette table forment les n°° 1779-1784 de la Collection Moreau.

Tant que M. Bertin a été chargé de la direction des travaux littéraires dont le mien faisoit partie, les témoignages de satisfaction qu'il a daigné me donner fréquemment devoient d'autant plus m'encourager, que je n'ignorois pas avec quel soin son amour constant pour les lettres lui faisoit examiner, non-seulement les *Index et notices*, mais souvent les pièces mêmes, qui lui étoient toujours directement adressées. A sa retraite, M. le Garde des sceaux, qui lui a succédé dans cette partie d'administration, n'a point paru penser différemment de son prédécesseur sur l'emploi de mon temps à Rome, et, lorsque, en 1782, il m'avoit jugé digne d'être chargé, conjointement avec M. de Bréquigny, de l'édition des *Chartes et pièces anecdotes relatives à l'histoire de France*, il m'avoit autorisé, que dis-je? il m'avoit exhorté à ne point revenir, tant que mes recherches promettroient autant de fruit qu'elles lui paroissoient en avoir produit jusqu'alors. Que ne m'est-il permis de rapporter ici ses expressions, uniquement pour la consolation de ceux qui m'écoutent! Sans doute, il seroit doux, dans cet asyle de l'étude, de voir le plus éminent en dignité des Ministres du Roi, malgré les soins graves dont le Chef de la magistrature en France paroît devoir être accablé, veiller attentivement sur des travaux particuliers et sans éclat, sur l'agrandissement d'un dépôt qui se forme en silence, et dont l'utilité ne peut se faire sentir que par la succession lente des temps, s'occuper personnellement même du plus foible des travailleurs qu'il emploie, se plaire à l'animer et à le soutenir. Mais si, pour éviter tout soupçon de vanité de ma part, je dois taire ce qui lui feroit honneur à lui-même, qu'on me pardonne au moins d'avoir indiqué légèrement ce que peuvent en attendre ceux qui, plus sûrs de leurs forces, auroient un jour à faire valoir, non simplement, comme moi, un zèle pur, de l'assiduité, si l'on veut, quelque bonheur peut-être, mais des succès réels et des services vraiment méritoires.

Avant de finir cet exposé, je ne dois pas omettre de parler de tout ce que j'ai trouvé de protection, de secours, soit dans les personnages les plus éminens, soit dans les gens de lettres les plus recommandables du pays où j'ai séjourné si longtemps. Rendre compte à l'Académie de ce qu'on a bien voulu faire pour un de ses membres est un devoir envers elle, dont je suis impatient de m'acquitter.

J'ai déjà dit ailleurs tout ce que je devois aux bontés de M. le cardinal Palavicini, Secrétaire d'État de Sa Sainteté.

Feu M. le cardinal Alexandre Albani, qui, à mon arrivée, étoit bibliothécaire de la Sainte Église, sur le titre seul que je portois de membre de l'Académie des belles-lettres, m'avoit accordé l'entrée la plus libre dans le dépôt du Vatican.

Aux mêmes facilités, qu'il m'a conservées, son successeur dans cet emploi, M. le cardinal Zelada [1], par un effet de sa bienveillance personnelle, a joint la permission de fouiller dans sa propre bibliothèque, et n'a point cessé de s'intéresser aux succès de mes travaux.

M. le cardinal Antonelli [2], l'un des principaux ornemens du Sacré Collège, malgré les occupations si constantes et si importantes d'un préfet de la congrégation *De propaganda fide*, n'a point dédaigné de m'aider lui-même dans quelques recherches, que j'avois été chargé de faire sur des objets de son département.

Dans plusieurs occasions, M. le cardinal Archinto [3] m'a donné des marques d'estime, qui me seront éternellement chères et précieuses.

Grâce aux bontés de M. le cardinal Corsini [4], j'ai trouvé l'accès ouvert dans la bibliothèque de sa maison, bibliothèque l'une des plus considérables et des mieux entretenues de Rome.

M. le prince Chigi, dont les connoissances, l'esprit et les talens sont connus, m'a donné généreusement communication de plusieurs pièces singulièrement curieuses qui se trouvoient dans la sienne.

Je confesse avoir dû beaucoup, tant à feu Monseigneur Assemani, garde particulier des livres et des manuscrits du Vatican, qu'à ceux qui travaillent sous ses ordres, MM. les abbés André et Élie Baldi, et surtout M. l'abbé Spaletti, connu dans la littérature par des ouvrages de mérite, principalement par l'édition d'Anacréon que j'ai mise dernièrement de sa part sous les yeux de l'Académie [5].

---

[1] Le cardinal François-Xavier Zelada, né en 1717, d'une famille espagnole, mort le 29 décembre 1801, fut bibliothécaire du Vatican, secrétaire d'État, etc. La belle collection de médailles qu'il avait formée est au collège romain.

[2] Léonard, cardinal Antonelli, évêque de Velletri et d'Ostie, né à Sinigaglia le 6 novembre 1730, mort dans sa ville natale le 23 janvier 1811.

[3] Jean Archinto, Milanais, né en 1736, évêque de Sabine, créé cardinal en 1776 par Pie VI, mort en 1799.

[4] André Corsini, Florentin, né en 1735, évêque de Sabine, créé cardinal par Clément XIII en 1759, mort en 1795.

[5] Cette édition parut en 1781.

M. l'abbé Foggini [1], aujourd'hui bibliothécaire de la maison Corsini, a pareillement des droits à ma gratitude.

Le R. P. Zaccharelli [2], auteur de la nouvelle Histoire ecclésiastique dont il y a déjà onze volumes d'imprimés, en me facilitant le plein usage de la bibliothèque des PP. de l'Oratoire de Saint-Philippe-de-Néri, m'a rendu un service essentiel.

Citer le P. Jacquier [3], c'est rappeler un homme aussi cher à une foule de ses compatriotes, qui ont éprouvé ou éprouvent journellement à Rome la tendresse et la sensibilité de son cœur, que respecté de la république des lettres, qui lui doit tant d'ouvrages lumineux sur toutes les parties des hautes sciences, même de la belle littérature. L'éclat de sa réputation me dispense d'ajouter ici le moindre éloge de son nom; mais je me plairai toujours à me rappeler et à confesser hautement que, pendant sept ans, il ne s'est presque passé aucun jour sans que j'aie eu sujet de lui vouer la reconnoissance la plus tendre.

Les détails exposés dans ce Mémoire ont pu faire sentir tout ce que doivent avoir fait pour moi MM. les abbés Callisto et Gaëtano Marini.

Il me resteroit à parler de celui [4] qui, seul et sans effort, par le simple reflet de sa bienveillance et de son estime marquée à mon égard, m'a valu l'inappréciable avantage de trouver en un pays étranger des protecteurs si puissans, des amis si précieux. Mais ce n'est point à moi qu'il appartient, au milieu de ceux que lui-même s'honore si souvent de pouvoir nommer ses confrères, d'essayer à louer un homme dont l'Europe entière et ses souverains applaudissent journellement les talens et les vertus. Que ferois-je pour prétendre apprécier la moindre des qualités dont le rare assemblage forme chez lui le prince splendide, le prélat respectable, le ministre habile, le patriote zélé, le poète brillant, l'homme aimable et charmant? Toutefois, parmi ces qualités éminentes, il en est une, moins hors de ma portée, qu'une circonstance particulière paroît m'autoriser personnellement à

---

[1] Peut-être Pierre-François Foggini, né à Florence en 1713, mort à Rome le 31 mai 1783, éditeur du fameux Virgile de Florence, sous-bibliothécaire, puis bibliothécaire de la Vaticane, dès 1775.

[2] Gaspard Saccarelli, né à Turin, auteur d'une *Historia ecclesiastica per annos digesta*, publiée à Rome de 1771 à 1778, en 26 vol. in-4°.

[3] Voyez plus haut, p. 69.

[4] «M. le cardinal de Bernis, académicien honoraire de l'Académie des inscriptions et belles-lettres.» (Note de La Porte du Theil.)

vanter, c'est la bonté de son cœur. Amené d'abord par le hasard auprès de lui, bientôt après invité par lui-même à l'approcher encore davantage, si, pendant sept ans, comblé de ses bienfaits, j'ai joui sans réserve de toute la noblesse de son âme, de toute la douceur de son amitié, de tous les agrémens de sa société, j'ai pu aussi, malheureusement, me croire destiné par le sort à recueillir les larmes que devoient lui arracher, durant ce période, la perte successive des amis les plus anciens et les plus utiles, des parens les plus proches et les plus aimés, des enfans d'adoption les plus chéris et les plus dignes de l'être. Frappé sous mes yeux de ces coups redoublés, il m'a donné, de plus près qu'à personne, le spectacle, aussi noble que touchant, de la fermeté inébranlable d'un sage consommé, luttante contre la sensibilité vive d'un père tendre. Aussi, désormais chaque fois que j'entendrai répéter ce concert de louanges qui s'élève si souvent en sa faveur, durant le cours de sa belle vie, et qui retentira, sans doute, chez la postérité, d'une voix modeste, mais assurée, j'oserai dire : « Ajoutons à tant d'éloges si bien mérités que, essentiellement, il est peut-être le meilleur des hommes. »

11

PLAN À SUIVRE POUR L'ÉDITION DES LETTRES D'INNOCENT III.

23 octobre 1786.

I

M. du Theil étant chargé par Monseigneur le Garde des sceaux de cette édition et se trouvant obligé de conférer lui-même les unes avec les autres toutes les copies qui composent cette partie de nos portefeuilles, il est juste que le Cabinet d'histoire et de droit public attaché à la Chancellerie lui remette toutes les liasses qui contienent les lettres d'Innocent III.

II

Mais cette édition devant conserver au Cabinet toutes les copies envoyées de Rome et laisser même à l'historiographe de France la liberté de consulter celles dont il peut avoir besoin, M. du Theil, en échange de chaque liasse qui lui sera remise, laissera dans le Cabinet un récépissé indiquant le nombre des pièces qu'elle contiendra, et la date de la première et de la dernière.

III

Toutes celles que, attendu les abréviations, il sera nécessaire de transcrire de nouveau, seront copiées par les commis de la bibliothèque de la Chancellerie, qui, en remettant à M. du Theil la nouvelle copie collationnée, remettront à sa place celle de Rome, et de toutes ces copies remises au dépôt il sera fait mention au dos du récépissé de M. du Theil. Quant aux copies qu'il croira pouvoir livrer à l'imprimeur sans transcription nouvelle, il aura soin de veiller à ce qu'elles ne soient ni coupées ni maculées par les compositeurs, et elles seront toutes remises au dépôt, à mesure de la composition et de l'impression. C'est en effet cette remise qui, dans tous les tems, pourra garantir au public la fidélité d'une édition surveillée par Monseigneur le Garde des sceaux.

IV

Il sera envoyé à Monseigneur le Garde des sceaux une épreuve de toutes les feuilles de cette édition, indépendamment de toutes celles dont M. du Theil aura besoin pour ses propres corrections, et il sera pareillement envoyé au dépôt deux exemplaires de chaque bonne feuille.

V

Au titre qui sera donné à cette collection : *Litteræ*, etc., Monseigneur le Garde des sceaux approuve que l'on ajoute *ex archivis et scriniis supremi Galliarum Cancellarii historiam et res francicas spectantibus depromptæ*, ou tel autre titre qui indiquera la source du bienfait que l'on offre au public. Il approuve aussi, qu'ainsi qu'il en a été convenu entre M. Moreau et M. du Theil, il soit fait, et dans l'avertissement en tête de l'ouvrage, et dans le mémoire préparé pour annoncer les progrès de nos travaux littéraires, une mention historique et détaillée des recherches qui ont donné lieu à cette édition, de manière qu'elle puisse être regardée comme l'un des produits de l'établissement commencé par M. Bertin, et devenu, sous la direction de Monseigneur le Garde des sceaux, un véritable secours pour les lettres.

VI

Au premier comité que Monseigneur le Garde des sceaux assemblera,

M. du Theil voudra bien exposer son plan et faire part du travail utile dont il s'est chargé; il paroît juste en effet et également honorable, pour le Comité et pour M. du Theil lui-même, que cette édition ait, comme le Rymer françois, l'approbation des gens de lettres que le Ministre a daigné rendre ses coopérateurs.

(Collection Moreau, n° 316, fol. 160.)

12

EXTRAIT D'UN RAPPORT DE MOREAU SUR LES TRAVAUX LITTÉRAIRES.

1er mars 1788.

M. du Theil ayant passé à Rome aux frais du Roy plusieurs années pour y receuillir toutes les pièces qui, dans la bibliothèque du Vatican et autres, pouvoient être utiles à notre histoire, a demandé à faire imprimer les lettres d'Innocent III, qui manquoient à la collection que Baluze avoit publiée et dont la cour de Rome avoit enfin permis qu'on nous donnât communication.

M. le Garde des sceaux de Miroménil lui a permis cette édition, à condition qu'elle seroit offerte au public comme le produit des travaux attachez à la bibliothèque de la Chancellerie, et que la préface en seroit concertée entre lui et M. Moreau, qui non-seulement a communiqué toutes les pièces qui devoient entrer dans ce receuil, mais les a fait toutes copier par un commis qui a été pris uniquement pour ce travail. Il tire à sa fin et contiendra deux volumes in-folio, de l'impression desquels Nyon s'est chargé à ses frais, mais dont il sera dédommagé par les 9,000ᵗᵗ qu'il a obtenus pour l'impression de chaque volume du Rymer françois; j'observeray en effet que, pour chaque volume du Rymer, l'Imprimerie royale ne demande que 5,000ᵗᵗ. Ces volumes seront donnez comme présentant au public une partie précieuse de nos collections, et il sera facile ensuite d'employer M. du Theil a d'autres ouvrages, car il est un des travailleurs précieux que M. le Garde des sceaux doit d'autant plus volontiers [employer] dans le Comité, qu'il a desjà un traitement pour cela. Tout cecy peut-être dans la suite fournira matière aux délibérations du Comité. Comme, le premier volume du Rymer donné au public, il faudra beaucoup de tems pour préparer le second, il sera vraysemblablement possible de gagner sur les frais de cette impression 4,000ᵗᵗ par volume, et, en proposant au Roy cette économie, on pourra destiner cette somme à d'autres travaux, mais le meilleur parti sera toujours de payer non par un revenu fixe, mais en raison des progrès de l'ouvrage.

(Collection Moreau, n° 316, fol. 102.)

VI

COLLECTION DES CONCILES DES GAULES [1].

1
LETTRE DE DOM LABBAT À BRÉQUIGNY.

12 août 1780.

Monsieur, en attendant l'honneur de vous voir, jeudi prochain, chez M. le Garde des sceaux, j'ai celui de vous envoyer une copie de la réponse que m'a faite Monsieur l'archevêque de Toulouse, au sujet des difficultés qu'on prévoit de la part de l'assemblée :

« Je crois effectivement, mon Révérend Père, que ce n'est pas le moment de présenter votre mémoire à l'assemblée. Je doute qu'elle veuille s'occuper de cet objet, et j'imagine qu'elle pourroit bien le renvoyer à l'assemblée prochaine. Si cependant elle paroît désirer de s'en occuper, je lui remettrai votre mémoire et lui rendrai compte de vos sentimens. J'ai l'honneur d'être, » etc.

Il paroît, Monsieur, que le prélat n'a point encore été chargé de faire le rapport dont on vous a parlé. Permettés-moi de recommander toujours cette affaire à vos bontés. Ma reconnoissance sera sans bornes, ainsi que le respect avec lequel, etc.

Fr. Labbat.

(Collection Bréquigny, n° 161, fol. 7.)

---

[1] Voir aussi pages 216, 336 et 430.

2

MÉMOIRE SUR UNE NOUVELLE COLLECTION DES CONCILES DE FRANCE,

Où l'on indique les provinces qu'elle doit comprendre, sous les différents âges de la monarchie, la nature des actes qui doivent y entrer, et les recherches qu'on a faites pour la rendre plus parfaite. On donne une idée des pièces nouvelles, tant imprimées que manuscrites, dont on est en état de l'enrichir, et du plan qu'on a suivi dans la rédaction de cet ouvrage, jusqu'à la fin du xe siècle, par des religieux bénédictins de la congrégation de Saint-Maur [1].

Le projet d'une nouvelle collection des conciles de France est très-ancien. M. l'abbé de Targny [2], commis à la garde des manuscrits de la Bibliothèque du Roi, s'en étoit occupé. Après la mort de ce savant, arrivée en 1737, dom Hervin [3] et dom Duval [4], religieux de l'abbaye de Saint-Germain-des-Prés, furent nommés pour continuer le travail. Dom Duval étant mort bientôt après, dom Hervin eut d'autres coopérateurs, qui travaillèrent quelque temps avec lui, sur les manuscrits de la Bibliothèque du Roi. Ces religieux furent appellés à d'autres occupations, et dom Hervin resta seul chargé de cette entreprise. Nommé ensuite à l'emploi de bibliotécaire de l'abbaye de Saint-Germain-des-Prés, et ne pouvant suffire à tout, il se déchargea de la collection des conciles de France sur deux de ses confrères des Blancs-Manteaux. Un de ces religieux, appliqué à un autre genre de littérature, et chargé, peu de temps après, d'un travail considérable, a laissé des remarques critiques sur quelques conciles des premiers siècles. L'autre n'a pas discontinué, dans l'espace de plusieurs années consécutives, de collationner l'imprimé du Père Labbe [5] sur les manuscrits de la Bibliothèque du Roi. Il en a

---

[1] A Paris, de l'imprimerie de G. Desprez, imprimeur ordinaire du Roi et du Clergé de France, 1785, avec approbation et privilège du Roi. — L'Avertissement seul que nous reproduisons rentre dans le cadre de cette publication.

[2] L'abbé de Targny, d'abord garde des imprimés, 1714, puis garde des manuscrits de la Bibliothèque du Roi, en remplacement de Boivin, 1726. Il mourut le 3 mai 1737. Ses notes sur les manuscrits à consulter pour une édition des conciles sont dans le n° 9512 du fonds latin à la Bibliothèque nationale.

[3] Dom Jean Hervin, né à Namur, profès à Saint-Remi de Reims le 10 mars 1721, mort bibliothécaire de Saint-Germain-des-Prés, le 3 décembre 1764. Dom Hervin, collaborateur de Montfaucon, avait travaillé, avec dom Nicolas Bourotte, à une nouvelle édition des conciles des Gaules, mais il abandonna ce grand ouvrage à dom Hippolyte-Augustin de Coniac et à dom Jean-Pierre Deforis.

[4] Dom Jacques-Étienne Duval, né à Rennes, où il fut profès à Saint-Mélaine, le 11 mai 1715. Il mourut bibliothécaire de Saint-Germain-des-Prés, le 23 avril 1742.

[5] Le P. Philippe Labbe, jésuite, né à Bourges le 10 juillet 1607, mort à Paris le 25 mars

extrait non-seulement une quantité considérable de variantes utiles et souvent nécessaires pour la correction du texte, mais encore un grand nombre de pièces anecdotes, dont on trouvera le catalogue à la fin de ce mémoire. Il a fait le même travail sur les manuscrits du collége des Jésuites de Paris[1], en ayant obtenu communication, pendant l'examen qu'on en fit à l'abbaye de Saint-Germain-des-Prés, avant qu'ils fussent mis en vente. M. de Bréquigny, de l'Académie françoise et de celle des inscriptions, toujours attentif à ce qui peut contribuer à l'avantage des lettres, a bien voulu, dans le voyage littéraire qu'il a fait en Angleterre, collationner l'imprimé du Père Sirmond [2], sur un ancien manuscrit de la bibliothèque Cotonienne, et communiquer à ce religieux les variantes qu'il en a tirées.

Dom Hervin, en se déchargeant de l'entreprise de la collection, avoit remis des mémoires auxquels on ajouta, quelque temps après sa mort, tout ce qu'on put trouver parmi ses papiers de relatif à cet objet. Ce sont différentes copies du plan de la nouvelle collection, des variantes de plusieurs manuscrits de la Bibliothèque du Roi, jusqu'au milieu à peu près du IXe siècle, recueillies à diverses reprises et par des mains différentes; des notes et des observations critiques sur les anciens conciles de France jusqu'à la fin du Ve siècle, avec les pièces imprimées de la collection du Père Sirmond et du Supplément de M. de la Lande, toutes détachées et la plupart accompagnées de notes marginales; une copie du texte grec et latin d'Eusèbe de Césarée, concernant les premières assemblées de l'Église de Lyon; enfin des copies de plusieurs conciles et autres pièces canoniques du XIe siècle, de l'édition du Père Labbe.

Il s'agissoit de mettre à profit tous ces matériaux. Le religieux des Blancs-Manteaux qui a si constamment travaillé sur les manuscrits de la Bibliothèque du Roi invita un de ses confrères de province à venir se joindre

---

1687, le plus fécond des écrivains et des savants de la Société de Jésus. Il édita, avec le P. Gabriel Cossart, les *Sacrosancta concilia ad regiam editionem exacta*, Paris, 1671-1672, en 18 vol. in-fol., d'après la collection des 37 volumes réunie au Louvre en 1644.

[1] La célèbre bibliothèque du collège de Clermont, connu, depuis 1682, sous le nom de Louis-le-Grand.

[2] Le P. Jacques Sirmond, jésuite, né à Riom le 12 octobre 1559, mort à Paris le 7 octobre 1651, auteur d'un grand nombre d'ouvrages d'érudition, qui ont été plus tard réunis par le Père Jacques de la Baume, en 5 vol. in-fol., Paris, 1696. La collection à laquelle il est ici fait allusion est celle des *Concilia antiqua Galliæ*, Paris, 1629, 3 vol. in-fol. Son neveu, Pierre Lalande, y ajouta, en 1666, un supplément formant un volume in-folio.

à lui. Pour mettre de l'ordre dans le travail qui restoit à faire, et poser les fondements sur lesquels on devoit bâtir, il a fallu préalablement dresser un catalogue de tous les actes qui doivent entrer dans la nouvelle collection ; ce qui comprend ceux qui sont déjà dans les collections imprimées, ceux qui auroient dû y trouver place, et ceux qui, n'ayant vu le jour qu'après les dernières collections, restent mêlés et confondus avec d'autres pièces dans des spicilèges, recueils d'anecdotes et autres ouvrages de cette nature, dont on sait que le nombre est considérable.

La recherche et un examen critique de toutes ces pièces, ainsi que la revision et la correction du texte, exigeoient un travail de plusieurs années, et ce travail a été quelquefois interrompu pour examiner de très-anciens manuscrits de la bibliothèque de Saint-Germain-des-Prés, et copier des actes sur des cartulaires et sur d'autres manuscrits, dont on a eu communication de divers endroits.

Quelques recherches qu'on ait pu faire, on ne se flatte pas d'avoir épuisé un sujet aussi vaste, et qui paroît inépuisable. Mais il y a suffisamment des matériaux pour donner au public une collection des conciles de France, depuis le second siècle de l'Église jusqu'au concile de Trente, plus ample et plus correcte que celle du Père Sirmond et même que celle du Père Labbe, en ce qui concerne l'Église gallicane.

La collection du Père Sirmond ne commence qu'au concile d'Arles, de l'an 314, et elle finit sous le règne de Lothaire, fils de Louis d'Outremer, et père de Louis V, le dernier de nos rois Carlovingiens. Elle a été fondue dans celle du Père Labbe, avec de nouvelles pièces, que ce dernier collecteur y a ajoutées d'ailleurs. On peut voir, à la suite de ce mémoire, les augmentations qu'on se propose de faire à tout ce que le Père Sirmond et le Père Labbe ont donné d'intéressant pour l'Église gallicane, jusqu'à la fin du xe siècle. Les augmentations qu'on fera pour les siècles suivants à la collection du Père Labbe ne seront pas moins intéressantes.

On n'a point eu égard à tous les retranchements faits par le Père Hardouin[1],

---

[1] Le P. Jean Hardouin, jésuite, né à Quimper en 1646, mort à Paris le 3 septembre 1729, bibliothécaire du collège Louis-le-Grand, avait été chargé par l'assemblée générale du clergé de France de publier la grande collection des conciles, qui parut en 1715 à l'Imprimerie royale, en 12 vol. in-fol. Il fut accusé d'avoir supprimé des pièces importantes et de les avoir remplacées par des pièces apocryphes. La vente de cette édition fut suspendue, par arrêt du Parlement, jusqu'à ce que des cartons destinés à faire disparaître les endroits incriminés eussent été intercalés dans

dont il est parlé dans l'ouvrage de M. l'abbé de Salmon[1] sur l'étude des conciles; mais on profitera des variantes et des pièces nouvelles qu'il a données.

La correction du texte, des observations historiques, l'explication de plusieurs endroits obscurs, et le rétablissement de la chronologie lorsqu'elle a paru en défaut, doivent naturellement donner de grands avantages à une nouvelle collection sur les anciennes. Relativement à ces objets, nous n'avons négligé aucun des moyens qui étoient à notre disposition.

Les gens de lettres sont priés d'examiner le plan sur lequel on a rédigé cette collection jusqu'à la fin du xe siècle. Les nouvelles découvertes et les observations qu'on voudra bien nous communiquer seront mises à profit, pour faire à cet ouvrage toutes les améliorations qu'on jugera praticables et nécessaires.

Pour prévenir les difficultés qui peuvent se présenter sur l'objet de ces observations et sur les découvertes dont on peut faire usage, nous exposerons dans ce mémoire les principes qui nous ont dirigés dans nos recherches, soit sur le nombre des provinces qu'une collection des conciles de France doit embrasser sous les différents âges de la monarchie, soit sur la nature des actes qui doivent y entrer, et que le Père Sirmond a compris sous ce titre : *Concilia antiqua Galliæ, cum epistolis pontificum, principum constitutionibus et aliis ecclesiasticæ rei Gallicanæ monimentis.*

. . . .

3

LETTRE DE DOM LABBAT AU GARDE DES SCEAUX.

17 juillet 1787.

Monseigneur, j'ai reçeu avec la plus respectueuse reconnoissance la lettre dont vous m'avés honoré en date du 14 de ce mois, et je m'empresse de fournir les réponses les plus exactes sur les objets qu'elle contient.

Le prospectus dont on vous a parlé, Monseigneur, n'est autre chose que

l'ouvrage. Le P. Hardouin soutenait que les conciles antérieurs au concile de Trente étaient chimériques.

[1] François Salmon, né à Paris le 29 janvier 1676, mort à Chaillot le 9 septembre 1736, bibliothécaire de la Sorbonne, auteur d'un *Traité de l'étude des conciles et de leurs collections*, Paris, 1724, in-4°, et Leipzig, 1729, in-4°. Il avait formé le projet de donner un supplément à la collection des conciles du P. Labbe, mais ce dessein ne fut pas réalisé.

le mémoire imprimé que j'ai l'honneur de vous offrir. Ce mémoire a été fait pour pressentir le goût des gens de lettres au sujet du plan sur lequel on a rédigé la collection des conciles de France.

Il a été communiqué à la dernière assemblée du Clergé, avec une épreuve seulement d'un prospectus en latin, qu'on se propose de publier lorsqu'il sera suffisamment autorisé et que l'imprimeur pourra y ajouter ses observations particulières. Je joins au mémoire imprimé la seule copie corrigée qui me reste de cette épreuve.

M. de Calonne [1], à qui j'eus l'honneur d'adresser un petit mémoire pendant le dernier séjour de Fontainebleau, consentit pour Sa Majesté à une souscription pour 50 exemplaires. La dernière assemblée du Clergé a souscrit pour 250, et le Régime de la Congrégation pour 100.

Le prix des souscriptions est de 25 # par volume.

Une lettre par laquelle M. de Villiers, un des premiers commis des finances, annonce le consentement de M. le Controlleur général; un extrait en forme de la délibération du Clergé, et un autre également en forme de celle du Régime de la Congrégation; ces trois pièces sont entre les mains du sieur Didot l'aîné, qui, moiennant ces encouragemens, s'est chargé de l'impression de l'ouvrage.

L'impression est commencée depuis quelques mois; nous en sommes à-peu-près à la trentième feuille. Le censeur est M. Camus.

On m'avoit d'abord prévenu qu'il ne pourroit paroître qu'un volume de deux en deux ans; et c'est ainsi que je l'ai marqué dans le mémoire à M. de Calonne. Mais M. Didot promet de donner un volume chaque année.

Les commencemens de l'impression ont fait éprouver quelques lenteurs, comme il arrive dans les entreprises considérables. Mais, à mesure qu'on avance, les embarras diminuent; et j'ai tout lieu d'espérer que nous aurons le premier volume dans les six premiers mois de l'an 1788, et ainsi de suite, les 7 ou 8 volumes que la collection doit contenir, dans un pareil nombre d'années.

Je n'ai d'autres coopérateurs que deux religieux de notre maison, qui veulent bien m'aider pour la correction ou revision des épreuves.

Un de ces religieux vous sera connu, Monseigneur, par la grande part qu'il a eue à la rédaction et à l'impression des deux derniers volumes du *Recueil des historiens de France :* c'est dom Brial.

[1] Contrôleur général en 1783; destitué le 30 avril 1787.

L'autre, qui ne cherche qu'à se cacher en travaillant sous les yeux de Dieu, a tiré des manuscrits de la Bibliothèque du Roi une infinité de variantes; et la pluspart des pièces anecdotes dont j'ai mis la liste à la fin du mémoire imprimé. C'est à lui principalement que j'ai l'obligation d'avoir corrigé les épreuves des pièces qu'il a fallu donner en grec. C'est dom de Coniac[1].

Outre le travail qu'on a fait avant moi, je trouve de grandes ressources dans les lumières des religieux de cette maison, dont le travail est analogue à celui dont je suis chargé.

Si Dieu me conserve les forces qu'il m'a données et quelques années de vie, j'espère qu'avec ce secours je pourrai conduire l'ouvrage jusqu'à la fin.

Il se trouve dans notre maison de quoi occuper des religieux animés de l'esprit de leur état. Sans parler des ouvertures que dom Clément pourroit leur donner, ainsi que son coopérateur, pour l'ancienne chronologie et pour l'histoire de France, ces religieux pourroient mettre à profit ce que dom Pierre Coustant avoit préparé pour la continuation de l'important recueil des décrétales des papes.

Mais qu'il me soit permis, Monseigneur, de vous le représenter avec la confiance qui est due à vos vertus et à la place éminente que vous remplissés si dignement. Il n'y aura de bons travailleurs parmi nous, qu'autant qu'ils seront animés de l'esprit de leur état. Les plus savans religieux, ceux qui ont mérité à la Congrégation le glorieux témoignage d'avoir rendu quelques services à l'Église et à l'État, étoient en même temps les plus attachés aux devoirs de l'observance régulière.

J'ai l'honneur, etc.

Fr. LABBAT.

(Collection Moreau, n° 307, fol. 61.)

4

EXTRAIT D'UN RAPPORT DE MOREAU SUR L'ÉTAT DES TRAVAUX LITTÉRAIRES[2].

1ᵉʳ mars 1788.

Cet ouvrage, très-essentiel à l'histoire, mérite d'autant plus la protection

---

[1] Dom de Coniac, né à Rennes, où il fut profès à Saint-Melaine le 3 février 1751, à l'âge de vingt ans.

[2] Remis à Lamoignon, le 1ᵉʳ mars 1788.

de Monseigneur le Garde des sceaux, que, dans le grand mémoire qui lui sert de prospectus, les auteurs de ce receuil annoncent les obligations qu'ils ont aux recherches qu'il fait faire dans les provinces et les secours considérables qu'ils ont tirez des dépôts où nous rassemblons le produit de ces recherches.

A la tête de ces auteurs est dom Labat, et cette collection, dont tous les matériaux sont à-peu-près rassemblez, s'imprime actuellement chez Didot l'aîné, qui en promet un volume tous les ans, dont le premier paroîtra d'icy au mois de juillet. Le Roy a souscrit pour 50 exemplaires, la dernière assemblée du Clergé pour 250, et le Régime de la congrégation de Saint-Maur pour 100; le prix de la souscription est de vingt-cinq livres par chaque volume.

Dom Labat instruira tous les ans Monseigneur des progrès de son travail, dont il lui a desjà rendu un premier compte très-détaillé par sa lettre du 17 juillet 1787.

(Collection Moreau, n° 307, fol. 56.)

TROISIÈME PARTIE.

BIBLIOTHÈQUE DE LÉGISLATION,

HISTOIRE ET DROIT PUBLIC,

FORMÉE DE LA RÉUNION DU DÉPÔT DE LÉGISLATION ET DU DÉPÔT DES CHARTES.

1781.

1

ARRÊT DU CONSEIL QUI RÉUNIT LA BIBLIOTHÈQUE DES FINANCES ET LE DÉPÔT DES CHARTES, ET LES ATTACHE À LA CHANCELLERIE DE FRANCE, SOUS LE TITRE DE *BIBLIOTHÈQUE ET DÉPÔT DE LÉGISLATION, HISTOIRE ET DROIT PUBLIC* [1].

3 mars 1781.

Le Roi s'étant fait représenter, dans son Conseil, les arrêts rendus en icelui les 31 octobre 1759, 8 octobre 1763 et 18 janvier 1764, par lesquels le feu Roi a fondé et attaché au Ministère de ses finances, sous le titre d'archives et de bibliothèque, un recueil précieux de toutes les loix qui peuvent éclairer les différens objets de l'administration publique ; Sa Majesté s'étant fait aussi représenter les ordres donnés par le feu Roi en 1762, pour former également un dépôt d'histoire et de droit public qui, renfermant des doubles des inventaires de toutes les archives royales appartenantes à Sa Majesté, et des copies de tous les monumens qu'elle fait rechercher et recueillir dans les chartriers des églises et des particuliers, pût fournir aux savans tous les moyens qui leur manquent d'ajouter à leurs connoissances, et procurer à ceux d'entre eux dont elle voudra employer les travaux tous les matériaux d'une collection plus précieuse et plus utile pour la France

---

[1] Cet arrêt a été publié en partie par Moreau : *Plan des travaux littéraires ordonnés par Sa Majesté pour la recherche, la collection et l'emploi des monumens de l'histoire et du droit public de la monarchie françoise*, p. XI.

que ne l'est celle de Rymer pour l'Angleterre; Sa Majesté a reconnu que ces deux établissemens, nés, pour ainsi dire, l'un de l'autre, et confiés, dans leur origine, à la direction du même Ministre, ne doivent être regardés que comme deux parties correspondantes d'un même projet, aussi honorable qu'utile au Gouvernement, pour qui rien n'est plus à désirer qu'un moyen sûr et facile de rappeller sans cesse à la législation actuelle et l'ancienne tradition des loix qu'elle doit consulter, et la chaîne continuelle des faits qui peuvent la guider : ces motifs ont déterminé Sa Majesté à réunir ces deux dépôts, comme devant sans cesse se prêter un secours mutuel; et elle a jugé qu'ils ne pouvoient être plus convenablement placés que sous la surveillance de celui qui, par sa place, est principalement chargé du soin de la législation et préposé à toutes les recherches qui peuvent l'éclairer : en effet, en rassemblant tous les matériaux de la législation, de l'histoire et du droit public, qui ont ensemble des raports essentiels et nécessaires, et en confiant l'emploi de ces matériaux, sous la direction de M. le Chancelier ou Garde des sceaux de France, à un homme déjà obligé par état de se livrer entièrement à ce genre d'études, la sagesse de Sa Majesté pourra de jour en jour se flater de réduire à des principes immuables et à des faits avoués toutes les vérités dont la conservation est importante à son administration : à quoi voulant pourvoir, ouï le raport, le Roi étant en son Conseil a ordonné et ordonne ce qui suit :

Article premier. Veut et entend Sa Majesté que la bibliothèque et le dépôt établis par l'arrêt du Conseil du 31 octobre 1759, et dont la place et la destination ont été de nouveau réglées par celui du 18 janvier 1764, ensemble le dépôt des chartres, établi par les ordres de Sa Majesté en 1762, seront et demeureront réunis, sans être confondus, pour ne former ensemble qu'un seul cabinet, qui, sous le nom de bibliothèque et dépôt de législation, histoire et droit public, sera et demeurera à perpétuité attaché à la Chancellerie de France. Confirme Sa Majesté la nomination qu'elle a faite du sieur Moreau, son conseiller en sa Cour des comptes, aides et finances de Provence et historiographe de France, pour veiller, sous les ordres de M. le Chancelier ou Garde des sceaux de France, à la garde de laditte bibliothèque et dépôt, et être chargé de la correspondance qu'exigent leur entretien, leur accroissement et tous les travaux littéraires dont ledit cabinet se trouvera le centre.

Art. 2. La partie dudit cabinet qui contient les monumens de législation déjà connus et imprimés continuera d'être placée dans le local particulier qui lui fut assigné, dans la Bibliothèque royale de Sa Majesté, par l'arrêt du 18 janvier 1764, à l'effet, conformément aux termes dudit arrêt, de mettre en état le dépositaire dudit cabinet de remplir, sous les ordres de M. le Chancelier ou Garde des sceaux de France, à l'égard des différens Ministres de Sa Majesté, toutes les fonctions relatives aux recherches et renseignemens qu'ils pourront lui demander, et pour lesquelles il lui sera facile d'augmenter encore ses ressources par les lumières qu'il pourra tirer des richesses sans nombre renfermées dans la Bibliothèque du Roi, le tout conformément aux dispositions de l'arrêt du Conseil du 27 janvier 1764.

Art. 3. Quant à l'autre partie dudit cabinet qui intéresse les monumens historiques, la recherche des anciennes chartes, et la collection de tous les titres que Sa Majesté compte faire un jour publier et imprimer, comme elle exige l'activité d'un travail continuel, qui puisse et encourager et juger les recherches des savans employés par ses ordres, elle continuera d'être placée dans la maison qui lui a été assignée par le feu Roi, et conformément aux ordres par écrit qu'il a donnés. Veut et entend Sa Majesté que ledit cabinet continue d'être le centre de toutes les recherches que Sa Majesté a déjà ordonnées et qu'elle pourra ordonner par la suite, pour acquérir de nouvelles lumières sur l'histoire et sur le droit public du Royaume et des provinces dont il est composé. A l'effet de quoi, tous les gens de lettres employés par les ordres de Sa Majesté auxdites recherches enverront et feront remettre audit cabinet, à fur et à mesure de leurs découvertes, les copies des monumens qu'ils auront fait transcrire, pour en être rendu compte à M. le Chancelier ou Garde des sceaux de France.

Art. 4. Les assemblées des savans qui, jusqu'ici, ont été occupés à l'examen et au jugement desdits monumens, seront tenues, en la présence et en l'hôtel de M. le Chancelier ou Garde des sceaux de France, aux jours qu'il indiquera, et d'après les invitations qui en seront faites de sa part, et dans le cas où il voudroit qu'il se fît, hors de sa présence, quelques conférences destinées à des examens plus détaillés, qui demanderoient de longues et pénibles collations de pièces, il en sera toujours rendu compte à l'assemblée suivante, qui se tiendra en sa présence.

Art. 5. Les fonds destinés à payer les copistes, les frais de recherches et de voyages, d'achats de manuscrits, le loyer dudit dépôt, et généralement toutes les autres dépenses nécessaires à la collection des chartes, continueront d'être pris, comme par le passé, sur le fond que Sa Majesté a destiné à cet établissement, et il en sera, tous les ans, dressé un bref état, qui sera visé et approuvé par M. le Chancelier ou Garde des sceaux, qui informera Sa Majesté desdites distributions.

Art. 6. Pour l'enrichissement et augmentation dudit cabinet, il sera procédé, sous les ordres de M. le Chancelier ou Garde des sceaux, à tous les échanges de manuscrits projetés jusqu'ici et à l'exécution de tous les marchés qui ont été conclus; bien entendu que les prix d'iceux ne pourront excéder le fond destiné par Sa Majesté à l'entretien et à la dépense dudit dépôt.

Art. 7. Les volumes du catalogue des chartes connues qui s'impriment au Louvre aux frais de Sa Majesté seront, à mesure qu'ils verront le jour, remis audit dépôt des chartes. Les manuscrits et livres d'histoire du s^r de Saint-Palaye, qui ont été acquis par Sa Majesté, seront également transportés audit dépôt, aussitôt après la mort dudit s^r de Sainte-Palaye, et il en sera de même des copies, manuscrits, que le s^r de Bréquigny a raportés d'Angleterre, lorsqu'il aura fini le travail dont il a été chargé sur lesdites pièces; le tout conformément aux ordres par écrit donnés par le feu Roi et dont Sa Majesté a ordonné l'exécution.

Art. 8. Les religieux de la congrégation de Saint-Maur et autres gens de lettres qui, jusqu'à présent, ont été employés aux différentes recherches ordonnées par Sa Majesté, recevront de M. le Chancelier ou Garde des sceaux de France leur mission; et les instructions qui leur seront données, sous ses ordres, leur seront remises par ledit sieur Moreau, historiographe de France, et sera, tous les ans, arrêtée et mise sous les yeux de Sa Majesté la liste desdits savans et travailleurs qui se consacreront auxdits travaux littéraires, et dont Sa Majesté honorera toujours le zèle et les travaux de sa protection.

Fait au Conseil d'État du Roi, Sa Majesté y étant, tenu à Versailles le 3 mars 1781.

Hue de Miroménil.

(Archives nationales, E 2756, n° 69.)

2
CIRCULAIRE AUX PROCUREURS GÉNÉRAUX DES COURS SUPÉRIEURES.

14 février 1782.

Monsieur, vous savez mieux que personne combien il est important que la législation ne perde jamais de vue l'ensemble et des règles qui doivent éclairer sa marche, et des faits qui exigent sa surveillance. Tel fut autrefois l'objet de l'établissement d'un dépôt destiné à placer sous les yeux du Ministère l'universalité des loix relatives à toutes les parties de l'administration.

En examinant tous les secours que je pouvois tirer des collections qu'il renferme, j'ai pensé qu'il seroit très-avantageux à l'exercice des fonctions attachées à ma place de pouvoir réunir à ce dépôt, que le Roi a attaché à la Chancellerie, cette nombreuse multitude d'arrêts, de réglemens qui attestent, et dans tous les tems et dans tous les lieux, le zèle et la sagesse des Cours supérieures. Je sais qu'ils me sont tous envoyés, mais pour ajouter encore à la facilité que je veux me procurer et de les consulter dans le besoin et de les comparer les uns aux autres, et par là de travailler peu-à-peu à perfectionner le grand ouvrage d'une législation générale, j'ai cru devoir proposer au Roi de faire placer des doubles de tous ces réglemens dans le dépôt dont je viens de vous parler. C'est donc par son ordre, Monsieur, que je vous prie de faire joindre à l'expédition que vous m'envoyez de tous les arrêts de réglement qui ont été ou seront rendus par votre Compagnie, à compter du 1er janvier de cette année, une simple copie de ces mêmes réglemens, signée du greffier, et au haut de laquelle il aura soin de mettre : *Pour le dépôt de législation*. Lorsque ces arrêts seront imprimés, et à l'égard de tous ceux même qui, rendus entre parties, seront publiés avec la permission ou par l'ordre de la Compagnie, je vous prierai d'ordonner à son imprimeur de joindre aux exemplaires qui me sont ordinairement adressés un exemplaire particulier, au haut duquel il aura soin d'écrire : *Pour le dépôt de législation*. Vous sentez, Monsieur, tous les avantages de cet usage, que je vous prie d'établir et auquel vous me ferez grand plaisir de veiller avec soin.

MIROMESNIL.

(Collection Moreau, n° 297, fol. 170.)

3

LETTRE DU GARDE DES SCEAUX À JOLY DE FLEURY, CONTRÔLEUR DES FINANCES.

17 juillet 1782.

Pour donner, Monsieur, une nouvelle activité aux travaux littéraires ordonnés par le Roi, et dont je m'occupe très-sérieusement, j'ai cru devoir me faire instruire des fonds que Sa Majesté y a destinés. La collection des historiens de France, commencée sous M. le chancelier Daguesseau et d'après les conférences qu'il tenoit chez lui avec les savans coopérateurs qu'il avoit rassemblés, est un des objets auxquels je dois un soin particulier, et dom Clément, l'un des auteurs qui en est actuellement chargé, ne m'a point laissé ignorer que, pour contribuer aux dépenses de ce travail, le Trésor royal a été et est encore chargé de payer une somme de 1,200 livres par an. Depuis plusieurs années, les Bénédictins ont eu le désintéressement de négliger ce salaire, et ce n'est point pour eux que je le réclame, mais pour leur travail. Les frais qu'exigent la recherche et les copies des monumens que nous rassemblons, pour en former une collection plus précieuse et plus ample pour la France que ne l'est le recueil de Rymer pour l'Angleterre, m'obligent de vous prier de vouloir bien, dès à présent et doresnavant, faire expédier les ordonnances de ces 1,200 livres pour les arrérages échus et à écheoir, au profit de dom Grenier, religieux de la congrégation de Saint-Maur, actuellement occupé à la collection des chartes de l'abbaye de Saint-Bertin, dont il est essentiel que nous enrichissions ce recueil. Je vous fais cette demande de concert avec dom Clément lui-même, et ce n'est point un traitement que je veux assurer à dom Grenier, car, après avoir destiné au travail dont ce religieux est chargé les 1,200 livres dont il est dû plusieurs années aux Bénédictins, je vous prierai vraisemblablement, dans la suite, de faire expédier les mêmes ordonnances au profit de quelqu'autre travailleur occupé de notre besogne. Par là les sciences ne perdront rien, et une somme destinée par le Roi à un travail littéraire très-utile sera toujours employée conformément à sa destination. Ma demande secondera sans doute le zèle que je vous connois pour les lettres, et ajoutera encore à tout ce que vous faites en leur faveur. On ne peut rien ajouter, Monsieur, aux sentimens avec lesquels je vous suis, etc.

MIROMESNIL.

(Collection Moreau, n° 297, fol. 189.)

4
MÉMOIRE DE MOREAU SUR LE DÉPÔT DE LÉGISLATION, EN RÉPONSE AUX PRÉTENTIONS DU CONTRÔLEUR GÉNÉRAL, QUI LE REVENDIQUAIT POUR LE CONTRÔLE DES FINANCES.

Septembre 1782.

Au mois d'avril 1759, le Roi fit placer à Versailles une collection de toutes les loix, ordonnances et réglemens qui pouvoient aider l'administration royale. Ce dépôt me fut confié, pour que je fusse en état d'y puiser tous les éclaircissemens qui me seroient demandés par les Ministres du Roi.

C'étoit M. de Silhouete qui avoit formé cet établissement. Il voulut qu'il fût attaché particulièrement à son département. Il voulut avoir la nomination du jurisconsulte destiné à en faire usage. L'arrêt du Conseil du mois d'octobre 1759 nomma donc *bibliothèque des finances* le dépôt dont il s'agit. Mais en lui-même il n'est autre chose qu'une collection de tout ce qui peut éclairer la législation et l'administration sur tous les objets dont elles peuvent s'occuper. Il y a même une foule de cartons qui n'intéressent que la juridiction des Cours supérieures.

Au mois de janvier 1760, M. Bertin fit transporter à Paris ce dépôt; il fut placé au Contrôle général, et il y est resté jusqu'au ministère de M. de Laverdy.

Ce Ministre crut qu'il seroit plus utilement placé dans un lieu où on pourroit encore l'enrichir par des recherches. Il prit l'ordre du Roi, et fit rendre, le 18 janvier 1764, un arrêt du Conseil [1], dont voici la principale disposition :

« Sa Majesté a reconnu que, pour étendre les avantages qu'elle s'est proposés dans l'établissement de ladite bibliothèque des finances, il seroit utile, sans rien déranger à la manière dont il a été jusqu'à présent pourvu à ladite place, de transporter un dépôt aussi essentiel dans sa Bibliothèque royale, qui, renfermant des collections immenses de pièces et de *monumens relatifs aux loix et au droit public*, doit fournir, dans tous les tems, à ceux qui seront préposés à la garde de ladite bibliothèque et desdittes archives des finances les ressources les plus abondantes pour compléter et per-

---

[1] « J'ai cet arrêt du Conseil, minuté de la main même de M. de Laverdy. » (Note de Moreau.)

fectionner une entreprise aussi utile à l'administration, et les mettre en état de remplir, à l'égard des différens Ministres de Sa Majesté, et notamment du Contrôleur général de ses finances, toutes les fonctions relatives aux recherches et renseignemens qu'ils pourront leur demander. »

Il résulte de cette disposition que le Roi voulut alors donner à ce dépôt une destination plus étendue et plus active. Tous les Ministres du Roi ont droit de le consulter, et depuis ce tems là, il en est peu qui n'y aient eu recours.

M. Bertin, qui, pendant qu'il avoit gouverné les finances, avoit joint à ce dépôt celui de l'histoire et des monumens de notre droit public, conserva celui-cy dans son département. Lorsqu'il quitta le secrétariat d'État, au mois de may 1780, M. de Maurepas[1] prit un nouvel ordre du Roi qui réunit de nouveau ces deux dépôts, et qui les plaça sous la direction et dans le département de la Chancellerie de France.

Ses motifs furent : 1° la destination de cette collection; elle doit procurer à la législation tous les secours dont elle a besoin, quel que soit le département dans lequel se traitent les objets particuliers qui peuvent l'occuper. Or l'homme à qui cette fonction est confiée ne peut être mieux placé que sous la surveillance du Chef de la législation. 2° La nature des travaux que le Roi a voulu réunir : l'histoire et la législation se doivent des secours mutuels et ont sans cesse besoin l'une de l'autre.

Ces motifs sont exposés dans l'arrêt du Conseil du 3 mars 1781, par lequel le Roi a ordonné la réunion des deux dépôts[2], et les a placés sous la surveillance de M. le Garde des sceaux.

M. de Fleury[3], Ministre des finances, apprend qu'il y a eu autrefois une bibliothèque de réglemens qui porta le titre de *bibliothèque des finances*. Il se plaint qu'elle soit sortie du Contrôle général; il réclame les secours qu'il peut en tirer.

Ma première réponse est que c'est un de ses prédécesseurs qui l'a fait sortir du Contrôle général, et que cette translation a été ordonnée par le Roi

---

[1] Jean-Frédéric Phélypeaux, comte de Maurepas, ministre d'État et chef du conseil des finances, etc.

[2] « Veut et entend Sa Majesté que le dépôt établi par l'arrêt du Conseil du 31 octobre 1759, et dont la place et la destination ont été de nouveau réglées par celui du 18 janvier 1764, ensemble le dépôt des chartes établi par les ordres de Sa Majesté en 1762, seront et demeureront réunis, sans être confondus. »

[3] Ministre depuis le 24 mars 1781 jusqu'au mois de mars 1783. Il en a été question page 266

en 1764. M. de Laverdy, M. l'abbé Terray[1], M. de Clugny[2], M. Taboureau[3], M. Necker[4], ont consenti qu'elle restât où elle est; ceux qui l'ont consultée se sont adressés à moi, et je me suis fait un devoir de leur procurer tous les éclaircissemens que mes dépôts m'ont fournis.

J'ajoute qu'étant réunie, sous le titre de dépôt de législation, au dépôt d'histoire et de monumens, et se trouvant aujourd'hui dans le département de M. le Garde des sceaux, il est moins possible que jamais de la replacer au Contrôle général.

Ma seconde réponse est que, toutes les fois que M. de Fleury aura besoin de quelques-unes des pièces qui composent ce dépôt, je serai toujours très-empressé de les lui communiquer, et que, sur les questions de fait qui intéressent son administration, je serai toujours à ses ordres. Ainsi en ont usé ses prédécesseurs depuis neuf ans, avant même l'arrêt du Conseil qui a généralisé la destination et changé le titre de ce dépôt.

Je vas même plus loin. Si le Ministre des finances a quelque raison de confier à d'autres personnes qu'à moi la recherche qu'il voudra faire, je serai toujours tout prêt à introduire dans mon dépôt quiconque y viendra de sa part. Non-seulement je lui communiquerai tout, mais je remettrai même à celui qui viendra de sa part toutes les pièces dont il peut avoir besoin, et ne prendrai que la précaution de m'en faire donner un reçu.

Si même le Ministre vouloit qu'il y eût dans ce dépôt un commis qui ne fût destiné qu'aux recherches qu'il lui prescriroit, je lui rappellerois le souvenir d'un jeune homme pour qui il m'a paru s'intéresser. C'est le sieur Pittore, qui, occupé depuis longtems à travailler pour M. le Procureur général, pourroit joindre [ce travail] aux copies qu'il continueroit de faire pour lui dans un bureau que je lui fournirois à la Bibliothèque du Roi, et se trouveroit à portée de se livrer aux recherches journalières que la Finance lui prescriroit. Il ne s'agiroit pour cela que de lui faire donner par la Finance les 1,800ᵗ d'appointemens par lesquels nous avons payé, pendant deux ans, un travail qui intéresse beaucoup moins la collection de nos chartres que la conservation des dépôts du Palais.

---

[1] Joseph-Marie Terray, contrôleur général des finances depuis le 23 décembre 1769 jusqu'au 20 mai 1774.
[2] François de Clugny, contrôleur général en 1776.
[3] Contrôleur général en 1776 et 1777.
[4] Contrôleur général depuis 1777 jusqu'au 19 mai 1781.

Je ne m'occuperai point d'une phrase que m'a dite M. de Fleury, lorsqu'il m'a fait l'honneur de me parler de ces dépôts : *Si je n'ai point ma bibliothèque, je ne la payerai point;* je me contenterai d'observer qu'elle a été payée en 1759. Si par là, cependant, il entendoit parler de mes appointemens, j'observerai qu'il ne les paye que comme il paye toutes les dépenses que le Roi fait, que c'est du Roi que je les tiens, et qu'il me les a assurés de nouveau par un bon, lorsqu'il a réuni les deux dépôts qui forment actuellement l'atelier de mon travail. Quand tout cela ne seroit pas, je connois la justice et la bonté du Ministre.

(Collection Moreau, n° 286, fol. 151.)

5

PROJET D'ARRÊT DU CONSEIL
RELATIF AUX DÉPENSES DES TRAVAUX LITTÉRAIRES.

1782 ou 1783.

Le Roi, délibérant dans son Conseil sur l'administration de ses finances et sur le meilleur moyen de ramener à leur destination et de diriger à leur véritable fin toutes les dépenses du Gouvernement, a cru devoir donner une attention particulière à celles qui ont pour objet la protection due aux sciences et aux lettres, ainsi que les récompenses et encouragemens dûs aux savans. S. M., loin de vouloir diminuer ce genre de dépenses, est au contraire portée à l'étendre et à l'augmenter, autant que les besoins de l'État le lui permettront, et c'est pour cette raison qu'elle a cru devoir commencer par prendre les moyens les plus sûrs de n'être plus trompée dans la distribution de ses bienfaits, et de régler tellement cette distribution, que de tous ceux dont les talens ou ont servi ou servent l'État les premiers jouissent tranquillement de leurs récompenses et que les autres puissent, après les avoir méritées, se flater de les obtenir à leur tour, et qu'en attendant, les salaires que ceux-cy reçoivent de S. M. soient bien et fidèlement employés et rendent au Gouvernement ce qu'il a droit d'attendre du savoir joint au patriotisme : mais, avant que S. M. puisse sur cet objet important se former un plan qui concilie avec une sage œconomie la bonté généreuse dont les savans et les gens de lettres doivent être l'objet, elle a voulu commencer par connoître exactement la masse des sommes employées annuellement aux pensions et aux traitemens qui leur ont été accordés, soit pour récompenser des travaux passés, soit pour payer des travaux actuels. Sur les premiers, S. M., ne voulant rétracter aucun de ses dons, mais ayant le plus grand intérêt que tout ce qui est traitement remplisse annuellement la tâche dont il est le prix et satisfasse à l'engagement qui a été le motif de la grâce, à quoi voulant pourvoir, ouï le rapport du sieur Lefèvre Dormesson, conseiller d'État et ordinaire au Conseil royal, Contrôleur général des finances [1], le Roi, étant en son Conseil, a ordonné et ordonne ce qui suit :

ARTICLE PREMIER. Tous ceux qui, à titre de savans, de gens de lettres, ou chargés par le Gouvernement de quelqu'ouvrage destiné à l'instruction publique, jouissent soit de pensions, gratifications et autres récompenses accordées par S. M., soit de traitemens, appointemens et salaires destinés à payer un travail ou perpétuel, ou passager, seront tenus, dans les six mois à compter du jour de la publication du présent arrêt, de remettre ou d'envoyer à M. le Garde des sceaux de France et au Ministre des finances de S. M. un mémoire détaillé et signé d'eux qui contiendra les sommes dont ils jouissent annuellement, la date de l'année et du mois où ils les ont obtenues, et l'époque où se payent les sommes qu'ils reçoivent à titre de pension, gratification, ou traitement.

ART. 2. Ceux qui n'auront obtenu des traitemens ou des gratifications annuelles qu'à raison d'un travail dont ils auront été chargés, outre les indications contenues dans l'article précédent, seront tenus d'annoncer dans lesdits mémoires le genre de travail qui leur a été prescrit et les progrès qu'il a faits depuis qu'ils l'ont entrepris.

ART. 3. Il ne sera envoyé à mondit sieur le Garde des sceaux et au Ministre des finances qu'un seul état de toutes les pensions accordées par S. M. aux Académies, lequel état, signé du Secrétaire perpétuel, contiendra les noms et qualités de tous ceux qui jouissent actuellement desdites pensions, et pareillement pour tous les traitemens accordés aux gens de lettres employés à la Bibliothèque de S. M., il ne sera également adressé qu'un seul mémoire, qui les contiendra tous et qui sera signé du bibliothécaire de S. M.

---

[1] Contrôleur général de 1781 à 1783.

Art. 4. S. M. n'entend point comprendre dans les dispositions du présent arrêt les gens de lettres qui, membres d'un corps dans lequel ils exercent des fonctions publiques, sont payés à titre d'appointemens sur un fond affecté et en quelque façon appartenant au corps lui-même, et seront par conséquent nommément dispensés d'envoyer lesdits mémoires les professeurs et autres membres de l'Université de Paris.

Art. 5. Mais seront compris sous le titre de savans et gens de lettres, et tenus de se conformer au présent arrêt, tous ceux qui, pour la perfection des arts utiles, auroient été chargés jusqu'ici d'ouvrages utiles, qui, pour des inventions importantes, auroient reçu des traitemens ou des pensions de S. M.

Art. 6. Les payemens de ceux qui, dans le terme prescrit par le présent arrêt, n'auront point satisfait à ses dispositions, seront, après l'expiration dudit terme, suspendus, et ne leur seront faits, dans la suite, qu'après qu'ils s'y seront exactement conformés.

Fait au Conseil d'État du Roi, Sa Majesté y étant, tenu le

(Collection Moreau, n° 286, fol. 90.)

6
LETTRE DE CALONNE, CONTRÔLEUR GÉNÉRAL, À MOREAU.
11 février 1784.

J'ai lu, Monsieur, avec autant d'attention que d'intérêt le mémoire que vous m'avez présenté[1]. Les observations qu'il renferme sur l'utilité que l'on pourroit retirer du meilleur emploi des fonds destinés aux recherches et aux travaux littéraires me paroissent si judicieuses, qu'elles m'ont fait naître l'idée d'un établissement sur lequel je désirerois conférer avec vous. Le Roi a acquis dernièrement un grand nombre de manuscrits possédés par M. Genet de Brochaut, qui forment une collection[2] fort intéressante

---

[1] Ce mémoire, qui n'est guère qu'une apologie de Moreau par lui-même, n'a pas paru digne d'être publié; il n'apprend rien qui ne soit déjà connu. Il est dans la Collection Moreau, n° 343, fol. 119 et suivants.

[2] Cette collection fut portée, le 7 avril 1789, à la bibliothèque de la Chancellerie; elle était com-

pour l'administration des finances; je me proposerois d'y ajouter ce que vous avez rassemblé sur le même objet pendant les ministères de M. Silhouette et M. Bertin; cette collection est, je crois, maintenant déposée à la Bibliothèque du Roi; mon projet seroit d'y réunir, dans la suite, tous les ouvrages qui seroient jugés dignes d'enrichir ce dépôt, que je me propose d'établir à l'hôtel du Contrôle général à Paris.

Si vous pouvez passer chez moi vendredy, vers les neuf heures et demie du matin, nous pourrons discuter ensemble les moyens d'exécuter ce projet, sur lequel je désire que vous veuilliez bien me communiquer vos observations.

Je suis, etc.

De Calonne.

(Collection Moreau, n° 286, fol. 89.)

7
MÉMOIRE DU GARDE DES SCEAUX SUR LE FONDS D'ENCOURAGEMENT DESTINÉ PAR L'ASSEMBLÉE DU CLERGÉ AUX TRAVAUX D'HISTOIRE ECCLÉSIASTIQUE.
Juin 1784.

La dernière assemblée du Clergé a destiné à récompenser et à encourager les travaux littéraires utiles à l'Église une somme de 60,000 francs par an.

Ne pourroit-on pas mettre au nombre de ces travaux littéraires, dont l'Église doit profiter, les visites et les recherches que Monseigneur le Garde des sceaux fait faire dans les dépôts des églises et des monastères pour recueillir, mettre en ordre et ensuite publier tous les monumens dont l'histoire ecclésiastique exige l'examen le plus aprofondi?

Ces recherches et ces visites sont faites par des ecclésiastiques séculiers ou réguliers; un petit bénéfice seroit souvent pour eux une récompense méritée, mais jusqu'ici il a été impossible de rien obtenir pour eux.

Seroit-il impossible d'obtenir du clergé que de ces 60,000ʰ, qu'il emploie en récompenses et en encouragemens, 3,000ʰ par an fussent destinés et

---

posée principalement de pièces provenant du cabinet de Colbert. Genée de Brochot, procureur général de l'hôtel, reçut en retour une pension viagère de 6,000 livres. La collection Brochot est aujourd'hui disséminée dans le fonds français de la Bibliothèque nationale, où elle forme trente-cinq volumes.

affectés à payer les recherches et les travaux utiles dont on vient de parler? Ces 3,000ᵗᵗ suffiroient à dix personnes, qui seroient nommées par Monseigneur le Garde des sceaux et qu'il ne choisiroit certainement que parmi des ecclésiastiques séculiers ou réguliers qui, par leurs caractères, leurs vertus et leurs travaux, auroient déjà des droits très-légitimes aux secours accordés par le clergé. Ils ne les recevroient même que sur des mandats de Monseigneur le Garde des sceaux, qui contiendroient le motif de la récompense; ce ne seroit pour ces travailleurs ni une pension, ni un bénéfice; ce seroit un simple salaire, une modique récompense d'un travail si ecclésiastique que, dans tous les siècles de l'Église, il a fait une des fonctions des clercs et des moines les plus religieux. Les mandats de Monseigneur le Garde des sceaux, quittancés de ceux à qui il les auroit donnés, seroient alloués dans les comptes du Receveur du clergé, comme faisant partie de ces 60,000ᵗᵗ, dont il paye les travaux des gens de lettres qui travaillent pour l'Église.

Monseigneur le Garde des sceaux confie ce projet à la sagesse, à la prudence et à l'examen de Monsieur l'Archevêque de Narbonne [1], et attendra qu'il ait médité cette idée pour la suivre ou pour l'abandonner.

(Collection Moreau, n° 1097, fol. 50.)

8

EXTRAITS D'UN MÉMOIRE DE MOREAU SUR L'OBJET ET LA DESTINATION DES DÉPÔTS ATTACHÉS SOIT À LA CHANCELLERIE, SOIT AU CONTRÔLE GÉNÉRAL DES FINANCES.

Avril 1786.

. . . .

Voici aujourd'hui le plan que nous allons suivre : 1° conserver à la Chancellerie le cabinet d'histoire et de droit public, dont l'arrêt du 3 avril a fixé la destination et dont j'ai développé l'usage par ce mémoire imprimé au Louvre que je publiai en 1782; 2° rattacher et transporter au Controlle général cette collection complette de loix et de réglemens qui est à la Bibliothèque du Roi, et qui enrichira le cabinet d'administration que M. le

---

[1] Arthur-Richard de Dillon, archevêque de Narbonne de 1760 à 1790, président de l'assemblée du clergé.

Controlleur général formera pour lui et pour ses successeurs. Ainsi ces deux dépôts utiles, dans tous les départemens, seront confiés à la garde de ceux qui ont des occasions plus fréquentes de les consulter. Le Chef de la justice et le Ministre des finances s'aideront mutuellement et aideront, dans le besoin, par des communications utiles, tous les administrateurs qui auront recours à eux.

Voilà le premier objet de l'arrêt ou des arrêts du Conseil que je projette, car il dépendra des Ministres de réunir ou de partager les dispositions dont ils conviendront pour le bien de la chose. Envisageons ensuite séparément ces deux cabinets.

Sur celui qui, attaché au Controlle général, portera le nom de cabinet d'administration, arts et finances, je n'ai rien à dire; désormais étranger à ce dépôt, je connois assez le Ministre auquel il va être remis, pour être bien convaincu que cet établissement réunira, sous sa direction, tous les avantages qu'on se flatte d'en tirer, et peut-être beaucoup d'autres encore.

. . . .

Il ne me reste qu'à donner mes idées sur celui des deux cabinets dont je resterai chargé et qui, analogue à mon titre d'historiographe de France, est déjà pour l'usage du Gouvernement une propriété littéraire qui présente le plus grand intérêt et mérite une faveur particulière.

J'ai dit que ce cabinet est en même tems un attelier de travail, où j'occupe quatre commis, et un magasin, où viennent se réunir tous les matériaux de notre histoire et tous les monumens de notre droit public, que recherche, dans toutes les archives de nos provinces, une foule de travailleurs que nous savons employer au meilleur marché possible. Le petit fonds que le Roi a destiné à ces travaux leur est distribué et paye les acquisitions par lesquelles nous grossissons, tous les ans, notre trésor littéraire et diplomatique, et le compte de cette dépense est, chaque année, arrêté par M. le Garde des sceaux.

Pour l'examen de ces matériaux, et pour en déterminer l'emploi, un comité de savans s'assemble chez M. le Garde des sceaux, et c'est de tous les biens que peut faire cette petite association littéraire, ordonnée par l'arrêt de 1781, que peuvent sortir tous les avantages que ce cabinet doit naturellement présenter à la législation et à l'administration du Roi. Que l'on dirige les travaux de ce comité, qu'un de ses emplois soit de rechercher, de constater la vérité des faits historiques, de répondre aux questions qui peuvent lui être proposées par le Chef de la justice et par les autres Ministres eux-mêmes, et notre cabinet d'histoire deviendra non-seulement une source de lumières dans toutes les occasions où on en aura besoin, mais présentera, un jour, dans la multitude de mémoires qu'il rassemblera, des idées justes, des faits certains et des solutions raisonnables à toutes les difficultés qui pourront se présenter sur le droit public. Que l'on me permette de développer ma pensée.

Nous n'étudions point assez l'histoire et le droit public de notre pays. L'Académie des belles-lettres, qui devroit et pourroit s'en occuper, a porté presque toute sa curiosité sur l'érudition; elle s'est plus occupée des Grecs, des Perses et des Romains que des François, et j'ai remarqué que, depuis quelques années, si elle a proposé quelques questions qui intéressoient nos antiquités nationales, les mémoires qui ont eu pour objet de les résoudre ont été si mauvais, qu'elle n'a presque jamais trouvé à assigner son prix, et que si, après plusieurs remises, elle l'a enfin adjugé à un écrivain, elle a eu soin d'empêcher qu'on ne publiât son ouvrage. Elle l'avoit bien jugé.

A cela même il n'y a pas beaucoup de mal. Car il me semble que ce n'est que de concert avec le Gouvernement que les sociétés littéraires doivent proposer ou traiter des questions relatives au Gouvernement. Ce n'est pas que ces questions de fait, bien présentées et discutées de bonne foi, ne puissent être très-utiles au Gouvernement lui-même, mais il est dangereux que la licence s'en empare, et l'on doit toujours craindre que l'esprit de parti ne les dénature; c'est même ce qui arrivoit autrefois, dans ce tems encore peu éloigné où tous les ouvrages qui paroissoient sur l'histoire n'étoient, à proprement parler, que des factums. Le but de ces discours, dont j'ai déjà publié vingt volumes [1], fut de chercher un remède à ce mal, en remettant tous les monumens à leur place et en vérifiant tous les faits avec la plus sévère impartialité.

C'est donc, d'un côté, pour donner un essor raisonnable à nos recherches sur l'histoire et, d'un autre côté, pour en écarter l'arbitraire des systèmes, que je propose de faire de notre comité d'histoire et de droit public une espèce de société littéraire peu nombreuse et par là même d'autant plus honorable, qui, présidée par le Chef de la justice et se livrant uniquement à l'étude de l'histoire, sera chargée, sous ses ordres, de l'examen de toutes les questions

---

[1] Ces discours sont intitulés : *Principes de morale, de politique et de droit public, ou discours sur l'histoire de France.* Il en parut vingt et un volumes in-8° de 1777 à 1789; l'ouvrage entier devait en avoir quarante.

qui peuvent et hâter les progrès de nos connoissances sur les faits, et aider par ce moyen la marche même de la législation.

Ce comité est tout formé. Il ne composera en tout que quinze personnes occupées, et c'est pour ajouter à l'émulation qu'il est utile d'inspirer à ses membres, que l'on propose d'engager le Ministre des affaires étrangères et celui de la finance à occuper le titre d'honoraires dans cette petite société; là peu-à-peu il sera facile de concentrer tout le travail relatif à l'histoire et au droit public de France. Là on pourra toujours donner aux études et aux recherches la direction la plus utile aux vues bienfaisantes du Gouvernement, et ne jamais perdre de vue les relations que ce genre de travail doit toujours conserver avec les loix et l'administration du Royaume. C'est ainsi que, lorsque l'on a voulu que la Faculté de médecine pût fournir au Gouvernement des moyens généraux de conserver l'espèce humaine, on a choisi, parmi les membres de la Faculté, et même parmi d'autres savans, cette société, qui, sous les yeux du Ministère, se consacre à étendre et multiplier les secours nécessaires à l'humanité.

Notre société littéraire n'aura d'abord ni la célébrité, ni l'éclat de cet établissement; il ne nous faut point de lettres patentes, et nous n'aurons point à lutter contre les Académies, comme la Société royale de médecine a lutté contre la Faculté. Un arrêt du Conseil nous suffira, et, pendant plusieurs années, nous ferons beaucoup de bien sans nous en vanter. Mais ce qui est surtout intéressant pour ranimer le zèle de nos coopérateurs par ce petit intérêt de gloire qui suffit pour féconder les talens, est l'honneur d'être regardés comme membres d'une association utile, que le Gouvernement protège et favorise.

Jusqu'à présent notre comité ne s'est occupé que du rapport des chartes, sur lequel on ne s'est proposé que d'en fixer la date ou l'authenticité, pour juger si elles devoient être insérées dans la collection générale dont on projette l'impression; de là, la monotonie ennuyeuse de nos conférences. Je propose donc que, sans abandonner ce travail, qui n'exige que les notes des Bénédictins auxquels les chartes sont confiées, notes qui peuvent être remises à M. de Bréquigny, chargé de l'arrangement de la collection, on occupe un peu nos séances des questions de fait qui peuvent s'élever. Je suis en état de leur en fournir plusieurs qui, débatues contradictoirement, donneront à nos assemblées du mouvement, de l'intérêt, le plaisir de discuter, et quelquefois celui même de disputer. Notre comité n'a pas été seulement établi pour préparer l'édition d'un ouvrage, qui, quelqu'important qu'il soit, n'eût exigé ni la multitude des livres que l'on a acquis, ni la multiplicité des travailleurs que l'on a mis en activité pour enrichir notre cabinet en livres, en manuscrits, en monumens et en titres jusqu'ici inconnus. C'est réellement le cabinet d'un historiographe de France que l'on a voulu former. Il est, il sera quelque jour à l'histoire de la monarchie, inséparable de celle de la législation et de l'administration du Roi, ce qu'est le cabinet du Jardin du Roi à l'histoire naturelle et à toutes les parties de la phisique. Cet établissement utile est tout formé, le fonds en est fait; ce que nous demandons n'est plus dépense, il ne consiste qu'en honneur, et indique le seul moyen que l'Avare de Molière propose à son intendant, celui de faire d'excellentes choses sans argent. Gloire, émulation, encouragemens, considération, voilà notre monnoie à nous autres gens de lettres. Ce sera toujours la faute du Gouvernement, s'il ne saisit pas les moyens de multiplier ses valeurs, et s'il n'a pas l'art de les employer.

Voici maintenant les personnes qui composeront notre petite société littéraire et ce comité d'histoire et de droit public que je souhaite de voir régénéré.

M. le Garde des sceaux en sera le chef et le président, et lui permettra de s'assembler chez lui tous les quinze jours. Si quelquefois ses affaires ne lui permettent pas d'y assister, l'assemblée sera présidée par le plus ancien des honoraires, et si elle confie à quelques-uns de ses membres quelques examens particuliers qui exigent quelques conférences, elles se feront dans la maison même où le Cabinet est placé et dans un sallon qui leur est destiné.

Au-dessous de M. le Garde des sceaux, on propose de nommer, comme membres honoraires, par le droit même de leur place, le Ministre des affaires étrangères et celui des finances : quand même ils n'auroient jamais le tems d'assister aux assemblées, leur nom honorera la société et nous mettra dans le cas de les instruire de ce qui s'y traitera d'intéressant.

Deux autres honoraires sont de l'ancienne fondation : M. le marquis de Paulmy et M. Bertin.

Après les honoraires seront placés deux associés nécessaires : le magistrat chargé, sous Monsieur le Garde des sceaux, de la surveillance des livres et de la police de la librairie, et l'historiographe de France, garde du cabinet et chargé de la direction des travaux littéraires dont il fera l'attelier.

Les autres membres libres seront : M. de Bréquigny et M. l'abbé Le Coigneux[1], M. de Saint-Genis, auditeur des comptes [2], et M. du Theil ;

Les Révérends Pères bénédictins dom Clément, dom Merle[3], dom Labat et dom Brial, des Blancs-Manteaux ; dom Poirier, dom Grenier et dom Turpin, de l'abbaye Saint-Germain.

Cet établissement une fois formé par un arrêt du Conseil, tous les moyens de le rendre de plus en plus et intéressant et utile seront l'ouvrage de ses délibérations et indiqués par des décisions du Chef de la justice : tout sera écrit dans un regître tenu par un secrétaire, auquel on donnera séance, mais non voix délibérative.

Tous ceux qui, dans les provinces, seront occupés à la recherche des monumens historiques seront les correspondans de la société, et lorsqu'uils viendront à Paris, y auront séance pour y rendre compte de leurs travaux et indiquer les moyens d'en hâter les progrès ou d'en augmenter le produit[4].

Je n'ai plus qu'un mot à ajouter à l'exposé du plan que je viens de tracer.

---

[1] Connu seulement parce qu'il est l'auteur d'un livre intitulé : *Le prestige détruit ou la crédulité désabusée*, Besançon, 1789, in-8°.

[2] Auguste-Nicolas de Saint-Genis, né le 2 février 1741 à Vitry-le-François, mort le 1er octobre 1808 à Pantin. Il forma une collection des lois françaises que la bibliothèque du Louvre a acquises en 1814, et qui se composait de dix-huit cents volumes imprimés ou manuscrits.

[3] Dom Zacharie Merle, né à Semur-en-Brionnais (1721) avait déjà acquis une notoriété par l'*Histoire générale et particulière de Bourgogne*, formant quatre volumes in-fol., et écrite avec la collaboration de dom Plancher, etc.

[4] Après son organisation définitive, le Comité des chartes fut composé de la manière suivante, ainsi qu'il résulte d'une liste publiée par Moreau, *Progrès des travaux littéraires ordonnés par Sa Majesté*, etc., p. I-VI :

Liste des personnes qui partagent les travaux ordonnés par Sa Majesté, pour la recherche et la collection des monumens de l'Histoire et du Droit public de la Monarchie françoise.

13 mars 1787.
COMITÉ.

M. LE GARDE DES SCEAUX DE FRANCE.

M. BERTIN, Ministre d'État.

M. MOREAU, conseiller honoraire à la Cour des comptes, aides et finances de Provence, premier conseiller et secrétaire des commandemens de Monsieur, historiographe de France.

M. l'abbé LECOIGNEUX, conseiller au Parlement.

M. DE LA PORTE DU THEIL, de l'Académie des inscriptions et belles-lettres.

Dom CLÉMENT, de l'Académie des inscriptions et belles-lettres, l'un des auteurs de l'*Art de vérifier les dates* et continuateur du *Recueil des historiens de France*.

Le Roi a acheté et réuni au cabinet d'histoire et de droit public les manuscrits et tous les livres d'histoire qui composoient la bibliothèque de feu

Dom Labbat, continuateur de la collection des Conciles.
Dom Grenier, historiographe de Picardie.
Dom Brial.
M. le marquis de Paulmy, Ministre d'État.
M. de Bréquigny, de l'Académie françoise et de celle des inscriptions et belles-lettres.
M. de Saint-Genis, auditeur des Comptes de Paris.
M. de Pastoret, conseiller en la Cour des aides de Paris, de l'Académie des inscriptions et belles-lettres.
Dom Poirier, garde des archives de l'abbaye de Saint-Germain-des-Prés, de l'Académie des inscriptions et belles-lettres.
Dom Merle, historiographe de Bourgogne.
Dom Turpin, historiographe du Berry.
Dom Lieble, bibliothécaire de l'abbaye de Saint-Germain-des-Prés.

CORRESPONDANS OCCUPÉS AUX RECHERCHES DES MONUMENS.

Mgr l'Évêque d'Anvers [a].
M. Droz, conseiller au Parlement de Franche-Comté, secrétaire perpétuel de l'Académie de Besançon.
M. l'abbé Grandidier, chanoine prébendier de l'église de Strasbourg, de l'Académie de Besançon.
M. Fossa, avocat et professeur en droit de l'Université de Perpignan, pour les monumens de Roussillon et de Catalogne [b].
Dom de Witte, archiviste et principal du collége de Saint-Bertin, à Saint-Omer.
M. Laloy, avocat à Chaumont en Bassigny, pour le Bassygny [c].
M. de Chiniac, lieutenant général de la sénéchaussée d'Uzerches, auteur de la nouvelle édition de Baluze.
M. Godefroy, garde des archives de l'ancienne Chambre des comptes de Lille, de l'Académie de Besançon, à Lille.
M. l'abbé Balanda, bibliothécaire de l'Université de Perpignan.
Le P. Caresmar, prémontré, à Barcelone.
M. Lambert de Barive, avocat, chargé du dépouillement des archives de Cluny.
M. Vacher de Bourg-l'Ange, à Aurillac, pour l'Auvergne [d].

[a] Corneille-François de Nélis, dont il a été parlé plus haut, p. 175.
[b] Fossa rendit de véritables services au Comité des chartes, en faisant le dépouillement des principaux dépôts d'archives du Roussillon, notamment des dépôts de Perpignan et de Saint-Michel de Cuxa. Il fut pour cela admis dans l'ordre de Saint-Michel.
[c] Pierre-Antoine Laloy, plus tard député à l'Assemblée législative et à la Convention, puis membre du Conseil des Anciens et des Cinq-Cents, etc.
[d] Vacher de Bourg-l'Ange était avocat à Aurillac; il consulta fructueusement les archives de cette ville.

M. de Sainte-Palaye. Je suis dépositaire du bon du Roi qui ordonne que tous les matériaux historiques provenus des recherches que le Gouverne-

RELIGIEUX DE LA CONGRÉGATION DE SAINT-MAUR.

Dom Lenoir, historiographe de la province de Normandie, pour la Normandie et le pays Chartrain.
Dom Deschamps, pour le Limousin.
Dom Col, pour le Limousin.
Dom de Vaynes, auteur du Dictionnaire raisonné de diplomatique [a].
Dom Carrière, historiographe de Guyenne, à Bordeaux [b].
Dom Villevieille, pour la Bourgogne et la Bresse.
Dom Mulley, pour le Soissonnois.
Dom Fournier, pour la Champagne.
Dom Verdier de la Tour, pour l'Auvergne [c].

CONGRÉGATION DE SAINT-VANNE [d].

Dom Berthold, actuellement dans les Pays-Bas.

CHAMPAGNE.

Dom Étienne Pierre, ancien Président supérieur général de la congrégation de l'abbaye de Novy-le-Rhetel, pour le Rhetelois.
Dom Jean-Baptiste Brincourt, archiviste de l'abbaye de Montiéramé, près Troyes, pour cette partie.
Dom J.-B. Arnould, à l'abbaye de Montiers-la-Celle.
Dom Pierre Dumay oncle, à l'abbaye de Montierender, pour Vassy, lieux circonvoisins, et une partie du Bassigny.
Dom G.-F. Dumay neveu, *idem*.
Dom Dominique Le Maire, curé de Beaulieu en Argonne, pour le Clermontois.
Dom André Bourgeois, à l'abbaye de Saint-Urbain près Joinville, pour une partie du Bassigny.
Dom Barthélemy, à l'abbaye de Saint-Ayoud, à Provins, pour cette partie.
Dom Guilain Lefebvre, sous-prieur de l'abbaye de Saint-Sauveur, à Vertus.
Dom Nicolas Jeannin, doyen de Saint-Michel en Thiérache, pour ce canton et une partie du Laonnois.

TROIS-ÉVÊCHÉS.

Dom Michel Colloz, sous-prieur de l'abbaye de Saint-Airy, à Verdun.
Dom Nicolas Tabouillot, doyen de l'abbaye de Saint-Arnould, à Metz.

---

[a] Dom Jean-François de Vaines, né à Paris en 1734.

[b] Dom Marie-Jacques Carrière, né à Béziers en 1739, s'occupa de l'histoire de la Guyenne, et en publia le prospectus en 1782.

[c] Dom Michel Verdier de la Tour, né en 1747, auteur de deux recueils sur l'histoire de l'Auvergne, qui sont conservés à la bibliothèque de Clermont, sous les numéros 233 et 283, et de recherches sur les États d'Auvergne, publiées en 1788, en collaboration avec Bergier.

[d] Les résultats obtenus par les recherches des Bénédictins de la congrégation de Saint-Vanne sont disséminés dans les chartes et diplômes de la Collection Moreau. Beaucoup de ces Bénédictins ne doivent d'avoir été tirés de l'oubli qu'à leur collaboration plus ou moins active au dépôt des chartes.

ment fit faire en Angleterre par M. de Bréquigny, il y a plus de vingt ans, seront réunis à notre cabinet, lorsqu'il en aura fait les catalogues, pour le

LORRAINE.

Dom Claude BONNAIRE, doyen de Saint-Avold.

Dom Pierre JULIEN, à l'abbaye de Munster en Alsace.

Dom Jean SOLVERT, à l'abbaye de Longeville, pour cette maison, celle de Bouzonville et de Villers-Betnach.

Dom Nicolas GERRIN, à l'abbaye de Flavigny, près Nancy.

Dom Sébastien ESTIENNE, à l'abbaye de Moyen-Moutier, pour les archives de Senones, Saint-Diez et Étival.

Dom Hilaire DE POIBUSQUE, à l'abbaye de Laye-Saint-Christophe, près Nancy, pour les archives depuis Pont-à-Mousson jusqu'à Lunéville.

FRANCHE-COMTÉ.

Dom Hermenegilde GRAPPIN, à l'abbaye de Saint-Ferjeux, près Besançon.

Dom Fulgence CHARLES, même abbaye.

Dom Colomban MOUTON, à l'abbaye de Montroland.

Dom Maurice ROUX, à l'abbaye de Faverney, près Vesoul.

On doit rappeler ici la mémoire de ceux qui nous ont si longtemps enrichis, et que la mort nous a enlevés depuis l'établissement de notre dépôt :

Dom FONTENEAU, historiographe de la province du Poitou; il nous a fourni beaucoup de monumens qui intéressent le Poitou, la Saintonge et l'Aunis, etc.

Dom GÉROUX nous a envoyé beaucoup de titres de l'Orléanois, de la Touraine et des provinces voisines.

Dom Philémon BRILLET, destiné aux recherches à faire en Champagne.

Dom QUEINSERT a dépouillé un grand nombre des archives de la Flandre, de l'Artois, du Cambresis et du Vermandois.

Dom CAFFIAUX, historiographe de Picardie; nous avons dans notre dépôt une partie de ses manuscrits.

Dom HOUSSEAUX a dépouillé une partie des chartriers des provinces d'Anjou, de Touraine et du Maine, dont il étoit historiographe.

Dom BRUNIÂTRE, historiographe du Laonois [a].

M. l'abbé AFFORTY, chanoine de Saint-Rieul de Senlis.

BUREAUX.

M. MOREAU, historiographe de France.

Dépôt d'histoire et de droit public.

M. GLIER, la recherche et le catalogue des monumens historiques.

M. VALCOURT, la correspondance et tous les détails qui y ont rapport.

Dépôt de législation.

M. MOREAU DUFOURNEAU, avocat au Parlement, la recherche de toutes les matières de législation et de jurisprudence, et la composition des tables générales.

---

[a] Dom Gédéon Bugniâtre, né à Laon, fit paraître, en 1765, le prospectus d'une histoire de Laon et du Laonnois, qui devait former 4 volumes.

travail desquels il lui fut alors accordé 6,000 livres par an. Je fais copier et j'y place successivement les plus intéressans cartulaires de la Bibliothèque du Roi, et j'ambitionne et demande de plus un honneur qui, je crois, ne me sera pas refusé, c'est de faire présent à ce cabinet de toute la partie de ma bibliothèque qui a pour objet l'histoire et le droit public; il me sera doux de contribuer du moins à enrichir un cabinet qui fut, j'ose le dire, mon ouvrage. Je suis trop vieux pour voir tout le bien que l'on en pourra tirer; j'aurai du moins proposé tous les moyens de le rendre durable.

(Collection Moreau, n° 286, fol. 61.)

9
PROJET D'ARRÊT DU CONSEIL RELATIF À LA FORMATION D'UN CABINET DE LÉGISLATION, D'HISTOIRE ET DE DROIT PUBLIC, COMPRENANT LE DÉPÔT DE DROIT PUBLIC ET LE DÉPÔT DES CHARTES.

1786.

Le Roi s'étant fait représenter dans son Conseil les arrêts rendus en icelui les 31 octobre 1759, 8 décembre 1763, 14 janvier 1764 et 3 mars 1781, dont l'objet a été de mettre à portée de ses Ministres dans un seul dépôt, d'un côté, la tradition des règles qui doivent sans cesse guider l'exercice du pouvoir, et, de l'autre, l'enchaînement des faits qui ont toujours servi de base au droit public, Sa Majesté a cru devoir fixer d'une manière plus particulière la nature, la destination et l'usage d'un dépôt aussi essentiel, et en régler la communication de la manière la plus propre à répandre la lumière sur tous les objets de législation et d'administration dont la sagesse du Gouvernement doit sans cesse s'occuper; Sa Majesté, qui a toujours besoin des anciennes loix, lors même qu'elle se propose des institutions nouvelles, et qui ne peut se dispenser de connoître les faits, tantôt pour maintenir, et tantôt pour corriger les usages, sent combien il est intéressant pour elle d'offrir à tous les administrateurs chargés de l'exécution de ses ordres un cabinet où, sans aucunes recherches pénibles, ils pourront trouver et les réglemens qui rappellent les principes, et les monumens qui attestent les coutumes. Elle a voulu que ce dépôt, que l'on ne confondra pas avec les archives essentielles de la monarchie, mais où l'on sera toujours à portée d'indiquer et de consulter celles-ci, fût regardé comme la bibliothèque essentielle et nécessaire de sa Chancellerie, qui, étant le centre de toute législation, ne peut jamais être étrangère à une administration dont les loix sont la règle ; là, présentant à ses Ministres et à tous leurs coopérateurs la suite des réglemens, des actes et des monumens anciens et modernes, elle les mettra à portée de rapprocher, sans perdre de tems, les décisions et les faits, les principes et l'expérience, les exemples et les projets, pour donner à toutes les dispositions des loix, comme à toutes les opérations du Ministère, cette cohérence et cette uniformité qui seules peuvent garantir à la justice et à la bienfaisance royales et l'unité du but et l'ensemble des moyens. A quoi voulant pourvoir, ouï le rapport, le Roi étant en son Conseil a ordonné et ordonne ce qui suit :

ARTICLE PREMIER. Le cabinet de législation, histoire et droit public, attaché à la Chancellerie de France par l'arrêt du 3 mars 1781, renfermera, sous la surveillance du Chancellier ou Garde des sceaux de France, et soit dans l'hôtel dudit Chancellier, soit dans la maison destinée aux travaux littéraires dont la direction lui est confiée : 1° tous les recueils d'ordonnances, édits, déclarations, lettres patentes, arrêts du Conseil, et généralement l'entière collection achetée par Sa Majesté en 1759 et placée depuis 1764 dans un cabinet particulier sous les combles de sa Bibliothèque royale, d'où elle pourra être transportée au lieu qui lui sera, dans la suite, assigné par le Chancellier ou Garde des sceaux ; 2° la nombreuse collection de tous les matériaux historiques, et des monumens du droit public, tels que diplômes, chroniques, traités et contrats, soit originaux, soit transcrits, chartes, inventaires et généralement toutes les pièces qui, depuis 1762, sont le produit des recherches ordonnées par le feu Roi, et continuées par les ordres et aux frais de Sa Majesté ; 3° les minutes et copies originales de tous les ouvrages et collections que Sa Majesté aura fait composer et imprimer sur ces matériaux, ainsi que les exemplaires desdits ouvrages pour lesquels Sa Majesté aura souscrit, et notamment : 1° les 300 exemplaires du catalogue des chartes imprimées que Sa Majesté fait distribuer aux savans employés à la recherche des monumens inconnus jusqu'ici ; 2° les 200 exemplaires de la collection générale des chartes dont l'édition, commencée sous les yeux du Garde des sceaux, doit être le fruit des travaux dont ledit cabinet d'histoire et de droit public, attaché à la Chancellerie, fut destiné à être le centre; veut Sa Majesté qu'à mesure que tous lesdits exemplaires paroîtront, ceux pour lesquels elle a souscrit continuent d'y être remis, ainsi qu'il a été fait jusqu'à présent; 4° tous les livres et manuscrits du feu s^r de Sainte-Palaye, acquis par Sa Majesté en 1762, et dont font partie ceux prêtés au s^r Mouchet pour la continuation du glossaire françois commencé par ledit feu s^r de Sainte-Palaye, ainsi que les matériaux dudit glossaire, que Sa Majesté a également achetés pour faire partie dudit cabinet; 5° tous les livres d'histoire et de droit public, faisant partie de la bibliothèque du s^r Moreau, conseiller honoraire en la Cour des comptes, aides et finances de Provence, et historiographe de France, dont il a supplié Sa Majesté d'accepter la donation au profit dudit cabinet, et dont il sera dressé un catalogue particulier pour compléter laditte collection des livres dudit feu s^r de Saint-Palaye; 6° tous les manuscrits, titres anciens et monumens historiques transcrits en Angleterre par le s^r de Bréquigny et qui, conformément aux ordres du feu Roi, doivent être placés dans ledit cabinet, après la fin des inventaires dont ledit s^r de Bréquigny a été chargé; 7° les copies des registres *Olim*, ainsi que celles qui se font encore aujourd'hui, aux frais de Sa Majesté, des plus anciens monumens de la législation et de la jurisprudence, et notamment celle que le Roi entend se procurer de la plus ample collection des registres de Philippe-Auguste, que le s^r Bertin, Ministre de Sa Majesté, a fait faire à ses frais, et dont il lui a offert copie; 8° enfin des copies de tous les arrêtés du Parlement et autres cours, ainsi que de toutes les remontrances présentées à Sa Majesté ou envoyées par lesdittes cours au Chancellier ou Garde des sceaux de France, desquels remontrances et arrêtés il sera fait des tables chronologiques et des tables de matière, pour rendre plus facile, par la suite, l'examen de toutes les questions qui peuvent s'élever sur le droit public.

Art. 2. Pour enrichir et perfectioner ledit cabinet, veut et ordonne Sa Majesté : 1° que les gardes de sa Bibliothèque royale, sur les demandes qui seront adressées au bibliothéquaire de Sa Majesté par celui qui sera préposé en chef aux travaux et à la direction dudit cabinet, lui prêtent et communiquent, sous son récépissé, tous les livres et manuscrits d'après lesquels il pourra être nécessaire de faire transcrire des monumens utiles à l'histoire et au droit public, sous la condition néanmoins que lesdits livres et manuscrits ne pourront être gardés que pendant trois mois, et seront ensuite fidèlement restitués ; 2° qu'il soit placé dans ledit cabinet de la Chancellerie un exemplaire de tous les livres pour lesquels Sa Majesté croira devoir souscrire pour l'encouragement des sciences et la récompense des savans ; 3° que le directeur de l'Imprimerie royale y fasse remettre un exemplaire de tous les édits, déclarations, arrêts du Conseil, réglemens, ordonnances, et en général de tous les ouvrages qui seront imprimés au Louvre pour le compte et par les ordres de Sa Majesté ; 4° que par les imprimeurs de tous les Parlements, Chambres des comptes, Cours des aides et des monnoyes, ainsi que par ceux des bureaux des finances, hôtels-de-ville et autres corps et compagnies, il soit envoyé audit cabinet de législation, histoire et droit public un exemplaire de tous les arrêts, sentences, réglemens et autres actes qui seront imprimés par les ordres desdits corps et compagnies.

Art. 3. Ledit cabinet de la Chancellerie sera ouvert non-seulement à tous les Ministres de Sa Majesté, et à tous ceux qui, sous leurs ordres, seront chargés de quelque partie d'administration générale ou de quelques opérations ministérielles et particulières, mais encore à tous les savans et jurisconsultes qui, chargés par le Chancellier ou Garde des sceaux de France de travaux ou d'ouvrages utiles à la législation, à l'histoire et au droit public, seront payés aux frais de Sa Majesté et des fonds par elle destinés auxdits travaux.

Art. 4. Pour hâter le succès desdits travaux confiés à la surveillance du Chancellier ou Garde des sceaux, tous ceux qui en sont chargés seront tenus et invités de lui envoyer, tous les ans, un état de leurs progrès, et conformément à l'article 5 de l'arrêt du Conseil du 3 mars 1781, il lui sera pareillement remis par le préposé à la garde dudit cabinet un bref état de l'usage des fonds destinés et employés soit à enrichir ledit dépôt, soit à encourager les travaux dont il doit être le centre. Veut Sa Majesté que lesdits états et mémoires fassent partie des pièces qui y seront conservées, pour mettre son Chancellier ou Garde des sceaux en état de suivre de l'œil l'exécution des ordres donnés pour l'avantage des sciences et des lettres.

Art. 5. La garde et les soins dudit cabinet sera confiée par Sa Majesté au magistrat ou jurisconsulte qui lui sera présenté par le Chancellier ou Garde des sceaux de France, et qui aura sous lui un commis chargé des recherches demandées par les différens Ministres de Sa Majesté, et de leur délivrer les extraits dont ils pourront avoir besoin. Confirme Sa Majesté le choix qu'elle a fait, pour la première de ces deux places, du sʳ Moreau, conseiller honoraire en la Cour des comptes, aides et finances de Provence et historiographe de France, et veut que le sʳ Moreau Dufourneau, avocat commis aux recherches de ses dépôts, continue sous lui les fonctions dont il est chargé, et qu'ils jouissent l'un et l'autre des appointemens qui leur ont été assignés jusqu'ici.

Art. 6. Il sera incessamment, et par les soins de ceux qui seront préposés à la garde dudit cabinet, dressé des tables par ordre chronologique et par ordre de matières, à l'aide desquelles il sera facile aux Ministres de Sa Majesté de se procurer les pièces et éclaircissemens dont ils auront besoin sur chaque objet de législation et d'administration, et pourront les Ministres et Secrétaires d'État faire transcrire des doubles desdittes tables et catalogues pour le service de leurs départemens.

Art. 7. Toutes les communications demandées par ceux qui auront intérêt d'y avoir recours se feront sans déplacer, à moins qu'un ordre exprès et par écrit du Chancellier ou Garde des sceaux ne permette de transporter hors dudit cabinet quelques pièces, livres ou manuscrits qui y seront renfermés; auquel cas, les persones en faveur desquelles ce déplacement de pièces sera permis seront tenues d'en donner leurs reconnoissances au garde dudit cabinet chargé de veiller à leur conservation et à leur prompte rentrée.

Art. 8. Veut au surplus Sa Majesté que toutes les dispositions de l'arrêt de son Conseil du 3 mars 1781 auxquelles il n'a point été formellement dérogé par le présent arrêt soient exécutées selon leur forme et teneur.

Fait au Conseil d'État du Roi, Sa Majesté y étant, le

(Collection Moreau, n° 286, fol. 118.)

10
BON DU ROI QUI AUTORISE LE TRANSFERT DE LA COLLECTION DE LÉGISLATION À LA BIBLIOTHÈQUE DE LA CHANCELLERIE.

13 août 1786.

Le Roi est supplié d'approuver que la collection des monumens de législation, qui, en vertu d'un arrêt du 8 octobre 1763, ont été transportés dans un local particulier de sa Bibliothèque et qui, par un arrêt du 3 mars 1781, ont été, avec le dépôt des chartes, attachés à la Chancellerie de France, soient désormais placés à côté dudit dépôt des chartes et monumens historiques dans la maison que le Roi destina à ceux-cy en 1769, et y remplissent le local qui, jusqu'ici, a été occupé par le dépôt du Secrétariat d'État de M. de Vergennes; et Sa Majesté est également suppliée de trouver bon qu'il n'y ait rien de changé dans l'expédition des deux ordonnances de 3,000^{tt} chacune qui, depuis 1769, ont été destinées à payer la location de laditte maison.

(*Au bas est écrit, de la main du Roi, le mot :* Approuvé.)

Pour ampliation :
Hue de Miroménil.

(Archives nationales, AB⁵.)

11

EXTRAIT DES PROCÈS-VERBAUX DES SÉANCES DE L'ASSEMBLÉE DU CLERGÉ DE FRANCE, METTANT À LA DISPOSITION DU GARDE DES SCEAUX UNE SOMME DE DIX MILLE LIVRES DESTINÉE À ENCOURAGER LES RECHERCHES HISTORIQUES.

Séance du 9 septembre 1786.

Monseigneur l'Archevêque de Toulouse a dit encore :

« Les travaux utiles des congrégations de Saint-Maur et de Saint-Vanne sur les recherches relatives aux monuments de l'histoire ecclésiastique et civile ont excité l'intérêt de M. le Garde des sceaux. Ce chef de la magistrature a réclamé de la part du clergé des secours en faveur de ceux qui s'occupent d'objets si intéressants. Il nous paroît difficile de refuser une marque de déférence à M. le Garde des sceaux, dont l'assemblée a éprouvé la bienveillance dans différentes affaires qu'elle a eues à traiter avec lui. Nous croyons donc, Messeigneurs et Messieurs, devoir vous proposer d'accorder, à la sollicitation de M. le Garde des sceaux, une somme de 10,000 livres, pour être distribuée par Messieurs les agents et en conséquence de leurs mandements, conformément aux désirs que M. le Garde des sceaux voudra bien successivement leur faire connoître, laquelle somme seroit prise sur les fonds échus du département fait en 1782, pour accorder des pensions aux auteurs dont les travaux pourroient être jugés utiles à la religion.

« Mais ce département, Messeigneurs et Messieurs, quelqu'honorables qu'en aient été les motifs, nous a paru sujet à beaucoup d'inconvénients, que vous avez vous-mêmes reconnus dans le cours de cette assemblée, et le bureau croit devoir vous en proposer la suppression à compter du terme de février prochain, en conservant les pensions accordées aux auteurs en 1782..... »

La matière mise en délibération, Monsieur le Promoteur ayant été entendu, les Provinces ont été appellées; celle de Sens étant en tour d'opiner la première, il a été délibéré et arrêté :

1° De supprimer, à compter du terme de février prochain, le département arrêté par l'assemblée de 1782, à la charge néanmoins que les pensions accordées par les précédentes assemblées sur ledit département continueront d'être payées comme par le passé;

2° D'accorder, par déférence pour M. le Garde des sceaux et sur l'indication qu'il en fera, aux personnes employées aux recherches relatives aux monuments de l'histoire ecclésiastique et civile, une somme de 10,000 livres une fois payée, laquelle somme sera prise sur les fonds restants du département qui vient d'être supprimé.....

(*Procès-verbal de l'Assemblée générale du clergé de France tenue à Paris, au couvent des Grands-Augustins, en l'année 1785 et continuée en l'année 1786*, p. 1227.)

12

MÉMOIRE DE MOREAU SUR LA RÉDACTION DES TABLES DE LA BIBLIOTHÈQUE DE LÉGISLATION.

9 décembre 1786.

En attachant à la Chancellerie de France une bibliothèque de législation, d'histoire et de droit public, on s'est proposé de multiplier sur ces trois objets importans les secours qui peuvent en faciliter l'étude. On a voulu que les Ministres du Roi, et ceux qui travaillent sous leurs ordres, pussent sans peine trouver sous leurs mains tous les renseignemens qu'il leur est important de consulter, tous les monumens qui doivent les instruire sur l'objet qui les occupe.

La partie de cette bibliothèque qui a pour objet la législation, outre tous les recueils déjà connus qui en forment la portion la plus foible et la moins importante, renferme plus de 300,000 pièces imprimées ou manuscrites, qui, rangées par ordre de matières et par ordre chronologique, présentent, sous 200 titres ou chapitres, le corps presque complet de toutes nos loix sur toutes les matières.

C'est déjà, sans doute, un grand avantage que d'avoir pu rassembler une collection aussi riche et aussi étendue; cependant il s'en faut bien qu'elle soit au degré de perfection où il seroit nécessaire de l'amener. Comme toutes les pièces imprimées qu'elle contient ne remontent pas au-delà de la fin du xve siècle, il faut, avant tout, pour la rendre complète, joindre à chacune des différentes matières qui la composent tout ce que nos recueils imprimés et nos dépôts contienent de plus ancien sur chacune de ces matières, de manière que, toutes les fois que, soit les Ministres pour lesquels cet établissement a été formé, soit les jurisconsultes et les savans voudront étudier et connoître une des parties de la législation, ils puissent d'un seul coup-d'œil en embrasser l'universalité, en voir l'origine, la suite, les progrès et les variations.

Mais, en même tems que l'on travaillera à enrichir et à compléter cet immense et précieux dépôt, il faut mettre en état et nos successeurs et tous ceux qui doivent en faire usage de trouver sur-le-champ, et avec la moindre recherche possible, toutes les lumières qu'ils viendront y chercher. Il faut que des tables qui y seront toujours ouvertes, leur procurent l'avantage : 1° de mettre le doigt sur la pièce qui leur sera nécessaire, et qui doit s'y trouver; 2° de consulter également celles qui ont été réunies dans d'autres recueils déjà formés, soit qu'ils soient dans notre bibliothèque, soit qu'il soit nécessaire de les tirer d'autres dépôts. En un mot, accessibles à toute espèce de recherches qui intéressera la législation, il faut nous mettre en état de répondre à toute espèce de questions ou : « Voici la pièce » ou : « Vous la trouverez dans tel endroit. »

C'est pour parvenir à cet avantage que nous donnons le plus grand soin à la composition d'une table générale non-seulement des matières, mais des noms de personnes et de lieux qui, rangés par ordre alphabétique, feront trouver sur-le-champ chaque objet des recherches, sous quelque rapport et sous quelque dénomination qu'on puisse l'envisager.

Cette table ne sera pas seulement celle de ce que contient le dépôt; elle sera de plus celle de chacune des meilleures éditions de nos codes et recueils imprimés; ce sera la table générale de toutes les tables qui existent déjà, mais qui sont trop nombreuses pour qu'on puisse les consulter toutes séparément, chaque fois qu'on peut avoir quelques recherches à faire.

Pour donner une idée sensible et de la composition de cette table générale et de la précision avec laquelle on y trouvera le fil qui doit guider toutes les recherches possibles, nous supposerons d'abord, ce qui est très-vrai, que l'on trouvera dans nos dépôts : 1° tous les recueils des loix et de la jurisprudence romaine; 2° tous nos codes barbares; 3° nos anciens capitulaires; 4° nos loix anglo-normandes, qui remplissent la lacune entre les derniers capitulaires et les premières ordonnances; 5° le recueil des ordonnances imprimées au Louvre; 6° toutes les coutumes du Royaume; et 7° enfin la suite très-exacte et très-nombreuse de tout ce que nous connoissons de règlemens publiés depuis le xve siècle jusqu'à nous.

Nous ajouterons que, le dépôt général des chartes et de tous les matériaux de l'histoire se trouvant accolé à celui de la législation et faisant partie de la bibliothèque attachée à la Chancellerie de France, nous trouverons dans ces chartes et dans les cartulaires même une foule de règlemens que les législateurs ont souvent intérêt de consulter. De ce nombre sont les coutumes données autrefois aux cités, et surtout les chartes des communes. Ainsi le même monument peut être indiqué, suivant ses différents rapports, soit dans les tables de la législation, s'il présente une règle, soit dans celles de l'histoire, s'il ne présente qu'un fait.

Voilà donc le vaste champ dans lequel il faut préparer et faciliter des issues, et c'est à tous ces différens recueils que renverra la table générale à laquelle nous travaillons. On a donc eu raison de dire qu'elle seroit la table des tables, car elle les suppléera, les réformera et les perfectionera toutes : la bibliothèque de législation ne sera plus regardée que comme une grande et immense collection où, sans peine et sur-le-champ, les Ministres, les jurisconsultes, les savans, trouveront tout.

Si à l'idée de cette table nous voulons joindre l'idée du travail qui la prépare, le voici : chaque monument est lu et devient la matière de plusieurs notices, dont chacune est relative aux différens objets qui peuvent y être traités. Ces notices sont classées sous différens titres, et chaque titre est ensuite réuni sous la lettre de l'alphabet qui doit l'indiquer. Ainsi les tables se trouveront faites, lorsque toutes les matières, ainsi placées en ordre, n'exigeront plus d'autre travail que celui des copistes.

Ce travail sera sans doute très-long, mais il n'est pas difficile. Il ne suppose que de l'ordre, de l'attention et de la constance. On peut calculer ce que chaque ouvrier peut faire par jour dans ce genre, et celui-là seul qui est chargé de diriger l'ensemble sera obligé d'étendre sa vue au-delà de ce qu'il aura sous les yeux.

Depuis plusieurs années, un avocat très-instruit et très-laborieux s'est livré à ce travail, et il faut convenir qu'il étoit très-difficile, lorsque notre dépôt de législation étoit dans les combles de la Bibliothèque du Roi, car il falloit transporter tout successivement dans nos bureaux. Aujourd'hui que tous nos matériaux sont sous nos yeux, on a redoublé d'activité, et le jurisconsulte chargé de cette besogne assure que, d'ici à cinq ans, il peut s'engager à mettre cette table générale sous les yeux du Ministre, s'il veut bien le mettre en état de payer quelqu'un qui l'aidera. Je conviens de la nécessité du secours, et, avec ce secours même, je lui donne huit ans, en exigeant de lui qu'à la fin de chaque année, il rende à Monseigneur un compte exact des progrès qu'aura faits son travail. J'observerai, pour mettre Monseigneur en état de fixer ce secours, que le jurisconsulte qui, dans mon bureau, donne tout son tems à ce travail, a longtems travaillé gratuitement, et que ce n'a été qu'en 1783 que Monseigneur a obtenu de la Finance 2,000# d'appointemens, qui lui ont toujours été payés, sans qu'on les ait mis sous son nom, parce que je voulois avant tout l'éprouver. Aujourd'hui que je puis certifier à Monseigneur non-seulement l'assiduité et les fruits de son travail, mais l'étendue des connoissances qu'il a acquises, je demande que Monseigneur m'autorise à faire mettre sur sa tête ces 2,000#, qu'il ne touchoit que sur mes quittances, et qu'il recevra sur la siene. Je le supplie de plus de vouloir bien m'autoriser à lui payer, pour faire travailler sous lui les sous-ordres dont il aura besoin, la somme qu'il croira pouvoir y employer.

(*De la main de Miromesnil* : Bon pour les 2,000 livres sur les quittances de M. Dufourneau.

Bon pour 1,200 livres seulement quant au catalogue. Le 6 mars 1787.)

(Collection Moreau, n° 1097, fol. 64.)

13

ÉTAT DES FONDS AFFECTÉS ANNUELLEMENT AUX RECHERCHES ET AUX TRAVAUX LITTÉRAIRES DU DÉPÔT DES CHARTES ET DE LÉGISLATION.

1° Une somme de dix mille livres destinée aux frais de recherches relatives à l'histoire et au droit public, qui se paye de six mois en six mois sur des ordonnances expédiées par M. le baron de Breteuil [1], cy.................................. 10,000# 00

2° Une autre somme de six mille livres, également payable de six mois en six mois, destinée au loyer des dépôts des chartes et de législation, dont les ordonnances ont été jusqu'ici expédiées par M. de Vergennes, cy........ 6,000 00'

3° Enfin une somme de douze cent livres, accordée autrefois pour la collection des historiens de France, et qui depuis a été affectée à nos recherches, depuis que la congrégation de Saint-Maur a voulu se charger seule des frais de l'édition. Ces 1,200 livres sont payées sur des ordonnances expédiées en finance, cy..................................... 1,200 00

Total du revenu payé par le Roy, cy.......... 17,200 00

A cette somme de 17,200 livres il convient d'ajouter celle de 2,687 livres, 10 sols, produit de nos œconomies placées, en vertu d'un bon du Roi dont je suis dépositaire, en effets royaux, qui nous représentent un capital de cinquante cinq mille cinq cent livres, cy........................ 2,687# 10'

A cette somme nous pouvons encore joindre celle de 2,500 livres par an, sur laquelle nous pouvons compter d'ici à la prochaine assemblée du clergé, cy.. 2,500 00

Total annuel des fonds versés dans la caisse des chartes, cy.... 22,387# 10'

On ne doit pas laisser ignorer à Monseigneur qu'indépendamment de ces fonds, il en est d'autres qui, aux yeux de la Finance, paroissent appartenir à la caisse des chartes.

Monseigneur nous saura gré de l'instruire pourquoi il ne lui en est point compté.

Ces fonds ne sont point étrangers au département des chartes, mais ils n'entrent point dans sa caisse. Ce sont des traitemens accordés à plusieurs gens de lettres pour différens ouvrages dont Monseigneur a la surveillance, parce que les uns doivent leur origine à la collection des chartes et que les

---

[1] Comme chargé du département de la maison du Roi et de Paris.

autres sont absolument le résultat des travaux ordonnés par S. M. depuis l'établissement du dépôt.

Ces traitemens sont payés directement par la Finance aux différentes persones chargées de ces ouvrages. Monseigneur en a la disposition en cas de vacance, mais comme ils ne sont pas versés dans la caisse des chartes, il ne doit pas les confondre avec les fonds dont on vient de lui donner l'état, et qui, sous ses ordres, ont une destination particulière; néanmoins on doit observer à Monseigneur que ces deux objets, ne faisant qu'une seule masse dans les états de la Finance, ont induit en erreur M. de Calonne, lorsque M. de Miromesnil lui exposa les besoins de nos travaux littéraires, puisque M. le Contrôleur général allégua que le département des chartes jouissoit déjà d'un revenu de 60 à 80,000 livres.

(Collection Moreau, n° 298, fol. 185.)

14
MÉMOIRE DE MOREAU SUR LES ACQUISITIONS NÉCESSAIRES AU DÉPÔT DE LÉGISLATION.

27 octobre 1787.

Monseigneur connoît la destination de celui des dépôts attachés à la Chancellerie, connu sous le nom de dépôt de législation; il sait aussi ce qui le compose et n'ignore pas les accroissemens dont il est susceptible.

Jusqu'ici on n'a rien négligé pour l'enrichir de tout ce qui peut remplir les vues que le Gouvernement s'est proposées en l'établissant, et, quelque riche qu'il soit, on ne doit pas se dissimuler qu'il s'en faut de beaucoup qu'il soit complet, au moins quant à l'administration locale et particulière. C'est à quoi M. de Miromesnil a voulu remédier, lorsque, dans le projet d'arrêt qu'il n'a pas eu le tems de mettre en exécution, et que Monseigneur se propose de faire rendre incessamment, il fit insérer un article qui ordonneroit aux imprimeurs des Cours souveraines, des tribunaux inférieurs, hôtels-de-ville, etc., d'envoyer à ce dépôt des exemplaires de tous les arrêts et réglemens qui en émanent.

Tout ce qui s'imprime au Louvre y est envoyé exactement, mais il est une sorte d'accroissemens qu'il est impossible de lui procurer gratuitement, parce qu'on ne les trouve ni à l'Imprimerie royale, ni dans les imprimeries particulières. Ce sont une infinité d'ouvrages et de mémoires, relatifs aux affaires du tems, qui ont un raport direct soit à la législation, soit à l'administration, et qu'il est important pour le Ministère de réunir dans un dépôt destiné à lui fournir, dans tous les tems et sur tous les objets, les éclaircissemens dont il peut avoir besoin. Ce sont les remontrances et arrêtés des Cours souveraines sur les grandes affaires qui intéressent la nation ; ce sont enfin les résultats de l'assemblée des notables, les procès-verbaux de la tenue des assemblées provinciales qui s'impriment aux frais des différens départemens, et tout ce qui proviendra de cette nouvelle administration. Cette année a produit un grand nombre d'objets de cette nature. Monseigneur conviendra que la destination de notre dépôt exige qu'on les y rassemble, et il seroit bien à souhaiter qu'il trouvât un moyen de les y faire déposer sans aucun frais.

Attentifs à ne rien laisser échaper de ce qui doit remplir cette destination, nous nous sommes procuré ce qui nous a paru le plus indispensable, mais ce soin nécessite une dépense qui, jusqu'ici, a été légère et qui, étant prélevée sur le petit fonds que le Roi destine à nos collections, n'en a pas moins besoin de l'autorisation de Monseigneur.

Monseigneur est supplié d'approuver les dépenses de ce genre que M. Moreau jugera nécessaires pour l'avenir.

Versailles, 27 octobre 1787.

(Collection Moreau, n° 286, fol. 155.)

15
MÉMOIRE ADRESSÉ PAR MOREAU AU GARDE DES SCEAUX
SUR LE DÉPÔT DE LÉGISLATION.

1788.

Monseigneur se proposant de fixer d'une manière solide et irrévocable dans le département de la Chancellerie les travaux littéraires qui en dépendent et les différentes personnes qui en sont chargées, permettra-t-il qu'on l'occupe un instant de l'étendue du travail qu'exige le dépôt de législation et des secours dont ce travail a besoin ?

On ne parlera pas de l'utilité de ce dépôt ; Monseigneur la connoît.

Il suffit de lui rappeller qu'il est un établissement digne de l'attention du Ministère, et c'est pour lui prouver l'usage que l'Administration en peut faire, qu'on se permettra des détails succincts sur l'état de ce dépôt.

Le dépôt de législation, formé en 1759 par une collection très-nombreuse d'édits, arrêts, réglemens, déclarations, lettres patentes, etc., acquise par le Gouvernement du sieur Prault, libraire, s'est prodigieusement accru depuis 25 ans. Il comporte au moins dans ce moment cy 350,000 pièces, qui forment autant de loix, auxquelles l'Administration a sans cesse besoin de recourir. Pour mettre cette importante collection dans un état d'utilité réelle et procurer aux Ministres, d'un premier coup d'œil, les sources où ils doivent puiser, on en a formé des catalogues, par ordre chronologique et par ordre de matière, et c'est ce qui forme le travail principal et journalier que nécessite ce dépôt.

Ces catalogues présentent d'abord l'idée d'une besogne bien simple et toute manuelle. On se trompe : et l'objet de ce mémoire est uniquement de faire connoître à Monseigneur l'étendue de ce travail, et de lui prouver qu'il est tel qu'un seul homme ne peut y suffire.

Quelle est la marche qu'il faut tenir pour rendre ces catalogues clairs, simples, en un mot, tels qu'ils doivent être? D'abord, il faut classer les pièces chronologiquement d'année en année. Toutes ces pièces rangées dans cet ordre, il faut que le commis chargé de cette besogne les repasse toutes les unes après les autres, en lise les textes, les dispositions principales; souvent même il faut qu'il lise les pièces entières; enfin il faut qu'il les étudie pour connoître les différens rapports que l'objet principal de tel arrêt, de tel édit, de telle ordonnance peut avoir avec d'autres parties d'administration, et la pluspart de ces loix, privativement, surtout celles qui ont pour objet les impositions, intéressent souvent quatre, cinq ou six objets différens. Toutes ces pièces bien étudiées, il faut faire autant de bulletins que chaque pièce a de rapports différens avec d'autres objets, et dans l'immensité, Monseigneur conçoit la multitude qu'il en faut faire. L'objet de ces bulletins est d'indiquer, dans chaque table de matières où ils se trouvent, le siège de la pièce originale. Et en quoi consistent ces bulletins? à copier les textes entiers de chaque pièce : ensuite il faut les ranger dans la classe de l'année où ils doivent être. Voilà pour le travail préliminaire. Vient ensuite l'ordre des matières, et c'est celui qui a été adopté deffinitivement pour les catalogues. Pour y parvenir et s'y reconnoître, il faut cotter chaque pièce du nom de la matière dont elle doit faire partie; chaque matière a encore besoin d'un ordre chronologique. Il faut enfin enchemiser ces matières alphabétiquement, en faire une dernière vériffication pour s'assurer de son fait, minuter les catalogues et les mettre ensuite au net; et toutes ces opérations se répètent pour chaque année. Tel a été jusqu'ici, et tel est encore, Monseigneur, l'ouvrage d'un seul homme, d'un sujet éclairé qui a l'honneur d'être connu de vous, qui seul ne peut le conduire à sa perfection, et dont le traitement de 2,000^{tt} par an, pour son salaire et ses frais de bureau, n'est proportioné ni à l'étendue, ni à l'importance de son travail.

Que sera-ce lorsque l'arrêt du Conseil, dont Monseigneur a lui-même rédigé le projet, aura lieu? Les soins de ce dépôt tripleront, quadrupleront nécessairement, car, quelque riche qu'il soit, il s'en faut de beaucoup qu'il soit complet, du moins quant à l'administration locale et particulière. Il ne renferme encore qu'une partie de ce qui concerne la législation particulière, la police et la constitution des provinces, des villes, des tribunaux. Mais rien de plus facile que de lui procurer le dernier degré d'utilité dont il est susceptible, et c'est ce que se propose Monseigneur par l'article de l'arrêt qui concerne ce dépôt.

Cet article ordonne qu'il sera envoyé audit dépôt par les imprimeurs de toutes les Cours souveraines, tribunaux inférieurs, hôtels-de-ville, etc., des exemplaires soit de tous les arrêts de réglement qui en émaneront, soit des instructions et décisions des intendances. Rien de mieux vu que cette disposition, et Monseigneur a prévu que ce ne seroit point une dépense, puisque tout cela s'imprime aux frais du Roi, mais un moyen certain de rendre notre collection de loix complète.

Il sera peut-être moins aisé de se procurer toutes ces loix anciennes qui ont paru dans toute l'étendue du Royaume, avant et depuis l'établissement de notre dépôt, mais pour peu que Monseigneur veuille témoigner l'intérêt qu'il prend au complément de cette collection précieuse, il sera très-facile d'y suppléer.

Il n'est pas de petite ville qui ne renferme des jurisconsultes laborieux, qui se feront gloire de nous seconder. Par leur moyen, nous nous procurerons aisément tout ce qui peut concerner les priviléges des villes et les réglemens de leur police particulière, car ici il ne s'agit pas de recherches laborieuses et incertaines dans des chartriers privés, mais seulement de l'examen des registres publics que l'Administration a, dans tous les tems et dans toutes les occasions, le droit de consulter.

Pour ce qui remonte encore à une plus haute antiquité, nos ressources sont dans le dépôt destiné à la collection des monumens de notre droit public, que Monseigneur a uni à celui de législation, pour leur utilité réciproque, et qu'on ne sauroit en séparer aujourd'hui sans inconvénient pour tous les deux, puisque l'objet de leurs recherches est presque le même et parce qu'on chercheroit en vain les anciens monumens de notre législation ailleurs que dans les diplômes et préceptes de nos anciens Roix.

Enfin, pour arriver à la dernière perfection, il nous restera un troisième moyen. Il est peu de villes, encore moins de provinces, dont on n'ait fait l'histoire et dont on n'ait pris soin de rassembler les priviléges et tout ce qui concerne leur police et leur constitution. Monseigneur pourra nous les procurer à la Bibliothèque du Roi, comme il l'a déjà fait pour les cartulaires dont il a ordonné la copie pour la collection des chartes.

Quant à présent, ce qui est indispensable pour l'accroissement et la perfection de ces deux dépôts, qui n'en font qu'un, c'est de faire connoître au public la collection nombreuse des monumens de notre législation, comme on a fait celle de nos monumens historiques, et d'entretenir pour l'une et l'autre une correspondance suivie, soit d'après la signature de Monseigneur, ou d'après ses ordres, avec les Cours, les hôtels-de-ville, les monastères, les tribunaux, soit avec les savans et les jurisconsultes qui s'empresseront de toutes parts de nous seconder.

Il résultera donc de cette disposition de l'arrêt projeté un bien infini, un bien nécessaire pour le dépôt de législation, et la seconde partie de ce mémoire prouve qu'il en résultera aussi une très-grande augmentation de travail. Monseigneur a déjà vu que le commis préposé est insuffisant à la besogne actuelle, et cette correspondance, dont on vient de parler, qu'il faudra établir à l'instar de celle du dépôt des chartes, exigera, elle seule, un homme entier, et il sera encore indispensable d'admettre à ce travail un autre sujet, uniquement destiné à mettre au net les copies des catalogues et de tout ce qui pourra intéresser le dépôt.

Le sieur Valcourt, qui, depuis neuf ans, sans être spécialement attaché à la chose, est chargé de la correspondance du dépôt des chartes, de sa comptabilité et de tout ce qui regarde directement ou indirectement le travail de Monseigneur, a l'honneur de lui offrir ses services. Monseigneur a pu, jusqu'ici, juger de sa capacité et, s'il daigne l'attacher en titre par une place absolument nécessaire à la perfection des deux dépôts, il regardera cette faveur comme la récompense que ses travaux ont pu lui mériter.

Pour remplir les objets qu'on vient de proposer, il suffiroit que Monseigneur voulût prendre un bon du Roi pour obtenir de S. M. une somme annuelle qui, ajoutée aux fonds du dépôt des chartes, seroit affectée aux besoins de celui de législation, et destinée : 1° à augmenter le traitement trop modique de M. Moreau le jeune; 2° à former le traitement du sieur Valcourt et celui du copiste demandé; 3° enfin à payer les frais de bureau, qui sont très-considérables, par la multitude de cartons et la quantité de papier que ce dépôt employe. Une somme de 6,000 francs par an suffiroit pour exécuter le plan que Monseigneur a déjà paru adopter.

(Collection Moreau, n° 286, fol. 32.)

16
ÉTAT DU DÉPARTEMENT DE MOREAU.
27 septembre 1788.

I. La recherche de toutes les loix et de tous les points d'histoire dont la législation et l'administration peuvent avoir besoin; la garde, la conservation, les accroissemens de la bibliothèque de législation, histoire et droit public, commencée en 1759 et attachée, par arrêt du Conseil du 3 mars 1781, à la Chancellerie de France.

II. La protection que le Chef de la justice accorde aux lettres, la surveillance qu'il doit à l'instruction publique, les grâces et les encouragemens qu'il obtient pour les savans, la suite et les progrès de tous les travaux littéraires que le Roi paye, l'arrangement, la conservation et la sûreté de toutes les archives du Royaume, et la direction des recherches qui s'y font, par ordre du Roi, pour perfectioner notre histoire et éclairer notre droit public.

Dans tout cela cependant il ne faut rien comprendre de ce qui appartient à la police de la librairie et à la censure des livres, etc. Tout cela ne regarde que le magistrat qui, sous les ordres de Monseigneur le Garde des sceaux, est chargé de ce département.

III. Les relations que peut avoir Monseigneur le Garde des sceaux avec tous les auteurs chargés de la composition des ouvrages dont il a la direction. Ces ouvrages, auxquels la bibliotèque de la Chancellerie doit secours et communication de lumières, sont :

1° Le *Journal des Savants;*

2° Le *Recueil des Ordonnances*, par M. de Bréquigny (nous en faisons ramasser les matériaux dans les provinces);

3° Le *Recueil des historiens de France,* par dom Clément et dom Brial, qui le continue seul;

4° La *Nouvelle collection des conciles,* par dom Labat;

5° Le *Rimer françois*, dont le premier volume est sous presse et dont nos dépôts fournissent les matériaux;

6° Le *Catalogue des chartes imprimées*, commencé autrefois par M. Secousse, et dont on donnera incessamment le quatrième volume;

7° Les *Lettres d'Innocent III*, dont nous avons encore fourni les matériaux et dont l'éditeur est M. du Theil;

8° Un *Glossaire françois*, commencé par M. Sainte-Palaye et continué par M. Mouchet;

9° Toutes les histoires des provinces dont sont chargés les Bénédictins des deux congrégations de Saint-Vanne et Saint-Maur.

IV. Les communications de tous les éclaircissemens que doit fournir la Chancellerie à tous les départemens du Ministre des finances et des Secrétaires d'État.

V. Enfin l'emploi et la distribution des fonds assignés par le Roi soit aux accroissemens de la bibliotèque de la Chancellerie, soit aux différents travaux dont elle doit être le centre.

(Collection Moreau, n° 1097, fol. 112.)

17

ARRÊT DU CONSEIL D'ÉTAT DU ROI QUI ATTACHE IRRÉVOCABLEMENT À LA CHANCELLERIE UNE BIBLIOTHÈQUE DE LÉGISLATION, ADMINISTRATION, HISTOIRE ET DROIT PUBLIC, RÈGLE LA DESTINATION, POURVOIT À L'ENTRETIEN ET AUX ACCROISSEMENTS DE LADITE BIBLIOTHÈQUE, ET EN ASSURE LA COMMUNICATION À TOUS LES DÉPARTEMENTS DES MINISTRES DE SA MAJESTÉ [1].

10 octobre 1788.

Le Roi s'étant fait représenter dans son Conseil les arrêts rendus en icelui les 31 octobre 1759, 8 décembre 1763, 18 janvier 1764 et 3 mars 1781, dont l'objet fut de mettre à portée de ses Ministres, et dans un seul dépôt accessible à quiconque voudroit le consulter, non-seulement les loix qui doivent éclairer toutes les parties de leur administration, mais encore l'enchaînement des faits qui ont, dans tous les temps, servi de base au droit public et de motifs à la législation, Sa Majesté a reconnu qu'après avoir, par son arrêt du 3 mars 1781, assigné à un établissement de cette nature la seule place qui convînt à sa destination, elle devoit encore fixer d'une manière particulière et assurer à perpétuité l'emploi, l'usage et la communication des lumières qu'il doit répandre, et des secours dont il doit être la source. Sa Majesté, en effet, n'a point perdu de vue les motifs qui engagèrent le feu Roi à jeter, en 1759, le premier fondement d'une bibliothèque ministérielle, d'un côté, en faisant placer à Versailles même une collection complette de toutes nos loix anciennes et modernes, et, d'un autre côté, en y réunissant, en 1762, un cabinet qui pût contenir, un jour, et tous les matériaux de l'histoire et tous les monumens du droit public de France. Si la diversité des travaux qu'exigeoient ces deux dépôts les ont tenus quelque temps séparés, si différentes circonstances en ont changé le local, et ont varié les soins qui ont pu être donnés à l'un et à l'autre, il n'en étoit pas moins conforme au vœu de leur auguste fondateur qu'ils vinssent enfin se réunir sous la garde du Chef de la justice, obligé par son titre et ses fonctions d'appeler sans cesse au secours du Gouvernement et l'autorité des loix et le flambeau de l'histoire. C'est donc pour remplir les intentions du feu Roi, que Sa Majesté, s'étant fait rendre compte des accroissemens successifs qu'a reçus, pendant près de 30 ans, un des plus

---

[1] Cet arrêt a été publié par M. Champollion-Figeac, *Lettres des rois et reines*, Introduction, p. XXXVI.

utiles établissemens du dernier règne, a voulu, pour lui donner sa dernière et invariable forme, attacher irrévocablement à sa Chancellerie une bibliothèque destinée à devenir celle de tous ses Ministres, et qui, leur présentant et tous les textes des loix qu'ils ont toujours intérêt de consulter, et tous les monumens des faits qu'il leur est souvent nécessaire de connoître, fournira, dès à présent, au Chancelier ou Garde des sceaux de France les moyens et les secours les plus efficaces pour hâter les progrès des recherches relatives à la législation, à l'histoire et au droit public, et deviendra, dans la suite, le centre de tous les travaux ordonnés par Sa Majesté pour perfectionner successivement toute espèce de bien, et réformer peu-à-peu toute espèce d'abus. A quoi voulant pourvoir, ouï le rapport, le Roi étant en son Conseil a ordonné et ordonne ce qui suit :

Article premier. Veut et entend Sa Majesté que les deux dépôts qui par l'article 1er de l'arrêt du Conseil du 3 mars 1781 ont été attachés à la Chancellerie de France, et dont celui qui a pour objet la législation et l'administration royales, placé en 1764 dans un local particulier de sa Bibliothèque royale, a été depuis réuni à celui qui a pour objet l'histoire et le droit public, soient désormais et à perpétuité irrévocablement unis, et que l'un et l'autre Cabinet ne forment plus, avec les autres objets dont il sera fait mention dans les articles suivans, qu'une seule bibliothèque, qui, sous le nom de *bibliothèque de législation, administration, histoire et droit public*, sera et demeurera irrévocablement attachée à la Chancellerie de France, comme une propriété royale, dont la garde, l'administration et la direction sera confiée au seul Chancelier ou Garde des sceaux de France, pour en faire usage ainsi et de la manière dont il sera dit ci-après.

Art. 2. Indépendamment des recueils d'ordonnances, édits, déclarations, lettres patentes, arrêts du Conseil, qui composent la collection achetée par Sa Majesté en 1759, ainsi que de la nombreuse collection de tous les matériaux historiques qui, depuis 1762, sont le produit des recherches ordonnées par le feu Roi dans toutes les archives du Royaume, ladite bibliothèque contiendra : 1° toutes les chartes, pièces et monumens qui y sont envoyés par les savans et gens de lettres chargés, sous la direction du Chancelier ou Garde des sceaux de France, et en vertu des ordres du feu Roi, de continuer et d'achever dans les provinces le dépouillement des archives, et d'y copier ceux des matériaux de notre histoire qui, jusqu'ici, n'auroient point encore été découverts; 2° les livres et manuscrits achetés par le Roi du feu sieur de Sainte-Palaye, et contenant la partie historique de sa bibliothèque, parmi lesquels livres et manuscrits on classera les matériaux du Glossaire françois commencé par ledit sieur de Sainte-Palaye, qui ont fait partie de ladite acquisition; 3° tous les livres d'histoire et de droit public faisant partie de la bibliothèque du sieur Moreau, conseiller honoraire en la Cour des comptes, aides et finances de Provence, et historiographe de France, dont il a supplié Sa Majesté d'accepter la donation, et dont il sera dressé un catalogue particulier, pour compléter la collection achetée du sieur de Sainte-Palaye; 4° tous les livres d'histoire et de droit public que le Chancelier ou Garde des sceaux de France jugera à propos de faire acheter sur les fonds destinés à l'entretien de ladite bibliothèque; 5° tous les manuscrits, titres anciens et monumens historiques transcrits en Angleterre par le sieur de Bréquigny, et qui, conformément aux ordres du Roi, donnés par écrit en 1767, doivent être placés dans ladite bibliothèque, après la fin des inventaires dont le sieur de Bréquigny a été chargé; 6° les copies des registres du Parlement intitulés *Olim* et *Judicata*, ainsi que celles qui se font encore aujourd'hui, aux frais de Sa Majesté, des plus anciens monumens de notre jurisprudence, et notamment celle que le Roi entend se procurer de la plus ample collection des registres de Philippe-Auguste, que le sieur Bertin, Ministre de Sa Majesté, a fait faire à ses frais, et dont il lui a offert copie; 7° enfin, les copies de tous les arrêtés et remontrances des Parlemens présentés au Roi ou envoyés à son Chancelier ou Garde des sceaux, desquelles remontrances et arrêtés il sera fait des tables chronologiques et des tables par matières, pour rendre plus facile, par la suite, l'examen de toutes les questions qui peuvent intéresser la législation et le droit public.

ART. 3. Celui qui sera préposé en chef à la garde de ladite bibliothèque de la Chancellerie et à la direction des travaux qui doivent l'enrichir pourra s'adresser au bibliothécaire de Sa Majesté, toutes les fois qu'il aura besoin de faire copier, d'après les livres ou manuscrits de sa Bibliothèque royale, quelques monumens utiles à l'histoire et au droit public; et lesdits livres et manuscrits lui seront prêtés sur son récépissé, sous la condition néanmoins qu'ils ne pourront être gardés que pendant trois mois et seront ensuite fidèlement restitués.

Art. 4. Pour enrichir et perfectionner ladite bibliothèque de la Chancellerie, veut et ordonne Sa Majesté : 1° qu'il y soit placé l'un des exemplaires de tous les livres qu'elle aura honorés de sa souscription, pour l'encouragement des sciences ou la récompense des talens; 2° que le Directeur de son Imprimerie royale y fasse remettre un exemplaire de tous les édits, déclarations, arrêts du Conseil, réglemens et ordonnances, et en général de tous les ouvrages qui seront imprimés au Louvre pour le compte et par les ordres de Sa Majesté; 3° que par les imprimeurs de tous les Parlemens, Chambres des comptes, Cours des aides et des monnoies, ainsi que par ceux des bureaux des finances, hôtels-de-ville et autres corps et compagnies, il soit envoyé à ladite bibliothèque de législation, administration, histoire et droit public, un exemplaire de tous les arrêts, sentences, réglemens et autres actes, qui seront imprimés par les ordres desdits corps et compagnies.

Art. 5. Ladite bibliothèque sera ouverte non-seulement aux Ministres de Sa Majesté et à ceux qui, sous leurs ordres, seront chargés de quelque partie d'administration générale, ou de quelques opérations ministérielles et particulières, mais à tous les savans et jurisconsultes qui, chargés par le Chancelier ou Garde des sceaux de France de travaux ou d'ouvrages utiles à la législation, à l'histoire et au droit public, seront payés aux frais de Sa Majesté, et des fonds par elle destinés auxdits travaux; et seront les préposés à la direction et à la garde de ladite bibliothèque tenus de leur en communiquer toutes les collections, et de leur laisser prendre copie de toutes les pièces qui pourront aider la composition de leurs ouvrages.

Art. 6. Veut en conséquence et entend Sa Majesté que ladite bibliothèque de sa Chancellerie soit en même temps et le centre de tous les travaux littéraires dont le Chancelier ou Garde des sceaux a la surveillance et la direction, et un magasin utile des matériaux qui pourront leur être fournis, et enfin le dépôt où seront réunis les exemplaires appartenant à Sa Majesté de tous les ouvrages qui seront le résultat desdits travaux.

Art. 7. Et, attendu que l'une des principales destinations de ladite bibliothèque est de fournir aux Ministres de Sa Majesté des éclaircissemens et des renseignemens sur tous les faits anciens dont la connoissance peut leur être nécessaire, veut et ordonne Sa Majesté que la garde de ladite bibliothèque soit confiée à l'un des deux historiographes de France, qui, obligé de veiller à la conservation des monumens historiques que ladite bibliothèque renferme, continuera, sous les ordres du Chancelier ou Garde des sceaux de France, l'histoire de la législation et du droit public de la monarchie françoise, et sera chargé de rédiger ou de faire rédiger les mémoires historiques dont la législation pourra avoir besoin. Veut à cet effet Sa Majesté que celui des deux titres d'historiographe de France dont est pourvu le sieur Moreau, son conseiller honoraire en sa Cour des comptes, aides et finances de Provence, soit et demeure attaché à la Chancellerie de France, et que la nomination en appartienne au Chancelier ou Garde des sceaux.

Art. 8. Conformément à l'article 5 de l'arrêt du Conseil du 3 mars 1781, les salaires des copistes, les frais de recherches, de voyage et d'achats de manuscrits ou de livres, ainsi que le loyer de la maison destinée à ladite bibliothèque, et généralement toutes les dépenses nécessaires à son entretien et aux travaux qu'elle exige, continueront d'être pris sur les fonds que Sa Majesté a destinés audit établissement, et il en sera, tous les ans dressé un état, qui sera visé et approuvé par le Chancelier ou Garde des sceaux de France.

Art. 9. La bibliothèque de la Chancellerie étant destinée à mettre en mouvement tous les travaux relatifs à la législation, à l'histoire et au droit public, et, sous ce rapport, exigeant une activité continuelle de la part de ceux qui y seront employés, Sa Majesté a destiné et attaché à cet établissement trois commis-gardes, qui, sous les ordres du Chancelier ou Garde des sceaux de France, et subordonnément au magistrat historiographe de France qu'il a préposé en chef à la direction du travail, seront chargés de la confection des catalogues, de la recherche des pièces demandées et des détails de la correspondance; et continueront lesdits trois commis-gardes de jouir des appointemens qui leur ont déjà été assignés dans les dépôts que Sa Majesté vient de réunir.

Art. 10. L'un des catalogues ordonnés par Sa Majesté sera celui des chartes manuscrites et autres monumens historiques qui ne sont point encore connus. Il sera fait par ordre chronologique, et servira de supplément à celui des chartes imprimées, dont les exemplaires, ainsi que ceux de la collection générale des chartes, pour lesquels Sa Majesté a souscrit, seront déposés dans ladite bibliothèque, pour en être l'emploi et la distribution confiés au Chancelier ou Garde des sceaux de France.

Art. 11. Pour rendre plus facile la recherche de toutes les matières qui intéressent la législation et l'administration, il sera dressé, sous les ordres du Chancelier ou Garde des sceaux de France, et dans ladite bibliothèque, des tables chronologiques et par ordre de matières, à l'aide desquelles il sera facile aux Ministres de Sa Majesté de se procurer les pièces et les éclaircissemens dont ils auront besoin sur chaque objet de législation et d'administration, et pourront les Ministres et Secrétaires d'État faire transcrire des doubles desdites tables et catalogues, pour le service de leurs départemens.

Art. 12. Indépendamment de ceux qui, ayant un traitement de Sa Majesté, se trouveront occupés aux travaux intérieurs de ladite bibliothèque, Sa Majesté veut que son Chancelier ou Garde des sceaux y attache, par des fonctions d'autant plus honorables qu'elles seront libres et gratuites, un comité de dix jurisconsultes ou gens de lettres, dont il aura le choix, et qu'il rassemblera tous les quinze jours, pour conférer avec eux sur tous les travaux utiles destinés à aider la législation, à épurer l'histoire, à maintenir et conserver les principes essentiels de la monarchie. Ce comité portera le titre de *Comité d'histoire et de droit public*, et pourra, lorsque les occupations du Chancelier ou Garde des sceaux ne lui permettront pas de l'assembler en sa présence, tenir ses conférences, dont il lui indiquera les objets, dans la bibliothèque même de la Chancellerie; et les registres desdites conférences seront tenus par l'un des commis-gardes de ladite bibliothèque, qui, nommé par M. le Chancelier ou Garde des sceaux, portera le titre de secrétaire dudit comité.

Art. 13. Ceux des jurisconsultes ou gens de lettres qui sont chargés de quelque ouvrage commandé par Sa Majesté et soumis à la surveillance de son Chancelier, seront dès là membres de ce comité; et, dans le cas où le nombre de ceux qui le composent seroit déjà rempli, ils auront droit d'y venir prendre séance, pour rendre compte de leurs ouvrages, et d'y réclamer la première place vacante.

Art. 14. Toutes les communications demandées par ceux qui auront intérêt d'avoir recours à ladite bibliothèque se feront sans déplacer, à moins qu'un ordre exprès et par écrit du Chancelier ou Garde des sceaux de France ne permette de transporter hors de ladite bibliothèque quelques pièces, livres ou manuscrits qui y seront renfermés; auquel cas, les personnes en faveur desquelles ce déplacement sera permis seront tenues d'en donner leurs reconnoissances aux gardes de ladite bibliothèque, qui seront chargés de veiller à leur conservation et à leur prompte rentrée.

Art. 15. Veut au surplus Sa Majesté que toutes les dispositions de l'arrêt de son Conseil du 3 mars 1781 auxquelles il n'a point été formellement dérogé par le présent arrêt soient exécutées selon leur forme et teneur.

Fait au Conseil d'État du Roi, Sa Majesté y étant, tenu à Versailles le dix octobre mil sept cent quatre-vingt-huit.

Laurent de Villedeuil.

(Collection Moreau, n° 286, fol. 17.)

18

PLAN DU TRAVAIL PROPOSÉ PAR LES SECRÉTAIRES DES FINANCES.

4 février 1789.

Le travail dont les secrétaires du Conseil royal des finances et du commerce ont offert à Monseigneur le Garde des sceaux de déposer les résultats à la bibliothèque de législation consiste dans la réunion d'arrêts, réglements intéressant l'ordre public, émanés du Conseil des finances, auquel le Conseil royal des finances et du commerce a été substitué, soit que ces réglements ayent été rendus en simple administration, soit qu'ils ayent été rendus sur la requête des parties.

Mais cette réunion isolée ne présenteroit qu'une compilation informe, telle qu'elle est dans nombre de recueils, où toutes les matières sont confondues, où il n'existe aucune distinction entre la jurisprudence contentieuse, qui est du ressort du Conseil des parties, et l'administration, qui est de la compétence du Conseil des finances ; où enfin, pour la pluspart du tems, les réglements dont on peut avoir besoin sont ceux omis par le rédacteur.

Ce n'est donc qu'en classant les différentes matières, en établissant les principes d'après les réglements constitutifs, en y joignant ceux rendus pour maintenir ces réglements fondamentaux ou les interpréter, que l'on peut tirer un avantage réel de ce qui ne seroit qu'une simple nomenclature.

Le plan que les secrétaires des finances ont adopté pour parvenir au travail consiste :

Dans un résumé sommaire de l'état du Conseil en général, sous les anciens règnes ;

La distinction des diférens Conseils;
L'établissement du Conseil des finances;
Ses variations;
Son état actuel;
Les personnes qui le composent;
Les matières qui s'y traitent;
L'ordre d'y procéder;
La formule des procédures;
La forme des jugements;
Ce qui concerne l'expédition;
Le dépôt des minuttes;
Ce qui concerne les comptes, rôles, résultats, et tout ce qui émane du Conseil;
La formule des actes de greffe;
Les abus résultans de l'inexécution des réglements;
Les moyens d'y remédier.

Cette première division entraîne une infinité de branches, ou de subdivisions, dont le détail est inutile, mais qu'il est facile d'apercevoir.

Le dévelopement de ces divisions et subdivisions formera autant de sections, dans lesquelles on relatera la datte des réglements qui y auront raport, et composeront le recueil auquel on aura recours, lorsqu'il sera question de consulter les pièces.

Ce recueil contiendra les réglements imprimés relatifs à chaque section.

A l'égard de ceux qui n'ont point été soumis à l'impression, comme la majeure partie consiste en des minuttes dont les secrétaires des finances ne peuvent se dessaisir, ils en remettront la notice ou même une copie en papier libre, suivant qu'il sera jugé convenable.

Tel est le plan du travail dont les secrétaires des finances offrent l'homage à Monseigneur le Garde des sceaux, dans le désir de concourir à ses sages intentions, pour maintenir l'ordre et procurer le bien public [1].

(Collection Moreau, n° 1097, fol. 127.)

[1] « Le 21 février, Mgr a écrit à M. de Montarau pour lui annoncer qu'il avoit accepté son plan. »

19

LETTRE DE LE BRUN, DÉPUTÉ, AU GARDE DES SCEAUX.

28 novembre 1789.

Je croyois, Monsieur, que les questions que j'avois eu l'honneur de vous faire, relativement au dépôt confié à M. Moreau, étoient assez précises et assez déterminées pour être résolues.

Je vais vous les répéter et je vous prie de vouloir bien y répondre le plus promtement qu'il vous sera possible :

1° A quelle époque remonte la collection des copies de chartes que le dépôt renferme?

2° Combien de chartes rassemblées sous chaque siècle?

3° L'extrait et l'inventaire de ces chartes est-il fait ou du moins bien avancé?

4° Quels autres objets renferme le dépôt?

5° Combien chacun de ces objets renferme-t-il de volumes?

6° A combien a monté la dépense depuis l'origine de cet établissement?

7° Comment est distribuée la dépense annuelle?

8° Combien est-il dû sur cette dépense?

9° Combien y a-t-il de fonds dans la caisse?

10° Combien de commis et leurs appointemens?

J'ai l'honneur d'être, etc.

LE BRUN.

(Collection Moreau, n° 292, fol. 130.)

20

RÉPONSES AUX DIX QUESTIONS DE M. LE BRUN,

député de l'Assemblée nationale.

QUESTIONS.	RÉPONSES.
1° A quelle époque remonte la collection de copies des chartes que le dépôt renferme?	Elle date de l'origine de la monarchie et s'étend jusqu'au commencement du XVIIIe siècle.

QUESTIONS.	RÉPONSES.
2° Combien de chartes rassemblées sous chaque siècle?	On ne peut pas répondre, dans ce moment, à cette question d'une manière bien précise, mais on travaille tous les jours pour y satisfaire avec la plus grande exactitude, et, pour ne pas faire perdre au Comité des finances un tems précieux, on peut avancer :
1° Que le dépôt contient 400 cartons et plus in-f°, en forme de livres, et environ 50,000 chartes puisées dans 350 dépôts, dont on donnera la nomenclature, de laquelle on s'occupe.
2° Qu'il contient :
49 vol. in-4° manuscrits concernant l'histoire de la Franche-Comté, de la bibliothèque de M. Desnans ;
18 volumes in-4° d'ordonnances anciennes du Parlement de Bezançon [1] ;
44 vol. in-4° concernant l'histoire des Pays-Bas, avec 221 chartes originales reçues du dépôt des Affaires étrangères [2] ;
799 titres, tant en parchemin qu'en papier, soit originaux, soit copies, achetés du sieur Blondeau de Charnage.
3° L'extrait et l'inventaire de ces chartes est-il fini ou du moins bien avancé ?	Il y a plus de 41,000 pièces d'inventoriées.
4° Quels autres objets renferme le dépôt?	1° Le dépôt de législation, qui est une collection considérable et même complète des ordonnances, déclarations, édits, lettres patentes, etc.
2° 7 autres articles, compris dans l'état n° 1.
5° Combien chacun de ces objets renferme-t-il de volumes?	On a satisfait à cette question par l'état n° 1, auquel on a renvoyé ci-dessus.
6° A combien a monté la dépense depuis l'origine de cet établissement?	Le premier fonds, qui a formé le dépôt de législation créé sous M. de Silhouette, a été acheté en 1759 du sieur Prault, libraire, moyennant une somme de cinquante mille livres, cy... 50,000 ᴸᵗ
Ce dépôt s'est accru et complété depuis gratuitement par les fournitures de l'Imprimerie royale et des imprimeurs des Cours souveraines.

[1] Nᵒˢ 958-976 de la Collection Moreau. Le catalogue de ces soixante-sept volumes a été publié par M. Ulysse Robert dans son *Catalogue des manuscrits relatifs à la Franche-Comté*, p. 223-242.
[2] Nᵒˢ 1000-1043 et 1423-1426 de la Collection Moreau.

QUESTIONS.	RÉPONSES.
	Outre cette somme de cinquante mille livres, le Roi accorda pour le fonds du dépôt des chartres :
	1° Par un bon de 1762, une somme annuelle de 4,000 ͭͭ, qui ne fut payable qu'à dater du 1ᵉʳ janvier 1763, cy .... 4,000 ͭͭ
	2° Par un autre bon de 1764, une autre idem de .... 6,000 ͭͭ
	3° Par un autre bon de 1769, une autre idem de .... 6,000 ͭͭ
	4° Enfin par un autre bon de 1783, une autre idem de .... 1,200 ͭͭ
	Voy. l'état coté n° 2.
7° Comment est distribuée la dépense annuelle ?	
8° Combien est-il dû sur cette dépense ?	8,000 ͭͭ sur les 6 premiers mois de 1789, dont les ordonnances sont expédiées et signées par le Roi depuis le mois de juillet dernier, mais qui n'ont pas pu être passées en distribution ; plus les 6 mois qui écherront au 1ᵉʳ janvier prochain (voy. l'état ci-dessus).
	On peut ajouter qu'il est dû une somme de 2,500 ͭͭ, payable au mois de mai 1790, pour compléter celle de dix mille livres que l'assemblée générale du clergé de 1786 accorda, sur la prière de M. de Miroménil, comme secours extraordinaire pour hâter les progrès des recherches dans les provinces. Il a été convenu que cette somme seroit payée en 4 payements, d'année en année ; et c'est le dernier que nous avons à réclamer au mois de mai prochain.
9° Combien y a-t-il de fonds dans la caisse ?	Tant en argent comptant qu'en billets de la Caisse d'escompte, une somme de trois mille cent trente et une livres dix-neuf sols trois deniers, cy .... 3,131 ͭͭ 19ˢ 3ᵈ (on observe que cette somme est due en totalité).
	Plus un capital de cinquante cinq mille cinq cents livres en effets royaux mentionnés dans l'état n° 2, et dont on donnera la note détaillée, si c'est le vœu de l'Assemblée, cy .... 55,500 ͭͭ
10° Combien de commis et leurs appointements ?	Quatre commis.

APPOINTEMENTS.

Indépendamment des fonds dont il est parlé

QUESTIONS.	RÉPONSES.
	en réponse à la 6ᵉ question, il est payé annuellement au chef du bureau par le Trésor royal une somme de 17,000 ᵗᵗ, cy............ 17,000 ᵗᵗ

Sur cette somme :

Il paye 2,000 ᵗᵗ à M. de Valcourt, chargé de la correspondance et de tout ce qui regarde l'établissement, cy................ 2,000 ᵗᵗ

Plus il a été accordé à M. de Valcourt, après 14 ans de service, depuis le 1ᵉʳ janvier 1789, sur le revenu annuel compris dans l'état n° 2 et dont il est dépositaire, une somme de 900 ᵗᵗ, ci........................... 900 ᵗᵗ

Sur cette somme de 17,000 ᵗᵗ, le chef paye encore à M. Dufourneau, chargé de la recherche de toutes les matières de législation et de jurisprudence et de la composition des tables générales, une somme annuelle de 2,000 ᵗᵗ, cy... 2,000 ᵗᵗ

Plus il a été accordé à M. Dufourneau, par une décision de M. de Miroménil, à partir du 1ᵉʳ janvier 1787, un supplément d'appointements compris dans l'état n° 2, cy............ 1,200 ᵗᵗ

En sorte que, sur les 17,000 ᵗᵗ payées au chef de ce bureau, il ne lui reste plus que 13,000 ᵗᵗ, sur lesquelles il a encore des charges qu'on peut évaluer à cent pistoles par an.

M. Glier, chargé de la recherche et de l'inventaire des chartes, a, sur les fonds compris n° 2, 1,500 ᵗᵗ d'appointements, cy......... 1,500 ᵗᵗ

M. Hubert, chargé d'extraire des cartulaires de la Bibliothèque du Roi les chartes anciennes qui n'ont pas encore été imprimées, et de fournir à tous les gens de lettres occupés par les ordres du Roi des copies de toutes les pièces qu'ils nous demandent, a 1,200 ᵗᵗ d'appointements sur les mêmes fonds de l'état n° 2, cy...... 1,200 ᵗᵗ

(Collection Moreau, n° 292, fol. 142.)

21

RÉPONSE À LA 4ᵉ QUESTION DE M. LE BRUN.

Le dépôt de la Chancellerie renferme encore :

1° Une collection de registres de finances acquise par S. M. de M. Genée de Brochot, dont font partie plusieurs cartons contenant des papiers précieux, tels que des lettres écrites de la main de Louis XIV à Colbert.

Ces registres sont au nombre de.................. 38
Les cartons de........:......................... 9
                                                ──
                                                47

2° Un autre dépôt des finances, confié ci-devant à M. Mesnard de Conichard, a été réuni, l'été dernier, par M. Necker, à ceux des chartes et de législation. Il est très-considérable, puisque quatre chambres sont remplies de registres, liasses et cartons qui lui appartiennent [1].

Ce dépôt, qui appartient au Contrôle général, a été commencé par M. Desmarets [2]. L'inventaire forme deux volumes gros in-f°.

De ce dépôt font encore partie :

18 registres in-fol., tontines depuis 1760 à 1768;
12 registres des finances qui font suite à ceux de M. Genée de Brochot des années 1672, 1673 et 1674, 1677, 1678, 1679, 1680 et 1681;
10 in-fol., y compris la table des registres intitulés : Divers arrêts de 1666 à 1715;
6 autres volumes d'arrêts de 1718 à 1753;
33 vol. in-fol., intitulés : Lettres Desmarets, de 1704 à 1722;
43 vol. intitulés : Conseil royal des finances;
5 vol. intitulés : Mémoires au Roi, de 1723 à 1726; en marge sont les décisions qui y sont intervenues.
───
127

Enfin une foule de registres de correspondance de différents Ministres.

3° La bibliothèque de M. de Sainte-Palaye, acquise par Sa Majesté en 1765 pour la partie d'histoire et de droit public :

---

[1] Ce dépôt a été cédé par la Bibliothèque aux Archives nationales en 1862.
[2] Contrôleur général de 1708 à 1715.

LIVRES.

In-folio	517
In-4°	720
In-12	1,925
	3,162

MANUSCRITS.

Antiquités françoises	26 in-f°
Géographie	22
Noms propres françois	9
Matières diverses	2
Glossaire provençal	14
Extraits de troubadours	53
	126 vol.

4° La bibliothèque du chef de l'établissement, de laquelle il a fait don au Roi pour ce qui concerne l'histoire et le droit public, et qu'on peut apprécier de 1,200 à 1,500 volumes.

5° Le dépôt de pièces relatives à l'histoire générale de Bourgogne, dont l'inventaire se trouve dans la Bibliothèque historique de France, de registres du Parlement de la même province, et d'autres registres des baillages de Bourgogne, Bresse et Franche-Comté.

Ce dépôt nous a été donné par M. de Paulmy, en échange de la collection des poëtes et fabliaux de M. de Sainte-Palaye [1].

Portefeuilles	89
Registres	41
	130

6° La collection des registres du Parlement, acquise par S. M. de MM. les Maîtres des requêtes, au nombre de 222 volumes in-folio, plus 28 volumes qui en font la suite, mais qui appartenoient aux dépôts de la Chancellerie, cy.. 250.

7° Une copie des *Olim* et des *Judicata*, faite avec le plus grand soin sur les originaux au Palais et dont la dépense est prise sur les fonds même du dépôt, dont l'état sera à l'appui de nos réponses. Cette collection doit aller jusqu'en 1364 et contient actuellement, cy........ 43 volumes in-folio.

(Collection Moreau, n° 292, fol. 140.)

[1] Voyez plus haut, p. 154-155.

22

ÉTAT DES FONDS QUI FORMENT LE REVENU ANNUEL DESTINÉ PAR LE ROI AUX RECHERCHES DU DÉPÔT DES CHARTES ATTACHÉ À LA CHANCELLERIE ET AUX TRAVAUX LITTÉRAIRES DONT IL EST LE CENTRE, SAVOIR :

FONDS VERSÉS ANNUELLEMENT PAR LE TRÉSOR ROYAL DANS LA CAISSE DES CHARTES.

1° Une somme de 10,000 ₶, destinée aux frais de recherches dans tout le Royaume des monumens relatifs à l'histoire et au droit public, laquelle se paye de six mois en six mois, sur des ordonnances expédiées au nom du sieur Valcourt, dans les bureaux du Ministre de la maison du Roi, cy. . . . . 10,000 ₶

2° Une autre somme de 6,000 ₶, également payable de six mois en six mois sur des ordonnances expédiées au nom du sieur Phlipault et destinée au loyer de la maison occupée par les dépôts de la Chancellerie, ... 6,000 ₶

N. B. Les six premiers mois 1789 de ces deux articles sont dus.

N. B. On doit observer que le loyer est de 7,000 ₶, mais que, par un bon du Roi, il a été ordonné qu'il seroit pris tous les ans une somme de 1,000 ₶ sur les 10,000 ₶ ci-dessus mentionées.

3° Enfin une somme de 1,200 ₶,

A reporter. . . . . 16,000 ₶

Report. . . . . 16,000 ₶
accordée autrefois pour la collection des historiens de France et qui, par un bon du Roy du 10 may 1783, a été réunie aux fonds ci-dessus, depuis que la congrégation de Saint-Maur a voulu se charger seule des frais de cette édition. Cette somme est payable de six mois en six mois sur des ordonnances de finance expédiées au nom du sieur de Valcourt, cy. . . . . 1,200 ₶

Total annuel des fonds payés par le Roi aux dépôts de la Chancellerie. . . . . 17,200 ₶

A cette somme de 17,200 ₶ on doit ajouter celle de 2,687 ₶ 10^s, produit d'anciennes économies placées, en vertu d'un bon du Roi, en effets royaux qui représentent un capital de 55,500 ₶. . . . . 2,687 ₶ 10^s

Total du revenu annuel. . . 19,887 ₶ 10^s

TRAITEMENS PAYÉS DIRECTEMENT PAR LE TRÉSOR ROYAL À DIFFÉRENS GENS DE LETTRES.

A M. de Bréquigny :
1° Pour la table chronologique des chartes imprimées. . . . 3,000 ₶
2° Pour l'édition de la collection générale des chartes et diplômes concernant l'histoire de France, puisés dans nos dépôts. 2,400
3° Pour le recueil des ordonnances du Louvre. . . 6,000
4° Pour le catalogue des titres qu'il a raportés de la Tour de Londres. 6,000
} 17,400 ₶

A M. du Theil :
Pour adjonction à M. de Bréquigny,

A reporter. . . . . 17,400 ₶

Report. . . . . 17,400 ₶
pour l'édition de la collection générale des chartes, dont M. du Theil a obtenu la survivance, avec un traitement de 4,500 ₶ à joindre à celui de 1,500 ₶ dont il jouit actuellement. . 1,500

A M. Mouchet :
Pour le Glossaire françois. 2,000

N. B. Il a la survivance de M. de Bréquigny, pour l'édition de la table chronologique des chartes imprimées.

M. Dufourneau a celle des ordonnances du Louvre.

20,900

(Collection Moreau, n° 292, fol. 146.)

23

ÉTAT DE L'ARRIÉRÉ DÛ AU DÉPARTEMENT DU DÉPÔT DES CHARTRES ET DE LÉGISLATION.

SIX PREMIERS MOIS DE 1789.

En juin 1789, il a été expédié trois ordonnances formant ensemble une somme de huit mille six cent livres qui étoient dues pour ce semestre :

Savoir :

La première, expédiée en finance au nom du sʳ de Valcourt, de la somme de six cent livres pour les six premiers mois 1789, de celle de 1,200 ᵗᵗ anciennement destinée à la collection des historiens de France, mais réunie aux fonds du dépôt des chartes par un bon du Roi du 10 mai 1783, cy.................................... 600 ᵗᵗ

La deuxième, expédiée dans les bureaux de M. de Villedeuil, au nom du sʳ de Valcourt, de la somme de 5,000 ᵗᵗ pour les mêmes six mois, de celle de 10,000 ᵗᵗ destinée annuellement aux frais de recherches de la collection des chartes, cy.. 5,000

La troisième, aussi expédiée dans les bureaux de M. de Villedeuil, au nom du sʳ Phlipault, de la somme de 3,000 ᵗᵗ pour les mêmes six mois, de celle de 6,000 ᵗᵗ destinée au loyer de la maison occupée par le dépôt, cy........ 3,000

        Total des ordonnances des six premiers mois 1789...... 8,600 ᵗᵗ

Sur cette somme de 8,600 ᵗᵗ on a payé,

Savoir :

Le 27 juillet 1789, le montant de l'ordonnance de 600 ᵗᵗ, cy..... 600

Le 16 février 1790, la somme de deux mille livres, à compte de l'ordonnance de 5,000 ᵗᵗ, cy.................................... 2,000 } 3,600 ᵗᵗ

Le même jour, la somme de mille livres, à compte de l'ordonnance de 3,000 ᵗᵗ, cy... 1,000

    Partant reste dû, sur les six premiers mois 1789, la somme de...... 5,000 ᵗᵗ

SIX DERNIERS MOIS 1789.

Trois semblables ordonnances pour ce semestre sont expédiées dans les bureaux des Ministres, mais non encore signées par le Roi : elles forment, comme ci-dessus, la somme de huit mille six cent livres due en totalité, cy...... 8,600

    Total de l'arriéré du département du dépôt des chartes et de législation.. 13,600 ᵗᵗ

(Collection Moreau, n° 292, fol. 148.)

24

ÉTAT DE L'ARRIÉRÉ DÛ AUX DIFFÉRENTES PERSONNES QUI TIENNENT AU DÉPARTEMENT DU DÉPÔT DES CHARTES ET DE LÉGISLATION, SAVOIR :

M. de Bréquigny a de traitemens (1789) :

1° Pour travail sur le domaine, c'est-à-dire la table chronologique des chartes imprimées, cy.	6,000 ₶
2° Pour la collection des ordonnances du Louvre, cy.	6,000
3° Pour appointemens de commis, cy.	3,000
4° Pour augmentation d'appointemens, cy.	2,400
	17,400
Il a reçu 3,000 ₶ à compte : c'est-à-dire pour les six premiers mois 1789 de la collection des ordonnances, cy.	3,000
Partant, reste dû à M. de Bréquigny sur 1789, cy.	14,400

M. Mouchet (1789) :

Il lui est dû en totalité l'ordonnance de cette année pour la composition du Glossaire françois, cy............ 2,000

M. La Porte du Theil (1789) :

Il lui est dû 750 ₶, pour les six derniers mois de cette année, des 1,500 ₶ dont il jouit comme adjoint à M. de Bréquigny pour l'édition de la collection générale des chartes, cy............ 750

M. Godefroy, à Lille (1787-1788-1789) :

Il lui est dû neuf mille livres pour les trois années cy-contre de ses appointemens, à raison de 3,000 ₶ par an, en sa qualité de garde des archives de l'ancienne Chambre des comptes de Lille, payés par le Trésor royal, cy............ 9,000

Il lui est dû par l'administration des domaines deux mille livres pour le traitement de cette année (1789) attribué à la rédaction de l'inventaire général des chartes des anciens comtes de Flandre, cy.. 2,000

} 11,000

Total de l'arriéré dû aux personnes qui tienent au département du dépôt des chartes et de législation............ 28,150 ₶

M. Moreau (1789) :

Une ordonnance de 2,000 ₶ pour les six premiers mois de cette année de la gratification annuelle dont il jouit pour son ouvrage sur l'histoire et le droit public, cy............ 2,000

30,150 ₶

(Collection Moreau, n° 292, fol. 152.)

TABLE DES DOCUMENTS.

PREMIÈRE PARTIE.

BIBLIOTHÈQUE DES FINANCES.

1759.

                                                                            Pages.

1. Mémoire de Moreau sur la formation d'un cabinet de législation au Contrôle général des finances (mai 1759)... 3
2. Arrêt du Conseil portant rétablissement de la place et des fonctions d'avocat des finances (31 octobre 1759)... 6
3. Mémoire de Moreau sur la bibliothèque des finances (1761)............. 7
4. État sommaire de la bibliothèque des finances (février 1762)............ 11
5. Arrêt du Conseil qui confère à Moreau le titre de garde des archives et bibliothèque des finances (8 décembre 1763)................................ 16
6. Arrêt du Conseil qui prescrit le transfert de la bibliothèque des finances à la Bibliothèque du Roi et nomme deux avocats des finances (18 janvier 1764). 17
7. Arrêt du Conseil qui place la bibliothèque des finances sous l'inspection et la surveillance de Bignon, bibliothécaire du Roi (27 janvier 1764)........ 19
8. Mémoire de Moreau sur les fonctions d'avocat des finances............. 20
9. Mémoire du Contrôleur général sur l'envoi des imprimés des Cours souveraines au dépôt des finances et à la Bibliothèque du Roi (1764)............. 23
10. État de la bibliothèque des finances depuis son transfert à la Bibliothèque du Roi.. 25

DEUXIÈME PARTIE.

CABINET DES CHARTES.

1762.

I

DOCUMENTS GÉNÉRAUX RELATIFS AU CABINET DES CHARTES.

Pages.

1. Mémoire de Moreau sur la formation d'un dépôt de droit public et d'histoire (1762) 29
2. Appel adressé aux Bénédictins de la congrégation de Saint-Maur 33
3. Lettre des religieux de la congrégation de Saint-Maur à Bertin (27 juillet 1762). 34
4. Mémoire de Moreau sur la formation d'un dépôt général des chartes (12 août 1762) 37
5. Observations de Bertin sur le mémoire de Moreau (13 août 1762) 41
6. Réponse de Moreau aux observations de Bertin (14 août 1762) 44
7. Projet d'arrêt du Conseil relatif à la préparation d'un recueil général des chartes du royaume 48
8. Lettre de Bertin aux religieux de la congrégation de Saint-Maur (30 septembre 1762) 52
9. Lettre du P. Général de la congrégation de Saint-Maur à Moreau (14 décembre 1762) 54
10. Lettre de Bréquigny à Bertin (15 décembre 1762) 55
11. Lettre de Bertin à Moreau (1763) 56
12. Lettre de Bertin à Bréquigny 57
13. Projet d'instruction pour les Bénédictins et autres savants chargés de la collection des chartes 58
14. Circulaire de Moreau aux religieux de la congrégation de Saint-Maur (9 juillet 1763) 60
15. Bon du Roi qui autorise le paiement des dépenses effectuées par les Bénédictins pour le travail des chartes pendant l'année 1763 (janvier 1764) 62
16. Instruction sur les recherches des chartes manuscrites (14 mai 1764) 63
17. Circulaire de Moreau aux Bénédictins chargés de travailler à la collection des chartes (14 mai 1764) 67

	Pages
18. Observations de religieux de la congrégation de Saint-Maur sur le projet de collection de chartes.	68
19. Mémoire du P. Jacquier sur les documents relatifs à l'histoire de France renfermés dans les archives du Vatican (12 septembre 1764).	70
20. Mémoire de Moreau sur la nécessité d'augmenter les fonds affectés au travail de la collection des chartes (1764).	72
21. Mémoire de Moreau sur la formation du dépôt général des chartes (fin de 1764).	
22. Circulaire aux Bénédictins occupés à la recherche des chartes (12 janvier 1765).	86
23. Circulaire de Moreau aux religieux de la congrégation de Saint-Maur (20 janvier 1765).	86
24. Instruction pour les Bénédictins de la congrégation de Saint-Maur occupés aux différentes histoires des provinces (21 janvier 1765).	87
25. Prospectus de travail pour les savants chargés de dresser un état des dépôts.	88
26. Circulaire aux Intendants des provinces pour leur demander de favoriser le développement du dépôt des chartes (25 janvier 1765).	91
27. Mémoire de Moreau sur la formation d'une société littéraire (du 5 janvier au 31 février 1765).	93
28. Projet d'arrêt du Conseil relatif à la création d'un bureau littéraire	97
29. Lettre de Bertin au P. Général de la congrégation de Saint-Maur (Compiègne, 14 décembre 1766).	100
30. Lettre de Bertin au P. Général de la congrégation de Saint-Maur (14 décembre 1766).	102
31. Lettre du P. Général de la congrégation de Saint-Maur à Bertin (18 décembre 1766).	103
32. Circulaire aux Procureurs généraux des Chambres des comptes (août 1767).	105
33. Rapport de Moreau sur le plan et l'exécution de la collection des chartes (1768).	106
34. Lettre de Bertin à l'évêque d'Orléans chargé de la feuille des bénéfices (13 novembre 1768).	111
35. Circulaire aux Intendants des provinces (17 mars 1769).	113
36. Lettre de Bertin à l'Intendant de Metz (28 mai 1769).	115
37. Lettre de Bertin au Procureur général de la Chambre des comptes de Paris (28 mai 1769).	115
38. Bon du Roi pour la location d'une maison destinée au logement du dépôt des chartes (12 décembre 1769).	116
39. Circulaire aux Procureurs généraux des Chambres des comptes (janvier 1770).	118
40. Extraits des mémoires sur les progrès de la collection des chartes, tirés des états dressés pour le travail du Roi (de 1764 à 1770).	118

	Pages.
41. Lettre de Bertin au duc de la Vrillière (10 novembre 1770)............	132
42. Lettre de Bertin à Bignon, bibliothécaire du Roi (novembre 1770).......	132
43. Réponse du duc de la Vrillière à Bertin (15 novembre 1770)...........	133
44. Lettre de Bertin à dom Turpin et dom Hermant (30 juin 1771)..........	134
45. Lettre de Bertin à Bignon (30 juin 1771)...........................	135
46. Rapport de Moreau au Comité sur l'état et les progrès de la collection des chartes (mars 1774)..	136
47. Mémoire de Bertin à Louis XVI sur les dépôts et collections de chartes et les travaux qui en dépendent (1774)...................................	145
48. Lettre de Bertin au P. Général des Bénédictins de la congrégation de Saint-Maur (27 août 1774)...	147
49. Mémoire de dom Berthod sur les Bénédictins de la congrégation de Saint-Vanne (1775)...	148
50. Lettre de Bertin à l'archevêque de Toulouse (19 avril 1775).............	149
51. Lettre de Bertin au P. Supérieur général de la congrégation de Saint-Vanne.	151
52. Réponse du Président de la congrégation de Saint-Vanne à Bertin (Nancy, le 6 mai 1775)...	152
53. Circulaire de Moreau aux membres de la conférence des chartes (18 janvier 1780)..	153
54. Mémoire sur un échange de documents proposé par M. de Paulmy avec le dépôt des chartes (11 mai 1780)....................................	154
55. Lettre de Bertin à Bignon...	156
56. Lettre de Bertin à Bignon (1ᵉʳ juillet 1780)..........................	157
57. Rapport de Moreau au Comité sur l'état et les progrès du travail des chartes (28 novembre 1780)...	158
58. Extraits des procès-verbaux des séances de la conférence des chartes (28 novembre 1780-31 janvier 1781)....................................	170

II

DOCUMENTS RELATIFS AUX TRAVAUX MANUSCRITS DU CABINET DES CHARTES.

I

MISSION DE BRÉQUIGNY À LONDRES.

1. Premier mémoire de Bréquigny sur le travail à faire pour le recouvrement des pièces concernant la France qui se trouvent dans le dépôt de l'Échiquier (1764)...	177
2. Note de Moreau à Bertin sur la mission de Bréquigny à Londres (3 mai 1764).	181

	Pages.
3. Lettre de Bréquigny à Bertin (Londres, le 29 mai 1764)...............	182
4. Lettre de Bréquigny à Bertin (Londres, le 22 juillet 1764).............	183
5. Réponse de Bertin à Bréquigny (Paris, le 12 août 1764)................	184
6. Lettre de Bertin au duc de Praslin (août 1764).......................	186
7. Lettre de Bréquigny à Bertin (5 septembre 1764)....................	186
8. Mémoire de Bréquigny sur les titres déposés à l'Échiquier.............	189
9. Arrêt du Conseil qui commet Bréquigny pour collationner aux originaux les titres transcrits en Angleterre (26 août 1765).........................	193
10. Lettre de Bréquigny à Bertin (Londres, le 8 octobre 1765)..............	194
11. Accord relatif à la transcription des documents (16 octobre 1765)........	197
12. Mémoire de Bréquigny à Bertin sur l'état actuel des recherches dans les archives de Londres (janvier 1766)...................................	197
13. Mémoire sur les recherches relatives à l'histoire de France, par Bréquigny..	199
14. Lettre de Bertin à Bréquigny (28 mars 1768).........................	211
15. Mémoire de Bréquigny sur l'utilité des pièces recueillies à Londres (1768)...	212
16. Mémoire sur le travail concernant les pièces rapportées de Londres par Bréquigny (8 septembre 1787)..	217

II

CHOIX DE DOCUMENTS RELATIFS AUX RECHERCHES FAITES OU À FAIRE DANS LES PROVINCES ET À L'ÉTRANGER.

1. Lettre de dom Le Noir à Moreau (Rouen, 20 novembre 1764)...........	220
2. Lettre de dom Col à Moreau (Limoges, 11 avril 1765)..................	221
3. Lettre de dom Col à Moreau (Limoges, 6 mai 1765)...................	222
4. Lettre de dom Col à Moreau (Meymac, 31 août 1768).................	224
5. Lettre de Droz à Moreau (Besançon, 2 février 1769)..................	226
6. Lettre de dom Le Noir à Moreau (5 février 1769).....................	226
7. Lettre de Leydet à Bertin (Pau, 30 juin 1772)........................	231
8. Réponse de Bertin à Leydet (16 juillet 1772).........................	234
9. Lettre de Droz à Moreau (Besançon, 17 mars 1774)...................	235
10. Demande de mission en Belgique, par dom Berthod....................	237
11. Instruction pour dom Berthod à l'occasion de sa mission littéraire en Belgique (septembre 1774)...	238
12. Mémoire de dom Berthod sur un projet de second voyage en Belgique (15 mai 1775)..	239
13. Requête présentée au Roi par l'abbé de Saint-Bertin (mai 1775)..........	240

14. Arrêt du Conseil prescrivant l'exécution d'une copie authentique et dûment collationnée des chartes de l'abbaye de Saint-Bertin (26 mai 1775) 241
15. Lettre de Bertin à l'archevêque de Toulouse (2 juillet 1775)............ 245
16. Lettre du Garde des sceaux à dom Berthod (1781).................... 246
17. Réponse de dom Berthod au Garde des sceaux (Morey, 4 juin 1781)...... 247
18. Lettre de Bertin au grand doyen du chapitre d'Aix-la-Chapelle........... 248
19. Note sur la copie des chartes des rois de France renfermées dans les archives du chapitre d'Aix-la-Chapelle..................................... 249
20. Lettre de D. Dewitte au Garde des sceaux (7 août 1782)............... 250
21. Lettre des Supérieurs majeurs de la congrégation de Saint-Vanne au Garde des sceaux (15 avril 1784)...................................... 251
22. Lettre de dom Colloz au Garde des sceaux (8 novembre 1784)........... 252
23. Lettre du P. Général de la congrégation de Saint-Vanne au Garde des sceaux (Novy, 12 janvier 1785).. 254
24. Mémoire sur les dépôts d'archives qui peuvent être consultés par la congrégation de Saint-Vanne... 255
25. Lettre de dom Poirier à Moreau (12 juin 1789)...................... 256
26. Lettre de Godefroy au Garde des sceaux (Lille, 4 octobre 1789).......... 257

III
TRÉSOR DES CHARTES.

1. Lettre de Villevault à Bertin (16 août 1762)........................ 259
2. Lettre d'Omer Joly de Fleury à Bertin (4 septembre 1762)............. 260
3. Mémoire concernant le dépôt du Trésor des chartes et le travail des commissaires sur les titres de ce dépôt................................. 260
4. Lettre de Bertin à Omer Joly de Fleury (avril 1770)................... 266
5. Mémoire de Moreau à Bertin sur un projet de copie du Trésor des chartes (1778). 267
6. Mémoire du Garde des sceaux sur un projet de copie du Trésor des chartes (après juillet 1783)... 269
7. Extrait d'un rapport de Moreau sur l'état des travaux littéraires (7 mars 1788). 271

IV
REGISTRES DU PARLEMENT.

1. Mémoire sur la copie des registres du Parlement de Paris, connus sous le nom d'*Olim* (1771).. 272
2. Rapport de Bertin au Roi... 273
3. Mémoire de Moreau sur la copie du premier volume des registres *Olim*..... 273

4. Articles convenus entre Moreau et Chevreuil pour la copie des volumes II, III et IV des registres *Olim* (27 avril 1777).................................... 275
5. Lettre de Moreau à Bertin (24 septembre 1777)........................ 276
6. Lettre de Chevreuil à Bertin (24 avril 1779)........................... 277
7. Lettre de Bertin à Chevreuil (19 mai 1779)............................ 279
8. Articles convenus entre Moreau et Chevreuil pour la copie des registres *Judicata* (2 juillet 1779)... 281
9. Mémoire de Bertin concernant un projet de travail sur les *Rouleaux* du Parlement de Paris (septembre 1779).. 282
10. Lettre de Moreau à Pitorre (27 septembre 1779)...................... 282

V

NOTICE DES GAULES.

1. Lettre de Bertin à dom Lièble (29 décembre 1766)..................... 285
2. Réponse de dom Lièble à Bertin (19 janvier 1767)..................... 285

III

DOCUMENTS RELATIFS AUX PUBLICATIONS CONTINUÉES OU ENTREPRISES PAR LE COMITÉ DES CHARTES.

I

ORDONNANCES DES ROIS DE FRANCE.

1. Lettre de Bréquigny à Bertin (27 novembre 1766)..................... 288
2. Lettre de Lambert, conseiller d'État, à Bréquigny (17 mai 1786)....... 289
3. Mémoire de Bréquigny sur le recueil des Ordonnances (8 septembre 1787). 290

II

RECUEIL DES HISTORIENS DE FRANCE ET ART DE VÉRIFIER LES DATES.

1. Lettre de dom Housseau à Bréquigny (4 .... 1762).................... 292
2. Articles arrêtés dans la conférence tenue chez M. le chancelier de Maupeou, concernant le Recueil des historiens de France et celui des Croisades (12 juin 1769).. 293
3. Observations présentées par dom Poirier, au sujet du Recueil des historiens de France, dans la conférence tenue chez M. le chancelier de Maupeou (12 juin 1769).. 295
4. Placet du Supérieur général de la congrégation de Saint-Maur au Garde des sceaux (5 août 1769)... 297

5. Lettre de dom Berthereau au Garde des sceaux (19 octobre 1769)	299
6. Lettre de dom Boudier au Garde des sceaux (14 décembre 1769)	302
7. Lettre de dom Clément au Garde des sceaux (16 juillet 1787)	303
8. Extrait d'un rapport de Moreau sur l'état des travaux littéraires (1er mars 1788).	304

III

TABLE CHRONOLOGIQUE DES CHARTES ET DIPLÔMES.

1. Mémoire de Bréquigny sur l'état et les progrès de la table des titres imprimés relatifs à l'histoire de France (1763)	306
2. Réponse de Bertin à Bréquigny (après le 5 septembre 1764)............	308
3. Lettre de Bréquigny à Bertin (Londres, le 30 octobre 1764)	309
4. Lettre de Bréquigny à Bertin (1765)...............................	310
5. Lettre de Mouchet à Bertin (16 juin 1765).........................	312
6. Lettre de Bréquigny à Bertin (Londres, le 6 juillet 1765)..............	313
7. Mémoire de Bréquigny sur la revision de la table chronologique des titres imprimés	314
8. Mémoire de Mouchet sur la revision de la table manuscrite des titres imprimés (14 octobre 1765)..	315
9. Lettre de Bertin à Bréquigny (18 novembre 1765)....................	317
10. Lettre de Bréquigny à Bertin (18 décembre 1766)....................	318
11. Lettre de Bréquigny à Bertin (3 novembre 1768)....................	319
12. Mémoire de Bréquigny sur la table chronologique des chartes imprimées relatives à l'histoire de France (8 septembre 1787)...................	320

IV

DIPLOMATA, CHARTÆ, ETC.

1. Questions à discuter relativement au projet d'une collection générale des chartes concernant l'histoire de France (1780).........................	322
2. Mémoire de Bréquigny sur la collection des chartes concernant l'histoire de France	325
3. Mémoire de Bréquigny sur la préparation du Rymer français	327
4. Observations des Bénédictins sur la préparation du Rymer français........	330
5. Lettre du Garde des sceaux à La Porte du Theil (4 février 1782)........	334
6. Observations de Bréquigny sur les décisions prises par le comité des chartes au sujet de la collection des diplômes et chartes relatifs à l'histoire de France (3 juillet 1782)..	335

		Pages.
7.	Communication de Bréquigny au comité des chartes (17 juillet 1782).	337
8.	Observations de dom Grenier au sujet du prospectus de la collection des chartes.	338
9.	Projet de prospectus de dom Grenier pour la collection des chartes.	339
10.	Extrait d'un rapport de Moreau sur l'état des travaux littéraires (1ᵉʳ mars 1788).	340
11.	Mémoire de Bréquigny sur l'édition de la collection générale des chartes relatives à l'histoire de France (19 novembre 1788).	341
12.	Mémoire de Moreau sur le premier volume de la collection générale des chartes relatives à l'histoire de France (décembre 1788).	342

V

LETTRES DES PAPES.

1.	Mémoire de Bréquigny sur les documents relatifs à l'histoire de France, conservés dans les archives et bibliothèques de Rome (novembre 1773).	346
2.	Lettre de Bertin au cardinal de Bernis (7 novembre 1773).	348
3.	Réponse du cardinal de Bernis à Bertin (Rome, 1ᵉʳ décembre 1773).	348
4.	Mémoire sur les bibliothèques et archives de Rome.	349
5.	Lettre de Bertin au cardinal de Bernis (25 juin 1774).	350
6.	Observations de Bréquigny sur la manière de procéder dans les recherches de pièces historiques à Rome (juin 1774).	351
7.	Réponse du cardinal de Bernis à Bertin (Rome, 10 août 1774).	353
8.	Extrait d'une lettre de La Porte du Theil à Bréquigny (1ᵉʳ février 1777).	355
9.	Extrait d'une lettre de La Porte du Theil à Bréquigny (4 juin 1777).	356
10.	Exposé des recherches littéraires relatives à l'histoire de France faites à Rome, par l'ordre et sous la direction de M. Bertin, Ministre et Secrétaire d'État, ensuite de M. le Garde des sceaux, depuis le mois d'octobre 1776 jusqu'au mois d'août 1782, par M. de la Porte du Theil.	358
11.	Plan à suivre pour l'édition des lettres d'Innocent III (23 octobre 1786).	378
12.	Extrait d'un rapport de Moreau sur les travaux littéraires (1ᵉʳ mars 1788).	380

VI

COLLECTION DES CONCILES DES GAULES.

1.	Lettre de dom Labbat à Bréquigny (12 août 1780).	382
2.	Mémoire sur une nouvelle collection des conciles de France.	383
3.	Lettre de dom Labbat au Garde des sceaux (17 juillet 1787).	386
4.	Extrait d'un rapport de Moreau sur l'état des travaux littéraires (1ᵉʳ mars 1788).	388

TROISIÈME PARTIE.

BIBLIOTHÈQUE DE LÉGISLATION, HISTOIRE ET DROIT PUBLIC.

1781.

Pages.

1. Arrêt du Conseil qui réunit la bibliothèque des finances et le dépôt des chartes, et les attache à la Chancellerie de France, sous le titre de bibliothèque et dépôt de législation, histoire et droit public (3 mars 1781).... 391
2. Circulaire aux Procureurs généraux des Cours supérieures (14 février 1782). 395
3. Lettre du Garde des sceaux à Joly de Fleury, contrôleur des finances (17 juillet 1782).. 396
4. Mémoire de Moreau sur le dépôt de législation, en réponse aux prétentions du Contrôleur général, qui le revendiquait pour le Contrôle des finances (septembre 1782)... 397
5. Projet d'arrêt du Conseil relatif aux dépenses des travaux littéraires (1782 ou 1783)... 400
6. Lettre de Calonne, contrôleur général, à Moreau (11 février 1784)....... 402
7. Mémoire du Garde des sceaux sur le fonds d'encouragement destiné par l'assemblée du Clergé aux travaux d'histoire ecclésiastique (juin 1784)..... 403
8. Extraits d'un mémoire de Moreau sur l'objet et la destination des dépôts attachés soit à la Chancellerie, soit au Contrôle général des finances (avril 1786)... 404
9. Projet d'arrêt du Conseil relatif à la formation d'un cabinet de législation, d'histoire et de droit public, comprenant le dépôt de droit public et le dépôt des chartes (1786).. 413
10. Bon du Roi qui autorise le transfert de la collection de législation à la bibliothèque de la Chancellerie (13 août 1786)............................ 417
11. Extrait des procès-verbaux des séances de l'assemblée du Clergé de France, mettant à la disposition du Garde des sceaux une somme de dix mille livres destinée à encourager les recherches historiques (séance du 9 septembre 1786).. 418
12. Mémoire de Moreau sur la rédaction des tables de la bibliothèque de législation (9 décembre 1786)... 419

	Pages.
13. État des fonds affectés annuellement aux recherches et aux travaux littéraires du dépôt des chartes et de législation.............................	423
14. Mémoire de Moreau sur les acquisitions nécessaires au dépôt de législation (27 octobre 1787)...	424
15. Mémoire adressé par Moreau au Garde des sceaux sur le dépôt de législation (1788)...	425
16. État du département de Moreau (27 septembre 1788)..................	429
17. Arrêt du Conseil d'État du Roi qui attache irrévocablement à la Chancellerie une bibliothèque de législation, administration, histoire et droit public, règle la destination, pourvoit à l'entretien et aux accroissements de ladite bibliothèque, et en assure la communication à tous les départements des Ministres de Sa Majesté (10 octobre 1788).......................	431
18. Plan du travail proposé par les secrétaires des finances (4 février 1789)....	437
19. Lettre de Le Brun, député, au Garde des sceaux (28 novembre 1789).....	439
20. Réponses aux dix questions de M. Le Brun, député de l'Assemblée nationale.	439
21. Réponse à la quatrième question de M. Le Brun.....................	443
22. État des fonds qui forment le revenu annuel destiné par le roi aux recherches du dépôt des chartes attaché à la Chancellerie et aux travaux littéraires dont il est le centre..	445
23. État de l'arriéré dû au département du dépôt des chartes et de législation...	446
24. État de l'arriéré dû aux différentes personnes qui tiennent au département du dépôt des chartes et de législation...............................	447

TABLE ALPHABÉTIQUE.

A

Académie française, 54, 241, 331.
Académie des inscriptions et belles-lettres, 31, 33, 40, 50, 51, 99, 216, 241, 287, 331, 372, 374, 375, 376, 406.
Académies, 407. Voir Besançon, Bruxelles.
Acheri (Dom Jean-Luc **d'**), 337, 361, 374.
Adroald, seigneur de Sithieu, fondateur de l'abbaye de Saint-Bertin, 250.
Afferté-sur-Aube (*L'*). Voir Ferté-sur-Aube.
Afforty, doyen de Saint-Rieule de Senlis, correspondant du dépôt des chartes, 339, 412, notes.
Agde (Évêque d'). Voir Saint-Simon de Sandricourt.
Agdrico rege, 171, 172.
Aguesseau (Le chancelier **d'**), 106, 111, 112, 128, 290, 340; — ses œuvres, 22; — projette la publication du *Recueil des historiens de France*, 160, 161, 213, 298. — Conférences tenues chez lui pour ce travail, 297, 333, 396.
Aguesseau (Henri-Cardin-Jean-Baptiste, comte **d'**) projette et fait exécuter l'inventaire des registres du Trésor des chartes, 262, 263, 271, 272.
Aiguillon (Armand **de Vignerot du Plessis de Richelieu**, duc **d'**), ministre des affaires étrangères, 349.
Aix-la-Chapelle (Chartrier du chapitre d'), 247, 249; — projet de copie des titres concernant la France, 248, 249; — lettre de Bertin au grand doyen du chapitre, 248.
Albani (Le cardinal), bibliothécaire en chef du Vatican, 355, 376.
Albret (Maison **d'**), 232.
Alby (Évêque **d'**). Voir Bernard de Castagnet.
Alcuin (Lettres d'), 202.
Alembert (**D'**), 169.
Alençon (Le duc **d'**). Annulation des procédures intentées contre lui, 229.
Alexandre IV (Lettres d'), 366, 367.
Alexandre VI (Lettres d'), 368, notes.
Alexandre VII réunit la bibliothèque des ducs d'Urbin à celle du Vatican, 360.
Alexandre VIII accroît la bibliothèque du Vatican, 360.
Allemagne (Histoire d'), 303, 304; — voyage de dom Martene et dom Durand, 298.
— Voir Frédéric II, Germanie.

Allesnes (Dom Joscio d'), abbé de Saint-Bertin, fait copier les chartes de son abbaye, 240, 241, 243, 244.

Alsace, 412, notes.

Amiens (Domaine et bois d'), 215; — histoire, 315.

Anastase II (Lettre des évêques de France et de Germanie à), 337.

Anacréon (Édition d'), 376.

Anglais dans la Guienne, 233.

Angleterre, 185, 191, 196, 199, 216, 229, 294, 313; — archives, 213; — copies tirées d'Angleterre par Houard, 165; — différends avec la France, 191, 206, 207; — histoire d'Angleterre, par Brady, 188, 314; — ministre des affaires étrangères, 182; — mission de Bréquigny, 97, 99, 120, 121, 126, 129, 131, 146, 159, 177-219, 310, 311, 313, 315, 319, 320, 321, 351, 352, 358, 384, 394, 412, 415, 433, 445; — monastères, 184; — ports, 208; — recueil de Rymer (voir ce nom), 68, 73, 92, 118, 139, 155, 195, 238, 266, 343, 346, 392; — rois d'Angleterre, 178, 195, 201, 202, 206, 215, 216; voir Anne de Boulen, Édouard Ier, Édouard II, Édouard III, Édouard IV, Éléonore, Georges III, Guillaume le Conquérant, Henri III, Henri VI, Henri VIII, Jean sans Terre; — titres des provinces françaises remis aux commissaires anglais après le traité de Brétigny, 178. Voir Londres.

Angoulême, 224, 225.

Anisson-Duperron (Jacques), directeur de l'Imprimerie royale, 124, 318.

Anjou, 45, 412, notes; — correspondant du dépôt des chartes, dom Housseau.

ANNALES ECCLESIASTICI, 337; — auteurs, Baronius, Bzovius, Raynaldi.

Anne de Boulen (Lettre de Henri VIII à), 372.

Antibes, 359.

ANTIQUITÉS NATIONALES, 30, 31, 44.

Antonelli (Léonard, cardinal), 376.

Anvers, bibliothèque des Jésuites, 239; — évêque, voir de Nélis.

Anville (J.-B. **Bourguignon** d'), géographe du Roi, 286.

Apremont, 256.

Aquitaine, 286.

Archinto (Jean, cardinal), 376.

ARCHIVES CIVILES en général, 35, 37, 38, 52, 58, 59, 61, 63, 64, 68, 74, 77, 82, 83, 88, 91, 131, 137, 140, 146, 238, 255, 256, 391.

ARCHIVES ECCLÉSIASTIQUES ET RELIGIEUSES en général, 35, 38, 52, 58, 59, 61, 63, 64, 68, 74, 77, 80, 81, 82, 83, 88, 91, 92, 131, 138, 146, 238, 255, 256, 391.

ARCHIVES PRIVÉES en général, 52, 61, 64, 68, 69, 74, 77, 80, 84, 85, 88, 91, 131, 137, 138, 146, 391. — Voir Aix-la-Chapelle, Angleterre, Chambres des comptes, Champagne, Chartriers, Dombes, Échiquier, Franche-Comté, Londres, Lorraine, Pairie, Paris, Parlement, Rome, Saint-Esprit, Trésor des chartes.

Argenson (René-Louis d'), ministre des affaires étrangères, 213.

Argentan, Jacobin de cette ville envoyé auprès d'Édouard IV, 229.

Arles (Concile d'), 385; — évêque, voir Eonius.

- **Armagnac** (Seigneurs d'), 232.
- **Arnould** (Dom Jean-Baptiste), correspondant du comité des chartes, à Moutiers-la-Celle, 411, notes.
- ART DE VÉRIFIER LES DATES, 292, 302, 303, 304; — auteur, dom Clément; — collaborateur, dom Dantine.
- ARTS ET MÉTIERS (Description des), 9.
- *Artois*, 412; — inventaire des chartes, 258; auteur, Godefroy; — correspondants du dépôt ou du comité des chartes, Godefroy et dom Queinsert.
- **Assemani** (Étienne-Évode), bibliothécaire du Vatican, 355, 356, 376.
- **Athénée**, 355.
- **Aubeterre** (Le marquis d'), ambassadeur à Rome, 70, notes, 71, notes.
- **Audren** (Dom Maur), 298.
- *Aunis*, 412, notes; — correspondant du dépôt des chartes, dom Fonteneau.
- *Aurillac*, 410, notes; — correspondant du comité des chartes, Vacher de Bourg-l'Ange.
- *Aussonne*. Voir Auxonne.
- *Austrasie*, 286.
- *Auvergne*, 121, 410, 411, notes; — correspondants pour le dépôt ou le comité des chartes, dom Deschamps, Vacher de Bourg-l'Ange et dom Verdier de la Tour.
- *Auxonne*, 256.
- AVEUX, 59, 64.
- *Avignon*, 358.
- AVOCAT DES FINANCES, 4, 5, 6, 16, 17, 31, 32, 40; — provisions de cette charge en faveur de Moreau, 7; — en faveur de François Lorry et Antoine Langlet, 18; — mémoire de Moreau sur les fonctions d'avocat des finances, 20.

B

- BAILLIAGES de Bourgogne, de Bresse, de Franche-Comté, 444.
- **Balanda** (L'abbé), professeur à l'Université de Perpignan, correspondant du comité des chartes, 410, notes.
- **Baldi** (Abbés André et Élie), 376.
- **Baluze**, 357, 361; — capitulaires, 161, 163, 323, 336; — histoire de la maison de Bouillon, 222; — lettres d'Innocent III, 363, 365, 380; — *Miscellanea*, 373; — vies des papes d'Avignon, 369.
- **Barberini** (Antoine, cardinal), 357; — bibliothèque, voir Rome.
- **Barbey**, 22, 23.
- *Barcelone*, 410, notes; — correspondant du comité des chartes, le P. Caresmar.
- **Barentin** (Charles-Louis-François de Paule de), garde des sceaux, 258.
- **Barive** (De). Voir Lambert.
- *Bar-le-Duc*, 256.
- **Baronius** (César, cardinal), 337, 347, 352.
- *Bar-sur-Aube*, 255.

Bar-sur-Seine, 255.

Barthélemy (Dom), correspondant du comité des chartes à Saint-Ayoud de Provins, 411, notes.

Bassigny, 410, 411, notes; — correspondants du comité des chartes, dom Bourgeois, dom Pierre et dom G.-F. Dumay, Laloy.

Baudouin, dit de Constantinople, comte de Hainaut, 174.

Beaubens (Dom Guillaume), correspondant du dépôt des chartes, à l'abbaye Sainte-Croix, à Bordeaux, 54, notes, 55, notes.

Beaulieu (Prieuré de), en Limousin, 224, 225.

Beaulieu-en-Argonne, 255, 411, notes; — correspondant du comité des chartes, dom Le Maire.

Beaumont (De). Voir Moreau.

Beaumont (Christophe de), archevêque de Paris, adresse des propositions pour la copie du Trésor des chartes, 268, 269, 271.

Beaumont-en-Argonne, 256.

Bègue (Le). Voir de Vilaines.

Béjot (François), garde des manuscrits de la Bibliothèque du Roi, 133, 135, 136, 141, 156, 157, 168, 332; — désigné pour faire partie du bureau littéraire, 100, notes.

Belgique (Missions de dom Berthod en), 237, 238, 239. — Voir Flandre autrichienne, Pays-Bas.

Belle-Foge (Bataille de); le chartrier de Philippe-Auguste est pris par les Anglais, 178, 199.

BÉNÉDICTINS. Voir Congrégation de Saint-Maur, Congrégation de Saint-Vanne.

BÉNÉDICTIONS, 65.

Benessa, secrétaire d'Urbain VIII, 371.

Bénévent, 71.

Benoît XII (Lettres de), 368, notes.

Benoît XIV accroît la bibliothèque du Vatican, 360.

Bérard de Naples, auteur d'un formulaire, 368, 370.

Bernard de Castagnet, évêque d'Alby, 368.

Bernis (François-Joachim de Pierre, cardinal de), ambassadeur à Rome, 348, 349, 354, 363, notes, 377, notes; — lettres à Bertin, 348, 353; — lettres de Bertin, 348, 350.

Berry, 172, 174; — correspondant du dépôt des chartes, dom Turpin.

Berthereau (Dom François-Georges), chargé du recueil des historiens des croisades, 293, 295, 302; — lettre au Garde des sceaux, 299.

Berthod (Dom Anselme), correspondant du dépôt et du comité des chartes pour la Franche-Comté et la Belgique, 149, 235, 240, 245, 246, 248, 251, 411, notes; — lettre au Garde des sceaux, 247; — lettre du Garde des sceaux, 246; — mémoire à Bertin, 148; — missions en Belgique, 237, 238, 239.

Bertin, contrôleur général des finances, puis ministre d'État, 17, 34, 52, 54, 55, 62, 63, 67, 68, 69, 73, 74, 86, 93, 100, 102, 116, 117, 133, 135, 136, 147, 150,

152, 157, 158, 160, 170, 171, 186, 211, 212, 220, 225, 226, 227, 235, 237, 238, 239, 240, 244, 246, 249, 267, 276, 280, 281, 284, 309, 317, 321, 343, 348, 351, 356, 357, 358, 359, 375, 380, 397, 398, 403; — circulaires aux Intendants, 90, 113, 115; — aux Procureurs généraux des Chambres des comptes, 105, 115, 118; — lettres à l'archevêque de Toulouse, 149, 245; — aux Bénédictins de la congrégation de Saint-Maur, 52, 86, 100, 102, 147; — au P. général de la congrégation de Saint-Vanne, 151; — au cardinal de Bernis, 348, 350; — à Bignon, 132, 135, 156, 157; — à Bréquigny, 184, 211, 308, 313; — à Chevreuil, 279; — au grand doyen du chapitre d'Aix-la-Chapelle, 248; — à l'évêque d'Orléans, 111; — à Omer Joly de Fleury, 266; — au duc de la Vrillière, 132; — à Leydet, 234; — à dom Lièble, 285; — à Moreau, 56; — à dom Turpin et dom Hermant, 134; — lettres des Bénédictins, 34, 103; — de Bréquigny, 55, 309, 310, 318, 319; — du cardinal de Bernis, 348, 353; — de Chevreuil, 276; — d'Omer Joly de Fleury, 260; — de Leydet, 231; — de Mouchet, 312; — de Villevault, 259; — membre du comité des chartes, 171, 408; — mémoires à Louis XVI, 145; — projet de travail sur les *Rouleaux* du Parlement, 282; — mémoire de Moreau à Bertin sur un projet de copie du Trésor des chartes, 267; — observations sur le mémoire de Moreau relatif au dépôt des chartes, 41; — réponse de Moreau à ces observations, 44; — rapport au Roi sur les *Olim*, 273; — registres de Philippe-Auguste copiés à ses frais, 415, 433. — Voir Contrôleur général.

Besançon, 143, 226, 235, 236, 256; — abbaye Saint-Vincent, 235, 236, 237, 245, 246; — académie, 110, 227, 235, 245; — archevêque, voir de Choiseul-Beaupré; — Chambre des comptes, 227, 228; — ordonnances du Parlement, 440.

BIBLIOTHECA BIBLIOTHECARUM MANUSCRIPTORUM, 359; — auteur, Montfaucon.

BIBLIOTHÈQUE DES FINANCES, 29, 39, 40, 50, 129, 156, 157, 343; — projet de création, 4, 5, 6; — autorisée, 6; — confiée à la garde de Moreau, 7; — Prault, libraire, chargé de la composer, 7, 8, 9, 440; — son état en 1762, 11; — transférée à la Bibliothèque du Roi, 18, 397; — placée sous l'inspection de Bignon, bibliothécaire du Roi, 20; — son état depuis le transfert à la Bibliothèque du Roi, 25; — devient, avec le dépôt des chartes, la bibliothèque de législation, 391.

BIBLIOTHÈQUE DE LÉGISLATION, formée de la réunion du dépôt de législation et du dépôt des chartes; arrêt du Conseil réunissant les deux dépôts, 391; — placée sous la garde de Moreau, 392, 417; — circulaire relative à l'envoi d'un double des arrêts et règlements des Cours supérieures, 395; — mémoires de Moreau pour empêcher le transfert au Contrôle général, 397; — sur son objet et sa destination, 404; — projet d'arrêt du Conseil pour le transfert du dépôt de législation à la Chancellerie, 413; — ouvrages qui devront y être déposés, 414, 415, 416, 434, 435; — transfert autorisé, 417; — mémoire de Moreau sur la rédaction des tables de la bibliothèque de législation, 419; — fonds affectés aux travaux du dépôt, 423; — mémoires de Moreau sur les acquisitions nécessaires, 424; — sur le dépôt de législation, 425; — rattachée définitivement à la Chancellerie, 431; — état du dépôt, 439; — état financier, 445.

Bibliothèque historique de la France, 155, 444.
Bibliothèques. Voir Anvers, Bruxelles, Londres, Louvain, Paris, Rome.
Bignon (Armand-Jérôme), bibliothécaire du Roi, 19, 24, 132, 134, 135; — chargé de la surveillance de la bibliothèque des finances, 20; — lettres de Bertin, 132, 135, 156, 157.
Blanchard (Dom Claude), correspondant du dépôt des chartes, à l'abbaye de la Couture, au Mans, 54, notes, 55, notes.
Blanche (Lettres de la reine), 205.
Blancs-Manteaux. Voir Paris.
Blois (Chambre des comptes de), 110, 127.
Blondeau de Charnage (Titres acquis de Charles-François), 128, 440.
Bonamy (Pierre-Nicolas), garde du Trésor des chartes, 51, 260, notes; — membre de la conférence des chartes, 51.
Boniface VIII (Lettres de), 368, notes.
Bonnaire (Dom Claude), doyen de Saint-Avold, correspondant du comité des chartes, 412, notes.
Bordeaux, 141, 233, 235; — abbaye Sainte-Croix, 54, notes; — correspondant du dépôt des chartes, dom Beaubens; — archevêque, voir de Rohan-Guémené; — domaine et bois, 215; — douane, 201; — correspondants du dépôt ou du comité des chartes, dom Carrière, dom de Vienne.
Boucher d'Argis (Antoine-Gaspard), désigné pour faire partie du bureau littéraire, 96, notes, 100, notes.
Boucquet. Voir Bouquet.
Boudier (Dom Pierre-François), général de la congrégation de Saint-Maur, 105, 303; — ses lettres à Bertin, 103; — au Garde des sceaux, 297, 302.
Boudot (L'abbé), désigné pour faire partie du bureau littéraire, 96, notes.
Bouhelier (Dom François-Ferdinand), prieur de Fontaine, 236.
Bouhelier de Sermange (François-Xavier), conseiller au Parlement de Besançon, 236.
Bouillon (Duché de), 254; — histoire de la maison, 222, auteur, Baluze.
Boulogne (De), contrôleur général des finances, 320.
Bouquet (Dom Martin), un des auteurs du *Recueil des historiens de France*, 31, notes, 295, 296, 298, 323, 333.
Bouquet (Pierre), 43; — désigné pour faire partie du bureau littéraire, 51, 100, notes.
Bourgeois (Dom André), correspondant du comité des chartes à l'abbaye Saint-Urbain, près Joinville, pour le Bassigny, 411, notes.
Bourges (Abbaye Saint-Sulpice de), 174.
Bourgogne, 119, 411, notes, 444; — correspondants du dépôt ou du comité des chartes, dom Merle, dom Salazard, dom Villevieille; — Chambre des comptes, à Dijon, 110, 127; — registres du Parlement, 444; — royaume, 286; — duc, Charles le Hardi, 237.
Bourguignon. Voir d'Anville.
Bouzonville, 412, notes; — correspondant du comité des chartes, dom Solvert.

Brabant (Chroniques de), 175.
Brady (Robert), 188, 314, 315.
Bras (Dom N.-H. **de**), visiteur de la congrégation de Saint-Vanne, 251.
Bréquigny (Louis-Georges-Oudard **Feudrix de**), 31, 42, 43, 44, 47, 51, 63, 69, 70, 125, 128, 133, 181, 182, 184, 186, 189, 193, 196, 197, 214, 215, 216, 217, 218, 219, 221, 234, 276, 277, 280, 281, 310, 312, 314, 315, 318, 320, 330, 331, 332, 333, 341, 343, 372, 407, 445, 447; — collaborateur du recueil des *Ordonnances*, 32, 33, 34, 40, 106, notes, 123, 139, 162, 259, 288, 289, 291, 321, 331; — collaborateur et auteur de la *Table chronologique des chartes et diplômes*, 32, 56, 91, 107, 120, 162, 166, 306, 307, 321, 331, 340, 375; — mémoires sur cette collection, 305, 315, 320; — collaborateur et auteur des *Diplomata, chartæ*, mémoires et observations sur cette collection, 325, 327, 331, 334, 335, 341; — chargé, avec Moreau, de la notice générale des chartes, 50, 56, 57; — mission en Angleterre, 97, 99, 120, 121, 126, 129, 131, 146, 159, 177-219, 310, 311, 313, 315, 319, 351, 352, 358, 384, 394, 412, 415, 433, 445; — mémoires sur sa mission, 177, 189, 197, 199, 212, 321; — mémoires sur les documents relatifs à la France conservés à Rome, 346, 351; — chargé de collationner les copies de chartes de l'abbaye de Saint-Bertin, 241, 244; — chargé de surveiller la copie des *Olim*, 273, 274, 275; — collaborateur du Glossaire français, 331; — rédacteur du *Journal des savants*, 331; — travaux sur la Chine et les Chinois, 331, 430; — membre de la conférence et du comité des chartes, 51, 96, notes, 100, notes, 170, 171, 172, 173, 293, 409, 410; — lettres à Bertin, 51, 182, 183, 194, 288, 309, 310, 318, 319; — lettres de Bertin, 57, 184, 211; — de dom Labbat, 382; — de Lambert, 289; — de La Porte du Theil, 355, 356.
Bresse, 411, notes; — correspondant du comité des chartes, dom Villevieille; — registres du bailliage, 444.
Bretagne, 207.
Bretagne-Penthièvre (Maison **de**), 232.
Breteuil (Baron **de**), 423.
Brétigny (Traité de), 178.
Brial (Dom Michel-Jean-Joseph), continuateur du *Recueil des historiens de France*, 303, 305, 430; — collaborateur de la collection des Conciles, 387; — membre du comité des chartes, 409, 410, notes.
Brienne, 255.
Brihy (Dom Saintin), général de la congrégation de Saint-Vanne, 152, notes, 153.
Brillet (Dom Philémon), chargé de recherches en Champagne, 412, notes.
Brincourt (Dom Jean-Baptiste), archiviste de l'abbaye de Montiéramé, correspondant du comité des chartes, 411, notes.
Brunet, 9.
Bruniâtre. Voir Bugniâtre.
Bruxelles (Académie de), 174, 248; — bibliothèque des ducs de Bourgogne, 238.
Buffon, 159.

Bugey, 227.
Bugniâtre (Dom Gédéon), historiographe du Laonnais, 412, notes.
BULLAIRE, 71.
BULLES RELATIVES À L'HISTOIRE DE FRANCE, 71, 195. — Voir Lettres des papes.
BUREAU LITTÉRAIRE. Voir Conférence ou Comité des chartes; voir Béjot, Bonamy, Boucher d'Argis, Boudot, Bouquet, Bréquigny, Capperonnier, Chérin, Chevalier, Coqueley de Chaussepierre, Dalbert, Foncemagne, Gibert, Moreau, Sainte-Palaye, de Villaret, Vivent de Messac.
BUREAU DE LITTÉRATEURS. Voir Congrégation de Saint-Maur.
BUREAUX DES FINANCES, 77, 83, 140, 146.
Bzovius (Abraham), 347, 352, 362, 373.

C

Caffiaux (Dom Philippe), historiographe de Picardie, correspondant du dépôt des chartes à Corbie, 54, notes, 119.
Calais (Siège de), 207, 208, 209, 210, 211, 216.
Calaisis, 218.
Caliste II (Lettres de), 364.
Calonne (De), contrôleur général des finances, 387, 403, 424; — lettre à Moreau, 402.
Cambrai (Chapitre de), 143; — correspondant du dépôt des chartes, le doyen Mutte.
Cambrésis, 412, notes; — correspondant du comité des chartes, dom Queinsert.
Camus, censeur, 387.
Capelle (*La*), 256.
CAPITULAIRES, 161, 163, 323, 335, 336, 345; — de Chiersy, 161.
Capperonnier (Jean), garde des manuscrits de la Bibliothèque du Roi, 10, notes; — désigné pour faire partie du bureau littéraire, 96, notes.
Caresmar (Le P.), correspondant du comité des chartes, à Barcelone, 410, notes.
Carignan, 256.
Carington, 198.
Carleton (Lettres de Dudley), 314, 315.
Carrière (Dom Marie-Jacques), historiographe de Guienne, correspondant du comité des chartes, à Bordeaux, 411, notes.
Carte (Thomas), auteur du Catalogue des rôles gascons et normands de la Tour de Londres, 184, 185, 196, 198, 199, 200, 201, 202, 205, 206, 207, 213.
CARTULAIRES, 66, 184, 238, 371, 372, 385, 413, 442.
Caruso (Jean-Baptiste), 294.
Cassard (Dom Augustin). Travaux sur la Touraine, 38, notes.
Castagnet (De). Voir Bernard.
Catalogne, 410, notes; — correspondant du comité des chartes, Fossa.
CATALOGUE DE LA BIBLIOTHÈQUE DU ROI, 9.
Célestin III (Lettres de), 364.

Châlons-sur-Marne, 256; — évêque, 277.

CHAMBRES DES COMPTES, 38, 52, 73, 77, 78, 79, 95, 109, 115, 126, 127, 131, 159; — projet d'invitation aux premiers Présidents et aux Procureurs généraux de faire dresser des inventaires et des notices de leurs archives, 78, 82; — circulaires de Bertin aux Procureurs généraux, 115, 118, 123, 127. — Voir Besançon, Blois, Bourgogne, Cours souveraines, Dijon, Nantes, Paris, Pau, Provence.

Chamou ou **Chamoux** (Dom), bibliothécaire de Saint-Martin-des-Champs, 125, 318; — son travail sur les ordonnances de Philippe le Bel, 288.

Champagne, 236, 262, 412, notes; — correspondants du dépôt et du comité des chartes, dom Brillet, dom Fournier, dom Maréchal.

Chancelade, 233; — correspondant du dépôt des chartes, Leydet.

CHANCELIER (Mgr le), 24, 215, 259. — Voir d'Aguesseau, Lamoignon, Maupeou, Garde des sceaux.

CHANCELLERIE, 413, 414, 415, 416, 419, 424, 429, 430, 432, 433, 435, 444, 445; — autorisation du transfert du dépôt de législation, 417; — la bibliothèque de législation y est rattachée définitivement, 431.

Charlemagne (Lettres et chartes de), 71, 72, 202, 249; — empire, 286.

Charles (Dom Fulgence) collabore avec Droz au travail des chartes de Franche-Comté, 143, notes; — correspondant du comité des chartes, à Saint-Ferjeux, 412, notes.

Charles le Chauve, 138, 161, 163, 295, 296, 325, 328, 330.

Charles le Bel (Lettres de), 205.

Charles V, 210, 233.

Charles VI, 66.

Charles-Quint, 237.

Charles le Hardi, duc de Bourgogne, 237.

CHARTES MANUSCRITES, 394; — projet formé par Moreau de faire dresser des notices des chartes conservées dans les dépôts royaux, 38; — combattu par Bertin, 41; — par les Bénédictins, 70; — défendu par Moreau, 44; — projet de faire copier celles qui sont dans les archives privées, 39, 43; — à la Bibliothèque du Roi, 131, 132, 133, 134, 135; — copies à exécuter, 53, 59, 61, 63, 161; — mode de transcription, 59, 65, 70, 72, 86, 90, 93, 113, 122, 131; — notes relatives aux chartes, 65, 66, 90, 134, 135; — notices, 38, 40, 41, 42, 43, 44, 45, 46, 47, 50, 51, 53, 56, 57, 59, 61, 63, 68, 70, 72, 74, 75, 77, 78, 90, 93, 94, 113, 122, 127, 131, 134, 162, 167, 179, 180; — examen des chartes, 168, 171, 172, 173, 174, 175, 176; — table générale, 122. — Voir Conférence ou Comité des chartes, Dépôt des chartes, *Diplomata, chartæ,* Table chronologique des chartes et diplômes, Trésor des chartes.

Chartrain (Pays), 411, notes; — correspondant du comité des chartes, dom Le Noir.

CHARTRIERS, 58, 88, 89, 139, 140; — inventaires, 78, 81, 82, 89, 105, 115, 116. — Voir Archives.

Chasteller (François-Gabriel-Joseph, marquis du), 174.

Château-Porcien, 256.

Château-Thierry, 255.
Châtillon-sur-Marne, 255.
Châtillon-sur-Seine, 255.
Chaumont, 255, 410, notes; — correspondant du comité des chartes, Laloy.
Chavigny (Généalogie de la maison de), 371.
Chérin (Bernard), généalogiste du Roi, désigné pour faire partie du bureau littéraire, 96, notes, 100, notes; — chargé de collationner les copies de chartes de Saint-Bertin, 241, 244.
Cherlieu (Abbaye de), 247.
Chevalier, désigné pour faire partie du bureau littéraire, 100, notes.
Chevreuil, chargé de la copie des *Olim*, 273, 274, 275, 276; — convention passée avec Moreau, 275, 276; — chargé de la copie des *Judicata*, 281; — lettres à Bertin, lettre 277, 279; — lettre de Bertin, 279.
Chiersy (Capitulaires de), 161.
Chigi (Bibliothèque du prince), 361, 369, 376.
Chine et les Chinois (Travaux de Bréquigny sur la), 331, 430.
Chiniac de la Bastide (Matthieu), lieutenant général de la sénéchaussée d'Uzerches, correspondant du dépôt ou du comité des chartes, 163, 336, 410, notes.
CHIROGRAPHE, 90.
Choiseul (Duc de), 214.
Choiseul-Beaupré (Antoine-Cleriadus, cardinal de), archevêque de Besançon, 236.
Chrestien (Dom J.-N.), assistant de la congrégation de Saint-Maur, 36.
Christine (Bibliothèque de la reine), au Vatican, 360, 370, 371.
CHRONIQUES DE BRABANT, 175.
CHRONOLOGIE, 90, 232.
Cizenne (Évêque de). Voir Galletti.
Clairambault (Cabinet de), 84.
Clément IV (Lettres de), 367.
Clément V (Lettres de), 368, notes.
Clément VI (Lettres de), 368, notes.
Clément (Dom François), 254, 304, 305, 388; — collaborateur de l'*Histoire littéraire* et de l'*Art de vérifier les dates*, 302; — du *Recueil des historiens de France*, 371, 396, 430; — membre de la conférence ou du comité des chartes, 170, 171, 172, 173, 174, 175, 409; — lettre au Garde des sceaux, 303.
CLERGÉ (Assemblée du) souscrit à la collection des Conciles et encourage les travaux d'histoire ecclésiastique, 387, 389, 403, 418, 441.
Clermont-en-Argonne, 255.
Clermontois, 255, 411, notes; — correspondant du comité des chartes, dom Le Maire.
Clovis, 335; — diplôme pour Saint-Jean-de-Réomé, 337.
Clugny (François de), contrôleur général des finances, 359.
Cluny, 143, 144, 163, 164, 172, 173, 174, 175, 176, 275, 410, notes; — correspondant du dépôt et du comité des chartes pour Cluny, Lambert de Barive.

Cochin, intendant des finances, 218.

Col (Dom Joseph), correspondant du dépôt des chartes pour le Limousin, 54, notes, 108, 125, 126, 141, 222, 224, 226, 411, notes; — lettres à Moreau, 221, 222, 224.

Colbert, 111; — son projet de publier un recueil des historiens de France, 160, 161, 212; — lettres de Louis XIV, 443.

Colette (Dom), visiteur de la congrégation de Saint-Vanne, 251.

COLLECTIO AMPLISSIMA de Martene, 367.

COLLECTION DES CONCILES DES GAULES. Voir Conciles.

Collotz ou **Colloz** (Dom Michel), sous-prieur de Saint-Airy de Verdun, 251, 253; — chargé du dépouillement des archives des duchés de Bouillon, de Luxembourg et du Verdunois, 254; — correspondant du comité des chartes, 411, notes; — lettre au Garde des sceaux, 252.

Colmar, 256.

Cologne, 357, 371.

COMITÉ DES CHARTES. Voir Conférence des chartes.

Commercy, 256.

Commines (Mémoires de), 237.

COMPAGNIE DES INDES, 259, 291.

COMPAGNIES SUPÉRIEURES, 22, 47. — Voir Chambres des comptes, Cours des aides, Cours supérieures, Parlements.

Compiègne, 100, 102, 124.

COMPTES, 64, 190, 191, 200, 371.

COMPUT, 232.

Comtat, 371.

CONCILES, d'Arles, 385; — de Lyon, 366; — de Trente, 385; — collections des conciles, par le P. Hardouin, 385; — le P. Labbe, 384, 385; — le P. Sirmond, 384, 385, 386; — collection des conciles des Gaules, 216, 323, 336, 382-389, 430; — mémoire sur la collection, 383; — rapport de Moreau, 388; — collaborateurs, dom Brial, dom de Coniac, dom Duval, dom Hervin, dom Labbat, l'abbé de Targny.

CONFÉRENCE ou COMITÉ DES CHARTES, 31, 51, 75, 170, 171, 329, 331, 333, 338, 340, 341, 342, 343, 344, 345, 393, 407, 408; — projet de création par Moreau, 93; — ses attributions, 94, 95, 98, 99, 121, 122; — projet d'arrêt du Conseil relatif à sa création, 97; — circulaire de Moreau aux membres de la conférence, 153; — membres et correspondants: le Garde des sceaux, Arnould, Balanda, Barthélemy, Berthod, Bertin, Bonnaire, Bourgeois, Bréquigny, Brial, Brincourt, Caresmar, Carrière, Charles, Chiniac de la Bastide, Clément, Col, Colloz, Deschamps, Dewitte, Droz, Dumay, Estienne, Fossa, Fournier, Gerrin, Glier, Godefroy, Grandidier, Grappin, Grenier, Jeannin, Julien, Labbat, Laloy, Lambert de Barive, La Porte du Theil, Le Coigneux, Lefebvre, Le Maire, Le Noir, Lièble, Merle, Moreau, Moreau-Dufourneau, Mouton, Mulley, de Nélis, de Pastoret, de Paulmy, Pierre, Poirier, de Puibusque, Roux, de Saint-Genis, Solvert, Tabouillot, Turpin, Vacher de Bourg-l'Ange, Valcourt, de Vaynes, Verdier de la Tour, Villevieille.

Confirmations, 65.
Confraternités d'églises, 65.
Congrégation de Saint-Maur, 38, 39, 40, 43, 44, 45, 48, 49, 50, 51, 55, 56, 57, 61, 62, 68, 69, 72, 73, 74, 76, 80, 81, 82, 83, 86, 87, 91, 92, 94, 97, 107, 108, 118, 119, 120, 121, 122, 123, 124, 125, 128, 130, 132, 133, 135, 139, 141, 142, 144, 146, 148, 149, 150, 151, 152, 158, 164, 165, 167, 168, 169, 176, 185, 188, 189, 216, 257, 297, 298, 299, 301, 304, 308, 309, 311, 330, 331, 333, 334, 339, 341, 343, 383, 387, 388, 389, 394, 396, 407, 418, 423, 430, 445; — appel à la collaboration des Bénédictins, 33, 34; — leur acceptation, 34, 37; — premiers collaborateurs désignés : Beaubens, Blanchard, Caffiaux, Col, Dupré, Durand, Fonteneau, Gérou, Grenier, Housseau, Le Noir, Maheut, Pardessus, Précieux, Rousseau, Salazard, Soubira, Tassin, 54, notes; — correspondants du comité des chartes, 411; — lettres à Bertin, 34, 103; — à Moreau, 54; — lettres des Supérieurs majeurs au Garde des sceaux, 251, 254; — lettres et circulaires de Bertin, 52, 86, 100, 147; — de Moreau, 60, 67, 87; — instructions officielles, 58, 63; — observations des Bénédictins sur le projet de collection des chartes, 68; — plan d'études, 101, 102, notes, 103; — bureau de littérateurs, 102. — Voir d'Acheri, Beaubens, Berthereau, Boudier, Bouquet, Bugniâtre, Caffiaux, Clément, Carrière, Cassard, Chrestien, Clément, Col, de Coniac, Coutant, Dantine, Delrue, Deschamps, Duez, Dupré, Durand, Duval, Fonteneau, Gérou, Gilot, Girodias, Grenier, Haudiquier, Hermant, Hervin, Housseau, Jarneau, Labbat, Lefebvre, Le Noir, Le Picard, Lièble, Mabillon, Martene, Martin, Merle, Mongé, Monniotte, Mulley, Pardessus, Patert, Pernetty, Pernot, Poirier, Poncet, Précieux, Queinsert, Rousseau, Salazard, Soubira, Tassin, Turpin, de Vaines, Verdier de la Tour, de Vienne, Villevieille. — Travaux cités : *Amplissima collectio*, *Art de vérifier les dates*, *Bibliotheca bibliothecarum*, collection des Conciles, *Gallia christiana*, *Histoire littéraire de la France*, *Notice des Gaules*, *Recueil des historiens de France*, *Historiens des croisades*, *Spicilège*.
Congrégation de Saint-Vanne, 115, 148, 149, 150, 151, 153, 235, 237, 239, 245, 246, 251, 254, 255, 343, 411, 412, 419, 430; — correspondants du comité des chartes, 411, 412; — dépôts d'archives qu'elle offre de dépouiller, 255; — lettres à Bertin, 152; — au Garde des sceaux, 251-254; — de Bertin, 150. — Voir Arnould, Barthélemy, Berthod, Bouhelier, Bourgeois, de Bras, Brihy, Brillet, Brincourt, Charles, Colette, Colloz, Dumay, Estienne, Gerrin, Grappin, Jeannin, Julien, Lefebvre, Le Maire, Maréchal, Mouton, Pierre, Puibusque, Roux, Solvert, Sornet, Tabouillot.
Coniac (Dom de), collaborateur de la collection des Conciles, 388.
Conseil des finances, 437, 438.
Conseil du commerce, 437.
Conseil du Roi, 3, 7, 18, 20, 21, 23, 29, 33, 49, 64, 76, 84, 98, 100, 392, 393, 394, 397, 398, 399, 401, 402, 414, 417, 427, 431, 432, 434, 437; — arrêts et projets d'arrêts, 6, 16, 17, 19, 48, 193, 391, 400, 413, 429.
Contre-scel, 65.

Constantinople. Voir Baudoin; — empereur, 216, voir Manuel Comnène.

CONTRÔLE GÉNÉRAL DES FINANCES, 443; — la bibliothèque des finances y est créée, 7, 16, 21, 24, 53, 63, 397, 398, 399, 403, 405.

CONTRÔLEUR GÉNÉRAL DES FINANCES, 4, 6, 7, 8, 9, 10, 17, 18, 19, 20, 21, 22, 23, 24, 37, 39, 41, 44, 46, 50, 51, 52, 55, 60, 61, 74, 212, 215, 306, 307, 308, 398, 405. — Voir Bertin, de Boulogne, de Calonne, de Clugny, Desmarets, Joly de Fleury, L'Averdy, Lefèvre d'Ormesson, de Machaut, Necker, de Silhouette, Taboureau, Terray.

Coqueley de Chaussepierre (Charles-Georges), membre de la conférence des chartes, 51.

Corbie (Abbaye de), 54, notes; — correspondants du dépôt des chartes, dom Caffiaux, dom Pardessus.

Corse, 371.

Corsini (André, cardinal), 376; — bibliothèque, 361, 369, 376, 377.

Cotton (Robert-Bruce), 187, 194, 202; — bibliothèque Cottonienne, voir Londres.

COUR DES GARDES. Voir Londres.

COURS DES AIDES, 416, 434. — Voir Provence.

COURS SOUVERAINES OU SUPÉRIEURES, 17, 18, 38, 52, 63, 64, 82, 83, 140, 195, 397, 424, 425, 427, 428, 434. — Voir Chambres des comptes, Cours des aides, Parlements.

Courchetet d'Esnans (François), 180; — sa collection, 440.

Coutant ou **Coustant** (Dom Pierre); sa collection de lettres des papes, 336, 388.

Couture (*La*). Voir le Mans; — correspondant du dépôt des chartes, dom Blanchard.

Crécy (Bataille de), 207.

CROISADES, 304; — historiens, voir Berthereau.

CROIX DES DIPLÔMES ET CHARTES, 339.

Cromot, 9.

D

Dalbert, désigné pour faire partie du bureau littéraire, 96, notes.

Damvillers, 256.

Dantine (Dom Maur), collaborateur de l'*Art de vérifier les dates*, 298.

DATES, 316.

Daurade (*La*). Voir Toulouse.

DÉCRET D'UNION DES ÉGLISES GRECQUE ET LATINE, 204, 216, 372.

DÉDICACES D'ÉGLISES, 65.

DÉLIBÉRATIONS CAPITULAIRES, 64.

Delrue (Dom Joseph), général de la congrégation de Saint-Maur, 36, 55, 104, notes; — lettre à Moreau, 54.

DÉPÔT DES CHARTES MANUSCRITES, 93, 94, 146, 156, 157, 238, 254, 308, 393, 394; — projet de formation, 29; — appel aux Bénédictins de la congrégation de Saint-Maur, 33; — réponse affirmative, 34, 37; — mémoire de Moreau sur sa formation, 37; — observations de Bertin sur ce mémoire, 41; — réponse de Moreau à ces observations, 44; — Moreau, garde du dépôt, chargé d'entretenir correspondance avec les collaborateurs, de centraliser les copies et de dresser, avec Bréquigny, le catalogue et la notice des chartes, 56; — instructions aux Bénédictins et aux autres savants, 58, 63, 67, 86; — mémoires divers de Moreau sur le dépôt, 74, 106, 111, 136, 158; — nécessité d'augmenter les fonds affectés au travail de la collection des chartes, 72; — liste des chartriers à dresser, 88, 110; — circulaires de Bertin aux Intendants, 90, 113, 115; — local affecté au dépôt, 117, 129; — progrès du dépôt, 118, 136; — forme, avec la bibliothèque des finances, la bibliothèque de législation, 391.

Deprez, imprimeur de l'*Art de vérifier les dates*, 302.

Deschamps (Dom), correspondant du dépôt des chartes pour l'Auvergne, 121.

Deschamps (Dom Léger). Travaux sur la Touraine, 38, notes.

Desmarais ou **Desmaretz**, président de l'élection de Senlis, dessinateur de sceaux, 173, 339.

Desmarets, contrôleur général des finances, 443.

Desnos (Henri-Louis-René), évêque de Verdun, 252.

Destrées (L'abbé), 275.

Dewitte (Dom), archiviste de Saint-Bertin, 244, 251; — correspondant du comité des chartes à Saint-Omer, 244, 410; — lettre au Garde des sceaux, 250.

DICTIONNAIRE ENCYCLOPÉDIQUE, 169; — auteur, d'Alembert.

Didot, imprimeur de la collection des Conciles des Gaules, 387, 389.

Dieppe, 143.

Dijon, abbaye Saint-Bénigne, 54, notes, 142; — correspondants du dépôt des chartes, dom Salazard, dom Villevieille; — Chambre des comptes, 110, 127.

Dillon (Arthur-Richard de), archevêque de Narbonne, 404.

DIMENSIONS DES CHARTES, 59, 90.

DIPLOMATA, CHARTÆ, et RYMER FRANÇAIS, 39, 47, 68, 71, 73, 87, 110, 118, 139, 155, 157, 160, 167, 170, 238, 266, 322-345, 375, 380, 391, 393, 430, 445, 447; — projet d'arrêt du Conseil relatif à la préparation d'un recueil général des chartes du royaume, 48; — plan de la collection, 321; — mémoires de Bréquigny, 325, 327; — de Moreau, 342; — observations de Bréquigny, 335; — de dom Grenier, 338 — projet de prospectus de dom Grenier, 339; — rapport de Moreau, 340; — collaborateurs, Bréquigny, La Porte du Theil.

DISCOURS SUR L'HISTOIRE DE FRANCE, par Moreau, 340.

Dole, 227, 256; — parlement, 227.

Dombes (Titres de la), 217.

Donchery, 256.

Donzy, 256.

Dormans, 255.

Doroz (Philippe-Antoine et Claude-Théophile-Joseph), procureurs généraux de la Chambre des comptes de Besançon, 227.

Droz (François-Nicolas), conseiller au parlement de Besançon, collaborateur du dépôt des chartes pour la Franche-Comté, 143, 228, 237, 247; — correspondant du comité des chartes, 410; — lettres à Moreau, 226, 235.

Duchesne (André), historiens normands, 190, 201; — historiens de France, 212, 298, 323.

Duez (Dom Maximilien), 104, notes, 124, notes.

Dufourneau. Voir Moreau.

Dumay (Dom Pierre et dom G.-F.), correspondants du comité des chartes à Montierenderf, pour Vassy et une partie du Bassigny, 411, notes.

Dun, 255.

Duperron. Voir Anisson.

Dupré (Dom Henri), correspondant du dépôt des chartes, à la Daurade, 54, notes.

Dupuy (Pierre), 128, 360; — son inventaire du Trésor des chartes, 261, 262, 263, 265, 266, 267, 271.

Durand (Dom Ursin), correspondant du dépôt des chartes aux Blancs-Manteaux, 54, notes; — voyage littéraire dans les Pays-Bas et en Allemagne, 298.

Durand de Distorf, garde des archives du ministère des affaires étrangères, 182, 214, 217.

Du Theil. Voir La Porte.

Duval (Dom Jacques-Étienne), chargé de la collection des Conciles, 383.

Dynter (De). Voir Edmond.

E

Échiquier. Voir Londres.

Edmond de Dynter, 175.

Édouard Ier, 191, 192, 216; — lettres, 205.

Édouard II, 192, 216; — lettres, 205.

Édouard III, 189, 191, 207, 208, 209, 210, 211, 216; — lettres, 205.

Édouard IV, 229.

Egletons, 224.

Élections ecclésiastiques, 65.

Éléonore de Provence, reine d'Angleterre, 209; — lettres, 205.

Empire romain, 286.

Encre des chartes, 66, 90.

Enquêtes, 199, 206.

Eonius (Saint), évêque d'Arles, 337.

Épernay, 255.

Épinal, 256.

Epistolæ romanorum pontificum, 336; — auteur, dom Constant.

Epternach (Abbaye d'), 252.

Espagne, 175; — églises, 71; — rois, Charles-Quint, Philippe II.

Estienne (Dom Sébastien), correspondant du comité des chartes à Moyenmoutier, pour Senones, Saint-Dié et Étival, 412, notes.

États provinciaux, 63, 64, 371.

Étival, 412, notes; — correspondant du comité des chartes, dom Estienne.

Eugène IV, 204, 216, 372; — lettres, 368, notes.

Europe, 215, 344, 346, 352, 362, 365, 366, 377.

Eusèbe de Césarée, 384.

Eustache de Saint-Pierre, 207, 209; — son patriotisme contesté par Bréquigny, 210, 211, 216.

F

Faculté de médecine, 407.

Faverney (Abbaye de), 256, 412, notes; — correspondant du comité des chartes, dom Roux.

Fécamp (Abbaye de), 54, notes; — correspondants du dépôt des chartes, dom Le Noir, dom Maheut.

Fécheux ou **Fescheux** (De), 231, 234.

Ferté-sur-Aube (La), 255.

Flandre, 121, 207, 412, notes; — comtes, 201; — inventaire des chartes, 447; — correspondants du comité des chartes, Godefroy, dom Queinsert.

Flandre autrichienne, 238, 239, 240, 245, 247, 248. — Voir Belgique.

Flavigny (Abbaye de), 256, 412, notes; — correspondant du comité des chartes, dom Gerrin.

Fleury (De). Voir Joly.

Fleury (Abbé de). Voir Goslin, Milon. — Voir Saint-Benoît-sur-Loire.

Foggini (L'abbé), bibliothécaire de la maison Corsini, 377.

Foix ou **Foy** (Louis-Étienne de), abbé de Saint-Martin de Séez, auteur d'une table chronologique des chartes relatives à la France, 43, 73, 74, 310, 311, 319.

Foix (Seigneurs de), 232.

Foncemagne (Étienne Lauréault de), 30, 31, 32, 42, 44, 47, 188, 293, 300, 308, 312, 313, 320, 359; — membre de la conférence des chartes et du bureau littéraire, 51, 96, notes, 100, notes, 120, 125; — collaborateur de la *Table chronologique des chartes et diplômes*, 320.

Fontaine, 236; — prieur, dom Bouhelier.

Fontainebleau, 387.

Fonteneau (Dom Léonard), correspondant du dépôt et du comité des chartes, à Saint-Cyprien de Poitiers, pour le Poitou, la Saintonge et l'Aunis, 54, notes, 119, 121, 141, 173, 412, notes.

Fontette (Charles-Marie Fevret de), 155.

Foppens, 247.

Formulaire de Bérard de Naples, 368, 370.

Fossa, correspondant du comité des chartes à Perpignan, pour le Roussillon et la Catalogne, 410.

France, 52, 92, 97, 106, 108, 110, 118, 137, 138, 178, 192, 195, 200, 203, 204,

212, 213, 216, 217, 238, 266, 286, 287, 294, 301, 307, 313, 315, 324, 325, 328, 329, 335, 342, 344, 346, 354, 394; — ambassadeur de France, 200; — archives, 189; voir ce mot; — carte de France, 294, 297; — églises, 190, 207; — évêques, 337, 364; — guerres avec l'Angleterre, 191, 206, 207; — histoire et droit public, 30, 64, 67, 68, 71, 72, 86, 97, 122, 127, 139, 146, 155, 183, 187, 188, 189, 197, 198, 199, 200, 203, 205, 213, 234, 237, 347, 348, 349, 350, 352, 353, 355, 357, 358, 359, 364, 365, 366, 367, 368, 370, 373, 388; — préséance, 215; — rois et reines, 91, 145, 161, 164, 206, 209, 216, 249. — Voir Blanche, Charlemagne, Charles le Bel, Charles V, Charles VI, Clovis, François I*er*, Henri I*er*, Henri IV, Hugues-Capet, Jean II, Lothaire, Louis le Bègue, Louis d'Outre-mer, Louis V, Louis VI, Louis VII, Louis IX, Louis le Hutin, Louis XI, Louis XII, Louis XIII, Louis XIV, Louis XVI, Marguerite, Pépin, Philippe I*er*, Philippe-Auguste, Philippe le Hardi, Philippe le Bel, Philippe le Long, Philippe de Valois, Robert. — Suzeraineté sur les comtes de Flandre, 201.

Franche-Comté, 143, 235; — dépôts d'archives, 110, 256; — Chambre des comptes, 109, 127; — collection Courchetet d'Esnans, 440; — registres des bailliages, 444; — correspondants du dépôt ou du comité des chartes, dom Charles, Droz, dom Grappin, dom Mouton, dom Roux.

François I*er*, 145, 191, 300; — lettres, 203.

Frédégaire (Manuscrit de), donné à la Bibliothèque royale par M. de Lauraguais, 133.

Frédéric II, 366.

Froissart, 209, 210, 211.

Fulbert (Lettres de), 336.

G

Gabriel (Le P.), 355.

Gaignières (François-Roger de), 338.

Galletti (M*gr*), évêque de Cizenne, 372.

Garaudé, maire de Verdun, 252.

GALLIA CHRISTIANA, 191, 293, 323, 369, 373; — collaborateur cité, dom Henry.

GARDE DES SCEAUX, 165, 167, 168, 173, 256, 270, 271, 275, 289, 328, 333, 340, 342, 343, 345, 358, 375, 378, 379, 382, 389, 392, 393, 394, 398, 399, 404, 405, 406, 408, 409, 414, 415, 416, 417, 418, 419, 430, 431, 432, 433, 434, 435, 436, 438; — lettre à dom Berthod, 246; — lettres de dom Berthereau, 299; — de dom Berthod, 247; — de dom Boudier, 297, 302; — de Godefroy, 257; — de dom Labbat, 386; — de Le Brun, 439; — des Supérieurs majeurs de la congrégation de Saint-Vanne, 251, 254; — mémoires du Garde des sceaux sur un projet de copie du Trésor des chartes, 269; — sur les fonds d'encouragement destinés aux travaux d'histoire ecclésiastique, 403; — mémoire de Moreau au Garde des sceaux sur le dépôt de législation, 425. — Voir Barentin, Chancelier, Hue de Miromesnil.

Gélase I*er* (Lettres de), 337.

Généalogie, 178, 195, 206, 214, 216, 218, 332. — Voir Chavigny.

Gênes, 359.

Genêt de Brochaut, 402; — ses manuscrits sur l'administration des finances, 403, 443.

Géographie, 444.

Georges III, roi d'Angleterre, 204, notes.

Gérard (Georges-Joseph), 174, 175.

Germanie (Évêques de), 337.

Gérou (Dom Guillaume), correspondant du dépôt ou comité des chartes, à Saint-Benoît-sur-Loire, pour l'Orléanais et la Touraine, 54, notes, 119, 121, 339, 412, notes.

Gerrin (Dom Nicolas), correspondant du comité des chartes, à Flavigny, 412, notes.

Gesta Dei per Francos, 295.

Gibert (Joseph-Balthasar), membre de la conférence des chartes et du bureau littéraire, 51, 100, notes, 293.

Gilbert, prévôt des églises de Mons, 174.

Gilot (Dom Jacques-Louis), 301.

Ginetti (Cardinal), 357, 371.

Girodias (Dom François), prieur de l'abbaye de Solignac, 125, 126.

Girou. Voir Gérou.

Giry de Saint-Cyr (L'abbé Claude-Odet), 10.

Glier, chargé des notices des chartes, 158, notes, 162, 167, 168, 171, 339, 412, notes, 442.

Glossaire français, 331, 415, 430, 445, 447; — collaborateurs, Bréquigny, Mouchet, Sainte-Palaye.

Glossaire provençal, 444.

Godefroy (Denis-Joseph), garde des archives de la Chambre des comptes de Lille, collaborateur du dépôt des chartes, 248; — correspondant du comité des chartes, 410, notes, 447; — lettre au Garde des sceaux, 257.

Godefroy (Théodore), collaborateur de Dupuy à l'inventaire du Trésor des chartes, 261, 262, 263, 265, 266, 271.

Goldast (Melchior), 337.

Goslin(Vie de), abbé de Fleury, 371.

Gossin, 158, notes.

Grandidier (L'abbé Philippe-André), historiographe de l'église de Strasbourg, 174, 175; — correspondant du comité des chartes, 410, notes.

Granvelle (Manuscrits du cardinal de), 236, 237, 245.

Grappin (Dom Hermenegilde), 143, 235; — correspondant du comité des chartes, à Saint-Ferjeux, près Besançon, 412, notes.

Gray, 256.

Grégoire VII (Lettres de), 364.

Grégoire IX (Lettres de), 366.

Grégoire X (Lettres de), 368.
Grégoire XII (Lettres de), 347.
Grégoire XV, 360; — lettres, 368, notes.
Grenier (Dom Nicolas), collaborateur du dépôt des chartes pour la Picardie, 54, notes, 108, 141, 164, notes, 165, 332, 339, 396; — membre du comité des chartes, 170, 171, 172, 173, 174, 175, 409, 410, notes; — observations au sujet du prospectus de la collection des chartes, 338; — projet de prospectus pour la collection des chartes, 339; — sa mort, 257.
Grey. Voir Gray.
Grolé, mieux Grosley (Pierre-Jean), 143.
Guerchy (Claude-François, comte de), ambassadeur de France à Londres, 183, 198, 200, 214, 309.
Guienne, 201, 207, 215, 218, 411, notes; — occupation anglaise, 233; — historiographe, dom Carrière.
Guignes (Joseph de), 293.
Guillaume le Conquérant, 190, 201; — lettres, 203.
Guines (Comté de), 215.
Guize, 256.

H

Hainaut (Chronique de), 174; — comte, voir Baudoin.
Hardouin (Le P.), 385.
Harley (Robert), comte d'Oxford; 194; — bibliothèque Harléienne, voir Londres.
Haudiquier (Dom Charles-Michel et dom Jean-Baptiste), collaborateurs du *Recueil des historiens de France*, 292.
Hautvillers (Abbaye d'), 255.
Henri III, roi d'Angleterre, 191, 192; — lettres, 205.
Henri VI, 191.
Henri VIII, 190, 191, 192; — lettres à Anne de Boulen, 372.
Henri Ier, roi de France, 295, 297.
Henri IV, 207, 216; — lettres, 203.
Henry (Dom Pierre), collaborateur du *Gallia christiana*, 293.
Hermant (Dom Raymond), chargé du dépouillement des chartes manuscrites de la Bibliothèque du Roi, 134, 135.
Hervin (Dom Jean), chargé de la collection des Conciles, 383, 384.
Hilaire Ier, 360.
Hildebert de Lavardin, archevêque de Tours, 371.
Hirson, 256.
HISTOIRE BYZANTINE, 212.
HISTOIRE LITTÉRAIRE DE LA FRANCE, 302; — collaborateur cité, dom Clément.
HOMMAGES, 54, 69.
Honorius III (Lettres d'), 366.

Honorius IV (Lettres d'), 368, notes.
Hôtels de ville (Greffes des), 77, 83, 140, 416, 424, 428.
Houard (David), correspondant du dépôt des chartes, 143.
Housseau (Dom Étienne), 138, 165; — correspondant du dépôt et du comité des chartes pour la Touraine, le Maine et l'Anjou, 38, 46, 54, notes, 310, 412, notes; — lettre à Bréquigny, 292.
Howard. Voir Houard.
Hubert, chargé des extraits de cartulaires de la Bibliothèque du Roi, 442.
Hue de Miromesnil (Armand-Thomas), garde des sceaux, 170, 219, 245, 276, 281, 291, 334, 341, 380, 394, 418, 422, 424, 441, 442; — circulaire aux Procureurs généraux, 395; — lettres à dom Berthod, 246; — à Joly de Fleury, 396; — à La Porte du Theil, 334; — de dom Berthod, 246. — Voir Chancelier, Garde des sceaux.
Hugues-Capet, 138, 172, 295, 297, 325, 330.
Huiron, 255, 256.
Hume (David), 187.

I

Ildebert. Voir Hildebert.
Imprimerie royale, 5, 107, 108, 123, 124, 125, 126, 138, 146, 266, 311, 321, 339, 346, 380, 394, 424, 434, 440; — directeur, Anisson.
Innocent III, 111, 364; — lettres, 356, 357, 358, 363, 365, 366, 378, 430; — éditeurs, Baluze, La Porte du Theil.
Innocent IV (Lettres d'), 366, 367.
Innocent V (Lettres d'), 368, notes.
Innocent VI (Lettres d'), 347, 368, notes.
Inscriptions recueillies par Galletti, 372; — relatives à des Français, 371.
Instructions d'ambassadeurs, 187, 192, 195, 371.
Intendants, 21, 22, 58, 59, 81, 82, 86, 87, 92, 128, 130, 139, 222; — de Lorraine, 253; — de Normandie, 119; — d'Orléans, 119; — circulaires de Bertin, 93, 113, 114; — à l'intendant de Metz, 115. — Voir Beaumont, Cochin, de la Michaudière, La Porte de Meslay, Turgot.
Italie, 71, 294, 303, 304, 358.

J

Jacquier (Le P. François), 70, 71, notes, 377.
Jamais, 255.
Jardin du Roi, 408.
Jarente de la Bruyère (Louis-Sextius de), évêque d'Orléans, 73, 111.
Jarneau (Dom Pierre-Vincent); travaux sur la Touraine, 38, notes.
Jean VIII (Lettres de), 364.
Jean XXI (Lettres de), 368.

Jean **XXII** (Lettres de), 368, notes.
Jean **XXIII** (Lettres de), 368, notes.
Jean **II**, 210.
Jean sans **Terre**, 191.
Jean d'Aire, 209.
Jean de Hennin, 175.
Jeannin (Dom Nicolas), doyen de Saint-Michel-en-Thiérache, correspondant du comité des chartes pour la Thiérache et le Laonnais, 411, notes.
Joinville, 255, 411, notes.
Joinville (Histoire de saint Louis, par), 10.
Joinville (**De**), receveur du domaine de Bordeaux, 215, notes.
Joly (L'abbé Philippe-Louis), 112, 128.
Joly de **Fleury** (Guillaume-François), procureur général au parlement de Paris, 267, notes.
Joly de **Fleury** (Jean-François), ministre des finances, 267, notes, 271; — lettres de Miromesnil, 396, 398, 399, 400; — réponse de Moreau à Joly de Fleury, 397.
Joly de **Fleury** (Omer), avocat général et président du parlement de Paris; lettre à Bertin, 260; — de Bertin, 266.
JOURNAL DES SAVANTS, 331, 430; — rédacteur cité, Bréquigny.
JUDICATA, 278, 280, 433, 444; — convention entre Moreau et Chevreuil pour la copie des *Judicata*, 281.
JUGEMENTS, 190, 191, 206.
Julien (Dom Pierre), correspondant du comité des chartes, à Munster en Alsace, 412, notes.

L

LABARUM dans les chartes, 339.
Labbat (Dom Pierre-Daniel), membre de la conférence et du comité des chartes, 170, 171, 172, 173, 176, 409, 410, notes; — éditeur de la collection des Conciles, 336, 388, 389; — lettres à Bréquigny, 382; — au Garde des sceaux, 386.
Labbe (Le P. Philippe); sa publication des Conciles, 323, 383, 384, 385.
La Curne de Sainte-Palaye. Voir Sainte-Palaye.
La Lande (**De**), 384.
Laloy (Pierre-Antoine), correspondant du comité des chartes, à Chaumont, pour le Bassigny, 410, notes.
Lambert (Charles-Guillaume), conseiller d'État, 290; — lettre à Bréquigny, 289.
Lambert de **Barive**, collaborateur du dépôt des chartes pour Cluny et correspondant du comité des chartes, 143, 144, 174, 175, 275, 339, 410, notes.
La Michaudière (**De**), intendant de Normandie, 119, 220.
Lamoignon (Le chancelier **de**), 290, 291, 292, 293, 294, 295.
Lancelot (Antoine), 85; — sa collection sur la pairie, 84.
Langlet (Antoine), avocat des finances, 19.

Languedoc (Évêchés de), 358.

Laonnais, 411, notes; — correspondant du comité des chartes, dom Jeannin; — historiographe, dom Bugniâtre.

La Porte de Meslay, intendant de Lorraine, 253.

La Porte du Theil (François-Jean-Gabriel de), 165, 276, 339; — chargé de collaborer aux *Diplomata, chartæ*, 334, 340, 341, 344, 447; — lettres à Bréquigny, 355, 356; — de Miromesnil, 334; — mission à Rome, 355-381; — rapport sur sa mission, 358; — éditeur des lettres d'Innocent III, 378, 379, 380, 430, 445; — membre du comité des chartes, 409, notes.

Latinité (Basse), 232.

Lauraguais (Louis-Léon-Félicité, duc de Brancas, comte de) donne à la Bibliothèque du Roi un manuscrit de Frédégaire, 133.

Laurière (Eusèbe-Jacob de), collaborateur du recueil des *Ordonnances*, 195, 290.

L'Averdy (Clément-Charles-François de), contrôleur général des finances, 18, 193, 397, 399.

La Vrillière (Duc de). Voir Phelypeaux.

Laye-Saint-Christophe (Abbaye de), près Nancy, 412, notes; — correspondant, dom de Puibusque.

Le Bert, greffier en chef du parlement de Paris, 273, 275, 277, 278, 279, 280.

Le Brun, député; — lettre au Garde des sceaux, 439; — réponse du Garde des sceaux, 439, 443.

Lecoigneux (L'abbé), membre du comité des chartes, 409, notes.

Lédiard, 208.

Lefebvre (Dom), correspondant du comité des chartes, à l'abbaye Saint-Sauveur de Vertus, 411, notes.

Lefebvre (Dom Jean), assistant de la congrégation de Saint-Maur, 36.

Lefèvre d'Ormesson, contrôleur général des finances, 401.

Le Laboureur (Jean), 85.

Le Maire (Dom Dominique), curé de Beaulieu-en-Argonne, correspondant du comité des chartes pour le Clermontois, 411, notes.

Le Noir (Dom Jacques), collaborateur du dépôt et correspondant du comité des chartes pour la Normandie et le pays Chartrain, 54, notes, 108, 119, 141, 172, 173, 175, 221, 231, 339, 411, notes; — lettres à Moreau, 220, 228.

Le Picard (Dom Étienne), dépositaire général de la congrégation de Saint-Maur, 62, 67.

Lescalier, 198.

Le Sénéschal, receveur du domaine d'Amiens, 215, notes.

Lestache (L'abbé de), 353, 354, 355.

Lettres en général, 195, 322, 335, 336, 338; — lettres des papes, 70, 336, 346-381, 388, 430. — Voir Alexandre IV, Alexandre VI, Anastase II, Benoît XII, Boniface VIII, Caliste II, Célestin III, Clément IV, Clément V, Clément VI, Eugène IV, Gélase Ier, Grégoire VII, Grégoire IX, Grégoire X, Grégoire XII, Grégoire XV, Honorius III, Honorius IV, Innocent III, Innocent IV, Innocent V, Innocent VI, Jean VIII, Jean XXI, Jean XXII, Jean XXIII, Martin IV, Martin V, Nicolas IV, Nicolas V, Pie II, Urbain IV, Urbain V, Urbain VI. — Lettres historiques. Voir Alcuin, reine Blanche, Carleton, Charlemagne, Charles le Bel, Édouard I*r*, Édouard II, Édouard III, Éléonore de Provence, François I*er*, Fulbert, Henri III, roi d'Angleterre, Henri IV, Henri VIII, Louis IX, Louis XII, Louis XIV, Manuel Comnène, reine Marguerite, Philippe le Hardi, Philippe le Bel, Philippe le Long.

Leydet, chanoine de Chancelade, collaborateur du dépôt des chartes pour le Périgord, 233; — lettre à Bertin, 231; — de Bertin, 234.

Lièble (Dom), membre de la conférence et du comité des chartes, 170, 171, 172, 173, 176, 287, 410, notes; — son travail sur la *Notice des Gaules*, 285, 286; — lettre à Bertin, 286; — lettre de Bertin, 285.

Limoges, 109, 125, 141, 222, 224, 225; — intendant de la généralité, voir Turgot; — Saint-Étienne, 225.

Limousin, 224, 232, 411, notes; — correspondants du dépôt des chartes, dom Col, dom Deschamps.

Littleton (Francis), 138.

Livourne, 359.

LIVRE ROUGE (Le), 190, 201.

Lois (Collection des), cause et origine de la bibliothèque des finances, 17, 18, 25, 29, 39, 421; — lois anglo-normandes, 138, 421; — lois municipales de France, 195, 207, 214, 215, 217, 232; — lois salique, ripuaire, lois civiles, lois ecclésiastiques, 335.

Loménie de Brienne (Étienne-Charles de), archevêque de Toulouse, 149, 235, 236, 237, 382, 418.

Londres, 97, 180, 183, 199, 200, 204, 214, 217, 308, 309, 311, 313, 321, 351, 352; — archives de l'Échiquier, 120, 177, 181, 183, 184, 185, 186, 189, 190, 192, 196, 197, 199, 201, 205, 206; — archives de la Tour, 97, 120, 181, 184, 185, 187, 194, 195, 196, 198, 199, 204, 207, 445; — Musée Britannique, 97, 120, 183, 184, 185, 186, 187, 190, 191, 194, 198, 202. (bibliothèque Cottonienne, 184, 187, 194, 198, 202, 203, 204, 208, 384; — bibliothèque Harléienne, 194, 198, 202, 203, 204; — collection Sloane, 202); — Chapter-house, 192, 197; — cour des gardes, 191; — office des augmentations, 191; — des remembrances, 189, 191; — de la Trésorerie, 191, 192; — Paper-office, 197; — Pipe-office, 191; — Westminster, 192; — White-hall, 198; — mission de Bréquigny, 97, 99, 120, 121, 126, 129, 131, 146, 159, 177-219, 310, 311, 313, 318, 319, 320, 321, 351, 352, 358, 384, 394, 412, 415, 433, 445.

Longeville (Abbaye de), 412; — correspondant du comité des chartes, dom Solvert.

Longuerue (L'abbé de), 347.

Lorraine, 240; — dépôts d'archives, 256; — intendant, La Porte de Meslay; — correspondants du comité des chartes, dom Bonnaire, dom Colloz, dom Estienne, dom Gerrin, dom Julien, dom de Puibusque, dom Solvert, dom Tabouillot.

Lorry (François), avocat des finances, 19.
Lothaire, 173, 385.
Louis le Bègue, 161, 163, 166.
Louis d'Outre-mer, 326, 385.
Louis V, dit le Fainéant, 163, 166, 173, 383.
Louis VI, dit le Gros, 161, 293, 294, 295, 297, 300, 303, 304.
Louis VII, dit le Jeune, 161, 203, 216, 293, 294, 295, 297, 300, 303, 304.
Louis IX, 207; — histoire, 215; — lettres, 205.
Louis le Hutin, 205.
Louis XI, 229.
Louis XII, 66, 221; — lettres, 203.
Louis XIII, 306.
Louis XIV; lettres à Colbert, 443.
Louis XVI, 162; — mémoire de Bertin, 162.
Louvain; bibliothèque des Jésuites, 239.
Louvre. Voir Paris.
Lunéville, 256, 412, notes; — correspondant du comité des chartes, dom de Puibusque.
Lure, 256.
Luxembourg (Duché de), 252.
Luxeuil, 256.
Lyon, conciles, 366, 384; — évêque, voir Rustique.

M

Mabillon, 355, 361.
Machaut (Jean-Baptiste de), contrôleur général des finances, 213, 320.
Madox (Thomas); ses manuscrits au Musée Britannique, 194.
Maheut (Dom Jean), correspondant du dépôt des chartes, à Fécamp, 54, notes.
Maimac, 224.
Maine, 412; — correspondant du dépôt des chartes, dom Housseau.
Maine (Hôtel du), 117.
Malesherbes (De). Voir Lamoignon.
Mans (Le), 54, notes; — correspondant du dépôt des chartes, à l'abbaye de la Couture, dom Blanchard.
Mansfield (William-Murray, comte de), 183.
Manuel Comnène (Lettre de), 364.
Maréchal (Dom), correspondant du comité des chartes pour la Champagne, 143.
Marguerite (Lettres de la reine), femme de saint Louis, 205.
Marini (Calisto et Gaëtano), archivistes du Vatican, 363, 377.
Marinus de Eubulo, 370.
Marsillac (Abbaye de), 354.

Martene (Dom Edmond), 374; — chargé de préparer un plan du *Recueil des historiens de France*, 298, 323, 361; — éditeur des lettres d'Urbain IV et de Clément IV, 367.
Martin IV (Lettres de), 368, notes.
Martin V (Lettres de), 368, notes.
Martin (Dom), 104, notes, 124, notes.
Maty (Matthieu), 202.
Maumont (De), 225. — Voir Meaumont.
Maupeou (Le chancelier de), 293, 295.
Maximilien de Bavière, 368.
Meaumont (Château de), 224. — Voir Maumont.
Melot, 10, notes.
MÉMOIRES HISTORIQUES DE LA VILLE DE BÉNÉVENT, 71.
Menil (Le), 256.
Merle (Dom Zacharie), historiographe de Bourgogne, membre du comité des chartes, 409, 410, notes.
Meslé, avocat; son travail sur les rouleaux du Parlement, 283, notes.
Mesnard de Conichard, garde du dépôt des finances, 443.
Messin (Pays), 115.
Metz, 254, 256; — collège, 251; — intendant, 115; — Saint-Arnoul, 115, 411, notes; — correspondant du comité des chartes, dom Tabouillot.
Meymac. Voir Maimac.
Mézières, 256.
Milon (Alexandre), évêque de Valence et abbé de Saint-Benoît-sur-Loire, 81.
Miræus, 247.
Mirecourt, 256.
MISCELLANEA de Baluze, 373.
Molière, 408.
Mondon, greffier de l'hôtel de ville de Verdun, 253.
Mongé (Dom), occupé aux recherches sur la Picardie, 119, notes.
MONNAIES, 203. — Voir Périgord.
Monniotte (Dom Pierre-François), proposé pour collaborer au *Recueil des historiens de France*, 302.
MONOGRAMMES des chartes, 42, 65, 339.
Mons (Églises de), 174; — prévôt, Gilbert.
Montcornet, 256.
Montdidier (Histoire de), 315.
Montfaucon (Dom Bernard de), 359, 360.
Montiéramé, 255, 411, notes; — correspondant du comité des chartes, dom Brincourt.
Montierenderf (Abbaye de), 236, 255, 411, notes; — correspondants du comité des chartes, dom Pierre et dom G.-F. Dumay.
Montmédy, 256.
MONTRES, 64.

Montroland, 412, notes; — correspondant du comité des chartes, dom Mouton.

Moreau (Jacob-Nicolas), historiographe de France, bibliothécaire de la Reine, etc., 3, 16, 18, 20, 24, 34, 51, 56, 57, 60, 61, 62, 63, 67, 68, 70, 72, 74, 87, 102, 103, 105, 117, 120, 133, 135, 146, 154, 156, 157, 170, 174, 175, 238, 239, 248, 277, 280, 284, 319, 320, 328, 331, 339, 345, 374, 378, 379, 380, 394, 405, 408, 425, 439, 447; — propose la création de la bibliothèque des finances, 4; — avocat des finances, chargé de la direction de la bibliothèque, 7; — garde des archives et bibliothèque des finances, 17; — mémoires sur ce dépôt, 29, 37, 44, 74; — réponse de Bertin au deuxième mémoire, 41; — chargé, avec Bréquigny, de rédiger la notice générale des chartes du royaume, 50, 56, 57; — chargé de centraliser les copies de chartes, 53, 56, 57; — garde du dépôt des chartes, 56, 57; — demande une augmentation des fonds affectés à la collection des chartes, 72; — rapports sur l'état et les progrès de la collection des chartes, 136, 158; — lettres et circulaires aux Bénédictins, 60, 67; — circulaire aux membres de la conférence des chartes, 153; — lettres à Bertin, 181, 276; — lettres de Bertin, 56; — de dom Col, 221, 222, 224; — de Droz, 226, 235; — de dom Le Noir, 220, 228; — de dom Poirier, 256; — membre du bureau littéraire et du comité des chartes, 96, notes, 100, notes, 409, 412; — mémoires et rapports sur le Trésor des chartes, 267, 271; — sur les *Olim*, 273; — convention entre Moreau et Chevreuil pour la copie des *Olim*, 275, 276; — pour la copie des *Judicata*, 281; — lettre à Pitorre, 282; — mémoire et rapport sur les *Diplomata*, 340, 342; — sur l'édition des lettres d'Innocent III, 380; — chargé de la garde de la bibliothèque de législation, 392, 417, 435; — mémoires sur la bibliothèque et le dépôt de législation, 397, 404, 419, 424, 425; — sa bibliothèque attribuée à la bibliothèque de législation, 415, 443, 444; — lettre de Calonne à Moreau, 402; — état du département de Moreau, 429.

Moreau de Beaumont (Jean-Louis), intendant des finances, 218, 227.

Moreau-Dufourneau, chargé des tables générales du dépôt des chartes et de la bibliothèque de législation, 412, notes, 417, 422, 429, 442, 445.

Morey (Prieuré de), 247, 256; — prieur, dom Berthod.

Morimont, 255.

Mortagne. Voir Saint-Pierre.

Morton (Jacques **Douglas**, comte de), 202.

Mouchet (Georges-Jean), 196, 445; — collaborateur de la *Table chronologique des chartes et diplômes*, 310, 311, 313, 321; — son mémoire sur ce recueil, 315; — chargé de la continuation du Glossaire français, 415, 430, 447; — lettre à Bertin, 312.

Moutier-la-Celle (Abbaye de), 255, 411, notes; — correspondant du comité des chartes, dom Arnould.

Mouton (Dom Colomban), correspondant du comité des chartes, à Montroland, 412, notes.

Mouzon, 148, 256.

Moyenmoutier, 256, 412, notes; — correspondant du comité des chartes, dom Estienne.

Mulley (Dom Charles-Joseph), collaborateur du dépôt des chartes pour le Soissonnais, 339, 411, notes.

Munster (Paix de), 371.
Munster en Alsace (Abbaye de), 256, 412, notes; — correspondant du comité des chartes, dom Julien.
Muratori (Antoine), 294.
Musée Britannique. Voir Londres.
Mussy-l'Évêque, 255.
Mutte, doyen du chapitre de Cambrai, collaborateur du dépôt des chartes, 143, 175.

N

Nancy, 256, 412, notes; — Saint-Léopold, 256.
Nantes (Chambre des comptes de), 127.
Naples (Conquête de), 294.
Narbonne (Archevêque de). Voir de Dillon.
Navarre (Rois de), 232.
Necker, contrôleur général des finances, 399, 443.
Nélis (L'abbé Corneille-François de), évêque d'Anvers, correspondant du comité des chartes, 175, 238, 410, notes.
Neustrie, 286.
Nicolas IV (Lettres de), 368, notes.
Nicolas V (Lettres de), 368, notes.
Nogent-sur-Seine, 255.
Nonnus, 355.
Normandie, 138, 142, 172, 173, 207, 218, 228, 230, 231, 411, notes; — correspondant du dépôt et du comité des chartes, dom Le Noir; — fiefs, 190, 201; — intendant, 119.
Normands, 294.
Notice de l'ancienne Gaule, 286; — auteur, d'Anville.
Notice des Gaules, 285, 286; — auteur, dom Lièble.
Nouveau traité de diplomatique, 64, 66, 112, 204, 293, 315; — auteur, dom Tassin.
Novy-le-Rethel, 256, 411, notes; — correspondant du comité des chartes, dom Pierre.
Nyon, libraire, chargé de l'impression des *Diplomata,* 340; — des lettres d'Innocent III, 380.

O

Occident, 286.
Offices. Voir Londres.
Olim, 278, 281, 415, 433, 444; — rapport de Bertin au Roi sur les *Olim,* 273; — Chevreuil chargé de les copier, 273, 274, 275, 276, 277; — Bréquigny chargé d'en surveiller la copie, 273, 274, 275; — mémoires sur la copie des *Olim,* 272, 273; — convention entre Moreau et Chevreuil pour la copie, 275.
Oratoire Saint-Philippe de Néri. Voir Rome.
Ordonnances des rois de France, 5, 9, 32, 51, 106, 138, 145, 160, 205, 215, 259,

288-291, 321, 323, 331, 339, 341, 430, 445, 447; — de Philippe le Hardi, de Philippe de Valois, 205; — de Philippe le Bel, 193, 205; — mémoire de Bréquigny, 290; — collaborateurs cités, Bréquigny, de Laurière, Secousse, de Villevault.

ORDRES. Voir Saint-Esprit, Saint-Michel.

ORDONNANCES DU PARLEMENT DE BESANÇON, 440.

Orient (Chrétiens d'), 216; — lettre de Charlemagne à l'empereur d'Orient, 202.

Orléanais, 121, 412, notes; — correspondant du dépôt des chartes, dom Gérou.

Orléans (Évêque d'), voir de Jarente; — intendant, 119; — Sainte-Croix, 173.

Orléans (Maison d'), 232.

Oxford (Mylord). Voir Harley.

P

PAGUS, 286.

PAIRIE (Dépôt de la), 84.

PALATINS (Bibliothèque des électeurs), 360. — Voir Rome.

Palavicini (Lazare-Oppizio, cardinal), secrétaire d'État du pape, 363, 375.

PAPER-OFFICE. Voir Londres.

PAPES; — d'Avignon, 369; — lettres, voir lettres, registres; — voir Alexandre IV, Alexandre VI, Alexandre VIII, Anastase II, Benoît XII, Benoît XIV, Boniface VIII, Caliste II, Célestin III, Clément IV, Clément V, Clément VI, Eugène IV, Gélase Ier, Grégoire VII, Grégoire IX, Grégoire X, Grégoire XII, Grégoire XV, Hilaire Ier, Honorius III, Honorius IV, Innocent III, Innocent IV, Innocent V, Innocent VI, Jean VIII, Jean XXI, Jean XXII, Jean XXIII, Martin IV, Martin V, Nicolas IV, Nicolas V, Pie II, Sixte V, Urbain IV, Urbain V, Urbain VI, Urbain VIII.

PAPIERS DE REBUT, 65.

PARCHEMIN DES CHARTES, 42, 66.

Pardessus (Dom Thomas), correspondant du comité des chartes, à Corbie, 54, notes.

Paris, 121, 185, 189, 196, 200, 225, 238, 311, 326, 334, 409; — archevêque, voir de Beaumont; — bibliothèque du collège des Jésuites, 384; — Bibliothèque du Roi, 10, 20, 24, 25, 132, 133, 134, 135, 136, 141, 155, 156, 157, 216, 218, 238, 312, 326, 338, 339, 366, 367, 370, 383, 384, 388, 399, 403, 413, 415; — elle reçoit la bibliothèque des finances et le dépôt de législation, 18, 83, 129, 393, 397, 422, 433, 442; — bibliothécaires cités, Béjot, Bignon, Capperonnier, l'abbé de Targny; — Blancs-Manteaux, 54, notes, 176, 292, 293, 383, 384, 409; — Chambre des comptes, 78, 115, 116, 125, 178, 217, 228, 229, 230; — Louvre, 129, 160; voir Imprimerie royale; — archives du Louvre, 22, 23; — Parlement, 7; voir Parlements, Joly de Fleury, *Judicata*, *Olim*, Procureurs généraux, Registres, Rouleaux, Testaments; — place Vendôme, 117; — quai des Morfondus, 277; — rue des Capucines, 117; — Saint-Germain-des-Prés, 54, notes, 55, 102, 104, notes, 173, 176, 203, 286, 293, 326, 332, 333, 336, 383, 384, 385, 409; voir Patert; — Saint-Martin-des-Champs, 124, 125; — correspondant du dépôt des chartes, dom Chamoux; voir Pernot; — Sainte-Chapelle, 261, 267.

Parisis, 286.

Parlements, 3, 38, 52; — projet d'inviter les premiers Présidents et les Procureurs généraux à adresser à la Bibliothèque du Roi deux exemplaires des imprimés des actes, 22, 24; — à faire transcrire des registres des Parlements, 83. — Voir Besançon, Cours souveraines, Bourgogne, Paris, Procureurs généraux, Registres.

Pastoret (Claude-Emmanuel-Joseph-Pierre de), membre du comité des chartes, 342, 410, notes.

Patert (Dom Samson), bibliothécaire de Saint-Germain-des-Prés, 293.

Pau (Archives du château de), 127, 231, 233, 234, 235; — Chambre des comptes, 127, 231.

Paulmy (Marc-Antoine-René, marquis de), 154, 155; — mémoire sur un échange de documents avec le dépôt des chartes, 154; — membre de la conférence et du comité des chartes, 171, 174, 343, 408, 410.

Pays-Bas, 174, 239, 245, 246, 303, 304, 411; — collection sur les Pays-Bas, 440. — Voir Belgique, Flandre autrichienne.

Pépin (Donation de), 72.

Périgord, 232, 233; — comtes, 369; — monnaies, 232, 233; — correspondant du dépôt des chartes, Leydet.

Pernetty (Dom Antoine-Joseph), 104, notes.

Pernot (Dom Pierre-François), bibliothécaire de Saint-Martin-des-Champs, 124.

Perpignan, 410, notes; — correspondants du comité des chartes, l'abbé Balanda, Fossa.

Pétau (Paul), 360.

Phélypeaux (Jean-Frédéric), comte de Maurepas, ministre d'État, 398.

Phélypeaux (Louis), comte de Saint-Florentin, puis duc de la Vrillière, ministre d'État, 9, 10, 17, 117, 134, 136, 193; — lettre à Bertin, 133; — de Bertin, 132.

Philippe Ier, 293, 294, 295, 297, 300, 303, 304.

Philippe-Auguste, 144, 161, 178, 185, 199, 300, 335; — ses registres copiés aux frais de Bertin, 415, 433.

Philippe le Hardi (Lettres de), 205; — ordonnances, 205.

Philippe le Bel, 195, 288; — lettres, 205; — ordonnances, 193, 205.

Philippe le Long (Lettres de), 205.

Philippe de Valois, 208, 210; — ordonnances, 205.

Philippe II, 237.

Phlipault, 445, 446.

Picardie, 119, 207, 256, 339, 412, notes; — correspondants, dom Caffiaux, dom Grenier, dom Mongé.

Pie II (Lettres de), 368, notes.

Piere ou Pierre (Dom Étienne), président de la congrégation de Saint-Vanne, 251, 255; — correspondant du comité des chartes, à Novy-le-Rethel, pour le Rethelois, 411, notes; — lettre au Garde des sceaux, 254.

Pierre a Thimo, 175.

Pipe-office. Voir Londres.

Pitorre, chargé de faire des extraits et des copies des rouleaux du Parlement, 284, 399; — lettre de Moreau, 282.

Poèmes français (Copies de), proposées par Paulmy, 155. — Voir Troubadours.

Poirier (Dom Germain), membre de la conférence et du comité des chartes, 170, 171, 172, 257, 332, 342, 409, 410; — continuateur du *Recueil des historiens de France*, 293, 298, 299, 300; — lettre à Moreau, 256.

Poitiers, 119; — abbaye Saint-Cyprien, 54, notes; — correspondant du dépôt des chartes, dom Fonteneau.

Poitou, 119, 121, 173, 412, notes; — correspondant du comité des chartes, dom Fonteneau.

Poncet (Dom Maurice); travaux sur la Touraine, 38, notes.

Pont-à-Mousson, 412, notes; — correspondant du comité des chartes, dom de Puibusque.

Poultières, 255.

Praslin (César-Gabriel, comte de **Choiseul**, puis duc **de**), ministre des affaires étrangères, 181, 182, 184, 186, 190, 200, 214, 217.

Prault, libraire, chargé de former la bibliothèque des finances, 7, 8, 9, 10, 27, 440.

Précieux (Dom Jacques), 54, notes, 310; — continuateur du *Recueil des historiens de France*, 298, 299, 300.

Préséance, 215.

Présidiaux, 38.

Procureurs généraux, 123, 259, 267, 269, 270, 271, 282, 283, 284, 399; — circulaires de Bertin, 72, 82, 105, 115, 116, 118, 123, 127; — de Miromesnil, 395. — Voir d'Aguesseau, Joly de Fleury.

Provence, Chambre des comptes, 16, 17, 77, 110, 127; — Cour des aides, 16, 17, 60, 433. — Voir Éléonore.

Provins, 255; — abbaye Saint-Ayoud, 411, notes; — correspondant du comité des chartes, dom Barthélemy.

Puibusque (Dom Hilaire **de**), correspondant du comité des chartes, à l'abbaye de Laye-Saint-Christophe, 412, notes.

Q

Queinsert (Dom Jean-Baptiste), collaborateur du dépôt des chartes pour la Flandre, l'Artois, le Cambrésis et le Vermandois, 141, 172, 175, 339, 412, notes.

R

Rambervillers, 256.

Raon, 256.

Raynaldi (Oderic), 347, 352, 362, 373.

Recueil des historiens de France, 106, 138, 146, 160, 161, 171, 212, 213, 292, 305, 323, 325, 328, 329, 333, 337, 371, 387, 396, 409, 423, 430, 445, 446;

collaborateurs cités, dom Bouquet, dom Brial, dom Clément, dom Haudiquier, dom Poirier, dom Précieux. — Voir Monniotte.

RÉFORMATION (Rôles de), 64.

RECUEIL DES HISTORIENS DES CROISADES, 293, 295; — collaborateur cité, dom Berthereau.

REGISTRES DES PAPES. Voir Lettres.

REGISTRES DU PARLEMENT, 5, 10, 83, 272-284, 415, 433, 444. Voir *Olim, Judicata;* — du parlement de Bourgogne, 444.

REGISTRES DE PHILIPPE-AUGUSTE, 415, 433.

Reims, abbaye de Saint-Remy, 54, notes; — correspondant du dépôt des chartes, dom Rousseau.

Remiremont, 256.

Rethel, 256.

Rethelois, 254, 256, 411, notes; — correspondant du comité des chartes, dom Pierre.

Rhodes (Prise de), 216.

Richelieu, 358.

Rictrude (Sainte), 172.

Rinaldi. Voir Raynaldi.

Robert, roi de France, 295, 297.

Rohan-Guémené (Ferdinand-Maximilien-Meriadec **de**), archevêque de Bordeaux, 233.

ROIS. Voir Angleterre, Espagne, France.

RÔLES conservés aux archives de l'Échiquier et de la Tour de Londres, 190, 195.

RÔLES gascons, normands et français, 198, 199, 205, 206, 207.

Rollon, 138.

Rome, 71, 304, 341, 347, 348, 350, 351, 353, 358, 359, 362, 365, 370, 371, 372, 375, 377, 378, 379, 380; — archives de la Daterie, 369; — archives de Saint-Ange, 347, 349, 355, 362, 364; — archives de Saint-Pierre, 349, 357, 362, 367; — archives et bibliothèque du Vatican, 70, 71, 72, 155, 347, 349, 350, 351, 352, 355, 356, 359, 360, 369, 372, 376, 380; — archivistes, Calisto et Gaëtano Marini; — bibliothécaires, Albani, Assemani; — bibliothèques en général, 373; — mémoires sur les archives et les bibliothèques, 346, 349, 351; — bibliothèques : Barberini, 355; — Chigi, 361, 369, 376; — Corsini, 361, 369, 376, 397; bibliothécaire, Foggini; — de l'Oratoire Saint-Philippe de Néri, 360, 369, 376; — fonds du Vatican; de la reine Christine, 360, 370, 371; — palatin, 360; — des ducs d'Urbin, 360; — couvent de Saint-Calliste, 372; — église Saint-Louis, 354; — incriptions relatives à des Français, 371; — mission de La Porte du Theil, 159, 334, 356-381.

Rooke (Hen.), 197.

Rouen (Abbaye Saint-Ouen de), 119.

ROULEAUX DU PARLEMENT, 277, 279, 280, 282, 283, 284; — mémoire de Bertin sur un projet de travail sur les rouleaux, 282; — collaborateur, Meslé.

Rousseau (Dom Claude), correspondant du dépôt des chartes, à Saint-Remi de Reims, 54, notes.

Roussillon, 410, notes; — correspondants du comité des chartes, l'abbé Balanda, Fossa.

Roux (Dom Maurice), correspondant du dépôt et du comité des chartes, à Faverney, 143, notes, 412, notes.

Rustique (Saint), évêque de Lyon, 337.

Rymer (Thomas) et sa collection, 39, 47, 68, 73, 92, 139, 155, 160, 187, 192, 194, 195, 198, 201, 203, 238, 239, 266, 323, 342, 346, 392.

RYMER FRANÇAIS. Voir *Diplomata, chartæ*.

S

Saint-Airy. Voir Verdun.

Saint-Ange. Voir Rome.

Saint-Arnoul. Voir Metz.

Saint-Avold, 412, notes; — correspondant du comité des chartes, dom Bonnaire.

Saint-Ayoud. Voir Provins.

Saint-Bénigne. Voir Dijon.

Saint-Benoît-sur-Loire, 54, notes, 119; — correspondant du dépôt des chartes, dom Gérou; — abbé, voir Milon. — Voir Fleury.

Saint-Bertin (Abbaye de), 240, 241, 242, 243, 244, 250, 410; — abbé, voir d'Allesnes; — copie des chartes, 240-245, 396; — chargés de la collation des chartes, Bréquigny, Chérin, Grenier.

Saint-Calliste. Voir Rome.

Saint-Cyprien. Voir Poitiers.

Saint-Cyr (Abbé de). Voir Giry.

Saint-Denis, 174.

Saint-Dizier, 255.

SAINT-ESPRIT (Ordre du), 84.

Saint-Evre. Voir Toul.

Saint-Ferjeux, 235, 236, 412, notes; — correspondants du comité des chartes, dom Charles, dom Grappin.

Saint-Florentin (Comte de). Voir Phélypeaux.

Saint-Genis (Auguste-Nicolas de), membre du comité des chartes, 409, 410, notes.

Saint-Germain. Voir Paris.

Saint-Jean-d'Angeli, 124, 141.

SAINT-JEAN DE JÉRUSALEM (Ordre de), 216.

Saint-Jean de Réomé (Diplôme de Clovis pour), 337.

Saint-Léopold. Voir Nancy.

Saint-Louis. Voir Rome.

Saint-Mansuit. Voir Toul.

Saint-Martin-des-Champs. Voir Paris.

SAINT-MAUR. Voir Congrégation.

SAINT-MICHEL (Ordre de), 191.

Saint-Michel-en-Thiérache, 256, 411, notes, — correspondant du comité des chartes, dom Nicolas Jeannin.

Saint-Mihiel, 256.
Saint-Mont, 256.
Saint-Nicolas-en-Lorraine, 256.
Saint-Paul. Voir Verdun.
Saint-Pierre. Voir Rome.
Saint-Pierre de Mortagne, 54, notes; — correspondant du dépôt des chartes, dom Col.
Saint-Pierre-le-Vif, 338.
Saint-Remy. Voir Reims.
Saint-Sauveur. Voir Vertus.
Saint-Simon de Sandricourt (Charles-François-Siméon de), évêque d'Agde, 123.
Saint-Sulpice. Voir Bourges.
Saint-Urbain (Abbaye de), 255, 411; — correspondant du comité des chartes, dom Bourgeois.
SAINT-VANNE. Voir Congrégation, Verdun.
Saint-Vincent. Voir Besançon.
Saint-Wandrille, 173.
Sainte-Croix. Voir Bordeaux, Orléans.
Sainte-Menehould, 255.
Sainte-Palaye (Jean-Baptiste La Curne de), 30, 31, 32, 33, 34, 42, 44, 47, 143, 155, 159, 188, 234, 359; — membre de la conférence des chartes, 51, 96, notes, 100, notes; — son Glossaire français, 430, 433; — collaborateur de la *Table chronologique des chartes et diplômes*, 50, 57, 91, 107, 120, 123, 139, 308, 312, 313, 320, 321; — ses livres et manuscrits à la bibliothèque de législation, 394, 411, 415, 433, 443.
Saintonge, 124, 412, notes; — correspondant du dépôt des chartes, dom Fonteneau.
Salasard (Dom Alexis), correspondant du dépôt des chartes, à Saint-Bénigne de Dijon, 54, notes, 119.
Sallier (L'abbé), 10, notes.
Salmon (L'abbé François), 386.
SCEAUX, 59, 65, 66, 90, 244, 339.
Secousse (Denis-François), 188; — collaborateur de la *Table chronologique des chartes et diplômes*, 30, notes, 40, 50, 56, 57, 91, 107, 120, 123, 139, 306, 310, 317, 320, 321; — du recueil des *Ordonnances*, 195, 290, 321.
Séguier (Manuscrits du chancelier), à Londres, 194, 203.
SÉNÉCHAUSSÉES, 38.
Senlis, 339; — Saint-Rieule, 339, 412, notes; — correspondants du dépôt des chartes, Afforty, Desmarais.
Senones, 256, 412, notes; — correspondant du comité des chartes, dom Estienne.
Sermange (De). Voir Bouhelier.
Sézanne-en-Brie, 255.
Sicile, 294.
Sidney (Philippe), 313, 315.

Sigles, 339.
Signatures dans les chartes, 65, 90.
Silhouette (Étienne de), contrôleur général des finances, fondateur de la bibliothèque des finances, 6, 7, 9, 397, 403, 440.
Simon, 204.
Sirmond (Le P. Jacques), 384, 385.
Sithieu (Seigneur de). Voir Adroald.
Sixte V, 360.
Sloane (Hans); sa collection au Musée Britannique, 202.
Société littéraire, 93. — Voir Conférence ou Comité des chartes.
Société royale de médecine, 407.
Soissonnais, 411, notes; — correspondant du dépôt des chartes, dom Mulley.
Solignac (Abbaye de), 125, 222; — prieur, dom Girodias.
Solvert (Dom Jean), correspondant du comité des chartes, à l'abbaye de Longeville, pour Longeville, Bouzonville et Villers-Betnach, 412, notes.
Sornet (Dom), 235.
Soubira (Dom Bernard), correspondant du dépôt des chartes, à Sainte-Croix de Bordeaux, 54, notes.
Sourivierre (De), employé aux travaux du Trésor des chartes, 123.
Spaletti (L'abbé), 376.
Spicilège de d'Achery, 337, 373.
Stenay, 255.
Strasbourg, 174; — correspondant du dépôt des chartes, l'abbé Grandidier.
Suppliques, 199, 206.
Synodes, 64.
Syrie (Relations écrites de), 216.

T

Table chronologique des chartes et diplômes, 32, 33, 35, 40, 41, 50, 56, 57, 63, 72, 73, 82, 99, 107, 108, 118, 120, 121, 122, 123, 124, 125, 126, 131, 139, 146, 162, 166, 179, 182, 185, 188, 189, 196, 213, 266, 288, 306-321, 331, 338, 346, 394, 414, 430, 435, 445, 447; — mémoires de Bréquigny, 306, 314, 320; — de Mouchet, 315; — collaborateurs, Bréquigny, Foncemagne, Sainte-Palaye, Secousse. — Voir de Foix.
Tabouillot (Dom), prieur du collège de Metz, correspondant du comité des chartes, 251, 254, 411, notes.
Taboureau, contrôleur général des finances, 399.
Tailbot, syndic de Verdun, 352.
Targny (L'abbé de), garde des manuscrits de la Bibliothèque du Roi, s'occupe des conciles des Gaules, 383.
Tassin (Dom Prosper), 54, notes, 292, 293; — présenté au Roi, 112.

Terray (L'abbé Marie-Joseph), contrôleur général des finances, 399.
TERRIERS, 190, 199, 206.
TESTAMENTS, 64; — conservés au parlement de Paris, 279.
Thimo (A). Voir Pierre.
Thoiré (Le sire de), 227.
Thurloé (John), 313, 315.
TOPOGRAPHIE, 59, 90, 232.
Toul, 256; — abbaye de Saint-Evre, 256; — abbaye de Saint-Mansuit, 256.
Toulouse (Archevêque de), voir de Loménie; — la Daurade, 54, notes; — correspondant du dépôt des chartes, dom Dupré, 54, notes.
Tour (La). Voir Londres.
Touraine, 45, 412, notes; — correspondants du dépôt et du comité des chartes, dom Gérou, dom Housseau. — Voir Cassard, Deschamps, Jarneau, Poncet.
Tournay, 237, 238, 239.
Tours (Archevêque de), voir Hildebert; — collège, 224.
TRAITÉS, 64, 187, 192, 195, 200, 214.
Trente (Concile de), 385.
TRÉSOR DES CHARTES, 35, 41, 50, 51, 84, 99, 123, 178, 217, 259-271, 291; — mémoires sur le Trésor des chartes, 260, 267, 269; — rapport de Moreau, 271; — inventaire projeté et exécuté par le comte d'Aguesseau, 262, 263, 271, 272; — propositions de Christophe de Beaumont, archevêque de Paris, pour la copie du Trésor des chartes, 268, 269, 271.
Trèves, 252.
Trois Évêchés, 240, 411, notes; — correspondants du comité des chartes, dom Colloz, dom Tabouillot.
TROUBADOURS (Extraits de), 444. — Voir Poèmes.
Troyes, 143, 255, 411, notes; — correspondants du dépôt et du comité des chartes, Grosley, dom Maréchal.
Tulle, 224.
Turenne (Vicomté de), 221, 223.
Turgot, intendant de la généralité de Limoges, 222, 223, 224, 225.
Turkeim, 256.
Turpin (Dom Claude-François), correspondant du dépôt des chartes pour le Berry, chargé du dépouillement des chartes de la Bibliothèque du Roi, 134, 135; — membre de la conférence et du comité des chartes, 170, 171, 172, 174, 409, 410, notes.

U

Urbain IV (Lettres d'), 366, 367.
Urbain V (Lettres d'), 347, 368, notes.
Urbain VI (Lettres d'), 368, notes.
Urbain VIII, 358, 371.

Urbin (Bibliothèque des ducs d'), 360. — Voir Rome.
Ussel, 224.
Usserius (James **Usher** ou), 203.
Uzerches (Sénéchaussée d'), 410; — lieutenant général, de Chiniac.

V

Vacher de Bourg-l'Ange, correspondant du comité des chartes, à Aurillac, pour l'Auvergne, 410.
Vaines (Dom Jean-François **de**), correspondant du comité des chartes, 411, notes.
Val (Le), 256.
Valcourt, chargé de la correspondance du comité des chartes, 412, 428, 429, 442, 445, 446.
Valence (Évêque de). Voir Milon.
Vallat de la Chapelle, 10, notes.
Valois (Adrien **de**), 286.
Valois (Histoire du), 315.
Vandenesse, 237.
Varenne, 255.
Vassy, 255, 411, notes; — correspondants du comité des chartes, dom Pierre et dom G.-F. Dumay.
Vatican. Voir Rome.
Vaynes (**De**). Voir de Vaines.
Vendôme (Place). Voir Paris.
Verdier de la Tour (Dom Michel), correspondant du comité des chartes pour l'Auvergne, 411, notes.
Verdun, 252, 254, 256, 411, notes; — abbaye de Saint-Airy, 251, 252, 411, notes; — correspondant du comité des chartes, dom Colloz; — abbaye de Saint-Paul, 252; — abbaye de Saint-Vanne, 252; — collégiale de la Magdelaine, 252; — évêché, 252; — évêque, voir Desnos; — greffier, voir Mondon; — hôtel de ville, 252, 253; — maire, voir Garaudé; — syndic, voir Tailbot. — Voir Trois Évêchés.
Verdunois, 252.
Vergennes (Charles **Gravier**, comte de), ministre des affaires étrangères, 354, 369, 418, 423.
Vermandois, 412, notes; — correspondant du comité des chartes, dom Queinsert.
Versailles, 10, 17, 18, 24, 52, 181, 193, 245, 310, 394, 425, 437; — bibliothèque des finances à Versailles, 397, 431.
Vertus (Abbaye Saint-Sauveur de), 255, 256, 411, notes; — correspondant du comité des chartes, dom Lefebvre.
Vesoul, 256, 412, notes.
Vienne (Dom Charles-Jean-Baptiste **d'Agneaux de**), 141.
Vignory, 255.

Vilaines (Le Bègue de), 318.
Villaret (Claude **de**), désigné pour faire partie du bureau littéraire, 96, notes.
Villedavré ou *Ville-d'Avray*, 275.
Villedeuil (Laurent **de**), 437, 446.
Villenauxe ou *Villenoxe*, 255.
Villers-Betnach, 412, notes; — correspondant du comité des chartes, dom Solvert.
Villevaux ou **Villevault** (Louis-Guillaume **de**), collaborateur du recueil des *Ordonnances* et du Trésor des chartes, 32, 51, 289, 290, 291; — lettre à Bertin, 259.
Villevieille (Dom Jacques-Joseph), correspondant du dépôt et du comité des chartes, 38, notes, 119, 142, 411, notes.
Villiers (De), 387.
Vitry-le-Brûlé, 255.
Vitry-le-François, 255.
Vivent de Messac, désigné pour faire partie du bureau littéraire, 96, notes.
Vosges (Les), 256.

W

Wading (Luke), 373.
Webb, 192.
Westminster. Voir Londres.
White-hall. Voir Londres.
Whitte. Voir Dewitte.
Wissant (Jacques et Pierre **de**), 209.
Wolsey (Cardinal), 191; — histoire, 314, 315.

Y

Yves de Chartres, 336.

Z

Zaccharelli (Le P.), 377.
Zelada (François-Xavier, cardinal), 376.

www.ingramcontent.com/pod-product-compliance
Lightning Source LLC
Chambersburg PA
CBHW071710300426
44115CB00010B/1368